A SENTENÇA NO PROCESSO DO TRABALHO

1.ª edição — 1994
2.ª edição — 1996
3.ª edição — 2004
4.ª edição — 2010
5.ª edição — 2017
6.ª edição — 2022

MANOEL ANTONIO TEIXEIRA FILHO

A SENTENÇA NO PROCESSO DO TRABALHO

- Princípios informadores do processo do trabalho
- Pressupostos processuais
- Condições da ação
- Características da relação processual
- Atos do juiz
- Sentenças nulas, anuláveis e inexistentes
- Conceito de sentença
- Natureza jurídica
- Classificação e finalidade
- Requisitos essenciais e efeitos
- Técnica de sentenciar

6ª EDIÇÃO

LTr®

LTr®

LTr Editora Ltda.

Rua Jaguaribe, 571
CEP 01224-003
São Paulo, SP — Brasil
Fone: (11) 2167-1101
www.ltr.com.br
Setembro, 2022

Projeto Gráfico e Editoração Eletrônica: Peter Fritz Strotbek - The Best Page
Projeto de Capa: Danilo Rebello
Impressão: Log & Print Gráfica e Logística S.A.

Versão impressa: LTr 6379.9 — ISBN 978-65-5883-179-2
Versão digital: LTr 9860.5 — ISBN 978-65-5883-178-5

Dados Internacionais de Catalogação na Publicação (CIP)
(Câmara Brasileira do Livro, SP, Brasil)

Teixeira Filho, Manoel Antonio
A sentença no processo do trabalho / Manoel Antonio Teixeira Filho. — 6. ed. — São Paulo : LTr, 2022.

Bibliografia.
ISBN 978-65-5883-179-2

1. Direito processual do trabalho I. Título.

22-120377 CDU-347.951:0:331

Índice para catálogo sistemático:

1. Sentenças : Direito processual do trabalho
347.951.0:331

Cibele Maria Dias - Bibliotecária - CRB-8/9427

À minha esposa,
Rosangela, e aos nossos filhos,
Manuel Neto e João Luís,
pelas horas de convívio roubadas.

Índice Sistemático da Matéria

Segunda Parte — Sentença

"O juiz, colocado pela investidura do seu cargo,
na posição de árbitro supremo dos direitos
os mais caros dos cidadãos, necessita, para lhes
fazer justiça, ser perfeito ou relativamente tal;
e para o ser é preciso, como acentua Boncenne,
ciência vasta do direito, probidade a toda prova,
uma grande independência de caráter,
espírito reto e uma consumada experiência."

Affonso Fraga

"Uma sentença não precisa ser bela; basta-lhe ser justa."

Piero Calamandrei

Preâmbulo

O momento em que o juiz, afastando-se do bulício do fórum, se recolhe para redigir a sentença, traduz, sem dúvida, o mais notável acontecimento do seu ofício. Acompanhado, apenas, por algumas convicções e por inúmeras incertezas que, num borbulhar crescente, costumam tomar-lhe de assalto o espírito nessas ocasiões, ele sente pesar sobre seus ombros, mais do que nunca, a responsabilidade do cargo. Na solidão do gabinete ou em algum lugar recôndito de sua casa, terá que decidir, com equilíbrio, segurança, sensibilidade e independência, sobre o direito, em torno do qual as partes contenderam, ardentemente. A elaboração da sentença constitui, por isso, acima de tudo, um exercício de solidão responsável, operosa e inquietante.

Se, para o juiz, esse momento é marcado pela reflexão, para as partes o é pela expectativa e, não raro, pela angústia, por saberem que, após uma lide extenuante, que lhes consumiu tempo e dinheiro preciosos, a sentença poderá ser a causa de sua ruína ou de sua fortuna, de seu regozijo ou de sua tragédia pessoal. O receio do insucesso no litígio e o sentimento de eventual injustiça, aí se unem para depositar, caprichosamente, no espírito das partes — máxime no do trabalhador — uma perversa inquietação. O trabalhador, mais do que o seu adversário, sofre a agonia desse momento, pois enquanto, para o réu, a demanda é uma das tantas já enfrentadas, para o trabalhador representa, muitas vezes, a sua causa exclusiva, o seu *day in Court*.

Bendito é o juiz que sente a responsabilidade da ocasião e deixa-se dominar por esse sentimento. Seria ideal, a propósito, que os juízes, mesmo em fim de carreira, sentissem, no peito, a mesma inquietação que sentiram ao proferir as primeiras sentenças de sua vida — e das quais, muitos, nem sequer se recordam. Quando o cotidiano dos dias faz morrer no coração do magistrado esse sentimento, essa emoção de decidir, as sentenças por ele proferidas tendem a tornar-se mecânicas, glaciais, sem aquela poeira característica da realidade palpitante sobre a qual se debruçou, durante a demanda. O vocábulo sentença, aliás, provém da forma latina *sententia*, que significa, exatamente, esse "sentir" de que estamos a falar. Decidir com sentimento, porém, não corresponde a decidir de maneira parcial, arbitrária. O juiz é o Estado distribuindo justiça, ou, quando menos, aplicando a norma legal aos casos concretos submetidos à sua cognição jurisdicional. A neutralidade dos pronunciamentos da jurisdição deriva daquele importante compromisso histórico que o Estado assumiu perante os indivíduos, no momento em que, instituindo o monopólio da solução dos conflitos, os proibiu de realizar justiça pelas próprias mãos, ou seja, o exercício da autotutela de seus direitos e interesses respeitantes a bens ou a utilidades da vida.

Como dissemos, em algum ponto do livro, o juiz não é um monólito, um burocrata, um convidado sem alma, a quem a lei não consinta, em nenhum instante, contribuir com suas experiências da vida, suas sensações, sua consciência sobre a finalidade social das normas legais e, também, sobre as circunstâncias dramáticas que, porventura, estejam a assinalar o caso concreto, de sorte a poder adotar, diante desse quadro, uma atitude menos dogmática e mais vanguardeira, na busca de uma efetiva realização da justiça — esse ideal imarcescível, que habita o coração do homem e contra o qual os sistemas jurídicos, submissos a certas ideologias políticas cruéis, insistem em conspirar. A sentença, portanto, é produto não só da inteligência do magistrado, senão que de sua vontade. Da vontade que deve, em situações especiais, como a descrita, ser transformadora da realidade, perturbadora dos conceitos e anti-igualitariamente justa. Vontade ligada à lei, por certo; mas, acima de tudo, vontade destinada a dar sentido real à lei.

A sentença é o principal acontecimento no microcosmos do processo, o seu ponto de culminância, o seu evento exaustivo. Nem um ato processual realizado deixa de ter, como escopo, direto ou indireto, a preparação do pronunciamento jurisdicional de fundo, que solucionará o conflito inter-subjetivo de interesses, juridicamente tuteláveis. Todos os atos do processo — praticados que são de maneira logicamente preordenada e, quase sempre, preclusivos — convergem para a sentença de mérito, que figura, sob esse aspecto, como o seu polo de atração magnética. A sentença é, enfim, o coroamento do processo. Com ser o mais importante sucesso processual, ela tem a sua validade jurídica condicionada à observância de determinados requisitos formais, previstos em lei, que concernem à sua estrutura (relatório, fundamentação e dispositivo) e à dicção do julgador (clareza, certeza, exaustividade e adequação).

Na terminologia científica do processo, contudo, o vocábulo sentença não guarda sinonímia com julgamento. Aquela, na verdade, é mera resultante deste, a sua expressão material, por assim dizer. No sistema peculiar do processo do trabalho, o julgamento incumbe aos juízes classistas, dele apenas participando o magistrado para desempatar, ou proferir decisão que melhor atenda ao cumprimento da lei e ao justo equilíbrio entre os votos divergentes dos classistas e ao interesse social (CLT, art. 850, parágrafo único). A lavratura da sentença, entretanto, é ato exclusivo do juiz togado. Seria desassisado imaginar que, sendo a sentença um ato submetido ao imperativo da forma, pudesse ou devesse ser redigida pelos juízes classistas, dos quais a norma legal não exige nenhuma formação jurídica para o desempenho das funções. Poder-se-ia, pois, afirmar, em síntese, que, no processo do trabalho, os juízes classistas julgam, enquanto o juiz togado sentencia, não fosse estar a força da realidade prática a demonstrar que, em rigor, o juiz togado é quem julga e sentencia. De qualquer modo — ironia à parte — o certo é que, do ponto de vista estritamente legal, quando constar do dispositivo da sentença que a decisão foi tomada por unanimidade de votos, isso significa que o juiz togado não participou do julgamento...

Atuando, como magistrado, em primeiro grau de jurisdição, neste meu Paraná, pude, não só, sentir a responsabilidade de ter que decidir, a todo momento, sobre o direito calorosamente disputado pelas partes, como acompanhar, de perto, o que a sentença de mérito pode representar para os seus círculos jurídicos, nomeadamente, para o do trabalhador. Instilam-se, por isso, nas páginas deste livro que estou dando a lume, muitas dessas experiências, dessas situações dramáticas por mim amealhadas ao longo do exercício, por mais de dez anos, de uma judicatura intensa. Os juízes sabemos que, no primeiro grau de jurisdição, é onde há palpitações, frêmitos e sobressaltos, pois é aí onde adquirem vida os fatos da causa, onde se revela, enfim, essa realidade pujante e dinâmica, que o conflito de interesses faz surgir — e que aos tribunais chega, esmaecida e esgarçada, sob a forma insípida de relato documental.

Mas o livro não contém, apenas, minhas sensações e emoções; em verdade, só as manifesto nos poucos momentos em que me pareceu que essa revelação poderia dar força ao argumento ou auxiliar na compreensão do assunto tratado. O livro espelha, sobremaneira, a preocupação de empreender um estudo exaustivo da sentença, como provimento jurisdicional supremo, e a tudo o que a ela diga respeito. Nesse mister afanoso, procurei harmonizar, entre si, os aspectos pragmático e doutrinal, de cada tema examinado.

Do ponto de vista sistemático, dividi o livro em duas partes.

À primeira, dediquei considerações de ordem propedêutica, onde busquei sistematizar os princípios informadores do processo do trabalho, comentando-os sob uma óptica designadamente pragmática. Aí também me ocupei com o exame dos pressupostos processuais e das condições da ação, mediante uma visão crítica que teve, como objetivo, preparar as bases para a futura elaboração de uma teoria geral do processo do trabalho, atendendo às peculiaridades deste.

Na segunda parte, mais alongada, discorri sobre o ofício de julgar, fazendo uma breve retrospectiva histórica do assunto, segundo os principais sistemas legislativos de outros países. Procurei, ainda, demonstrar os atos que o juiz sói praticar, na qualidade de reitor do processo, analisando-os criticamente. Esbocei um conceito de sentença e busquei esquadrinhar-lhe a natureza jurídica. Apresentei uma classificação das sentenças, oportunidade em que revi minha opinião, expressa em livros anteriores, para admitir a existência de duas outras classes de sentenças, ao lado das tradicionais (declaratória, constitutiva e condenatória), quais sejam, a mandamental e a executiva. Deitei longas considerações acerca das sentenças que examinam o mérito (definitivas) e das que não o examinam (terminativas), dedicando escólios a cada causa de extinção do processo. Investiguei a finalidade da sentença, no quadro dos pronunciamentos jurisdicionais e procurei demonstrar os seus requisitos de validade e os seus efeitos jurídicos. Dispensei atenção especial ao estudo dos atos nulos, anuláveis e inexistentes, assim como às sentenças nulas, rescindíveis e inexistentes, com a finalidade de fornecer alguns contributos para a solução prática das controvérsias doutrinárias e jurisprudenciais a esse respeito. Discursei sobre a técnica de sentenciar e, em especial, apontei o procedimento técnico que deve ser observado pelo magistrado, ao elaborá-la, levando em conta cada parte de que ela é formada. Não me descuidei, por fim, de lançar alguns comentários sobre a publicação e a intimação da sentença, assim como a sua integração e correção.

Em todos os momentos, em que as circunstâncias assim exigiam, procurei manifestar, com clareza e de modo fundamentado, o meu ponto de vista acerca dos temas analisados;

se, apesar disso, deixei de fazê-lo em algum caso, que me alertem os ilustres leitores, pois não é próprio do meu caráter fazer com que a omissão ou o silêncio conveniente sirvam de pretexto para disfarçar a falta de pensamento ou de convicção.

Curitiba, abril de 2017.

O Autor

Preâmbulo à 2.ª Edição

A Lei n. 8.952, de 13 de dezembro de 1994, reformulou, inteiramente, a redação do art. 273 do CPC, para permitir, nos casos que indica, a antecipação dos efeitos da tutela jurisdicional.

Diante disso, e considerando que essa inovação é compatível com o processo do trabalho, introduzimos, nesta 2.ª edição, um Capítulo específico sobre o assunto, onde procuramos examinar os aspectos dessa antecipação relacionados, particularmente, com esse momento de extrema relevância para o interesse das partes, em que o órgão jurisdicional responde às pretensões formuladas pelo autor na causa.

Embora, a nosso ver, o ato antecipador não se traduza em sentença, mas em decisão de traço interlocutório, o breve estudo que empreendemos a respeito da matéria se justificou pelo fato de estar intimamente ligado ao tema central do livro.

Curitiba, janeiro de 1996.

O Autor

Preâmbulo à 3.ª Edição

Nesta 3.ª edição, não só atualizamos o livro, sob os pontos de vista legal, doutrinário e jurisprudencial, como dedicamos especial atenção a um procedimento que passou a ser adotado, recentemente, por alguns juízes do trabalho, consistente em antecipar os efeitos da tutela na própria sentença de mérito. Dentro deste assunto, encontramos oportunidade para divergir da Orientação Jurisprudencial n. 51, da SDI-II, do TST, que não admite a impetração de mandado de segurança contra ato antecipador da tutela, quando realizado, de maneira heterotópica, na sentença de mérito. Por isso, chegamos a sugerir o imediato cancelamento da referida OJ.

Curitiba, julho de 2004.

O Autor

Preâmbulo à 4.ª Edição

Esta edição foi completamente atualizada, tanto do ponto de vista legal quanto doutrinário e jurisprudencial, incluídas, neste último aspecto, as Súmulas e as Orientações Jurisprudenciais das SBDI I e II, do TST.

Modificamos nossa opinião respeito de alguns assuntos, seja em decorrência de alterações legislativas introduzidas posteriormente à 3.ª edição, seja em razão de os examinarmos sob a perspectiva das novas exigências ditadas pelo dinamismo das relações jurídicas. Sempre que assim fizemos, tivemos o cuidado de ressaltar a alteração de nosso entendimento, para orientação de nossos leitores.

Por outro lado, mantivemos no texto da 4.ª edição considerações manifestadas em edições anteriores a respeito de normas legais revogadas — sem deixarmos, por certo, de nos pronunciarmos sobre as revogadoras. Esta nossa atitude prendeu-se à nossa preocupação de oferecer aos leitores material para pesquisa histórica.

Curitiba, inverno de 2010.

O Autor

Preâmbulo à 5.ª Edição

Procuramos atualizar esta 5.ª edição, rigorosamente, de acordo com as disposições do CPC de 2015 (Lei n. 13.105, de 16 de março de 2015, alterada pela Lei n. 13.256, de 4 de fevereiro de 2016).

Enfrentamos situações que nos obrigaram a elaborar uma reengenharia de determinados princípios, que, aparentemente, teriam sido banidos pelo referido Código, para sustentar a permanência desses princípios no processo do trabalho. Citemos, como corolário, o do *livre convencimento motivado* (a que certos setores da doutrina denominaram de *persuasão racional*), do julgador, que se encontrava expresso no art. 131, do CPC de 1973, nestes termos: "O juiz apreciará *livremente* a prova (...)". Destacamos. Ocorre que o CPC de 2015 eliminou o substantivo *livremente*, de seu art. 371, *verbis*: "O juiz apreciará a prova (...)". Não sabemos, ao certo, a que conclusão a doutrina do processo civil chegará a respeito desse fato. Talvez, possa a argumentar que a liberdade do juiz está implícita na declaração do art. 371. Talvez. Seja como for, no sistema do processo do trabalho, a sobrevivência do princípio do *livre convencimento motivado* deriva da conjugação do art. 371, do CPC de 2015, com o art. 765, da CLT, que desde sempre atribuiu ampla liberdade ao juiz na direção do processo. Ora, quem pode o mais (liberdade em todo o processo), pode o menos (liberdade na apreciação das provas existentes nos autos).

Por outro lado, não deixamos de manifestar a nossa opinião quanto à inaplicabilidade de determinadas normas do CPC de 2015 ao processo do trabalho, como a consubstanciada no § 1.º do art. 489, que não considera fundamentada a sentença, o acórdão, ou, até mesmo, a decisão interlocutória que incidir em uma das previsões dos incisos I a VI, desse preceptivo legal. Chegamos a afirmar que o sobredito § 1.º só faria sentido (e somente poderia ser aplicado) em relação a um Poder Judiciário cujos órgãos — designadamente, os de primeiro grau — costumassem proferir meia dúzia de decisões por mês - o que não é, à evidência plena, o caso das Varas do Trabalho, que soem emitir trinta sentenças, ou mais, nesse período de tempo.

Curitiba, verão de 2017.

O Autor

Primeira Parte

Propedêutica

Capítulo I

Princípios Informadores do Processo

Nota preliminar

Não se suponha despropositado o fato de havermos, neste livro que versa essencialmente sobre sentença, dedicado todo um Capítulo aos denominados *princípios informativos do processo*. Se nossa atitude, quanto a isso, houvesse decorrido de eventual intenção de nos lançarmos a investigações puramente gnosiológicas acerca do tema, com provável menosprezo escolástico às suas implicações no plano da realidade prática, seria compreensível que este Capítulo viesse a ser considerado heterotópico e, em razão disso, inútil ao escopo fundamental da obra.

Ao tratarmos, porém, em caráter propedêutico, dos mencionados princípios, o fizemos impelidos pela preocupação de demonstrar a notável influência que eles soem exercer no vasto e complexo universo do processo e, em particular, no seu ponto de culminância, no seu acontecimento máximo, por assim dizer, que é a sentença. Basta argumentar que, mediante a invocação oportuna de um só desses princípios, o juiz poderá afastar do processo a ameaça de nulidade, que esteja a sobrepairar, ou, ao contrário, proclamar a incidência desta e a consequente contaminação fatal daquele; poderá, ainda, decidir a favor do autor ou do réu, conforme seja o caso. Enfim, o adequado conhecimento dos princípios que norteiam o processo do trabalho constitui requisito indispensável para que o juiz possa exercer, com segurança e eficiência, o seu ofício.

Deste modo, conquanto ditos princípios se situem, do ponto de vista sistemático, no campo da teoria geral[(1)], é inegável que os seus efeitos podem irradiar-se em direção aos domínios da realidade prática, onde repercutem, não raro, com intensidade espetacular. Quer nos parecer que isso constitua, por si só, motivo bastante para justificar a inclusão, neste livro, de um Capítulo que deles se ocupe especificamente.

Conceito

Feita a justificativa — imaginando que estivéssemos obrigados a efetuá-la —, devemos agora procurar estabelecer um conceito de *princípio*, na ordem jurídica (especialmente na processual), a fim de evitarmos a sua confusão com certos aspectos ou particularidades do

(1) A *Teoria geral do processo* é um sistema de conceitos e princípios elevados ao grau máximo de generalização útil e condensados indutivamente a partir do confronto dos diversos ramos do direito processual; é uma disciplina altamente teórica, voltada à indagação dos princípios comuns às várias figuras processuais (DINAMARCO. Cândido. *A instrumentalidade do Processo*. São Paulo: RT, 1987. p. 76 e 79).

processo, enquanto método estatal de solução dos conflitos intersubjetivos de interesses juridicamente tuteláveis. A tarefa chega a ser desafiadora, diante do elevado grau de dificuldade que se oferece àquele que se propõe realizá-la.

O primeiro passo consistirá em separar os princípios das *particularidades* do processo. Nesse sentido, a contribuição de Wagner Giglio é valiosa. Segundo o destacado jurista, essas diferenças residem nos seguintes aspectos: a) os princípios são necessariamente gerais, ao passo que as peculiaridades são restritas, dizendo respeito a um ou a uns poucos preceitos ou momentos processuais; b) os princípios informam, orientam e inspiram preceitos legais, por dedução, e podem deles ser extraídos, via raciocínio indutivo; das particularidades não se extraem princípios, nem delas emanam normas legais; c) os princípios dão organicidade a institutos e sistemas processuais; as peculiaridades, não, porquanto exaurem a sua atuação em círculo restrito, geralmente relativo ao procedimento e não ao processo.(2)

Embora devamos reconhecer que, *stricto sensu*, os princípios se desassemelham das particularidades do processo, uma vez que, entre outras coisas, falta a estas a nota de generalidade, que é inerente àqueles, em sentido amplo é possível podermos falar, indistintamente, de princípios, pois não se pode negar que, examinadas sob o prisma de seu substrato ontológico, as referidas particularidades contêm uma certa "carga", ainda que tênue, de normatividade, capaz, por isso mesmo, de influenciar na interpretação ou na própria elaboração de normas legais.

A inversão do ônus da prova, em benefício do trabalhador, a despeito de ser uma particularidade do processo do trabalho ou uma técnica ligada ao procedimento, encontra no princípio da proteção ao trabalhador (de amplo espectro) a razão ideológica de sua existência, de onde extrai, aliás, a "carga" de princípio, que lhe confere indiscutível autoridade.

Os princípios também não devem ser confundidos com os brocardos. Estes, sinônimos de máxima, aforismo, anexim, rifão, adágio, são ditos sentenciosos que valem como simples preceitos. A propósito, a palavra brocardo é originária do latim *brocarda. Brocardus*, por outro lado, foi autor de um compêndio de máximas. O Bispo de Woms (século XI) também elaborou uma coletânea de aforismos, a que deu o nome de *Decretum Burchardi*, cujas máximas foram chamadas de Burcardos.

Ainda que os brocardos tenham a sua finalidade, e sejam aceitos por muitos, Carlos Maximiliano se dedicou à tarefa de coligir as críticas mais frequentes à aceitação dos brocardos no âmbito jurídico. Conforme o referido jurista, essas críticas eram as seguintes: a) a fórmula genérica e ampla dos brocardos, não raro, é ilusória, pois muitas vezes são destacados de um determinado contexto, onde possuíam sentido diverso daquele que passaram a ter, quando interpretados isoladamente; b) em certos casos, os brocardos não possuem valor científico, chegando, inclusive, a consagrar princípios falsos; c) o emprego desses brocardos, muitas vezes, ultrapassa o campo de aplicação; d) a multiplicidade de brocardos pode fazer com que sejam encontrados brocardos contraditórios; e) embora sejam expressos em Latim, nem sempre ostentam a autoridade do Direito Romano, sendo muitas

(2) *Direito Processual do Trabalho*. 6.ª ed. São Paulo: LTr, 1986. P. 75.

vezes difícil descobrir-se a sua origem (*Hermenêutica e Aplicação do Direito*. 7.ª ed. Rio de Janeiro: Freitas Bastos, 1961. p. 298).

Em que pese ao fato de reconhecermos que Paul Léataud tinha uma certa razão ao afirmar não haver "sentenças, máximas, aforismos de que não se possa escrever o contrário", não podemos deixar de dizer que as críticas feitas à existência de brocardos jurídicos são injustas, pois não se pode negar a utilidade destes, como preceitos destinados a formular regras de conduta ou de bom senso, a serem adotadas em situações que estejam a reclamar uma solução jurídica. Sob essa perspectiva pragmática, ninguém poderá negar, por certo, a excelência de brocardos, como: *Actiones non natae non praescribuntur* (as ações não nascidas não prescrevem); *Bis de eadem re non sit actio* (Não se dê ação duas vezes sobre a mesma coisa); *Confessio est probatio omnibus melior* (A confissão é a melhor de todas as provas); *In dubio pro reo* (Na dúvida, em favor do réu); *In medio consistit virtus* (A virtude está no meio); *Lex clara non indiget interpretatione* (Lei clara não necessita de interpretação); *Judex secundum allegata et probata judicare debet* (O juiz deve julgar segundo o alegado e provado); *Judex ultra petita condemnare non potest* (O juiz não pode condenar além do pedido); *Dura lex, sed lex* (a Lei é dura, mas é a lei); *Nemo debet inauditus damnari* (Ninguém deve ser condenado sem ser ouvido); *Non probandum factum notorium* (O fato notório não precisa ser provado); *Nulla poena sine lege* (Não há pena sem lei), dentre tantos outros que poderiam ser aqui mencionados.

O que são, efetivamente, princípios?

Para Miguel Reale trata-se de "verdades fundantes de um sistema de conhecimento, como tais admitidas, por serem evidentes ou por terem sido comprovadas, mas também por motivos de ordem prática de caráter operacional, isto é, como pressupostos exigidos pelas necessidades da pesquisa e da *praxis*".(3)

Com efeito, se tomarmos o vocábulo *princípio* de acordo com o seu senso geral podemos asseverar que ele traduz os elementos ou as regras fundamentais de qualquer ramo da cognição científica, artística ou filosófica; nosso objetivo, contudo, não é o de estudar os princípios segundo sua acepção ética, mas, sim, lógico-jurídica. Sob esse estrito ângulo óptico, devemos dizer que, no marcante particularismo do direito, os princípios representam formulações genéricas, de caráter normativo, com a função não apenas de tornar logicamente compreensível a ordem jurídica, mas, também, de servir de fundamento para a interpretação ou para a própria criação de normas legais.

Não se confundem, todavia, os princípios gerais do processo com aquelas normas ideais que refletem um desejo de aprimoramento do aparato processual. Levando em conta esse aspecto, desde o século passado (Mancini-Pisanelli-Scialoja, "Commentario del codice de procedura civile per gli stati sardi", vol. I, parte II, Torino: Amministrazione della Società Editrice, 1855. p. 7), a doutrina classificou os princípios processuais em: a) *informativos* e b) *fundamentais*.

---

(3) *Lições Preliminares de Direito*. 7.ª ed. São Paulo: Saraiva, 1980. p. 299.

a) Os princípios *informativos*, por dispensarem demonstrações, são elevados à categoria de axiomas. Têm, por isso, caráter universal. Como observam Cintra, Grinover e Dinamarco, os princípios informativos "não se limitam ao campo da deontologia e perpassam toda a dogmática jurídica, apresentando-se ao estudioso do direito nas suas projeções sobre o espírito e a conformação do direito positivo" (*Teoria Geral do Processo*. 21.ª ed. São Paulo: Malheiros, 2005. p. 53). Por outro lado, esses princípios se fundam em critérios técnicos e lógicos, sendo praticamente destituídos de conteúdo ideológico. Subdividem-se em: 1) *lógico*; 2) *jurídico*; 3) *político*; 4) *econômico*.

Passemos a examiná-los:

a.a) *princípio lógico*, que respeita à seleção dos meios mais eficazes e céleres de descobrimento da verdade e de evitar o erro;

a.b) *princípio jurídico*, que diz da necessidade de tratamento igual para todas as partes e de justiça na decisão;

a.c) *princípio político*, que concerne ao máximo de garantia social, com o mínimo de sacrifício individual da liberdade;

a.d) *princípio econômico*, que preconiza um processo acessível a todos, segundo o seu custo e a sua duração.(4)

b) Os princípios *fundamentais*, também denominados de gerais, ao contrário dos *informativos*, possuem (ou podem possuir) conteúdo político e ideológico. Justamente por esse motivo é que permitem ser contrapostos por outros princípios, levando-se em conta determinadas circunstâncias (políticas, sociais, ideológicas, etc.). Consequentemente, não possuem caráter axiomático. Para exemplificar: enquanto no processo civil vigora o princípio da verdade formal, no processo penal é soberano o princípio da verdade real. Ainda: no processo civil predomina o princípio dispositivo, ao passo que no processo penal a preeminência é do princípio da indisponibilidade. Esta afirmação deve ser feita com certa reserva, porquanto no processo civil há casos de indisponibilidade, como ocorre no âmbito do direito de família, assim como o processo penal contém casos de disponibilidade, como se dá nas ações penais privadas.

É oportuno lembrar que alguns autores têm colocado em dúvida a utilidade dos princípios, e do seu estudo, no terreno jurídico. Essas críticas, porém, são infundadas, pois, como dissemos antes, os princípios se destinam não apenas a tornar logicamente compreensível a ordem jurídica e a justificá-la sob o aspecto ideológico, como a servir de fundamento para a interpretação e a própria criação de normas legais. Naturalmente, esses princípios não são eternos nem inflexíveis, razão pela qual poderão ser eliminados ou modificados, ao logo do tempo, a fim de atenderem às transformações sociais, políticas, ideológicas, etc., impostas pela dinâmica da sociedade, ou à própria evolução do pensamento jurídico.

Observa Ada Pellegrini Grinover que essas normas ideais, embora sejam distintas dos princípios, os influenciam de maneira indireta, razão por que se situam no limiar da

(4) GRINOVER, Ada Pellegrini. *Teoria Geral do Processo*. 6.ª ed. São Paulo: RT, 1986. p. 21.

dogmática jurídica, nos limites desta com a zona deontológica, concluindo que "o estudo comparado das tendências evolutivas do processo tem apontado uma orientação comum que inspira todos os ordenamentos do mundo ocidental, mostrando uma tendência centrípeta de unificação que parece ser o reflexo daquelas normas ideais, a imprimirem uma comum ideologia mesmo a sistemas processuais de diferente matriz (*v. g.*, os países da *common law* e os da *civil law*)".[5]

Muitos princípios gerais de processo têm sede na lei e, em especial, na própria Constituição, como ocorre, p. ex., com os da inafastabilidade da jurisdição (art. 5.º, XXXV); do juiz natural (art. 5.º, XXXVII); do devido processo legal (art. 5.º, LIV); do contraditório e da ampla defesa (art. 5.º, LV); da publicidade (arts. 5.º, LX, e 93, IX); do juízo competente (art. 5.º, LIII), da liceidade dos meios de prova (art. 5.º, LVI), da razoável duração do processo (art. 5.º, LXXVIII), da fundamentação das decisões (art. 93, IX), dentre tantos; outros, contudo, são produtos de construções doutrinárias e jurisprudenciais, conforme veremos, oportunamente.

Tem-se propalado, a propósito, com uma certa inflexão dogmática, que embora um princípio geral de direito possa não estar previsto em lei, não se admite que esteja em contraste com ela, pois — sustenta-se — a finalidade dos princípios é servir à compreensão, à elaboração ou mesmo à integração da norma legal. Coloquemos um necessário grão de sal nesse assunto.

A despeito de não se dever estimular a formulação de princípios gerais *contra legem*, há situações particulares que justificam o abandono dessa regra, ou seja, que permitem a elaboração doutrinária ou jurisprudencial de princípios não só dissonantes da norma legal como, até mesmo, eventualmente conflitantes com ela. Corolário expressivo disso é o prestigioso princípio da inversão da ordem dos depoimentos, de grande utilidade prática, capaz de abreviar, em muitos casos, sem lesão ao direito das partes, a instrução oral do procedimento. Como sabemos, estatuía o art. 344, *caput*, do CPC de 1973, que a parte seria interrogada na forma prescrita para a inquirição das testemunhas, elucidando o art. 413, do mesmo estatuto processual, que o juiz inquiriria as testemunhas separada e sucessivamente, "*primeiro as do autor e depois as do réu*, providenciando de modo que uma não ouça o depoimento das outras" (sublinhamos). Essas duas disposições vinham sendo pacificamente aplicadas ao processo do trabalho, em virtude da omissão da CLT a respeito do assunto. Considerando, entretanto, que em determinados casos o ônus da prova incumbia ao empregador (réu) passaram os juízes, a partir de certo momento de elogiável criatividade, a inverter a ordem dos interrogatórios, com manifestos objetivos de ordem prática, porquanto, ouvido primeiramente o réu e havendo confissão expressa deste (voluntária ou provocada, pouco importa), tornava-se absolutamente desnecessário ouvir--se o autor e as testemunhas em geral; afinal, como se diz em processo, a confissão é a "rainha das provas" (*regina probationum*).

Essa provecta inversão passou, algum tempo depois, a ser também efetuada com relação às testemunhas, de tal maneira que a inovação, tímida e hesitantemente introduzida por alguns juízes do trabalho (dentre os quais nos incluímos), acabou por elevar-se à categoria

(5) GRINOVER, Ada Pellegrini. *Teoria Geral do Processo*. 6.ª ed. São Paulo: RT, 1986. p. 21.

de princípio, à força de ser reiteradamente praticada. Não ignoramos que, em sentido estrito, essa inversão configurava uma técnica destinada a obter resultados práticos no campo da instrução; como afirmamos antes, todavia, uma técnica pode convolar-se para princípio sempre que for empregada com generalidade e constância.

Em que pese à circunstância de a precitada inversão da ordem dos depoimentos estar em antagonismo com os arts. 344, *caput*, e 413 do CPC de 1973, ambos de aplicação supletória ao processo do trabalho, *ex vi* do art. 769 da CLT, a praxe a consagrou em nome da necessidade de racionalização do processo, que atendia, por sua vez, ao princípio da economia dos atos do procedimento, consistente em um máximo de atividade jurisdicional com um mínimo de dispêndio de tempo.

A esses princípios, ocasionalmente enunciados ao arrepio da norma legal, ou mesmo em conflito com ela, bem calharia a designação de *rebeldes* ou de *transformadores da realidade*, pois destinados a fazer com que a situação regulada pela norma legal seja posta em harmonia com o próprio sistema de que essa norma participa ou com os fins colimados pelo processo.

No caso específico da inversão da ordem dos interrogatórios, de que nos ocupamos há pouco, longe de constituir um ato judicial tumultuário do procedimento (capaz de render ensejo à correição parcial), representou um engenhoso contributo da magistratura para o ideal de aprimoramento do processo, cuja praxe deverá — como é nossa sugestão — converter-se em norma legal. A concretizar-se esse nosso desejo, teremos mais um exemplo de como um princípio pode influir no espírito do legislador, fazendo com que proveja o processo do trabalho de um dispositivo de grande utilidade prática.

Conquanto o CPC de 2015 não haja reproduzido a regra inscrita no art. 344, do Código de 1973, esse procedimento passou a integrar o *processo da praxe*, construído pelos juízes do trabalho. Negar a existência desse processo é algo que se aproxima da hipocrisia, bastando argumentar com algumas emanações dessa criatividade judiciária, como: a resposta (exceção, contestação, reconvenção) escrita, o protesto antipreclusivo, a apresentação de memoriais escritos, etc. Seja como for, o CPC de 2015 permite ao juiz inverter o ônus na prova, nas situações de que cogita (art. 373, § 1.º). O CDC também prevê essa inversão, conforme revela o seu art. 6.º, VIII.

Cogitamos, até esta parte, da possibilidade de princípios serem formulados em contraste com a norma legal; situação diversa se dá, porém, quando o princípio se coloca em antagonismo com a lei por haver sido equivocadamente aplicado. Aqui, não se trata de conceber princípio rebelde ou transformador da realidade, segundo a nomenclatura que utilizamos, e sim de aplicá-lo de forma inadequada. Isso tem ocorrido, particularmente, com o do *in dubio pro misero*, quando invocado para resolver dificuldades surgidas no espírito do julgador diante do que se convencionou denominar de prova dividida, assim reputada aquela que se caracteriza pelo fato de autor e réu haverem produzido provas dos fatos alegados. Ora, se o juiz ficar em um estado de hesitação, em face dessa prova, incumbir-lhe-á examinar (= valorar) qual é a *melhor prova* (CPC, art. 371) e decidir de acordo com ela, ou seja, a favor de quem a produziu. Se, acaso, como resultado dessa valoração, vier a decidir em benefício do empregado, haverá de ser sob o fundamento jurídico de ter sido este quem fez a *melhor prova*: decidir, simplesmente, com fulcro no princípio *in dubio pro misero* será emitir sentença frágil, inconsistente e, em decorrência disso, suscetível de reformulação pela via dos recursos.

É imprescindível ter-se em mente, de uma vez por todas, que o manejo prático desse princípio só se justifica nos casos de interpretação de norma legal, nunca de prova dividida. A razão é palmar: sendo o direito material do trabalho protetivo do trabalhador (ao menos, como discurso retórico), é compreensível que o juiz, tendo diante de si uma norma legal de senso dubitativo, anfibológico, opte pela interpretação mais favorável ao trabalhador, porquanto essa sua atitude estará em plena consonância com o caráter tutelar que fornece a nota marcante e indica o conteúdo ideológico daquele ramo do Direito. Assim, se o *mais* (direito material) é tuitivo do trabalhador, é manifestamente lógico que o *menos* (interpretação de determinada norma desse direito) reflita essa proteção.

Como o Direito Processual também insinua — ainda que palidamente — a tutela do trabalhador, podemos dizer que o juiz, estando tomado por dúvida razoável quanto ao sentido literal de determinada norma desta natureza, poderá optar pela interpretação que lhe pareça mais benéfica ao trabalhador, amparando-se, se for o caso, no princípio *in dubio pro misero*. Tratando-se, portanto, de norma legal (seja de índole material ou mesmo processual), estará o juiz autorizado a fazer uso do referido princípio, levando em conta o escopo tuitivo do trabalhador, que anima uma e outra. No momento, contudo, em que estiver *valorando* a prova, não poderá lançar mão desse princípio, pelos motivos que já expusemos, cabendo-lhe, isto sim, acolher a *melhor* prova e decidir em favor de quem a tenha produzido. O critério, aqui, será, pois, essencialmente axiológico e, jamais, ideológico, uma vez que não estará o julgador diante de norma legal.

Por outro lado, eventual conflito entre um princípio processual tipicamente trabalhista e outro, que informe certo sistema forâneo de processo (civil, comercial, fiscal etc.), deverá ser solucionado, no âmbito do processo do trabalho, mediante a declaração de preeminência inderrogável (aqui, sim, ideológica) do primeiro e a consequente rejeição do segundo.

Não será sensato, ainda, descartar-se a possibilidade de um princípio vir a ser substituído por outro, como resultado de certas exigências sociais, políticas ou ideológicas sobrevindas àquele, em dado momento histórico; essa derrogação de um princípio por outro poderá igualmente acontecer no caso de alteração da norma legal em que o anterior se inspirara ou de significativa mudança da interpretação que se vinha conferindo a tal norma.

Por fim, devemos assinalar o fato de alguns princípios terem aplicação idêntica tanto no processo civil (e, por extensão, no do trabalho) quanto no processo penal, como se dá, *v. g.*, com os da imparcialidade do juiz, da ação, do contraditório e da ampla defesa, etc.; outros, no entanto, incidem de maneira distinta nesses ramos processuais, como, p. ex., o da verdade real, que predomina no processo penal, ao passo que no processo civil a supremacia é da verdade formal.

Classificação

A distribuição sistemática, em classes específicas, dos princípios informadores do processo, variará conforme seja o critério metodológico que se venha a perfilhar.

A doutrina tem classificado esses princípios em três grupos básicos, que dizem respeito: a) à elaboração da norma processual; b) ao procedimento e c) ao processo propriamente dito.

Como não nos anima o propósito de descer a minúcias, neste assunto — pois estamos convencidos de que uma tal empreitada, além de infundir justificado fastio no espírito do leitor seria desapercebida de interesse prático —, classificaremos ditos princípios, fundamentalmente, segundo a norma legal que os prevê. Destarte, teremos uma divisão dicotômica dos princípios em: a) constitucionais e b) infraconstitucionais.

Assim fazemos porque estamos considerando a existência de um Direito Processual Constitucional, que sistematiza as normas reguladoras da jurisdição constitucional, e de um Direito Constitucional Processual, que se ocupa dos dispositivos processuais enfeixados pela Constituição. Como ensina Cândido Dinamarco (obra cit., p. 76 e 79), o exame analítico das relações entre processo e Constituição revela dois sentidos vetoriais em que elas se desenvolvem: o primeiro, no sentido Constituição-processo, no qual se tem a tutela constitucional deste e dos princípios que devem regê-lo, elevados ao nível constitucional; o segundo, no sentido processo-Constituição, que revela a jurisdição constitucional, destinada ao controle da constitucionalidade das leis e dos atos normativos do Poder Público e à preservação das garantias contidas na Constituição (jurisdição constitucional das liberdades), além de toda a ideia de instrumentalidade do processo, em que este se apresenta como sistema instituído para a realização da ordem pública, inclusive, a constitucional.(6)

Interessa-nos, em particular, para efeito de justificar a classificação que logo a seguir apresentaremos, a tutela constitucional do processo, que se caracteriza segundo o seu objetivo de amoldar os institutos processuais, sob seus aspectos dinâmico e estático, aos princípios inscritos na Constituição. Efetivamente, é da ordem constitucional que brotam os princípios medulares do processo, que irão constituir a base, o fundamento de todo Direito Processual; por esse motivo, procuramos formular uma classificação dos princípios informativos do processo que tenha como critério primordial a norma legal que os prevê.

A jurisdição constitucional, conquanto seja tema de inegável relevância, não será por nós examinada, em face da preeminência que ostenta, neste Capítulo, a tutela constitucional do processo — que se estabelece em decorrência da já mencionada relação Constituição-processo.

Vamos, pois, à anunciada classificação.

a) Princípios constitucionais:

1. do devido processo legal (art. 5.º, LIV);

(6) Ob. cit., p. 25.

2. da inafastabilidade da jurisdição (art. 5.º, XXXV);

3. do juiz natural (art. 5.º, XXXVII);

4. do juízo competente (CF, 5.º, LIII);

5. da igualdade de tratamento (art. 5.º, *caput*).

6. do contraditório e da ampla defesa (art. 5.º, LV);

7. da publicidade (arts. 5.º, LX, e 93, IX);

8. da liceidade dos meios de prova (art. 5.º, LVI);

9. da fundamentação das decisões (art. 93, IX);

10. da razoável duração do processo (art. 5.º, LXXVIII);

11. da proibição de prisão civil por dívida (art. 5.º, LXVII);

b) Princípios infraconstitucionais

1. da demanda (CPC, art. 2.º);

2. do impulso oficial (CLT, arts. 765 e 878; CPC, art. 2.º);

3. da preclusão (CPC, art. 223);

4. da oralidade (CLT, art. 847);

5. da economia (CPC, art. 57 e outros);

6. da lealdade (CPC, art. 77, I e II);

7. da livre investigação das provas (CLT, art. 765; CPC, art. 371);

8. persuasão racional (CPC, art. 371);

9. do duplo grau de jurisdição;

10. da eventualidade (CPC, art. 336);

11. da impugnação especificada dos fatos (CPC, art. 341);

12. da informalidade dos atos (CPC, arts. 188 e 277);

13. da sucumbência restrita (Lei n. 5.584/70, art. 14);

14. da estabilidade da lide (CPC, art. 108);

15. da inalterabilidade dos prazos peremptórios (CPC, art. 222, § 1.º);

16. da renúncia dos prazos (CPC, art. 225);

17. do ônus da prova (CLT, art. 818);

Passemos à análise individual desses princípios.

a) Princípios constitucionais

1. Do devido processo legal

A cláusula do "devido processo legal" (*due process of law*) teve origem na *Magna Charta Libertarum*, do Rei João Sem-Terra, de 1215, cujo art. 39 dispunha:

> "Nenhum homem livre será detido ou sujeito à prisão, ou privado dos seus bens, ou colocado fora da lei, ou exilado, ou de qualquer modo molestado, e nós não procederemos nem mandaremos proceder contra ele senão mediante um *julgamento regular* pelos seus pares ou de harmonia com a lei do país." (destacamos)

Inicialmente, a garantia de um "julgamento regular", referida nessa Carta, fora denominada de *law of the land*, expressão que foi mais tarde substituída, no Estatuto (*Statute of Westminster of the Liberties of London*) de 1354, de Eduardo III, por *due process of law*. Depois de ser interpretada durante cerca de três séculos como sendo um direito a um *ordely proceeding*, tem início no século XVII, na obra de Coke, a evolução do conceito de *law of the land* (que, até então, guardava sinonímia com o de *due process of law*), que acabará por identificar-se com a tutela do *common law*, de Blackstone, transformando-se no art. 39 da "Magna Charta", por influência do pensamento predominante no século XVIII, na garantia essencial do direito inglês.(7)

Na América do Norte, algumas Constituições estaduais também previram a cláusula do devido processo legal, como as de Maryland, Pensylvania, Massachussets e Virgínia. As Constituições da Virgínia ("Declaração dos Direitos", de 16-8-1776), de Maryland (de 3-11-1776) e da Carolina do Norte (de 14-12-1776) faziam expressa referência à *law of the land*. Coube à de Maryland, todavia, o mérito de haver aludido, pela primeira vez, ao trinômio: vida-liberdade-propriedade (*life, liberty or property*), que seria incorporado por outras Constituições norte-americanas.

Foi, contudo, por força da Emenda n. 5, elaborada por Madison em 1791, que se inseriu na Constituição norte-americana de 1787 a cláusula do devido processo legal, cuja redação era a seguinte:

> "Nenhuma pessoa poderá responder por qualquer grave ou infame crime senão mediante apresentação e libelo de um grande júri, exceto nos casos surgidos nas forças militares e policiais, quando em serviço no tempo de guerra ou em período público, nem poderá pessoa alguma, pela mesma ofensa, por mais de uma vez, ter exposta a vida ou a integridade, nem ser compelida em qualquer caso criminal a testemunhar contra si mesma, nem ser privada da vida, da liberdade ou propriedade sem o devido processo legal; nem ter bens expropriados sem justa indenização." (destacamos)

Mais tarde, a Emenda n. XV exigiu que os Estados-Membros concedessem a mesma garantia:

> "Nenhum Estado privará qualquer pessoa de sua vida, liberdade ou propriedade sem o devido processo legal, nem denegará dentro de sua jurisdição, a qualquer pessoa, a igual proteção das leis." (sublinhamos)

(7) *Os Princípios Constitucionais e o Código de Processo Civil*. São Paulo: José Bushatsky, 1973. p. 9-10.

A Emenda n. XVI, introduzida na Constituição de 1868, por sua vez, dispõe:

> "Todas as pessoas nascidas e naturalizadas nos Estados Unidos e sujeitas à jurisdição de lá são cidadãos dos Estados Unidos e do Estado onde residem. Nem um Estado deve fazer ou forçar qualquer lei que abranja os privilégios e imunidades dos cidadãos dos Estados Unidos; nenhum Estado deve privar qualquer pessoa da vida, liberdade ou propriedade sem o devido processo legal, nem condenar qualquer pessoa sem sua jurisdição de igual proteção das leis." (realçamos)

A maioria das Constituições dos Estados Democráticos modernos incorporou a cláusula do devido processo legal. No Brasil, ainda que essa garantia se encontre dispersa pelos textos anteriores, foi na Constituição de 1988 que a ela se fez expressa referência, pela primeira vez. Com efeito, consta do art. 5.º, inciso LIV, da Constituição Federal, que ninguém será privado da liberdade ou de seus bens "sem o devido processo legal". Note-se que o constituinte brasileiro fez alusão apenas ao binômio liberdade-propriedade, e não ao trinômio vida-liberdade-propriedade, característico das Constituições norte-americanas, porquanto, entre nós, não existe a pena de morte, salvo em caso de guerra (Constituição, art. 5.º, inciso XLVII, letra "*a*").

Em verdade, o princípio do devido processo legal não pode ser visto como um dos tantos princípios do processo, senão como o mais importante de todos, um superprincípio, por assim dizer, do qual todos os outros, de certa forma, decorrem. Realmente, se verificarmos que o devido processo legal compreende: a) o direito à citação; b) o direito a um julgamento público, e rápido; c) o direito à produção de provas em geral; d) o direito ao contraditório; e) o direito de não ser processado por lei retroativa; f) o direito à igualdade de tratamento; g) o direito de não ser acusado ou condenado com base em provas ilegais; h) o direito à assistência judiciária gratuita; i) o direito a obter uma sentença fundamentada etc., haveremos de concluir que praticamente todos os princípios processuais estão contidos na cláusula constitucional do *due process of law.*

Mesmo que se devesse admitir — somente para argumentar — que, no âmbito estrito do processo civil, o princípio do devido processo legal abarcasse, apenas, os: a) de garantia do direito de ação; b) do direito de defesa; c) de igualdade de tratamento; d) do contraditório, ainda assim estaríamos diante de um princípio fundamental, de um *superprincípio*, conforme dissemos. Em todo o caso, para nós o princípio do devido processo legal tem abrangimento muito mais amplo, pois constitui o somatório de todos os outros princípios. O fato de o constituinte brasileiro haver feito menção não só ao princípio do devido processo legal, mas também a outros, que se encontram naquele compreendidos, não pode ser oposto à nossa conclusão de que o princípio do devido processo legal abrange os demais. Quer nos parecer que essa atitude do constituinte derivou de uma preocupação esclarecedora, consistente em enfatizar o elenco dos princípios integrantes do devido processo legal. Essa enumeração teve, portanto, uma finalidade muito mais didática do que sistemática. De qualquer forma, não devemos confundir o legislador com o jurista: apenas este sói deter o conhecimento da ciência processual.

Processo e procedimento são conceitos que jamais poderão ser encambulhados, sob pena de graves riscos para a exata compreensão de um e de outro. Enquanto o primeiro significa, como pudemos mostrar, o método de que se utiliza o Estado para dirimir os conflitos intersubjetivos de interesses, o segundo corresponde ao conjunto preordenado de atos (via de regra preclusivos) que constituem uma unidade teleológica e que se dirigem para um ponto de atração: a sentença de mérito — embora, muitas vezes, por acidentes de percurso, ocorra a extinção do processo sem pronunciamento sobre o *meritum causae*. Na feliz metáfora ideada por Büllow, o procedimento é a manifestação extrínseca do processo, o seu envoltório natural.

Sabemos que a ação é um direito público subjetivo colocado pelo ordenamento constitucional à disposição dos indivíduos e das coletividades. Caso, porém, às pessoas fosse dado praticar os atos que bem entendessem, no lugar, no tempo e na forma que melhor lhes aprouvessem, é elementar que essa indisciplina conduziria a um incontrolável tumulto do procedimento — a desafiar, com isso, sucessivas intervenções correcionais —, além de favorecer ao litigante mais astuto e afeito a velhacadas, que, com tais atos, estaria praticamente subtraindo do juiz o comando do processo e fazendo com que fosse duramente golpeado o prestígio desse método estatal de solução dos conflitos de interesses.

Foi justamente para evitar a instauração de indisciplina dessa natureza que a lei estabeleceu, com certa rigidez, um complexo sistema de exigências concernentes não só à atuação das partes em juízo, como à própria disciplina a ser observada, para efeito da prática dos atos por elas desejados. Estabeleceu-se, desse modo, o moderno sistema da *legalidade das formas*, de acordo com o qual, em princípio, os atos devem ser realizados no lugar, tempo e forma previstos em lei; em muitos casos, a inobservância a essas regras leva à nulidade do processo.

O princípio da regularidade do procedimento — que integra o do devido processo legal, mais amplo —, como se nota, decorre do sistema da legalidade das formas, pois enquanto processo é método, procedimento é forma.

A regulamentação legal dos atos do procedimento não decorre, apenas, da necessidade de disciplinar-se a atuação das partes em juízo (impedindo, como dissemos, a escravização de uma aos caprichos ou artimanhas da outra), mas, também, da preocupação do legislador no sentido de impedir a instauração do que bem se poderia chamar de ditadura do magistrado. Com efeito, o juiz deve não somente fiscalizar a conduta dos litigantes como conduzir-se segundo as normas legais, vale dizer, praticar os atos que lhe digam respeito conforme a lei. Podemos dizer, em face disso, que inversamente ao que se passa no terreno político, no processual a "ditadura das formas e das fórmulas", longe de ser algo concebido para restringir, cercear ou espezinhar o direito das partes, é um eficaz instrumento destinado a garantir a atuação imparcial do magistrado. Sem um sistema de legalidade das formas, provavelmente haveríamos de assistir a ocasionais — ou a reiteradas — demonstrações de prepotência e de arbitrariedade do juiz, que dirigiria o processo conforme seus impulsos pessoais, subministrando um tratamento desigual às partes e comprometendo o prestígio do Poder Judiciário.

Em alegoria singela, poderíamos comparar, tão somente sob esse aspecto, o magistrado a uma locomotiva, que só pode andar sobre trilhos, não lhe sendo possível, portanto, escolher caminhos próprios. Os trilhos, no caso, são as normas legais de processo; se deles o magistrado sair, descarrilará, devendo ser reconduzido aos trilhos pelos aparatos legais (mandado de segurança, correição parcial, recurso, etc.).

É certo que, a despeito das considerações que acabamos de expender, há um conjunto de regras *moderadoras* do princípio das nulidades processuais, que se funda no postulado de que não se deve decretar a nulidade se do ato não sobrevier nenhum prejuízo à parte, salvo se a norma legal violada for de ordem pública. Dessas "regras moderadoras" falaremos a seguir.

Regras moderadoras das nulidades processuais

Transcendência

Constitui, inegavelmente, a viga mestra de toda a estruturação das regras de moderação do princípio das nulidades processuais. Por ela se declara que somente haverá nulidade se o ato irregularmente realizado acarretar manifesto prejuízo à parte que o impugnou (*pas de nullité san grief*, consoante a conhecida expressão do direito francês). Essa regra se encontra radicada nos arts. 794 da CLT e 282, § 1.º, do CPC, e significa, por outras palavras, que o prejuízo é a medida da nulidade; sem aquele, esta é nenhuma.

Digamos, *e. g.*, que o juiz tenha indeferido a produção de determinada prova, pelo autor, tendo este, em consequência, alegado, no momento oportuno, nulidade do processo por restrição ("cerceamento", costuma-se afirmar) ao direito de defesa. A sentença, contudo, é inteiramente favorável ao autor, que, em virtude disso, não terá (em princípio, ressalve-se) interesse de recorrer, dada a ausência de prejuízo. Fica claro, desse modo, que se o ato praticado pelo juiz, apesar de molestar direito da parte, não trouxer nenhum prejuízo a esta, não deverá ser declarado nulo.

O problema, todavia, não é tão simples quanto possa parecer, pois — aproveitando o exemplo apresentado —, em alguns casos, embora a sentença seja inteiramente favorável à parte que arguiu a nulidade, esta possuirá interesse em interpor o recurso adequado. Justifiquemos a opinião. Supondo que o juízo houvesse formado a sua convicção sem qualquer fundamento na prova dos autos (até porque estas inexistiam), o autor, ainda que vencedor na causa, poderia ter interesse em recorrer da sentença a fim de que o tribunal, dando provimento ao recurso, anulasse o processo a partir do momento em que o requerimento de produção de provas foi indeferido; com isso, o autor poderia produzir a prova pretendida, com vistas a fazer com que a sentença, estribada nessa prova, pudesse resistir razoavelmente ao recurso que viesse a ser interposto pela parte contrária. A não se entender dessa maneira, o autor ficaria na incômoda situação de, não podendo recorrer da sentença, resignar-se a ver o tribunal prover o recurso do réu e, em razão disso, rejeitar os pedidos constantes da inicial ("julgar a reclamação (*sic*) improcedente (*sic*)", segundo expressão do gosto da maioria dos juízes, que, entretanto, deveria ter sido abandonada há muito tempo, como forma de prestar-se justa homenagem ao rigor científico).

Insta esclarecer que, na situação imaginada, o autor poderia interpor recurso adesivo ao do réu, porquanto lhe faltaria, efetivamente, interesse de recorrer de maneira autônoma: se a sentença lhe foi inteiramente favorável e dela o réu não interpôs recurso, o fenômeno da coisa julgada material faria com que ficasse afastado o risco de a sentença ser modificada pela via recursal. Nem mesmo a ação rescisória seria admissível, pois era do autor o direito lesado pelo ato do juiz (de produzir provas). A circunstância de a sentença haver acolhido por inteiro os pedidos formulados pelo autor não representa, a nosso ver, obstáculo para o manejo do recurso adesivo, vez que a peculiaridade do caso justifica o eventual afastamento da regra impressa no art. 997, § 1.º, do CPC, qual seja, de que autor e réu fiquem vencidos (em capítulos distintos da sentença, como é óbvio).

Tirante situações particulares, como a que examinamos, prevalece a regra geral de que não se deve declarar a nulidade se do ato não advier nenhum prejuízo à parte. As dificuldades existentes em torno da aplicação dessa regra se devem ao fato de que determinados prejuízos só se manifestam algum tempo depois de praticado o ato violador do direito da parte, como se deu no exemplo do autor que, apesar de ver indeferido seu requerimento de produção de provas, acabou se tornando vencedor na causa. O seu prejuízo, na espécie, surgiria com o provimento que viesse o tribunal a dar ao recurso interposto pelo réu.

A regra de que não há nulidade sem manifesto prejuízo à parte ficará, todavia, afastada quando se tratar de violação de norma de ordem pública, como quando a sentença for desfavorável a um dos litigantes, sem que o juiz tenha proposto a conciliação (CLT, arts. 764, 846 e 850).

Instrumentalidade

Em que pese ao fato de a lei prescrever certa forma para a validade do ato, sem a cominação de nulidade, este valerá se, praticado de maneira diversa, atingir a mesma finalidade. Esse princípio tem sede nos arts. 277 e 188 do CPC; conquanto dele não fale a CLT, é incontestável a sua incidência no processo do trabalho, cujo procedimento é dotado de relativa simplicidade.

O princípio em questão significa um reconhecimento (ainda que implícito) de que as formas dos atos processuais não representam um fim em si mesmas, senão que uma providência tendente a atribuir legalidade extrínseca a tais atos. Dizendo por outros termos, o conteúdo ideológico desse princípio é a constatação de que, embora o ato se encontre vinculado a uma finalidade (elemento teleológico), pouco importa que esta venha a ser alcançada por forma diversa da prescrita em lei. A forma não deve ser, portanto, entendida como um molde inflexível, ao qual se devem submeter todos os atos do procedimento, e sim uma orientação legal a respeito de como o ato deve ser praticado.

No processo do trabalho, a resposta do réu (exceção, contestação, reconvenção, reconhecimento da "procedência" do pedido) deve ser apresentada, oralmente, em audiência, no prazo de vinte minutos (CLT, art. 847); nada obstante, a praxe tem sido a formulação por escrito dessa resposta. Em princípio, esse ato deveria ser declarado nulo, pois realizado em desacordo com a lei; como, apesar disso, atinge a sua finalidade, convalida-se plenamente, sem dar margem ao decreto de nulificação.

O processo do trabalho, aliás, tem sido arrojado na aplicação do princípio da instrumentalidade, fazendo-o atuar mesmo nos casos em que o desvio da forma preconizada em lei seja cominado com nulidade. Tomemos como referência o art. 280 do CPC, de aplicação supletiva ao processo do trabalho, por força do qual *"as citações e as intimações serão nulas quando feitas sem observância das prescrições legais"* (sublinhamos). Pois bem. Mesmo quando o réu residia fora da jurisdição perante a qual a ação fora ajuizada (e sem que fosse comerciante ou industrial), os juízes do trabalho, a contar de certa época, passaram a determinar que a citação fosse feita pelo correio, e, não, mediante carta precatória, como exigia o art. 200 do CPC de 1973. Esse procedimento inovador, adotado pela magistratura trabalhista, não causou, em princípio, nenhum prejuízo aos réus (pois estes recebiam cópia da petição inicial), razão por que eventuais arguições de nulidade processual, formuladas com fundamento na ofensa ao art. 222, daquele CPC, não tiveram êxito. Tempos depois, a Lei n. 8.710, de 24 de setembro de 1993, alterou a redação do precitado dispositivo do estatuto processual civil, para permitir a citação pelo correio, "para qualquer comarca do País", salvo nos poucos casos que indica.

O CPC de 2015 manteve a regra (art. 247).

Proteção

A nulidade somente deverá ser pronunciada se não for possível suprimir-se a falta ou repetir-se o ato e desde que não seja arguida por quem lhe deu causa (CLT, art. 796, *"a"* e *"b"*; CPC, art. 276).

Se, p. ex., após haver designado data para o julgamento o juiz constatar que se esqueceu de oferecer às partes oportunidade para apresentarem razões finais, é elementar que não deverá julgar a causa, sob pena de o processo ser anulado pelo tribunal (em virtude de recurso interposto por uma das partes), a contar do momento em que não se propiciou ensejo para o oferecimento das mencionadas razões finais; incumbir-lhe-á, isto sim, invocando o princípio da proteção, converter o julgamento em diligência para o fim específico de suprir a falta, e, com essa providência, salvar o processo de virtual decreto de nulidade.

O mesmo se diga na hipótese de o juiz haver deixado de formular a segunda proposta de conciliação — levando-se em conta a orientação jurisprudencial de que a ausência da primeira proposta não leva à nulidade do processo. Suprida a falta, o nulo se dissipa.

Em outros casos, o princípio de que estamos a cuidar autoriza a repetição do ato, como providência capaz de salvar o processo de virtual nulidade. Mais uma vez, argumentemos com as razões finais. Por lei, essas razões devem ser aduzidas oralmente, em audiência, no prazo de dez minutos para cada litigante (CLT, art. 850, caput). Alguns juízes, no entanto, influenciados pelo art. 364, § 2.º, do CPC, vêm permitindo que as razões finais orais sejam substituídas por memoriais escritos. Essa prática, no entanto, é irregular e tumultuária do procedimento, pois conforme o referido art. 850, *caput*, da CLT, ditas razões devem ser apresentadas *antes* de ser renovada a proposta de conciliação, cuja antecedência se justifica pelo fato de o juiz, após ouvir o arrazoado final das partes, sentir-se eventualmente mais seguro para tentar formular uma proposta de solução consensual, negociada do conflito de interesses. Os memoriais escritos, via de regra, são oferecidos depois de formulada a segunda proposta conciliatória, vale dizer, quando esta já havia sido recusada pelos demandantes.

Aplicando o princípio em tela, deverá o juiz converter o julgamento em diligência para que as partes aduzam, oralmente, em audiência, as razões finais, efetuando, em seguida, a renovação da proposta de solução negociada do conflito. O que ao magistrado será lícito fazer é permitir a juntada de memoriais escritos, sem prejuízo das razões finais orais, que deverão ser expendidas no momento previsto em lei.

Enfim, sempre que constatar a ausência de ato imprescindível para a regularidade do procedimento ou a prática irregular de determinado ato, não deverá o juiz decretar a nulidade do processo e, sim, invocando o princípio da proteção, ordenar que a falta seja suprida, ou o ato, repetido.

Não deverá, contudo, ser pronunciada a nulidade arguida por quem lhe deu causa, vez que isso levaria a uma situação de antagonismo com o conteúdo ético do processo.

Convalidação

Significa que a nulidade pode ser sanada pelo consentimento, ainda que tácito, da parte contrária, exceto se decorrer de violação de norma de ordem pública. A doutrina costuma apontar os arts. 795 da CLT e 278 do CPC como fonte legal desse princípio. Nós mesmos assim o fizemos em obra anterior. Todavia, o princípio da proteção, segundo o seu conceito doutrinal, não está previsto em nenhum desses textos legais. O que neles se menciona é o momento em que a parte interessada deve alegar a nulidade, sob pena de preclusão temporal, o que é coisa diversa. O princípio da convalidação, na verdade, emana de uma regra processual ampla, que se encontra espraiada por diversos pontos do digesto de processo civil, segundo a qual o silêncio de uma das partes faz gerar a aceitação do ato realizado pela outra, ou induz à presunção de veracidade dos fatos narrados por esta. É, pois, nessa moldura que se encaixa o princípio da convalidação, com a singularidade de que, aqui, o silêncio da parte tem eficácia convalidadora do ato praticado pelo adversário, observadas as restrições que apontamos.

Duas inferências de ordem prática se extraem dessa regra: a) a nulidade relativa pode ser convalidada pela anuência do litigante adverso; b) a absoluta, nunca.

Na primeira hipótese, o assentimento poderia ser tácito ou expresso. Tácito seria, *e. g.*, sempre que o réu deixasse de alegar a incompetência *ratione loci* do juízo, fazendo com que, em virtude desse silêncio, a competência se deslocasse para este juízo — sabendo-se que a incompetência em razão do lugar é sempre relativa; já as *ratione materiae* e *ratione personae*, por serem absolutas, não seriam afetadas pela omissão da parte, incumbindo ao juiz conhecê-las de ofício, em qualquer tempo ou grau de jurisdição (CPC, art. 64, § 1.º), desde que não tenha transitado em julgado a sentença ou o acórdão. Concordância expressa haveria, p. ex., quando a parte a quem a declaração de nulidade aproveitasse dissesse, oralmente ou por escrito, de sua aceitação do ato praticado pelo adversário — salvo, como alertamos, se a nulidade implicasse violação à norma de ordem pública, quando, então, o ato não se convalidaria.

Ao lado das regras de "moderação das nulidades", que analisamos, situam-se outros preceitos legais de grande utilidade para uma exata compreensão do assunto. Um deles estabelece que anulado o ato serão reputados de nenhum efeito todos os subsequentes, que dele dependerem (CPC, art. 281) e que a nulidade de uma parte do ato não contaminará as outras, que dela sejam independentes (*idem*). Para o correto entendimento desse preceito faz-se necessário recordar que a doutrina tem classificado os atos processuais em três espécies: a) simples; b) compostos; c) complexos.

Atos simples são os que possuem existência autônoma, ou seja, em si mesmos; para a sua validade nada mais se exige do que a atividade da parte. Os *compostos* (ou complexos), ao contrário, são constituídos pela agregação de diversos atos simples, sem que estes percam a individualidade, daí por que tais atos são caracterizados por duas ordens de efeitos: os provenientes de cada ato unitário e os oriundos do conjunto deles. Os atos *complexos*, na lição de Carnelutti, se apresentam como uma variedade dos atos simples, distinguindo-se em sua forma, no sentido de que para produzirem o efeito jurídico desejado torna-se necessária não apenas uma ação, mas uma multiplicidade de ações.(8)

No tribunal, a arguição de nulidade será apreciada antes do mérito (preliminarmente, portanto), deste não se conhecendo se incompatível com a decisão tomada com relação àquela (CPC, art. 938, *caput*). Sendo a nulidade sanável, o órgão *ad quem* — desde que a providência seja justificável — determinará a realização ou a renovação do ato processual ou converterá o julgamento em diligência, ordenando a remessa dos autos ao juízo de primeiro grau competente, a fim de ser eliminado o vício (*ibidem*, § 1.º)

Mesmo nas situações típicas de nulidade suprível, todavia, a regra da conversão do julgamento em diligência não vem sendo observada, no geral, pelos tribunais do trabalho, pressurosos em não admitir recursos.

Sendo rejeitada a preliminar de nulidade, ou se o exame do mérito não for com ela inconciliável, proceder-se-á à discussão e ao julgamento da matéria de fundo, a respeito da qual deverão se pronunciar os juízes vencidos na preliminar (CPC, art. 939).

2. Da inafastabilidade da jurisdição

Em rigor, este princípio diz respeito à jurisdição, não ao processo; visto sob a perspectiva da jurisdição, o princípio aparece como sendo da indeclinabilidade.

Nada obsta, porém, a que o apreciemos agora sob o ponto de vista do processo, mormente se considerarmos que fizemos uma separação entre os princípios constitucionais do processo e os infraconstitucionais, estando o da inafastabilidade da jurisdição compreendido no primeiro grupo.

Antes façamos um escorço histórico da luta do homem pela justiça, para melhor ilustrarmos as considerações comas quais fecharemos este item.

A história do direito dos povos registra a existência de certa fase remota, envolvida pelas brumas da insensatez, em que ao indivíduo se permitia satisfazer, com os meios pessoais de

(8) *Sistema di Diritto Processuale Civile*. Padova: Cedam, 1936, n. 432, II.

que dispusesse, as suas pretensões pertinentes a bens ou utilidades da vida. Vivia-se, aí, o execrando período da autotutela ou autodefesa, quando o predomínio nem sempre era do direito, como seria desejável pelas consciências de hoje, e, sim, da astúcia, da velhacada, do ardil, da prepotência, e, de certo modo, das classes dominantes e detentoras ocasionais do poder.

Convencendo-se, não sem grande atraso, de que esse sistema iníquo estava colocando em grave risco a estabilidade não só das relações jurídicas, mas das próprias relações sociais, o Estado, que até então se mantinha em uma atitude irresponsavelmente passiva, interveio nesse campo e trouxe para si o encargo de solucionar, em caráter monopolístico e de maneira imparcial e heterônoma, os conflitos de interesses ocorrentes entre os integrantes do grupamento humano.

Instaura-se, a contar desse episódio de extraordinária importância para o direito dos homens, a Justiça Pública e com ela surge essa tríade fundamental, que viria a constituir-se na viga mestra de todo sistema moderno de solução estatal dos conflitos intersubjetivos de interesses protegidos pela ordem jurídica, a saber, a jurisdição, a ação e o processo. A *jurisdição*, mais do que um poder, um indeclinável dever do Estado de declarar com quem se encontra o direito em disputa; a *ação*, como o direito público, de que passaram a ser detentores os indivíduos e as coletividades, de invocar a prestação da tutela jurisdicional (nos casos e forma previstos em lei), sempre que sofrerem lesão de direito ou estiverem na iminência de sofrê-la; o *processo*, como método ou técnica de que se vale o Estado para compor as lides, e que se revela ao mundo sensível pelo procedimento — um conjunto de atos sequentes e preordenados, e em regra preclusivos, que se encaminham para o seu polo de atração magnética: a sentença.

Por força de uma saudável tradição, em nosso meio, a ação tem sido inscrita como um direito, uma garantia constitucional do indivíduo, nada obstante o seu exercício tenha sofrido ocasionais restrições, impostas por circunstâncias políticas que estimularam o desferimento de duros golpes nos princípios e nos ideais democráticos. A Suprema Carta brasileira em vigor, ao declarar que "a lei não excluirá da apreciação do Poder Judiciário lesão ou ameaça a direito", não apenas reafirma a tradição de que falamos, como estende a garantia da ação aos casos de ameaça de lesão (art. 5.º, XXXV), o que significa um expressivo avanço, se a compararmos à anterior.

Não podemos deixar de reconhecer que o fato de a ação encontrar-se, em nosso país, alcandorada à categoria de direito ou garantia constitucional é de vital relevância para o patrimônio jurídico dos indivíduos, na medida que lei ordinária não poderá coarctar — e, quanto menos, cercear —, a que pretexto seja, o exercício desse direito público subjetivo, ainda que temporariamente, embora se compreenda a exigência, que vem das normas infraconstitucionais, no sentido de que, para isso, deverão ser atendidas as *condições da ação* (CPC, arts. 17 e 485, VI).

O princípio da inafastabilidade da jurisdição possui, como procuramos demonstrar, profundas raízes históricas e representa uma espécie de contrapartida estatal ao veto à realização, pelos indivíduos, de justiça por mãos próprias ("exercício arbitrário das próprias razões", na peculiar dicção de nosso Código Penal — art. 345); mais do que isso, ela é uma pilastra de sustentação do Estado de Direito.

É, precisamente, desse compromisso histórico (e moral) assumido com os jurisdicionados que dimana o irrecusável dever do Estado de prestar a tutela jurisdicional, sempre que regularmente invocada — ou, até mesmo, de ofício, em situações excepcionais e autorizadas por lei. Esse dever, cabe advertir, não se resume à simples realização prática de distribuição da justiça: é indispensável para o seu pleno cumprimento que a proteção jurisdicional seja ministrada de forma rápida e boa, embora seja forçoso admitir que, em concreto, certas deficiências estruturais inveteradas da organização judiciária de nosso país, agravadas por algumas imperfeições técnicas do processo, façam com que a solução dos conflitos de interesses ocorra em um espaço de tempo muito superior ao tolerável.

Malgrado essa nota preocupante, a ação representa, sem dúvida, esse direito inalienável dos indivíduos e das coletividades de terem "o seu dia na Corte" (*his day in court*) — direito que é produto de uma das mais puras e sublimes manifestações do sentimento democrático.

Pois bem. O princípio da inafastabilidade da jurisdição também pode ser denominado *da ação*, conforme veremos a seguir. Com efeito, a Constituição Federal declara, no inciso XXXV do art. 5.º, que "a lei não excluirá da apreciação do Poder Judiciário lesão ou ameaça a direito"; com isso, está a assegurar o direito de ação, consistente na possibilidade de o indivíduo invocar a prestação da tutela jurisdicional, nos casos e forma previstos em lei. A particularidade de a prestação dessa tutela — desde que regularmente invocada pelo interessado — não poder ser recusada pelo Estado justifica falar-se em um princípio da inafastabilidade da jurisdição, ou, mesmo, de um princípio da ação. Em essência, todas essas expressões significam a mesma coisa: o direito de os indivíduos e as coletividades invocarem a atuação jurisdicional do Estado, a que corresponde o dever estatal de prestar essa tutela.

A garantia do exercício do direito de ação traduz, aliás, uma salutar tradição constitucional de nosso País. Praticamente, todas as Constituições republicanas contiveram cláusula a esse respeito. Exceção isolada foi a Carta de 1937, outorgada por Getúlio Vargas, na qual não se inscreveu essa garantia. Esse período de exceção ao Estado de Direito, felizmente, já faz parte de um passado (obscuro, por certo). Merece ser referido — e, sem dúvida, lamentado — também o fato de o Ato Institucional n. 5, de 13 de dezembro de 1968, haver excluído "de qualquer apreciação judicial todos os atos praticados de acordo com este Ato Institucional e seus Atos Complementares bem como os respectivos efeitos" (art. 11).

O grande contributo da Constituição Federal de 1988 ao tema em estudo consistiu em assegurar o exercício do direito de ação não somente nos casos de lesão de direito, mas nos de simples *ameaça de lesão*. Como essa ameaça torna o direito material periclitante, isto quer dizer que esse risco pode ser afastado por meio das tutelas de urgência, dentre as quais se incluem as ações cautelares (máxime as derivantes do poder geral de cautela, que o art. 301 do CPC atribui, em abstrato, aos magistrados) e a ação de mandado de segurança, apenas para citarmos alguns exemplos.

Em termos práticos, o inciso XXXV do art. 5.º da Constituição está a advertir que o legislador (ou quem quer que seja) não poderá, por que motivo for, excluir, ainda que temporariamente, da apreciação dos órgãos do Poder Judiciário qualquer lesão ou ameaça de lesão a direito. Entre nós, portanto, a ação constitui um direito público subjetivo e abstrato, consistente em obter a tutela jurisdicional do Estado; por outras palavras, a ação se apresenta como o direito subjetivo à sentença de mérito, ainda que, em situações extraordinárias, o processo possa vir a ser extinto sem pronunciamento acerca do mérito (CPC, art. 485). Para que o direito constitucional de ação seja regularmente exercido, contudo, será necessário que a parte o faça no prazo legal e atenda às condições previstas em lei, quais sejam: legitimidade para a causa, interesse de agir e possibilidade jurídica do pedido (CPC, arts. 17 e 485, IV); exigir-se-á, ainda, a presença dos pressupostos de constituição e de desenvolvimento regulares da relação jurídica processual (CPC, art. 485, VI).

Poderá, entretanto, a própria Constituição condicionar o ingresso em juízo à exaustão de certas vias não jurisdicionais (administrativas, *lato sensu*), como é o caso do art. 217, § 1.º, da atual, segundo o qual "O Poder Judiciário só admitirá ações relativas à disciplina e às competições desportivas após esgotarem-se as instâncias da justiça desportiva, reguladas em lei". Esta possuirá o prazo de sessenta dias para proferir decisão final (§ 2.º).

A Lei n. 9.307, de 23-9-96, que dispõe sobre a arbitragem, não é inconstitucional, pois não proíbe o exercício do direito de ação: tão somente faculta às partes resolver os seus litígios de natureza patrimonial por meios extrajudiciais, mediante a eleição de árbitro. Para isso, o contrato deverá conter cláusula compromissória e ser firmado o compromisso arbitral. Se uma das partes se recusar a assinar esse compromisso, a outra poderá ingressar em juízo, a fim de que a recusante seja citada para vir assinar o termo (art. 7.º). Convém lembrar que a sentença arbitral produz, entre as partes e sucessores, os mesmos efeitos da sentença proferida pelo Poder Judiciário e, sendo condenatória, constitui título executivo (art. 31). De qualquer forma, a parte interessada poderá se dirigir ao Poder Judiciário para pleitear a nulidade da sentença arbitral (art. 33), quando for o caso.

Embora determinado segmento da doutrina se recuse a distinguir o direito de ação do direito de petição, parece-nos que essa separação é necessária. Assim dizemos, não em decorrência do fato de o primeiro estar previsto no inciso XXXV, e o segundo, no inciso XXXIV, "*a*", ambos do art. 5.º da Constituição, e sim porque enquanto aquele, como vimos, se destina a obter um pronunciamento jurisdicional, este visa a uma resposta ou manifestação dos poderes públicos em geral, aí incluída a Administração e a Legislatura. O direito de petição é de natureza política.

3. Do juiz natural

Consideramos pouco didática a difundida locução *juiz natural*, pois, em rigor, não reflete a ideia que, por meio dela, se procura expressar. Melhor seria, p. ex., que se falasse em *juízo preexistente*, porquanto o que o princípio *sub examen* busca demonstrar é a garantia de as pessoas serem julgadas por órgão jurisdicional instituído anteriormente ao fato que motivou o ajuizamento da ação em face delas, coibindo-se, com isso, a criação de tribunais de exceção ou de juízos *ad hoc*, vale dizer, incumbidos de julgar, com discriminação, indivíduos ou coletividades.

O princípio em foco está inscrito no inciso XXXVII da Constituição em vigor, assim redigido: "não haverá juízo ou tribunal de exceção". A cláusula do juiz natural (ou juiz legal, como preferem os alemães), surgiu, entre nós, na Constituição Federal de 1946 (art. 141, § 26). Tribunal ou juízo de exceção é o que foi criado para julgar fato já ocorrido. Sob este aspecto, não é despropositado falar-se em tribunal *ad hoc*, cuja expressão latina significa "para isto".

Melhor explicando: a cláusula constitucional do juiz natural representa a garantia de que alguém somente poderá ser condenado por órgão jurisdicional preexistente ao ato praticado por essa pessoa, vale dizer, por órgão judicante pré-constituído. Proíbe-se, assim, a constituição de órgão destinado ao julgamento de questões *ex post facto*.

A existência de tribunais de exceção poderia fazer com que esses órgãos casuísticos fossem levados a prejulgar, ou a julgar sob forte influência de certas circunstâncias ou injunções políticas, religiosas, emocionais, étnicas etc, ou seja, a decidir de maneira preconceituosa, de tal modo que o ideal de justiça cederia lugar ao espezinhamento de direitos, à retaliação, à afronta à dignidade das partes, notadamente, do réu. É oportuno observar não ser por acaso que a instituição de tribunais de exceção tem coincidido, historicamente, com o surgimento de regimes ditatoriais. Logo, fica evidente que a cláusula do juiz natural constitui traço característico dos Estados de Direito.

Repugnaria, deveras, à consciência jurídica e ao espírito democrático a possibilidade de alguém vir a ser julgado por uma corte instituída, propositadamente, para aquele caso, ou seja, para apreciar o ato praticado por determinada pessoa ou por determinado grupo de pessoas. Seria, à evidência, um tribunal de preconceitos, quando o que reclamam os ideais de justiça é que o juízo seja, simplesmente, preconcebido (e imparcial, como é óbvio). Sob esse aspecto, impõe-se reconhecer que a competência dos diversos órgãos jurisdicionais guarda estreita vinculação com o princípio do juiz natural, uma vez que sendo defesa a criação de tribunais de exceção, isso corresponde não apenas a proclamar a garantia constitucional do juízo preconcebido, como a de que o julgamento seja sempre realizado por órgão competente — conforme se encontrem distribuídas, em lei, as diversas competências.

É inconteste que a provecta cláusula do juiz natural não seria bastante, por si só, para atingir os objetivos almejados pelo constituinte brasileiro; daí o motivo por que a nossa Carta Magna outorga à magistratura as garantias fundamentais da vitaliciedade, da inamovibilidade e da irredutibilidade de vencimentos (art. 95, *caput*, I, II e III, nessa ordem), a fim de que possam os seus membros exercer com segurança, independência e imparcialidade os elevados misteres institucionais que lhes são cometidos.

Juízo natural e juízo especializado, entrementes, são expressões inconfundíveis: enquanto aquela, como dissemos, espelha a garantia constitucional de que alguém somente poderá ser condenado por tribunal pré-constituído, este indica a presença de órgãos jurisdicionais dotados de competência específica (em contraposição à competência comum), como é o caso da Justiça do Trabalho, da Justiça Eleitoral, da Justiça Militar. Essa especialização dos juízos derivou de certas conveniências sócio-políticas, que não se relacionam, necessariamente, com as bases do regime democrático. Assim estamos a asseverar porque, no tocante ao juízo natural, como procuramos demonstrar, há um estreito vínculo com a ordem democrática, se considerarmos que esse juízo representa um expressivo corolário do Estado de Direito, fora do qual, por isso, dificilmente sobreviveria.

Também não se pode confundir tribunal de exceção (que é vedado) com prerrogativa de foro (que é lícita). Esta prerrogativa ocorre quando a lei, levando em conta certo interesse público, define a competência do órgão jurisdicional segundo o foro. Destarte, as ações de, divórcio, separação, anulação de casamento e reconhecimento ou dissolução de união estável devem ser propostas no foro indicado no inciso I, letras "*a*" a "*c*", do art. 53, do CPC. De igual forma, na ação de alimentos a ação deve ser exercida no foro do domicílio ou da residência do alimentando (*ibidem*, II). Um outro exemplo de prerrogativa a ser referido é o do julgamento do Presidente da República pelo Senado Federal, não pelo Poder Judiciário, nos crimes de responsabilidade, conforme prevê o art. 52, I, da Constituição.

A especialização dos juízos decorre de conveniências sócio-político-jurídicas que não se ligam, necessariamente, com as bases do regime democrático, diante das quais aquelas se mantêm indiferentes; no que toca ao juiz natural, contudo, esse relacionamento com a ordem democrática é figadal, pois tal juízo constitui significativo corolário do Estado de Direito, fora do qual dificilmente sobreviveria.

A cláusula do juiz natural, aliás, se completa com a do juízo competente, contida no inciso LIII do art. 5.ºda Constituição. Por uma questão metodológica, no entanto, separamos as duas cláusulas, a fim de as examinarmos especificamente. Por ora, estamos a nos dedicar à do juiz natural; a do juízo competente será apreciada no próximo item (4.).

Para que a cláusula do juiz natural não ficasse gravemente comprometida pelas vicissitudes e injunções da realidade prática, a Constituição Federal concedeu aos juízes determinadas garantias indispensáveis ao pleno exercício das funções, como as da vitaliciedade, da inamovibilidade e da irredutibilidade de vencimentos (art. 95, incisos I a III). Em contrapartida, a LOMAN e o CPC lhe impuseram uma série de deveres, dentre os quais sobressai o de imparcialidade (CPC, art. 139, I).

Em resumo, o princípio do juiz natural é formado pelos seguintes elementos: a) pré-constituição do órgão jurisdicional; b) competência do órgão; c) independência e imparcialidade dos juízes.

4. Do juízo competente

Como o Estado é detentor do monopólio da jurisdição, poderia parecer lógica a conclusão de que seria facultado à parte exercer o direito de ação perante qualquer autoridade judiciária, pouco importando as pessoas envolvidas no conflito de interesses; a matéria que desse conteúdo às pretensões de direito material; a localidade em que o fato ocorreu, etc.

Essa imaginária jurisdição inespecífica, ou "indiferente", por força da qual os juízes poderiam solucionar toda e qualquer lide que lhes fosse submetida à cognição, acarretaria, por suposto, inúmeros inconvenientes de ordem prática, a começar pela distribuição desproporcional da massa de ações (pois o autor preferiria ver a causa apreciada por juiz de sua predileção pessoal, por exemplo); pela dificuldade de os magistrados dominarem, de maneira satisfatória, todas as áreas do conhecimento jurídico (cultura enciclopédica), que hoje são extremamente vastas e complexas; pelo menosprezo às singularidades marcantes de cada espécie de lide, etc. Pondo à frente esses fatos, o nosso sistema legal atribuiu distintas competências aos órgãos jurisdicionais, tendo em vista a matéria, as pessoas, o valor da causa, o território, a hierarquia e o mais. Por outras palavras, o legislador fixou a quantidade de jurisdição para cada órgão do Poder Judiciário. Deste modo, podemos dizer que a definição de uma competência em benefício de um juízo exclui, de forma automática, a competência de qualquer outro. Com efeito, não se admite, em princípio, a existência de mais de um juízo competente para apreciar a mesma causa. Tanto isto é exato, que se houver conflito positivo (para cogitarmos apenas deste) de competência, o Tribunal será chamado a declarar qual é o (único) juízo competente.

A única exceção à regra legal de que a competência se define, exclusivamente, com relação a um juízo decorre da competência em razão do território (*ratione loci*). Sucede que eventual incompetência, neste caso, por ser relativa, deverá ser alegada no momento oportuno, pelo interessado, mediante exceção (CLT, art. 799), sob pena de a competência prorrogar-se (melhor: deslocar-se) em favor do juízo perante o qual o direito de ação foi exercido (CPC, art. 65, *caput*).

Tão relevante é a distribuição das competências que a Constituição Federal vigente declara (logo, assegura) que ninguém poderá ser processado "senão pela autoridade competente" (art. 5.º, inciso LIII). Essa norma está a patentear não apenas que o julgamento por juízo competente constitui uma garantia constitucional do indivíduo, como a impossibilidade de o legislador ordinário interferir nesse terreno das competências, modificando-as. É elementar, contudo, que a regra estampada no art. 5.º, LIII, da Constituição leva em conta as competências ditas absolutas, como se dá com as relativas à pessoa, à matéria, à hierarquia. Segue-se, que esse mandamento constitucional não será contravindo pelo fato de, eventualmente, a ação vir a ser exercida perante juízo incompetente em razão do território, pois a incompetência, no caso, é relativa.

Assim, se a incompetência em razão do território não for alegada pelo réu, no momento oportuno, por meio de exceção, a consequência prática será o deslocamento da competência para o juízo que, em princípio, não a detinha. Esse deslocamento, porém, não ocorrerá se a incompetência for absoluta, porquanto esta pode ser alegada em qualquer tempo e grau de jurisdição, independentemente de exceção (CPC, art. 64, § 1.º. Aliás, somente a incompetência absoluta pode ser declarada por iniciativa do juiz (*ex officio*). Ademais, apenas a sentença proferida por juízo absolutamente incompetente pode ser rescindida (CPC, art. 966, II).

5. Da igualdade de tratamento

A partir do momento — de extraordinária importância histórica — em que o Estado proibiu os indivíduos de realizar justiça por mãos próprias (autotutela), não só assumiu o compromisso ético e político de efetuar, de maneira rápida e satisfatória, a entrega da prestação jurisdicional, como de ministrar um tratamento rigorosamente igualitário às partes.

Em termos objetivos, estamos a dizer que um dos deveres do magistrado consiste em tratar igualmente os litigantes. Esse dever, conquanto esteja previsto no art. 139, inciso I, do CPC, decorre, na verdade, da regra geral inscrita no art. 5.º, *caput*, da Constituição, segundo a qual todos são iguais perante a lei, sem distinção de qualquer natureza. Essa regra de isonomia deve ser acatada, portanto, não apenas pelo legislador, mas pelo próprio magistrado.

A Declaração Universal dos Direitos do Homem, aprovada em Resolução da III Sessão Ordinária da Assembleia Geral da ONU, em Paris, 1948, estabelece, no art. 10, *verbis*:

> "Todo homem tem direito, em plena igualdade, a uma justa e pública audiência por parte de um tribunal independente e imparcial, para decidir os seus direitos e deveres ou do fundamento de qualquer acusação criminal contra ele."

A Convenção Americana sobre Direitos Humanos (Pacto de São José da Costa Rica), integrante do ordenamento jurídico brasileiro, em virtude do Decreto n. 678, de 6-11-92, por seu turno, dispõe, no art. 8.1:

> "toda pessoa tem direito a ser ouvida, com as devidas garantias e dentro de um prazo razoável, por um juiz ou tribunal competente, independente e imparcial, estabelecido anteriormente por lei, na apuração formal de qualquer acusação penal formulada contra ela, ou para que se determinem seus direitos ou obrigações de natureza civil, trabalhista, fiscal ou de qualquer outra natureza." (destacamos)

Seria, em verdade, intolerável a existência de juízes parciais, iníquos, tendenciosos, pois isso colocaria sob grave risco não só a respeitabilidade dos pronunciamentos jurisdicionais, mas a própria razão de ser do Poder Judiciário. Sob esse ângulo, chega a encerrar um certo vício pleonástico a expressão juiz imparcial, como se pudessem existir, institucionalmente, juízes parciais.

Quando se fala em imparcialidade judicial não se está unicamente a asseverar que o juiz deve propiciar iguais oportunidades às partes, e sim que, de modo mais amplo, a ele incumbe subministrar um tratamento isonômico aos litigantes em todas as fases do procedimento. A quebra, pelo magistrado, de seu ontológico e indeclinável dever de neutralidade, por traduzir uma forma de discriminação, poderá ensejar a nulidade do processo.

Seria de indagar-se, a esta altura de nossa exposição, se a prerrogativa que o CPC atribui ao Ministério Público, consistente no prazo em dobro para contestar e em dobro para manifestar-se nos autos (art. 180, *caput*) e, à União, aos Estados, ao Distrito Federal, aos Municípios e suas respectivas autarquias e fundações de direito público, sob a forma de reexame necessário das decisões que lhe forem desfavoráveis (art. 496, I) não acarreta transgressão da norma constitucional que diz da igualdade de todos perante a lei. Certamente que não. O que o art. 5.º, *caput*, da Constituição proíbe é a distinção lesiva entre iguais, e não entre pessoas que se encontram vinculadas a situações ou a estados naturalmente distintos. Sob este aspecto, compreende-se que a finalidade dos arts. 180, *caput*, e 496, I, do CPC, não foi estabelecer uma odiosa discriminação entre pessoas ou realizar um aviltamento da dignidade dos particulares em geral, senão que dar preeminência ao interesse público. Note-se que a própria Constituição, em diversos momentos, atribui supremacia ao interesse público, em cotejo com o particular, como quando, por exemplo, determina que a execução por quantia certa contra a Fazenda Pública se realiza mediante precatório (art. 100, *caput*), exceto no caso de "pagamento de obrigações definidas em lei como de pequeno valor" (*ibidem*, § 3.º).

Por outras palavras: a igualdade não deve ser estabelecida, de maneira exclusiva, sob o ponto de vista formal, de tal modo que não se possa ministrar nenhum tratamento diferenciado às pessoas em geral; essa igualdade deve ser determinada, isto sim, segundo o aspecto real, vale dizer, só se deve tratar com isonomia as pessoas substancialmente iguais.

Como ponderam Cintra, Grinover e Dinamarco: "Fazenda e Ministério Público gozam da dilação de prazos prevista no art. 188 do Código de Processo Civil: as partes não litigam em igualdade de condições e o benefício de prazo se justifica, na medida necessária ao estabelecimento da verdadeira isonomia. A Fazenda, em virtude da complexidade dos serviços estatais e da necessidade de formalidades burocráticas; o Ministério Público, por causa do desaparelhamento e distância das fontes de informação e de provas. Outras prerrogativas, que se justificam pela idoneidade financeira e pelo interesse público, são a procrastinação do pagamento das despesas processuais (dispensa de preparo) e a concessão da medida cautelar independentemente de justificação prévia e de caução (...)" (*Teoria Geral do Processo*. 21.ª ed. São Paulo: Malheiros, 2005. p. 56).

Também não são transgressoras do art. 5.º, *caput*, da Constituição, as normas infraconstitucionais que atribuem a uma das partes superioridade jurídica para compensar a sua inferioridade econômica, a sua hipossuficiência. Essa é uma das características do processo do trabalho, no qual é visível o seu sentido protetivo do trabalhador. O art. 4.º, inciso I, do Código de Defesa do Consumidor (Lei n. 8.078, de 11-9-90), por sua vez, efetua verdadeira e notável declaração de princípio, ao reconhecer, expressamente, a "vulnerabilidade do consumidor no mercado de consumo", permitindo, em razão disso, dentre outras coisas, que o juiz inverta o ônus da prova em benefício do consumidor, quando este for hipossuficiente (art. 6.º, VIII). Destacamos. O art. 373, do CPC de 2015, revelando sensibilidade diante dos fatos da realidade, dispõe, em seu § 1.º: " Nos casos previstos em lei ou diante de peculiaridades da causa relacionadas à impossibilidade ou à excessiva dificuldade de cumprir o encargo nos termos do *caput* ou à maior facilidade de obtenção da prova do fato contrário, poderá o juiz atribuir o ônus da prova de modo diverso, desde que o faça por decisão fundamentada, caso em que deverá dar à parte a oportunidade de se desincumbir do ônus que lhe foi atribuído."

A possibilidade, prevista no art. 113, § 1.º, do CPC, de o juiz reduzir o número de litisconsortes, quando este, por ser elevado, puder dificultar a defesa (ou comprometer a rápida solução do litígio), também pode ser referida como uma providência legal destinada a preservar a regra de igualdade, contida no art. 5.º, *caput*, da Constituição. É que esse número expressivo de pessoas situadas num dos polos (ativo) da relação processual pode acarretar um desequilíbrio técnico no processo, em prejuízo do réu. É bem verdade que essa limitação subjetiva de litisconsortes só poder ser efetuada nos regimes do tipo facultativo, como deixa claro o próprio texto legal mencionado.

Pondo de lado essas situações extraordinárias, devemos dizer que mesmo no processo de execução, em que o exequente tem preeminência jurídica, e o devedor, estado de sujeição, o juiz deve dispensar um tratamento igualitário às partes. Por outro modo de expressão: embora a execução se processe no interesse do exequente (CPC, art. 797), essa particularidade não autoriza o juiz a fazer tábua rasa dos arts. 5.º, *caput*, da Constituição, e 139, I, do

CPC. A superioridade axiológica (e ideológica) que o exequente ostenta em face do devedor é relevante, apenas, para revelar a finalidade do processo de execução, e não para justificar um tratamento discriminatório do devedor, no que respeita à prática de atos processuais destinados à promoção da defesa dos seus legítimos interesses.

6. Do contraditório e ampla defesa

A Constituição de 1967, com a Emenda n. 1 de 1969, assegurava o contraditório, apenas, para o processo penal (art. 153, § 16), embora a doutrina do período entendesse que essa garantia era extensível aos processos civil e administrativo. Talvez por isso, a Constituição Federal de 1988 tenha se preocupado em assegurar, de maneira expressa, o contraditório e a ampla defesa "em processo judicial ou administrativo", conforme declara o inciso LV do art. 5.º.

O princípio do contraditório significa a imposição legal de audiência bilateral (*audiatur et altera parte*), ou seja, a necessidade de o juiz, caso tenha ouvido uma das partes, também ouvir a outra; traduz, enfim, de modo mais amplo, a imposição legal de dar-se conhecimento da ação (ao réu) e de todos os atos processuais às partes, e de assegurar-lhes a possibilidade de reagir juridicamente aos atos que lhes forem desfavoráveis. Resumindo: o contraditório consiste na "ciência bilateral dos atos contrariáveis", como se costuma dizer em doutrina. Esse princípio não deve, todavia, ser interpretado como uma exigência de que os litigantes se manifestem, efetivamente, acerca dos atos e termos do processo, e sim que lhes seja concedida a *oportunidade* para essa manifestação. Se, por exemplo, o réu for regularmente citado e deixar de responder à ação, tornar-se-á revel (o que se deverá verificar, apenas, é se ocorreu o efeito da revelia: CPC, art. 348), sem que isso implique violação ao princípio constitucional do contraditório: no caso, ele teve oportunidade para se defender, e a desperdiçou.

Se bem refletirmos, veremos que o princípio do contraditório está intimamente ligado com o da igualdade de tratamento (CF, art. 5.º, *caput*; CPC, art. 139, I), pois a audiência bilateral a que nos referimos há pouco nada mais é do que uma emanação do dever imposto ao magistrado de dispensar um tratamento equânime, paritário, aos litigantes. Exatamente por isso é que, mesmo no processo do trabalho, em que as normas legais tendem à proteção do trabalhador, o princípio do contraditório deve ser observado à risca. Esse princípio, como parece estar evidente a esta altura, não tem um conteúdo ideológico, e sim político. Se fosse ideológico, justificaria a sua aplicação em benefício apenas de uma das partes, com a consequente desconsideração de um outro princípio, qual seja, o da igualdade de tratamento.

O contraditório, na verdade, figura como cláusula inerente ao Estado de Direito, segundo o qual os atos processuais devem ser praticados não somente com transparência (publicidade), mas com indispensável ciência das partes (bilateralidade).

A despeito disso, alguns estudiosos, sentiram-se à vontade para reduzir a área de incidência do princípio em exame ao terreno da prova. Barbosa Moreira, por exemplo, sustenta que "a garantia do contraditório significa, antes de mais nada, que a ambas as partes se hão de conceder iguais oportunidades de pleitear a produção de provas: seria manifestamente inadmissível a estruturação do procedimento por forma tal, que qualquer dos litigantes ficasse impossibilitado de submeter ao juiz a indicação dos meios de prova de que pretende valer-se. Significa, a seguir, que não deve haver disparidade de critérios no deferimento ou indeferimento dessas provas pelo órgão judicial. Também significa que as partes terão as mesmas possibilidades de participar dos atos probatórios e de pronunciar-se sobre os seus resultados",[9] acrescentando não ser inconciliável com a garantia do contraditório a iniciativa do juiz ou do Ministério Público (nos processos em que atue na qualidade de *custos leges*) na busca de elementos esclarecedores.[10]

Essa restrição, porém, é injustificável, acima de tudo, porque a própria Constituição não a consagra. De outro lado, embora devamos reconhecer que o princípio do contraditório possa aflorar com mais intensidade no sítio das provas, não menos exato é que ele se manifesta, vivamente, em vários outros momentos do procedimento.

Basta lembrar a fase das alegações finais, de que trata o art. 364, do CPC: o princípio do contraditório exige que o juiz conceda a palavra a ambos os litigantes, em ordem sucessiva. O mesmo se diga quanto à sustentação oral, nos tribunais: haverá quebra desse princípio se se permitir que apenas uma das partes (estando ambas inscritas) assome à tribuna para realizá-la.

Como se percebe, Barbosa Moreira reduziu a instrução processual à prova e, dessa forma, confinou o contraditório aos lindes desta. Para nós, no entanto, instrução é algo mais: é preparação; preparação do provimento de fundo, que dirimirá o conflito de interesses. A prova corresponde a uma fase, a um capítulo dessa atividade de preparação, ainda que seja de reconhecer-se que figura como um dos mais importantes. Não é, entretanto, o único. Vejam-se as razões finais, que podem as partes aduzir no prazo de dez minutos (CLT, art. 850, *caput*): elas integram, à evidência, o conjunto de atos preparatórios do provimento final, sob a forma de argumentos ou de informações apresentadas pelos litigantes. Se fôssemos limitar a aplicação do princípio do contraditório ao terreno da prova, por certo haveríamos de concluir que esse princípio, embora decorrente da regra constitucional de igualdade de todos perante a lei, não incidiria em momentos outros do processo, como, *e. g.*, o das razões finais, de tal sorte que estas poderiam ser deferidas apenas a um dos demandantes, sem que o outro pudesse arguir qualquer nulidade processual.

Talvez por isso tenha Giuseppe La China dito, com muita propriedade, que o contraditório representa, de um lado, a imprescindível informação dos atos do processo às partes e, de outro, a possível reação destas aos atos que lhes forem contrários aos interesses. Consoante o parecer desse jurista, portanto, teríamos, no contraditório, dois elementos inconfundíveis: a informação necessária e a reação possível. Pela nossa parte, acrescentaríamos um terceiro elemento: a influência na formação do convencimento jurídico do magistrado. Efetivamente, a finalidade do contraditório não é algo que deva ficar circunscrita à esfera pessoal das partes, devendo, por isso, ser considerada também sob a perspectiva de sua influência no espírito do julgador. Afinal, não se pode negar que o contraditório se destine, em última análise, em fornecer ao magistrado argumentos relevantes à solução do conflito de interesses.

(9) *Temas de Direito Processual*. São Paulo: Saraiva, 1984. p. 67.

(10) *Ibidem*, p. 68.

Para que haja informação e participação dos litigantes, no processo, é indispensável que estes sejam cientificados de todos os atos aí praticados; essa comunicação é feita pela citação (do réu) ou pela intimação (dos contendores em geral), atos que a CLT, em linguagem nada científica, denomina, genericamente, de notificação. A falta dessas comunicações conduz, quase sempre, à nulidade do processo, consequência que, embora necessária para ressalvar o direito do prejudicado, deixa atrás de si as marcas de uma atividade jurisdicional inutilmente realizada.

Cabe indagar, nesta quadra de nossa exposição, se o princípio constitucional do contraditório não estaria sendo desrespeitado nos casos em que o juiz concede providências liminares sem audiência da parte contrária, como se passa em sede cautelar (CPC, art. 300, § 2.º); de ação mandamental (Lei n. 12.016/2009, art. 7.º, inciso III); e de ação civil pública (Lei n. 7.347/85, art. 12), entre outras. Esclarecendo que se desrespeito aí houvesse teria sido praticado pela norma legal ordinária e não pelo juiz (que tão somente a aplicou), devemos dizer que a concessão *inaudita altera parte* de certas medidas (desde que legalmente autorizadas) não implica violação do aludido princípio, que se manifestará, concretamente, no momento da citação do réu (ação cautelar e ação civil pública), ou do litisconsorte (ação mandamental), que terá, assim, oportunidade de responder à ação (ampla defesa) e participar do processo, ouvindo e sendo ouvido, produzindo provas, aduzindo razões finais, interpondo recursos etc. (contraditório). Cuida-se, no caso, de contraditório diferido ou protraído.

Não ocorrerá, igualmente, ofensa ao princípio do contraditório quando, na ação monitória, juiz ordenar, desde logo, a expedição de mandado (de pagamento ou de entrega de coisa), sem ouvir o réu (CPC, art. 701). Dá-se que o réu poderá oferecer embargos, no prazo de quinze dias (art. 702), ficando, com isso, atendido o princípio em exame.

No plano do processo penal, o contraditório é efetivo, real, motivo por que mesmo sendo o réu revel deverá existir defesa técnica, como exige o art. 261, do CPP, conjugado com o art. 497, V, do mesmo Código, que determina seja concedido defensor ao réu, quando o juiz reputá-lo indefeso. Nos processos civil, trabalhista e administrativo esse princípio, como foi dito, estará atendido com a simples concessão de oportunidade para que a parte seja ouvida.

O que estramos a dizer, enfim, é que o contraditório, como princípio constitucional, não precisa ser imediato, podendo ser *diferido*.

O contraditório não é, contudo, um princípio que esteja exclusivamente a serviço das partes, que, ao través dele, exercem no processo uma atividade prestante, vinculada ao interesse de colocar diante do juiz elementos capazes de assegurar um pronunciamento favorável. Sob essa óptica, não se nega que o contraditório constitua, com efeito, uma garantia constitucional para os litigantes, como sujeitos parciais (e interessados) do processo. Repisemos: o que não se pode ignorar é o fato de esse princípio estar relacionado também com o juiz, pois este, na qualidade de reitor, de condutor soberano do processo, tem interesse em ouvir as partes, com vistas a obter, como resultado prático dessa audiência bilateral, informações, elementos probantes, esclarecimentos e o mais de que se possa valer para formar a sua convicção jurídica acerca dos fatos narrados na causa. Desta forma, mesmo que, em determinada situação, a lei não imponha a oitiva das partes, poderá o juiz ouvi-las ou abrir prazo para que uma delas se manifeste sobre ato praticado ou requerimento formulado pela outra, assim como assinar prazo, comum ou sucessivo (que, neste caso, deve ser igual), para que falem a respeito do laudo pericial, dos cálculos do contador, ou de informação prestada por terceiros em geral.

Podemos afirmar, por isso, que o contraditório é uma cláusula constitucional típica dos Estados de Direito e segundo a qual todos os atos processuais devem ser realizados não apenas com transparência, mas com o indispensável conhecimento daquele a quem tais atos possam afetar. Por esse princípio se garante, ainda, a participação ampla dos litigantes em todo o processo e não apenas na fase de produção de provas, porquanto, como dissemos há pouco, a instrução não está limitada à coleta de provas (conquanto seja nessa fase que ela se apresente de modo mais perceptível), compreendendo, também, a preparação do provimento final, que comporá a lide — preparação que enfeixa um complexo de atos diversificados, dentre os quais se incluem, p. ex., as razões finais. Assim sendo, ambas as partes têm direito de aduzir essas razões (e em igual prazo), direito que promana, a um só tempo, dos princípios do contraditório e da igualdade, que se inter-relacionam.

Convém deixar clarificado que o contraditório, como princípio, não deve ser interpretado como uma imposição para que os litigantes participem *efetivamente* do processo, e sim que a eles se conceda *oportunidade* para essa participação, na medida do interesse de cada um, a fim de que possam apresentar as suas razões ou se contraporem às aduzidas pelo adversário; logo, essa participação é meramente facultativa, malgrado a abertura da correspondente oportunidade seja obrigatória. Enfim, sob esse ponto de vista, encara-se o contraditório não como participação efetiva e sim como oportunidade de participação.

Os princípios de que estamos a cuidar (contraditório e ampla defesa) se encontram estampados no art. 5.º, LV, da Constituição Federal em vigor, assim redigido: "Aos litigantes, em processo judicial ou administrativo, e aos acusados em geral, são assegurados o contraditório e ampla defesa, com os meios e recursos a ela inerentes". A Constituição anterior, por seu art. 153, assegurava ampla defesa aos acusados (§ 15) e declarava que a instrução criminal seria contraditória (§ 16). Pelo cotejo entre ambas as Constituições, constata-se que a atual condensa em um só inciso (LV) disposições que vinham contidas, na revogada, em parágrafos distintos.

Nada obstante, certo setor da doutrina sentiu-se em boa sombra para asseverar que o texto vigente (art. 5.º, LV) deveria ter a sua redação desmembrada, para efeito de inferir-se que assegurava: a) aos acusados, ampla defesa; b) aos litigantes em geral, o contraditório. *Venia concessa*, essa disjunção da regra constitucional, pretendida por alguns, é arbitrária, insensata e discriminadora, pois tende a subtrair do processo civil o contraditório e do processo penal a ampla defesa, em atitude que ofende o princípio da igualdade, proclamado pelo *caput* do art. 5.º da mesma Constituição. Há que se entender, portanto — e para sempre —, que as cláusulas constitucionais do contraditório e da ampla defesa são aplicáveis, indiferentemente, ao processo civil (litigantes) e ao processo penal (acusados) e, por extensão, ao do trabalho.

É verdade que no sistema da Constituição de 1967/69, como vimos, a ampla defesa e o contraditório vinham regulados em parágrafos distintos, um e outro atinentes ao processo penal; apesar disso, a melhor doutrina do período sempre sustentou, com êxito, a incidência de ambas as cláusulas também no processo civil, exatamente em nome do princípio da igualdade, preconizado pelo § 1.º do art. 153 daquele texto. Na atual, como está evidente, não só a igualdade é assegurada pelo *caput* do art. 5.º, como o contraditório e a ampla defesa vêm referidos no mesmo inciso (LV) — razões suficientes para anatematizar a esdrúxula interpretação, por nós combatida, que visa a cindir em duas a regra constitucional, com o desassisado propósito de deixar fora do processo civil (e trabalhista) o contraditório, e, do processo penal, a ampla defesa. Esses dois princípios atuam, inclusive, nos procedimentos administrativos, como deixa patente a norma constitucional comentada.

A leitura apressada (logo, irrefletida) do inc. LV do art. 5.º da Constituição em vigor conduziu não somente à canhestra ilação que acabamos de criticar, senão que a uma outra, não menos absurda. Expliquemos. Essa norma constitucional assegura, como demonstramos, o contraditório e a ampla defesa, "com os meios e recursos a ela inerentes", ou seja, a esta última. A partir de uma interpretação estrábica desse preceito, chegaram alguns estudiosos a anunciar o fim das sentenças irrecorríveis, em virtude da derrogação constitucional das leis ordinárias que as previam, como, em particular, a de n. 5.584, de 26 de junho de 1970 (art. 2.º, § 4.º). Esses intérpretes dos primeiros momentos, tangidos pela afoiteza, cometeram o erro crasso de imaginar que a expressão "com os meios e recursos a ela inerentes" fosse uma impressionante novidade trazida pela Constituição de 1988. Ora, se tivessem tido o cuidado científico de examinar a história de nossas Constituições veriam que o que consta do inc. LV do art. 5.º da atual nada mais é do que a manutenência de uma antiga (e, por certo, salutar) tradição de nossos Textos Supremos. Com efeito, vejamos o que estatuíam, sobre o assunto, as Constituições do passado: a) de 1891: "Aos acusados se assegurará na lei a mais ampla defesa, com todos os recursos e meios essenciais a ela..." (art. 72, § 16); b) de 1934: "A lei assegurará aos acusados ampla defesa, com os meios e recursos essenciais a esta..." (art. 113, § 24); c) 1937: omissa (por motivos político-ideológicos censuráveis); d) de 1946: "É assegurado aos acusados ampla defesa, com todos os meios e recursos essenciais a ela... (art. 141, § 25); e) de 1967: "A lei assegurará aos acusados ampla defesa, com os recursos a ela inerentes..." (art. 150, § 15); f) Emenda Constitucional n. 1, de 1969: "A lei assegurará aos acusados ampla defesa, com os recursos a ela inerentes..." (art. 153, § 15).

Não há registro de que se tenha sustentado, com sucesso, de 1891 até antes da vigência da atual Constituição, de um lado, a impossibilidade de leis ordinárias instituírem, em alguns casos, sentenças irrecorríveis, e, de outro, a revogação dessas leis pela Constituição ou a inconstitucionalidade das mesmas. O duplo grau de jurisdição, a despeito de ser um princípio processual, não tem sua sede na Constituição e sim nas leis infraconstitucionais. Não se suspeite que o fato de estarmos defendendo a sobrevivência das sentenças irrecorríveis implique eventual antipatia pelo duplo grau de jurisdição. Nada disso. Estamos seguramente convencidos de que essa duplicidade de graus constitui medida de fundamental importância para o aprimoramento da prestação jurisdicional — conquanto saibamos que, em alguns casos, uma boa sentença acabe sendo substituída por um mau acórdão. Acidentes dessa índole, contudo, não invalidam os motivos que determinam, em nosso sistema de processo, a possibilidade de um pronunciamento jurisdicional ser revisto, em regra, por outro órgão, hierarquicamente superior. A História tem demonstrado, aliás, que a restrição do uso das vias recursais (ou, quanto mais não seja, o veto ao acesso a elas) tem coincidido com a instauração de regimes de vocação ditatorial, particularidade que autoriza a conclusão de que, em sentido oposto, a possibilidade de reexame, no mesmo processo, das causas já apreciadas, representa um expressivo traço dos regimes democráticos. Jamais, portanto, nos abalançaríamos a discursar contra o duplo grau de jurisdição, que encontra no truísmo da falibilidade humana uma das razões de sua existência; o que estamos a dizer é que o inc. LV do art. 5.º da Constituição Federal não inclui, no elenco de seus direitos e garantias individuais, esse duplo grau, seja porque o vocábulo *recursos* foi aí empregado no sentido de providências, nunca em sua acepção técnica de meio de impugnação dos pronunciamentos jurisdicionais (afinal, a Constituição não é um Código de Processo, para que se dê ao aludido termo um sentido técnico), seja porque apenas forma com o substantivo meios uma expressão reforçativa, surgida na Constituição de 1891!

Bem ou mal, conseguintemente, ainda estão a viger as leis ordinárias que colocaram em determinadas sentenças o selo da irrecorribilidade, exceto se infringentes da letra da Constituição ou dos princípios por ela consagrados.

Por outro lado, também não se justifica limitar o contraditório ao processo de conhecimento. Por força da regra contida no art. 5.º, inciso LV, da Constituição, esse princípio deve ser observado, de igual modo, nos processos cautelar e de execução. Essa nossa afirmação requer algumas considerações complementares. Em primeiro lugar, devemos reiterar a advertência, feita em linhas anteriores, de que o fato de, na execução, o exequente possuir preeminência jurídica, e o executado, estado de sujeição, não autoriza o juiz a deitar fora o princípio da igualdade de tratamento, inscrito no art. 5.º, *caput*, da Constituição. Por essa mesma razão, o princípio do contraditório (que se imbrica com o da igualdade de tratamento) deve ser aplicado no processo de execução. Em segundo, no processo cautelar, o fato de o juiz conceder a medida liminar sem audiência do réu (*inaudita altera parte*) não configura, como, às vezes se tem imaginado, uma transgressão ao princípio do contraditório. A concessão da cautela, sem o conhecimento do réu, é necessária justamente para evitar que ele, sendo citado, torne a medida ineficaz, vale dizer, frustre os objetivos desta. O contraditório será estabelecido mais tarde, quando ocorrer a citação. Trata-se, repitamos, de um contraditório diferido.

7. Da publicidade

Mais uma vez, torna-se perceptível a intimidade da relação que há entre o princípio da publicidade dos atos processuais e os regimes democráticos. Em sentido inverso, esse princípio é tanto mais coarctado quanto mais os regimes políticos manifestam tendência ditatorial.

O princípio da publicidade assegura uma transparência do processo, permitindo, dentre outras coisas, que o público em geral tenha acesso às salas de sessão dos órgãos jurisdicionais. O art. 368, do CPC, por exemplo — repetindo a regra inscrita no art. 93, IX, da Constituição Federal —, declara que as audiências serão públicas. Em nome do princípio que estamos examinando, as pessoas podem requerer certidões de atos processuais em geral; tratando-se de processo que corra em segredo de justiça, diz o art. 189, § 1.º, que o direito de requerer certidão é restrito às partes e seus advogados. O terceiro que demonstrar interesse jurídi o poderá requerer ao juiz certidão apenas do dispositivo da sentença, assim como de inventário e de partilha decorrentes de divórcio ou separação (*ibidem*, § 2.º). Parece-nos, contudo, que essa disposição do CPC está em antagonismo com o art. 5.º, inciso XXXIV, letra "*b*", da Constituição, que assegura a todos a obtenção de certidões em repartições públicas, para defesa de direitos e esclarecimentos de situações de interesse pessoal. Sendo assim, pensamos que o juiz não possa indeferir o requerimento de certidão relativa a qualquer ato processual, formulado por terceiro, contanto que este demonstre a necessidade de obtê-la, para efeito de promover a defesa de um seu direito ou de obter esclarecimento de situação de foro pessoal.

Pode-se dizer que o princípio da publicidade visa a permitir ao povo fiscalizar a atuação dos juízes e de todos os sujeitos do processo. Podemos falar, portanto, em uma *publicidade popular* do processo. A declaração Universal dos Direitos do Homem, enunciada pela Organização das Nações Unidas em 1948, assegura o princípio da publicidade popular do processo (art. 10), que é de certa forma ampla, pois enseja ao povo acompanhar (logo, fiscalizar) a atuação dos juízes, mediante, *e. g.*, o comparecimento às sessões de audiência e de julgamento. Ao declarar que "todos os julgamentos do Poder Judiciário serão públicos" (destacamos), a Constituição Federal de 1988 revela haver perfilhado esse princípio fundamental (art. 93, inciso IX).

Convém rememorar que o devido processo legal constitui um instrumento democrático de solução de conflitos de interesses tutelados pela ordem jurídica. Os julgamentos secretos, felizmente, fazem parte do passado. A reação contra esses julgamentos esotéricos surgiu com a Revolução Francesa de 1789, que proclamou a publicidade dos atos processuais como garantia de independência, de imparcialidade e de responsabilidade da magistratura e, ao mesmo tempo, de justiça para os jurisdicionados.

Todavia, como pondera Ada Pellegrini Grinover, "toda precaução há de ser tomada contra a exasperação do princípio da publicidade. Os modernos canais de comunicação de massa podem representar um perigo tão grande como o próprio segredo. As audiências televisionadas têm provocado em vários países profundas manifestações de protesto. Não só os juízes são perturbados por uma curiosidade malsã, como as próprias partes e as testemunhas se veem submetidas a excessos de publicidade que infringem seu direito à intimidade, além de conduzir à distorção do próprio fundamento da Justiça através de pressões impostas a todos os figurantes do drama judicial. Publicidade como garantia política — cuja finalidade é o controle da opinião pública nos serviços da Justiça — não pode ser confundida com o escândalo e a afronta à dignidade humana. Cabe à técnica legislativa encontrar o justo equilíbrio e dar ao problema a solução mais consentânea em face da experiência e dos costumes de cada povo".[11]

Existe, entretanto, no sistema do processo civil uma publicidade menos ampla (dita, por isso mesmo, restrita), que diz respeito às partes e seus procuradores e, eventualmente, a terceiros. O próprio texto constitucional indica os casos em que a lei poderá restringir a publicidade dos atos processuais: "Quando a defesa da intimidade ou o interesse social o

(11) *Teoria Geral do Processo*. 6.ª ed. São Paulo: LTr, 1986. p. 38.

exigirem"(art. 5.º, LX; realçamos). Em tais situações, os atos processuais serão realizados em segredo de justiça. O art. 189, do CPC, define esses casos, nos incisos I a IV. Em tais situações, a audiência será realizada com as portas da sala fechadas. O art. 189, do CPC, é aplicável, *mutatis mutandis*, no processo do trabalho, naquilo que for da competência da Justiça do Trabalho.

Embora o processo civil haja consagrado o princípio da publicidade popular, pelo qual se consente que as pessoas em geral compareçam às salas de audiências ou de sessões dos órgãos jurisdicionais, seja para assistir a esses atos por mera curiosidade; seja para fiscalizar a atuação dos juízes, das partes, dos advogados ou do Ministério Público, isso não significa que tais espectadores possam intervir nos trabalhos que aí se desenvolvem, ou perturbar a boa ordem desses trabalhos, como: comunicando-se, por palavras ou gestos, com as partes, advogados e testemunhas; formulando críticas à atuação do juiz ou dos advogados; aplaudindo ou vaiando as declarações das partes ou das testemunhas; conversando em voz alta, falando ao telefone, etc. Tem sido frequente, *v. g.*, nas sessões de julgamento dos denominados dissídios coletivos o plenário do tribunal ser ocupado por integrantes das categorias em conflito, que ali vão, muitas vezes, não com o objetivo de acompanhar a votação, mas, sim, de influenciar os juízes, mediante pressão que se revela já pela própria presença maciça dessas pessoas e se complementa pela reação de contentamento ou de desagrado diante de cada argumento expendido ou de cada voto proferido.

Esse comportamento é atentatório à dignidade da Justiça e incompatível com o decoro que se exige de quem se encontra nas dependências das unidades judiciárias. Por isso, vindo qualquer pessoa a adotar atitudes dessa natureza, o juiz, no exercício do seu inerente poder de polícia, a advertirá para que se abstenha de fazê-lo, sob pena de ser retirada da sala de audiência ou de sessões (CPC, art. 360, II; CLT, art. 816). Se houver necessidade, o juiz poderá requisitar força policial, a fim de que a sua ordem seja cumprida (CPC, *ibidem*, III).

De uns tempos até esta altura, aliás, tem sido frequente — e, sobretudo, perturbadora — a presença de telefones celulares ou *smartphones* nas salas de audiências ou de sessões, cujos aparelhos passam a receber chamadas durante a realização desses atos processuais. Pouco importa que sejam as partes, seus advogados ou terceiros que estejam a portar essa espécie de aparelho: ao juiz incumbirá solicitar que sejam desligados, sob pena de a pessoa ser retirada da sala de audiências, ou de ser adotada outra providência que a situação esteja a exigir.

Não se imagine, porém, que o magistrado, ao determinar que sejam retiradas da sala de audiência pessoas que estejam a perturbar os trabalhos estará, com isso, golpeando o princípio constitucional da publicidade. Ora, é elementar que esse princípio, embora seja extremamente necessário, pelas razões já apontadas, não autoriza que as pessoas se comportem de maneira inconveniente no recinto em que se realiza a audiência, ou mesmo em suas proximidades. É importante lembrar que o juiz tem o dever de manter a ordem e o decoro na audiência e de determinar que sejam retiradas da sala as pessoas que estiverem, de algum modo, perturbando os trabalhos.

Aliás, se o juiz, eventualmente, mandar que a porta da sala de audiências seja fechada, em decorrência de vozearia ou ruído intenso que esteja sendo produzido em sala contígua ou em corredor próximo, também não estará desacatando o princípio constitucional da publicidade dos atos processuais, senão que adotando uma providência indispensável para que a audiência possa ser realizada sem essas interferências sonoras externas e perturbadoras.

O princípio da publicidade também não significa que qualquer pessoa, seja jornalista ou não, possa filmar ou gravar em fitas magnéticas tudo o que se passa na audiência. Ocorre que isso poderá acarretar violação do direito à intimidade (e à preservação da imagem), de que são detentores as pessoas em geral. Basta observar que a própria Constituição autoriza o afastamento ocasional do princípio da publicidade, quando isso for necessário para assegurar a intimidade da parte (art. 5.º, LV). Embora essa regra constitucional seja dirigida ao legislador, nada obsta a que o magistrado a adote, desde que fundamente o seu ato.

8. Da liceidade dos meios de prova

Do ponto de vista processual, a prova pode ser conceituada como a demonstração, segundo as normas legais específicas, da verdade dos fatos relevantes e controvertidos na ação.(12)

Dissemos demonstração, porque, em concreto, a atividade probatória, que às partes preponderantemente incumbe em decorrência do ônus subjetivo que a lei lhes atribui (CLT, art. 818), consiste em trazer aos autos elementos que demonstrem a verdade dos fatos alegados e com fulcro nos quais deverão desenvolver um raciocínio lógico, tendente a influir na formação do convencimento jurídico do magistrado; segundo as normas legais específicas, porque as normas de processo não apenas estabelecem as modalidades de prova admissíveis em juízo (CPC, art. 369), como também disciplinam o procedimento probatório dos litigantes; da verdade dos fatos, porque, em regra, o objeto da prova são os fatos (CPC, art. 369); só excepcionalmente será exigida a prova do direito alegado (CPC, art. 376); relevantes, porque a prova não deve recair em todo e qualquer fato narrado na causa, mas apenas naqueles que são importantes para a solução do conflito de interesses; controvertidos, porque devem ficar fora do campo da prova os fatos incontroversos, assim tidos os que, sendo afirmados por uma das partes, são confessados pela outra, adversária (CPC, arts. 341 e 374, II); os admitidos no processo como incontroversos (CPC, art. 374, III), assim como os notórios (CPC, art. 374, I); e aqueles em cujo favor milita a presunção legal de existência ou de veracidade (CPC, art. 374, IV); na ação, porque, embora relevantes e controversos, não devem ser destinatários da prova os fatos que não tenham pertinência com a demanda — *quod non est in actis non est in mundo*, admoesta o antigo apotegma latino, de larga e proveitosa aplicação na realidade forense.

A prova possui uma finalidade de fundamental importância no universo do processo, pois somente com apoio nela poderá o juiz formar a sua convicção jurídica acerca dos fatos alegados pelas partes, oportunidade em que deverá valorá-la para optar pela que lhe tenha parecido ser a de melhor qualidade. O princípio da persuasão racional, contido no art. 371 do CPC, e que preferimos denominá-lo de livre convencimento motivado, diz exatamente que o juiz terá ampla liberdade para formar o seu convencimento, devendo, contudo, fazê-lo

(12) *A Prova no Processo do Trabalho*. 5.ª ed. São Paulo: LTr, 1991. p. 23.

sempre com base nas provas existentes nos autos. Sob essa óptica, podemos asseverar, com Couture, que a liberdade que o juiz possui, nesse campo, muito se assemelha à do prisioneiro: pode ir aonde quiser, desde que dentro dos limites da cela.

Às partes cabe o ônus de produzir provas, na exata medida dos interesses que estejam a defender na causa; é precisamente com vistas ao exercício dessa atividade que assume especial importância o princípio da liceidade dos meios de prova, que estamos a comentar.

Declara o diploma processual civil em vigor que "As partes têm o direito de empregar todos os meios legais, bem como os moralmente legítimos, ainda que não especificados neste Código, para provar a verdade dos fatos em que se funda o pedido ou a defesa e influir eficazmente na convicção do juiz" (art. 369); e a Constituição Federal, que são inadmissíveis as provas obtidas por meios ilícitos (art. 5.º, LVI).

À primeira vista, poderia parecer que, diante da supremacia hierárquica da norma constitucional, que é também cronologicamente posterior ao Código de Processo Civil, somente não podem ser aceitas provas obtidas por meios ilícitos, inexistindo qualquer restrição quanto às que são produtos de meios moralmente ilegítimos. Essa inferência seria nimiamente equivocada, pois o que é moralmente ilegítimo também é, sob certo aspecto, ilícito

Como esclarece João Carlos Pestana de Aguiar, "o meio de prova moralmente legítimo é aquele não tipificado em lei, ou seja, sem exata adequação às hipóteses legalmente previstas. Seu limite repousa na legitimidade moral de sua formação. De outro modo valeria todo e qualquer meio, ainda que fossem utilizados os mais repulsivos processos para sua obtenção. Por isso o advérbio "moralmente" constante do art. 332 tem por escopo não só ultrapassar as lindes da tipificação legal, como restringir a área de sua ultrapassagem" ("A Crise da Privacidade e os Meios de Prova", RF, 252/69). O autor fazia referência ao art. 332, do CPC de 1973, cujo correspondente, no sistema do CPC de 2015, é o art. 369.

Pensamos, contudo, que o adjetivo *meios*, constante da redação do inciso LVI do art. 5.º da Constituição não foi aí utilizado em seu significado técnico, e sim com sentido genérico. Expliquemo-nos. Do ponto de vista técnico, os meios de prova são documentos, confissões, declarações de testemunhas, laudos periciais etc. Como todos esses meios estão previsto em lei, são, à evidência, lícitos. O que o inciso LVI do art. 5.º da Constituição pretendeu dizer, na verdade, é que seriam inadmissíveis as provas obtidas por formas ("meios") ilícitas. Não é inútil aproveitar a oportunidade para esclarecer que prova, em rigor, não é o mesmo que meio de prova. Prova é resultado; meio é a fonte de produção da prova.

Às partes cabe o ônus de produzir provas, na exata medida dos interesses que estejam a defender na causa; é precisamente com vistas ao exercício dessa atividade que assume especial importância o princípio da liceidade dos meios de prova, que estamos a comentar.

O problema atinente aos meios de prova moralmente legítimos, entretanto, é mais complexo do que se possa conceber, a contar do fato de inexistirem critérios objetivos que permitam determinar a moralidade ou a imoralidade do meio ou instrumento de que se possa utilizar a parte para produzir as provas necessárias à demonstração da veracidade das alegações feitas em juízo.

Cremos, a despeito disso, que possam ser reputados imorais, *e. g.*, todos aqueles meios que atentem contra os direitos da personalidade, particularmente quanto à liberdade de pensamento e à privacidade, que foram alteados ao predicamento constitucional (art. 5.º, IV, X, XI e XII).

Haverá violação destes últimos, p. ex., quando forem desrespeitadas a intimidade, a vida privada, a honra e a imagem das pessoas, assim como a sua casa e o sigilo de sua correspondência e dos seus meios de comunicação. Em princípio, pois, as provas obtidas de maneira sub-reptícia, como mediante gravações telefônicas ou de conversações em geral, não devem ser aceitas em juízo. É que tais gravações clandestinas afrontam o direito à inviolabilidade das comunicações, que a Constituição outorga ao indivíduo. É evidente, porém, que se a pessoa a quem ditas declarações prejudicam as houver prestado de maneira espontânea e com conhecimento de que seriam gravadas, nada haverá contra a sua utilização no processo.

A respeito do assunto, o Supremo Tribunal Federal, havia decidido: "Inadmissibilidade, como prova, de laudos de degravação de conversa telefônica e de registros contidos na memória de microcomputador, obtidos por meios ilícitos (art. 5.º, LVI, da CF); no primeiro caso, por se tratar de gravação realizada por um dos interlocutores, sem conhecimento do outro, havendo a degravação sido feita com inobservância do princípio do contraditório, e utilizada com violação à privacidade alheia (art. 5.º X, da CF); e, no segundo caso, por estar-se diante de microcomputador que, além de ter sido apreendido com violação de domicílio, teve a memória nele contida sido degravada ao arrepio da garantia da inviolabilidade da intimidade das pessoas (art. 5.º X e XI, da CF). (Ac. do Pleno, por maioria, in: RF, 335/183).

Posteriormente, o Excelso Pretório passou a admitir, como lícita, a gravação de conversa telefônica efetuada por um dos interlocutores.

Por outro lado, são lícitas as gravações realizadas mesmo sem o conhecimento de um dos interlocutores, quando se verifica uma investida criminosa do outro. Este é, inclusive, o entendimento predominante no SFT:

> "PROVA – Licitude. Gravação de telefonema por interlocutor. É lícita a gravação de conversa telefônica feita por um dos interlocutores, ou com sua autorização, sem ciência do outro, quando há investida criminosa deste último. É inconsistente e fere o senso comum falar-se em violação do direito à privacidade quando interlocutor grava diálogo com sequestradores, estelionatários ou qualquer tipo de chantagista. (STF – HC 75.338-8 – RJ – TP – Rel. Min. Nelson Jobim – DJU 25-9-1998)"; e:
>
> "UTILIZAÇÃO DE GRAVAÇÃO DE CONVERSA TELEFÔNICA FEITA POR TERCEIRO COM A AUTORIZAÇÃO DE UM DOS INTERLOCUTORES SEM O CONHECIMENTO DO OUTRO QUANDO HÁ, PARA ESSA UTILIZAÇÃO, EXCLUDENTE DA ANTIJURIDICIDADE – Afastada a ilicitude de tal conduta – a de, por legítima defesa, fazer gravar e divulgar conversa telefônica ainda que não haja o conhecimento do terceiro que está praticando crime –, é ela, por via de consequência, lícita e, também consequentemente, essa gravação não pode ser tida como prova ilícita, para invocar-se o art. 5.º, LVI, da Constituição com fundamento em que houve violação da intimidade (art. 5.º, X, da Carta Magna). (STF – HC 74.678-1 – DF – 1.ª T. – Rel. Min. Moreira Alves – DJU 15-8-1997) JCF.5 JCF.5.X JCF.5.LVI."

Fora disso, as conversações gravadas podem servir, quando muito, como um indício de onde possa estar a verdade e, dessa forma, dar ao juiz uma orientação acerca dos rumos que deverá tomar a atividade probatória a ser desenvolvida pelos litigantes, no sentido de demonstrá-la.

Ninguém, seguramente, haveria de sentir-se à vontade para afirmar que podem ser admitidas em juízo as provas obtidas por meio de tortura, de substâncias químicas alucinógenas ou por qualquer outro modo onde o indivíduo tenha sido objeto de constrangimento físico, moral ou intelectual ou não tenha podido ter consciência do que estava declarando.

Estamos a cogitar, é claro, nestas nossas considerações, das provas obtidas extrajudicialmente, sejam pré-constituídas ou não, porquanto as produzidas em juízo dificilmente o seriam com espezinhamento dos direitos constitucionais do indivíduo, aqui mencionados, em virtude dos princípios da publicidade e do contraditório que informam o processo. Seja como for, é necessário advertir que a regra constitucional de que somente serão aceitas provas que não tenham sido conseguidas por meios ilícitos (ou moralmente ilegítimos) é aplicável tanto às produzidas extrajudicialmente quanto em juízo. A tudo sobreleva o princípio fixado pela Constituição da República, que se articula com o conteúdo ético do processo, enquanto método estatal de resoluções dos conflitos de interesses, individuais ou coletivos, protegidos pelo ordenamento jurídico — ou que não estejam em contraste com este.

Vem adquirindo certo prestígio na doutrina a opinião de que a ilegalidade do meio de prova decorre da violação de normas legais ou de princípios gerais de direito, sejam de natureza material ou processual. Assim, quando a proibição estiver contida em lei processual, a prova será ilegítima; quando, porém, o veto partir de uma lei material, a prova será ilícita. Coube a Pietro Nuvolone a precedência dessa opinião. Esse jurista italiano utilizou a expressão prova vedada para identificar a que é ilícita. Para ele, a prova seria ilegal quando houvesse violação do ordenamento jurídico como um todo, aí compreendidas as leis materiais e processuais e os princípios gerais de direito; e ilícita quando a sua proibição fosse material.

O problema atinente aos meios de prova moralmente legítimos, entretanto, é mais complexo do que se possa conceber, a contar do fato de inexistirem critérios objetivos que permitam determinar a moralidade ou a imoralidade do meio ou instrumento de que se possa utilizar a parte para produzir as provas necessárias à demonstração da veracidade das alegações feitas em juízo.

Cremos, a despeito disso, que possam ser reputados imorais, *e. g.*, todos aqueles meios que atentem contra os direitos da personalidade, particularmente quanto à liberdade de pensamento e à privacidade, que foram alteados ao predicamento constitucional (art. 5.º, IV, X, XI e XII).

Haverá violação destes últimos, p. ex., quando forem desrespeitadas a intimidade, a vida privada, a honra e a imagem das pessoas, assim como a sua casa e o sigilo de sua correspondência e dos seus meios de comunicação. Em princípio, pois, as provas obtidas de maneira sub-reptícia, como mediante gravações telefônicas ou de conversações em geral, não devem ser aceitas em juízo. É que tais gravações clandestinas afrontam o direito à inviolabilidade das comunicações, que a Constituição outorga ao indivíduo. É evidente, porém, que se a pessoa a quem ditas declarações prejudicam as houver prestado de maneira espontânea e com conhecimento de que seriam gravadas, nada haverá contra a sua utilização no processo.

Sintetizando: para que a prova seja admitida em juízo, é necessário não apenas que o meio utilizado para produzi-la seja lícito e adequado, mas também moralmente legítimo. A entender-se que a Constituição somente veda os meios ilícitos, estar-se-ia concluindo, de maneira inaceitável, que seriam válidos os meios moralmente ilegítimos. Assim, o art. 369, do CPC, longe de estar em antagonismo com o inciso LVI do art. 5.º da Constituição, complementa-o de maneira harmoniosa.

Ninguém, seguramente, haveria de sentir-se à vontade para afirmar que podem ser admitidas em juízo as provas obtidas por meio de tortura, de substâncias químicas alucinógenas ou por qualquer outro modo onde o indivíduo tenha sido objeto de constrangimento físico, moral ou intelectual ou não tenha podido ter consciência do que estava declarando.

Obviamente, não se admite validade à prova obtida mediante constrangimento físico, intelectual, moral, econômico, etc. Nem sempre foi assim, todavia. Em determinados períodos obscuros da História, por exemplo, a tortura era método oficial de interrogatório do acusado, como revela o trecho do "Manual dos Inquisidores", elaborado por dois dominicanos, Nicolau Eymerich e Francisco Peña, o primeiro no séc. XIV e o segundo no séc. XVI, a seguir reproduzido:

> "E enquanto (a acusada de bruxaria) estiver sendo interrogada a respeito de cada um dos pontos, que seja submetida à tortura com a devida frequência, começando-se com os meios mais brandos; o Juiz não deve se apressar em usar os meios mais violentos. (...) Se após a devida sessão de tortura a acusada se recusar a confessar a verdade, caberá ao Juiz colocar diante dela outros aparelhos de tortura e dizer-lhe que terá de suportá-los se não confessar. Se então não for induzida pelo terror a confessar, a tortura deverá prosseguir no segundo ou no terceiro dia, mas não naquele mesmo momento, salvo se houver boas indicações de seu provável êxito. (...) Durante o intervalo, antes da sessão de tortura seguinte, o próprio Juiz ou outros homens honestos deverão tentar persuadi-la, por todos os meios que estiverem a seu alcance, para que confesse a verdade da forma que dissemos, dando-lhes, se lhes parecer conveniente, a promessa de que a sua vida será poupada. (...) caso contrário, que ordene aos oficiais que a amarrem com cordas e a coloquem em algum aparelho de tortura; então que o obedeçam de imediato, mas sem que demonstrem satisfação, antes mostrando-se aparentemente perturbados pela tarefa. Em seguida, que ela seja tirada dali à solicitação de algum dos presentes, e levada a um canto, para que seja persuadida novamente; ao persuadi-la, convém dizer-lhe que poderá escapar da pena de morte." (da obra: *O Martelo das Feiticeiras*, de Heinrich Kramer e James Sprenger, 12.ª edição, Rio de Janeiro: Rosa dos Tempos, 1997. p. 433).

Ainda bem que, agora, os tempos são outros...

9. Da fundamentação das decisões

Tradicionalmente, a exigência de que as decisões judiciais sejam fundamentadas é formulada por normas infraconstitucionais, como é o caso do art. 489, II, do CPC, e do art. 832, *caput*, da CLT. Igual imposição era encontrada nas Ordenações Filipinas (Livro III, Título LXVI, n. 7), no Regulamento Imperial n. 737, de 1850, e em diversos códigos estaduais de nosso País. Entrementes, considerando a extraordinária importância jurídica e política da motivação dos pronunciamentos jurisdicionais, essa exigência acabou sendo elevada, entre nós, à categoria de princípio constitucional. Com efeito, estabelece o art. 93, inciso IX, da Constituição em vigor, que todas as decisões judiciais (assim como as administrativas) serão fundamentadas, sob pena de nulidade. Deve ser dito, contudo, que Constituições estrangeiras anteriores à nossa, de 1988, já haviam exigido fundamentação nas decisões judiciais, como as da Itália, da Bélgica, e de alguns de países da América Latina.

O princípio que estamos a examinar possui estreita ligação com os postulados essenciais dos regimes democráticos dos Estados de Direito, aos quais repugna a possibilidade de as pessoas serem submetidas a decisões judiciais arbitrárias, assim entendidas aquelas que refletem não o comando da lei, mas a vontade pessoal do magistrado, influenciada, quase sempre, por motivos de ordem política, ideológica, religiosa, social, ética, econômica, corporativa, afetiva etc.

Se os pedidos que as partes formulam em juízo são de natureza jurídica (não se admite a efetuação de pedidos juridicamente impossíveis), é absolutamente lógico e politicamente exigível que o magistrado forme a sua convicção acerca dos fatos narrados na causa com base no mesmo ordenamento jurídico que ensejou a pretensão de um dos litigantes e a resistência do outro.

Fundamentar a decisão significa, pois, a exigência de que o juiz indique as razões de fato e de direito, com base nas quais formou a sua convicção jurídica acerca dos fatos da causa. Como escreve Nelson Nery Junior, "A motivação da sentença pode ser analisada por vários aspectos, que vão desde a necessidade de comunicação judicial, até sua submissão, como ato processual, ao estado de direito e às garantias constitucionais estampadas no art. 5.º, CF, trazendo consequentemente a exigência da imparcialidade do juiz, a publicidade das decisões judiciais, a legalidade da mesma decisão, passando pelo princípio constitucional da independência jurídica do magistrado, que pode decidir de acordo com sua livre convicção, desde que motive as razões de seu convencimento (princípio do livre convencimento motivado)" (*Princípios do Processo Civil na Constituição Federal*. 3.ª ed. São Paulo: RT, 1996. p. 169-170).

Todavia, fundamentar uma decisão não quer dizer indicar os dispositivos legais em que o magistrado se baseou para formar a sua convicção jurídica acerca dos fatos narrados na causa, mas, sim, decidir segundo a lei ou o ordenamento normativo; equivale a afirmar: de maneira não arbitrária. Se o juiz, estribado na prova dos autos, reconhecer que o autor prestava serviços após a jornada ordinária e, em consequência, condenar o réu ao pagamento das horas extras daí provenientes, não estará obrigado a mencionar os dispositivos legais autorizadores dessa condenação; basta-lhe decidir conforme a lei para que esse seu pronunciamento seja motivado juridicamente.

Apenas em casos excepcionais deverá o juiz indigitar as normas legais em que fundou a sua decisão, como ocorreria, *v. g.*, em algumas situações em que o prequestionamento da matéria constitui requisito indispensável para a admissibilidade de um recurso (STF, Súmulas ns. 282 e 356; TST, Súmula n. 297) ou de uma ação (TST, Súmula n. 298). Na ação rescisória fundada em violação manifesta de norma jurídica é imprescindível que o autor indique qual seja essa norma.

Em outras hipóteses, ainda que escassas, é óbvio que a decisão deverá apontar a regra legal que lhe serviu de supedâneo, tal como se daria nas ações diretas de inconstitucionalidade, em que ao Supremo Tribunal Federal incumbe declarar qual o dispositivo da Suprema Carta que está sendo violado pela norma infraconstitucional.

A fundamentação das decisões exaradas pelo Poder Judiciário é, em derradeira análise, uma exigência que, de um lado, visa a preservar certos princípios imanentes aos regimes democráticos e aos Estados de Direito, e, de outro, a assegurar a dignidade do próprio Judiciário e a consequente respeitabilidade dos pronunciamentos por ele realizados; as decisões desprovidas de fundamentação são filhas da arbitrariedade e, como tais, só atendem às conveniências típicas dos regimes de vocação ditatorial.

Os indivíduos e as coletividades têm, portanto, o inalienável direito de exigir que o Poder Judiciário só interfira, com eficácia, em seus círculos particulares quando o fizer por meio de decisão fundamentada no ordenamento jurídico. Nem mesmo a Justiça do Trabalho — na qual se tem identificado um certo traço ideológico de proteção ao trabalhador — está autorizada a eximir-se da submissão a esse mandamento constitucional.

Fórmulas adotadas pelos juízes, como: "Defiro nos termos da lei", ou "Indefiro por falta de previsão legal", muito em voga no passado, já não se justificam em face da regra constitucional específica e impositiva (art. 93, IX). Decisões como essas, por serem vagas, genéricas, são destituídas de fundamento jurídico, e, como tais, nulas.

Não será nula, contudo, a decisão que se fundar em Súmula — muito embora as Súmulas, de modo geral, não contenham a motivação do seu enunciado. Também inexistirá nulidade da decisão que se fundar, de forma exclusiva, em parecer exarado pelo Ministério Público, conquanto seja sempre conveniente que o juiz encontre argumentos próprios para decidir desta ou daquela maneira.

É oportuno reiterar que não se deve confundir ausência de fundamentação com fundamentação sucinta, conquanto, em algumas situações, o divisor de águas entre elas seja de difícil percepção. Somente no primeiro caso haverá desacato à regra contida no art. 93, IX, da Constituição Federal, tornando, em consequência, nula a decisão. No plano *sui generis* do processo do trabalho — convém destacar — a existência costumeira de enorme quantidade de pedidos constantes das petições iniciais, e de outros tantos efetuados nas respostas dos réus, justifica a sucinta motivação das decisões, com a finalidade de evitar que se tornem extremamente longas e de exasperante leitura. Motivação sucinta, entretanto, não significa motivação lacunosa, ou seja, que apresenta falhas, tanto do ponto de vista vertical (profundidade) quanto horizontal (extensão). Fundamentação lacônica (ou sucinta) é a que, em síntese eficaz, consegue abranger os mais expressivos aspectos de fato e de direito suscitados na causa, apreciando-os de modo objetivo.

Nem mesmo nos casos de revelia — fato processual que decorre da ausência injustificada de resposta do réu — estará o órgão jurisdicional autorizado a proferir decisões destituídas de fundamentação; a circunstância de a norma legal permitir, em situações como essa, o julgamento antecipado da lide (CPC, art. 355, II), não deve ser interpretada como um convite ao desrespeito à regra imperativa e generalizante estampada no art. 93, IX, da Constituição Federal, que requer, em todas as decisões lançadas pelo Poder Judiciário, a presença da fundamentação como requisito indispensável.

A fundamentação é exigida também naqueles casos em que a decisão implica extinção do processo sem pronunciamento sobre o mérito (CPC, art. 485) ou essa extinção emana do acolhimento de preliminar (*ibidem*, art. 336).

De igual forma, nas decisões ditas interlocutórias, ato pelo qual o juiz, no curso do processo, resolve questões incidentes (CPC, art. 203, § 2.º), exigir-se-á acatamento à regra da motivação lacônica — construída pela articulação do art. 93, IX, da Constituição Federal, com o art. 490, do CPC.

No tocante à chamada "sentença" de liquidação, cabe um comento especial. Conquanto a lei denomine, efetivamente, de sentença o ato judicial destinado a fixar o *quantum* da prestação a ser realizada pelo devedor (CLT, art. 884, § 3.º), de sentença na verdade não se trata, pois esse ato não provoca a extinção do processo — efeito absolutamente indissociável do conceito legal de sentença (CPC, art. 203, § 1.º). Melhor argumentando, não é da índole do aludido ato levar o processo à extinção, e, sim, como asseveramos, definir quantitativamente a obrigação imposta ao devedor pela sentença exequenda (título executivo). Se estivermos atentos a essa nota particular, não encontraremos dificuldade de inferir que a "sentença" de liquidação nada mais é do que uma decisão de caráter interlocutório, ainda que atípica ou *sui generis*. Tanto isso é certo que, no sistema do processo do trabalho, ela é irrecorrível autonomamente, só podendo ser impugnada pelas partes na fase dos embargos à execução (CLT, art. 884, § 3.º), procedimento não modificado pela Lei n. 8.432, de 11 de junho de 1992.

Nenhuma razão jurídica há, por outro lado, para colocar as decisões proferidas no processo cautelar fora do campo de incidência da norma constitucional que faz da fundamentação um requisito imprescindível à validade formal dos pronunciamentos jurisdicionais. Mesmo as liminares aí concedidas devem submeter-se a esse mandamento, embora a fundamentação possa ser extremamente concisa. A alguns poderia parecer aberrante dos princípios o fato de estarmos a sustentar a necessidade de serem motivados tais "despachos" concessivos da liminar, pois a Constituição exige que sejam fundamentadas, apenas, as decisões. O assunto é oportuno e de notável importância. Via de regra, quando se faz alusão a decisões, quer-se com isso compreender, basicamente, as sentenças e os acórdãos; devemos chamar a atenção, no entanto, para a existência de uma classe de provimentos da jurisdição que não se quadra ao conceito de sentença, de acórdão, nem mesmo de despacho: referimo-nos aos despachos decisórios, tão presentes na prática judicial e ao qual a doutrina tem dedicado pouco interesse. Tais atos do juiz têm a forma (elemento extrínseco) de despacho, mas o conteúdo (elemento intrínseco) é, caracteristicamente, de decisão. Quando, p. ex., o magistrado não admite a interposição de determinado recurso, por entendê-lo, digamos, intempestivo, não está, nesse momento, exarando um simples despacho de expediente ou ordinatório, do mesmo modo como não está proferindo uma sentença, uma vez que nenhum desses atos se conforma aos conceitos enunciados pelo art. 203 do CPC, nos §§ 1.º e 3.º. Também não se trata de decisão interlocutória (§ 2.º), porquanto a interposição do recurso não pode ser considerada questão incidente; é, isto sim, o regular exercício de um direito que tem a parte de não concordar com o conteúdo da sentença, desfavorável aos seus interesses manifestados na causa. Em suma: o ato pelo qual o juiz concede ou denega liminares não é despacho, e sim, decisão. Da mesma natureza processual é o ato mediante o qual o juiz admite ou nega admissão a recurso; sendo denegatório, é impugnável pelo recurso de agravo de instrumento (CLT, art. 897, "*b*" — a demonstrar que se trata de decisão autônoma, e não intercolutória.

Motivadas juridicamente devem ser também as *liminares* em geral (mandado de segurança, possessórias, cautelares, ação civil pública, ação direta de inconstitucionalidade etc.) e as sentenças proferidas no processo cautelar. A urgência na concessão daquelas não justifica a ausência de um mínimo de fundamentação da medida, do mesmo modo como a cognição sumária e o juízo de probabilidade, característicos do processo cautelar, não autorizam a emissão de sentença infundada.

Por força do inciso IX, do art. 93, da Constituição, também devem ser fundamentadas as decisões administrativas proferidas pelos tribunais.

Cremos, todavia, que as sentenças meramente homologatórias não necessitam de fundamentação — em sentido formal —, mesmo que tenham como objeto transação. Na transação, em verdade, não há solução jurisdicional do conflito (portanto, impositiva), mas, consensual (logo, negociada); a transação constitui, assim, negócio jurídico realizado pelas partes, mediante concessões recíprocas e com a finalidade de dar fim ao litígio. Deverá ser fundamentada, porém, a sentença que se recusar a homologar a transação, porquanto se colocará em antagonismo com a vontade manifestada pelos transatores. Prescinde também de fundamentação formal a sentença homologatória de desistência da ação (CPC, art. 485, VIII).

É evidente que haverá casos em que se ficará em dúvida sobre se a decisão não possui fundamento ou está fundamentada de modo extremamente lacônico: o fato se situará, então, naquelas zonas grises, tão comuns nos sítios jurídicos, em que predomina predomina a incerteza, a hesitação da inteligência, a insegurança. A investigação prática a respeito deste assunto, embora seja algo tormentosa, é de grande relevância, pois se se concluir que a decisão não contém fundamento jurídico será nula.

De resto, se a fundamentação é de boa ou de má qualidade é algo que diz respeito exclusivo à valoração subjetiva das razões indicadas pelo juiz, é uma questão ligada, portanto, à axiologia das decisões, sem qualquer vinculação com o tema das nulidades.

10. Da razoável duração do processo

Por força da Emenda n. 45/2004, foi acrescentado ao art. 5.º, da Constituição Federal, o inciso LXXVIII, conforme o qual "a todos, no âmbito judicial e administrativo, são assegurados a razoável duração do processo e os meios que garantam a celeridade da sua tramitação".

Essa norma constitucional enuncia, assim, o princípio a que a doutrina, com base no próprio texto, passou a denominar de "razoável duração do processo".

Na verdade, as expressões constitucionais "razoável duração do processo" e "celeridade da sua tramitação" não são muito harmoniosas entre si. Afinal, nem sempre a "duração razoável" conduzirá à celeridade, assim como esta nem sempre implicará aquela. Se o constituinte estivesse preocupado, apenas, com a celeridade na entrega da prestação jurisdicional, teria, por certo, feito uso, somente, da segunda expressão por nós colocada entre aspas.

Parece-nos, pois, que a melhor conclusão a extrair-se do preceito constitucional em foco é a de que conduza a uma equilíbrio entre as duas expressões, de tal arte que uma não sacrifique a outra. Assim dizemos porque, se é verdade que um dos grandes anseios institucionais reside na celeridade da tramitação dos processos judiciais, não menos correto é asseverar que essa celeridade autorizaria o espezinhamento de determinadas garantias processuais que a Constituição da República assegura aos litigantes, como as do contraditório, da ampla defesa, e do devido processo legal. Logo, pode-se entender como "duração razoável" da tramitação processual aquela que, sem desprezar o anseio de celeridade na entrega da prestação jurisdicional, permita às partes exercer os direitos processuais que a Constituição da República lhes outorga.

Em um Estado Democrático de Direito a rapidez na solução dos conflitos de interesses não pode estar dissociada do respeito a essas garantias. Não fosse assim, uma das formas mais eficientes de obter-se tal celeridade seria proibindo o exercício de qualquer defesa, pelo réu. O preço político a ser pago por essa celeridade, entrementes, seria altíssimo.

A razoabilidade na duração do processo, conquanto seja um princípio de ordem geral, haverá de ser estabelecida pelo magistrado em cada caso concreto, conforme as peculiaridades deste. Na Justiça do Trabalho, há processos que permitem uma tramitação efetivamente rápida, que, muitas vezes, nem sequer requererem instrução oral; outros, porém, exigem uma instrução aprofundada, exaustiva, envolvendo, inclusive, exames periciais.

Uma nota oportuna: em que pese ao fato de a celeridade processual ser um imperativo constitucional, ela tanto mais se justifica nos casos de direitos sob risco de lesão iminente, irreparável ou de difícil reparação, que necessitam de uma imediata proteção jurisdicional. Trata-se das denominadas tutelas de urgência, que se materializam, em geral, mediante procedimentos acelerados, e com emissão de liminares;

A registrar-se, ainda, a declaração contida no art. 1.048, do CPC, segundo a qual "Terão prioridade de tramitação, em qualquer juízo ou tribunal, os procedimentos judiciais: I – em que figure como parte ou interessado pessoa com idade igual ou superior a 60 (sessenta) anos ou portadora de doença grave, assim compreendida qualquer das enumeradas no art. 6.º, inciso XIV, da Lei n. 7.713, de 22 de dezembro de 1988; II – regulados pela Lei n. 8.069, de 13 de julho de 1990 (Estatuto da Criança e do Adolescente).

Na verdade, já se vinha entendendo que o Estatuto do Idoso, instituído pela Lei n. 10.741/2003, derrogara, de maneira implícita, o art. 1.211-A, do CPC de 1973, porquanto o art. 71 daquele Estatuto fixou em 60 anos a idade a partir da qual o idoso passa a ter o benefício da tramitação preferencial dos processos nos quais figure com parte ou como interveniente.

Essa tramitação prioritária, como está claro no texto da lei, deve ser observada em todos os graus de jurisdição, sendo certo que ela subsistirá mesmo no caso de morte do beneficiado, estendendo-se em favor do cônjuge supérstite, companheiro ou companheira, em união estável (CPC, art. 1.048, § 3.º).

Deferida a prioridade, os autos receberão identificação própria que evidencie o regime de tramitação prioritária (CPC, art. 1.048, § 2.º).

11. Da proibição de prisão civil por dívida

Firmou-se em nossa tradição constitucional a regra proibitória da prisão civil por dívida; dela se ocuparam, p. ex., os Textos de 1946 (art. 141, § 32) e o de 1967, com a Emenda n. 1/69 (art. 153, § 17). No atual, a matéria está contida no art. 5.º, inc. LXVII, assim redigido: "Não haverá prisão civil por dívida, salvo a do responsável pelo inadimplemento voluntário e inescusável de obrigação alimentícia e a do depositário infiel".

Transportada essa regra para o terreno do processo do trabalho, temos que se o devedor deixar de satisfazer a obrigação de pagar quantia certa, prevista no título executivo, não poderá ser preso por isso, uma vez que a lei ordinária determina a penhora e a expropriação judicial de seus bens, como forma de levá-lo coercitivamente ao adimplemento daquela obrigação.

A norma constitucional supracitada, porém, menciona duas exceções ao princípio da proibição de prisão civil por dívida não paga, a saber: a) inadimplemento (espontâneo e inescusável) de obrigação alimentícia e b) depositário infiel. A primeira delas não provoca maiores interesses em quantos manejam o processo do trabalho. Dediquemo-nos, em função disso, apenas ao estudo da segunda.

A Súmula Vinculativa n. 125, do STF, estabelece ser "ilícita a prisão de depositário infiel, qualquer que seja a modalidade de depósito".

Em que pese a fato de essa espécie de Súmula ter "efeito vinculante em relação aos demais órgãos do Poder Judiciário e à administração pública a direta e indireta, nas esferas federal, estadual e municipal", nos termos do art. 103-A, *caput*, da Constituição Federal, ela não impede que a doutrina, com as suas asas da liberdade intelectual, dela divirja. É o nosso caso. Para que o nosso pensamento a respeito da precitada Súmula seja adequadamente entendido, devemos fazer algumas considerações introdutórias.

Mesmo anteriormente a essa Súmula, o Supremo Tribunal Federal vinha entendendo que a prisão civil do depositário infiel estaria em confronto com o § 7.º, do art. 7.º, da Convenção

Americana de Direitos Humanos (adotada e aberta à assinatura na Conferência Especializada Interamericana sobre Direitos Humanos, em San José de Costa Rica, em 22 de novembro de 1969 e ratificada pelo Brasil em 25 de setembro de 1992), motivo por que declarou ser ilegal essa prisão (RE n.466.343-1-SP, rel. Min. Cezar Peluso, DJE de 5-6-2009). Discordamos, *data venia*, desse entendimento. O § 7.°, do art. 7.° (que trata do direito à liberdade pessoal), da mencionada Convenção dispõe: *"Ninguém deve ser detido por dívidas. Este princípio não limita os mandatos de autoridade judiciária competente expedidos em virtude de inadimplemento de obrigação alimentar"*. Está claro, portanto, que esta norma consagrou o princípio de que ninguém poderá sofrer prisão civil por dívida, salvo o inadimplente de prestação alimentar. Esse mesmo princípio está enunciado no art. 5.°, inciso LXVII, da Constituição da República Federativa do Brasil, assim como a referida exceção. Ocorre que o nosso texto constitucional, para além disto, permite a prisão civil do *depositário infiel* — prisão que, em rigor, *não é motivada por dívida*, e sim, pela *violação a deveres legais*, como os enumerados no subitem 4.18.3, retro. Efetivamente, o depositário, como auxiliar da justiça (CPC, arts. 149 e 159), tem, dentre outros deveres, os de guardar e conservar a coisa que lhe foi confiada e o de entregá-la a quem o juiz determinar. O depositário não é devedor, senão que auxiliar do juízo; logo, ao tornar-se infiel, a sua prisão será ordenada não pelo fato de haver deixado de pagar alguma dívida, mas por haver perpetrado violação a deveres legais. Por outras palavras, a prisão do depositário infiel em nada contravém o § 7.°, do art. 7.°, do Pacto de San José da Costa Rica. Ademais, a prisão do depositário infiel sempre funcionou, na prática — e nos raros casos em que isso se impôs — como eficiente instrumento de pressão, fazendo com que este entregasse os bens que lhe haviam sido confiados, ou o equivalente em dinheiro. Sem este instrumento, o depositário fiel haverá de sentir-se em boa sombra, pois eventual ação civil destinada a fazê-lo reparar os prejuízos acarretados a terceiros consumirá longo tempo. A nosso ver, o STF interpretou mal a regra o § 7.°, do art. 7.°, do Pacto de San José da Costa Rica, ao cotejá-la com o art. 5.°, inciso LXVII, da Constituição Federal.

O STJ, na mesma linha da Súmula Vinculante n. 25, do STF, adotou, em 2010, a Súmula n. 419, assim redigida: *"Depositário Infiel - Prisão Civil - Descabimento. Descabe a prisão civil do depositário judicial infiel".*

Dirigimos à Súmula do STJ as mesmas críticas que fizemos à Súmula Vinculante do STF.

O estatuto processual civil de nosso país inclui o depositário entre os auxiliares da justiça (art. 149). Esse procedimento do legislador foi correto, pois, assim como o oficial de justiça, o depositário pode ser visto como uma espécie de *longa manus* do juízo, sendo, em decorrência disso, dotado de um conjunto de poderes (e de deveres) necessários ao exercício das atribuições que lhe são legalmente reservadas.

O depositário não atua, contudo, em virtude de eventual contrato e sim por força de normas processuais, pertencentes que são ao ramo do Direito Público. Como não se trata de contrato, a sua introdução no processo requer, apenas, que o oficial de justiça o nomeie, servindo a aceitação daquele como mera condição para a eficácia jurídica do ato.

Estas nossas considerações permanecem inalteradas mesmo nos casos em que o próprio devedor figura como depositário dos bens que lhe foram apreendidos por ordem judicial.

Conquanto, em regra, seja aconselhável que a pessoa do depositário não coincida com a do devedor, nada obsta a que, em situações extraordinárias, essas duas qualidades sejam acumuladas por uma só pessoa, o devedor. Convém advertir, todavia, que nessa hipótese tais qualidades não se confundem, não se interpenetram, conservando, cada uma, a sua individualidade, uma vez que são reguladas por normas legais distintas. Destarte, se o devedor-depositário deixar de entregar, sem qualquer justificativa plausível, os bens ao arrematante ou ao adjudicatário, poderá ser preso em decorrência de sua infidelidade quanto aos deveres ínsitos a essa atribuição de auxiliar da justiça. Sugerimos, há pouco, que idealmente o devedor não deve ser nomeado depositário de seus bens porque estarão em jogo, na mesma pessoa, interesses díspares e inconciliáveis, cujo entrechoque pode acarretar consequências prejudiciais aos interesses do credor. Basta ver que, como devedor, o indivíduo procurará resistir (juridicamente, porquanto a resistência injustificada constitui ato atentatório à dignidade da justiça: CPC, art. 774, II e IV) à execução, opondo-se às pretensões do credor (impugnação dos cálculos, embargos etc.) ou aos atos do juízo, ao passo que, como depositário, deverá agir sempre em colaboração com o juízo, de quem é, afinal, como dito, auxiliar.

O depositário — ainda que não seja o devedor — só em casos excepcionais, e desde que autorizado pelo juiz, poderá fazer uso dos bens que se acham sob sua guarda e conservação, como quando seja da natureza desses bens o seu permanente funcionamento, sob pena de graves avarias. Em caso algum, entrementes, será lícito ao depositário dispor desses bens. O que ele poderá fazer é solicitar ao juiz que os bens sejam antecipadamente expropriados, como providência necessária para evitar que se deteriorem ou se depreciem (CPC, art. 852, I).

De igual maneira, a locação do bem penhorado não poderá ser feita sem prévio consentimento judicial.

As atribuições legais do depositário se concentram, basicamente, na guarda e conservação dos bens penhorados, arrestados, sequestrados ou arrecadados (CPC, art. 159), aí compreendidas as medidas indispensáveis para evitar o extravio ou a deterioração da coisa apreendida.

A guarda e a conservação dos bens variarão segundo a natureza destes. Sendo imóveis, cumprirá ao depositário impedir que terceiros neles ingressem sem autorização judicial, ainda que para simples trânsito ou para colher frutos, derrubar árvores e o mais; sendo móveis, deverão permanecer em locais protegidos da chuva, da poeira etc. É óbvio que o depositário haverá de manter os bens em boas condições de uso; se forem animais, deverá alimentá-los, cuidar-lhes da saúde etc. Fará jus o depositário, sempre, à remuneração estabelecida pelo juiz.

Sob o ângulo teleológico, podemos distinguir a existência de duas classes ou categorias de depositários. Se, no geral, a eles se comete o encargo de guardar e conservar bens do devedor, em casos especiais a lei o investe na qualidade de autêntico administrador, quando a penhora recai em estabelecimento comercial, industrial, agrícola, ou em semoventes, plantações, edifícios em construção etc. Nesses casos, caberá ao depositário apresentar ao juiz, no prazo de dez dias, a forma de administração (CPC, art. 862, *caput*). Podemos falar, por isso, de um "depositário-guardador" e de um "depositário-administrador".

Como os indivíduos, o depositário possui direitos, *deveres* e *responsabilidades* definidos em lei. Nem haveria motivo para ser de modo diverso. Esses direitos estão diretamente relacionados com o exercício do *munus* público que os caracterizam.

Um dos direitos do depositário (a que aludimos, de passagem, em linhas anteriores) é o de receber a remuneração que for fixada pelo juiz (CPC, art. 160). Para esse fim, o magistrado levará em conta a situação dos bens ao tempo dos serviços e as dificuldades que o depositário terá no desempenho das suas funções, ou, como diz a lei, "às dificuldades de sua execução" (*idem, ibidem*).

Dentre os seus *deveres*, podem ser referidos: a) a guarda e a conservação zelosas da coisa apreendida; b) o recebimento dos rendimentos e dos frutos que os bens propiciarem; c) a prestação de contas ao juiz; d) a apresentação dos bens móveis, quando lhe for exigida; e) o aluguel dos bens imóveis, mediante prévia permissão judicial.

A responsabilidade do depositário está em que responde pelo saldo devedor das contas que apresentar e pela não exibição dos bens, quando ordenada pelo juiz. Além disso, responde pelos prejuízos que, oriundos de dolo ou culpa, causar a qualquer das partes (CPC, art. 161) — hipótese em que perderá o direito à remuneração que lhe fora atribuída pelo juiz (*idem*). Se o depositário apropriar-se dos bens que lhe foram confiados, perpetrará o crime de apropriação indébita, previsto no art. 168 do Código Penal, com a agravante mencionada no § 1.º.

Um outro direito que se deve reconhecer ao depositário é o de receber o que legitimamente despendeu no exercício do encargo, mesmo que venha a perder a remuneração por seu trabalho (*idem*).

Dever, a que particularmente se encontra submetido o depositário, é o de entregar os bens ao arrematante ou ao adjudicatário, ou a quem o juiz indicar. Caso se recuse a isto, sem justificativa razoável, deveria ser preso, pois tornou-se infiel (CF, art. 5.º, LXVII). A resistência do depositário às ordens emanadas do juiz propiciará, até mesmo, o uso de força policial para que a diligência possa ser plenamente realizada, como permite o art. 782, § 2.º, do CPC; essa resistência, configurando, por outro ângulo, um crime penalmente tipificado, autorizaria a prisão do depositário no ato em que manifestasse a resistência infundada à determinação judicial.

Entrementes, como vimos, a Súmula Vinculante n. 125, do STF, considera ilícita a prisão do depositário "qualquer que seja a modalidade de depósito". *Data venia*, esta Súmula, além de deixar o Poder Judiciário desapercebido de um meio coercitivo, tendente a compelir o depositário a adimplir os seus deveres e obrigações estabelecidos por lei, revela-se inconstitucional, por afronta direta à literalidade do inciso LXVII, parte final, do art. 5.º, da Constituição Federal: "Não haverá prisão civil por dívida, *salvo* a do responsável pelo inadimplemento voluntário e inescusável de obrigação alimentícia e *a do depositário infiel*" (destacamos).

Como estamos serenamente convencidos desse antagonismo da Súmula com a Suprema Carta Política de nosso País, devemos prosseguir com nossas considerações acerca do procedimento legal traçado para a *prisão* do depositário infiel.

É oportuno registrar que a jurisprudência trabalhista, com sua acentuada vocação transformadora da realidade, vem entendendo que a restituição dos bens apreendidos pode ser determinada sem obediência integral ao procedimento estabelecido pelo CPC. A Súmula n. 619 do STF dispõe, aliás, que a prisão do depositário infiel pode ser decretada nos próprios autos do processo em que constituiu o encargo, independentemente, portanto, do ajuizamento da ação de depósito. Esta Súmula, a nosso ver, sobrevive à Súmula Vinculante n. 125, do mesmo Tribunal, pelos motivos já expostos. Desta maneira, comparecendo o arrematante ou o adjudicatário à presença do juiz da execução e alegando, *v. g.*, que o depositário se recusa a entregar os bens, ou afirma que já não os possui, isso será suficiente para que o juiz deflagre um procedimento simplificado, com o objetivo de fazer com que o depositário proceda à restituição da coisa que lhe havia sido confiada.

Cumpre, todavia, ao juiz constatar se, efetivamente, são verdadeiras as alegações do interessado, quanto a estar o depositário se recusando a restituir os bens; com vistas a essa verificação, deverá ordenar ao oficial de justiça que, acompanhado da parte ou do terceiro, diligencie no sentido de apurar a veracidade, ou não, de tais alegações, certificando tudo nos autos. Poderá o juiz, entretanto, intimar o depositário para que se pronuncie, no prazo de cinco dias, sobre as informações prestadas pelo arrematante ou pelo adjudicatário, decidindo em seguida ou designando audiência, caso haja necessidade de produção de provas.

Convencendo-se, o juiz, de que o depositário se recusa, sem motivos juridicamente sustentáveis, a restituir os bens, fará expedir mandado para a entrega destes, no prazo de vinte e quatro horas, ou do seu equivalente em dinheiro, sob pena de prisão. Descumprida a ordem judicial, o depositário será preso.

Sem prejuízo do depósito ou da prisão do depositário, poderá o interessado (autor, no sistema do processo civil) promover a busca e apreensão dos bens; se estes forem encontrados ou entregues espontaneamente pelo depositário, cessará a prisão e será devolvido o equivalente em pecúnia. A busca e apreensão, na espécie, constitui procedimento cautelar específico.

A propósito, o CPC de 2015 eliminou a ação de depósito, como procedimento especial. A causa disso foi a decisão STF, que declarou a inconstitucionalidade da prisão civil do depositário infiel (Súmula Vinculativa n. 25). Como a parte, a contar daí, não poderia obter a prisão do depositário infiel, desinteressou-se da ação de depósito, preferindo executar o próprio contrato, como título extrajudicial. Quando não, passou a fazer uso da tutela da evidência, baseada no inciso III, do art. 311, do CPC. Esse dispositivo legal prevê a concessão da tutela quando se tratar de pedido reipersecutório fundado em prova documental adequada do contrato de depósito, caso em que será decretada a ordem de entrega do objeto custodiado, mediante cominação de multa.

Para resolver o problema da competência da Justiça do Trabalho para apreciar pretensões deduzidas por terceiro em face do depositário, insta que se considere o fato (recusa à entrega dos bens) como incidente da execução, nos moldes semelhantes do que se passa em sede de embargos de terceiro — cuja competência para julgá-los está hoje pacificada pela jurisprudência.

Seria, então, de indagar-se: se de ação autônoma não se trata, deverá a petição do interessado ser juntada aos autos da execução? Embora — pelo que temos podido verificar — venha sendo esse o procedimento costumeiramente adotado por um expressivo número de juízes do trabalho, pensamos que essa praxe deva ser abandonada. A juntada da petição (ou da comunicação, melhor dizendo) do arrematante ou do adjudicatário nos mesmos autos em que se promove a execução da sentença pode, em muitos casos, acarretar graves transtornos a esta, máxime quando mesmo após a expropriação dos bens a execução deva prosseguir, em decorrência de o lanço vencedor não haver sido suficiente para saldar a dívida. Como afirmamos em obra anterior, temos ainda vivos na memória diversos casos em que, ao passarmos a autuar nos autos, como juiz, encontramos situações como as descritas.(13) Em um deles, a execução se encontrava paralisada há mais de um ano, pois todos os atos que vinham sendo praticados nos autos, nesse ínterim, diziam respeito, exclusivamente, às pretensões do arrematante em receber os bens e às escaramuças empreendidas pelo depositário, com vistas a frustrar-lhe esse justo desiderato. Determinamos, então, que a partir da primeira petição juntada pelo arrematante (incluída aquela) fossem desentranhadas todas as outras, assim como as inúmeras certificações feitas pelo oficial de justiça, e autuadas em separado; os autos, assim formados, foram, depois, apensados aos principais (da execução), recebendo a numeração destes, acrescida de uma letra distintiva. Com essa providência, libertamos o processo de execução do incidente de arrematação, que estava a empecer o seu curso e a desviar a atenção do próprio juiz.

Estando o depositário investido na qualidade de administrador dos bens apreendidos (estabelecimentos comerciais, industriais, agrícolas etc.) não será cabível a ação de depósito, mas, sim, a de prestação de contas.

Em alguns casos, o depositário não se recusa, propriamente, a entregar os bens, alegando, ao contrário, que estes desapareceram ou se deterioraram. Provado o fato, caberá ao depositário demonstrar que o extravio ou a deterioração não decorreram de culpa ou de dolo de sua parte, mas de caso fortuito ou de força maior. Não comprovando a ocorrência de caso fortuito ou de força maior, a ilação a tirar-se é de que houve culpa ou dolo do depositário que, em razão disso, será havido como infiel, de maneira a ensejar a sua prisão. Nesta hipótese, responderá o depositário, ainda, civilmente, pelos prejuízos a que deu causa (CPC, art. 161), além de perder o direito à remuneração que lhe havia sido atribuída pelo juiz, embora possa receber o que legitimamente despendeu no exercício do encargo (*idem*).

Sem prejuízo de tudo o que exaramos acima, o depositário deverá ser destituído, sendo indiscutível a competência do juiz do trabalho para isso; incompetência da Justiça do Trabalho haverá, entretanto, para condenar o depositário ou o administrador a pagar ao devedor, ao credor ou ao terceiro a indenização decorrente da perda, extravio ou deterioração dos bens que se achavam sob sua guarda. Referida indenização deverá ser buscada na Justiça Comum.

(13) *Execução no Processo do Trabalho*. 3.ª ed. São Paulo: LTr, 1992. p. 371-372).

b) Princípios infraconstitucionais

Consideração introdutória

Conforme havíamos asseverado na Subseção I, retro, a classificação dos princípios processuais em constitucionais e infraconstitucionais decorre, como está evidente, do fato de o princípio estar, ou não, previsto na Constituição da República. Os primeiros já foram examinados; apreciemos, agora, os segundos, vale dizer, aqueles que se encontram dispersos no texto do Código de Processo Civil e da CLT.

1. Da demanda

Sabemos que a jurisdição consiste nesse poder-dever do Estado de dizer com quem está o direito disputado; sabemos, também, que a atividade jurisdicional constitui um monopólio estatal e que os indivíduos não podem realizar justiça por suas mãos, pois isso caracterizaria "exercício arbitrário das próprias razões" (Código Penal, art. 345).

A jurisdição, contudo, permanece em um ontológico estado inercial, sendo indispensável, para a sua ativação (ou atuação), a iniciativa do interessado. Daí, a regra peremptória contida no art. 2.º, do CPC: "O processo começa por iniciativa da parte e se desenvolve por impulso oficial, salvo as exceções previstas em lei". Aqui reside, pois, o princípio doutrinal da *demanda*, a impedir que o juiz preste a tutela jurisdicional por sua iniciativa (*ne procedat iudex ex officio*); logo, não pode haver processo sem autor (*nemo iudex sine actore*).

Seria preferível, todavia, identificar-se o princípio em exame como sendo da *inércia jurisdicional*, pois essa denominação soaria mais didática do que a acabou sendo consagrada pela doutrina (demanda). A propósito, o vocábulo *demanda* vem sendo utilizado na terminologia processual com sentido multiforme, ora significando ação, ora processo, ora lide, etc. A linguagem peninsular, no entanto, cuidou de reservar a palavra *demanda* para significar o ato pelo qual o provimento jurisdicional é pleiteado, a fim de diferençá-lo da ação, que consiste no poder de invocar a prestação da tutela jurisdicional, com o objetivo de satisfazer uma pretensão. Essa separação é fundamental, não apenas sob o ponto de vista doutrinário, mas para os efeitos práticos, especialmente, no que respeita à exata interpretação de normas legais. Argumentemos com o art. 103, do CPC, que fala em "conexão de ações", quando a conexão aí, em rigor, é de demandas.

Pondo de parte essas questões terminológicas ou semânticas, devemos dizer que o veto legal à atuação *ex officio* do juiz é plenamente justificável, pois não seria conveniente à paz social, nem respeitadora do princípio da imparcialidade, que se permitisse ao magistrado sair por aí a instaurar e a fomentar lides, fazendo, até mesmo, com que as pessoas fossem obrigadas a litigar contra a própria vontade. Deste modo, se alguém sofrer alguma lesão de direito, ou encontrar-se na iminência de sofrê-la, deve, no prazo e forma legais, e na exata medida do seu interesse (CPC, art. 17), invocar a prestação da tutela jurisdicional do Estado, a fim de ver reparada a lesão ou afastada a ameaça. Pode-se afirmar que a necessidade de haver iniciativa do interessado decorre também do fato de estar em jogo, em tais situações, não um interesse público, mas um interesse essencialmente privado.

Há, todavia, exceções legais ao princípio da demanda ou da inércia jurisdicional. O art. 738, do CPC, por exemplo, estatui que nos casos em que a lei civil considerar jacente a herança, o juiz, em cuja comarca tiver domicílio o falecido, "procederá imediatamente à arrecadação dos respectivos bens". Na linha desse mesmo princípio, o art. 744 afirma que, declarada a ausência nos casos previstos em lei, o juiz mandará arrecadar os bens do ausente, nomeando-lhe curador na forma estabelecida na Seção VI, observando--se o disposto em lei.

Por outro lado, tendo sido regularmente invocada a tutela jurisdicional, presentes as condições da ação, bem como os pressupostos legais de constituição e de desenvolvimento regulares da relação jurídica processual, o juiz não pode se eximir de prestá-la, pois nos tempos modernos já não se admite o *non liquet*, o *iurare sibi non liquere* (jurar que não lhe estava claro), imperante no Direito Romano antigo (período das *legis actiones*). Adverte, a propósito, o art. 140 do CPC, que "O juiz não se exime de decidir sob a alegação de lacuna ou obscuridade do ordenamento jurídico". Inspirando-nos em Pontes de Miranda, poderíamos dizer que o juiz está condenando a sentenciar, sempre.

Defluem do princípio da demanda as proibições contidas nos arts. 141 e 492, do CPC. O primeiro afirma que o juiz deverá decidir a lide nos limites em que foi proposta, sendo-lhe defeso conhecer de questões, não suscitadas, a cujo respeito a lei exige a iniciativa da parte; o segundo, que ao juiz é vedado proferir sentença, a favor do autor, de natureza diversa da pedida, assim como condenar o réu em quantidade superior ou em objeto diverso do que lhe foi demandado. Segue-se, que o juiz não pode proferir sentença *infra*, *ultra* ou *extra petita*, devendo ficar adstrito aos limites objetivos da lide (princípio da adstrição à inicial). A sentença, enfim, deve ser conforme o libelo (*sententia debet esse conformis libello*).

Do princípio da demanda decorre, naturalmente, a vinculação do juiz: a) aos fatos narrados pelas partes; b) aos correspondentes pedidos formulados.

a) Quanto aos fatos, algumas observações são necessárias. Em primeiro lugar, o juiz só pode examinar os fatos que hajam sido relatados nos autos; daí, a parêmia: *quod non est in actis non est in mundo* (o que não está nos autos não está no mundo). O universo do juiz, portanto, são os autos do processo. Ressalte-se, contudo, a regra estabelecida no art. 493, do CPC, conforme a qual se, depois do ajuizamento da demanda, algum fato constitutivo, modificativo ou extintivo do direito influir no julgamento da lide, caberá ao juiz levá-lo em conta, por sua iniciativa ou a requerimento da parte, no momento de proferir a decisão. O art. 131, do CPC de 1973, declarava ser lícito ao juiz considerar os "fatos e circunstâncias" constantes dos autos, "ainda que não alegados pelas partes". Embora essa regra não tenha sido reproduzida pelo CPC de 2015, entendemos que ela seja compatível com este Código. Em segundo, há certos fatos ou questões que, por serem de ordem pública, podem ser conhecidos *ex officio*, como nos casos previstos nos art. 485, § 3.º, e 337, § 5.º, do CPC. Em terceiro, por princípio, cabe às partes narrar (fielmente, diga-se) os fatos e, ao juiz, realizar a categorização jurídica desses fatos, submetendo-os às normas legais incidentes: *da mihi factum, dabo tibi ius* (dá-me os fatos e dar-te-ei o direito). Trata-se, pois, da subsunção dos fatos às normas pertinentes.

b) Quanto aos pedidos, estes, no sistema do CPC de 1973, deveriam ser interpretados de maneira restritiva (art. 293). Não cremos que deva ser diferente no sistema do CPC de 2015, conquanto este Código não tenha reproduzido a regra do art. 293, do CPC de 1973. No processo do trabalho se compreendem no pedido a correção monetária e os juros da mora. Cuida-se, neste caso, de pedidos implícitos. A propósito, no plano do processo civil a jurisprudência tem entendido que pode ser considerado implícito o pedido de alimentos na ação referente à posse e guarda de filhos menores. Essa manifestação jurisprudencial merece elogios, pois se coloca em harmonia com a moderna concepção doutrinal de que se compreende no pedido tudo aquilo que dele naturalmente decorre. Por outros termos, pode-se afirmar que, sendo lógica a conclusão de que o menos se compreende no mais, nada obsta a que o juiz, rejeitando este, acolha aquele.

No processo civil são também implícitos os pedidos relativos a prestações sucessivas (CPC, art. 323), a reembolso de despesas processuais e a honorários de advogado (CPC, arts. 82, § 2.º e 85). A mesma regra é aplicável ao processo do trabalho, bastando referir, *mutatis mutandis*, os arts. 890 a 892 e 791-A, nessa ordem.

Há casos, entretanto, em que se verifica apenas uma aparente transgressão do princípio da demanda. Um deles está no art. 39, *caput*, da CLT, que determina a remessa do procedimento administrativo à Justiça do Trabalho toda vez que o "reclamado" (*sic*) alegar a inexistência de relação de emprego com o "reclamante". Nesta hipótese, ainda que a ação trabalhista nasça sem a iniciativa do autor, não há atuação *ex officio* da Justiça do Trabalho; a jurisdição, na verdade, foi provocada por ato da autoridade local do Ministério do Trabalho, perante a qual o autor havia formulado requerimento no sentido de que o empregador anotasse o contrato em sua Carteira de Trabalho. Outro caso é quando o Ministério Público se encontra legitimado, por lei, para ajuizar ação, visando à defesa de direitos ou interesses de particulares. O art. 856 da CLT, p. ex., permite à Procuradoria ajuizar ação coletiva ("instaurar a instância de dissídio coletivo", na linguagem cientificamente inadequada daquele texto) sempre que houver greve. Também aqui, conquanto a iniciativa da ação não decorra das pessoas envolvidas no conflito coletivo de interesses, a Justiça do Trabalho não estará agindo *ex officio*. Exceção ao princípio da demanda se encontra, todavia, na mesma norma legal referida, na parte em que atribui legitimidade ao presidente do próprio Tribunal para dar início à ação coletiva.

No geral, contudo, como dissemos, o princípio da demanda é salutar, pois atribui ao indivíduo, cujo direito tenha sido lesado ou esteja sob risco de sê-lo, a iniciativa de invocar a necessária prestação da tutela jurisdicional. Se ele não tomar essa iniciativa, haverá de presumir-se o seu desinteresse em promover, judicialmente, o restabelecimento do direito ou o afastamento da ameaça de lesão. O princípio em foco pode ser apontado como um dos traços distintivos das legislações ocidentais.

Mesmo nos domínios das tutelas provisórias vigora o princípio, motivo por que é defeso ao juiz do trabalho conceder medidas dessa natureza sem que haja solicitação do interessado — exceto se a medida for dada incidentalmente, ou seja, no curso do processo principal, hipótese em que, em determinados casos, estará autorizada a desobediência ao princípio da demanda.

No campo do processo de execução, porém, o assunto merece considerações especiais. Por força do disposto no art. 878, *caput*, da CLT, em sua redação primitiva, a execução poderia ser realizada também por iniciativa do próprio juiz. Certo setor da doutrina entendia que essa faculdade judicial já não existiria, em virtude da declaração contida no art. 4.º da Lei n. 5.584, de 26 de junho de 1970, *verbis*: "Nos dissídios de alçada exclusiva das Juntas e naqueles em que empregados e empregadores reclamarem pessoalmente, o processo poderá ser impulsionado ex officio pelo juiz" (sublinhamos). Com o devido respeito, dizíamos que a norma legal reproduzida estava a cogitar não da iniciativa da ação — que se liga ao princípio da demanda —, mas, sim, do impulso processual, que é coisa rigorosamente diversa. Tanto é verdadeira essa diversidade, que estávamos - como ainda estamos — tratando de ambos os temas, nesta obra, em itens separados; o próximo (2) será dedicado, exatamente, ao impulso processual *ex officio*.

Posteriormente, deu-se nova redação ao art. 878, da CLT, para restringir a iniciativa do juiz na execução aos casos em que as partes não possuam advogados constituídos nos autos.

Como o estatuído pelo art. 4.º da Lei n. 5.584/70 nada tem a ver com o art. 878 da CLT, a inferência inevitável é de que o juiz do trabalho continua tendo a faculdade de dar início à execução, nos termos desse artigo. Para que a nossa opinião seja convenientemente entendida, devemos observar que, embora a execução trabalhista não seja autônoma, do ponto de vista ontológico, uma vez que pressupõe, invariavelmente, um processo de conhecimento, do qual se origina o título executivo, para os efeitos do art. 878, *caput*, da CLT (e tão somente para isso), a ela deve ser reconhecida uma autonomia teleológica (finalidade), de tal forma que a sua deflagração possa dar-se por iniciativa do juiz, na forma do art. 878, *caput*, da CLT.

Para reforçar o argumento de que a iniciativa da ação não se confunde com o impulso processual, lembremos que, enquanto a primeira é proibida pelo art. 2.º do CPC, o segundo é consentido pela mesma norma legal.

A definitiva separação dessas duas situações será realizada no item subsequente.

Ficou demonstrado que o juiz não pode agir *ex officio*. Essa proibição estampada no art. 2.º do CPC, contudo, deve ser entendida em seus estritos termos: ao juiz somente é vedado, por sua iniciativa, dar início ao processo. Sendo, porém, a prestação da tutela jurisdicional regularmente invocada pela parte ou pelo interessado, o juiz terá a iniciativa do impulso processual (*idem*). Destarte, conquanto o processo não se inicie *ex officio*, desenvolve-se por impulso oficial. Esse impulso, aliás, figura como um dos princípios processuais e será examinado no item seguinte.

2. Do impulso oficial

Dispõe o art. 2.º, do CPC, que o processo começa por iniciativa da parte "*e se desenvolve por impulso oficial*" (destacamos).

Está claro, portanto, que o processo somente poderá começar por iniciativa da parte ou do interessado (que, para isso, deverá possuir legitimidade e interesse de agir (condições da ação) e formular pedido juridicamente possível), embora se desenvolva por impulso do juiz. Isso significa afirmar que, regularmente provocado o exercício da função jurisdicional (retirada, pois, a jurisdição do seu ontológico estado inercial a que nos referimos há pouco), caberá ao juiz impulsionar o procedimento, mandando citar o réu, designando audiência, intimando as partes para esta ou aquela finalidade, ordenando a realização de diligências em geral — tudo isso, com o objetivo de preparar as condições tecnicamente necessárias para a emissão da sentença de mérito, que constitui o acontecimento mais importante no universo do processo, o seu ponto de culminância e de exaustão, por assim dizer.

Naturalmente, o juiz, no comando processual, deverá atender a determinados princípios constitucionais, dentre os quais sobressaem os da igualdade de tratamento e do contraditório e da ampla defesa, sob pena de ver comprometida a sua atuação, na qualidade de reitor e de impulsionador do processo.

O princípio do impulso processual, entretanto, não expressa a possibilidade de o juiz substituir as partes, no que atine a atos que deveriam ser por estas praticados, em decorrência dos interesses que defendem na causa e do correspondente ônus da prova, que lhes incumbe (CLT, art. 818; CPC, art. 373). Na prática, nem sempre se revela com a desejável nitidez a linha que separa os casos em que o juiz está dando regular impulso ao processo daqueles em que estará, inadvertidamente ou não, em nome desse princípio, praticando ato que deveria ser realizado, com exclusividade, pela parte. A falta de uma exata percepção dessa linha fronteiriça, por parte do juiz, poderá fazer com que dê causa à nulidade do processo.

É imprescindível assinalar que o juiz figura como *sujeito desinteressado*, no processo. Quem possui efetivos interesses a defender em juízo são as partes, pois, como vimos, o interesse constitui uma das condições legais para o exercício do direito constitucional de ação (CPC, arts. 17 e 485, VI). Segue-se, que se o juiz, ao impulsionar o processo, invadir uma área de atuação que era restrita à parte, estará, com isso, afastando-se do seu indeclinável dever de neutralidade e ensejando a nulidade do processo. Na verdade, os únicos "interesses" que o juiz possa legitimamente manifestar no processo ficam circunscritos a uma atuação ética das partes e à rápida solução do conflito.

A propósito, o impulso ex officio está intimamente ligado ao pressuposto de que o Estado possui interesse em que o conflito seja solucionado o mais breve possível ("razoável duração do processo", declara o art. 5.º, LXXVIII, da Constituição Federal), de tal maneira que, em sentido oposto, eventual tardança na solução da lide contrariaria esse interesse estatal. Assim, sob essa perspectiva, se a legislação não permitisse ao juiz impulsionar de ofício o processo o que mais se veria, por certo, seria a demora na resolução do conflito. A moderna concepção publicista do processo repele, assim, o retorno aos sistemas vigorantes no passado, quando, vedada ao juiz a impulsão processual, o curso deste ficava na dependência da iniciativa das partes. O impulso ex officio já estava previsto no CPC de 1939, em cujo art. 112 se lia: "O juiz dirigirá o processo por forma que assegure à causa andamento rápido, sem prejuízo da defesa dos interessados".

Expendidos esses escólios, é hora de retomarmos o assunto que havíamos abordado ligeiramente no item pretérito, qual seja, o da eventual restrição — trazida pelo art. 4.º da Lei n. 5.584/70 — da faculdade de o juiz impulsionar o processo, por ato espontâneo.

Cabe rememorar que, a teor dessa norma legal, o impulso oficial, aparentemente, só seria possível em duas situações: a) nas ações de alçada exclusiva dos órgãos de primeiro grau; b) quando as partes estivessem fazendo uso do *ius postulandi* outorgado pelo art. 791, *caput*, da CLT. Antes de investigarmos o verdadeiro sentido da dicção do art. 4.º da Lei n. 5.584/70, devemos ressalvar o nosso entendimento de que o art. 791, *caput*, da CLT foi revogado pelo art. 133 da Constituição Federal de 1988. Sabemos que o Supremo Tribunal Federal, na ADIn n. 1.127-8, concedeu medida liminar para suspender a eficácia, em relação à Justiça do Trabalho (e, também, aos Juizados de Pequenas Causas), do inciso I, do art. 1.º, da Lei n. 8.906/94, na parte em que declarava constituir atividade privativa da advocacia "a postulação a qualquer órgão do Poder Judiciário e aos juizados especiais". Todavia, seguimos com nossa convicção de que o art. 791, *caput*, da CLT, se encontra revogado. Logo, somente nos casos excepcionais, indicados no art. 103, parágrafo único do CPC poderá a parte ingressar em juízo sem advogado. A presença de advogados, no processo, é, ainda que teoricamente, fator de equilíbrio, de nivelamento da situação das partes. Não se pode conceber, por isso, que uma delas fique em vantagem processual pelo fato de estar acompanhada por advogado, ao passo que o adversário se encontra atuando pessoalmente. Quantas vezes, em audiência, vimos o réu, por seu advogado, arguir a incompetência *ratione loci* (usando, inclusive, essa expressão) do juízo, fazendo com que nos dirigíssemos ao trabalhador, que estava sem advogado, para dizer-lhe que, como "excepto", dispunha de 24 horas para responder à exceção (CLT, art. 800). Tudo isso soava grego ao trabalhador que, insciente de conhecimentos processuais, não entendia ao certo o que estava se passando e, em consequência, deixava de responder à exceção, naquele prazo muito curto, tornando-se, em razão disso, confesso quanto aos fatos e dando motivo a que, acolhida a arguição, os autos fossem remetidos a outro juízo. Nada era diferente do que acontecia quando o réu reconvinha: também aqui, o trabalhador, via de regra, não respondia à reconvenção. Tais episódios estão a demonstrar a imprescindível necessidade de o advogado participar do processo. Ausente o advogado, aliás, o processo do trabalho nada mais representa do que um terreno movediço e ardiloso para as partes (máxime as mais pobres), pois, se, de um lado, concede-lhes o *ius postulandi*, de outro contém normas, a elas dirigidas, que somente podem ser compreendidas por quem possua consideráveis conhecimentos de processo, como, por exemplo, as atinentes a prazos e a preclusão, ao atendimento aos pressupostos de admissibilidade dos recursos, ao impedimento e à suspeição de testemunhas etc. Sem a presença do advogado, portanto, o processo é, para a parte, um labirinto, algo inextricável, misterioso, uma esparrela que lhe armou o legislador... e, o juiz, um insensível minotauro...

Revelado o nosso parecer sobre o assunto e reafirmada — contra as opiniões doutrinária e jurisprudencial predominantes — a revogação do caviloso art. 791, *caput*, da CLT, vejamos em que situação se acha o princípio do impulso processual *ex officio*, após o advento da Lei n. 5.584/70.

Temos para conosco que essa faculdade conferida ao juiz em muito pouco se alterou. Não estamos convencidos de que a sobredita norma legal tenha tido o deliberado intuito de restringir a atuação desse princípio, no terreno do processo do trabalho. Em primeiro lugar, porque isso feriria de morte o caráter inquisitivo desse processo, que se manifesta pela intimação de ofício das testemunhas (CLT, art. 825, parágrafo único), pela ampla liberdade do juiz na direção do processo (CLT, art. 765), dentre outras coisas. Em segundo, porque, sendo função do juiz dirigir o processo, não se admite como possa fazê-lo sem estar provido do necessário poder de propulsioná-lo, de fazê-lo ir adiante. Em terceiro, porque se o processo civil comete aos juízes que o aplicam o encargo de desenvolvê-lo por impulso oficial (CPC, art. 2.º), não há razão jurídica — quanto menos ideológica — que justifique uma limitação desse poder-encargo no campo do processo do trabalho, onde o traço inquisitivo é, sabidamente, mais forte que o do processo civil.

A realidade prática tem demonstrado, com muita sabedoria, que se foi efetivamente intenção do legislador restringir o impulso oficial aos casos de que cuida o art. 4.º da Lei n. 5.584/70 — o que se admite apenas por apego à argumentação — essa intenção foi frustrada pela força da tradição e pelos imperativos do cotidiano. Como adverte Oliver Wendell, "a vida do Direito não foi a Lógica. Foi a Experiência". Leis de proveta, elaboradas na solidão de laboratórios nos quais jamais pousou a poeira da realidade, nascem para ser ignoradas, pois nada têm a ver com a vida que palpita externamente. São leis artificiais, como essas flores plásticas que, a despeito de poderem durar muitos anos, não possuem o aroma e o encanto das flores naturais.

Assim, se foi verdadeiramente esse o objetivo da referida norma legal, então a consideremos não escrita, em nome do bom senso.

Não ignoremos, ainda, que o impulso *ex officio* está intimamente vinculado ao pressuposto de que o Estado possui interesse na rápida solução dos conflitos de interesses, de tal maneira que, em sentido oposto, a exigência de que a propulsão do processo fosse algo que somente pudesse decorrer da iniciativa dos litigantes contrariaria o interesse estatal. A moderna concepção publicista do processo repele o retorno dos sistemas vigorantes no passado, quando, vedado o impulso oficial, viam-se as partes obrigadas a solicitar ao juiz, a todo momento, a prossecução do procedimento. O impulso *ex officio* foi introduzido, entre nós, pelo diploma processual civil de 1939 (o primeiro Código unitário que o país conheceu), em cujo art. 112 se lia: "O juiz dirigirá o processo por forma que assegure à causa andamento rápido, sem prejuízo da defesa dos interessados".

Em que pese à circunstância de o processo civil atual haver mantido esse princípio (art. 2.º), não aboliu, por inteiro, a possibilidade de os demandantes contribuírem para a propulsão processual, requerendo, p. ex., a realização de determinados atos ou diligências, com vistas a demonstrar a veracidade dos fatos alegados em juízo e contribuir, por essa forma, com a formação do convencimento jurídico do órgão jurisdicional acerca de tais fatos.

De resto, como assinala Ada Pellegrini Grinover, o instituto da preclusão (extintiva) tem estreitas ligações com o princípio do impulso oficial, pois ela se destinaria, sob certo aspecto, a assegurar o progressivo fluxo do processo e a impedir que retrotraia a fases já transpostas.

Tomada sob o ângulo subjetivo, contudo, a preclusão significa a perda de uma faculdade ou de um direito processual, pelo decurso do prazo assinado pelo juiz ou pela lei (temporal); pela incompatibilidade do ato que se deseja praticar com o anteriormente realizado (lógica); pelo fato de a faculdade processual já haver sido exercida (consumativa).[14]

Não é suficiente, contudo, que o juiz impulsione o processo; é necessário que o faça dentro dos prazos previstos em lei. Tão importante é o dever de atendimento aos prazos legais, que o art. 93, inciso II, letra "*e*", da Constituição Federal (Emenda n. 45/2004), veda a promoção de magistrado que," injustificadamente, retiver autos em seu poder além do prazo legal (...)". O mesmo texto constitucional, aliás, assegura a razoável duração do processo e os meios que garantam a celeridade da sua tramitação (art. 5.º, LXXVIII).

3. Da preclusão

O vocábulo preclusão é originário da forma latina *praeclusione* (*prae* = diante de + *cludere* = fechar, cerrar). Na terminologia jurídica passou a ser utilizado para expressar a perda do exercício de uma faculdade processual, em decorrência de certo fato atribuível à própria parte.

Giuseppe Chiovenda, inspirado em Von Büllow, formulou um conceito de preclusão, que se tornaria clássico. Para o insigne mestre italiano, a preclusão consiste na perda, extinção ou consumação de uma faculdade processual, que sofre a parte por se haverem tocado os extremos fixados pela norma legal para o exercício dessa faculdade processual. (*Instituições de Direito Processual Civil.* 2.ª ed. São Paulo: Saraiva, 1942. vol. III, p. 219).

A doutrina classifica a preclusão em: a) temporal; b) lógica; c) consumativa.

a) Preclusão temporal. Sob o rigor vocabular, o adjetivo "temporal" foi mal empregado para identificar essa espécie de preclusão. Assim dizemos porque, lexicalmente, *temporal* significa aquilo que é temporário; que é relativo ao mundo, profano; leigo, secular; grande tempestade; certos músculos ou ossos — e não aquilo que se refere ao decurso do tempo, conforme se vem entendendo. Em todo o caso, esse adjetivo caiu no gosto da doutrina e da jurisprudência, com o sentido que lhe emprestaram. Não perturbemos, pois, a tradição, embora soframos com ela, como diria Graciliano Ramos, em "*Vidas Secas*".

A preclusão temporal significa a perda, para a parte, da faculdade de praticar determinado ato processual, em decorrência do esgotamento do prazo fixado em lei ou assinado pelo juiz. Afirma, a esse respeito, o art. 223, do CPC: "Decorrido o prazo, extingue-se o direito de praticar ou de emendar o ato processual, independentemente de declaração judicial, ficando assegurado, porém, à parte provar que não o realizou por justa causa", esclarecendo, o § 1.º dessa norma legal, que justa causa é o evento imprevisto, alheio à vontade da parte e que a impediu de praticar o ato por si ou por mandatário. Comprovada a justa causa, o juiz permitirá que a parte pratique o ato, no prazo que lhe fixar (§ 2.º). O conceito de força maior material, formulado pelo art. 501, *caput*, da CLT, muito se aproxima do conceito de justa causa processual contido no art. 223, § 1.º, do CPC.

(14) Ob. cit., p. 293.

Há uma justificativa política para essa modalidade de preclusão: como o vocábulo processo (do latim *processus*) sugere a ideia de marchar avante, de seguir para frente (rumo à sentença de mérito, que é o ponto de atração magnética de todos os atos do procedimento), a preclusão temporal se destina a evitar o retrocesso, ou seja, o retorno a fases já ultrapassadas, já oclusas do procedimento, a sua involução, o que só faria retardar a entrega da prestação jurisdicional, a par de estimular a prática de atos procrastinatórios ou de premiar eventuais negligências ou velhacadas das partes.

Percebe-se, em razão disso, que a preclusão *temporal* está ligada diretamente a esse "seguir adiante", que é inerente à dinâmica do processo, como método estatal de solução de conflitos de interesses protegidos pela ordem jurídica.

b) Preclusão lógica. Caracteriza-se pela incompatibilidade do ato que se pretende realizar com o anteriormente praticado. Deste modo, se o autor renunciar ao direito em que se funda a ação (CPC, art. 487, III, "c"), não poderá, depois, solicitar que o juiz solucione o conflito. O mesmo se diga quando houver renunciado ao direito de recorrer (CPC, art. 999) ou aceitar, ainda que tacitamente, a sentença ou a decisão (CPC, art. 1.000) e vier a interpor recurso. É conveniente esclarecer que a lei considera aceitação tácita da sentença a prática, sem nenhuma reserva, de ato inconciliável com a intenção de recorrer (art. 1.000, parágrafo único).

Em todas essas situações, fica patente que o fundamento da preclusão em estudo é de ordem lógica; daí, a denominação que se lhe deu. Com efeito, se a parte pratica nos autos do processo determinado ato, e, mais tarde, deseja realizar ato que seja incompatível com o anterior, a sua intenção será obstada pela preclusão lógica. Isso corresponde a afirmar que a parte, na verdade, será vítima de suas próprias incoerências.

c) Preclusão consumativa. Configura-se pelo fato de ato que se pretende realizar já haver sido praticado. Note-se: enquanto na preclusão do tipo lógica o que se impede é a realização de ato incompatível com o anterior, na consumativa o que se busca evitar é que a parte volte a praticar o ato, seja para modificá-lo, para complementá-lo, etc.

No processo civil, por exemplo, se o réu ofereceu contestação, não lhe será lícito, posteriormente, apresentar outra contestação em substituição à anterior, ou modificar a existente, mesmo que o prazo legal não se tenha esgotado, porquanto o seu direito de responder à ação se consumou e se exauriu no momento em que a contestação foi apresentada em juízo.

Tratando-se de processo do trabalho, todavia, pensamos que o princípio da preclusão consumativa deva receber um certo abrandamento. Se, digamos, o réu apresentou resposta escrita, em audiência, e logo em seguida, na mesma audiência, sem que haja praticado qualquer outro ato processual, desejar complementar oralmente a contestação, a fim de nela inserir aquilo que havia omitido quando de sua redação, o juiz deverá permitir-lhe que o faça. Por mais forte razão, dever-se-á consentir que a parte realize esse aditamento ou complementação oral quanto pretender alegar matéria que o juiz poderia (e deveria) conhecer *ex officio* (inexistência ou nulidade de citação, incompetência absoluta, inépcia da petição inicial, perempção, litispendência, coisa julgada, conexão, continência, carência da ação etc.).

É importante não se esquecer que, no processo do trabalho, a contestação escrita constituiu uma concessão da praxe judiciária, pois, nos termos inequívocos do art. 847 — ainda em vigor —, da CLT, a defesa deve ser formulada oralmente. Destarte, nada obsta a que, no exemplo há pouco referido, o réu apresente resposta por escrito e, se for o caso, a complemente de maneira oral, na mesma audiência em que aquela foi apresentada.

Depois da contestação só será permitido apresentar novas alegações se: 1) forem relativas a direito superveniente; 2) competir ao juiz conhecer delas de ofício; 3) por expressa autorização legal puderem ser formuladas em qualquer tempo e juízo (CPC, art. 342, incisos I a III).

4. Da oralidade

O princípio em foco, na verdade, não se resume a) ao predomínio da palavra oral, senão que abarca, também, b) a imediatidade do juiz; c) a identidade física do juiz; d) a concentração dos atos do procedimento; e) a irrecorribilidade das decisões interlocutórias.

a) Predomínio da palavra oral. Quando se fala em oralidade não se está a afirmar que todos os atos do procedimento e todas comunicações de vontade das partes, do juiz, do Ministério Público e de terceiros possam ou devam ser realizadas oralmente, ou seja, por forma não escrita. A oralidade significa, isto sim, o predomínio da palavra oral; esta, no entanto, deve ser documentada, mediante termo grafado, seja na escrivania ou na sala de audiência. Nunca é desútil recordar que as palavras voam e a escritas permanecem (*verba volant, scripta manent*).

Os processos civil e trabalhista de nosso País não possuem uma oralidade pura, e, sim, mista, na qual, como dissemos, há somente a prevalência da expressão oral. O procedimento essencialmente oral encontrou no Código de Processo Civil de Hannover, de 1850, a sua consagração.

É, todavia, na audiência que o princípio da oralidade encontra o seu momento de culminância. Assim dizemos porque, nessa oportunidade, o interrogatório das partes, a inquirição das testemunhas, as perguntas (ou reperguntas, segundo a praxe) formuladas pelos advogados, assim como os requerimentos, as contraditas, os protestos, as razões finais etc. são efetuadas de maneira oral, sendo certo que o magistrado as aprecia pela mesma forma. Mais uma vez, devemos observar que todas essas manifestações orais constarão da ata, que constitui o instrumento formal de documentação dos principais episódios verificados em audiência.

No âmbito dos tribunais, a oralidade aflora no momento da sustentação oral da tribuna e nas intervenções dos advogados, destinadas a esclarecer equívoco ou dúvida surgida em relação aos fatos, documentos ou afirmações capazes de influenciar no julgamento e a replicar acusação ou censura que lhes tenham sido dirigidas na ocasião (Lei n. 8.906/94, art. 7.º, inciso X).

Como o princípio *sub examen* é caracterizado não pela exclusividade da palavra falada, mas pelo predomínio desta, fica aí implícita a ideia de que a oralidade não exclui a escritura. Estamos afirmando, por isso, que podem conviver, harmoniosamente, num mesmo processo, as formas oral e escrita, sem que se possa, no entanto, considerar misto esse procedimento.

A particularidade de o predomínio da palavra oral estar integrado ao conceito da oralidade afasta, como se vê, a possibilidade de pensar-se, na hipótese, em procedimento misto. O que há, aí, é oralidade.

Costuma-se asseverar que o prevalecimento da palavra falada contribui para a celeridade do procedimento, além de estar em afinidade com o princípio da simplicidade, que informa a realização dos atos que a este se referem. A despeito de essa afirmação ser teoricamente correta, é desmentida em muitas situações ocorrentes na prática. Hoje, tirante umas poucas exceções, a resposta do réu (exceção, contestação, reconvenção) é apresentada por escrito, em desacordo, portanto, com a forma estabelecida pelo art. 847 da CLT. Assim o é porque permite ao juiz incluir em pauta um elevado número de audiências "iniciais", o que não seria possível se devesse reservar, a cada réu, o prazo de vinte minutos para formular a sua defesa. Neste caso, o abandono da forma oral, longe de constituir um obstáculo à celeridade do processo, representa um significativo contributo não apenas para o abreviamento da solução do conflito como um expediente propiciador da inclusão de um maior número de feitos na pauta.

Constata-se, de outra parte, uma tendência de substituir-se as razões finais, que devem ser aduzidas oralmente (CLT, art. 850, *caput*), por memoriais escritos, por influência do processo civil (art. 364, § 2.º). As razões dessa modificação quanto à forma parecem atender não só à conveniência das partes como à do próprio juiz que, com isso, pode concluir a audiência em menos tempo do que conseguiria se tivesse de conceder a cada litigante o prazo de dez minutos para aduzir ditas razões. Em linhas anteriores, contudo, manifestamos a nossa discordância desse procedimento.

Em nenhum desses casos — insta elucidar — haverá nulidade processual, pois a decretação desta só se justifica quando do ato irregular derivar inequívoco prejuízo às partes (CLT, art. 794). Na espécie, a mudança da forma oral para a escrita foi conveniente (logo, benéfica) para estas. Nem sempre, entretanto, o inverso será possível, vale dizer, substituir a forma escrita pela oral. Alguns recursos, *e. g.*, devem ser interpostos por escrito, como os de agravo de petição e de instrumento, o de revista e o extraordinário, sendo discutível a possibilidade de ser interposto por essa forma o ordinário (supondo-se que a sua apresentação se desse na mesma audiência em que ocorreu o proferimento da sentença impugnada).

Devemos chamar a atenção, ainda, para o fato de que a oralidade representa uma garantia contra fraude e má-fé processuais, pois as partes têm que formular as suas manifestações na presença do juiz — controle que nem sempre o magistrado pode exercer quando os atos se revestem da forma escrita. Pode-se mesmo dizer que o juiz formará com maior segurança o seu convencimento jurídico quando os atos são praticados na sua presença, o que corresponde a afirmar, sob seu controle direto e imediato. Isso acontece com maior frequência, na oportunidade do interrogatório dos litigantes e das testemunhas e dos peritos, ou seja, na produção das provas orais, onde o magistrado interfere nessa produção, mediante perguntas que dirige a tais pessoas; no deferimento ou indeferimento das que tenham sido feitas pelas partes; no acolhimento ou rejeição de contraditas e o mais. Essa imediatidade do juiz será objeto do próximo item.

b) Imediatidade do juiz. O princípio da imediatidade se entrelaça com o da oralidade, pois traduz a necessidade de o juiz estar em contato direto com as partes, designadamente na audiência.

A audiência não representa, apenas, o momento mais espetacular do processo, aquele em que o princípio da publicidade se revela com maior nitidez (aos olhos de quem não é parte ou sujeito do processo). É nela em que, acima de tudo, se produzem as provas orais (interrogatório dos litigantes, inquirição de testemunhas). É também na audiência que o réu oferecerá resposta, que, embora devesse ser oral (CLT, art. 847), vem sendo apresentada e aceita por escrito.

Na audiência, ademais, o juiz encontrará condições efetivas de acompanhar a produção de provas, de fiscalizar a atuação das partes quanto a isso, cabendo-lhe interrogar os litigantes, as testemunhas, o perito, apreciar as perguntas que, por seu intermédio, forem formuladas pelos advogados, indeferindo-as quando lhe parecerem inoportunas, impertinentes, irrelevantes, capciosas, vexatórias e o mais, assegurando, contudo, à parte interessada o direito de vê-las reproduzidas na ata, desde que assim requeiram (CPC, art. 459, § 3.º). Mais do que isso, o juiz poderá — olhos nos olhos — acompanhar e avaliar as reações psicológicas ou emocionais das partes e testemunhas às perguntas efetuadas, verificando se as respondem com segurança ou com hesitação, se tergiversam, se o fazem com serenidade ou com grande nervosismo etc. É nesse instante, enfim, que o juiz, mais do que um condutor de audiências, do que um interrogador, age como analista sutil e arguto do psiquismo humano — habilidade que as experiências da vida cuidam de acumular-lhe no espírito, aprimorando-lhe a técnica.

A imediatidade permite, ainda, ao juiz proceder à acareação da parte com a testemunha ou de uma testemunha com outra (CPC, art. 461, II), e, quando for o caso, indeferir, oralmente, diligências inúteis ou meramente proteladoras requeridas pelos litigantes (CPC, art. 370), além, evidentemente, de tentar conduzi-los a uma solução consensual do litígio (CLT, arts. 846, 850, *caput*, 852-E), escopo fundamental da Justiça do Trabalho (CLT, art. 764).

Nada obstante a imediatidade, como procuramos demonstrar até esta parte, não tenha os seus fins confinados à prova oral, é nesse momento que ela apresenta a sua importância, a sua excelsitude como providência conducente à obtenção da verdade real, colocando o coletor (juiz) em contato direto com as fontes (partes, testemunhas), numa relação pessoal imediata, dinâmica e altamente profícua, não somente para os interesses dos contendores, mas para o escopo institucional do processo. Em suma, ela permite que, pela primeira vez, os sujeitos do processo estabeleçam um inter-relacionamento ao vivo, essencialmente objetivo e pujante, onde o predomínio é da palavra oral. Não é desassisado, por outro ângulo, sustentar-se que a audiência representa, talvez, o único momento em que o povo pode exercer, efetivamente, um controle do funcionamento do Poder Judiciário, dada a larga publicidade desse ato do processo e ainda que esse controle seja informal. Fora daí, o processo é quase só escrituração — entendido o vocábulo como o nascimento, pela forma grafada, das manifestações da vontade — tornando embaraçante o aludido controle popular em face da dificuldade de acesso aos autos para aqueles que não são parte.

Da imediatidade brota o dever de o juiz presidir as audiências, não podendo delegar essa atribuição a quem não pertença à magistratura, conquanto as audiências relativas ao mesmo processo possam ser presididas por juízes diversos, conforme buscaremos demonstrar no tópico que virá.

c) Identidade física do juiz. Este princípio espelha a vinculação do juiz ao processo, notadamente, com a instrução que haja realizado.

No sistema do CPC de 1939 essa identidade era injustificadamente rígida, como demonstra o art. 120 daquele Código: "O juiz transferido, promovido ou aposentado concluirá o julgamento dos processos cuja instrução houver iniciado em audiência, salvo se o fundamento da aposentação houver sido a absoluta incapacidade física ou moral para o exercício do cargo. O juiz substituto, que houver funcionado na instrução do processo em audiência, será o competente para julgá-lo, ainda quando o efetivo tenha reassumido o exercício. Parágrafo único. Se, iniciada a instrução, o juiz falecer ou ficar, por moléstia, impossibilitado de julgar a causa, o substituto mandará repetir as provas produzidas oralmente, quando necessário".

A rigidez dessa identidade física do juiz com a causa, a cuja instrução oral houvesse dado início ou concluído, fundava-se na equivocada pressuposição de que, por haver coligido tais provas, somente o mesmo juiz estaria apto para apreciá-las e proferir a sentença. O fato é que essa regra acarretava enormes transtornos de ordem prática, pois os juízes que haviam realizado a instrução deveriam realizar o julgamento, ainda que transferidos, promovidos ou aposentados (!), sem se falar no juiz substituto, que, mesmo com o retorno do titular, deveria proferir a sentenças, no tocante às causas cuja instrução houvesse presidido. Tudo isso provocava, sem dúvida, um retardamento na solução dos conflitos, para desespero das partes, ou do autor, em especial.

Procurando mitigar o rigor desse sistema, o art. 132 do CPC de 1973 estatuiu: "O juiz, titular ou substituto, que concluir a audiência julgará a lide, salvo se estiver convocado, licenciado, afastado por qualquer motivo, promovido ou aposentado, casos em que passará os autos ao seu sucessor". Dizia, ainda, o parágrafo único dessa norma, que "o juiz que proferir a sentença" poderá mandar repetir as provas, se entender necessário. Um pequeno retoque nessa dicção legal: não se tratava aí de juiz que proferir a sentença, e sim de juiz que iria proferi-la.

O CPC de 2015 não reproduziu essa regra, deixando aberta a possibilidade de concluir-se que teria sido sua intenção eliminar o princípio da identidade física do juiz.

Convém lembrar que a Súmula n. 222, do STF, declara ser inaplicável a este processo o princípio da identidade física do juiz. No mesmo sentido estava a Súmula n. 136, do TST. Esta, porém, foi cancelada pela Resolução n. 185/2012 (DJ de 15-10-2012).

Uma ponderação: pensamos que, em caráter extraordinário, o princípio em questão deve ser observado quando se tratar de embargos de declaração. Afinal, somente quem proferiu a decisão embargada é que terá condições efetivas de aclarar a obscuridade, de eliminar a contradição ou de suprir a omissão. A prática cuidou de demonstrar que, em alguns casos, em que a decisão embargada foi proferida por um juiz, mas os embargos foram julgados por outro, houve um descompasso entre a decisão embargada e a decisão declaratória. Deste modo, se o juiz que proferiu a decisão embargada encontrar-se afastado de sua unidade jurisdicional, por pequeno período de tempo (férias, por exemplo), é aconselhál que o juiz substituto profira despacho na petição de embargos, determinando que se aguarde o retorno do titular. Não ignoramos que esse despacho pode implicar transgressão ao art. 987-A, da CLT, que fixa em cinco dias úteis o prazo para o julgamento dos embargos. Razões de ordem lógica, entrementes, justificariam o atropelo desse prazo.

d) Concentração dos atos do procedimento

A concentração dos atos do procedimento é medida que se destina, fundamentalmente, a atender à necessidade de rápida solução do conflito de interesses — anseio que jamais seria atingido se muitos dos atos processuais não pudessem, por exemplo, ser aglutinados numa só audiência (resposta do réu, proposta de conciliação, instrução oral, alegações finais etc.). Sob certo aspecto, essa concentração permite que se mantenha a carga de dramaticidade do processo, que seria fortemente diluída sem a possibilidade de os atos serem praticados muitos próximos uns dos outros, na mesma ocasião.

Aliás, o ideal é que a própria sentença seja proferida o mais perto possível dos fatos da causa, a fim de poder, de um lado, interpretá-los com a carga de dramaticidade que soem possuir (apanhando-os, portanto, em sua efervescência), e, de outro, realizar com brevidade a solução da lide.

A prática tem demonstrado que quando a sentença é emitida muito tempo depois de o autor haver ingressado em juízo, ou de haver sido efetuada a coleta da prova, o juiz tem diante de si uma realidade algo glacial, onde quase não há pulsação ou vida, motivo por que tende a realizar um julgamento insensível. Os próprios Tribunais, ao realizarem o julgamento de recursos, se ressentem dessa ausência de intimidade com a prova oral, pois são levados a apreciá-la e a valorá-la a partir de registros constantes das atas das audiências. Assim, ao contrário dos juízos de primeiro grau, que têm contato direto com os protagonistas do conflito de interesses, e, em razão disso, com os meios de prova, o tribunal se limita a apreciar meros relatos documentais dos fatos. Mesmo no caso de ação rescisória, a instrução oral, quando necessária, será realizada por juiz de primeiro grau, em virtude de carta de ordem (CPC, art. 972). Estas considerações estimulam-nos a ponderar que os tribunais, sempre que possível, deveriam prestigiar os pronunciamentos dos órgãos de primeiro grau de jurisdição, no terreno dos fatos.

O princípio da concentração dos atos do procedimento atende, por outro lado, à política de economia processual, que pode ser resumida no máximo de resultado prático com um mínimo de atividade jurisdicional.

O processo do trabalho escrito, preocupado com a celeridade da resolução dos conflitos, abrigou o princípio da concentração, como atestam, dentre outros, os arts. 846 a 850 da CLT. Por esses dispositivos se nota que a audiência deveria ser una e indivisível, na qual o réu ofereceria a sua resposta (art. 846), as partes e as testemunhas seriam interrogadas (art. 848), os litigantes aduziriam razões finais, haveria a formulação da última proposta de conciliação (art. 850, *caput*), e, inclusivamente, seria realizado o próprio julgamento (*idem*).

Como observamos alhures, esse desejo do legislador só foi atendido até certo momento, a partir do qual certos imperativos de ordem prática impuseram a fragmentação da audiência, por obra dos juízes, e o surgimento das denominadas audiências "inicial", "de instrução" e "de julgamento", tão conhecidas nos dias de hoje. Com isso, o princípio da concentração foi posto de lado e a sentença ficou mais distante da inicial, conquanto sejam compreensíveis (e justificáveis) as razões que provocaram o referido fracionamento da audiência.

O que se constata, atualmente, pois, no plano da realidade prática, é uma tendência não à concentração, mas, ao contrário, à *dispersão* dos atos do procedimento, havendo casos, *v. g.*, em que numa audiência são interrogadas as partes e somente em outra são inquiridas as testemunhas, marcando-se, ainda, mais uma, para o encerramento da instrução, e, finalmente, outra, para o julgamento. Tais procedimentos não condizem, como é de palmar conclusão, com a necessidade de pronta solução da lide.

Devemos reconhecer, por outro lado, que a *dispersão* dos atos do procedimento, a que nos referimos há pouco, decorreu de uma finalidade pragmática, do ponto de vista dos juízes. Ocorre que, com isso, foi possível inserir, na pauta das audiências denominadas de *iniciais*, uma expressiva quantidade de processo, a fim de tentar-se uma solução consensual do conflito de interesse, ou seja, a conciliação. Essa expressiva quantidade não seria possível se todos os atos processuais fossem concentrados em audiência única, particularidade que permitiria designar apenas um pequeno número de audiência, na pauta, considerando o longo tempo que seria consumido entre a recepção da resposta do réu e a emissão da sentença.

No procedimento sumariíssimo, exige-se que a instrução e o julgamento ocorram em audiência única (CLT, art. 852-C). Essa imposição legal, entretanto, não constitui nenhuma novidade do sistema, pois o art. 849, da CLT, ordena que a audiência atinente ao procedimento ordinário também seja una. O problema é que os fatos da realidade conspiraram contra essa intenção do legislador, fazendo com que, como dissemos, os juízes se vissem forçados, em grande parte dos casos, a fragmentar a audiência, tripartindo-a em "inicial", "de instrução" e "de julgamento", por forma a criar uma praxe que, ainda hoje, se encontra fortemente arraigada.

Sem pretendermos desfechar um pesado golpe no princípio da oralidade, do qual cuidamos anteriormente, preconizamos que, de lege ferenda, no processo do trabalho, a resposta do réu seja oferecida por escrito, em prazo preestabelecido (10 ou 15 dias), dispensando-se, assim, a realização de audiência para esse fim, como ocorre na atualidade. Com isso, o tempo de solução dos conflitos haverá de ser consideravelmente reduzido, porquanto nem sempre haverá necessidade de realização de audiência, como quando o réu for revel; a matéria for unicamente de direito etc. Sacrifica-se, com a modificação proposta, a oralidade, em benefício da celeridade da solução da lide e o resultado final é favorável ao autor, que recebe a prestação da tutela jurisdicional em menor tempo do que receberia se o mencionado princípio permanecesse íntegro. Para que não seja violentado o escopo da conciliação, que o processo do trabalho tanto exalta, poder-se-ia prever a designação de audiência de curtíssima duração, a que deveriam as partes comparecer (com seus advogados), interpretando-se eventual ausência de uma delas como manifestação tácita de desinteresse em transigir.

A concentração dos atos integrantes do *due process of law* está imbricada com a necessidade de economia processual, que se traduz na realização de um máximo de atos com um mínimo de atividade jurisdicional. Se, inversamente, há muita atividade da jurisdição e um mínimo de atos produzidos, a situação é patológica e acarreta, como consectário grave, um desagrado quanto ao funcionamento do Poder Judiciário e um descrédito no processo como método estatal de resolução de conflitos. Ao juiz incumbe, sobremaneira, cuidar para que o procedimento tenha curso regular e destravado, rumo à sentença, fazendo, com vistas a isso, adequado uso dos poderes que lhe concede a lei.

e) Irrecorribilidade das decisões interlocutórias

Decisão interlocutória é o ato pelo qual o juiz, no curso do processo, resolve questão incidente. Esse conceito, formulado pelo art. 162, § 2.º, do CPC de 1973, não foi, em sua essência, modificado pelo art. 203, § 2.º, do CPC de 2015. Lexicamente, o adjetivo *interlocutório* (do latim *interlocutio*) designa aquilo que é proferido no meio do pleito.

O princípio da irrecorribilidade (autônoma) das decisões dessa natureza constitui uma das características do processo do trabalho, como patenteia o art. 893, § 1.º, da CLT.

O procedimento, como vimos, constitui o conjunto de atos processuais (que se inicia pela petição do autor), em regra, preclusivos, tendentes a preparar a emissão da sentença de mérito, principal acontecimento do processo. Muitas vezes, porém, nesse percurso entre a petição inaugural e a sentença surgem diversos incidentes, que devem ser removidos pelo juiz, a fim de que o curso do procedimento seja desobstruído. São, justamente, esses atos "removedores" de empecilhos ao trâmite processual a que o Código denomina de decisões interlocutórias.

A expressão "sentença interlocutória", que às vezes é utilizada por pessoas pouco afeitas ao rigor da terminologia processual, em lugar de *decisão interlocutória*, contém uma intransponível contradição nos próprios termos, pois a referida decisão é proferida no curso do processo, ao passo que sentença é o ato pelo qual o juiz, quase sempre, põe fim ao processo, examinando, ou não o mérito da causa (CPC, art. 203, § 1.º). Dissemos *quase sempre*, porque, no processo civil, há casos em que a sentença não o extingue (CPC, art. 509 e seguintes). No processo do trabalho, entrementes, podemos seguir conceituando a sentença como ato judicial que dá fim ao processo.

Percebe-se, assim, que o legislador brasileiro não levou em conta a natureza do ato judicial, para classificá-lo como decisão interlocutória ou como sentença, mas a repercussão objetiva desse ato no processo: se tiver eficácia para extingui-lo, será, em princípio, sentença; se não, decisão interlocutória. Aliás, podemos mesmo afirmar que, do ponto de vista legal, se o ato do juiz não for sentença, nem despacho ordinatório ou de mero expediente, inclinar-se-á a ser reconhecido como decisão interlocutória.

A assertiva de que a irrecorribilidade das decisões interlocutórias representa uma emanação do princípio da oralidade, merece alguma reserva. Na verdade, as decisões dessa natureza podem ser objeto de recurso, em alguns casos, como, por exemplo, da decisão monocrática que não admite recurso. Conquanto a lei (CLT, art. 897, letra "*b*") aluda a esse ato judicial como despacho, cuida-se, na verdade, de decisão de traço interlocutório, da qual o próprio sistema oficial admite a interposição de agravo de instrumento (*idem*).

Há situações em que, vedada a possibilidade de interposição de recurso, por tratar-se de decisão interlocutória, e de formulação de reclamação correcional, será possível a impetração de mandado de segurança.

Com o princípio da irrecorribilidade das decisões interlocutórias busca-se assegurar livre curso ao processo, até o seu final, seja ele de conhecimento, de execução ou cautelar. Inexistente esse princípio, todos os pronunciamentos do magistrado acerca dos incidentes surgidos no processo fariam com que a solução do conflito ficasse enormemente retardada, pois, com frequência, os autos seriam remetidos ao tribunal, por força do recurso interposto das interlocutórias.

Deve ser esclarecido, todavia, que o princípio em tela não significa que as interlocutórias jamais poderão ser impugnadas, mas, sim, que essa impugnação só será possível na oportunidade em que vier a ser interposto recurso da sentença solucionadora da lide, ou do oferecimento de embargos à execução. Desta forma, difere-se para fase posterior do processo qualquer contrariedade que as partes pretendam externar quanto ao ato pelo qual o juiz haja resolvido determinado incidente da causa (CLT, art. 893, § 1.º).

No processo do trabalho, *v. g.*, às decisões em exceções de incompetência, impedimento e suspeição atribui-se um tratamento típico de interlocutórias, porquanto somente podem ser impugnadas por ocasião do recurso que se interpuser da sentença (CLT, art. 799, § 2.º). Impugnação autônoma apenas será admissível quando a decisão seja "terminativa do feito", no âmbito da Justiça do Trabalho (*idem*). Caráter interlocutório também possui a impropriamente denominada "sentença de liquidação", que somente poderá ser atacada na fase dos embargos à execução (CLT, art. 884, § 3.º), sejam oferecidos ou não. A Lei n. 8.432, de 11 de junho de 1992 — que deu nova redação ao art. 879, § 2.º, da CLT —, não modificou, na essência, esse procedimento, conquanto tenha facultado ao juiz conceder prazo sucessivo às partes, para que se pronunciem sobre os cálculos do contador, em inovação absolutamente censurável.

Aludimos, acima, à impropriedade da expressão "sentença de liquidação" porque o ato pelo qual o juiz define o *quantum debeatur* não se destina a dar fim ao processo, mas, apenas, a fixar o valor da execução por quantia certa. Não fosse o sabor algo pernóstico da expressão, poderíamos designar de "decisão liquidatária" a esse ato judicial, cujo mérito seria o de revelar, com fidelidade, a sua natureza.

Uma exceção ao princípio da irrecorribilidade autônoma das decisões interlocutórias está na Lei n. 5.584/70, cujo art. 2.º declara que o juiz, em audiência e antes de dar início à instrução, deverá fixar um valor à causa, na hipótese de a inicial ser omissa quanto a isso. Ocorre que, se a parte interessada impugnar esse valor e o juiz o mantiver, aquela poderá solicitar, no prazo de 24 horas, que o presidente do tribunal reveja esse valor. Se examinarmos a natureza jurídica desse pedido de revisão do valor dado à causa pelo juiz de primeiro grau, mediante a submissão dessa figura às características dos diversos institutos do processo (civil e trabalhista) brasileiro, logo veremos que não se trata de ação, exceção, contestação, reconvenção, embargos etc.; todavia, a singularidade de fazer com que o presidente do tribunal modifique o valor da causa, atribuído pelo juiz, demonstra que o pedido de revisão mantém um ponto de contato com o recurso, pois é próprio deste obter a modificação dos pronunciamentos jurisdicionais inferiores. Desse modo, ao prever a possibilidade de haver pedido de revisão do valor da causa, a Lei n. 5.584/70 (art. 2.º, § 2.º) representa uma ressalva ao princípio que estamos a examinar, pois é indiscutível o caráter interlocutório da decisão pela qual o juiz de primeiro grau fixou o mencionado valor.

Exceções como a apontada não invalidam, nem infirmam, o princípio que proíbe a impugnação autônoma das decisões interlocutórias. Dito princípio, como dissemos no início, atende à necessidade de impedir que todas as decisões que tivessem como núcleo certos incidentes surgidos no processo (geralmente, por ato intencional de um dos litigantes) pudessem ser impugnadas de imediato, provocando, com isso, um considerável e pernicioso retardamento da solução do conflito de interesses, ou seja, da lide.

É sempre útil recordar que já o direito romano antigo separava, com nitidez, a *sententia* da *interlocutio*, reservando para a primeira a tarefa de solucionar o mérito da demanda, e, para esta, a de resolver determinados expedientes do processo (ainda que não necessariamente incidentais), como a produção de provas. As interlocutórias não possuíam caráter de sentença típica, caracterizando-se pela irrecorribilidade. Por isso, não se submetiam ao fenômeno da coisa julgada material. No moderno processo do trabalho, contudo, as decisões do juiz sobre a produção de provas não ensejam o acesso às vias dos recursos, conquanto possam desafiar mandado de segurança, contanto que configurada a lesão de direito líquido e certo e que o ato judicial tenha sido praticado contra a lei ou mediante abuso de poder.

5. Da economia

Ao discorrermos sobre o princípio da oralidade (item 4), pudemos demonstrar que ele é integrado, dentre outros elementos, pela concentração dos atos do procedimento, esta motivada por uma justificável política de economia processual.

Percebe-se, por essa observação, ser extremamente sutil ou mesmo nebulosa a linha fronteiriça entre a concentração e a economia processuais; nada obstante, a distinção é possível.

O conceito de economia é mais amplo do que o de concentração, pois embora esta tenha por fim a celeridade da solução do conflito de interesses, mediante, como dissemos, a aglutinação dos atos integrantes do procedimento judicial, aquela, embora vise ao mesmo fim, não tem nessa aglutinação o seu único meio de alcançar aquele objetivo. Podemos, mesmo, afirmar que a economia constitui o gênero, do qual a concentração figura como espécie.

Quando, *e. g.*, as partes, em virtude da manifestação convergente de suas vontades, decidem admitir como prova emprestada um laudo pericial juntado em outros autos, é evidente que essa atitude corresponde aos anseios gerais de economia dos atos do procedimento, sem que se possa ver, nessa juntada, uma concentração de atos do procedimento; o que há, em situações como a narrada, é uma supressão de ato (realização de exame pericial), em decorrência do aproveitamento consensual de ato praticado em outros autos.

Podem ser também referidas como práticas tendentes a atender ao princípio da economia processual, dentre outras: a) a correntia substituição da resposta oral (CLT, art. 847) pela forma escrita, pois isso permite a realização de maior número de audiências "iniciais" por dia; b) certas transações, como as que ocorrem nos casos de insalubridade, por força da qual o réu admite o direito do autor à percepção do correspondente adicional, cujo grau é fixado pelos litigantes. Desse modo, não só se abrevia a duração do processo, suprimindo-se a realização do exame pericial, como se evita o pagamento de honorários ao experto; c) a dispensa recíproca, pelos litigantes, dos seus interrogatórios; d) a inquirição de testemunhas no juízo por onde se processa a ação, por ato espontâneo destas, embora tivessem o direito de ser ouvidas mediante carta precatória; e) o litisconsórcio facultativo, que se configura pelo agrupamento, num mesmo processo, de diversas lides, sem que a sentença deva ser uniforme para todos os compartes; f) a reconvenção, caracterizada pela existência de ações contrapostas num mesmo processo, devendo ambas ser apreciadas por uma só sentença; g) o suprimento da falta de citação, com o comparecimento voluntário do réu à audiência (CPC, art. 239, § 1.º); h) a dispensa da leitura do relatório, nas sessões do tribunal; i) a conexão e a continência (CPC, art. 57).

O exemplário dos casos que se conformam ao princípio da economia processual é, enfim, muito vasto; forremo-nos, por isso, do atrevimento de tentar esgotá-lo — sob pena de, muito antes disso, esgotarmos, isto sim, a paciência dos nobres leitores, com semelhante maçada.

O importante a ser realçado é o fato de que toda e qualquer providência adotada no processo, sem transgressão manifesta de regra de ordem pública e sem violação de direito dos litigantes, destinada a criar condições para que a sentença seja proferida no menor espaço de tempo possível, está autorizada pelo princípio da economia. Incumbe essencialmente ao juiz, na qualidade de reitor exclusivo do processo, fazer com que esse princípio seja respeitado na prática e não se torne mero ornato dos argumentos e dos debates. Um dos deveres dos magistrados é, não por acaso, o de velar pela duração razoável do processo (CF, art. 5.º, LXXVIII; CPC, art. 139, II), motivo por que a lei lhe concede poderes para indeferir diligências inúteis ou procrastinatórias (CPC, art. 370, parágrafo único) e para impulsionar, *ex officio*, o procedimento (CPC, art. 2.º), sem ignorarmos a amplitude de liberdade que possui o juiz do trabalho na direção do processo (CLT, art. 765), podendo (ou devendo?), em função disso, determinar diligências necessárias à justa, adequada e rápida entrega da prestação jurisdicional. O juiz, em suma — como muito bem disse Pontes de Miranda —, está condenado à atividade, porquanto a lei o pune nos casos de inação injustificada.

É de bom senso, todavia, reconhecer não ser possível a incidência absoluta dessas regras deontológicas da magistratura, em razão do volume colossal e pletórico das ações que são diariamente ajuizadas, fazendo com que a deficiente estrutura do Poder Judiciário em geral, e da Justiça do Trabalho, em particular, impeça os juízes de apreciá-las com a brevidade que, por certo, gostariam de fazê-lo. Como tantas vezes acentuamos, a demora que se tem verificado na entrega da prestação jurisdicional, em nosso país, deve ser atribuída menos à atuação insatisfatória da magistratura do que às apontadas deficiências estruturais do Poder Judiciário e à própria obsolescência do processo atual como método oficial de composição dos litígios.

A despeito disso, deve o juiz empenhar-se na rápida solução dos conflitos, sem eximir-se dessa penosa tarefa de distribuir justiça de maneira célere e convincente. Trata-se, como vimos, de um compromisso histórico assumido pelo Estado com o indivíduo — que teve subtraída, a partir daí, a possibilidade de autodefesa — do qual o magistrado é o executor. A responsabilidade política do magistrado, no que toca à breve solução das lides, é, por isso, tanto quanto a jurídica, enorme e indeclinável.

6. Da lealdade

Assim como o magistrado, as partes (e os demais sujeitos do processo) estão adjungidas a determinados deveres, legalmente previstos, que orientam a sua atuação em juízo. Não se pode negar, portanto, a existência de uma deontologia processual.

O art. 14, II, do CPC de 1973, estabelecia que os litigantes deveriam, dentre outras coisas, "proceder com lealdade e boa fé". Na lição de Hélio Tornagui, "leal, do latim *legalis*, e, é aquele que no trato ou até no litígio com outrem observa as regras da lei moral, faz jogo limpo, sem ardis, sem enganos, sem fraude, sem astúcia. Para exprimir a lealdade o grego tem palavras que bem a definem: beleza e bondade (...). Leal é o que procede conforme a lei (...), conforme a justiça (...), com probidade (...). Proceder com lealdade é agir às claras, sem embustes, ciladas ou armadilhas. É o *fair dealing*, o *fair play*, a atuação franca, sem hipocrisia. É a honestidade na ação"[(15)] A boa-fé, por sua vez, indica o agir com franqueza, com boas intenções: é o atuar sinceramente.

Os deveres de lealdade e boa boa-fé, impostos pela norma legal às partes, seus representantes e advogados, derivavam do conteúdo eminentemente ético do processo, como método estatal de solução de conflitos de interesses, pois seria inconcebível que esse instrumento heterônomo pudesse ser utilizado pelos litigantes com intenções desleais, desonestas, escusas, enfim, com o escopo de prejudicar o adversário, fraudar a lei, causar danos a terceiros ou de propiciar o sucesso de velhacadas do gênero.

O art. 5.º, do CPC de 2015, determina que *todos* os que participam do processo se comportem "de acordo com a boa-fé". Essa regra não está, portanto, circunscrita às partes, alcançando, isto sim, os demais *sujeitos* do processo (juiz, representante do Ministério Público, testemunhas, peritos e terceiros em geral).

É compreensível que o conflito de interesses e o contraditório constituam clima propício para a luta ardorosa, o embate de ideias e o mais. Essa particularidade, contudo, não autoriza as partes a se lançarem a uma porfia desenfreada, sem um mínimo de regras éticas, vinculativa de suas condutas. Daí, a inegável necessidade de a conduta das partes no processo ser norteada pela lealdade e pela boa-fé, independentemente da existência de norma legal impositiva dessa conduta. Conforme dissemos há pouco, o processo, como método estatal de

(15) *Comentários ao Código de Processo Civil*. 2.ª ed. São Paulo: RT, 1976. vol. I, p. 145.

solução de conflitos de interesses protegidos pela ordem jurídica possui um conteúdo ético, a exigir, das partes e de terceiros, um comportamento processual que não malfira esse conteúdo.

Com muita propriedade, aliás, Calamandrei comparou o processo a um jogo, em que a habilidade é permitida, mas a trapaça, não.

Em termos práticos, qualquer infração ao dever de lealdade e boa-fé tipifica um ilícito processual; essa transgressão, quando cometida por uma das partes, configura litigância de má-fé, sujeitando o infrator às sanções da lei.

O CPC, no art. 77 (incisos I a VI), indica como deveres processuais das partes, além de outros:

> I – expor os fatos em juízo conforme a verdade;
>
> II – não formular pretensão ou de apresentar defesa quando cientes de que são destituídas de fundamento;
>
> III – não produzir provas e não praticar atos inúteis ou desnecessários à declaração ou à defesa do direito;
>
> IV – cumprir com exatidão as decisões jurisdicionais, de natureza provisória ou final, e não criar embaraços à sua efetivação;
>
> V – declinar, no primeiro momento que lhes couber falar nos autos, o endereço residencial ou profissional onde receberão intimações, atualizando essa informação sempre que ocorrer qualquer modificação temporária ou definitiva;
>
> VI – não praticar inovação ilegal no estado de fato de bem ou direito litigioso.

Cabe assinalar que em caso de lide temerária o advogado será solidariamente responsável com seu cliente, desde que coligado com este para lesar a a parte contrária (*consilium fraudis*), conforme se apurar em ação própria, nos termos do art. 32, parágrafo único, da Lei n. 8.906, de 4-7-94.

O art. 793-B, da CLT, inspirando-se no art. 80, do CPC, considera litigantes de má-fé aquele que:

> I – deduzir pretensão ou defesa contra texto expresso de lei ou de fato inconstroverso;
>
> II – alterar a verdade dos fatos;
>
> III – usar do processo para conseguir objetivo ilegal;
>
> IV- opuser resistência injustificada ao andamento do processo;
>
> V – proceder de modo temerário em qualquer incidente ou ato do processo;
>
> VI – provocar incidente manifestamente infundado;
>
> VII – interpuser recurso com intuito manifestamente protelatório.

Se a parte praticar quaisquer dos atos legalmente descritos como caracterizadores de litigância de má-fé, o juiz ou tribunal, por sua iniciativa ou a requerimento, a condenará a pagar ao adversário: a) multa que deverá ser superior a um por cento e inferior a dez por cento do valor da causa, monetariamente corrigido; b) indenizar a parte contrária pelos prejuízos por esta sofridos; c) arcar com os honorários advocatícios e com todas as despesas que efetuou (CLT, art. 793-C).

Quando forem dois ou mais os litigantes de má-fé, o juiz condenará (inclusive de ofício) cada um na proporção do seu interesse na causa, ou solidariamente aqueles que se coligarem para lesar a parte contrária (CLT, art. 793-C, § 1.º). Se o valor da causa for inestimável ou irrisório, a *multa poderá ser fixada em até duas vezes o limite máximo dos benefícios do Regime Geral da Previdência Social* (*ibidem*, § 2.º). O valor da multa deverá ser fixado pelo juízo; não sendo possível mensurá-lo, será liquidado por arbitramento ou pelo procedimento comum, nos próprios autos do processo (*ibidem*, § 3.º).

7. Da livre investigação das provas

É conveniente lembrar, para logo, que o ônus da prova consiste nesse encargo que a lei atribui às partes, no tocante à demonstração da veracidade dos fatos narrados em juízo. O art. 818, da CLT, em sua redação primitiva, dispunha que o ônus das alegações incumbiria a quem as fizesse. Não entendendo a sutileza interpretativa que se instilava na expressão literal dessa norma, o legislador trabalhista decidiu pastichar o art. 373, do CPC, para declarar que o ônus da prova incumbe: a) ao autor ("reclamante"), quanto ao fato constitutivo do seu direito; b) ao réu ("reclamado"), no tocante à existência de fato impeditivo, modificativo ou extintivo do direito do autor

Em novo pastiche (agora, dos §§ 1.º e 2.º, do art. 373, do estatuto processual civil), o legislador dispôs:

> "§ 1.º Nos casos previstos em lei ou diante de peculiaridades da causa relacionadas à impossibilidade ou à excessiva dificuldade de cumprir o encargo nos termos deste artigo ou à maior facilidade de obtenção da prova do fato contrário, poderá o juízo atribuir o ônus da prova de modo diverso, desde que o faça por decisão fundamentada, caso em que deverá dar à parte a oportunidade de se desincumbir do ônus que lhe foi atribuído.
>
> § 2.º A decisão referida no § 1º deste artigo deverá ser proferida antes da abertura da instrução e, a requerimento da parte, implicará o adiamento da audiência e possibilitará provar os fatos por qualquer meio em direito admitido.
>
> § 3.º A decisão referida no § 1º deste artigo não pode gerar situação em que a desincumbência do encargo pela parte seja impossível ou excessivamente difícil."

Por que motivo as partes devem produzir provas em juízo? Porque será com base nesta que o juiz formará o seu convencimento jurídico acerca dos fatos da causa. Daí,a extrema importância que a prova ostenta no processo. Já se disse, aliás, em feliz alegoria, que a prova é uma espécie de pedestal da sentença.

Com efeito, como o juiz não pode decidir com base em conhecimento pessoal dos fatos, é indispensável que as partes desenvolvam no processo uma atividade específica, destinada a reproduzir, nos autos, os fatos de que se originam as suas pretensões. À verdade que se forma nos autos se tem denominado de formal. A verdade formal pode coincidir, ou não, com a real, entendida esta como os fatos, tais quais acontecidos no mundo sensível. O ideal é que a verdade formal coincida com a real; nem sempre, contudo, isso ocorre, pelos mais variados motivos, especialmente em virtude de a parte não se haver desincumbido do *onus probandi* que lhe correspondia. Para o juiz, todavia, só há uma verdade: a que se estabeleceu nos autos (formal). Para ele, enfim, como afirmamos, o que não está nos autos não está no mundo (*quod non est in actis non est in mundo*), ressalvados os casos de fato notório (CPC, art. 374, I) e as máximas de experiência (CPC, art. 375). Estabelece esta última norma legal mencionada que na ausência de normas jurídicas particulares (ou seja, específicas), o juiz aplicará as regras da experiência comum (*máximas de experiência*) "subministradas pela observação do que ordinariamente acontece e, ainda, as regras da experiência técnica, ressalvado, quanto a esta, o exame pericial".

Em suma, de modo geral, o juiz deve julgar de acordo com aquilo que foi alegado e provado pelas partes (*iudex secundum allegata et probata partium iudicare debet*).

O princípio da livre investigação das provas traduz a liberdade que o juiz possui, com vistas à apuração da verdade dos fatos, podendo, em função disso, mesmo *ex officio*, determinar as provas necessárias à instrução do processo (CPC, art. 370), o comparecimento das partes, a fim de interrogá-las em audiência (CPC, art. 139, III) etc.

Torna-se necessário observar que o juiz integrante dos modernos sistemas processuais, civil e trabalhista, ao contrário dos juízes do passado, não está condenado a assumir uma atitude eminentemente estática no processo, resignando-se a aguardar que as partes produzam as provas desejadas, para, depois disso, demovendo-se do seu imobilismo, efetuar a entrega da prestação jurisdicional. Ao magistrado dos tempos atuais, como vimos, a lei comete um expressivo conjuntos de poderes diretivos do processo, dentre os quais se inclui o da determinação da realização de provas destinadas à instrução (CPC, art. 370). Ao juiz do trabalho, em especial, a norma legal atribui ampla liberdade na direção do processo (CLT, art. 765), malgrado se saiba que essa liberdade não possa cercear nem restringir as garantias que a lei ordinária e a Constituição da República concedem aos litigantes.

Em síntese, a concepção publicista do processo e a exaltação do escopo social deste autorizam o juiz dos tempos modernos a demover-se daquela espécie de *"laissez faire, laissez passer"* (deixar fazer, deixar passar), que caracterizava a atitude do juiz antigo. Hoje, o princípio da livre investigação das provas expressa essa possibilidade de o magistrado não só promover o impulso processual, como ordenar a produção de provas, bem como, de conhecer de certas questões que, outrora, só podia conhecer se houvesse provocação da parte interessada. É inevitável ponderar, entrementes, que o juiz, no exercício dessa sua potestade, não deverá ir além do razoável, a ponto de suprir eventual negligência da parte e, com isso, tornar-se tendencioso, suspeito, aos olhos do outro litigante. Dentro desse critério de recomendável prudência, o juiz poderá tomar a iniciativa da prova — sem receio de ser acusado de parcialidade — quando, por exemplo, puder invocar relevantes motivos de ordem pública, ou encontrar-se diante de provas divididas.

O princípio da livre investigação das provas autoriza o juiz, por outro lado, em alguns casos, a converter o julgamento em diligência, a fim de dirimir eventual dúvida decorrente da apreciação das provas produzidas pelas partes, do mesmo modo como poderá ordenar a realização de nova perícia, quando a primeira não lhe parecer satisfatória (CPC, art. 480).

Nem se omita a possibilidade de ele voltar a interrogar as partes e as testemunhas, quando isso lhe parecer indispensável para a formação do seu convencimento jurídico acerca dos fatos da causa, e, ainda, de tomar a iniciativa de inspecionar pessoas ou coisas, em qualquer fase do procedimento, com a finalidade de se esclarecer acerca de fato, que interesse à solução da causa (CPC, art. 481).

Merece ser reproduzida, nesta altura, a percuciente observação feita por Cintra, Grinover e Dinamarco: "No processo penal, sempre predominou o sistema de livre investigação das provas. Mesmo quando, no processo civil, se confiava exclusivamente no interesse das partes para o descobrimento da verdade, tal critério não poderia ser seguido nos casos em que o interesse público limitasse, ou excluísse a autonomia privada. (...) Conclui-se, pois, que o processo civil, hoje, não é mais eminentemente dispositivo, como o era outrora; e o processo penal, por sua vez, transformando-se de inquisitivo em acusatório, não deixou completamente à margem uma parcela de dispositividade das provas. Impera, portanto, tanto no campo processual penal como no campo processual civil, o princípio da livre investigação das provas, embora com doses maiores de dispositividade no processo civil" (*Teoria Geral do Processo*, ps. 65-66).

Não teria, entretanto, sido banido pelo CPC de 2015 o princípio da livre apreciação das provas, consubstanciado no art. 131, do CPC de 1973? Recordemos que a precitada norma do passado estabelecia: "O juiz apreciará *livremente* a prova (destacamos), ao passo que o art. 371, do CPC de 2015, se limita a declarar que "O juiz apreciará a prova", sem fazer menção à liberdade na prática desse ato. Independentemente da conclusão a que possam chegar os estudiosos do processo civil, podemos asseverar que o princípio da livre apreciação das provas continua a imperar no processo do trabalho, por força da conjugação do art. 371, do CPC, com o art. 765, da CLT, que atribui ao magistrado ampla liberdade na direção do processo. É evidente que o magistrado do trabalho deverá indicar, na decisão, as razões que influenciaram na formação do seu convencimento jurídico acerca dos fatos da causa. Afinal, a fundamentação de qualquer decisão judicial constitui mandamento constitucional, sob pena de o seu descumprimento acarretar a nulidade do processo (CF, art. 93, IX).

8. Da valoração das provas

Tão importante quanto a livre investigação de que cuidamos no item pretérito é a *valoração* da prova produzida.

A esse respeito, cumpre-nos recordar que os ordenamentos processuais registram, ao longo do tempo, a existência de três sistemas, a saber: a) da prova legal; b) do livre convencimento; c) da persuasão racional.

a) *Prova legal*. Teve raízes nas ordálias ou nos juízos de Deus. Essas práticas execrandas consistiam em submeter o indivíduo a uma certa prova, imaginando-se que Deus não o deixaria sair com vida, ou sem algum sinal evidente, na hipótese de falsear a verdade. Esses meios de prova eram as bebidas acres; o fogo; a água fervente; as serpentes, a cruz etc.

Nesse período, a liberdade do juiz no campo da valoração da prova era nenhuma, pois o valor da prova era previamente tarifado. Assim, o depoimento de uma testemunha de nada valia (*testis unus, testis nullus*), ao passo que o depoimento de duas testemunhas fidedignas (*testis classi*) constituía prova plena (*plena probatio*). Uma só testemunha fidedigna tinha o valor de meia prova (*semiplena probatio*); um testemunho duvidoso (*testis suspectus*) valia menos do que meia prova, e assim por diante.

Está claro, portanto, que nesse sistema obsoleto a função do juiz, no campo da valoração da prova, ficava reduzida à de um simples contador: competia-lhe, apenas, verificar a quantidade de testemunhas fidedignas, duvidosas e o mais, e decidir de acordo com o resultado numérico obtido. Conforme destacam Cintra, Grinover e Dinamarco, no referido sistema (amplamente utilizado no direito romano-canônico), era constituído por um conjunto de regras aritméticas e por uma complicada doutrina baseada num sistema de presunções, "na tentativa da lógica escolástica de resolver tudo *a priori*" (*Teoria Geral do Processo*. 14.ª ed. São Paulo: Malheiros, 1998. p. 66).

b) *Livre convencimento*. Surgiu como uma espécie de reação ao da prova legal. Oriundo do Direito Romano, foi amplamente utilizado pelos povos germânicos. Intensificou-se sob a luz da Revolução Francesa de 1789. Um decreto da Assembleia Constituinte, de setembro de 1791, dispunha, por exemplo, que os jurados poderiam decidir segundo a sua consciência e sua íntima convicção (*suivant votre conscience et votre intime conviccion*). Por esse motivo, o princípio em estudo ficou também conhecido como da íntima convicção.

Todavia, enquanto o sistema da prova legal pecava da falta de liberdade do magistrado no terreno da valoração da prova, o do livre convencimento pecava pelo oposto: o excesso de liberdade. Tornou-se antológica do período, a propósito, a figura do "bom" juiz Magnaud, que na qualidade de presidente do tribunal de primeiro grau de Château-Thierry, de 1889 a 1904, valendo-se da faculdade que o sistema vigente lhe concedia, manifestava-se extremamente piedoso para com os fracos, os pobres, os oprimidos, e, com a mesma intensidade, enérgico, intransigente, quanto aos fortes, às classes dominantes.

Na precisa anotação de Carlos Maximiliano, nas mãos do Juiz Magnaud "a lei variava segundo a classe, mentalidade religiosa ou inclinações políticas das pessoas submetidas à sua jurisdição" (*Hermenêutica e Aplicação do Direito*. 8.ª ed. São Paulo: Freitas Bastos, 1965. p. 95).

Esse juiz, na verdade, era parcial, tendencioso, sendo certo que o adjetivo "bom", que se pespegou ao seu nome, lhe foi concedido por todos aqueles a quem beneficiou mediante decisões puramente subjetivas e arbitrárias. Por certo, se aos vencidos fosse permitido escrever a História, hoje estaríamos a aludir ao "mau" juiz Magnaud. O juiz, todavia, não deve ser bom nem mal: deve ser neutro e justo.

c) *Persuasão racional*. Este princípio representa uma síntese dos anteriores, se considerarmos o método dialético da tese (prova legal), antítese (livre convencimento) e da síntese (persuasão racional).

Surgiu com os códigos napoleônicos e foi incorporado por diversos textos modernos, como o CPC brasileiro, de 1973. Efetivamente, dispunha o art. 131 daquele diploma de processo civil que o juiz poderia apreciar livremente a prova, atendendo aos fatos e circunstâncias dos autos, desde que indicasse os motivos que lhe formaram o convencimento. Os vocábulos que destacamos representam a essência desse princípio. Assim afirmamos, porque os juízes passaram a ter ampla liberdade para formar a sua convicção jurídica acerca dos fatos da causa, desde que o fizessem com fulcro na prova dos autos.

Reiteremos o que dissemos no item anterior ("Livre investigação das provas") o fato de o art. 371, do CPC de 2015, haver eliminado o adjetivo *livremente*, constante do art. 131 do CPC de 1973, não pode ser interpretado como um veto à possibilidade de o juiz apreciar, com liberdade, a prova dos autos — ao menos, no sistema do processo do trabalho. Neste processo, a livre apreciação das provas deriva da imbricação do art. 371, do CPC, com o art. 765, da CLT.

Podemos dizer, inspirados no magistral Eduardo Couture, que o juiz, em sede de valoração da prova, tem uma liberdade semelhante à do prisioneiro: pode ir aonde quiser, desde que dentro dos limites da cela. A cela, na metáfora, é a prova dos autos.

Justamente porque assim o é, fica evidente que o juiz dos tempos modernos não precisa contar as testemunhas, cumprindo-lhe, isto sim, pesá-las. Por outra forma de expressão: não deve levar em conta o número de testemunhas, e sim a qualidade dos testemunhos. Sob essa atual perspectiva axiológica, não deve causar sobressalto a ninguém o fato de vir a ser vencedora na causa a parte que levou, digamos, duas testemunhas, em confronto com a que levou três ou mais (CLT, art. 821): tudo dependerá da qualidade do testemunho, como alertamos.

É de ser ressaltado, ainda, que já não há lugar, nos tempos de hoje, para o preceito de origem bíblica, que se tornou axiomático no obscuro período da prova legal, segundo o qual uma só testemunha nada prova (*testis unus, testis nullus*).

Em nome de certas regras didáticas, aliás, o princípio da persuasão racional deveria ser denominado *de livre convencimento motivado*, pois esse título seria muito mais apropriado para revelar o conteúdo a que se refere.

Ao juiz do trabalho moderno, portanto, o sistema processual vigente em nosso País atribui ampla liberdade na apreciação das provas, com o objetivo de formar o seu convencimento jurídico a respeito dos fatos da causa. Note-se: a liberdade que a lei confere ao magistrado é concernente à valoração da prova, e não para formar a sua convicção com menosprezo à prova produzida nos autos, o que corresponde a afirmar: de maneira arbitrária. É evidente que se, em determinado caso, se tratar de fato notório (CPC, art. 374, I), o juiz não necessitará fundar o seu convencimento na prova, senão que invocar a notoriedade do fato e decidir com base nela. O mesmo se diga, *mutatis mutandis*, quanto às "máximas de experiências", que dão conteúdo ao art. 375, do CPC: nesta hipótese, o juiz, inexistindo prova nos autos, estará autorizado a decidir com fundamento na sua observação acerca daquilo que ordinariamente acontece, ou seja, valendo-se da experiência comum. O que não lhe é dado é decidir segundo o seu conhecimento particular do fato; se o fizer, estará transgredindo o seu dever legal de imparcialidade; estará deixando de ser juiz para converter-se em testemunha de uma das partes. Tolera-se o uso da cognição particular do fato, pelo magistrado, quando muito, para efeito de orientá-lo na coleta da prova oral.

Uma pergunta que jamais poderia deixar de ser formulada, em tema de valoração da prova, é se havendo ambas as partes provado os fatos que alegaram ("prova dividida") poderia o juiz decidir a favor do empregado com fundamento no princípio *in dubio pro misero.*

Certamente que não. O que ao juiz caberá verificar, em situações como a cogitada, é quem produziu a melhor prova. Nisso reside, efetivamente, a valoração. Sendo assim, se a melhor prova foi a do empregado, decidirá a favor deste com fulcro nessa superioridade axiológica. Fora disso, decidir favoravelmente ao trabalhador com exclusivo apoio no princípio in dubio pro misero será proferir sentença frágil, inconsistente, incapaz de resistir a um ataque pela via recursal. Na dúvida, portanto, decida o órgão jurisdicional em proveito daquele que tenha produzido a melhor prova, levando em conta, à guisa de critério, o correspondente ônus que a lei atribui aos litigantes (CLT, art. 818). Advirta-se que a qualidade da prova não está ligada à pessoa que a produziu, pois, se assim fosse, o critério de valoração seria, essencialmente, ideológico; a qualidade da prova é intrínseca, vale dizer, está relacionada, apenas, com a sua eficiência, com a sua aptidão para demonstrar que o fato é verdadeiro e, em consequência, que é inverossímil o que foi objeto da prova realizada pelo adversário. É do resultado desse cotejo rigorosamente jurídico-axiológico que o magistrado deverá extrair os elementos de convicção, para bem dirimir o conflito.

Com tais considerações, não estamos negando, como se possa imaginar, a possibilidade de o juiz invocar, em certas situações, o princípio do *in dubio pro misero* e decidir com fundamento nele. Isso poderá acontecer, exclusivamente, no campo da interpretação de norma legal, pois sendo incontroversa a natureza protetiva do trabalhador, que anima tanto o direito material quanto o processual do trabalho, é lógico, é compreensível, que, diante da dubiedade de sentido de um texto de lei, o juiz opte pela interpretação mais favorável ao trabalhador. Essa sua atitude estará em irretorquível harmonia com a própria vocação tutelar da norma interpretada, equivale a dizer, com o substrato ideológico de que esta se nutre. Aqui, sim: na dúvida, em favor do empregado. Nos domínios da valoração da prova, contudo, a dúvida se resolve em benefício daquele que produziu a de melhor qualidade.

Não encerremos este assunto sem antes reiterar a importância da liberdade do juiz na investigação dos fatos da causa, pois não sendo o processo moderno mais aquela "coisa das partes", como se dizia outrora, nem o juiz um mero "convidado de pedra", a assistir, impassível, a atuação dos litigantes, para, só ao final, proclamar o vencedor, essa liberdade representa, de um lado, um eficiente fator de controle da atividade das partes, e, de outro, extraordinário elemento de acesso à verdade real, ou seja, de reprodução, nos autos, dos fatos tais quais ocorreram no mundo sensível, externo. Sem essa liberdade do juiz — da qual deriva a sua iniciativa na propulsão do processo, em geral, e a determinação para que as partes produzam certas provas necessárias à formação do seu convencimento jurídico, em particular —, o que provavelmente haveria de prevalecer seria uma verdade aparente, um simulacro da verdade. Prevaleceria, enfim, a astúcia, a velhacada, a prepotência do mais forte, em detrimento dos direitos e interesses do mais fraco. Daí a função tipicamente niveladora, que, sob esse ângulo, o juiz desenvolve no processo, propiciando, dentre outras coisas, igualdade de oportunidades aos litigantes e selecionando os elementos de provas, como quando proíbe que pessoas impedidas ou suspeitas prestem declarações como testemunhas. Tudo, por certo, conforme a lei.

9. Do duplo grau de jurisdição

O reexame dos pronunciamentos jurisdicionais é algo quase tão antigo quanto o próprio direito dos povos; previram-no, dentre outras legislações priscas, a babilônica, a hebraica, a egípcia, a islâmica, a grega, a romana, a canônica — segundo suas peculiaridades.

Dos recursos se ocuparam, igualmente, as Ordenações reinóis portuguesas, os diversos códigos estaduais brasileiros e o CPC de 1939. No vigente estatuto processual civil, a matéria está disciplinada nos arts. 994 a 1.044. A CLT dedica ao assunto os arts. 893 a 901.

Foi por força de um Decreto francês, de 1.º de maio de 1790, entretanto, que se firmou, no plano do direito processual moderno, o princípio do duplo grau de jurisdição.(16)(17) Constava do referido Decreto: "Haverá dois graus de jurisdição em matéria civil, salvo as exceções particulares". A contar daí, assegurou-se ao litigante vencido (total ou parcialmente) o direito de submeter a matéria decidida a uma nova apreciação jurisdicional, no mesmo processo, desde que atendidos determinados pressupostos específicos, previstos em lei. Essa duplicidade de graus jurisdicionais, contudo, foi desfeita pela Constituição de 1793, vindo a ser restabelecida pela de 1795.

Duplo grau de jurisdição e duplo exame, porém, são expressões que não podem ser confundidas entre si: enquanto aquela permite uma nova apreciação da matéria, por órgão via de regra hierarquicamente superior ao que emitiu a decisão impugnada, esta enseja a que o reexame da matéria seja efetuado pelo próprio juízo prolator da decisão — tal como ocorria em sede de embargos de nulidade e infringentes do julgado, que eram opostos às decisões antigas das Juntas de Conciliação e Julgamento e por elas julgados, como previa o art. 652, "c", da CLT, já revogado.

No processo civil, o instrumento de concretização do princípio do duplo grau de jurisdição é a apelação (CPC, arts. 1.009 a 1.014); no do trabalho, o recurso ordinário (CLT, art. 895).

A introdução, no sistema processual de nosso país, do princípio em foco, todavia, foi precedida de críticas algo contundentes, chegando-se mesmo a colocar a questão nestes termos: a) ou os órgãos da jurisdição superior são, presumivelmente, dotados de maior capacidade do que os inferiores, no tocante à administração da justiça, e, nesta hipótese, seria recomendável dirigir as ações diretamente àqueles, ou, ao contrário, b) não devem ser favorecidos com essa presunção, diante do que haveria um considerável risco de submeter-se a eles o reexame da matéria, porquanto poderiam substituir uma decisão correta por uma errada.(18) Essa preocupação fora manifestada, muito antes, por Ulpiano, para quem os recursos, embora necessários, poderiam permitir, em alguns casos, a substituição de uma boa sentença pior um mau acórdão.

(16) Dizia o aludido decreto: "Haverá dois graus de jurisdição, em matéria civil, salvo as exceções particulares".

(17) Essa duplicidade foi desfeita pela Constituição de 1793, daquele país, vindo a ser restabelecida pela de 1795.

(18) Essa preocupação fora manifestada, muito antes, por *Ulpiano*, para quem os recursos, embora necessários, poderiam permitir, em alguns casos, a substituição de uma boa sentença por um mau acórdão.

Outras objeções foram ainda formuladas ao duplo grau de jurisdição, a saber: a) a confirmação da sentença, pelo tribunal, implicaria supérflua atividade para o Judiciário, na medida que a manutenção do julgado traria em si uma declaração no sentido de ter sido perfeita a decisão proferida pelo juízo inferior, a quo; b) opostamente, eventual modificação da sentença envolveria um certo desprestígio do Estado, pois isso importaria o reconhecimento de estar errada a decisão prolatada, em última análise, pelo próprio Estado-Juiz; c) os recursos trazem o inconveniente de retardar a formação da coisa julgada material e provocar um prolongamento da duração do conflito de interesses em que se encontram envolvidas as partes, além de infundir-lhes maior insegurança quanto ao sucesso ou insucesso na demanda; d) o manejo dos recursos, pelo litigante de má-fé, ao invés de servir ao direito, escoria-o gravemente.

Não faltaram, contudo, apologistas entusiásticos do duplo grau de jurisdição, cujos argumentos podem ser assim resumidos: a) a garantia dos recursos está subordinada a uma necessidade humana, pois ninguém se conforma com julgamento único e desfavorável; b) o recurso atua como meio de purificação da sentença, escoimando-a de falhas; c) os recursos são apreciados por órgãos colegiados, integrados por juízes mais experientes no ofício de julgar, o que significa uma garantia de justiça; d) a possibilidade de a sentença ser objeto de impugnação faz com que o juiz seja mais cuidadoso no momento de proferi-la.

Devemos, entretanto, proferir algumas palavras de ponderação a respeito dessa disputa que se estabeleceu acerca do tema.

Conforme asseveramos, em outro livro, os argumentos expendidos na defesa intransigente do duplo grau de jurisdição talvez causem impressão ao processo civil — com vistas ao qual, bem se sabe, foram concebidos; nos domínios do processo do trabalho, todavia, perdem muito da relevância que pudessem ter, em virtude das marcantes peculiaridades deste e da organização judiciária trabalhista.(19)

Com vistas a isso, escrevemos nas edições anteriores deste livro: "Efetivamente, a Junta de Conciliação e Julgamento, como órgão de primeiro grau da Justiça do Trabalho, já é colegiado, pois dele participam o juiz togado, vitalício, que o preside, e dois juízes classistas, temporários, que configuram a denominada representação paritária das classes sociais da produção (trabalhadores e empregadores). Demais, o processo do trabalho atribuiu preeminência ideológica aos referidos juízes classistas, permitindo ao magistrado intervir, apenas, para desempatar ou "proferir decisão que melhor atenda ao cumprimento da lei e ao justo equilíbrio entre os votos divergentes e ao interesse social" (CLT, art. 850, parágrafo único).

É importante ressaltar, ainda, o fato de que os classistas constituem parte viva da realidade social onde os conflitos inter-subjetivos de interesses se originam, residindo nessa nota particular, sem dúvida, a razão onto-teleológica de haverem sido integrados, constitucionalmente, aos órgãos da Justiça do Trabalho (CF, art. 113). Estamos convencidos, por isso, que essa particularidade não pode ser ignorada quando se for examinar a conveniência ou a utilidade da manutenção (ou mesmo da redução) da possibilidade de a sentença proferida pelos órgãos de primeiro grau ser impugnada mediante recurso".

(19) *Sistema dos Recursos Trabalhistas*. 6.ª ed. São Paulo: LTr, 1992. p. 54-58.

Extinta, como foi, a representação classista, no âmbito da Justiça do Trabalho, é elementar que se precipitam no vazio os argumentos que acabamos de expor. Isto não significa, entrementes, que já não existem argumentos capazes de justificar a manutenção do duplo grau de jurisdição. Conforme demonstremos, mais adiante, essa duplicidade encontra no truísmo da falibilidade humana a sua mais expressiva razão de ser.

No que tange à alegação de possuírem os juízes dos tribunais maiores conhecimentos jurídicos das questões suscitadas na ação, está comprometida como o paralogismo de supor que o saber e a cultura jurídica são mero produto do tempo, da prática reiterada. Sabe-se, por outro lado, que há, nos tribunais, juízes investidos no cargo há muito menos tempo do que muitos dos que se encontram no primeiro grau — circunstância que, por si só, revela a fragilidade do argumento de que o conhecimento jurídico é filho da experiência. De qualquer modo, o argumento que estamos a combater deve ser, quando menos, rechaçado por insinuar que os juízes de primeiro grau constituem uma espécie de aprendizes encarregados de decidir mal as questões que lhes são submetidas, de tal maneira que se torna indispensável a revisão dos seus pronunciamentos.

Pertinentemente ao fato de a parte não se conformar com um primeiro julgamento desfavorável aos seus interesses, a sua aceitação como verdadeiro implicaria atribuir a uma simples reação psicológica do indivíduo uma importância jurídica que ela, na verdade, não possui. Deve ser dito que, em rigor, toda e qualquer pessoa pode ser tomada de assalto por essa "insatisfação psicológica", mesmo sabendo, no indevassável foro de sua consciência, que a sentença foi justa e correta. O que não se falar, então, do litigante de má-fé (*improbus litigator*), que vê os seus pedidos rejeitados pela sentença? A sua "insatisfação psicológica" diante desse pronunciamento jurisdicional seria bastante para justificar, como regra, o argumento de que o duplo grau de jurisdição seria indispensável para atender a essa insatisfação? Mais: fosse de prevalecer um tal argumento, por que motivo não se permite à parte, vencedora em primeiro grau e vencida em segundo, interpor recurso ordinário para o TST, sabendo-se que é por intermédio desse recurso que a duplicidade de graus jurisdicionais se manifesta ao mundo sensível e que estaria o acórdão do tribunal a representar a primeira decisão desfavorável aos seus interesses?

De outro ponto, não se pode deixar de reconhecer que, em determinados casos, uma boa sentença acaba sendo substituída por um mau acórdão, cujo fato deita por terra, ainda que topicamente, a afirmação de que os recursos se destinam ao aprimoramento das decisões judiciais.

Propalar-se que o juiz, sabendo que a sentença poderá ser impugnada pelo recurso, tratará de elaborá-la com maior cuidado e zelo, é insinuar que os magistrados de primeiro grau são pessoas irresponsáveis e que reclamam, por esse motivo, uma constante vigilância pelos tribunais, no que respeita à qualidade dos seus pronunciamentos. Sob esse aspecto, lembre-se a advertência de Chiovenda, de que "no Estado moderno não é possível a pluralidade das instâncias fundar-se na subordinação do juiz inferior ao superior, por não dependerem os juízes, quanto à aplicação da lei, senão da lei mesma".[20]

(20) *Principios de Derecho Procesal Civil*. Madrid: Inst. Edit. Reues, sem data. tomo II, p. 510.

Não se imagine, entretanto, que as redarguições que formulamos aos argumentos dos que defendem, acaloradamente, o duplo grau de jurisdição queiram significar que estamos contra a existência desse princípio. Nada disso. Nossas objeções se destinam, exclusivamente, a demonstrar que tais argumentos, nimiamente civilistas, quando trasladados para o terreno singular do processo do trabalho perdem, em muito, a importância que pudessem ostentar. Entendemos que o duplo grau de jurisdição constitui um instituto altamente salutar, pois, a despeito de eventuais acidentes a que possa conduzir, figura como inestimável contributo para a tarefa de aprimoramento dos provimentos jurisdicionais; a sua existência, de outra parte, está intimamente ligada aos regimes democráticos, porquanto a história tem demonstrado que a supressão dos recursos, ou a restrição do seu uso, sói servir a vocações ditatoriais dos detentores provisórios do poder político.

O que justifica, fundamentalmente, o duplo grau de jurisdição não é a maior experiência ou o presuntivo maior saber jurídico dos juízes dos tribunais, nem a insatisfação da parte diante de uma primeira decisão desfavorável às suas pretensões deduzidas em juízo; justifica-o, sim, esse truísmo, essa verdade-fatalidade que assinala os atos do homem: o ser naturalmente falível. Não que falhe sempre; basta a possibilidade de falhar, para que se imponha a revisão de suas decisões. Os juízes, como diria o saudoso Ministro Orozimbo Nonato, não são seres que detêm a pedra lígia da verdade, nem foram bafejados pelo dom divino da inerrância; por isso, mortais e humanos, erram. E, nisso, me incluo: ainda que involuntariamente, ao julgar já errei, e, sem dúvida, haverei de errar. Daí a necessidade de que essas falhas sejam eliminadas por meio dos recursos, ainda que — repisemos sempre —, em situações verdadeiramente excepcionais e anômalas, uma boa sentença venha a ser substituída por um mau acórdão. Não estamos, todavia, preocupados com as ocasionais exceções e sim com a regra; e esta é extremamente saudável, dado o seu caráter reparador. Vemos, por isso, com muita preocupação — e com grande antipatia — essa tendência, que vez e outra se manifesta no espírito do doutrinador e do legislador, de suprimir o duplo grau de jurisdição. A despeito de o recurso retardar a constituição da coisa julgada material — e esse é um argumento que não nos atrevemos a refutar —, não podemos ignorar que a sua supressão acarretará um mal ainda maior, porquanto deixará irreparáveis decisões comprometidas por graves falhas do julgador, derivantes, por exemplo, da má apreciação dos fatos e das provas; da imperfeita formação do seu convencimento jurídico; da ausência de fundamentação; da arbitrariedade judicial etc. A experiência é, fora de qualquer dúvida, mais rica do que a teoria ou do que a lógica; somente estas podem deixar-se iludir pela ideia de que os juízes são infalíveis. Destarte, entre o risco de retardamento da formação da *res iudicata*, de um lado, e o da irreparabilidade das decisões mal proferidas, por outro, o direito e o bom senso optaram, há muito, por este; e nada há, nos tempos atuais, que justifique a mudança de escolha.

Ao dispor, entretanto, que "aos litigantes, em processo judicial ou administrativo, e aos acusados em geral são assegurados o contraditório e ampla defesa, com os meios e recursos a ela inerentes" (sublinhamos), não teria o art. 5.º, LV, da Constituição Federal vigente, assegurado, em todos os casos, o duplo grau de jurisdição, e, com isso, revogado o § 4.º do art. 2.º da Lei n. 5.584/70, que declara serem irrecorríveis as sentenças emitidas nas causas cujo valor não exceda ao de duas vezes o do salário mínimo?

Apesar de — pelos motivos anteriormente expostos — entendermos que o duplo grau de jurisdição representa um instrumento a serviço do aprimoramento das decisões judiciais e de efetiva realização da justiça, somos levados a responder de maneira negativa à indagação formulada. Com efeito, cabe-nos advertir, desde logo, que a Constituição não é um código de processo; sendo assim, fica evidente que o constituinte não utilizou o vocábulo *recursos* no sentido técnico, ou seja, como significante de instrumento de impugnação dos pronunciamentos jurisdicionais. Recurso, aí, significa, genericamente, o conjunto de medidas necessárias à efetiva garantia da ampla defesa, da qual o contraditório constitui espécie. Veja-se, *e. g.*, que a mesma Constituição alude, no art. 5.º, LXXIV, à assistência jurídica integral a ser prestada pelo Estado "aos que comprovarem insuficiência de *recursos*" (sublinhamos). O dispositivo mencionado não está, à evidência, a falar de impugnação aos provimentos jurisdicionais e, sim, de falta de condições financeiras do indivíduo para demandar em juízo.

Além disso, o uso do vocábulo *recurso* ou da expressão *meios e recursos* traduz uma tradição constitucional que, de tão antiga, chega mesmo a confundir-se, em nosso meio, com a própria aurora da vida republicana! Assim dizemos porque já estatuía a Constituição Federal de 1891, *verbis*: "Aos acusados se assegurará na lei a mais ampla defesa, com todos os recursos e meios essenciais a ela" (art. 72, § 16). Nas Constituições ulteriores, a matéria veio assim disciplinada: a) de 1934: "A lei assegurará aos acusados ampla defesa, com os meios e recursos essenciais a esta" (art. 113, § 24); b) de 1937: omissa a respeito do assunto — por motivos politicamente compreensíveis, na medida em que foi imposta (outorgada) ao país; c) de 1946: "É assegurado aos acusados ampla defesa, com todos os meios e recursos essenciais a ela" (art. 141, § 25); d) de 1967: "A lei assegurará aos acusados ampla defesa, com os recursos a ela inerentes" (art. 150, § 15); e) Emenda Constitucional n. 1/69: "A lei assegurará aos acusados ampla defesa, com os recursos a ela inerentes" (art. 153, § 15).

Como se nota, pois, a alusão aos meios e recursos inerentes à ampla defesa não corresponde a uma inovação trazida pelo texto constitucional em vigor, mas, em verdade, à manutência, por parte desta, de uma tradição iniciada, como dissemos, nos primeiros tempos da vida republicana brasileira. Eis o motivo por que nunca se arguiu, com sucesso, o contraste da Lei n. 5.584/70 com a Constituição de 1967, que estava a viger à época em que foi editada aquela norma legal ordinária. Esse é, também, o motivo pelo qual não se pode considerar revogada referida lei pela Constituição de 1988 (art. 5.º, LV).

Em suma, como o duplo grau de jurisdição, ao contrário da ação (art. 5.º, XXXV), não tem sede constitucional, vale dizer, não se encontra incluído no elenco dos direitos e garantias individuais estabelecido pela Suprema Carta Política vigente, a conclusão inarredável é de que continua em vigor a Lei n. 5.584/70 (art. 2.º, § 4.º), conquanto não se deva estimular o hábito de elaborar-se leis que restrinjam o uso dos recursos. Com isso, reformulamos nosso ponto de vista manifestado em obra anterior, pois estamos seguramente convencidos, hoje, de que muito pior do que a tardança na formação da coisa julgada material (provocada pelos recursos) será, indubitavelmente, o império, o despotismo das decisões imperfeitas.[21]

(21) *Sistema...*, p. 60-62.

Aproveitamos a oportunidade para discordar, *data venia*, do eminente José Cretella Júnior que, interpretando o inc. LV do art. 5.º da atual Constituição da República, inferiu que a garantia, ali expressa, seria: a) para os litigantes em juízo, o contraditório; b) para os acusados, a ampla defesa.[22] Ora, uma tal disjunção do texto constitucional, efetuada pelo ilustre jurista, implica afirmar que os litigantes em juízo não teriam, em seu benefício, a garantia da ampla defesa, mas, apenas, do contraditório, porquanto este representa mera espécie, mero elemento fragmentário daquela. Por outros termos, a ampla defesa estaria restrita aos acusados (logo, só seria aplicável em matéria penal). Essa discriminação, porém, não só é perturbadora dos princípios clássicos como está em antagonismo com a regra da igualdade de todos perante a lei, que se esplende do art. 5.º, *caput*, da Constituição Federal.

Deixemos bem clara, portanto, a nossa opinião de que as garantias constitucionais da ampla defesa e do contraditório (embora bastasse, apenas, a referência àquela) têm como destinatários indistintos os acusados em geral (processo penal) e os litigantes em juízo (processos civil e trabalhista), assim como os interessados, nos procedimentos administrativos.

10. Da eventualidade

Está consubstanciado no art. 336, do CPC, conforme o qual cumpre ao réu alegar, na contestação, toda a matéria de defesa (além de expor as razões de fato e de direito com que impugna o pedido do autor e as provas que pretende produzir).

O princípio em foco expressa, pois, o dever de o réu, na contestação, apresentar todos os argumentos necessários à sua defesa, ainda que lhe parecesse ser suficiente para isso um só argumento. Desta forma, a ele incumbirá expender as suas razões de defesa em ordem sucessiva, a fim de que o juiz, rejeitando a primeira, passe a apreciar a seguinte, e assim por diante. É como se o réu dissesse: "Apresento a Vossa Excelência o meu argumento principal; todavia, na eventualidade de não ser acolhido, apresento-lhe este outro".

A consequência prática de o réu não atender a essa determinação legal se manifestará sob a forma de preclusão, não lhe sendo lícito, portanto, apresentar mais tarde (na fase de recurso, digamos), um argumento que deixou de expender na oportunidade da contestação. Naturalmente, existem algumas exceções a essa regra. Basta referir o inciso III do art. 342, do CPC, segundo o qual após a contestação podem ser deduzidas novas alegações (em caráter excepcional) quando, por expressa autorização legal, puderem ser formuladas em qualquer grau de jurisdição (CC, art. 193). Em razão disso, tem-se permitido ao réu arguir a prescrição, pela primeira vez, nas razões finais (CLT, art. 850, *caput*) ou nos memoriais (CPC, art. 366), ou até mesmo em grau de recurso ordinário (CLT, art. 895). Discute-se, todavia, na doutrina e na jurisprudência se o réu pode alegar prescrição em contrarrazões. Pensamos que não. Ora, se as contrarrazões se destinam a refutar as razões do recorrente (e, em virtude disto, a defender a sentença impugnada), torna-se ilógico, sob esta inomitível perspectiva teleológica, afirmar-se que as contrarrazões pudessem ser utilizadas pelo recorrido não para rechaça os argumentos do recorrente, nem para defender a sentença, mas para modificá-la substancialmente: este escopo do recorrido só pode ser atendido em sede de recurso adesivo (CPC, art. 997, § 1.º; TST, Súmula n. 283).

(22) *Comentários à Constituição de 1988*. Rio de Janeiro: Forense Universitária, 1990. vol. 1, p. 534.

A propósito da regra contida no art. 193, do Código Civil, um outro comentário se impõe. Quando essa norma legal declara que a prescrição pode ser alegada em qualquer grau de jurisdição, isso não significa que essa alegação possa ser feita, inclusive, depois de constituída a coisa julgada material. Destarte, no caso de execução de título judicial não poderá o devedor arguir, na oportunidade dos embargos que oferecer, a prescrição que poderia (e deveria) ter alegado, "em qualquer tempo", no processo de conhecimento. Ao devedor somente será lícito arguir, nos embargos à execução, a prescrição intercorrente: é dela que trata o art. 884, § 1.º, da CLT.

Pensamos que teria sido melhor denominar *o princípio da eventualidade* de *princípio da exaustão da defesa*, pois, desse modo, ficaria mais claro o seu conteúdo. Assim dizemos porque, na verdade, o réu deve esgotar, em um só momento, todas as alegações ou argumentos de que se possa valer para promover a sua defesa, evitando, desse modo, que as razões de fato ou de direito com que se opõe às pretensões do adversário venham a ser apresentadas fragmentadamente, conforme a fase do procedimento ou o grau de jurisdição em que se encontre a causa.

Esclareça-se, contudo, que esse princípio tem a sua incidência circunscrita à contestação, que é uma das espécies de resposta do réu (CPC, art. 335). Basta ver se ele vem regulado pelo art. 335 do CPC, que se ocupa, especificamente, da contestação. O esclarecimento é importante porque se poderia pensar que essa eventualidade devesse ser observada, também, quanto às exceções (de incompetência relativa, de impedimento e de suspeição), de tal maneira que, quando fosse o caso, caberia ao réu arguir, digamos, a incompetência relativa (a absoluta deve ser objeto de preliminar, na contestação) e, ato contínuo (na mesma peça, talvez), contestar o mérito, na "eventualidade" de a exceção vir a ser rejeitada. Nada mais inexato. Exceção é exceção e contestação é contestação; por isso, o réu que venha a oferecer eventual exceção não está obrigado a contestar o mérito sem que aquela tenha sido apreciada. Seria, mesmo, um seu contrassenso apresentar contestação perante um juízo que alega ser incompetente. Logo, não faz sentido cogitar-se da aplicação do princípio da eventualidade na espécie, vez que exceção e contestação constituem modalidades distintas de resposta, sendo certo que o princípio mencionado está restrito à segunda.

O art. 342 do CPC, todavia, enumera algumas situações que justificam a desobediência ao princípio em estudo; permite essa norma legal, p. ex., que o réu, mesmo depois de haver contestado a ação, deduza novas alegações quando: a) relativas a direito ou a fato superveniente; b) competir ao juiz conhecê-las de ofício; c) por expressa disposição de lei, puderem ser formuladas em qualquer tempo e grau de jurisdição (I a III). Encaixa-se nas duas primeiras hipóteses a incompetência absoluta, porquanto, segundo o art. 64, § 1.º, do mesmo álbum processual, ela deve ser declarada de ofício (letra b, supra) e pode ser alegada em qualquer tempo e grau de jurisdição (letra c, supra) — desde que, evidentemente, a sentença ou o acórdão não tenham passado em julgado; se já consumado o fenômeno da *res iudicata*, a solução se transfere para o campo da ação rescisória (CPC, art. 966, II).

11. Da impugnação especificada dos fatos

Exige, o art. 341 do CPC, que o réu, na contestação, se manifeste precisamente sobre os fatos narrados na petição inicial. A consequência desse descumprimento da norma legal será a presunção de veracidade dos fatos alegados naquela peça de provocação da atividade jurisdicional.

Essa regra não será aplicada se: a) não for admissível, a respeito desses fatos, a confissão, como quando disserem respeito a direitos indisponíveis (CPC, arts. 344, II, e 392); b) a petição inicial estiver desacompanhada do instrumento público que a lei considerar da substância do ato (CPC, art. 406); c) estiverem em contradição com a defesa, tomada em seu conjunto — nos termos do art. 341, incisos I a III, respectivamente, do CPC.

De igual maneira, a regra da impugnação especificada dos fatos não será aplicável ao defensor público, ao advogado dativo e ao curador especial (CPC, art. 341, parágrafo único).

Em rigor, essa impugnação especificada traduz um ônus, não um princípio processual. Em todo o caso, não nos parece despropositado afirmar que ela possa ser considerada tanto como princípio como ônus, segundo seja o ponto de vista que se adote. Com efeito, se pusermos à frente a pessoa do réu, essa impugnação se revelará sob a forma de ônus (encargo); se, contudo, utilizarmos como pano-de-fundo o processo, nada obstará a que a vejamos como princípio.

A exigência legal de que o réu se pronuncie precisamente acerca dos fatos narrados na petição inicial se destinou a anatematizar a praxe, largamente difundida na vigência do Código anterior, consistente nas denominadas "contestações genéricas", ou "contestações por negativa geral", cuja imprecisão acarretava graves transtornos não apenas para a instrução, mas para a própria entrega da prestação jurisdicional. Ocorre que essa fórmula genérica não permitia ao juiz saber quais as razões pelas quais cada fato estaria sendo contestado: tudo cabia naquela fórmula, mercê de sua plasticidade. De qualquer modo, o art. 180, do CPC de 1939, com sua redação algo vaga, era a causa dessa praxe — que, como afirmamos, acabou sendo banida pelo Código de 1973. A propósito, o parágrafo único ao art. 341, do CPC em vigor, ao declarar que o ônus da impugnação especificada dos fatos não se aplica ao defensor público, ao advogado dativo, e ao curador especial, está, na verdade, a dizer que estes, por exceção, podem apresentar contestação genérica, o que não deixa de traduzir um regresso tópico e ocasional ao sistema do Código anterior.

Fora disso, atualmente, por força da regra inscrita no *caput* do art. 341, do CPC, cabe ao réu impugnar, um a um, os fatos alegados pelo autor, na inicial. É óbvio que essa impugnação deve ter como objeto, apenas, os fatos relevantes e pertinentes; com isso, queremos dizer que a ausência de contestação aos fatos despiciendos (assim considerados aqueles dos quais o autor não extraiu nenhum pedido) ou impertinentes (os que, embora possam ser relevantes, não dizem respeito à causa) não trará nenhuma consequência prejudicial ao réu.

Seria mesmo de sugerir-se que as contestações fossem mais objetivas, pois as prolixas, muitas vezes, têm o inconveniente de fazer com que o réu se concentre, longamente, em alguns dos fatos narrados pelo autor, esquecendo-se, em decorrência disso, de impugnar outros fatos, cuja consequência será a presunção de veracidade destes últimos. Contestação objetiva ou incisiva, contudo, não significa contestação precária, omissa, e sim contestação que se dirija, com habilidade, eficiência e concisão, a todos os fatos alegados pelo autor, de maneira a evitar que o réu se torne vulnerável à incidência da regra contida no art. 341, do CPC.

De qualquer forma, é necessário observar ser meramente relativa a presunção emanante da ausência de atendimento à referida norma legal, motivo por que essa presunção pode ser elidida por outros meios de prova, como, por exemplo, pela confissão real, do autor.

Não menos relevante é advertir-se que a norma do art. 341, do CPC, deverá ser aplicada com cautela no processo do trabalho, em virtude da capacidade postulatória que o art. 791, *caput*, atribui às partes. Convém lembrar que no processo civil a presença do advogado, por princípio, é obrigatória (CPC, art. 103), motivo pelo qual se justifica a regra do art. 341 do CPC. No processo do trabalho, contudo, essa presença não é obrigatória (embora não seja proibida), razão por que a aplicação sistemática da aludida norma do CPC poderia ser injusta à parte que estivesse postulando em juízo pessoalmente, vale dizer, sem advogado. Nem devemos ignorar o fato de as iniciais trabalhistas, via de regra, contenderem uma quantidade expressiva de fatos e de pedidos, cuja particularidade dificulta, ainda mais, a elaboração da defesa pelo réu que não possua advogado constituído nos autos.

12. Da informalidade dos atos

Dispõe o art. 188, do CPC, que os atos e termos processuais não dependem de forma determinada, exceto quando a lei expressamente a exigir, reputando-se válidos os que, praticados de outro modo, lhe preencham a finalidade essencial. Por outro lado, estabelece o art. 277, do mesmo Código: "Quando a lei prescrever determinada forma, o juiz considerará válido o ato se, realizado de outro modo, lhe alcançar a finalidade".

Aí está: o princípio legal é de que os atos processuais não estão sujeitos a forma preestabelecida. Para que o elemento formal seja condicionante da validade do ato, é indispensável que a lei, por exceção, a exija de maneira expressa. Mesmo assim, se a norma legal impuser determinada forma para o ato, sem cominar de nula eventual inobservância, o ato terá validade. Nesta hipótese, incide o princípio doutrinal da instrumentalidade do processo, que não vê o processo como um fim em si mesmo, senão que como mero instrumento de atuação jurisdicional. Com efeito, a moderna concepção do processo como instrumento de realização da justiça rechaça o formalismo excessivo, cuja consequência, não raro, é a frustração dos objetivos do processo, de sua função social. Conforme havíamos observado em linhas anteriores, já se disse, com propriedade, que embora a forma seja algo necessária para a validade dos atos processuais – e para a própria segurança jurídica das partes —, o formalismo extremado constitui uma deturpação, uma anomalia a ser combatida.

A Lei n. 9.099, de 26-9-95, instituidora dos Juizados Especiais Cíveis e Criminais, em seu art. 2.º, declara que o processo se orientará, dentre outros critérios (princípios), pelo da informalidade. Complementando essa declaração, o art. 13 dispõe que os atos processuais serão válidos "sempre que preencherem as finalidades para as quais forem realizados, atendidos os critérios indicados no art. 2.º desta lei".

Exemplo característico de situação em que a lei comina de nulo o ato realizado de forma diversa da prevista é o do art. 280, do Código: "*As citações e as intimações serão nulas quando feitas sem observância das prescrições legais*" (destacamos). Todavia, a nulidade não deverá ser decretada quando requerida pela parte que lhe deu causa (CPC, art. 276). Cuida-se, nesta hipótese, de um princípio ético. No processo do trabalho, embora a resposta *escrita* do réu contrarie a letra do art. 847, da CLT, não pode ser causa de nulidade processual, seja porque a mencionado dispositivo legal não contém essa cominação, seja porque essa alteração quanto à forma, em regra, não acarreta prejuízo à parte contrária (CLT, art. 794).

A propósito das nulidades processuais, é oportuno recordar que estas podem dizer respeito: a) à forma, ou b) ao fundo. As nulidades da forma, por sua vez, subdividem-se em: a.a.) relativas, que somente podem ser arguidas pelas partes, estando, por isso, sujeitas à preclusão; a.b.) absolutas, que podem ser decretadas *ex officio* ou a requerimento da parte, em qualquer tempo ou grau de jurisdição (como a incompetência absoluta: CPC, art. 76, *caput*), motivo por que não geram preclusão. As nulidades de fundo se referem aos pressupostos processuais e às condições da ação. São absolutas e, por isso, podem ser decretadas em qualquer tempo e grau de jurisdição ordinária.

13. Da sucumbência

Em princípio, não se cogitava, nos sítios do processo do trabalho, da sucumbência com um dos seus princípios. Aqui, os honorários de advogado somente eram devidos no caso do art. 14, da Lei n. 5.584/70, a teor das Súmulas ns. 219 e 329, do TST.

Posteriormente, contudo, por força da Emenda Constitucional n. 45/2004, a Justiça do Trabalho teve ampliada a sua competência, para abranger litígios derivantes da "relação de trabalho" (art. 114, inciso I), ou seja, de certas relações materiais regidas pelo direito comum. Em decorrência disso, a Instrução Normativa n. 27/2005, do TST, passou a admitir a sucumbência nessas causas, por forma a autorizar os juízes a imporem o pagamento de honorários de advogado ao vencido (art. 5.º).

Admitiu-se, portanto, a sucumbência restrita a essas causas.

Nas edições anteriores deste livro escrevemos:

> "Na lição, sempre atual, de Giuseppe Chiovenda, o princípio da sucumbência decorre do fato objetivo da derrota na causa e se justifica porque "a atuação da lei não deve representar uma diminuição patrimonial para a parte a cujo favor se efetivou; por ser do interesse do Estado que o emprego do processo não se resolva em prejuízo de quem tem razão, e por ser, de outro turno, interesse do comércio jurídico que os direitos tenham um valor tanto quanto possível e constante" (*Instituições...*, vol. I, p. 285-286).

É bem verdade que se pode colocar em dúvida a pertinência dessas palavras do eminente jurista italiano com os casos em que a parte postula em causa própria, uma vez que, nesta hipótese, ela não estaria contraindo despesas com a contratação dos serviços profissionais de advogado. Em todo o caso, a verba honorária será devida mesmo nos casos em que o advogado atue em causa própria.

O art. 85, do CPC, define, em seus diversos parágrafos, os critérios e percentuais referentes ao cálculo dos honorários de advogado. Assim, os honorários deverão ser fixados entre o mínimo de dez por cento e o máximo de vinte por cento sobre o valor da condenação, levando-se em conta: a) o grau de zelo profissional; b) o lugar de prestação do serviço; c) a natureza e importância da causa; d) o trabalho realizado pelo advogado e o tempo exigido para a realização do serviço (§ 2.º). Nas causas em que a Fazenda Pública for parte, os honorários serão fixados mediante a observância dos critérios estabelecidos nos incisos I a IV do § 2.º, segundo os percentuais previstos nos incisos I a V (§ 3.º). Nas causas em que for inestimável ou irrisório o proveito econômico ou, ainda, quando o valor da causa for muito baixo, o juiz fixará o valor dos honorários por apreciação equitativa, observando o disposto nos incisos do § 2.º (§ 8.º). Na ação de indenização por ato ilícito contra pessoa, o percentual de honorários incidirá sobre a soma das prestações vencidas acrescida de 12 (doze) prestações vincendas (§ 9.º). Nas ações de indenização por ato ilícito contra pessoa, o percentual de honorários incidirá sobre a soma das prestações vencidas, acrescida de doze prestações vincendas (§ 9.º).

Mais tarde, a Lei n. 13.467, de 13-7-2017, inseriu na CLT o art. 791-A, para admitir o princípio da sucumbência (ampla) no sistema do processo do trabalho. Essa norma legal está assim redigida:

> "Art. 791-A. Ao advogado, ainda que atue em causa própria, serão devidos honorários de sucumbência, fixados entre o mínimo de 5% (cinco por cento) e o máximo de 15% (quinze por cento) sobre o valor que resultar da liquidação da sentença, do proveito econômico obtido ou, não sendo possível mensurá-lo, sobre o valor atualizado da causa.
>
> § 1.º Os honorários são devidos também nas ações em face da Fazenda Pública e nas ações em que a parte estiver assistida ou substituída pelo Sindicato de sua categoria.
>
> § 2.º Ao fixar os honorários, o juízo observará:
>
> I - o grau de zelo do profissional;
>
> II - o lugar de prestação do serviço;
>
> III - a natureza e a importância da causa;
>
> IV - o trabalho realizado pelo advogado e o tempo exigido para o seu serviço.
>
> § 3.º Na hipótese de procedência parcial, o juízo arbitrará honorários de sucumbência recíproca, vedada a compensação entre os honorários.
>
> § 4.º Vencido o beneficiário da justiça gratuita, desde que não tenha obtido em juízo, ainda que em outro processo, créditos capazes de suportar a despesa, as obrigações decorrentes de sua sucumbência ficarão sob condição suspensiva de exigibilidade e somente poderão ser executadas se, nos dois anos subsequentes ao trânsito em julgado da decisão que as certificou,

o credor demonstrar que deixou de existir a situação de insuficiência de recursos que justificou a concessão de gratuidade, extinguindo-se, passado esse prazo, tais obrigações do beneficiário.

§ 5.º São devidos honorários advocatícios na reconvenção."

Em nosso livro: *O Processo do Trabalho e a Reforma Trabalhista* (São Paulo, LTr Editora, 3.ª ed., 2020, p. 142/173) procedemos a uma análise minuciosa desse dispositivo legal.

A respeito do tema de honorários de advogado e de outras despesas processuais, devem ser destacadas, dentre várias, as seguintes Súmulas do STF:

234: "São devidos honorários de advogado em ação de acidente do trabalho julgada procedente";

236: "Em ação de acidente do trabalho, a autarquia seguradora não tem isenção de custas";

389: "Salvo limite legal, a fixação de honorários de advogado, em complemento da condenação, depende das circunstâncias da causa, não dando lugar a recurso extraordinário";

512: "Não cabe condenação em honorários de advogado na ação de mandado de segurança";

616: "É permitida a cumulação da multa contratual com os honorários de advogado, após o advento do Código de Processo Civil vigente".

É prudente destacar, todavia, que o princípio da sucumbência não está restrito a esses honorários, compreendendo, isto sim, todas as despesas processuais, em cujo conceito se incluem, ainda, custas, indenização de viagem, diária de testemunha, remuneração do assistente técnico, etc., nos termos do art. 84, do CPC. As despesas enfeixam, portanto, todos os gastos que se fizeram indispensáveis para que o processo pudesse cumprir a sua função social.

Tanto no plano do processo civil (CPC, art. 85), quanto no do trabalho (CLT, art. 791-A), o pedido de honorários de advogado integra a classe especial dos implícitos, significa dizer, daqueles que não necessitam ser formulados de maneira expressa. No mesmo sentido, a orientação jurisprudencial do STF, conforme demonstra a sua Súmula n. 256: "É dispensável pedido expresso para condenação do réu em honorários, com fundamento nos arts. 63 ou 64 do Código de Processo Civil". Conquanto os dispositivos legais aí indicados se refiram ao CPC de 1939, a Súmula citada continua a ser aplicável na vigência do Código atual, em virtude da redação imperativa do art. 85 "A sentença *condenará...*" (destacamos).

Se cada litigante for em parte vencedor e vencido, serão recíproca e proporcionalmente distribuídos e compensados entre eles as despesas (CPC, art. 86): verifica-se, aqui, a denominada "sucumbência recíproca". Contudo, se um dos litigantes decair de parte mínima do pedido, o outro responderá, inteiramente, pelas despesas e honorários (CPC, art. 86, parágrafo único): é a "sucumbência mínima".

14. Da estabilidade da lide

O princípio em questão diz da imutabilidade dos elementos da lide, seja sob o aspecto: a) subjetivo, seja sob o b) objetivo.

a) Aspecto subjetivo. Liga-se à pessoa dos litigantes e à permanência de sua legitimidade, ainda que ocorram fatos supervenientes. É a *perpetuatio legitimationis*, de que fala o art 108, do CPC. Estabelece, esta norma legal, que só será permitida, no curso do processo, a substituição voluntária das partes nos casos expressos em lei. Trata-se, na verdade, de sucessão e não de substituição, porquanto a pessoa que ingressa na relação processual passa a defender, em nome próprio, direito também próprio, em decorrência da alteração da titularidade do direito material objeto da pretensão formulada em juízo. Na substituição processual (CPC, art. 18), ao contrário, o substituto defende, em nome próprio, direito alheio, traduzindo, pois, esta substituição uma legitimação extraordinária ou anômala.

A *perpetuatio legitimationis* se define a partir do momento em que ocorrer a citação válida (CPC, art. 240, *caput*), segundo demonstra o art. 329, do CPC: "O autor poderá: I – até a citação, alterar o pedido ou a causa de pedir, independentemente de consentimento do réu; II – até o saneamento do processo, aditar ou alterar o pedido e a causa de pedir, com consentimento do réu, assegurado o contraditório mediante a possibilidade de manifestação deste no prazo mínimo de 15 (quinze) dias, facultado o requerimento de prova suplementar".

Cabe também lembrar a disposição do art. 109, *caput*, do CPC, conforme a qual a alienação da coisa ou do direito litigioso, a título particular, por ato entre vivos, não altera a legitimidade das partes. Na verdade, o adquirente ou o cessionário só poderá ingressar em juízo para substituir o alienante ou o cedente se com isso concordar a parte contrária (§ 1.º); de qualquer modo, faculta-se ao adquirente ou ao cessionário intervir nos autos, como assistente litisconsorcial do alienante ou ao cedente (§ 2.º).

Um dos casos em que a lei prevê a sucessão das partes, no curso do processo, é revelada pelo art. 110, do CPC: morte de qualquer dos litigantes. A sucessão dar-se-á pelo seu espólio ou por seus sucessores, observado o disposto no art. 313, §§ 1.º e 2.º.

O procedimento da habilitação da parte legitimada é regulado pelos arts. 687 a 692 do mesmo Código.

O princípio da estabilização subjetiva da lide está relacionado com os limites subjetivos da coisa julgada material, porquanto, segundo o art. 506, do CPC, a sentença faz coisa julgada entre as partes, não prejudicando terceiros.

b) *Aspecto objetivo*. Os elementos objetivos da lide são a *causa de pedir* e os *pedidos*. Esses elementos, em princípio, não podem ser modificados. Estatui, a propósito, o art. 329, do CPC: "O autor poderá: I – até a citação, alterar o pedido ou a causa de pedir, independentemente de consentimento do réu; II – até o saneamento do processo, aditar ou alterar o pedido e a causa de pedir, com consentimento do réu, assegurado o contraditório mediante a possibilidade de manifestação deste no prazo mínimo de 15 (quinze) dias, facultado o requerimento de prova suplementar".

O princípio da estabilidade da lide se justifica não somente pela necessidade de preservar as garantias constitucionais do contraditório e da ampla defesa, e de evitar eventuais atitudes de má-fé, como a impedir a instauração de tumulto no procedimento — que por certo ocorreria se ao autor fosse lícito modificar a causa de pedir ou o pedido, ou realizar aditamento, ao seu alvedrio, em qualquer fase do procedimento, mesmo que antes da sentença.

No processo do trabalho, o art. 329, do CPC, deve incidir de maneira extremamente abrandada.

15. Da inalterabilidade dos prazos peremptórios

Para já, é conveniente registrar que, em sede processual, sempre haverá a fixação, por norma legal ou pelo magistrado, de prazo destinado à prática de atos, seja pelas partes ou por terceiros. A existência de prazos visa, a um só tempo, estabelecer uma regra de equanimidade entre os litigantes (pois, em princípio, a duração do prazo deverá ser igual para ambos) e a controlar o tempo do procedimento. Tão importante são os prazos, nos sítios do processo, que o art. 218, § 3.º, do CPC, estatui que se não houver preceito legal nem assinação pelo juiz, o prazo para a prática do ato, a cargo das partes, será de cinco dias. Trata-se, portanto, de uma regra de caráter supletivo, a incidir nos eventuais casos em que houver omissão da lei ou do magistrado.

O princípio da inalterabilidade dos prazos peremptórios tem a sua sede no art. 222, § 1.º, do CPC: "Ao juiz é vedado reduzir prazos peremptórios sem anuência das partes".

De modo geral (logo, podem ocorrer exceções), a diferença entre prazos *dilatórios* e *peremptórios* decorre na norma legal que os prevê: sendo a norma de natureza meramente *dispositiva*, o prazo aí referido será *dilatório*; caso, entretanto, a norma seja do tipo *cogente*, estaremos diante de prazo *peremptório*.

São exemplos de prazos *peremptórios* os fixados para excepcionar, contestar, reconvir, recorrer, embargar, etc. Esses prazos não podem ser modificados, ou seja, reduzidos ou ampliados, mesmo que haja, quanto a isso, concordância das partes. Assim, ainda que autor e réu viessem a ajustar, entre si, que o prazo para interpor o recurso ordinário seria de quinze dias, essa manifestação de vontade seria absolutamente ineficaz, pois o prazo legal, fixado em oito dias (CLT, art. 895), por ser peremptório, não pode ser modificado.

A lei proíbe o magistrado de reduzir prazos peremptórios sem a concordância das partes (CPC, art. 222, § 1.º).

Em caráter excepcional, todavia, a lei permite que o juiz, nas comarcas onde for difícil o transporte, prorrogue quaisquer prazos (inclusive os peremptórios), mas nunca por mais de dois meses (CPC, art. 222, *caput*). Nos casos de calamidade pública, esse limite de prorrogação poderá ser ultrapassado (parágrafo único único), segundo o prudente arbítrio do magistrado, que, para isso, levará em conta o momento a partir do qual os problemas acarretados pela calamidade teriam cessado.

Os prazos *dilatórios*, entretanto, podem ser reduzidos ou prorrogados; para isso, deverão ser atendidos alguns requisitos legais básicos: a) a modificação, para mais ou para menos, do prazo não pode ser objeto de manifestação unilateral, sendo indispensável a existência de acordo, de ajuste entre os litigantes; b) essa convenção deverá fundar-se em motivo legítimo e c) ser submetida à apreciação do juiz antes do vencimento do prazo. Desta forma, se o motivo da pretendida alteração for irrelevante, despiciendo, o requerimento, digamos, de prorrogação do prazo deverá ser indeferido, do mesmo modo deverá sê-lo se, a despeito de serem ponderosas as razões em que se funda, esse requerimento vier a ser protocolado em juízo depois de exaurido o prazo que se desejava prorrogar: sucede que, nesta hipótese, a parte não estará pretendendo prorrogar o prazo e sim, restabelecê-lo.

No caso de deferir o requerimento, o juiz fixará o dia do vencimento do prazo da prorrogação. A jurisprudência tem entendido que se o juiz deixar de fixar o dia do termo do prazo de prorrogação, o dia de início do novo prazo será o subsequente àquele em que a parte for intimada do deferimento de seu pedido de prorrogação.

Na verdade, como se nota, há *dois princípios*, quanto à alteração dos prazos: a) o princípio que não admite a modificação dos prazos peremptórios, mesmo havendo acordo das partes; b) o princípio que admite a modificação dos prazos dilatórios, mediante a comunhão da vontade dos litigantes.

No mais, decorrido o prazo (previsto em lei ou assinado pelo juiz), extingue-se, de forma automática, o direito de praticá-lo, exceto se a parte provar que não o realizou em decorrência de justa causa (CPC, art. 223, *caput*). Sobre essa declaração da lei, alguns escólios elucidativos são necessários. Em primeiro lugar, a extinção automática do direito de realizar o ato significa que esse efeito preclusivo independerá de pronunciamento do juiz; em segundo, a justa causa, capaz de autorizar a devolução do prazo à parte, consiste no evento imprevisto, alheio à sua vontade, que a impediu de praticar o ato, pessoalmente ou mediante mandatário (art. 223, § 1.º). Podem ser mencionados como exemplos de justa causa: a grave enfermidade do advogado; o sequestro do advogado; o falecimento inesperado de um seu parente próximo; a paralisação dos serviços judiciais em virtude de greve; o encerramento do expediente forense antes do horário normal; a retirada dos autos em carga, pelo adversário, sendo o prazo comum etc.

16. Da renúncia aos prazos

A lei (CPC, art. 225) permite que a parte renuncie ao prazo estabelecido, exclusivamente, em seu benefício, contanto que o faça de maneira expressa.

Não se tem exigido, para a validade dessa renúncia, que o direito material discutido em juízo seja disponível, porquanto a renúncia terá como objeto não o mencionado direito, e sim uma faculdade processual.

Apesar de o art. 225, do CPC, exigir que a renúncia ao prazo seja expressa, há situações em que não se pode deixar de admitir a renúncia tácita. Seria o caso, por exemplo, de a parte, iniciado o prazo para a interposição de recurso, praticar determinado ato que configurasse o que a norma legal tipifica como "ato incompatível com a vontade de recorrer" (CPC, art. 1.000, parágrafo único). Digamos que, no prazo do recurso, o réu, vencido na causa, comparece à secretaria do órgão judiciário para retirar guia destinada ao pagamento do valor da condenação e, ainda dentro do prazo do recurso, desiste do pagamento e recorre, efetuando o depósito exigido pelo art. 899, § 1.º, da CLT. O fato de ele haver comparecido à secretaria do juízo e retirado a guia destinada ao pagamento da condenação é traduzida pelo sistema legal como "ato incompatível com a vontade de recorrer".

Tratando-se de litisconsórcio unitário, a renúncia só será eficaz se manifestada por todos os litisconsortes; nas demais espécies de regimes litisconsorciais, contudo, a renúncia feita por um só, em princípio, terá eficácia, porquanto o direito material discutido é divisível. Nesta hipótese, incidirá a regra estabelecida pelo art. 117, do CPC. Sob esse mesmo critério doutrinal é que deve ser interpretada a norma do art. 1.005, do CPC, de que o recurso interposto por um dos litisconsortes a todos aproveita, salvo se opostos ou distintos os seus interesses. Esse aproveitamento só se dá no âmbito do litisconsórcio unitário, em que a lide deve ser decidida de modo uniforme para todos os compartes.

Poderíamos prosseguir na enumeração de outros princípios infraconstitucionais do processo; a partir desse momento, porém, estaríamos ingressando no terreno das minúcias inúteis. No essencial, os princípios aqui indicados e examinamos são suficientes para dar ao leitor uma visão panorâmica, poliédrica, do assunto.

17. Do ônus da prova

Deixamos, propositadamente, por último, a referência a este princípio.

As diversas legislações, brasileiras e estrangeiras, tanto do passado quanto atuais, sempre manifestaram preocupação em repartir o encargo da prova entre os litigantes.

Não vem ao caso examinar, com minúcia, as várias correntes de pensamento e as diversas legislações concebidas com essa finalidade. Apenas à guisa de ilustração sumária, devemos referir o fato de, em certa fase do Direito Romano, haver-se concebido a regra segundo a qual o ônus da prova incumbia a quem afirmasse ou agisse (*semper onus probandi ei incumbit qui dicit*; *semper necessitas probandi incumbit illi qui agit*). Assim se afirmava porque quem por primeiro ingressava em juízo era, por óbvio, o autor. Como era ele quem fazia afirmações ou alegações, incumbia-lhe o encargo da prova (*actori incumbit onus probandi*). Um dos efeitos práticos dessa regra era de que o encargo da prova não se transferia ao réu, mesmo que este não contestasse os fatos alegados pelo autor (*ei incumbit probatio qui dicit, non negat*), conforme se lê em Paulus, *Digesto*, Livro XXII, Título III: "*De probationibus et praesumptionibus*", fragmento n. 2.

Considerando-se, porém, que essa regra era incorreta, porquanto, muitas vezes, a alegação feita pelo réu implicava um fato capaz de modificar, impedir ou extinguir o direito invocado pelo autor, passou-se a atribuir ao réu o encargo da prova em tais situações, alterando-se a regra para: "*réus in excipiendo fit actor*" (ao contestar o réu se torna autor), que Ulpiano adaptou para "*reus in exciptione actor est*" (*Digesto*, Livro XLIV, Título I, "*De exceptionibus*", fragmento n. 1).

No plano do processo civil brasileiro, a distribuição do encargo da prova é regulada pelo art. 373, do CPC, conforme o qual o ônus incumbe: a) autor, quando se tratar de fato constitutivo do seu direito (inciso I); b) ao réu, quanto à existência de fato impeditivo, modificativo ou extintivo do direito do autor (inciso II).

No sistema do processo do trabalho, a matéria é disciplinada pelo art. 818, da CLT, cuja redação primitiva estava assim enunciada: "A prova das alegações incumbe à parte que as fizer".

Ao escrevermos o livro *A Prova no Processo do Trabalho* (São Paulo: LTr), cuja primeira edição foi lançada em 1985, encontramos oportunidade para sugerir uma interpretação sutil dessa norma da CLT, por modo a concluir que o ônus da prova incumbiria sempre ao réu. Assim dizíamos, baseados em uma pressuposição fundamental: ao alegar fatos capazes de substituir os do autor, o réu atrairia para si o ônus da prova. É evidente que se o réu não os contestasse teria contra si a presunção de veracidade daqueles fatos. Nossa sugestão, conquanto tenha amealhado adeptos, não predominou. O argumento central da interpretação que demos ao art. 818, da CLT, estava umbilicalmente jungido ao escopo de proteção do trabalhador, como parte hipossuficiente, que constitui, de forma inegável, um dos traços característicos do processo do trabalho. Tempos depois — mais precisamente em 1990 —, a Lei n. 8.078, de 11 de setembro daquele ano, veio a demonstrar que nosso pensamento não era tão absurdo quanto possa ter parecido. Ocorre que essa norma legal inseriu, no rol dos direitos básicos do consumidor, dentre outros, a facilitação da defesa dos seus interesses e direitos, *"inclusive com a inversão do ônus da prova, a seu favor, no processo civil, quando, a critério do juiz, for verossímil a alegação ou quando for ele hipossuficiente, segundo as regras ordinárias de experiências"* (art. 6.º, inciso VIII). Destacamos.

Sob este aspecto, não se pode negar que a CLT foi superada pelo Código de Defesa do Consumidor – logo ela, CLT, que sempre assinalou a sua presença na ordem jurídica mercê de um acentuado traço de vanguardismo.

Mais algum tempo se passa, e advém o CPC de 2015, cujo art. 373, em seu § 1.º, estatui: "Nos casos previstos em lei ou diante de peculiaridades da causa relacionadas à impossibilidade ou à excessiva dificuldade de cumprir o encargo nos termos do *caput* ou à maior facilidade de obtenção da prova do fato contrário, poderá o juiz atribuir o ônus da prova de modo diverso, desde que o faça por decisão fundamentada, caso em que deverá dar à parte a oportunidade de se desincumbir do ônus que lhe foi atribuído".

Resumo

Princípios infraconstitucionais do processo:

- Demanda;
- Impulso oficial;
- Preclusão;
- Oralidade;
- Economia;
- Lealdade;
- Livre investigação das provas;
- Persuasão racional;
- Duplo grau de jurisdição;

- Eventualidade;
- Impugnação especificada dos fatos;
- Informalidade dos atos;
- Sucumbência;
- Estabilidade da lide;
- Inalterabilidade dos prazos peremptórios;
- Renúncia dos prazos;
- Ônus da prova.

c) Princípios específicos do processo de execução

Podemos dizer que os princípios até esta parte examinados são genéricos, em virtude de serem aplicáveis, indistintamente, aos processos de conhecimento, de execução e cautelar.

Há, no entanto, há princípios próprios da execução, conforme procuraremos demonstrar a seguir.

1. Da preeminência dos interesses do exequente

Vimos que um dos deveres a que se encontra submetido o juiz é o de ministrar um tratamento igualitário às partes (CPC, art. 139, I). Esse direito que possuem os litigantes, de serem tratados de maneira isonômica pelo órgão jurisdicional, deriva do princípio da igualdade de todos perante a lei, contido no art. 5.º, *caput*, da Constituição Federal.

O princípio da igualdade das partes, entretanto, somente tem incidência plena no processo de conhecimento (e no cautelar), porquanto, trasladado para o de execução, sofre consideráveis restrições, que se justificam pela necessidade de amoldá-lo aos fins desse processo. Com efeito, como constou da Exposição de Motivos do digesto de processo civil de 1973 (Cap. IV, inc. III, letra "*a*", item 18) na execução o credor se encontra em um ontológico estado de preeminência jurídica, diante do devedor, que se vê colocado, em razão disso, num estado de sujeição ao direito daquele, reconhecido pela sentença exequenda.

Realiza-se a execução, enfim, no interesse do exequente(CPC, art. 797), embora possa o executado oferecer resistência jurídica às pretensões daquele, quando deduzidas em desacordo com o título executivo, ou ao próprio título, quando este estiver em antagonismo com a lei (CLT, art. 884). Só configurará ato atentatório à dignidade da justiça a resistência injustificada do executado (CPC, art. 774, IV).

Essa desigualdade jurídica dos litigantes no processo de execução emana, como dissemos, da preeminência que a lei atribui aos interesses do exequente. Tal superioridade jurídica, contudo, não pode constituir motivo para o espezinhamento — sistemático ou mesmo ocasional — dos direitos processuais do executado; por outros termos, não pode o juiz, em nome dessa preeminência do exequente, deixar de ministrar ao executado o mesmo tratamento que é dado àquele, quando a lei assim o determinar. Se, *e. g.*, for concedido ao exequente prazo para juntar documentos, para manifestar-se sobre os cálculos ou sobre o laudo pericial, igual oportunidade deverá ser assegurada ao executado, sob pena de violação do art. 139, I, do CPC, e consequente nulidade do processo.

Sempre, aliás, que a execução puder ser promovida por vários meios, o juiz determinará que seja feita pelo menos gravoso para o executado (CPC, art. 805). Cumprirá, pois, ao magistrado encontrar o necessário ponto de equilíbrio entre os arts. 797 e 805, ambos do CPC. Em síntese, a preeminência do exequente, no processo de execução, em que pese ao fato de ser justificável, não pode implicar ofensa à *dignidade* do executado, sabendo-se que a dignidade da pessoa humana traduz um dos fundamentos de nossa Repúblcia (CF, art. 1.º, III).

2. Da natureza real

Em épocas priscas, a execução recaía na pessoa do próprio devedor, tendo, por isso, caráter nitidamente corporal. Vale ser lembrada a *manus iniectio* romana, que concedia ao credor a faculdade de dispor da vida e da liberdade do devedor, podendo matá-lo ou vendê-lo como escravo — práticas que, hoje, provocam justificadas repulsas aos estudiosos do processo.

Via de regra, nos tempos modernos a execução tem caráter essencialmente patrimonial, porquanto incide, apenas, nos bens do devedor. A finalidade da execução, nos atuais sistemas de processo, é, portanto, expropriar bens do devedor, com o objetivo de satisfazer o direito do credor (CPC, art. 824). A prisão civil por dívidas só é permitida nos casos de inadimplemento voluntário e inescusável de obrigação alimentícia e de depositário infiel (CF, art. 5.º, LXVII).

De qualquer forma, ninguém poderá ser privado de seus bens (assim como de sua liberdade) sem o devido processo legal (CF, art. 5.º, LIV) — que constitui, a nosso ver, um superprincípio e do qual todos os outros, de natureza processual, soem emanar.

Para o cumprimento de suas obrigações, o executado não responde unicamente com os bens que possua, mas, também, com aqueles que vier a adquirir (CPC, art. 789).

3. Da limitação expropriatória

Este princípio constitui uma espécie de extensão do examinado no item anterior. Por ele se diz que embora o escopo da execução seja o de fazer com que o devedor satisfaça, com seu patrimônio, o direito do exequente, os atos expropriatórios que venham a ser realizados em nome desse objetivo não devem ir além do limite da dívida, com os acréscimos legais (correção monetária, juros, honorários de advogado ou de perito, etc.).

Em termos práticos, isso significa que a execução não pode ser utilizada como subterfúgio para a expropriação integral do patrimônio do executado, quando apenas parte deste seria suficiente para satisfazer, por inteiro, a obrigação.

Declara, por isso, o art. 831 do CPC que a penhora cairá em tantos bens "quantos bastem para o pagamento do principal atualizado, dos juros, das custas e dos honorários advocatícios"; de outra parte, a arrematação deverá ser suspensa assim que o produto da expropriação for suficiente para solver a dívida (CPC, art. 899). Esclarece, ainda, o mesmo Código, que a segunda penhora somente será efetuada se o produto da expropriação não bastar para o pagamento do credor (art. 851, II).

Essas disposições legais demonstram, com sobras, que há um limite para a expropriação dos bens do executado — que é, naturalmente, o valor da dívida, com os acréscimos previstos em lei.

4. Da utilidade para o exequente

O interesse de agir não é, apenas, uma das condições da ação (CPC, art. 17), mas um requisito absolutamente indispensável para a admissibilidade de qualquer postulação que se faça em juízo.

Esse interesse decorre tanto da necessidade que o indivíduo possui de obter o pronunciamento jurisdicional invocado, quanto da utilidade que esse pronunciamento representa para os seus interesses juridicamente tuteláveis. Prende-se, dito interesse, portanto, ao binômio necessidade/utilidade, ainda que um só desses elementos seja bastante para justificar a prestação da tutela jurisdicional.

Segue-se que, se o executado não possuir nenhum bem que lhe permita satisfazer a obrigação, ou, os que possuir, forem totalmente absorvidos pelo pagamento das custas da execução (CPC, art. 836, *caput*), faltará ao exequente o indispensável interesse de prosseguir com a execução, razão por que o processo deverá ser suspenso, por um ano (Lei n. 6.830/80, art. 40, § 2.º); decorrido esse prazo, sem que sejam encontrados bens penhoráveis, o juiz ordenará o arquivamento dos autos, conquanto a execução possa vir a ser restabelecida a qualquer tempo, desde que surjam bens suscetíveis de expropriação (*ibidem*, § 3.º).

5. Da não prejudicialidade do executado

O estado de sujeição à coisa julgada material — consubstanciada no título executivo —, em que se encontra ontologicamente colocado o executado, não constitui motivo para que sobre ele tripudie o exequente, procurando, p. ex., cobrar-lhe mais do que efetivamente deve, ou promovendo a execução pelo modo mais gravoso. Por aí se percebe que o princípio em foco se enastra com outros, anteriormente examinados, formando um espécie de teia jurídica.

Estatui o art. 776 do CPC que o exequente ressarcirá ao executado os danos que este sofreu, quando a sentença, passada em julgado, declarar inexistente, no todo ou em parte, a obrigação que deu origem à execução. A despeito de reputarmos incompatível com o processo do trabalho de *lege lata* essa regra do processo civil, devemos reconhecer que ela espelha a preocupação do legislador em evitar que o exequente se valha da execução para buscar a satisfação de direito inexistente.

6. Da especificidade

Significa que a execução deve ser processada de acordo com a natureza da obrigação a que se refira. Dessa forma, somente em hipóteses ou situações excepcionais, legalmente previstas, poderá ocorrer quebra desse princípio, permitindo-se a substituição de uma prestação específica por outra, de índole pecuniária.

Vejamos algumas dessas exceções.

Em consonância com os arts. 234, 236 e 239 do Código Civil, estatui o art. 809 do correspondente digesto processual que o credor tem direito a receber, além de perdas e danos, o valor da coisa, quando esta: a) não lhe for entregue; b) se houver deteriorado; c) não for reclamada do poder do terceiro adquirente. Tais disposições dizem respeito às obrigações de entregar coisa certa. Quanto às de fazer, estabelece o art. 248 do Código Civil que se a prestação do fato se impossibilitar por culpa do devedor, este responderá por perdas e danos, elucidando o artigo seguinte 247 que na mesma obrigação de indenizar por perdas e danos incidirá o devedor que recusar a prestação a ele imposta, ou só por ele exequível, regra que é reproduzida, em sua essência, pelo art. 816 do CPC. No tocante às obrigações de não fazer, reza o art. 251 do Código Civil que se o devedor praticar o ato a cuja abstenção se obrigara, o credor poderá exigir dele que o desfaça, sob pena de ser desfeito à sua custa, "ressarcindo o culpado perdas e danos" — norma que provocou ressonância no art. 823 do CPC.

7. Da responsabilidade pelas despesas processuais

Ao executado incumbe não apenas satisfazer a obrigação assumida em face do exequente — realizando a pertinente prestação —, como reembolsá-lo dos gastos que teve de efetuar em decorrência da demanda (transporte de testemunhas, honorários de advogado ou de perito, etc.) e, ainda, arcar com os custos processuais (custas, emolumentos), desde que previstos no título executivo ou em posterior pronunciamento jurisdicional.

Nem haveria de ser de outra forma, pois seria nimiamente injusto que o exequente, para fazer valer em juízo seu direito, sofresse perdas patrimoniais ou abalo em suas finanças, provenientes do pagamento de todas essas despesas, *lato sensu*.

Essa responsabilidade do executado, no sentido de responder pelas despesas processuais, subsiste mesmo no caso de remição, porquanto, para obtê-la, deverá pagar não só o principal (corrigido monetariamente e acrescido dos juros de mora legais) como custas e honorários de advogado (CPC, art. 826), embora estes, em regra, se encontrem já incluídos na conta geral da execução. A imposição ao pagamento de honorários periciais, contudo, pode ser ulterior à elaboração da mencionada conta, vale dizer, pode ocorrer mesmo depois do proferimento da sentença exequenda, como se dá, *v. g.*, na resolução dos embargos do devedor, sempre que a liquidação tenha sido feita mediante cálculos confeccionados por perito (à risca, contador *ad hoc*).

8. Do não aviltamento do executado

Embora, como dissemos, tenha o exequente posição de preeminência jurídica, na execução, isso não deve constituir motivo para afrontar-se a dignidade humana do executado, expropriando-lhe, por exemplo, bens indispensáveis à sobrevivência própria ou familiar; daí por que a lei declara impenhoráveis determinados bens (CPC, art. 833), como os bens inalienáveis e os declarados, por ato voluntário, não sujeitos à execução; os móveis, pertences e utilidades domésticas que guarnecem a residência do executado, exceto os de elevado valor ou que ultrapassem as necessidades comuns correspondentes a um padrão de vida médio; os vestuários e os pertences de uso pessoal do executado, salvo se de elevado valor; os vencimentos soldos, subsídios, remunerações, proventos de aposentadoria, pensões, pecúlios, montepios, assim como as quantias recebidas por liberalidade de terceiro e destinadas ao sustento do devedor e sua família, os ganhos do trabalhador autônomo e os honorários dos profissionais liberais; os livros, máquinas, ferramentas, utensílios instrumentos ou outros bens móveis necessários ou úteis ao exercício de qualquer profissão; o seguro de vida; os materiais necessários para obras em andamento, exceto se estas forem penhoradas; a pequena propriedade rural; os recursos públicos recebidos por instituições privadas para aplicação compulsória em educação, saúde ou assistência social; até o limite de quarenta salários mínimos a quantia depositada em caderneta de poupança, os recursos públicos do fundo partidário recebidos, nos termos da lei, por partido político, etc.

À falta de outros bens, podem ser penhorados (ou arrestados) os frutos e os rendimentos dos bens inalienáveis, (CPC, art. 834). É interessante observar que o CPC de 1973, em sua redação primitiva, colocava a salvo de penhora as imagens e os objetos do culto religioso, desde que possuíssem valor elevado (CPC, art. 650, I e II).

A Lei n. 8.009, de 29 de março de 1990, porém, modificando — e, acima de tudo, deturpando — o instituto do bem de família (CC de 1916, arts. 70 a 73; CC de 2002, arts. 1.711 a 1.722) dispõe que o imóvel residencial próprio do casal ou da entidade familiar é impenhorável, não respondendo por qualquer tipo de dívida civil, fiscal, comercial, previdenciária ou de qualquer outra natureza, contraída pelos cônjuges ou pelos pais ou filhos que sejam seus proprietários e nele residam (art. 1.º, *caput*), salvo se o bem consistir em veículo de transporte, obras de arte ou adornos suntuosos (art. 2.º, *caput*).

Não cabe aqui — tendo em vista o tema central deste livro — um exame aprofundado, exaustivo (e, sobretudo, crítico) dessa norma legal e de suas repercussões no processo de trabalho. A despeito disso, devemos justificar a afirmação de que a Lei n. 8.009/90, sob certo aspecto, desfigurou o instituto do bem de família. Sucede que enquanto a cláusula concernente ao bem de família regulado pelo Código Civil, então vigente, assegurava a impenhorabilidade do prédio residencial durante o tempo em que vivesse o devedor e seu cônjuge e enquanto fossem menores de idade os seus filhos (art. 70, parágrafo único), a mencionada lei deixava claro que a impenhorabilidade não encontraria esses limites, pelo menos, no que respeitava aos filhos (art. 1.º, *caput*). Por outro lado, a malsinada norma legal não reproduziu a regra inserta no art. 71 do CC, segundo a qual essa impenhorabilidade só ocorreria se a pessoa, quando da instituição do bem de família, não possuísse dívidas cujo pagamento pudesse ser prejudicado por essa cláusula. Esclarecia o parágrafo único que a cláusula que isentasse o bem de execução por dívidas se referia a dívidas posteriores à instituição, e não às anteriores, caso se constatasse que a solução destas se tornasse inexequível em virtude da aludida instituição. A Lei n. 8.009/90 não vai além de uma amena declaração de que o devedor não se beneficiará de suas disposições se, sabendo-se insolvente, adquirir de má-fé imóvel mais valioso para transferir a residência familiar, desfazendo-se ou não da moradia mais antiga (art. 4.º, *caput*).

Lamentavelmente, dita lei preocupou-se, apenas, com a dignidade humana do executado, ignorando a do exequente (trabalhador) e espezinhando os valores sociais do trabalho — dois dos princípios fundamentais de nossa República Federativa (CF, art. 1.º, III e IV).

No atual Código Civil (Lei n. 10.406, de 10-1-2002), a matéria concernente ao bem de família é regulada pelos arts. 1.711 a 1.722.

9. Da livre disponibilidade do processo pelo exequente

O sistema do processo civil brasileiro atribui ao exequente a faculdade de desistir de toda a execução (mais) ou de apenas algumas medidas executivas (menos); é o que consta do art. 775 do CPC. Conquanto se trate de ato que deriva de manifestação da vontade assinalada pela unilateralidade, a desistência da execução, a nosso ver, só produzirá os efeitos jurídicos pretendidos se homologada por sentença (CPC, art. 200, parágrafo único), ainda que concisa, e desde que fundamentada (CF, art. 93, IX).

Há, todavia, certa hesitação da doutrina e da jurisprudência quanto à validade dessa desistência, sem audição do executado, quando este houver oferecido embargos à execução.

Sem que nos mova o propósito de exacerbar tal controvérsia, devemos dizer que, opostos os embargos, o exequente, em princípio, somente poderá desistir da execução se com isso concordar o executado, pois este poderá ter interesse em obter um provimento jurisdicional declaratório, por exemplo, de quitação eficaz, de prescrição extintiva e de outras matérias alegadas; essa expectativa ficaria frustrada se se reconhecesse à desistência da execução, manifestada pelo exequente, a qualidade de direito potestativo, cujo exercício não ficaria subordinado à anuência do executado. Cabe lembrar que a desistência da ação, no processo de conhecimento, só será eficaz se — exaurido o prazo para a resposta — o réu com ela concordar (CPC, art. 485, § 4.º); assim sendo, parece-nos razoável concluir que essa mesma regra deve incidir no processo de execução, porquanto, para esse efeito, os embargos do devedor equivalem, *mutatis mutandis*, à resposta do réu. Cabe observar que os referidos embargos não constituem contestação ou recurso, e sim, ação incidental na execução.

Diversa, contudo, é a situação no plano dos recursos, em que, por expressa autorização legal (CPC, art. 998), o recorrente pode, a qualquer tempo, desistir do apelo sem o assentimento do adversário (ou dos adversários, no caso de regime litisconsorcial). Nada obstante, entendemos que essa desistência só terá validade se homologada pelo juiz, pois também aqui deve ser observado o disposto no art. 200, parágrafo único, do CPC.

A execução apresenta, ainda, determinadas notas singulares, que a despeito de não poderem ser alteadas à categoria de princípios, segundo a acepção deste vocábulo na ordem jurídica, constituem inegáveis e expressivas particularidades. Dentre elas, destacamos as seguintes: a) os riscos da execução provisória devem ser suportados pelo exequente (CPC, art. 520, I); b) o veto à modificação da sentença exequenda (CLT, art. 879, § 1.º); c) o direito de prelação do exequente (CPC, art. 797); d) a necessidade de o exequente especificar a espécie de execução pretendida, sempre que ela puder processar-se por mais de um modo (CPC, art. 798, II, *"a"*); e) a execução só pode recair em bens penhoráveis ou alienáveis (CPC, art. 833); f) a possibilidade de expropriação antecipada dos bens (CPC, art. 852); h) a execução se processa, em regra, perante o juízo de primeiro grau.

Princípios característicos do processo do trabalho

Introdução

No início deste Capítulo, dedicamo-nos ao estudo dos princípios informativos do processo em geral, classificando-os em dois grupos básicos: a) constitucionais e b) infraconstitucionais, conforme tenham sede na Suprema Carta Política do país ou em leis ordinárias. Desprezamos a adoção de outros critérios de classificação por reputarmos destituídos de relevância prática.

Em termos largos, podemos dizer que atuam no processo do trabalho todos esses princípios, embora seja necessário chamar a atenção ao fato de que este processo especializado lhes imprime, conforme seja o caso, intensidade maior ou menor do que aquela de que se fazem providos no processo civil. Por outras palavras, o processo do trabalho ora exalta alguns desses princípios, para deles extrair o máximo de eficiência, ora os atenua, para harmonizá-los com o substrato ideológico que vivifica este processo.

A doutrina estrangeira tem-se preocupado, de longa data, em classificar os princípios regentes do processo do trabalho. 1) Para Menéndez-Pidal, por exemplo, estes consistem: a) no tecnicismo; b) na maior intensidade do princípio inquisitivo; c) no impulso judicial.[23] 2) Em Porrás López temos: a) o dispositivo; b) o do impulso processual; c) o da formalidade; d) o da concentração; e) o da imediação; f) o da publicidade; g) o da apreciação das provas em consciência.[24] 3) Eduardo Couture aponta os seguintes: a) correção da desigualdade; b) especialização do juízo; c) poder normativo; d) não imutabilidade da coisa julgada; e) ampla margem de equidade; f) intensificação da conciliação.[25] 4) Mariano Tissembaum menciona: a) a ultrapetição; b) o início *ex officio* da ação; c) a intensificação da conciliação; d) a possibilidade de revisão da coisa julgada.[26] 5) Nelson Nicoliello também alude à ultra-

(23) Derecho Procesal Social. In: *Revista de Derecho Privado*, Madrid: 1947. p. 6.

(24) *Derecho Procesal del Trabajo*. Puebla, México: José Cajica, p. 255.

(25) Algunas Nociones Fundamentales de Derecho Procesal del Trabajo. In: *Instituto de Derecho del Trabajo de la universidad Nacional del Litoral*, Santa Fé, Argentina: 1941. p. 111.

(26) *Las Controversias del Trabajo*. Buenos Aires: 1952. p. 165.

petição, incluindo, ainda, a escolha do foro, pelo trabalhador, para ajuizar a ação.(27)

Entre nós, 1) Russomano menciona os princípios: a) da finalidade social; b) da oralidade; c) do impulso pelas partes; d) da economia.(28) 2) Wagner Giglio, de sua parte, fala-nos dos princípios: a) protecionista; b) da jurisdição normativa; c) da despersonalização do empregador; d) da simplificação do procedimento.(29) 3) Cesarino Júnior indica os: a) da oralidade; b) da unidade do juízo; c) da concentração; d) do julgamento imediato; e) da irrecorribilidade das decisões interlocutórias; f) da revogabilidade das decisões definitivas.(30) Não se deu conta, porém, este último jurista, que a concentração e a irrecorribilidade das interlocutórias fazem parte da oralidade, como demonstramos em páginas precedentes. 4) Coqueijo Costa entendia serem princípios do processo do trabalho: a) o dispositivo; b) o formalista; c) a oralidade; d) a celeridade; e) o contraditório; f) o impulso oficial; g) a livre convicção do juiz; h) a lealdade processual; i) a conciliação; j) a irrenunciabilidade.(31)

Como vimos, alguns dos autores estrangeiros, há pouco mencionados, e outros mais, indicam como princípios do processo de trabalho, entre tantos, os da: a) especialidade (Helios Sarthou); b) proteção (Helios Sarthou); c) intensificação da conciliação (Eduardo Couture, Mariano Tissembaum); d) ultrapetição (Nelson Nicoliello); e) despersonalização do empregador (Wagner Giglio); f) revisão da sentença (Mariano Tissembaum). g) busca da verdade real; h) indisponibilidade do direito material.

Em passos ligeiros, porém, desejamos ponderar que:

a) ressoa com grande carga tautológica o princípio da *especialidade*, pois esta, mais do que um princípio, é a própria razão de ser desse processo. Há, mesmo, um certo circunlóquio, uma certa perífrase, nessa construção terminológica, pois se está, em rigor, tentando definir algo com sua própria denominação;

b) a *proteção*, que Sarthou faz desaguar na fórmula *in dubio pro operario*, não constitui um princípio, mas um critério adminicular do princípio da correção da desigualdade; iguala-se juridicamente o trabalhador, para protegê-lo;

c) a *conciliação* (e sua intensificação) também não é um princípio, e sim, uma técnica, um método de solução negociada do conflito (autocomposição). Ademais, embora a conciliação possa ter sido, no passado, uma característica do processo do trabalho, hoje não se traduz num princípio particular desse processo. Basta lembrar que dessa modalidade de solução consensual do litígio tratam, dentre outros artigos do CPC, o 139, V (compete ao juiz "promover, a qualquer tempo, a autocomposição, preferencialmente com auxílio de conciliadores e mediadores judiciais");

d) a *ultrapetição* (na verdade, extrapetição) tem um campo de irradiação muito restrito para poder ser alcandorada à classe de princípio; falta-lhe, por assim dizer, o atributo

(27) *Nuevos Apuntes Jurídicos*. Montevideo: Amalio M. Fernandez, 1970. p. 117.

(28) Anteprojeto de Código de Processo de Trabalho, de 1964.

(29) *Direito Processual do Trabalho*. 2.ª ed. São Paulo, LTr, 1996. p. 75-78.

(30) *Direito Social Brasileiro*. São Paulo: Saraiva, 1970. vol. I, p. 216.

(31) *Direito Processual do Trabalho*. 3.ª ed. Rio de Janeiro: Forense, 1986. p. 21-22.

da generalidade, pois não é sempre que o juiz pode decidir fora (não além) do que foi pedido, mas, como se sabe, unicamente nos casos permitidos por lei, como, *v. g.*, dos arts. 467 e 496 da CLT;

e) a *despersonalização* do empregador, embora possa ser reconhecida como princípio, tem sua sede no direito material (CLT, art. 448); o que dela se vê nos domínios do processo nada mais é do que uma reverberação;

f) a *revisão* dos acórdãos normativos também não é um princípio, senão que uma particularidade da jurisdição normativa, esta sim, possuidora do *status* de princípio;

g) o princípio da *apreciação das provas em consciência*, sugerido por Porrás López, não encontra, de *lege lata*, a mínima possibilidade de obter consagração em nosso meio, onde vigora princípio oposto, qual seja, o da persuasão racional, a que preferimos chamar de livre convencimento motivado, cuja morada é o art. 371 do digesto de processo civil; por ele, exige-se que o juiz forme o seu convencimento jurídico a respeito dos fatos narrados na causa com fundamento na prova dos autos, ainda que lhe seja facultado selecionar, para esse efeito, aquela que, segundo seu prudente arbítrio, seja a melhor prova (valoração).

h) *busca da verdade real.* A *busca da verdade real* não pode ser considerada algo particular à Justiça do Trabalho, como se os demais ramos do Poder Judiciário estivessem, institucionalmente, desobrigados de dedicar-se a essa busca. O fato de o juiz do trabalho possuir ampla liberdade na direção do processo não pode ser erigido como argumento de sustentação do ponto de vista de que estamos a divergir. O art. 370, do CPC, por exemplo, mais do que aconselhar, impõe ao juiz determinar, inclusive por sua iniciativa, "as provas necessárias ao julgamento do mérito". A propósito, a ampla liberdade que o art. 765, da CLT, concede aos juízes do trabalho na condução do processo tem sido causa, na prática, de algumas arbitrariedades judiciais. Ocorre que a CLT é produto de um tempo em que se vivia sob um regime ditatorial (1943), motivo por que, na altura, a estratégia política era a concentração de poderes nas autoridades constituídas. Os tempos, entrementes, são outros. No momento em que escrevemos este livro, estamos a respirar ares democráticos. Vivemos em um Estado Democrático de Direito — a julgar que a declaração inscrita no art. 1.º, *caput*, da Constituição Federal, seja algo mais do que um rasgo de retórica. Logo, é absolutamente necessário que, em nome dos ideais democráticos e das próprias garantias que a Constituição da República concede aos indivíduos e às coletividades, se interprete a disposição do art. 765, da CLT, sob os olhos da atualidade e não do período politicamente obscuro, em que a norma foi concebida. Convém lembrar que a lei é um organismo vivo, cuja interpretação se submete à dinâmica dos fatos da vida em sociedade.

i) *indisponibilidade do direito material.* A *indisponibilidade do direito material*, como suposto princípio peculiar do processo do trabalho, traz, na própria expressão, a causa de sua impropriedade técnica. Se a indisponibilidade é do direito *material*, fica evidente que não faz sentido indicá-la como princípio do direito *processual*. Há, pois, uma espécie de intransponível contradição interna, a comprometer a expressão em foco.

O processo do trabalho, visto sob o ângulo ontológico, não constitui uma entidade à parte, que tenha surgido do nada para ocupar um lugar no universo jurídico. Dá-se que o conceito de processo, como método estatal de solução heterônoma de conflitos intersubjetivos de interesses juridicamente tuteláveis, é substancialmente uno e incindível. Quando falamos em processo civil, penal, do trabalho etc., não estamos ignorando essa unidade e incindibilidade ontológicas do processo, senão que, apenas, realçando a natureza da lide que ele se destina a compor.

A observação é importante para demonstrar que o processo do trabalho, como espécie, participa do gênero processo, e, em razão disso, nutre-se dos princípios nos quais este se assenta, com vistas ao atingimento de suas finalidades político-institucionais. Desse modo, é evidente que ao processo do trabalho, assim como ao civil (para não cogitarmos do penal), são aplicáveis os princípios previstos na Constituição da República, dentre os quais, os da inafastabilidade da jurisdição, do juiz natural, do contraditório e da ampla defesa, do devido processo legal, do juízo competente, da publicidade, da fundamentação das decisões, da licitude dos meios de prova, da igualdade de tratamento (pelo juiz) e da não prisão civil por dívida. Pelo mesmo motivo, atuam no processo do trabalho os princípios a que denominamos de infraconstitucionais, vale dizer, os da demanda, do impulso processual *ex officio*, da oralidade, da economia, da conciliação, da lealdade, da livre investigação das provas, do ônus da prova, do duplo grau de jurisdição, da eventualidade e do dispositivo, dentre outros.

O que varia, entre um processo e outro, como dissemos antes, é a intensidade com que tais princípios são aplicados. Essa variação deriva, fundamentalmente, do escopo ideológico de cada processo, que é determinado pela influência direta e irresistível sobre eles exercida pela contextura político-ideológica do direito material a que correspondem. Nem poderia ser de maneira diversa, sob pena de o processo não atender eficazmente aos fins para o qual foi instituído. Trazido o tema para o campo da patologia, podemos dizer que a disfunção do processo é um mal que o acomete toda vez que se afasta dessa área de influência do direito material.

Postas essas considerações, examinemos, a seguir, quais os princípios que podem ser indicados como verdadeiramente característicos do processo do trabalho. Essa empreitada, no entanto, para alcançar, sem falhas consideráveis, o objetivo traçado, deve ser precedida de uma reflexão, embora breve, acerca da condição social do trabalhador e as consequências que ela acarreta em suas relações jurídicas com o empregador, nos planos material e processual.

É copiosa a literatura estrangeira, e do mesmo modo a brasileira, atinente à demonstração convincente de inexistir igualdade social ou econômica entre trabalhador e empregador; o que há, isto sim, de maneira invariável e esmagadora, é uma superioridade deste, como detentor dos meios de produção e de provas. Daí, a necessidade de essa histórica inferioridade do trabalhador ser compensada pelo Estado, mediante a edição de normas legais que o coloquem em estratégica superioridade jurídica diante do empregador (Gallart-Folch). A realidade tem demonstrado, contudo, de forma dramática, que esse artifício da superioridade jurídica não tem sido suficiente para permitir ao trabalhador estabelecer um efetivo equilíbrio de forças em suas relações com o empregador, conquanto seja inevitável reconhecer que, sem essa fórmula artificiosa, a situação do trabalhador estaria grandemente empiorada.

Essa proteção legal seria, entretanto, insatisfatória se ficasse restrita às relações materiais, intersubjetivas, pois de nada valeria ao trabalhador ostentar a superioridade já mencionada, mas ver-se dela desprovido quando ingressasse em juízo. Afinal, o simples fato de haver invocado a prestação da tutela jurisdicional, visando a conseguir a reparação de um direito lesado, não faz com que o trabalhador se veja livre dessa fatalidade histórica representada pelo ferrete iníquo da inferioridade econômica. Ainda que a contragosto, devemos reconhecer que, não sendo o trabalhador e o empregador iguais na vida social, seria ilusório imaginar que passariam a sê-lo no âmbito conflituoso do processo. Muda o cenário, mas não a história. Vem daí, a necessidade imperiosa de o Estado ministrar uma adequada proteção jurídica ao trabalhador, quando este tem o seu dia na Corte. Quando este assume o *status* formal de parte, de autor da demanda, sem que isso faça desaparecer a dura sina que as convenções humanas lhe reservaram. No momento, portanto, que ele exerce o seu direito constitucional de ação, a tutela que lhe dispensa o direito material deve irradiar os seus efeitos, sem perda de intensidade, no terreno processual. O processo do trabalho, nunca é demais insistir, sem prejuízo de poder ser objeto de exames e de discussões tendentes a aprimorá-lo do ponto de vista científico e de efetividade, jamais poderá esquecer que a sua finalidade reside, sem maiores rebuços, em servir ao direito material.

Mais uma vez, preocupamo-nos em esclarecer que não se instila nessas nossas palavras o desejo sub-reptício de fazer uma concessão à teoria civilista, outrora vogante, segundo a qual a ação nada mais seria do que o próprio direito material em estado de reação a uma violência sofrida. Com isso, negava-se a autonomia ontológica da ação, reduzindo-a a mero elemento apendicular do direito material. Sabemos que a ação, hoje, tem reconhecida a sua autonomia ontológica; tanto isso é verdadeiro, que pode haver ação sem direito material, bastando citar a declaratória negativa, cujo objetivo radica, justamente, na obtenção de um provimento jurisdicional que diga (declare) da inexistência de relação jurídica material entre autor e réu. Essa particularidade, a propósito, já fora percebida pela argúcia do notável Adolfo Wach, quase no final do século passado.

O que pretendemos, com aquelas palavras, foi formular uma advertência, a quantos se julguem dela destinatários, de que o processo do trabalho, no compreensível entusiasmo pela busca de sua evolução científica, não deve esquecer que o verdadeiro motivo de sua existência é fazer atuar, sem perda de conteúdo, o direito material. Aquele, sem este, é nada. Nossa inquietação, quanto aos riscos dessa alienação ideológica do processo do trabalho, é antiga e tanto mais a mantemos quanto percebemos que, nos diversos textos elaborados com vistas à reformulação desse processo (seja para codificá-lo, ou não), os seus autores não se têm dado conta de que este deve ser presidido pelo mesmo escopo tuitivo do trabalhador, que caracteriza e justifica a razão de ser do direito material.

Sem ainda procurarmos identificar os princípios característicos do processo do trabalho, passemos a ocupar-nos, mesmo que fugazmente, com a análise de algumas particularidades dos conflitos trabalhistas, pois isso nos conduzirá com maior segurança ao encontro daqueles princípios.

Quando o trabalhador ingressa em juízo, não ficam em jogo apenas os seus direitos individuais, ou seja, os direitos daquele determinado trabalhador; ao impetrar a tutela jurisdicional do Estado, ele, natural e inevitavelmente, leva consigo os interesses da classe (não somente da categoria, que tem um significado estrito) a que pertence. Em que pese ao fato de não haver aí uma lide coletiva, na medida que só é parte aquele trabalhador, não se pode negar que ele, embora subjetivamente individualizado, representa, sob certo aspecto, os interesses e as aspirações de toda a classe trabalhadora, levando-se em conta as relações históricas que esta mantém com a dos empregadores. Não será insensato afirmar, por esse motivo, que, na ação individual ajuizada pelo trabalhador, está, microscopicamente reproduzido, um conflito de classes, circunstância suficiente para demonstrar a imprudência daqueles que procuram dar às lides trabalhistas a mesma conformação que soem atribuir às lides próprias do processo civil. Dizendo-se por outra forma, embora haja na ação individual trabalhista, do ponto de vista subjetivo, uma individualização do trabalhador, como autor, e uma especificação das pretensões por ele deduzidas, essa individualização e essa especificação se encontram ligadas não somente ao microcosmos de sua individualidade, mas também, e principalmente, ao universo dos interesses da classe da qual é um atuante elemento fragmentário. Visto o fenômeno por este ângulo óptico, pode-se asseverar que o conflito intersubjetivo de interesses, ocorrente no processo do trabalho, se caracteriza, ideologicamente, pela despersonalização do trabalhador, como indivíduo, para convertê-lo em representante da classe de que participa.

Segue-se, que mesmo em uma ação individual está sempre presente, em sua raiz, aquele conflito mais amplo, que decorre dos interesses antagônicos que assinalam as relações entre o detentor dos meios de produção e o possuidor da força de trabalho. Nesse concerto de ideias, o trabalhador possui não apenas interesses concretos, traduzidos no acolhimento dos pedidos formulados, como (ainda que não o saiba) a função ideológica de desempenhar, como partícula, o papel que sua classe representa nas relações com a socialmente oposta.

Se admitidas como verdadeiras estas nossas considerações, parece-nos livre o caminho para concluir que a mais significativa das características dos conflitos trabalhistas repousa em seu caráter classista.

Como havíamos dito, antes disso, que o fato de o trabalhador ingressar em juízo não elimina a sua posição de inferioridade econômica em face do empregador — de tal sorte que o legislador deve dispensar-lhe o mesmo tratamento protetivo dado no plano do direito material —, sentimo-nos à vontade para indicar a sua desigualdade (econômica) como a segunda característica das lides trabalhistas.

Se prosseguíssemos na investigação haveríamos, por certo, de encontrar outras notas peculiares dos conflitos dessa natureza; fundamentalmente, porém, os traços particulares mais relevantes são o caráter classista do litígio e a desigualdade do trabalhador; desigualdade que gera inferioridade técnica, conforme procuraremos demonstrar mais adiante.

Esgotados esses comentários propedêuticos, chega o momento de buscarmos saber quais são os *princípios* característicos do processo do trabalho, objetivo central de nosso estudo tópico.

Pondo de parte determinadas questiúnculas doutrinais que o assunto geralmente provoca, devemos dizer, em nome da objetividade, que, em essência, não vão além de dois esses princípios — isso se não perdermos de vista o fato de estarmos à procura dos princípios verdadeiramente *característicos* do processo do trabalho. São eles os da: a) correção da desigualdade e b) jurisdição normativa.

a) Da correção da desigualdade

Tal-qualmente se dá no plano do direito material, a lei deve subministrar ao trabalhador, quando em juízo, meios técnicos que lhe permitam demandar em igualdade de condições com o adversário. Dessa maneira, também no campo processual é indispensável a intervenção do Estado, a fim de propiciar ao trabalhador (para cogitarmos apenas dele)meios de promover a efetiva defesa dos seus direitos e interesses manifestados na causa.

Não basta, portanto, que a ação constitua, entre nós, um direito público subjetivo assegurado constitucionalmente (art. 5.º, XXXV); de nada adiantaria ao trabalhador invocar a prestação da tutela jurisdicional se não possuísse um mínimo de condições indispensáveis para contender, em situação de igualdade técnica, com o empregador. Temos, por isso, advertido que o simples facilitamento do acesso à justiça (como dever estatal) embora tenha o mérito de ensejar aos indivíduos em geral e ao trabalhador em particular a oportunidade de ingressar em juízo (ter o seu dia na corte: *his day in court*), não assegura a este, em especial, as necessárias condições para superar a sua desigualdade econômica, e, por esse modo, alcançar a igualdade processual com o réu.

Sem essa proteção estatal, destinada a corrigir a inferioridade ontológica do trabalhador, este seria presa fácil para o adversário que teria, no processo, um conveniente aparato legal à sua disposição, para conseguir eximir-se da obrigação de reparar as lesões cometidas nos direitos daquele. Vou além: também não basta o Estado atribuir ao trabalhador, em sede processual, a mesma superioridade jurídica que lha concede no terreno do direito material, se o trabalhador não souber manejar, com eficiência, esses instrumentos técnicos que a lei põe à sua frente — mas fora do seu alcance. Eis a razão por que reputamos falacioso esse *ius postulandi*, ao qual a doutrina, desatenta, não vacilou em dedicar discursos encomiásticos em profusão, sem se dar conta de que a atuação pessoal e direta do trabalhador em juízo constituiu, em grande parte dos casos, a causa principal de seu embaraçamento na complexa teia processual e na consequente insatisfação dos direitos materiais invocados. Sempre entendemos, por isso, que a presença do advogado em juízo representa um fator, ainda que teórico, de igualdade processual, capaz de evitar que o trabalhador se perca nesse labirinto que é, para ele, o processo. Essa presença do advogado, contudo, ainda que imprescindível para o fim mencionado, teria a sua eficiência consideravelmente reduzida se as normas processuais, que pudessem ser por ele utilizadas, não fossem dotadas de um sentido de proteção do trabalhador.

Em suma, é no binômio advogado/normas processuais tuitivas do trabalhador que o legislador deve assentar as bases do sistema de superação da inferioridade deste, ou, como se entender melhor, de correção da desigualdade do trabalhador perante o empregador.

Temos, até esta parte, aludido, com insistência, à inferioridade do trabalhador, para justificar o princípio da correção da desigualdade, que julgamos ser um dos poucos efetivamente distintivos do processo do trabalho. Cumpre-nos, pois, demonstrar em que consiste essa inferioridade.

Em rigor, não há somente uma espécie de inferioridade, mas várias; ou, segundo se preferir, uma inferioridade que se reflete em diversos aspectos ou setores de sua vida cotidiana ou de sua atividade no processo.

A primeira delas é a econômica, da qual, de certa forma, as demais derivam. Até esta quadra de nossa exposição, pudemos esmiuçar essa inferioridade sob a lente de sua irradiação no terreno das relações materiais que se estabelecem entre trabalhador e empregador. A partir de agora, fixaremos o foco de nossas observações na repercussão que dita inferioridade acarreta no terreno processual.

Antes, porém, façamos vir à lembrança a correta advertência formulada por Giovani Tesorieri de que "Quando o empregador e o trabalhador assumem no processo as vestes formais de partes não cessam por isso de ser o que sempre terão sido; a história de suas relações não se transforma numa outra história: é a mesma, que continua" (*Lineamenti di Diritto Processuale dei Lavoro*. Padova: Cedam, 1975. p. 4).

Temos sempre afirmado que, no processo, o tempo conspira contra os interesses do trabalhador. Ao empregador, ao contrário, convém que a solução do conflito demore o máximo possível, pois a sentença, via de regra, impõe-lhe determinadas obrigações, que geram prestações a serem por ele realizadas, dentre as quais, a de pagar quantia certa ao trabalhador. Dessa maneira, o tempo — uma das dimensões humanas — é encarado pela partes sob ópticas distintas, que dizem respeito aos interesses em jogo no processo. Enquanto o empregador aspira a uma lenta solução do litígio (ou à própria extinção do processo sem exame do mérito), o empregado anseia que ela aconteça o mais rápido possível.

Nesse entrechoque de interesses quanto à duração do processo, é elementar que a frustração do empregador acarretar-lhe-á consequências prejudiciais muito menores do que acarretariam se a frustração fosse do trabalhador, precisamente em virtude da sua debilidade econômica, que fornece a medida da sua inferioridade nesse plano. Daí a propriedade da difundida advertência feita por José Arlas de que "justiça tardia é (para o trabalhador, sem dúvida) sinônimo de denegação de justiça". Essa necessidade de pronta resolução das lides trabalhistas foi a fonte inesgotável com que a realidade comovente alimentou os doutrinadores e os legisladores sequiosos de encontrar mecanismos que permitissem uma breve composição dos conflitos trabalhistas. Dessa mesma fonte jorraram princípios fundamentais, como os da oralidade, da celeridade e da concentração dos atos do procedimento, dentre outros.

As consequências processuais, para o trabalhador, oriundas de sua situação de inferioridade econômica, não seriam, contudo, adequadamente neutralizadas caso o legislador houvesse se preocupado apenas com o fator cronológico, ou seja, com a duração do processo; assim sendo, procurou dispensar o trabalhador do pagamento de certas despesas normalmente exigidas pelo processo comum, como taxa de distribuição, depósito em prol de associações de serventuários ou de magistrados, diligências dos oficiais de justiça etc. Quando não, diferiu para o final da causa o pagamento de outras, como as custas (embora dessa deferência possa valer-se também o empregador), ou mesmo dispensou-o desse encargo.

Justamente por isso, é que sempre nos manifestamos infensos à ideia de introduzir-se no processo do trabalho a cláusula da sucumbência, porquanto a alteração traria o grave inconveniente de sujeitar o trabalhador a pagar honorários de advogado a favor do empregador. A adoção dessa cláusula seria desaconselhável mesmo com relação àqueles trabalhadores que, em decorrência do padrão salarial, não estivessem recebendo o benefício da assistência judiciária gratuita, pois mais eloquentes do que essa exceção seriam os malefícios que a ruptura do princípio acarretaria para a classe trabalhadora, como serem tais malefícios desestimulantes ou até mesmo inibitivos do ingresso em juízo, na defesa de seus direitos e interesses, porquanto seriam os trabalhadores tomados de assalto pelo justo receio de serem condenados a pagar tais honorários ao adversário.

O tempo nos deu razão: com a adoção, pelo processo do trabalho, do princípio da sucumbência, em tema de honorários advocatícios (CLT, art. 791-A), o que se viu foi o receio de muitos trabalhadores exercerem o seu direito constitucional de ação, receosos de virem a ser condenados ao pagamenteo desses horários à parte contrária, mesmo em caso de sucumbência parcial.

Pelo que nos cabe opinar, sugerimos a revogação do art. 791-A, da CLT. Se o objetivo do legislador, ao introduzir esse princípio no sistema do processo do trabalho, foi "inibir a propositura de demandas baseadas em fatos ou direitos inexistentes" (conforme se lê na Justificativa do Projeto n. 6.787/2016, que viria a converter-se no art. art. 791-A, da CLT (Lei n. 13.467/2017), esse escopo poderia ser atingido, eficazmente, pelas sanções impostas ao litigante de má-fé, lembrando-se que o mesmo legislador inseriu no processo do trabalho os art. 793-A a 793-C, que se ocupam da condenação por perdas e danos à parte que agir com má-fé.

De modo geral, são também inconciliáveis com o princípio em exame (correção da desigualdade econômica do trabalhador) os arts. 82 e 95 do estatuto processual civil, que impõem às partes o dever de prover as despesas dos atos que realizarem ou requererem, antecipando-lhes o pagamento (sublinhamos). No sistema do processo do trabalho, como vimos, as despesas, em princípio, somente são pagas no final da causa. Logo, fere direito líquido e certo do trabalhador (para cogitarmos apenas dele) a exigência, feita amiúde por alguns juízes, para que antecipe (ainda que parcialmente) os honorários periciais, sempre que houver formulado pedidos concernentes aos adicionais de insalubridade ou de periculosidade. O máximo que será lícito ao juiz fazer, nesse tema, será *solicitar* a antecipação parcial desses honorários, ou melhor, a antecipação das despesas que o experto terá em virtude das diligências que deverá realizar. Solicitar, contudo, não é exigir. Só a exigência desafia a impetração de mandado de segurança. Elogie-se, por isso, a OJ n. 98, da SBDI-II, do TST e o art. 790-B, § 3.º, da CLT, que proíbe o juiz de exigir adiantamento de valores para realização de perícias.

A segunda manifestação da inferioridade do trabalhador é de natureza técnica, pois respeita à produção das provas.

Nas edições pretéritas deste livro, quando o art. 818, da CLT, ainda não havia sido alterado, escrevemos:

> "A declaração legal de que o ônus de provar as alegações incumbe a quem as fizer (CLT, art. 818) soa, para o trabalhador, como um pesadelo, pois as suas dificuldades em produzir provas são incomensuravelmente maiores do que as que possa ter o empregador. A sua angústia é tanto mais compreensível quanto se sabe ser ele, em regra, quem formula o maior número de alegações, contidas estas, basicamente, na narração dos fatos dos quais extrai os pedidos deduzidos na causa. Enquanto o empregador possui, em seus arquivos, todos os documentos pertinentes ao contrato de trabalho (recibos, atestados, controles de frequência, fichas de registros diversos e o mais) e pode levar a juízo as testemunhas de que necessitar, pois estas, quase sempre, ainda mantêm vínculo de emprego com ele, o trabalhador tem de obter, desse ambiente adverso que é o estabelecimento do empregador, os meios de prova indispensáveis à demonstração dos fatos alegados em juízo.
>
> Não raro, os documentos têm que ser arrancados do estabelecimento, mediante o procedimento específico da exibição, de que cuida o art. 396 CPC; quando não, por meio de busca e apreensão, a revelar, assim, as enormes dificuldades que o trabalhador se vê compelido a enfrentar para obtê-los. Não são menores os obstáculos que ele se vê levado a transpor quando pretende produzir prova testemunhal, designadamente, quando as testemunhas ainda se encontram prestando serviços ao réu, por força de um contrato de trabalho. Neste caso, o estado de subordinação em que se acham as testemunhas, somado ao receio de perderem o emprego, faz com que se tornem suscetíveis de falsear a verdade, em favor daquele que as assalaria.
>
> A fórmula pela qual o legislador deve anular essa inferioridade do trabalhador será deslocando, cada vez mais, o ônus da prova para o empregador, pelas razões já exaradas, ao mesmo tempo em que deve semear considerável quantidade de presunções em benefício daquele, como, *v. g.*, as de que, provada a prestação pessoal de serviços, entender-se que tenha sido em razão de um contrato de trabalho tacitamente estabelecido e, rompido o contrato de trabalho, que tenha sido por ato injusto do empregador. Um critério adminicular poderia ser o do *in dubio pro misero*, a ser utilizado no exame e na valoração da prova (o que, atualmente, não é legalmente admissível).
>
> Um outro critério poderia consistir na adoção supletiva da regra contida no inciso VIII, do art. 6.º, da Lei n. 8.078/90 (Código de Defesa do Consumidor), conforme o qual um dos direitos básicos do consumidor é 'a facilitação da defesa de seus direitos, inclusive com a inversão do ônus da prova, a seu favor, no processo civil, quando, a critério do juiz, for verossímil a alegação ou quando for ele hipossuficiente, segundo as regras ordinárias de experiências'.
>
> Poder-se-ia pensar em outras inferioridades do trabalhador, como a volitiva, segundo

a qual ele não tem condições de manifestar a sua vontade com a mesma liberdade de que dispõe o empregador, mormente quando o contrato de trabalho ainda está a viger, porquanto o temor de perder o emprego, também aqui, é concreto e real. Cremos, no entanto, que a econômica (ou social) e a técnica (ou probatória) são as mais acentuadas manifestações da inferioridade do trabalhador, sendo, essencialmente, as responsáveis pela preocupação de doutrinadores e legisladores no sentido de eliminá-la."

A despeito de todos esses nossos argumentos, a Lei n. 13.467/2017, inspirada no art. 373, do CPC, alterou a redação do art. 818, da CLT, para declarar que o ônus da prova incumbe:

a) ao autor ("reclamante"), quanto ao fato constitutivo de seu direito;

b) ao réu ("reclamado"), quando ao fato modificativo, impeditivo ou extintivo do direito do autor.

Ainda inspirando-se no art. 373, § 1.º, do CPC, o legislador trabalhista dispôs no § 1.o do art. 818, da CLT:

> "§ 1.º Nos casos previstos em lei ou diante de peculiaridades da causa relacionadas à impossibilidade ou à excessiva dificuldade de cumprir o encargo nos termos deste artigo ou à maior facilidade de obtenção da prova do fato contrário, poderá o juízo atribuir o ônus da prova de modo diverso, desde que o faça por decisão fundamentada, caso em que deverá dar à parte a oportunidade de se desincumbir do ônus que lhe foi atribuído.
>
> § 2.º A decisão referida no § 1.º deste artigo deverá ser proferida antes da abertura da instrução e, a requerimento da parte, implicará o adiamento da audiência e possibilitará provar os fatos por qualquer meio em direito admitido.
>
> § 3.º A decisão referida no § 1.º deste artigo não pode gerar situação em que a desincumbência do encargo pela parte seja impossível ou excessivamente difícil."

Se, de um lado, do ponto de vista pragmático foi justificável essa alteração, uma vez que *onus probandi* foi nitidamente distribuído entre as partes, de outro, não podemos deixar de lamentar, sob o aspecto ideológico, a precitada alteração, uma vez que o art. 818, da CLT, em sua redação primitiva, permitia sutil interpretação, conducente à conclusão de que esse encargo probatório caberia sempre do réu.

b) Da jurisdição normativa

A função clássica que os sistemas constitucionais reservam para o Poder Judiciário consiste na aplicação da lei aos casos concretos (para não falarmos da pronúncia de antagonismo entre a lei e a Constituição) que são submetidos à sua cognição jurisdicional. Em síntese, o Legislativo elabora a norma e o Judiciário a aplica.

A Constituição brasileira, todavia, atribui à Justiça do Trabalho competência para estabelecer, em sede de dissídio coletivo, normas e condições de trabalho destinadas a reger as relações individuais entre trabalhadores e empregadores (art. 114, § 2.º). Trata-se do denominado *poder normativo*, em virtude do qual essa Justiça especializada exerce peculiar atividade legislativa, na medida que cria normas jurídicas que irão influir no círculo jurídico dos integrantes das categorias em conflito.

Já se disse, com acerto, que o acórdão normativo é "confusionista" de poderes (Gallart-Folch), dada a sua natureza híbrida, compósita; que é, enfim, algo que possui corpo de sentença e alma de lei (sem ser teratológico), pois sob o aspecto formal é efetivamente uma sentença (melhor: acórdão), embora o seu conteúdo seja típico de norma legal, uma vez que é aplicável, de maneira geral e abstrata, ao universo das categorias litigantes.

Nota singular do acórdão normativo é a possibilidade de ser revisto, sempre que se modificarem, consideravelmente, as circunstâncias que ditaram as condições de trabalho estabelecidas, de tal modo que estas se tenham tornado injustas ou insuportáveis. Essa possibilidade de revisão tem levado alguns estudiosos a laborar no erro de supor que o acórdão normativo não se submete ao fenômeno jurídico da coisa julgada material, gerador da imutabilidade do que foi decidido. *Data venia*, não podemos concordar com essa opinião. Parece-nos evidente que esse tipo de pronunciamento decorrente do poder normativo da Justiça do Trabalho passa em julgado; se assim não fosse, seria difícil obter uma explicação para o fato de poder-se exigir o seu cumprimento, inclusive por meio de ação específica (CLT, art. 872, *caput*). A norma legal referida faz, aliás, expressa referência ao trânsito em julgado dessa decisão. Cumpre elucidar, portanto, que o acórdão normativo passa em julgado, embora o faça com a cláusula *rebus sic stantibus*, que lhe é inerente. É precisamente essa cláusula que permitirá a oportuna revisão do que fora decidido, sem ofensa à *res iudicata*.

Doutrinariamente, a propósito, não andou no melhor caminho a Lei n. 5.478, de 25 de julho de 1968, ao declarar que a decisão judicial sobre alimentos não transita em julgado, podendo, por isso, ser revista a qualquer tempo, contanto que haja modificação da situação financeira dos interessados (art. 15). Há, na verdade, coisa julgada material contendo a cláusula *rebus sic stantibus*, forma abreviada da expressão *conventio omnis intelligitur rebus sic stantibus*, que significa, em tradução livre, que todo tratado deve ser entendido enquanto o estado de coisas permanecer nas mesmas condições existentes na época em que foi firmado.

A Súmula n. 246, do TST, por sua vez, declara ser "dispensável o trânsito em julgado da sentença normativa para a propositura da ação de cumprimento".

Outro sinal particular do acórdão normativo está situado na possibilidade de as condições de trabalho por ele estabelecidas serem estendidas aos trabalhadores da mesma empresa, que haviam ficado fora do campo de sua incidência (CLT, art. 868), ou a todos os integrantes da categoria (CLT, art. 869).

A jurisdição normativa representa, pois, um marcante princípio característico do processo do trabalho, que não encontra símile no processo civil. No exercício de sua competência normativa, entrementes, não podem os juízes, empolgados com o poder extraordinário de criar normas, converter em tábua rasa o ordenamento constitucional, onde está inscrita a exigência de que todas as decisões judiciais sejam fundamentadas (art. 93, IX). O acórdão normativo, ainda que possua alma de lei, é, formalmente, uma decisão, e, como tal, deve ser motivado, ainda que laconicamente, sob pena de nulidade, conforme adverte a regra constitucional mencionada.

Dissemos, há pouco, que o art. 114, § 2.º, da Constituição Federal, atribui à Justiça do Trabalho competência para instituir, no plano dos dissídios coletivos, normas e condições de trabalho destinadas a reger as relações individuais entre trabalhadores e empregadores. Essa nossa afirmação pode soar estranha a alguns, pelo fato de a sobredita norma constitucional, com a redação imposta pela Emenda n. 45/2004, não conter essa expressão. O que dela consta é a afirmação de que a Justiça do Trabalho poderá "decidir o conflito". Ocorre, porém, que a despeito de a redação atual do aludido preceito constitucional não fazer referência à instituição de normas e condições de trabalho tendentes a reger as relação entre as categorias econômica e profissional, essa faculdade dos Tribunais do Trabalho está implícita na expressão "decidir o conflito": decidi-lo, mediante o estabelecimento de tais normas e condições. Logo, é inerente aos pronunciamentos jurisdicionais em sede de dissídios coletivos o caráter normativo.

Não poderíamos fechar este tópico sem uma referência ao requisito do "comum acordo" (*sic*), contido no § 2.º, do art. 114, da Constituição Federal.

Com vistas a isto, reproduziremos o nosso pensamento exposto em outra obra (*Curso de Direito Processual do Trabalho*. São Paulo: LTr, 2009. vol. III, p. 2.981-1.988):

Dispõe o art. 114, da Constituição Federal, naquilo que interessa a este Capítulo, competir à Justiça do Trabalho processar e julgar:

> "§ 1.º (...)
>
> § 2.º Recusando-se qualquer das partes à negociação coletiva ou à arbitragem, é facultado às mesmas, de comum acordo, ajuizar dissídio coletivo de natureza econômica, podendo a Justiça do Trabalho decidir o conflito, respeitadas as disposições mínimas legais de proteção ao trabalho, bem como as convencionadas anteriormente.
>
> § 3.º Em caso de greve em atividade essencial, com possibilidade de lesão do interesse público, o Ministério Público do Trabalho poderá ajuizar dissídio coletivo, competindo à Justiça do Trabalho decidir o conflito."
>
> 1. Introdução
>
> O § 1.º desta norma da Constituição — inalterado pela EC n. 45/2004 — estabelece: 'Frustrada a negociação coletiva, as partes poderão eleger árbitros'. Foram extremamente raros, todavia, os casos em que as categorias profissional e econômica submeteram a solução dos conflitos coletivos à arbitragem (Lei n. 9.307, de 23-9-96). Por mais críticas que possa ter sofrido a Justiça do Trabalho, ao longo de sua existência, é nela em que as partes confiam. Por isso, a arbitragem não vingou no âmbito dos conflitos coletivos. No caso de negociação visando à participação nos lucros ou resultados da empresa, havendo impasse, as partes também poderão valer-se da arbitragem (Lei n. 10.101, de 19-12-2000, art. 4.º, II, §§ 1.º a 4.º). O Ministério Público do Trabalho também pode funcionar como árbitro, em sede de dissídio coletivo, desde que haja provocação das partes interessadas (Lei Complementar n. 75/93, art. 83, XI).
>
> Antes da arbitragem, pode haver *mediação*, seja privada ou pública. Quanto a esta última, dispõe o § 1.º, do art. 616, da CLT: 'Verificando-se a recusa à negociação coletiva, cabe aos Sindicatos ou empresas interessadas dar ciência do fato, conforme o caso, ao Departamento Nacional do Trabalho (leia-se: Secretaria de Emprego e Salário) ou aos órgãos regionais do Ministério do Trabalho, para convocação compulsória dos Sindicatos ou empresas recalcitrantes'.

2. Comum acordo *(§ 2.º)*

Ao dispor que as partes somente poderão ajuizar dissídio coletivo de natureza econômica 'de comum acordo', o texto constitucional nos coloca diante de, quando menos, três situações algo surrealistas e de uma inconstitucionalidade. Demonstremos.

Surrealismos

Em primeiro lugar, a expressão 'comum acordo' (assim como 'acordo mútuo') ainda que esteja no gosto geral, traduz injustificável pleonasmo vicioso, pois não se conhece acordo (comunhão de vontades) que não seja 'comum'; acordo de um só, ou acordo contra a vontade da outra parte pode significar qualquer outra coisa, exceto convergência de manifestações volitivas, repositório de vontades comuns. Se o legislador houvesse referido, apenas, ao substantivo *acordo*, não só se teria feito entender, como prestado homenagem à acribologia (e não, à acirologia).

Em segundo lugar, o dissídio coletivo nada mais é do que o conflito de interesses que se estabelece entre as categorias econômica e profissional. Por isso, o dissídio sempre *antecede* ao ingresso em juízo, sendo equivocado supor que surja em juízo. Logo, o que se tem buscado significar com a correntia expressão: 'ajuizar dissídio coletivo', é, na verdade, o ato de uma das partes exercer o seu *direito constitucional de ação*, com o escopo, geralmente, de obter, por meio de pronunciamento jurisdicional: a) com eficácia normativa, a instituição de novas condições de trabalho para os integrantes da categoria (dissídio econômico) ou a preservação das já existentes; b) a interpretação de norma legal ou de cláusula convencional, ou, ainda, a declaração da abusividade de greve (dissídio jurídico).

Em terceiro lugar, o aspecto mais caracteristicamente surrealista da norma constitucional em exame reside no fato de condicionar o ajuizamento do denominado 'dissídio coletivo' a *acordo* entre as partes. Ora, é razoável presumir que, na prática, essa convergência de vontades dificilmente ocorrerá, o que corresponde a afirmar que rarearão os casos em que um dissídio coletivo de natureza econômica será submetido à apreciação dos Tribunais do Trabalho. Se as partes não se avençaram com vistas à celebração de acordo ou de convenção coletiva, é razoável presumir que também não se avençarão para efeito de promover dissídio coletivo. Não cremos tenha sido essa a melhor forma de se estimular as partes à negociação, à solução consensual do conflito de interesses. Verifica-se, em face disso, que a despeito de o poder normativo da Justiça do Trabalho não haver sido anatematizado, banido (como muitos desejavam), acabou sendo reduzido de modo expressivo.

Uma das formas de evitar-se, em alguns casos, o surgimento do quadro que acabamos de descrever seria mediante a construção do entendimento de que o 'comum acordo', previsto no dispositivo constitucional em exame, não necessitaria ser: a) prévio; b) nem expresso. Desse modo, se, por exemplo, determinado sindicato de trabalhadores ingressasse com 'dissídio coletivo' e a correspondente categoria econômica não alegasse, preliminarmente, a falta do requisito do "comum acordo", poderia interpretar esse silêncio como uma anuência tácita (e posterior) ao ajuizamento dessa ação constitutiva. No caso de o sindicato representativo da categoria econômica arguir a ausência desse requisito, o tribunal poderia pronunciar, *ex officio*, a inconstitucionalidade da norma que o exige, como veremos no próximo item. Por outras palavras, desse modo o 'comum acordo' deixaria de ser um pressuposto de *constituição* da relação processual, passando a sê-lo de *desenvolvimento* dessa mesma relação. Assim, o processo de dissídio coletivo seria legitimamente instaurado sem a anuência da parte contrária, embora dependesse desse consentimento (que poderia vir na resposta do réu ou 'suscitado') para que se desenvolvesse com regularidade. Seja como for, essa fórmula, conquanto engenhosa, não é perfeita, porquanto não resolveria o problema consistente na possibilidade de o 'suscitado' não concordar com o ajuizamento do dissídio coletivo. Nesta hipótese, como dissemos, poderia o tribunal, *ex officio* ou por provocação do interessado, declarar, em caráter incidental, a inconstitucionalidade do § 2.º, do art. 114, da Constituição Federal, no tocante à exigência de 'comum acordo'.

Não se submetem à exigência de comunhão de vontades os dissídios de natureza, exclusivamente, jurídica, ou seja, destinados à interpretação de normas legais ou de disposições convencionais. Neste caso, a ação coletiva pode ser exercida por qualquer interessado que possua legitimidade.

Inconstitucionalidade

Conforme assinalamos há pouco, o legislador brasileiro, pouco afeito aos rigores da terminologia científica, costuma aludir a 'ajuizamento de dissídio coletivo'. Essa imprecisão terminológica não teria maiores consequências, não fosse a sua repercussão no altiplano constitucional. Com efeito, ninguém ajuíza dissídio coletivo; o dissídio, como sinônimo de conflito intersubjetivo de interesses protegidos pelo ordenamento jurídico, é pré-processual, ou seja, preexiste à provocação, pelo interessado, da atividade jurisdicional do Estado. Portanto, o que se faz, em concreto, em sede de 'dissídio coletivo', nada mais é do que exercer uma ação de natureza *sui generis*, para que o órgão jurisdicional competente: a) dirima o conflito de interesses, qualificado por uma pretensão resistida e insatisfeita, subsumida no estabelecimento de novas condições de trabalho; b) declare a abusividade, ou não, da greve; c) interprete cláusula constante de acordo ou de convenção coletiva de trabalho. Nestes dois últimos casos, o 'dissídio' é de natureza jurídica, em contraposição ao referido na letra "a", ao qual se reconhece natureza econômica.

Lançadas essas considerações antepredicamentais, pode-se concluir que: a) ao *condicionar* o ajuizamento de 'dissídio coletivo' de natureza econômica (para utilizarmos a expressão do legislador) à existência de "mútuo acordo' (*sic*) entre as partes, a EC n. 45/2004 impediu que esse ajuizamento se desse de modo unilateral; b) ao assim dispor, na verdade, a sobredita Emenda inibiu o exercício do direito constitucional de ação, assegurado pelo inciso XXXV, do art. 5.º, da Constituição Federal — vale dizer, afrontou a própria Constituição.

Realmente, o art. 5.º, inciso XXXV, da Suprema Carta Política, foi produto de um Poder Constituinte *originário* (Assembleia Nacional Constituinte), ao passo que a EC n. 45/2004 é filha de um Constituinte *derivado*. Nesse sentido, é remansada a opinião da doutrina; se não, vejamos: 'entende-se como Poder Constituinte *originário* aquele que é investido de atribuições as mais amplas, para a elaboração de Constituição, destinada a modelar a estrutura de um novo Estado (...) em tais casos, o Poder Constituinte originário não estará limitado por qualquer norma constitucional, anteriormente existente ou em vigor, seja porque tenha sido extirpada ou suprimida determinada Carta Política, até então vigorante, seja por se tratar do surgimento dum novo Estado (...) Por sua vez, entende-se como Poder Constituinte *derivado* ou instituído, *aquele que se encontra limitado pelos preceitos existentes decorrentes de certa Carta Política em vigor*; em outras palavras, é o poder constituinte implícito nos próprios textos constitucionais, ou convocado e eleito, com o fim específico de proceder a determinada *emenda, reforma ou revisão da Constituição*' (Orlando Soares. *Comentários à Constituição da República Federativa do Brasil*, 11.ª ed. Rio de Janeiro: Forense, 2002. p. 5). 'O Poder Constituinte *originário* costuma apresentar os três característicos: é *inicial* (porque não se funda noutro), *autônomo* (porque não se subordina a outro), *incondicionado* (porque não está sujeito a formas ou condições); enquanto o Poder Constituinte *derivado* (ou de revisão) é *secundário* (porque decorre de outro), é *subordinado* (porque é materialmente limitado por outro), e é *condicionado* (porque está sujeito às formas e condições postas pelo Poder Constituinte originário). (...) Sempre que a Constituição é elaborada por uma Assembleia Constituinte, o poder desta deriva de um ato de Poder Constituinte originário que a convoca e lhe habilita a estabelecer a Lei Fundamental. Vem o trabalho da Assembleia Constituinte integrar a manifestação do Poder Constituinte originário' (Manoel Gonçalves Ferreira Filho. *Comentários à Constituição Brasileira*. 3.ª ed. São Paulo: Saraiva, 1983. p. 22).

É certo que um Poder Constituinte derivado pode, mediante Emenda, alterar disposições da Constituição oriunda de um Poder Constituinte derivado, exceto no que diz respeito a determinadas matérias, dentre as quais se destacam os *direitos e garantias fundamentais*. Como esclarece *José Afonso da Silva* (a que o ilustre jurista prefere denominar de constituinte de segundo grau), sobre as naturais limitações ou vedações ao poder reformador pela Constituição gerada pelo constituinte original: 'A vedação atinge a pretensão de modificar qualquer elemento conceitual da Federação, ou do voto direto, ou indiretamente restringir a liberdade religiosa, ou de comunicação ou de *outro direito e garantia individual*' (destacamos).

Não há qualquer possibilidade de dúvida razoável sobre o fato de o direito de ação integrar o elenco dos *direitos e garantias fundamentais*, assegurados pela Constituição de 1988, cujo Título II, aliás, possui essa denominação.

Pois bem. Considerando que:

a) o inciso XXXV, do art. 5.º, da Constituição em vigor, que assegura o exercício do *direito de ação*, está compreendido no Título II, versando sobre os *direitos e garantias fundamentais*;

b) o § 2.º, do art. 114, da Constituição, foi inserido pela Emenda Constitucional n. 45/2004, que é produto de um Poder Constituinte *derivado*;

c) as alterações constitucionais provenientes do Poder *derivado* não podem modificar as normas da Constituição (derivante de Poder *originário*), atinentes aos direitos e garantias fundamentais, a conclusão lógica, inequívoca e irreversível é de que o § 2.º do art. 114, introduzido pela EC n. 45/2004, é *inconstitucional*.

Não é desútil ressaltar a particularidade de o direito de ação traduzir manifestação característica dos Estados Democráticos de Direito, como é o caso da República Federativa do Brasil (Constituição Federal, art. 1.º, *caput*). Nem menos importante é trazer à memória os fatos de: a) na vigência da Carta Outorgada de 1967 haver-se, por meio do Ato Institucional n. 6/99, excluído da apreciação do Poder Judiciário todos os atos praticados com base naquele Ato Institucional (art. 4.º), justamente porque o nosso País encontrava-se em um regime de exceção; b) as Constituições anteriores asseguravam a apreciação, pelo Poder Judiciário, de todas as lesões de direito; a de 1988, porém, revelando uma preocupação do constituinte, devotada à necessidade de ampliar essa garantia fundamental, deu um expressivo passo adiante, ao assegurar a apreciação jurisdicional não somente das lesões de direito, mas, da simples ameaça de lesão (art. 5.º, XXXV).

É, precisamente, sobre o pano-de-fundo dessa elogiável preocupação do constituinte brasileiro de, em nome dos imperativos de um Estado Democrático de Direito, alargar a possibilidade de acesso ao Poder Judiciário, que se destaca, como um evento patológico, como uma ameaça a esse ideal, o § 2.º, do art. 114, da Constituição, rudemente introduzido no corpo na Suprema Carta Política do País.

Com efeito, condicionar o exercício do direito de ação ('dissídio coletivo' de natureza econômica) à concordância da parte contrária significa, não apenas, atentar contra a lógica e o bom senso; apresentar ao universo jurídico algo inusitado e teratológico, como, acima de tudo, desferir profundo golpe em um dos mais importantes *direitos fundamentais* que a Constituição atribui aos indivíduos e às coletividades, qual seja, o de invocar a prestação da tutela jurisdicional do Estado, com o escopo de promover a defesa de direitos e interesses ligados a bens ou a fatos da vida, lesados ou na iminência de sofrer lesão.

Nem se suponha que esse 'comum acordo' traduziria uma nova condição da ação, de tal modo que não se justificaria a nossa alegação de inconstitucionalidade do § 2.º, do art. 114, da Constituição Federal. Sabemos que o legislador — inclusive, infraconstitucional — pode estabelecer determinados requisitos (condições) para o exercício da ação judicial, haja vista o disposto nos arts. 3.º, 267, inciso VI, do CPC (referíamo-nos ao CPC de 1973). Essas condições, entretanto, dizem respeito exclusivo ao autor, considerado em si mesmo, como titular de um direito público subjetivo (legitimidade e interesse processual) ou ao ordenamento jurídico (possibilidade jurídica do pedido). Destarte, atendidas, *pelo autor*, essas condições, ele estará liberado para provocar o exercício da função jurisdicional do Estado, com o objetivo de promover a defesa de direitos ou interesses ligados a bens ou a utilidades da vida. Contudo, chega a ser perturbadora dos princípios consagrados a ideia de atribuir-se à concordância da parte contrária o *status* de condição indispensável ao exercício da ação. Homessa!

Por outro lado, o fato de o dissídio coletivo dito econômico ser de natureza constitutiva não pode ser erigido como pretexto para excluir da apreciação do Poder Judiciário uma lesão ou ameaça de lesão a direito, pois a instituição de novas condições de trabalho é um direito assegurado à categoria dos trabalhadores e não deixa de configurar também um direito dos empregadores, se considerarmos que a inexistência dessas novas condições pode conduzir à greve, em detrimento dos interesses da categoria econômica. Não podemos ignorar o fato de o insucesso das negociações coletivas caracterizar um conflito de interesses, para cuja solução deverá ser provocada a Justiça do Trabalho, com seu poder normativo.

Deste modo, no plano da realidade prática, incumbirá à parte interessada ingressar, unilateralmente, com a ação coletiva (dissídio), devendo, como providência destinada a impedir que a petição inicial seja, desde logo, indeferida, arguir, preliminarmente, em caráter incidental (no mesmo juízo de primeiro grau, portanto), a inconstitucionalidade do § 2.º do art. 114 da Constituição, por violação ao inciso XXXV, do seu art. 5.º, a fim de que a inicial seja admitida (desde que satisfeitos os demais requisitos legais), vale dizer, *de que o direito constitucional de ação possa ser exercitado*, e, assim, tenha curso o processo de 'dissídio coletivo', vinculado ao seu objeto.

Mesmo na hipótese de se vir a reconhecer que o Ministério Público do Trabalho possui legitimidade para ingressar com dissídio coletivo de natureza econômica (situação algo imprecisa no texto constitucional) não ficam abalados os nossos argumentos quanto ao antagonismo do § 2.º, do art. 114, da Constituição (EC n. 45/2004 — poder derivado) com o inciso XXXV, do art. 5.º, da mesma Carta Política (poder originário).

Alguns escritores, porém, procurando contornar a inconstitucionalidade estampada na expressão 'comum acordo', entendem que ela esteja a revelar a existência de uma *arbitragem judicial voluntária*. Discordamos dessa opinião. Primeiramente, porque nos parece, *data venia*, forçada e sem utilidade prática. Forçada, porque, em princípio, a arbitragem não é judicial, sendo, ao contrário, realizada por organismo privado; sem utilidade prática, porque, dependente de uma convergência de vontades das partes ('comum acordo'), essa suposta arbitragem dificilmente seria instituída, fazendo com que o conflito de interesses ficasse sem solução. Segundamente, porque o § 1.º, do art. 114, da Constituição, já prevê a possibilidade da instituição de arbitragem; sendo assim, não faria sentido o constituinte vir a cogitar, mais uma vez, de arbitragem, no § 2.º, do mesmo dispositivo constitucional.

Outros, visando a afastar o argumento de inconstitucionalidade do § 2.º, do art. 114, da Constituição, na parte em que alude ao 'mútuo acordo', sustentam que a atividade dos Tribunais do Trabalho no exercício do poder normativo não é jurisdicional, mas legislativa, porquanto criadora de direitos. É certo que já se disse que a decisão normativa possui corpo de sentença e alma de lei, sendo, por isso, 'confusionista de poderes' (Gallart-Folch). Entretanto, essa atividade é, tecnicamente, *jurisdicional*. Ocorre que, embora a tradição jurídica ensine que o vocábulo jurisdição (*iuris+dictio*) traduza o ato pelo qual o juiz diga com quem está o direito (preexistente, portanto), na verdade, a jurisdição, como no caso da *normativa*, compreende, também, a criação ou a manutenção de normas destinadas a reger, materialmente, as relações entre as categorias em conflito. Ou seja, o acórdão normativo, proferido nos chamados dissídios coletivos econômicos, possui natureza *constitutiva*, sendo *declaratória*, nos dissídios ditos jurídicos. A particularidade de o acórdão normativo não produzir coisa julgada material, mas, apenas, formal, não pode ser invocada como argumento para negar-lhe o caráter jurisdicional."

Como estamos a discorrer sobre o dissídio coletivo de natureza econômica, não poderíamos deixar de dedicar alguma atenção ao novo texto constitucional, no que respeita ao poder normativo da Justiça do Trabalho. Estabelece o § 2.º do art. 114, que, ajuizado dissídio coletivo de natureza econômica, a Justiça do Trabalho poderá dirimi-lo, '*respeitadas as condições* mínimas legais de proteção ao trabalho, bem como as *convencionadas anteriormente*' (destacamos). A redação dessa norma não difere, substancialmente, da anterior. Desse modo, no exercício do seu poder normativo, a Justiça do Trabalho deverá respeitar não só as condições mínimas de proteção ao trabalho, previstas em lei, mas as normas provenientes de acordo ou convenção coletiva de trabalho, ou seja, normas produzidas pela manifestação volitiva, convergente, das categorias. Isto corresponde a afirmar, sob outro aspecto, que o Tribunal não estará obrigada a respeitar disposições constantes de *acórdão* normativo anterior. Percebe-se, pois, com nitidez, que o objetivo do constituinte foi o de preservar, no julgamento do dissídio coletivo, as cláusulas *consensuais*, como providência destinada a prestigiar o que se poderia denominar de 'vontade jurígena' (fonte formal de direito) das partes, impedindo, dessa forma, de vir a ser desconsiderada por ato da jurisdição. É importante, contudo, não imaginar que as disposições contidas em instrumentos normativos consensuais (acordo ou convenção coletiva de trabalho) passam a integrar, de modo automático e definitivo, os contratos individuais de trabalho. Se assim fosse, os acordos e as convenções coletivas de trabalho não poderiam alterar essas cláusulas ou suprimi-las.

Por outro lado, considerando que as disposições contidas em instrumentos normativos (acordos e convenções coletivas de trabalho e acórdãos) estão vinculadas à cláusula *rebus sic stantibus*, pensamos que a categoria econômica, demonstrando ter havido profunda alteração das condições de determinaram a inserção daqueles dispositivos normativos, poderá pedir ao tribunal que conceda à categoria profissional menos do que previa a convenção coletiva ou o acordo coletivo de trabalho anteriores — exceto se essa diminuição implicar violação de norma de ordem pública, como seriam as respeitantes ao valor do salário mínimo, ao adicional noturno, à remuneração mínima das horas extras, ao gozo de férias anuais remuneradas etc. Em síntese, estendemos que expressão constante do art. 114, § 2.º, da Constituição Federal (EC n. 45/2004): 'respeitadas as disposições (...) convencionadas anteriormente' não elimina a possibilidade de ser invocada, em situações especiais, a cláusula *rebus sic stantibus*, sob pena de inviabilizar-se a continuidade das atividades empresariais.

Poderíamos referir, ainda — com alguma reserva —, como princípios característicos do processo do trabalho: c) a simplicidade do procedimento e d) o *ius postulandi*.

c) A *simplicidade* do procedimento, nos dias atuais, soa a romantismo do passado. O processo do trabalho vem se tornando, cada vez mais, complexo, notadamente, pela influência sobre ele exercida pelo processo civil. Essa complexidade passou a constituir-se a partir do momento em que se admitiram no processo do trabalho figuras transportadas do processo civil, como: reconvenção, ação de consignação em pagamento; ação de prestação de contas; ação monitória; ação anulatória; interditos proibitórios; recurso adesivo; embargos de terceiro; embargos à expropriação, etc. Exigências como a da impugnação especificada dos fatos, do *prequestionamento*, e outras, vieram a agravar este quadro. O que não se falar, então, em sede de recursos interponíveis ao TST (revista, embargos), assinalados por formalismos — muitas deles impostos pela própria jurisprudência — incompatíveis com a simplicidade que deveria ser, efetivamente, uma das características do processo do trabalho. Não queremos ser fatalistas, todavia, parece-nos que a simplicidade, como princípio do processo do trabalho, configura-se, cada vez mais, como nostálgica lembrança de um tempo irreversível. As próprias 'reclamações a termo' (CLT, art. 840, § 2.º) escasseiam a cada momento. E, em rigor, os recursos já não são interpostos por 'simples petição' (CLT, art. 899, *caput*).

d) *Ius postulandi*. A capacidade postulatória que o art. 791, *caput*, da CLT, atribui às partes sempre esteve intimamente ligada ao princípio da simplicidade. Na verdade, havia uma relação lógica entre ambos: como o sistema legal outorgou aos próprios litigantes a faculdade de defender, em juízo, os seus direitos e interesses pessoalmente, ou seja, sem a constituição de advogado, o processo e o procedimento trabalhistas deveriam ser simples, para permitir o exercício desses *ius postulandi*. Essa íntima relação não deixou de existir na atualidade, embora assinalada por efeitos opostos à sua finalidade: como o processo do trabalho se tornou extremamente complexo, já não há tão amplo espaço para que as partes atuem sem advogado nos diversos órgãos da Justiça do Trabalho, máxime no âmbito do TST.

Podemos dizer, aliás, que o *ius postulandi* trabalhista, já ao nascer, tinha diante de si um cenário legal algo embaraçante do seu amplo exercício, com revelam, entre outros, os arts. 799 a 801, e 829, da CLT. No primeiro caso, sempre foi muito difícil à parte — geralmente, pessoa humílima, destituída de conhecimentos jurídicos — entender por que motivo a ação deveria ter sido ajuizada em Vara diversa da que foi; ademais, não raro, deixava de responder à exceção de incompetência, como excepto (no exíguo prazo de 24 horas), fazendo com que se visse compelido a litigar em juízo diverso daquele em que exercera a ação; no segundo, não era menos difícil à parte compreender a razão pela qual não poderiam testemunhar, a seu favor, um amigo íntimo (em quem, à evidência, confiava) ou um parente por laços de consanguinidade até o terceiro grau civil. A consequência, neste último caso, é que por não se desincumbir do ônus da prova os seus pedidos acabavam sendo rejeitados. O *ius postulandi*, muitas vezes, funcionou como uma espécie de esparrela, de arapuca com que o sistema surpreendia o litigante.

Nos dias da atualidade, presença do advogado no processo constitui medida de segurança jurídica para a parte ou para terceiro.

A questão do *in dubio pro misero*

Certos estudiosos, como vimos, incluem a máxima *in dúbio pro misero* no elenco dos princípios que informam o processo do trabalho. Elevam, desse modo, à categoria de princípio a regra segundo a qual o juiz, em caso de dúvida, deverá decidir a favor do empregado - ou do trabalhador.

Essa opinião doutrinária, entretanto, é produto de uma aplicação equivocada dessa máxima.

Um juiz que, diante de uma prova dividida - assim considerada aquela caracterizada pelo fato de cada parte haver provado os fatos alegados em juízo —, venha a decidir em prol do trabalhador com fundamento exclusivo na regra *in dúbio pro misero*, estará emitindo sentença passível de ser anulada em grau de recurso, não porque a mencionada regra inexista, mas porque não se admite a sua incidência no terreno processual, onde há regras próprias para superar o problema da prova dividida. O sítio de atuação exclusiva da regra em foco é o Direito Material do Trabalho.

Efetivamente, se esse Direito Material é protecionista do trabalhador, nada mais lógico e justo do que, diante de dúvida razoável acerca do exato sentido de determinada norma legal material, o juiz opte pela interpretação mais favorável ao trabalhador, pois essa interpretação deve estar sempre em harmonia com o espírito, com a essência, com o escopo da norma examinada. No caso de prova dividida, vale dizer, no campo processual, o juiz deverá, mediante critérios objetivos, valorar qual seja a prova de melhor qualidade técnica e decidir a favor de quem a produziu. Essa atitude emana do princípio da persuasão racional, materializado no art. 371, do CPC, que não significa, apenas, que o juiz poderá formar com liberdade da sua convicção jurídica sobre os fatos da causa, desde que o faça com base na prova dos autos, mas, também, que ele poderá optar pela prova que lhe pareça de melhor qualidade, sob a perspectiva da eficácia na formação do seu convencimento jurídico acerca dos fatos da causa.

Capítulo II

Pressupostos Processuais e Condições da Ação

Pressupostos processuais

A doutrina brasileira, desde muito tempo, apropriou-se do vocábulo *pressuposto* para designar os requisitos necessários à existência ou validade do processo. Não se pode dizer que essa escolha vocabular tenha sido adequada, porquanto, em rigor, o referido substantivo traduz a ideia de conjectura, pretexto, desígnio, propósito, projeto, plano.(32) Trata-se, portanto, de um fenômeno semântico, pois se passou a atribuir a esse termo o sentido de *requisito*. Curvemo-nos, todavia, à força da tradição e passemos a falar, igualmente, em pressupostos processuais.

Esses *pressupostos* não se confundem com as *condições da ação*. Enquanto aqueles dizem respeito aos requisitos necessários para a constituição (existência) e desenvolvimento (validade) regulares da relação processual, estas expressam as exigências para que o direito público subjetivo de invocar a tutela jurisdicional do Estado, colimando a obter um pronunciamento de mérito, seja corretamente exercido. Das condições da ação, em particular, iremos ocupar-nos mais adiante.

Sob o aspecto prático, a distinção entre pressupostos processuais e condições da ação não é de muita relevância, se considerarmos que tanto a inexistência daqueles, quanto destas, conduz ao mesmo resultado: a extinção do processo sem resolução do mérito (CPC, art. 485, incisos IV e VI, respectivamente).

Afirmamos, há pouco, que os pressupostos em estudo se ligam à relação jurídica processual; torna-se recomendável, em razão disso, lançar alguns escólios acerca da mencionada relação.

Büllow foi um dos primeiros juristas a reconhecer que a relação de direito material é distinta da relação jurídica processual. Segundo ele, existem no processo duas relações inconfundíveis, a serem apreciadas pelo juiz, que, desse modo, deverá decidir não apenas sobre a existência do direito controvertido, "mas também para conhecê-lo, examinar se concorrem os requisitos de existência do próprio processo; deve verificar, assim, além da questão pertinente à relação jurídica litigiosa (*res in iudicio deducta*), também a concernente à relação jurídica processual (*iudicium*). Esse dualismo da matéria processual desde sempre

(32) AULETE, Caldas. *Dicionário Contemporâneo da Língua Portuguesa*. 5.ª ed. Rio de Janeiro: Delta, 1964. vol. IV, p. 3.255.

existiu, determinado pela estrutura do procedimento judicial. Ele conduz a uma divisão do processo em duas fases, do qual uma delas é dedicada ao exame da *relação jurídica material e outra à verificação dos pressupostos processuais*".(33)

Em termos gerais, Büllow sustenta que a relação jurídica processual se desassemelha da relação material sob três aspectos: a) pelos sujeitos; b) pelo objeto; c) pelos pressupostos.

a) Sujeitos

Fortemente inspirada em Büllow, a doutrina moderna aponta o juiz, o autor e o réu como os três principais sujeitos do processo. Bulgaro já afirmava, apropositadamente, que *iudicium est actum trium personarum: judicis, actoris et rei*. Impõe-se um pequeno reparo à opinião dos notáveis juristas citados: é que, na verdade, o juiz não é, em si mesmo, sujeito da relação processual, mas, sim, o Estado, do qual ele é representante. O juiz não atua no processo como pessoa natural, senão que como órgão jurisdicional, em que pese à circunstância de a sua individualidade subjetiva poder ensejar as objeções de impedimento ou de suspeição. Já a incompetência é algo de foro objetivo, que, por isso, toca ao juízo e não ao juiz. O magistrado, aliás, não se coloca, no processo, em plano de igualdade com os litigantes; ao contrário, situa-se entre eles e acima deles, com a preeminência que deriva de seu ontológico dever de neutralidade e de seu indelegável poder-dever de solucionar, como órgão estatal, os conflitos de interesses ocorrentes entre os indivíduos ou as coletividades.

Assunto que ainda não foi inteiramente pacificado pela manifestação doutrinária atine ao estabelecimento da relação jurídica processual e seus pontos de interseção. Em Kohler, ela apresenta um sentido simplesmente linear, pois dela participam, apenas, autor e réu. Hellwig, dando um passo à frente, sustentou a angularidade dessa relação, entendendo que ela interliga, de um lado, autor e Estado; de outro, Estado e réu. Outros, como Adolfo Wach e o próprio Büllow, defendem a ideia de que existe aí uma triangularidade, formada pela presença de posições jurídicas que uniriam autor e Estado; Estado e réu; réu e autor.

A teoria linear, de Kohler, é insatisfatória, pecando pelo fato de restringir, gravemente, essa relação ao autor e ao réu, ou seja, unicamente aos litigantes, como se o processo fosse propriedade destes, um seu particular instrumento de resolução de controvérsias, de tal maneira que dele pudessem dispor ao seu exclusivo alvedrio. Nunca é demasiado lembrar que o direito processual pertence ao ramo do Direito Público e que o processo constitui método estatal de solução de conflitos de interesses.

A teoria angular, ideada por Hellwig, conquanto se coloque mais próxima da realidade científica do que a linear, ao atribuir à relação processual um sentido mais amplo, também se revela deficiente ao não reconhecer um vínculo entre autor e réu; para ela, como foi visto, a relação jurídica se dá entre autor e Estado e entre Estado e réu. Essa doutrina, entretanto, fica a dever-nos uma explicação satisfatória diante do fato de alguns sistemas processuais, como o brasileiro, permitirem que autor e réu, mediante concerto de vontades, obtenham a suspensão do processo (CPC, art. 313, II). Além disso, se inexiste relação processual a

(33) *Apud* SANTOS, Ernane Fidélis dos. *Introdução ao Direito Processual Civil*. Rio de Janeiro: Forense, 1978. p. 49.

interligar autor e réu, como justificar a regra legal que lhes impõe o dever de lealdade e de boa-fé, punindo-os se o descumprirem (CPC, art. 81)?

A despeito de pequenas imperfeições que a acompanham, pensamos que a teoria da triangularidade seja a que, dentre as concebidas, melhor se harmoniza com o atual estádio de desenvolvimento científico do processo e com as disposições normativas dos modernos sistemas processuais, neles incluído o de nosso país. Cabe aqui uma advertência oportuna. Quando admitimos a existência de uma tríplice angularidade da relação jurídica processual não estamos afirmando que essa triangularidade deverá estar invariavelmente configurada nos casos concretos. Imaginemos, *v. g.*, que o juiz indefira a petição inicial por um dos motivos previstos em lei (CPC, art. 330); nesta hipótese, é evidente que, em virtude desse fato acidental, a relação processual se estabeleceu, apenas, entre o autor e o juiz, pois o réu nem chegou a ser citado. O caráter linear que a relação apresentou no exemplo indicado não pode ser interpretado como algo normal e comum, mas, ao contrário, como autêntico acidente que impediu a constituição da triangularidade, esta sim, regular e característica. Se — para ficarmos ainda no exemplo sugerido — o autor interpuser recurso ordinário do ato jurisdicional que, indeferindo a peça vestibular por inepta, determinou a extinção do processo sem pronunciamento quanto ao mérito, e o órgão ad quem der provimento ao recurso, aberta ficará a possibilidade para que a relação processual alcance os seus três ângulos regulares, a saber: a) autor/Estado; b) Estado/réu; c) réu/autor, segundo a sequência cronológica de sua constituição.

A relação (a) linear ocorre em todos os casos, ainda que o autor venha a desistir da ação antes mesmo do despacho determinativo da citação do réu (embora esse despacho não seja exigido no processo do trabalho, como demonstra o art. 841, *caput*, da CLT). A linearidade, a nosso ver, surge no momento em que o autor invoca a prestação da tutela jurisdicional, mediante a entrega da inicial em juízo. O indeferimento dessa petição ou a desistência da ação não podem ser alegados como causas impeditivas do estabelecimento da relação processual entre o autor e o juiz; fosse exato o argumento, que fato — a não ser, precisamente, o da existência dessa relação — teria autorizado o juiz a indeferir a inicial ou a homologar a desistência da ação?

A angularidade (b) se forma com a citação do réu (autor/Estado + Estado/réu) e não com o comparecimento deste ao órgão jurisdicional. O processo moderno não exige a presença do réu em juízo, como requisito para que passe a integrar a relação processual, e sim que a ele seja concebida a oportunidade para apresentar a resposta (exceção, contestação, reconvenção, reconhecimento da "procedência" do pedido) que pretender. Impor a presença do réu em juízo, para esse efeito, seria colocar os seus interesses acima dos da Justiça e fazer perigosa concessão a um obscuro passado do processo.

Torna-se triangular (c) a relação jurídica processual, adquirindo, assim, a plenitude de seu abrangimento, quando se dá o contato direto das partes entre si, em decorrência das posições jurídicas antagônicas que ostentam na lide. Na revelia — que se caracteriza pela ausência injustificada de resposta do réu —, porém, não se estabelece essa tríplice angularidade, no plano dos fatos, mas apenas no plano legal, o que não corresponde a afirmar, é óbvio, que o processo estaria contaminado por nulidade insanável. Como asseveramos antes, o que se deve dar ao réu é o ensejo para defender-se, vindo ele a sofrer as consequências jurídicas de seu eventual desaproveitamento dessa oportunidade. Permite-lhe a norma legal, contudo, intervir no processo, em qualquer fase, recebendo-o no estado em que se encontrar (CPC, art. 346, parágrafo único), caso em que a relação jurídica adquirirá, ainda que tardiamente, a sua triangularidade, do ponto de vista dos fatos (participação efetiva do réu no processo), conquanto a tríplice angularidade já existisse na esfera jurídica, nascida que havia por força da citação deste.

b) Objeto

Como sabemos, o Estado, em determinado momento de extrema importância histórica para o direito dos povos e para a sua própria sobrevivência institucional, tornou proibida a autotutela e avocou, monopolisticamente, o encargo de dirimir os conflitos de interesses individuais ou coletivos. Traduz-se, pois, a jurisdição nesse poder-dever estatal de compor lides. Por outras palavras, o objeto de relação jurídica processual é a prestação jurisdicional que ao Estado incumbe realizar, por iniciativa do interessado (princípio), ou *ex officio* (exceção).

Desse modo, enquanto a relação jurídica de natureza material tem como objeto um bem ou uma utilidade da vida, o da relação processual se concentra na obtenção da tutela jurisdicional. Parece-nos dissociada do melhor entendimento doutrinal em voga na atualidade a afirmação feita por alguns autores de que a relação processual é secundária, pois constituiria mero instrumento a serviço do direito material alegado em juízo. Sucede que, nos tempos modernos, é remansada a doutrina que vê na ação um direito público subjetivo, cujo exercício independe do reconhecimento da existência do direito material invocado. Coube a Wach, Dagenkolg e Plosz lançar as bases científicas da ideia da ação como um direito abstrato de agir: Wach, em particular, pulverizou a equivocada teoria civilista da ação, concebida por Savigny, com o irrefutável argumento da ação declaratória negativa, pela qual se busca obter um provimento jurisdicional que diga, exatamente, da inexistência de relação jurídica (material, é certo) entre autor e réu. Reconhecida a inexistência dessa relação material, que fato haveria de justificar o exercício da ação, a não ser, justamente, o de ela corresponder a um direito autônomo (abstrato), que embora esteja, na prática, quase sempre ligado a um direito material, que visa a proteger, dele não depende para existir?

Em circunstâncias normais, a relação jurídica, que sói estabelecer-se no processo, tende a provocar um pronunciamento jurisdicional respeitante ao mérito, vale dizer, à *res in iudicio deducta*, com o que o conflito inter-subjetivo de interesses estará efetivamente solucionado, em sua íntima essência, porquanto terão sido examinadas as causas que o originaram. Em decorrência de certos fatos acidentais, contudo, como os mencionados pelo art. 485 do CPC, o processo é extinto sem que o conflito seja resolvido. A extinção do processo sem julgamento do mérito, entretanto, não afeta a relação jurídica processual nele estabelecida, exceto se o motivo da extinção tenha sido a irregularidade da própria relação processual.

c) Pressupostos

Conforme demonstramos na abertura deste Capítulo, o vocábulo *pressupostos* é costumeiramente utilizado pela doutrina para designar os requisitos necessários à constituição e ao desenvolvimento regulares da relação jurídica a que o processo dá origem.

Sempre foi preocupação dos autores classificar os pressupostos processuais. Como produto dessa operosa atividade científica doutrinal, inúmeras classificações acabaram sendo apresentadas, cuja variedade proveio da natural falta de uniformidade dos critérios empregados para esse fim. Pondo-se de parte, no entanto, algumas variações irrelevantes, podemos dizer que, fundamentalmente, esses pressupostos foram distribuídos em duas classes: a) os de existência e b) os de validade. Essa divisão, a propósito, foi adotada pelo legislador, como se infere do art. 485, IV, do digesto de processo civil de nosso país.

Conquanto devamos admitir que, do ponto de vista prático, essa classificação é desapercebida de utilidade, bastando ver que, tanto num caso como noutro, a inexistência desses pressupostos acarreta a extinção do processo sem julgamento do mérito, não podemos deixar de reconhecer que a separação dos pressupostos, segundo respeitem à constituição ou ao desenvolvimento regulares da relação jurídica processual, é de indiscutível interesse didático.

O esquema, que a seguir exibiremos, permitirá uma ampla visualização dessas duas classes básicas de pressupostos, assim como dos desdobramentos a que elas conduzem. Queremos, antes, esclarecer que o caráter minucioso dessa classificação foi inspirado, também aqui, em motivos essencialmente didáticos — o que, a nosso ver, é o suficiente para justificar a sua existência, embora talvez não o seja para escusar as eventuais falhas que ela possa conter. Devemos acrescentar que essa classificação não inclui os pressupostos processuais concernentes às ações ("dissídios") coletivas, porquanto, no tocante a estas, iremos dedicar especial atenção, mais adiante.

Pressupostos processuais

- *a) De constituição*
  - 1. subjetivos
    - — partes
    - — juiz
  - 2. objetivo
    - — ação
- *b) De desenvolvimento*
  - 1. quanto às partes
    - — capacidade de ser parte
    - — capacidade de estar em juízo
    - — partescapacidade postulatória
  - 2. quanto ao juiz
    - — jurisdição
    - — competência
    - — imparcialidade
  - 3. quanto ao procedimento
    - — inicial apta
    - — citação válida
    - — inexistência de perempção
    - — inexistência de litispendência
    - — inexistência de coisa julgada
    - — inexistência de conexão

Analisemos, sucintamente, os diversos elementos integrantes da classificação apresentada.

1. Os pressupostos de constituição

1.1. Subjetivos

a) Partes

Derivado do latim *pars, partis*, o vocábulo parte sugere a ideia de porção, de elemento fragmentário de um todo. No campo específico da terminologia jurídica, significa "os sujeitos do contraditório instituído perante o juiz", segundo Liebman.(34) Apesar de o juiz ser também sujeito do processo, a qualidade de parte está restrita às pessoas que possuem interesses manifestados na causa. O magistrado, como órgão estatal, não tem a sua atuação no processo propulsionada por algum interesse (que se ligue a bens ou utilidades da vida), mas, sim, pelo indeclinável poder-dever de ministrar a tutela jurisdicional necessária para promover a defesa de direito ou interesse dos litigantes. Sob esse aspecto, podemos dizer que o juiz é um sujeito desinteressado do processo.

O predicamento de parte deriva da titularidade das situações jurídicas, ativas e passivas, que integram a relação processual (faculdades, poderes, deveres, ônus, sujeições); "ser parte significa, então, ser titular dessa situação global perante o juiz, o qual, sendo a encarnação do Estado no processo, também é titular de poderes e deveres, além da autoridade que ali exerce e que tem como correspectivo a já referida sujeição das partes".(35)

O indivíduo ou as coletividades adquirem o *status* de parte no momento em que passam a deter a titularidade das situações jurídicas mencionadas, mesmo que não tenham exercido nenhum dos poderes ou faculdades que a norma legal lhes comete. Em regra, por quatro vias adquire-se a qualidade de parte: 1) pela demanda, pois quem toma a iniciativa de impetração à prestação da tutela jurisdicional assume a posição de demandante (como autor, exequente e o mais); 2) pela citação, uma vez que a pessoa diante da qual o autor formula pretensões se converte em réu, ou seja, em parte legítima para responder à ação, podendo resistir juridicamente a essas pretensões, ou subordinar-se a elas; 3) pela intervenção, voluntária ou compulsória, em processo de terceiros; 4) pela sucessão, espontânea ou coacta, da parte originária.

Não obstante, no geral, a parte seja titular do direito material alegado em juízo, há casos, legalmente previstos, em que, por exceção, se atribui legitimidade para alguém postular, em nome próprio, direito alheio: é o fenômeno a que se convencionou denominar de *substituição processual* e que consiste, na verdade, em uma procuração legal *ad litem*. Aqui, não há coincidência entre as qualidades de parte e de titular do direito material, pois, como dissemos, esse direito é defendido por aquele que não lhe detém a titularidade.

(34) *Manualle di Diritto Processuale Civile*. Milano: Giuffrè, 1973. I, n. 41, p. 75.

(35) DINAMARCO, Cândido Rangel. *Litisconsórcio*. São Paulo: RT, 1984. p. 7.

Eis a razão por que, em outra obra, enunciamos o seguinte conceito de parte; é a pessoa que deduz em juízo, em nome próprio, pretensões de direito material, próprio ou de outrem, ou puramente processuais, e, também, aquela em face da qual essas pretensões são formuladas.[36]

Dentre os diversos princípios atinentes às partes, três estão a merecer realce, neste momento: a) *da dualidade*, que pressupõe a existência de, quando menos, duas partes (autor e réu), ou dois grupos de interesses contrapostos, como preferir-se. Veja-se que não estamos cogitando da presença das partes em juízo, como suposta exigência para a validade do desenvolvimento; se assim fizéssemos, estaríamos a fazer censurável concessão a superadas concepções romanísticas do passado remoto. A dualidade nada mais expressa do que a exigência de que a relação processual seja integrada por, no mínimo, duas partes; havendo, apenas, uma (autor), seguramente estaremos diante de não uma parte, e, sim, de um interessado; b) *da igualdade*, de acordo com o qual o juiz deve subministrar um tratamento igualitário aos litigantes, cuja imposição legal (CPC, art. 125, I) emana de seu ontológico dever de neutralidade, como órgão incumbido de solucionar heteronomamente o conflito. Esse princípio, como vimos, está inscrito no próprio texto constitucional (art. 5.º, *caput*) e representa, sem dúvida, uma das pilastras de sustentação do Estado Democrático de Direito (CF, art. 1.º, *caput*); c) *do contraditório*, pelo qual se assegura ao réu o direito de defender-se, e, de modo amplo, às partes o direito de serem informadas dos atos praticados no processo, a fim de reagirem diante deles ou de aceitá-los, mesmo que de maneira implícita. O princípio em exame também possui sede constitucional (art. 5.º, LV).

b) Juiz

Processo sem a participação do juiz é inexistente; é o não processo, um simulacro, um arremedo grosseiro, enfim. A contar do momento em que a jurisdição foi convertida — mercê de razões historicamente justificáveis — em monopólio estatal, a presença do juiz no processo tornou-se indispensável. O processo moderno, ao contrário do praticado em eras passadas, não é "coisa das partes", não se situa nos domínios de seus interesses privados, sendo, isto sim, um instrumento institucional de solução de conflitos, que, por isso, não pode ser recusado pelos litigantes, ainda que, nesse sentido, convirjam as vontades de ambos. Já não há lugar, felizmente, no mundo contemporâneo, para as "lides privadas", para a distribuição da justiça por mãos próprias, que outrora tanto mal causaram ao Direito.

Quando falamos do juiz, como um dos pressupostos subjetivos de constituição do processo, estamos, evidentemente, a referir-nos ao juiz regularmente investido no cargo e no pleno exercício das inerentes funções. Desta forma, se o juiz foi nomeado para o cargo, mas ainda não recebeu a indispensável investidura, é elementar que se encontra desprovido de poder jurisdicional; o mesmo se pode dizer do que, a despeito de estar regularmente investido no cargo, foi afastado do exercício das funções, em decorrência de punição disciplinar sofrida, ou de outro motivo ponderoso. Em tais situações, eventual atuação do magistrado na causa fará gerar uma relação processual sem validade jurídica, pois, sob este aspecto, será inexistente.

(36) *Litisconsórcio, Assistência e Intervenção de Terceiros no Processo do Trabalho*. São Paulo: LTr, 1992. p. 20.

Por outro lado, para que a relação processual seja normalmente constituída é necessário que haja juiz natural (que preferimos denominar de juiz preexistente), ou seja, que não tenha sido instituído, nomeado ou designado para julgar determinada pessoa ou determinado grupo de pessoas. A Constituição Federal em vigor, mantendo a tradição iniciada com a de 1946, proíbe a criação de tribunais ou juízos de exceção (art. 5.º, XXXII).

Não menos óbvio é que o juiz deve ser imparcial. Certos juristas chegam, mesmo, a incluir a imparcialidade como pressuposto processual subjetivo referente ao magistrado. Do ponto de vista técnico (e, acima de tudo, institucional), porém, soa pleonástica a expressão "juiz imparcial", como se fosse naturalmente possível a existência de juízes parciais. De qualquer modo, pensamos que o fato de determinado juiz haver atuado no processo de modo parcial (= injusto), vindo, inclusive, a decidir contra a parte a quem prejudicou, não nos obriga a reconhecer que a relação processual teria sido juridicamente inválida. Se a imparcialidade proveio de motivo capaz de determinar o impedimento do magistrado, a nulidade do processo deverá ser declarada não em virtude da imparcialidade, mas do fato objetivo de que a lei proíbe a atuação de juiz impedido (CPC, art. 144). Tanto isso é certo, que a sentença aí proferida — e desde que tenha se pronunciado sobre o mérito — poderá ser atacada pela via rescisória (CPC, art. 966, II), no momento oportuno (*ibidem*, art. 975). Já no caso de mera suspeição, a existência e o desenvolvimento da relação jurídica processual não serão contaminadas por essa eiva subjetiva do juiz, se a parte interessada deixar de arguir, mediante exceção, no momento adequado, a suspeição. Sentença proferida por juiz suspeito não é rescindível.

Para resumir o quanto dissemos até este ponto: ao indicarmos o juiz como um dos pressupostos subjetivos para a constituição regular da relação jurídica processual, estamos considerando aquele juiz: a) nomeado para o cargo e nele investido; b) no pleno exercício das suas funções; c) natural (ou preexistente) e d) imparcial, com as ressalvas feitas a respeito deste seu dever legal.

A arbitragem representa, contudo, um caso isolado, em que a solução do conflito de interesses não é feita por órgão jurisdicional, mas por árbitros. A arbitragem, prevista na Lei n. 9.307/96, é inadmissível no processo do trabalho, do plano das ações individuais, por força do disposto no art. 114, *caput*, da Constituição. Cabe, entretanto, nas ações coletivas, pois, quanto a estas, existe expressa autorização constitucional (art. 114, § 1.º). Opostamente a alguns autores, todavia, não vemos na greve uma forma de autocomposição do conflito, porquanto à autotutela é estranha a participação jurisdicional, sendo que a greve, cedo ou tarde, acaba sendo submetida à apreciação dos tribunais.

1.2. Objetivo

Ação (ou demanda). A tutela jurisdicional, em princípio, mantém-se em estado de inércia, pois não é lícito ao juiz prestá-la *ex officio*, ainda que tenha conhecimento da lesão de direito praticada contra outrem, ou da iminência de essa ofensa ser perpetrada. Estamos cuidando, por certo, da jurisdição civil — cuja regra de inatividade se aplica, com raras exceções, à trabalhista.

Eventual faculdade legal que possuísse o magistrado, no que tange a tomar a iniciativa da ação, traria o inconveniente de fomentar lides, e, talvez com maior gravidade, o de apresentar-se parcial aos olhos do réu ou da comunidade. Assim sendo, é imprescindível que o indivíduo, na medida do seu interesse em obter a reparação do dano sofrido ou em afastar o risco de lesão, provoque o exercício da função jurisdicional do Estado, ativando-o. O princípio em questão está contido no art. 2.º do diploma processual civil, *verbis*: "O processo começa por iniciativa da parte e se desenvolve por impulso oficial, salvo as exceções previstas em lei".

O processo do trabalho, como ressalvamos acima, espelha umas poucas exceções a essa regra. Uma delas consiste na possibilidade de a ação coletiva ser intentada por iniciativa do próprio tribunal competente para julgá-la (CLT, art. 856) — conquanto nos pareça que esta norma da CLT foi derrogada pelo art. 8.º da Lei n. 7.783/89, que já não faz referência ao Presidente do Tribunal.

O instrumento pelo qual a parte ou interessado ativa a função jurisdicional do Estado é a petição inicial, que, para isso, deve atender a determinados requisitos legais, sob pena de ser indeferida, *in limine*, por inepta (CPC, art. 330). Sobre essa peça de deflagração do processo e a necessidade de ser apta, sob pena de merecer indeferimento liminar, discorreremos no momento em que formos examinar os pressupostos de desenvolvimento regular da relação nascida no processo.

Há autores que apontam a lide, e não a ação, como pressuposto subjetivo de existência da relação processual. Divergimos desse entendimento. Ora, se lide, no conceito carneluttiano, corresponde à pretensão resistida e insatisfeita, seríamos forçados a incidir no erro de supor que em certos casos, *v. g.*, como o de revelia, a relação jurídica processual não teria existido, pois o réu, ao não responder à ação, não resistiu às pretensões *in iudicio deducta*. Mesmo sob a óptica legal, essa opinião, de que estamos a dissentir, é insustentável, porquanto sabendo-se que no estatuto de processo civil de 1973 o vocábulo lide foi utilizado como sinônimo de mérito (v. Exposição de Motivos, Cap. II, 6), ter-se-ia de admitir, contra os princípios e contra o bom senso, que a extinção do processo sem exame do mérito faria inexistente a relação jurídica processual!

2. Os pressupostos de desenvolvimento

2.1. Quanto às partes

a) Capacidade de ser parte

Tem-na todo aquele que é sujeito de direitos. "Toda pessoa é capaz de direitos e deveres na ordem civil", declara o art. 1.º do Código Civil. *Parte*, sob esse ângulo, é, portanto, todo aquele que se encontra no gozo de seus direitos.

Os incapazes, por exemplo, têm capacidade de ser parte (podendo, pois, integrar a relação jurídica processual) embora não a possuam para estar em juízo, vale dizer, para praticar atos processuais com efeitos jurídicos. Falta-lhes, em síntese, a necessária legitimidade para o processo (*ad processum*).

O processo civil (assim também o do trabalho) atribui a capacidade de ser parte não só às pessoas físicas, como às jurídicas, e, ainda, a determinadas massas patrimoniais, como a falida, e às heranças jacente ou vacante, e, até mesmo, ao espólio — que nem sequer possui personalidade jurídica (CPC, art. 75).

b) Capacidade de estar em juízo

É regulada pelos arts. 70 a 75 do CPC. Dispõe o primeiro que "toda pessoa que se encontre no exercício de seus direitos tem capacidade para estar em juízo".

Conforme vimos na letra anterior, no âmbito do direito comum, certas pessoas, conquanto se encontrem no gozo dos seus direitos, não possuem capacidade para exercê-los. É, mais ou menos, o que se passa na órbita processual, onde a capacidade de ser parte não se confunde com a de estar em juízo. De modo geral, esta última só é cometida às pessoas que estejam no exercício dos seus direitos, razão por que não possuem *legitimatio ad processum*, dentre outros, os menores e os portadores de debilidade mental.

No processo do trabalho, a legitimidade *ad processum* é adquirida aos 18 anos de idade (CLT, art. 792); se o trabalhador possuir 14 anos de idade, ou mais, mas menos de 18, deverá ser representado em juízo pelo pai, mãe, tutor, curador, ou, na falta destes, pela Procuradoria da Justiça do Trabalho (CLT, art. 793). Inexistindo, na localidade, órgão da Procuradoria, ao juiz incumbirá nomear curador à lide (*idem*).

Duas breves notas: se o trabalhador, menor de 18 anos, estiver sob tutela (em virtude de falecimento dos pais; de terem estes sido declarados ausentes ou decaído do pátrio poder), há necessidade de autorização do juiz competente (em matéria civil) para que a ação seja proposta, por força da regra contida no art. 1.748, V, do Código Civil. A doutrina tem entendido que, na situação referida, a legitimidade para o processo somente é obtida mediante o concurso dessas duas providências legais: a representação do menor e a autorização judicial. Por outro lado, se o trabalhador for curatelado (decorrente de interdição originada por demência, surdo-mudez que o impeça de manifestar a sua vontade etc.), será necessária não apenas a mencionada autorização do juiz, para o ingresso em juízo, como a fixação, também por ato do juiz civil, dos limites da interdição.

Tanto a capacidade de ser parte, quanto a de estar em juízo, por traduzirem pressupostos indispensáveis para a constituição e o desenvolvimento regulares da relação jurídica processual, devem ser examinados *ex officio*, em qualquer tempo e grau de jurisdição, enquanto não proferida a sentença de mérito (CPC, art. 485, IV e § 3.º). A referência legal ao proferimento da sentença de mérito, como limite final para que o juiz possa se pronunciar, por sua iniciativa, acerca dos aludidos pressupostos, deve ser adequadamente interpretada, sob pena de conduzir a graves distorções de seu verdadeiro escopo. É lógico que o juiz de primeiro grau, ao emitir a sentença de mérito, não mais poderá alterá-la, seja para que finalidade for, salvo em decorrência de embargos declaratórios ou para corrigir meras inexatidões materiais, como erros de cálculo e de escrita (CPC, art. 494, I). Assim o é, porque o juiz, ao pronunciar-se sobre as questões de fundo da lide, cumpre e acaba o seu ofício jurisdicional. Pode o tribunal, no entanto, em grau de recurso, declarar a falta de capacidade de ser parte ou de estar em juízo, pois a menção legal à sentença de mérito constitui proibição dirigida, apenas, ao juiz que a prolatou. Caberá ao tribunal, pois, manifestar-se sobre tais capacidades, tenham, ou não, sido estas objeto de exame pelo juízo *a quo*. Convencendo-se de que se acha ausente qualquer desses pressupostos de constituição, o órgão *ad quem* deverá determinar a extinção do processo, sem julgamento do mérito.

Estatui o art. 76 do CPC que se for verificada a incapacidade processual ou a irregularidade de representação, o juiz, suspendendo o processo, marcará prazo razoável para ser sanada a falha. Alguns esclarecimentos devem ser feitos, sobre essa dicção legal. Em primeiro lugar, a incapacidade processual, no caso, é a que diz respeito à legitimidade *ad processum* (estar em juízo) pois a incapacidade de ser parte não pode ser sanada; em segundo, que incapacidade processual e irregularidade de representação são coisas distintas. Aquela, como vimos, respeita à *legitimatio ad processum*, à aptidão para praticar atos processuais com efeitos jurídicos; esta diz daquelas pessoas (jurídicas, em regra), cuja representação judicial a lei define (CPC, art. 75), tendo em vista o fato de constituírem uma abstração jurídica ou de não possuírem personalidade jurídica.

Não sendo cumprido o despacho judicial que ordenou a correção da incapacidade processual ou da irregularidade de representação, "caso o processo esteja na instância originária: I – o processo será extinto, se a providência couber ao autor; II – o réu será considerado revel, se a providência lhe couber; III – o terceiro será considerado revel ou excluído do processo, dependendo do polo em que se encontre. § 2.º Descumprida a determinação em fase recursal perante tribunal de justiça, tribunal regional federal ou tribunal superior, o relator: I – não conhecerá do recurso, se a providência couber ao recorrente; II – determinará o desentranhamento das contrarrazões, se a providência couber ao recorrido".

Embora o réu seja revel, nem sempre ocorrerá o efeito da revelia, consistente na presunção de veracidade dos fatos alegados na petição inicial (CPC, art. 344). Esse efeito não se verificará se: 1) havendo pluralidade de réus, algum deles contestar a ação; 2) o litígio versar sobre direitos indisponíveis; 3) a petição inicial não estiver instruída com instrumento que a lei considere indispensável à prova do gato (CPC, art. 345, I a III).

De ordinário, as pessoas que participam da relação jurídica processual (partes) são os mesmos sujeitos da relação jurídica material controvertida (*res in iudicio deducta*). Queremos com isso dizer que, em regra, as pessoas ingressam em juízo para defender, em seu nome, direito próprio. Há situações especiais, contudo, em que, no processo, se defende, em nome próprio, direito alheio. A esse fenômeno, caracterizado pela desconformidade entre as pessoas da lide e os sujeitos da relação material controversa, deu-se o nome de substituição processual. Essa denominação, na verdade, foi dada por Chiovenda, embora caiba a Kohler o mérito de haver dedicado estudos pioneiros acerca desse fenômeno.

Por tratar-se de algo incomum, a substituição processual só pode ser admitida nos casos expressamente previstos em lei, quando, então, esta atribui legitimidade a determinadas pessoas, físicas ou jurídicas, com vistas ao exercício da ação, para postular, em nome próprio, direito de outrem. Advertência, nesse sentido, está no art. 18, do CPC.

Os pontos que fazem a substituição processual diferençar-se da representação consistem em que, naquela: a) o substituto não precisa do consentimento do substituído para ingressar em juízo, onde b) pleiteará, em seu nome, direito deste, ao passo que, na representação: a) o representante não é parte, mas representante desta, além de b) agir em nome do representado.

A figura da substituição processual vem sendo maltratada pelo legislador, pela doutrina e pela jurisprudência brasileiros, que, no geral, desconhecem as suas origens históricas e sua finalidade no sistema processual. Mais preocupante tem sido o problema nos domínios do processo do trabalho, onde, até o momento em que escrevíamos este livro, diversas arremetidas legislativas foram realizadas, tendo como núcleo essa legitimidade sui generis, sem que nenhuma delas houvesse contribuído, ainda que com um cêntimo, para o necessário acertamento científico da matéria e para a sua adequada regulação prática; ao contrário, só fizeram aumentar a polêmica sobre o tema.

Ditos equívocos doutrinais e legislativos começam pela própria denominação dessa figura. Pensamos que, no Brasil, jamais conhecemos a substituição processual típica, genuína, se considerarmos as fontes romanas desta. Assim dizemos porque, no período antigo daquele Direito, especialmente no formulário (clássico), tanto o autor quanto o réu poderiam nomear, na presença do magistrado, determinada pessoa para que os substituísse na lide. Eram as chamadas (pelos estudiosos modernos) ações com transposição de pessoas, onde, para cogitarmos da fórmula que era aí adotada, na *intentio* (pretensão) figurava o nome do titular do direito material, mas, na *condemnatio* (condenação), o do substituto, que, exatamente por isso, sofria as consequências do que hoje chamamos de coisa julgada material.

Havia, basicamente, dois tipos de substituto: a) o *cognitor* e b) o *procurator*, cuja diferença fundamental, entre ambos, residia em que, deste último, poder-se-ia exigir, em certos casos, a prova do mandato. Ademais, a sua participação no processo fazia com que a demanda não fosse consumativa, permitindo, assim, que o titular do direito voltasse a ingressar em juízo com a mesma postulação. Já o *cognitor* tornava a ação consumativa, inibindo, dessa forma, a repetição da demanda, pelo titular do direito; e a ele não se impunha a prova do mandato.

Importa ressaltar que o traço característico das ações com transposição de pessoas, existentes nessa fase do Direito Romano, repousava no fato de que o substituto assumia as consequências do julgamento eventualmente desfavorável ao substituído. Ora, em nosso meio, o sindicato, ao atuar na qualidade de "substituto processual", não assume, jurídica ou economicamente, o resultado do julgamento, seja este favorável ou desfavorável ao substituído. Logo, o que, no Brasil, supomos tratar-se de substituição processual não passa de simples mandato que a norma legal, por motivos de ordem política, jurídica e prática, atribui às entidades sindicais. É, pois, um mandato *ad litem*, no exercício do qual, como dissemos, o sindicato não tem o seu círculo jurídico afetado, direta ou indiretamente, em decorrência do julgamento do mérito (salvo, no que toca às despesas processuais, aí incluídas as custas e os honorários, do advogado ou do perito).

O máximo que podemos admitir, nesse tema, é que possuímos, entre nós, uma "substituição processual à brasileira".

A primeira referência histórica à figura do *cognitor* (verdadeiro substituto processual), de que se tem notícia, está na *"Rethorica ad Herennium"*, do século II, a.C.

Não se justifica efetuar, nesta rápida investigação que estamos empreendendo a respeito da capacidade ad processum, como pressuposto de desenvolvimento da relação processual, um estudo aprofundado sobre a substituição processual. Reservamo-nos, portanto, para fazê-lo em ocasião oportuna e em obra apropriada.

c) Capacidade postulatória

Na esfera do processo civil, a capacidade postulatória pode ser reconhecida como a aptidão ou o direito de a pessoa dotada de legitimidade *ad processuam* participar da demanda por meio de quem se encontre legalmente habilitado para postular em juízo, vale dizer, por intermédio de advogado. Leia-se, a propósito, o art. 103, do CPC: "A parte será representada em juízo por advogado regularmente inscrito na Ordem dos Advogados do Brasil".

Para Calamandrei, a capacidade postulatória é o poder que alguém tem de tratar diretamente com o juiz, de expor-lhe pessoalmente as pretensões das partes. Perceba-se que esse *ius postulandi* não é exercido pela parte, mas por seu procurador judicial (que não deixa de ser uma espécie de representante desta, embora não se deva confundir essa representação com a mencionada no art. 75 do CPC). Agindo na qualidade de procurador judicial, o advogado, contanto que possua o correspondente mandato, poderá praticar, em nome do mandante, todos os atos processualmente admitidos e necessários à defesa deste, salvo aqueles para os quais a lei exija poderes especiais (CPC, art. 105, *caput*, parte final).

Podemos asseverar, diante disso, que, no processo civil, os advogados são, por excelência, os titulares do direito de postular em juízo, nada obstante a lei também atribua essa prerrogativa aos estagiários (Lei n. 8.906/94, art. 3.º, § 2.º); estes, entretanto, não podem praticar atos privativos de advogado. Isso quer dizer, de outro modo, que no mencionado processo somente se reconhece o *ius postulandi* àqueles que se encontram regularmente inscritos nos quadros da Ordem dos Advogados do Brasil.

O processo do trabalho, no entanto, atribui a capacidade postulatória às próprias partes, como demonstra o art. 791, *caput*, da CLT, sem que isso exclua, à evidência, a possibilidade de ser outorgado mandato a advogado, para postular em nome delas. Resta saber, porém, se esse dispositivo legal ainda está em vigor. Pelo que nos cabe opinar, devemos dizer que não. Essa revogação, segundo pensamos, aconteceu já com o advento da Lei n. 4.215/63, que instituiu o chamado Estatuto da Ordem dos Advogados do Brasil, cujo art. 67 declara que o exercício da advocacia (entenda-se: capacidade postulatória) é privativo dos inscritos no quadro da Ordem dos Advogados do Brasil. A Lei n. 4.215/63: a) é posterior à CLT, que entrou em vigor em 1943; b) tem preeminência hierárquica com relação a esta, que é produto de Decreto-lei; c) tem maior autoridade técnica, porquanto se trata de norma legal específica, no que respeita ao exercício da advocacia. A doutrina e a jurisprudência trabalhistas, entrementes, munidas de argumentos mais piedosos e emotivos do que jurídicos, concluíram, sem convicção, que o art. 791, *caput*, da CLT, não teria sido revogado pelo art. 67 da Lei n. 4.215/63.

Vão-se os anos e vem a lume a atual Constituição Federal, trazendo em seu art. 133 a afirmação de que "o advogado é indispensável à administração da justiça". Reacende-se a polêmica em torno da sobrevivência do art. 791, *caput*, da CLT. Sustentam alguns que essa norma ordinária segue vigorando, pois a declaração constitucional de que o advogado é indispensável à administração da justiça não constitui nenhuma novidade normativa, vez que já constava do art. 68, da Lei n. 4.215/63. Além disso, a considerar-se revogado aquele dispositivo da CLT, revogadas também estariam outras normas legais que permitiam ao indivíduo promover, pessoalmente, a sua defesa em juízo, como, *v. g.*, requerer *habeas corpus*. Coloquemos as coisas em seus corretos lugares. O enunciado do art. 133 da Constituição da República está a significar, exatamente, o que a sua expressão literal revela: para a administração da justiça, é imprescindível a presença de advogado. Se a frase não é nova, pouco importa. O fato é que foi alcandorada ao plano constitucional, e o art. 133, que a materializa, não por acaso está inserido no Capítulo (IV), que versa sobre as funções essenciais à justiça.

Nem se objete que, de qualquer forma, esse preceito constitucional não é autoaplicável, porquanto há, no final de sua redação, a ressalva "nos limites da lei", sendo certo que essa norma legal regulamentadora ainda não foi editada. *Data venia*, em primeiro lugar, essa reserva, ou melhor, esse aposto, está gramaticalmente ligado à frase "sendo (o advogado) inviolável por seus atos e manifestações no exercício da profissão" e não à declaração de que é indispensável à administração da justiça; em segundo, estando o art. 133 e o precitado Capítulo IV contidos no Título V do texto constitucional, que dispõe sobre a "Defesa do Estado e das Instituições Democráticas", fica fora de qualquer dúvida razoável que o art. 133 é alcançado pela regra do art. 5.º, § 2.º, da mesma Constituição, no sentido de que as normas definidoras dos direitos e garantias fundamentais têm aplicação imediata.

Se nenhuma dessas normas legais existissem, ainda assim deveríamos, em nome da sensatez e do sentimento de justiça, pugnar pelo banimento do malsinado art. 791, *caput*, da CLT, que, até onde pudemos ver, causou muito mais danos do que benefícios ao trabalhador. Com efeito, sustentado, durante vários lustros, pelo discurso retórico e enganoso de estar a serviço do trabalhador e de atender ao princípio da simplicidade(?) do procedimento, o *ius postulandi* outorgado por aquela norma representou, na prática, um engodo, uma sutil, mas fatal, esparrela para o trabalhador e, de certa maneira, também para o empregador humilde. As razões desse embuste são palmares: convidadas a atuar em juízo sem o acompanhamento de advogado, as partes, quase sempre, viam-se envolvidas no inextricável cipoal do processo, onde pululam os prazos e as preclusões. A consequência dramática é que, em função disso, muitas vezes viram os seus direitos e pretensões ser fulminados, inexoravelmente, pelas regras inflexíveis do procedimento, desse *due process of law* de que talvez tivessem ouvido da boca de algum juiz pedante, mas que para elas, em sua insciência, era grego, era uma frase de sentido apenas misterioso, esotérico.

Quantas vezes, como já narramos, presenciamos, em audiência, onde o trabalhador se encontrava sem advogado, o réu, por seu competente procurador judicial, arguir, mediante exceção, a incompetência *ratione loci* do juízo, obrigando-nos a dizer àquele miserável trabalhador, que agora ele se tornara excepto e dispunha do prazo de 24 horas para manifestar-se a respeito da exceção. Nunca, em nenhum caso, ocorreu essa manifestação; pelo menos, no prazo. Sem culpa do juiz, violências como a descrita foram cometidas contra o trabalhador e — como ressaltamos — contra o próprio empregador humílimo que comparecia a juízo sem advogado.

A presença do advogado no processo representa, pois, quando menos, o equilíbrio, a igualdade técnica entre as partes, ainda que em tese. Quando apenas uma delas comparece com advogado, o que se vê, não raro, não é uma disputa justa, mas um massacre daquela que está promovendo, pessoalmente, a defesa dos seus direitos e interesses. E a causa desse desequilíbrio reside no ardiloso *ius postulandi* com que o art. 791, *caput*, da CLT, acena, sedutor, para os incautos.

O fato de estarmos aqui a sustentar a revogação desse artigo não corresponde a dizer que, em nenhum caso, a parte poderá postular em juízo sem advogado. Ora, estamos falando em termos de princípio (necessidade de advogado, como fator de efetiva distribuição de justiça); sendo assim, se, em determinada situação, inexistir, na localidade, advogado, ou ocorrer recusa ou impedimento dos que houver, poderá a parte, por exceção, ingressar em juízo pessoalmente — hipótese em que ficará sujeita aos riscos que mencionamos.

Em determinadas regiões do país, aliás, é tão intensa a participação de advogados no processo do trabalho, quanto é, em outras, a atuação pessoal das partes. O ideal seria que, futuramente, todo o país ficasse homogeneizado pela primeira situação. O art. 791, da CLT, na realidade, só tem em seu favor o irônico argumento de que facilita a condução do processo pelo juiz e cria ambiente mais propício à conciliação. Isso é muito pouco para justificar a permanência do *ius postulandi*. Um tal argumento, denuncie-se, é produto de mera conveniência do magistrado e nada tem de relevante para os reais objetivos da justiça, como instituição, além de colocar os interesses das partes em posição subalterna. É hora, portanto, de entoarmos, ainda que tardiamente, um réquiem em memória do art. 791, *caput*, da CLT.

Infelizmente, contudo, o STF, na ADi. n. 1.127-8, proposta pela Associação dos Magistrados Brasileiros, declarou inconstitucional o vocábulo "qualquer", constante do inciso I, do art. 1.º, da Lei n. 8.906/94. O *caput* desta norma legal afirma constituir atividade privativa da advocacia: "I – a postulação a *qualquer* órgão do Poder Judiciário e aos juizados especiais" (destacamos). Com isto, o STF reconheceu, ainda que de maneira implícita, estar em vigência o art. 791, *caput*, da CLT.

2.2. Quanto ao juiz

a) Jurisdição

A pessoa do juiz natural, ontologicamente considerada, pertence ao campo dos pressupostos subjetivos de constituição (existência) da relação jurídica processual; visto o juiz, porém, sob o prisma do poder-dever jurisdicional de que é dotado, a sua figura se desloca para o terreno dos pressupostos de desenvolvimento dessa relação.

Embora o conceito de jurisdição seja, fundamentalmente, uno e incindível, por ser esta o mencionado poder-dever estatal de solucionar os conflitos de interesses ocorrentes entre indivíduos ou coletividades, expressões como jurisdição trabalhista, civil, penal etc., longe de pretenderem negar essa unidade, justificam-se pelo sentido didático de colocar em evidência a natureza da lide submetida à cognição do Estado-Juiz.

Para que a relação processual tenha validade (quanto ao seu desenvolvimento) é necessário, pois, que dela participe não apenas o juiz, mas, sobretudo, juiz munido de jurisdição, que é, etimológica e classicamente, o poder de dizer com quem está o direito disputado (*iuris + dictio*). Deixamos dito, linhas atrás, que processo sem juiz não é processo, é falseamento, é simulação. Apesar de correta a assertiva, o adequado entendimento de seu enunciado deve considerar, aí, o juiz provido de jurisdição.

b) Competência

Já se afirmou, com certa propriedade, que a competência é a medida da jurisdição, é a quantidade de jurisdição que cada juiz recebe da lei.

Além de ser esse elemento delimitador da porção jurisdicional, a competência é um princípio constitucional do processo, pois a atual Constituição da República inscreveu, no Capítulo dos Direitos e Garantias Individuais e Coletivos, a solene declaração de que ninguém será processado nem sentenciado *"senão pela autoridade competente"* (art. 5.º, LIII); sublinhamos.

A competência (assim como a jurisdição) não é de quem a quer, mas de quem a possui. Este possuir vem sempre da norma legal, porquanto não fica ao talante dos juízes definir a sua competência, seja quanto à matéria, ao valor, à pessoa, ao local, à hierarquia, etc. No caso específico da Justiça do Trabalho, a sua competência *ratione materiae* está fixada no art. 114 da Constituição Federal, cuja redação, a despeito de longa, é imprecisa, nomeadamente no tocante à referência a "outras controvérsias decorrentes da relação de trabalho" (inciso IX). Foi com fundamento nessa expressão que se editou a Lei n. 8.112, de 11 de dezembro de 1990, instituidora do novo regime jurídico dos Servidores Públicos Civis da União, das autarquias e das fundações públicas federais (conhecida como "Lei do Regime Único"), cujo art. 240 atribuía competência à Justiça do Trabalho para apreciar ações, individuais ou coletivas, ajuizadas por esses servidores (letra *"e"*). Como é notório, as letras *"d"* e *"e"* do citado art. 240, foram declaradas inconstitucionais pelo Supremo Tribunal Federal, em ação direta posta pelo Procurador-Geral da República, tendo sido Relator o Ministro Carlos Velloso.

Em rigor, a competência não está vinculada ao juiz, mas ao juízo. No primeiro grau da jurisdição trabalhista, no passado, a competência para solucionar os conflitos de interesses entre trabalhadores e empregadores não era, apenas, do juiz togado, monocraticamente considerado, mas da Junta de Conciliação e Julgamento, como órgão colegiado. Tomada, aliás, à risca a regra legal (CLT, art. 850, parágrafo único), quem decidia (= julgava) eram os juízes classistas, cabendo ao magistrado, como técnico em leis, redigir a sentença, que nada mais é do que a tradução formal do resultado do julgamento. Atualmente, por força da Emenda Constitucional n. 24/99, que extinguiu a representação classista, o órgão de primeiro grau (Vara) da Justiça do Trabalho é monocrático.

c) Imparcialidade

Como o Estado detém o monopólio da administração da justiça (sendo, portanto, defeso ao indivíduo promover a autotutela de direitos e interesses), o mínimo que se pode esperar é que os juízes, como órgãos estatais, sejam neutros, imparciais, na condução do processo. O dever de neutralidade da magistratura está expresso em lei (CPC, art. 139, I), que dele não pode se afastar, sob pena de gerar suspeição (art. 145).

Ao tempo em que a Justiça do Trabalho era integrada, em todos os seus graus, por juízes classistas, temporários, escrevemos: "No âmbito da Justiça do Trabalho, o dever de neutralidade deve ser rigorosamente observado, tanto por juízes togados quanto por classistas, em tema de condução do processo. Esclareça-se que embora os classistas não se encontrem dotados de poderes de direção do processo, em primeiro grau de jurisdição, possuem-no largamente em segundo e terceiro graus, onde atuam, em igualdade de condições, com os juízes togados, como relatores dos feitos que lhes tenham sido distribuídos (máxime de ação rescisória, mandado de segurança e ações cautelares). No que respeita ao julgamento, entretanto, o dever de imparcialidade só subjuga o juiz togado, na medida que os classistas, pelo ontológico compromisso com as classes sociais da produção (trabalhadores e empregadores), cujos interesses representam em juízo, tendem naturalmente a ser parciais — ainda que dentro dos limites do razoável, pois seria inconcebível a adoção sistemática de uma atitude que os levasse a decidir sempre em benefício da categoria social que representam, ainda que, para tanto, tivessem de pisotear a lei ou ignorar a prova produzida aos autos, que aponta para caminho oposto".

Para as partes poderem combater a parcialidade dos juízes, o sistema legal instituiu, entre outras medidas, as exceções de impedimento e de suspeição. No primeiro caso, o veto legal à atuação judicial é absoluto, razão pela qual o impedimento conduzirá à nulidade do processo; no segundo, o veto é relativo, pois depende de iniciativa do interessado.

Disso derivam algumas consequências de ordem jurídica e prática. A primeira delas é que embora a parte deva arguir o impedimento, mediante exceção, no prazo da resposta ou dentro de cinco dias (processo do trabalho), contados do fato que ocasionou o impedimento (CPC, art. 146), o seu silêncio, quanto a isso, não implica preclusão nem legitima a atuação do magistrado, naquele processo. Dessa maneira, pode a parte alegar o impedimento mesmo depois de ultrapassado o momento oportuno. A segunda é que somente a sentença emitida por juiz impedido é rescindível, conforme patenteia o inciso II, do art. 966, do CPC. O impedimento traduz, pois, matéria de ordem pública.

No tocante à suspeição, o dever de abstenção do magistrado, como dissemos, é apenas relativo. Desta particularidade também emanam algumas consequências jurídicas e práticas. Em primeiro lugar, se a parte deixar de alegar a suspeição no prazo legal (cinco dias, no processo do trabalho), formar-se-á, contra ela, a preclusão "temporal", que a impedirá de arguir a suspeição mais tarde. Em segundo, a sentença proferida por juiz suspeito não é rescindível.

Se levarmos em conta os diversos sistemas continentais existentes, a respeito do dever de abstenção do magistrado, podemos dizer que, em nosso meio, as situações de *impedimento* traduzem o iudex inhabilis, e as de suspeição, o *iudex suspectus*. O sistema do *iudex inhabilis* se caracteriza pelo fato de a própria lei proibir a atuação do magistrado que se encontre em uma das situações por ela previstas (dever absoluto de abstenção); pelo do *iudex suspectus*, como a denominação evidencia, a lei embora especifique os casos de suspeição do magistrado, exige a iniciativa das partes, no que tange a alegá-la (dever relativo de abstenção).

2.3. Quanto ao procedimento

a) Inicial apta

Conforme foi dito reiteradas vezes, em páginas anteriores — especialmente no estudo do princípio da demanda ou da ação —, a jurisdição se mantém em um característico estado de inércia, cabendo à pessoa interessada provocá-la, ativá-la, porquanto a correspondente tutela não pode ser prestada por iniciativa do juízo. A petição inicial representa, exatamente, esse instrumento pelo qual a atividade do poder-dever jurisdicional é provocada, esse instrumento de deflagração do processo, por assim dizer.

Dada a sua extrema importância como ato de provocação do juízo, a referida petição constitui ato formal, sujeito à observância de determinados requisitos previstos em lei, para que tenha validade jurídica. Além disso, ela delimita, qualitativa e quantitativamente, a entrega da prestação jurisdicional, vez que esta não pode ser realizada nem acima (*ultra*), nem abaixo (infra), nem fora (*extra*) do que foi pedido. Dispõe, sobre o assunto, o art. 492 do CPC: "É vedado ao juiz proferir decisão de natureza diversa da pedida, bem como condenar a parte em quantidade superior ou em objeto diverso do que lhe foi demandado".

Os requisitos para a validade da inicial são, no processo do trabalho, os mencionados no art. 840, § 1.º, da CLT; no processo civil, os indicados no art. 319, do CPC. Cumpre destacar que o processo do trabalho, ao contrário do civil, não exige que a inicial mencione as provas com que o autor pretende demonstrar a verdade dos fatos alegados, nem contenha requerimento para a citação do réu. Ambos os textos processuais, contudo, impõem ao autor a narração razoável dos fatos (causa de pedir) e a formulação dos correspondentes pedidos.

Na ação rescisória, deverá o autor, ainda, cumular ao pedido de rescisão da sentença (*iudicium rescindens*) o de novo julgamento da causa (*iudicium rescissorium*), se este for o caso (CPC, art. 968, I). Em sede de mandado de segurança, a inicial deverá ser, desde logo, instruída com os documentos em que se funda a ação (Lei n. 12.016/2009, art. 6.º, *caput*).

Se a inicial deixar de atender a um ou mais requisitos legais de validade, competirá ao juiz ordenar, por despacho, que o autor a emende ou a complete, no prazo de quinze dias (CPC, art. 321, *caput*); se a diligência deixar de ser realizada, sem justo motivo, essa peça será indeferida, por inepta (*ibidem*, parágrafo único), com a consequente extinção do processo sem pronunciamento sobre o mérito (CPC, art. 485, I).

Na Segunda Parte deste livro discorreremos, com maior profundidade, acerca da petição inicial e dos requisitos que lhe dizem respeito; por ora, limitamo-nos a examinar essa peça do autor como pressuposto de desenvolvimento do processo (procedimento), contanto que apta.

b) Citação válida

A citação constitui um ato processual de vital importância para o réu, porquanto é por essa espécie de comunicação judicial que ele toma conhecimento da existência da ação. A citação é, sem dúvida, a mais elevada manifestação do princípio do contraditório (ou da bilateralidade) e se encontra umbilicalmente ligada à cláusula constitucional do devido processo legal (CF, art. 5.º, LIV). Sem ela, o réu seria condenado sem oportunidade para apresentar a sua defesa, a sua versão dos fatos. Tomada sob esse prisma, a citação espelha um enunciado característico dos regimes democráticos.

Segundo o art. 238, do CPC, a citação "é o ato pelo qual são convocados o réu, o executado ou o interessado para integrar a relação processual".

Esse conceito legal, todavia, não é perfeito. Na verdade, o objetivo da citação, como dissemos acima, é dar ciência ao réu quanto à ação, para que se defenda, se assim o desejar, e não, propriamente, *convocá-lo* a juízo, para integrar a relação processual. O processo moderno dispensa a presença do réu em juízo, requerendo, apenas, que se lhe comunique a existência da ação. Por outro lado, a citação faz com que se "angularize" a relação jurídica processual, que, antes daquele ato, era meramente linear, pois compreendia, unicamente, o autor e o juízo.

Adverte o art. 280 do digesto de processo civil que será nula a citação (bem como a intimação) realizada sem observância das prescrições legais. O cumprimento dessas prescrições figura como providência indispensável para assegurar ao réu a sua possibilidade de defesa. A despeito dessa redação imperativa da norma legal, não podemos ignorar que o processo não é um fim em si mesmo, mas simples instrumento de tutela do direito material. Por esse motivo, a jurisprudência trabalhista, vencido um período inicial de compreensível hesitação, acabou por placitar o procedimento adotado em alguns juízos de primeiro grau, consistente em proceder à citação do réu residente ou estabelecido em outra jurisdição não por meio do instrumento formal da carta precatória (CPC, art. 236, § 1.º), mas pelo correio, com aviso de recebimento. Esse ocasional desvio da norma legal se justifica pelos bons serviços que presta ao princípio da celeridade (e, por igual, ao da simplicidade) do procedimento trabalhista e somente poderá ser declarado nulo se acarretar manifesto prejuízo ao réu (CLT, art. 794) — fato que, na prática, dificilmente tem ocorrido.

Praxes como a narrada fazem assinalar no processo do trabalho a sua natural vocação transformadora de uma realidade, muitas vezes, comprometida com certas irreflexões da dogmática tradicional, que, a pretexto de agir em nome da salvaguarda dos direitos dos litigantes, só contribui para o emperramento processual e a tardança na solução do conflito de interesses. Essa ruptura epistemológica deve ser o grande traço do processo do trabalho, de hoje e do futuro. A Lei n. 8.710, de 24-9-93, felizmente, imbuindo-se desse espírito transformador, tão acentuado no processo do trabalho, deu nova redação ao art. 222 do CPC de 1973, para determinar, como regra, a citação postal, mesmo que o réu resida em outra comarca, ressalvando umas poucas situações em que essa forma não deverá ser observada.

O CPC de 2015 não ousou deitar por terra essa regra simplificadora do procedimento (art. 246).

A citação "válida", mesmo quando determinada por juízo incompetente: 1) induz litispendência; 2) torna a coisa litigiosa; 3) constitui o devedor em mora (CPC, art. 240, *caput*). A interrupção da prescrição ocorrerá não com a citação, mas com o despacho que ordenar a citação (*ibidem*, § 1.º). Como, no processo do trabalho, raramente o juiz despacha, determinando a citação (pois esse ato é praticado, de maneira automática, pela secretaria do órgão jurisdicional), há que se considerar interrompida a prescrição extintiva com o protocolo, em juízo, da petição inicial.

c) Inexistência de perempção

Oriundo do latim *peremptio*, de *perimere* (aniquilar, extinguir, destroçar), o vocábulo perempção significa, na linguagem jurídica, a perda — em regra momentânea — de um direito ao exercício de um ato processual. Trata-se de matéria de defesa (CPC, art. 337, IV), conquanto possa ser conhecida de ofício (CPC, art. 485, § 3.º).

Casos típicos de perempção, no processo do trabalho, são os mencionados nos arts. 731 e 732 da CLT. Este último, em particular, dispõe que se o autor der causa a duas extinções consecutivas do processo (sem exame do mérito, por certo), em virtude de deixar de comparecer, injustificadamente, à audiência (dita inicial), "incorrerá na pena de perda, pelo prazo de seis meses, do direito de reclamar perante a Justiça do Trabalho". O processo civil contém norma semelhante, mas com efeito mais contundente, como atesta o seu art. 486, § 3.º, por força do qual a extinção do processo, por três vezes, por abandono da causa, proibirá o autor de intentar, novamente, a ação em face do réu, ficando-lhe assegurada, porém, a faculdade de alegar o seu direito (material) em defesa. Estamos convencidos, no entanto, de que ambas as disposições estão em antagonismo com o art. 5.º, XXXVI, da Constituição Federal, que veda a exclusão, da atividade cognitiva jurisdicional, de qualquer lesão de direito ou ameaça de lesão. Os arts. 731 e 732 da CLT, aliás, foram, a nosso ver, tacitamente revogados pelo art. 141, § 4.º, da Constituição Federal de 1946.

d) Inexistência de litispendência

Há litispendência quando se repete ação em curso (CPC, art. 337, § 3.º, primeira parte). Uma ação é idêntica à anterior quando coincidem três elementos: 1) partes (sujeitos); 2) causa de pedir (título); 3) pedido (objeto), como consta do § 2.º da norma processual supracitada.

Considera-se posta a ação, para fim de litispendência, tanto que tenha ocorrido citação válida. Sendo assim, havendo duas ações em juízo, com identidade de pessoas, causa de pedir e pedido, cumprirá ao juiz verificar em qual delas a citação foi realizada em primeiro lugar, pronunciando a litispendência quanto àquela em que a citação ocorreu posteriormente (ou nem sequer ocorreu), com a consequente extinção do processo sem julgamento do mérito (CPC, art. 485, V).

A litispendência deve ser objeto de preliminar da contestação (CPC, art. 337, VI), embora possa, como a perempção, ser conhecida *ex officio* (CPC, art. 485, § 3.º).

Situação, que vem suscitando acirrada polêmica na prática, respeita à possibilidade de a ação ajuizada pelo trabalhador configurar litispendência, na hipótese de outra ação, tendo a mesma causa de pedir e os mesmos pedidos, haver sido, anteriormente, levada a juízo pelo sindicato representativo da sua categoria profissional, na qualidade de substituto processual, e encontrar-se ainda em curso. Intérpretes afoitos têm concluído pela inexistência de litispendência, sob o argumento, nada convincente, de que não haveria, aí, a tríplice identidade de que falamos há instantes, ou melhor, de que a identidade seria, unicamente, de causa de pedir e de pedidos, porquanto as partes não seriam as mesmas, vez que na primeira ação figura como autor o sindicato, e, na segunda, o trabalhador.

Data venia, o requisito da tríplice identidade não é absoluto, como, na verdade, quase nada o é no mundo jurídico. Ora, a litispendência pode configurar-se, perfeitamente, na espécie, na medida em que embora não haja identidade (*eadem*) entre as partes, não se pode ignorar que, tanto numa ação como noutra, o titular do direito material controvertido (*res in iudicio deducta*) é o mesmo, vale dizer, o trabalhador! Por outros termos, conquanto inexista identidade de partes, do ponto de vista formal (processual), é inegável essa identidade sob o aspecto da relação jurídica material; e isso é o que, verdadeiramente, importa.

A entender-se de maneira diversa, estar-se-á permitindo, em tese, um injustificável *bis in idem* jurisdicional, a acarretar um dúplice pronunciamento sobre o mérito, cuja consequência anômala poderá residir: a) na dupla condenação do réu, se as sentenças forem convergentes, ou b) na contradição entre ambas, se uma acolher as pretensões deduzidas pelo autor, e outra rejeitá-las (ao examinar o mérito).

A litispendência só deixará de existir, na situação em exame, se um dos autores (sindicato ou trabalhador) desistir da ação, pois, com isso, restará apenas uma delas, ficando extirpado o excesso. Para que a desistência da ação tenha eficácia jurídica, é indispensável que o réu com ela concorde, caso já tenha decorrido o prazo para a resposta (CPC, art. 485, § 4.º).

Em sede de mandado de segurança coletivo, entretanto, o art. 22, § 1.º, da Lei n. 12.016/2009, estabelece que "O mandado de segurança coletivo não induz litispendência para as ações individuais, mas os efeitos da coisa julgada não beneficiarão o impetrante a título individual se não requerer a desistência de seu mandado de segurança no prazo de 30 (trinta) dias a contar da ciência comprovada da impetração da segurança coletiva".

e) Inexistência de coisa julgada

Não se vai aqui revolver os motivos políticos e jurídicos que motivaram a instituição da coisa julgada, embora, em outra sede, essa investigação seja absolutamente indispensável para a exata compreensão do sentido e da finalidade desse fenômeno.

A coisa julgada material, segundo a lei, é a eficácia, que torna imutável e indiscutível a decisão de mérito, não mais sujeita a recurso, (CPC, art. 502). A *res iudicata* não é, portanto, efeito, mas qualidade da sentença (ou do acórdão). A coisa julgada formal é a que se constitui nos autos, não se irradiando para além deles. Em rigor, essa expressão contém manifesta impropriedade técnica, pois nos casos em que se diz haver coisa julgada formal a *res* (= pretensão formulada na causa), na verdade, não foi julgada!

No plano prático, configura-se a presença de coisa julgada material quando se repete ação já decidida por pronunciamento jurisdicional de que já não caiba recurso (CPC, art. 337, § 4.º). Dessa forma, incumbirá ao réu, em sua resposta (CPC, art. 337, VII), denunciar o fato ao juiz, a fim de que este extinga o processo sem resolução do mérito (CPC, art. 485, V). Conquanto o interesse, nesse sentido, seja do réu, a lei permite que o juiz, por sua iniciativa, conheça da coisa julgada, em qualquer tempo e grau de jurisdição, desde que não proferida, ainda, a sentença de mérito (CPC, art. 485, § 3.º), no processo que ele conduz.

O respeito à coisa julgada constitui, em nosso meio, mandamento constitucional de larga e saudável tradição; dela se ocupa o art. 5.º, XXXVI, do texto em vigor.

Trazido o tema para o plano infraconstitucional, devemos dizer que a *res iudicata* constitui pressuposto negativo para o regular desenvolvimento da relação jurídica processual, pois não é concebível que as partes retornem a juízo para deduzir pretensões já tornadas imutáveis pela autoridade da coisa julgada, que se irradia da sentença ou do acórdão proferidos em causa anterior. Sob este aspecto, percebe-se, com nitidez, a finalidade de pacificação das relações sociais, que é, acertadamente, atribuída a esse fenômeno processual. Considerando, todavia, a possibilidade de a coisa julgada poder encerrar eventuais vícios ou falhas, de natureza grave, como a ofensa à lei ou à Constituição, ou à própria coisa julgada, o nosso sistema processual permite sejam os seus efeitos desconstituídos mediante ação rescisória (CPC, art. 966, IV). É que, em muitos desses casos, a *res iudicata*, longe de servir ao propósito essencial de pacificação das relações sociais, representa um incômodo elemento convulsionante dessas relações.

Assim como a litispendência (que é, por assim dizer, o seu elemento embrionário), a coisa julgada requer, em princípio, para a sua configuração, a presença de uma tríplice identidade, a saber: a) de pessoas (*eadem personae*); b) de causa de pedir (*eadem causa petendi*) e c) de pedidos (*eadem res, petitum*). Essa tríplice identidade, contudo, não é absoluta, como se tem suposto, porquanto, em determinadas situações particulares, poderá caracterizar-se a coisa julgada (e, do mesmo modo, a litispendência) sem que haja a coincidência de pessoas, como se dá, *v. g.*, nos casos em que o empregado postula, pessoalmente, certo direito que foi (ou que ainda está sendo) pleiteado pelo sindicato representativo de sua categoria profissional, na qualidade de substituto processual. Nesta hipótese, ainda que, em rigor, as partes situadas no polo ativo de ambas as relações processuais não sejam as mesmas, não se pode deixar de reconhecer que, tanto numa quanto noutra ação, o titular do direito material pretendido é o mesmo: o trabalhador; e isso, como afirmamos antes, é o quanto basta para conformar a coisa julgada (ou a litispendência, segundo seja o caso) aos moldes legais.

É oportuno observar que, para efeito do assunto que estamos a examinar, o que distingue a coisa julgada da litispendência é, apenas, o elemento cronológico, representado pelo momento em que a segunda ação (idêntica à anterior) é posta em juízo: se a primitiva ainda está em curso, temos a litispendência; se já decidida, e marcada com o sinete da irrecorribilidade, a *res iudicata*.

f) Inexistência de conexão

Dispõe o art. 337, VIII, do diploma processual civil que o réu deverá alegar, na contestação, a conexão. Há, aí, todavia, um manifesto *minus dixit quam voluit* (dizer menos do que se pretendia) pois, sendo o caso, deverá alegar, também, a continência, cujo conceito processual, como sabemos, é mais amplo do que o de conexão.

Deveras, enquanto a conexão se caracteriza pela identidade de causa de pedir ou de pedido (CPC, art. 55), a continência se estabelece pela mesmeidade entre as partes e as causas de pedir e desde que o objeto (pedido) de uma, por ser mais amplo, abranja o da outra (CPC, art. 56).

Sendo assim, não há razão para limitar-se a arguição do réu à conexão, como parece exigir a imprecisa redação do art. 337, VIII, do CPC.

O objetivo, tanto da conexão quanto da continência, é fazer com que as causas, por traduzirem a mesma lide, ou aspectos semelhantes das mesmas lides, tenham os correspondentes autos reunidos, a fim de realizar-se uma só instrução processual e de proferir-se uma única sentença. Nesse sentido, uma e outra têm como finalidade evitar a ocorrência de pronunciamentos jurisdicionais eventualmente contraditórios sobre o mesmo assunto, seja de fato ou de direito. Não se pode negar que essa reunião atende, por igual, à política de economia processual, em face da concentração, num só processo, de duas ou mais lides idênticas.

Se as ações houverem sido propostas perante o mesmo juízo, este pode ordenar, por sua iniciativa ou a requerimento de qualquer das partes, a reunião dos autos (CPC, art. 57). Duas notas devem ser feitas, acerca do tema. Em primeiro lugar, a reunião, no caso, é dos autos, e não das ações, como está na lei, ou dos processos, como está no gosto pouco apurado, cientificamente, de alguns autores. Ora, sendo a ação um direito público subjetivo, de invocar-se a prestação da tutela jurisdicional do Estado, e o processo um método estatal de solução de conflitos de interesses, é elementar que têm existência imaterial, motivo por que jamais poderão ser reunidos. Em segundo, essa reunião constitui faculdade do juiz, como se infere do verbo poder, utilizado pelo legislador, ao redigir o art. 57 do digesto de processo civil. Entra, portanto, no poder discricionário do juiz decidir pela reunião, ou não, dos autos.

É de extrema importância, por isso, para a adequada compreensão da matéria, que deixemos clarificado o seguinte: o mero fato de haver conexão ou continência não significa, só por isso, que exista um obstáculo ao desenvolvimento regular da relação jurídica estabelecida no segundo processo — circunstância que nos leva a asseverar que uma e outra, opostamente ao que sustenta a corrente doutrinal predominante, não representam elementos impeditivos da validade e da regular desenvolução do processo, mesmo que o juiz determine a reunião dos autos correspondentes. A existência de conexão ou de continência deve ser alegada pela parte, ou conhecida *ex officio* pelo juiz, somente para efeito de junção dos autos, em nome da necessidade de evitar decisões contrastantes entre si e da própria economia de atos processuais, não se relacionando, assim, de modo algum, com os pressupostos legais de validade ou de desenvolvimento do (segundo) processo.

O absurdo de considerá-las como pressupostos negativos para o desenvolvimento da relação processual fica tanto mais evidente quanto se sabe que, como dissemos antes, a reunião dos autos se insere na faculdade do juiz que, por esse motivo, poderá não a determinar — sem que isso prejudique o segundo processo, onde foram denunciadas.

A situação factual e jurídica é, portanto, completamente diversa da que justificou a inclusão da litispendência e da coisa julgada como pressupostos (negativos) para a validade da referida relação, porquanto, aqui, há repetição de ações, cuja anomalia não se verifica na conexão e na continência, como procuramos demonstrar.

Caso as ações conexas ou ligadas pela continência estejam em curso perante juízos distintos, que tenham a mesma competência territorial, considera-se prevento aquele em que se deu, em primeiro lugar, o registro ou a distribuição da petição inicial (CPC, art. 59). Essa regra está em harmonia com a do art. 312, conforme a qual se considera "proposta" a ação quando a petição inicial for protocolada, embora esclareça que a propositura da ação somente produzirá, quanto ao réu, os efeitos mencionados no art. 240 depois de ser validamente citado.

Características da relação processual

a) Complexidade

Quando, no poliédrico universo do processo, os litigantes assumem uma única posição jurídica, dizemos que a relação processual é simples; quando, ao contrário, essa relação se caracteriza por um conjunto, por uma multiplicidade de posições jurídicas ativas e passivas, estamos diante de relações processuais ditas complexas.

Em regra, são complexas as relações que se estabelecem na ordem processual, dada a diversidade de posições jurídicas assumidas pelas partes. Essa é a razão pela qual a complexidade figura como um dos traços particulares da relação processual.

b) Dinamismo

Pondo de parte o senso filosófico que o vocábulo possa sugerir, por meio dele se procura expressar o moto-contínuo com que a relação processual se desenvolve, em decorrência de sua complexidade. O vocábulo processo (do latim *processus*) significa, aliás, caminhar para diante, marchar para frente. Cabe-nos lembrar, a propósito, que no âmbito das relações processuais do tipo simples o advento de um único fato é suficiente para extingui-la, como acontece, *e. g.*, com o pagamento no contrato de mútuo. Na esfera das relações complexas, porém, surgem e se aglutinam inúmeras posições jurídicas, ativas e passivas, que se submetem a constantes modificações evolutivas, em direção à sentença de fundo, que solucionará o conflito de interesses. Daí, o caráter dinâmico, que se tem atribuído à relação jurídica processual, notadamente a complexa.

c) Unidade

As posições jurídicas, que as partes soem adotar no processo, não representam um fim em si mesmas, porquanto, como afirmamos há pouco, tendem à sentença de mérito, que comporá a lide. Os atos praticados no processo não são, pois, centrífugos e dispersivos, mas aglutináveis e progressivos, vinculados, entre si, por uma unidade lógica e teleológica, que radica na preparação do provimento jurisdicional de fundo seu ponto de magnitude, seu momento mais espetacular.

Nesse quadro, a petição inicial representa não apenas o instrumento de provocação do exercício do poder-dever jurisdicional do Estado, mas o primeiro ato da série preordenada (e, quase sempre, preclusiva) que se encerrará com a sentença. Fala-se, assim, com propriedade científica, da unidade como uma das características da relação jurídica que se forma no processo. O que existe, aqui, é unidade, e não unicidade.

d) Triangularidade

A relação jurídica processual se constitui, do ponto de vista subjetivo, sob três ângulos distintos: 1) autor/Estado (petição inicial); 2) Estado/réu (citação); 3) réu/autor (resposta), nessa ordem lógico-cronológica. Essa tríplice angularidade constitui uma nota distintiva da relação processual, embora, em certos casos, essa relação possa resumir-se a um sentido linear (autor/Estado), como se dá quando a inicial é indeferida, ou angular (autor/Estado/réu), como acontece quando o réu deixa de responder à ação.

e) Natureza pública

Ao longo das páginas transatas, dissemos, repisadas vezes, que o processo moderno, ao contrário do que ocorria no passado, não é propriedade das partes, mas método ou técnica de que se vale o Estado para solucionar os conflitos de interesses entre os indivíduos e as coletividades. O direito processual integra o ramo do direito público, razão bastante para inibir que: a) o particular legisle sobre normas processuais (por meio, *v. g.*, de acordo ou convenção coletiva de trabalho); b) as partes disponham do processo a seu talante exclusivo.

Não se deve confundir a relação jurídica material, que é posta em juízo (*in iudicio deducta*), com a relação jurídica processual. Conquanto aquela possa ser de direito privado (e, assim, disponível, em tese), esta é, invariavelmente, regulada pelo direito público (logo, indisponível, por princípio). Podemos sustentar, dessa maneira, que essas relações jurídicas (material e processual) não se comunicam, necessariamente, podendo, mesmo, esta existir sem aquela, como se passa, por exemplo, em sede de ação declaratória negativa, vale dizer, quando o autor pede um provimento jurisdicional declarativo da inexistência de relação jurídica material com o réu.

Pressupostos processuais específicos das ações coletivas

Até esta parte, viemos discorrendo acerca dos pressupostos processuais respeitantes às ações individuais. A eles se submetem, igualmente, as ações coletivas, essa notável peculiaridade do processo do trabalho, a que a lei, a doutrina e a jurisprudência, unívocas, denominam, mais por apego à tradição do que à ciência, de dissídios coletivos.

Se dissídio significa o conflito de interesses, parece-nos elementar que ele preexiste ao ingresso em juízo (sendo, aliás, a causa da invocação, pelo autor, da prestação da tutela jurisdicional), vale dizer, não nasce com o ajuizamento da petição inicial, senão que é antecedente a esse ato: vai-se a juízo porque há um antagonismo de interesses não eliminado espontaneamente pelas pessoas que neles se encontram envolvidas, e não para que o conflito (dissídio) se instaure. Em resumo, o conflito é o motivo do ingresso em juízo e não consequência deste. O dissídio, em resumo, é um fato pré-processual.

Logo, ação coletiva e não, *data venia*, dissídio coletivo, quando se quiser designar o exercício desse *sui generis* direito de impetrar-se a tutela da jurisdição ou referir-se aos pressupostos que lhe são específicos.

É, justamente, desses pressupostos que nos ocuparemos em seguida.

a) Negociação

Ocorrendo um conflito de interesses coletivos (expressão que nos parece mais apropriada do que conflito coletivo de interesses), exige a Constituição Federal (art. 114, § 2.º) que os interessados (no geral, as categorias profissional e econômica), antes de ingressar em juízo, negociem, ou seja, tentem uma solução negociada desse litígio.

A referência que o texto constitucional faz ao ajuizamento "do dissídio coletivo" é de ofuscante impropriedade técnica, vez que, conforme argumentamos em linhas precedentes, o que se ajuíza, em rigor, é a ação coletiva, da qual o dissídio coletivo é a íntima substância.

De qualquer modo, o que deve ser ressaltado é o fato de a Constituição Federal impor, por motivos de natureza social e política, a negociação como condição para o ingresso em juízo da ação coletiva. Isso significa, por outros termos, que a negociação figura como pressuposto objetivo específico para a validade e o desenvolvimento regulares da relação jurídica processual, em sede de demanda coletiva.

Notando, por isso, o tribunal que não houve a negociação exigida pela Constituição, não deverá converter o julgamento em diligência, para que a falta seja suprida, e sim declarar extinto o processo por ausência de um pressuposto absolutamente indispensável para a sua validade ou seu desenvolvimento regular (CPC, art. 485, IV).

A solução, que ora preconizamos, ainda que drástica, é a única possível, pois, como dissemos, trata-se de pressuposto fundamental para a validade do processo. Mais do que isso, uma exigência constitucional, que visa, exatamente, a evitar que a prestação da tutela jurisdicional seja invocada sem que as categorias envolvidas no conflito tenham tentado, antes disso, negociar, ou seja, realizar uma autocomposição. Essa negociação é indispensável, em face do caráter coletivo dos interesses em antagonismo.

b) Inexistência de compromisso arbitral

Frustrada a negociação coletiva — declara o § 1.º do art. 114 da Constituição Federal — as partes poderão eleger árbitros.

A arbitragem constitui, assim, uma das formas de solução dos conflitos de interesses coletivos trabalhistas. Ela não é obrigatória, mas facultativa, como permite concluir o verbo poder, empregado na redação da norma constitucional mencionada.

Provavelmente por esse motivo, a arbitragem, em nosso país, tem sido muito pouco utilizada. Falta, entre nós, o hábito, a tradição do uso desse meio. Some-se a isso o fato de as partes preferirem ver os seus conflitos de interesses dirimidos pela Justiça do Trabalho — na qual confiam, a despeito de, vez e outra, dirigirem a ela certas críticas — e a velada desconfiança com relação às pessoas que seriam indicadas como árbitros, levando-se em conta a acentuada carga ideológica de que se faz provida, muitas vezes, essa espécie de conflito.

Uma vez adotada pelas partes, a arbitragem terá o seu procedimento regulado pela Lei n. 9.307/96, uma vez que as leis trabalhistas nada dispõem acerca do assunto. Não vem ao caso examinar, neste livro, se esse procedimento deve ser observado em parte ou por inteiro, e se fielmente ou mediante adaptações.

O essencial, a ser dito, é que, havendo sido adotado o método da arbitragem, as partes não poderão ingressar em juízo para tentar solucionar um conflito que é objeto dessa arbitragem. Esta, como a negociação, colima, precisamente, evitar que a prestação da tutela jurisdicional seja invocada. Outrora, o órgão da jurisdição (tribunal) era chamado para homologar o laudo emitido pelo árbitro. Atualmente, não há laudo, mas sentença arbitral (Lei n. 9.307/96, art. 23). Proferida a sentença, tem-se como finda a arbitragem, cumprindo ao árbitro ou ao presidente do tribunal arbitral remeter cópia da decisão às partes, por via postal ou por qualquer outro meio de comunicação, mediante comprovação de recebimento, ou entregá-la diretamente às partes, mediante recibo (art. 29). Se uma das partes, nada obstante, ingressar com a ação coletiva, deverá a adversa, em sua resposta, opor a existência de convenção de arbitragem (CPC, art. 337, X), e requerer a extinção do processo sem julgamento do mérito (CPC, art. 485, VII).

O juiz não poderá, contudo, conhecer de ofício dessa matéria, segundo a regra estampada no § 3.º da sobredita norma do estatuto processual civil.

Fique claro, de qualquer forma, que o juízo arbitral representa um pressuposto negativo para a validade ou o desenvolvimento da relação jurídica processual, em sede de ação coletiva.

c) Inexistência de instrumento normativo

Havendo instrumento normativo em vigor (acordo ou convenção coletiva ou acórdão normativo), não se admite, em princípio, o ajuizamento de ação coletiva, com o que se evita a proliferação de lides coletivas. Afinal, se as relações trabalhistas se encontram reguladas por instrumento normativo ainda em vigor, não se justifica o ingresso em juízo, com a finalidade de obter, em última análise, modificação dessas regras.

Tem-se aberto uma exceção a esse princípio nos casos em que haja ocorrido, comprovadamente, profundas alterações na situação de fato e de direito, com base na qual o instrumento normativo foi produzido. Essa atitude é, antes de mais nada, sensata, pois é sabido que as disposições típicas desses instrumentos se acham intimamente vinculadas à cláusula *rebus sic stantibus*, conforme a qual todo tratado, pacto ou acordo deve ser compreendido (e executado) enquanto perdurar o mesmo estado das coisas existentes ao tempo de sua celebração (*conventio omnis intelligitur rebus sic stantibus*). Essa possibilidade de revisão está prevista no art. 873 da CLT, embora, aqui, seja exigido o decurso de mais de um ano da vigência do pertinente instrumento normativo.

O momento é oportuno para deixarmos esclarecido que, ao contrário do que tem imaginado certo segmento da doutrina e da própria jurisprudência, os acórdãos normativos, derivantes do exercício de um poder *sui generis* que a Constituição da República comete aos Tribunais do Trabalho (art. 114, § 2.º), transitam em julgado. Não fosse assim, como se poderia exigir o cumprimento de suas cláusulas? O aludido segmento, de que divergimos, parece não se haver dado conta de que, peculiarmente, os acórdãos dessa natureza passam em julgado com a cláusula *rebus sic stantibus*, tal como acontece, por exemplo, com as sentenças proferidas nas ações de alimentos (Lei n. 5.478, de 25-7-68), que poderão ser revistas a qualquer tempo, desde que haja modificação na situação financeira das partes. É bem verdade que a referida lei declara que a sentença não se submete ao fenômeno da coisa julgada material; submete-se, sim, conquanto o faça vinculado à cláusula *rebus sic stantibus*.

Deixando de lado essa questão, cumpre-nos reafirmar o fato de a existência de instrumento normativo em vigor traduzir um pressuposto negativo para a validade da relação jurídica atinente ao processo de ação coletiva, que vier a ser posta em juízo — salvo se autorizada pela substancial modificação da situação, factual ou de direito, em que se tenha calcado esse instrumento regulador das relações entre as categorias sociais da produção.

Estabelece o § 2.º do art. 114, da Constituição Federal, que se qualquer das partes recusar-se à negociação coletiva ou à arbitragem, elas poderão, mediante "comum acordo" (sic) ajuizar dissídio coletivo. A expresão "comum acordo" é pleonástica, pois não pode haver acordo contra a vontade de uma das partes, nem acordo de uma só parte. Bastaria que o constituinte hovesse dito: mediante acordo, e teria evitado esse pleonasmo vicioso.

Condições da ação

Ao inaugurarmos este Capítulo, preocupamo-nos em separar os conceitos de pressupostos processuais e de condições da ação. Em seguida, pusemo-nos a discorrer sobre aqueles; cabe-nos, agora, fazê-lo quanto a estas.

As condições da ação foram realçadas na doutrina de Enrico Tullio Liebman e acabaram sendo perfilhadas pelo Código de Processo Civil de 1973, de nosso país, como demonstravam, dentre outros, os seus arts. 3.º e 267, VI. Posteriormente, no entanto, o notável jurista peninsular reformulou, em parte, o seu pensamento, no particular, conforme veremos adiante. O CPC de 2015, de maneira correta, faz referência, apenas, ao *interesse* e à *legitimidade*, como condições para o exercício do direito constitucional de ação (art. 17).

a) Possibilidade jurídica do pedido

A clássica expressão pedido juridicamente impossível, utilizada para designar aquela classe de postulações que não podem merecer a tutela jurisdicional, tem sido mal interpretada, amiúde, tanto pela doutrina quanto pela jurisprudência. O que essa locução está a significar não é falta de previsão legal a amparar o direito alegado pela parte, mas, isto sim, a existência, no ordenamento legal, de um veto expresso a esse tipo de pedido.

Muitas vezes, o juiz, convencendo-se de que o sistema normativo não atribui ao autor o direito que ele imagina possuir, culmina por declará-lo carecente da ação — o que espelha um grave deslize técnico do magistrado. Se se trata de simples inexistência do direito brandido pela parte, a solução jurídica será rejeitar o pedido por ela formulado, vale dizer, emitir um pronunciamento de mérito contrário à *res in iudicio deducta*, jamais considerá-la, por esse motivo, carecedora da ação. Se, ao contrário, houver no ordenamento legal uma proibição no sentido de deduzir-se em juízo determinada pretensão, e esta vier a ser formulada, o decreto de carência não só estará correto, como será necessário.

O sistema das condições da ação, concebido por Liebman, é sustentado não só por bases científicas, mas por um objetivo de ordem prática, que é a extinção do processo sem exame do mérito. Dessa maneira, se o autor não reúne as condições exigidas para o exercício do seu direito público subjetivo (e constitucional) de ação, pronuncia-se a sua carência e dá-se cobro àquele processo, sem que as questões de fundo sejam tangidas. Com isso, permite-se, teoricamente, que o autor, atendendo, desta feita, a tais condições, retorne a juízo, para, em nova ação, pleitear o reconhecimento do direito alegado no processo extinto, cuja cessação anormal (= abreviada) não permitiu fosse apreciado.

Justamente por isso é que sempre manifestamos divergência à doutrina liebmaniana, na parte em que considera a possibilidade jurídica do pedido como uma das condições da ação. Ora, se há, na ordem legal, um veto a determinada pretensão, parece-nos óbvio que a sentença, ao admitir a existência dessa proibição, faz extinguir o processo com julgamento do mérito, de sorte a impedir ao autor intentar, novamente, a ação. Seria mesmo ilógico permitir-se-lhe ajuizar, vez mais, a ação, sem que tenha sido eliminado do sistema normativo aquele veto.

Tempos depois, felizmente, Liebman revê a sua opinião, neste ponto, para declarar que "le condizioni dell azione (...) sono i interesse ad agire e la leggitimazione. Esse sono (...) i requisiti di esistennza dell azione, e vanno percio accertate in giudizio (anche se, di solito, per implicito), preliminarmente all esame del merito".(37)

Em síntese, Liebman excluiu a possibilidade jurídica do pedido do elenco das condições da ação, que ficaram, assim, reduzidas a duas: a) legitimidade ad causam e b) interesse de agir.

Não queremos, com isso, dizer que tenha desaparecido o conceito de pedido juridicamente impossível. Nada disso. O que estamos a asseverar é que essa impossibilidade jurídica deverá ser causa de extinção do processo *com* julgamento do mérito, porquanto, como esclarecemos, o sistema das condições da ação foi construído com vistas a fazer com que a falta de uma delas acarrete a cessação do processo *sem* pronunciamento acerca das questões de fundo (mérito). Do ponto de vista estritamente legal, a solução que estávamos sugerindo, na vigência do CPC de 1973, esbarrava no art. 267, VI, daquele Código, a teor do qual a impossibilidade jurídica do pedido implicava o fim do processo *sem* exame do mérito. Fosse como fosse, era nosso entendimento que as condições da ação deveriam ser reduzidas a duas: legitimidade e interesse processual. Foi o que acabou por fazer, conforme dissemos, o CPC de 2015 (art. 17).

(37) *Manuale di Diritto Processuale Civile*. 3.ª ed. Giuffrè, vol. I, p. 120.

Um dos casos de pedido juridicamente impossível, a nosso ver, é o dirigido à obtenção de um pronunciamento jurisdicional declaratório de existência de relação de emprego entre o autor e a União, o Estado-Membro, o Município ou o Distrito Federal, ulteriormente a 5 de outubro de 1988. Sucede que, nessa data, como é notório, entrou a viger a atual Constituição da República, que, em seu art. 37, II, estatui: "*A investidura em cargo ou emprego público depende de aprovação prévia em concurso público de provas ou de provas e títulos*, ressalvadas as nomeações para cargo em comissão declarado em lei de livre nomeação e exoneração" (sublinhamos).

Na vigência dessa Constituição, portanto, a assunção de qualquer emprego público somente será possível mediante a aprovação em concurso da mesma natureza, exceto nos casos previstos pela própria norma constitucional. A medida decorre da louvável preocupação de evitar que os administradores públicos admitam, sem concurso, pessoas em geral (dentre as quais, por certo, muitos apaniguados, áulicos privilegiados e simpáticos aos ocasionais detentores do poder), em detrimento de tantas outras, que podem estar, até mesmo, aguardando, há muito tempo, nomeação, em virtude de terem sido aprovadas em concurso público.

b) Legitimidade ad causam

Pondo à frente as considerações expendidas na letra anterior, podemos afirmar que a legitimidade para a causa constitui a primeira das duas condições para a ação. Essa *legitimatio* tanto pode ser ativa, quanto passiva.

No geral, a legitimidade *ad causam* (interesse processual) diz respeito ao titular do direito material deduzido na causa (*res in iudicio deducta*), daí por que Liebman se refere à pertinência da ação àquele que a "propõe" e em confronto com a outra parte.[38] Em casos excepcionais, porém, legalmente previstos, estará legitimado para a causa quem não detém a titularidade do direito material. É o caso típico da substituição processual, onde o autor postula, em nome próprio, direito alheio. Consiste esse fenômeno processual, assim, em uma legitimação anômala ou extraordinária. O processo do trabalho atribuiu às entidades sindicais a qualidade de substituto processual dos integrantes da categoria (Lei n. 8.073/90, art. 3.º). No subitem 2.1, letra "b", deste Capítulo, procuramos, contudo, demonstrar que, no Brasil, o que temos denominado de substituição processual, no plano do processo do trabalho, não passa de mero mandato legal *ad litem*.

A legitimidade para a causa consiste, em síntese, na individualização daquele a quem pertence o interesse de agir e daquele perante o qual esses interesses devem ser manifestados.

Salta aos olhos, por isso, o erro em que, não raro, incidem os juízes, ao declararem o autor carecente da ação, sempre que se convencem da inexistência da alegada relação de emprego, supondo, com isso, ser o réu parte ilegítima. *Data venia*, se a prestação dos serviços foi feita para a pessoa que figura como ré, na ação, é óbvio que esta será parte legítima para responder às pretensões formuladas pelo autor. O fato de a sentença, mais tarde, declarar a inexistência da pretendida relação de emprego em nada altera a legitimidade do réu. Os que

(38) *L'Azione nella Teoria del Processo Civile*. Nápoles: Morano, 1942. p. 46.

assim não entendem cometem a comprometedora escorregadela de confundir a legitimidade ad causam com o resultado da entrega da prestação jurisdicional de mérito. Quando se diz que não há, no caso concreto, relação de emprego, está-se, com isso, emitindo um pronunciamento de mérito, na medida que, para tanto, houve necessidade de tocar-se no ponto nuclear da *res in iudicio deducta*.

Se as condições da ação nada têm a ver com o mérito da causa e se o pronunciamento jurisdicional declarativo da inexistência de relação de emprego só pode ser feito após a prospecção do mérito, está patente a cincada das sentenças que, apreciando esse tema, declaram o autor carecente da ação, por suposta ilegitimidade do réu para figurar na relação jurídica processual.

Carência haveria, aí sim, se o autor houvesse ajuizado a ação em face de pessoa diversa daquela para a qual prestou serviços, porquanto esta não teria legitimidade para responder às pretensões por ele formuladas.

Deve-se compreender, de uma vez para sempre, que a circunstância de o órgão jurisdicional não admitir a existência de relação de emprego entre as partes não significa que o réu seja parte ilegítima ad causam, porquanto somente este estava legalmente apto para resistir às pretensões do autor, ou com elas concordar, em decorrência da relação de fato (material) havida ou ainda existente entre ambos.

Como qualquer pronunciamento acerca da existência, ou não, de relação de emprego envolve, inevitavelmente, uma investigação do mérito, o tribunal, toda vez que der provimento ao recurso interposto pelo autor, para reconhecer a presença dessa relação, deve ordenar o retorno dos autos ao juízo de origem, não para que "julgue o mérito" (fórmula errônea), e, sim, para que aprecie os demais pedidos, ou seja, para que complete o julgamento da lide (fórmula correta), pois, como dissemos, o mérito, em seu ponto fundamental (relação de emprego) já foi examinado.

c) Interesse processual

Outrora, por influência da teoria civilista da ação (para a qual esta nada mais era do que o próprio direito material em estado de reação a uma violência), o interesse de agir em juízo (interesse processual) era considerado como uma espécie de repercussão do interesse protegido pelo direito material, daí por que se afirmava que quando o direito subjetivo era ameaçado de lesão, ou lesado, o que nele se continha recebia a denominação de interesse de agir.

Atualmente, no entanto, em decorrência do reconhecimento da autonomia do direito de ação, já não se confunde o interesse que é característico do direito substancial com o interesse processual.

Dedicando-se ao estudo do problema do interesse no plano processual, a doutrina partiu-se em duas correntes. A primeira sustenta que o interesse motivador do ingresso em juízo provém da necessidade de a parte obter um pronunciamento jurisdicional a respeito da *res in iudicio deducta*; a segunda entende que esse interesse emana da utilidade que o decreto jurisdicional proporciona ao autor, com ser dotado de eficácia para solver o conflito de interesses.

Sob a óptica da primeira corrente de opinião, como se nota, o interesse haverá sempre que o indivíduo invocar a prestação da tutela jurisdicional do Estado, tendente à solução do litígio, que não pôde ser autocomposto; já sob o ponto de vista da segunda, o interesse se relaciona com o pressuposto de que o provimento da jurisdição seja efetivamente eficaz para dar cobro ao conflito inter-subjetivo.

Conforme escrevemos em outra obra,(39) não tem sido convergente a opinião doutrinal acerca da existência do interesse processual. Invrea, em 1928, já refutava todas as concepções sobre o tema. A seu ver, a ideia de interesse era supérflua, redundante, porquanto estaria naturalmente vinculada com a propositura da ação; por esse motivo, lançou pesadas críticas às teorias de Mortara (da utilidade) e de Chiovenda (da necessidade). Baseando-se no argumento de que a liberdade jurídica não deve receber restrições desnecessárias, arremata ser imprescindível que exista uma razão jurídica — e não um mero interesse — para ser aceita essa restrição. Para ele, a razão jurídica residiria no fato de o réu haver cometido uma lesão de direito (devendo, por isso, arcar com as consequências do seu ato) ou pela necessidade de o autor obter um provimento jurisdicional para fazer valer o seu direito (considerando que o limite da liberdade jurídica é o direito alheio).

Carnelutti também combateu o conceito de interesse processual, reputando-o "morto, e, se não está morto, moribundo". Essa inferência do ilustre jurista italiano está em harmonia com o seu pensamento de que o conteúdo do processo não é a ação e, sim, a lide que se estabelece quando alguém deseja a tutela de um interesse, em oposição ao interesse de outrem que resiste. Para Carnelutti o interesse é simples reflexo da existência da lide; inexistindo esta, o interesse representa uma daquelas situações que devem ser objeto de um processo, a fim de fazer surgir o direito: "Quando se diz, pois, que existe uma lide (ou uma destas situações) e que, respeito a ela, se deve encontrar naquela relação, que constitui a *legitimatio*, já se disse tudo; e o interesse de agir não representa senão a quinta roda do carro... Se, pois, se considera o próprio processo, não só a lide é uma condição do interesse de agir, mas a sua existência absorve esse inútil requisito: os pressupostos da ação são portanto estes dois: a lide e a legitimação".(40)

Discordamos desse entendimento.

Em primeiro lugar, a existência da lide, por si só, não justifica o interesse processual. Pense-se no caso de um recurso interposto pela parte que foi, integralmente, vencedora na causa: embora haja lide, é patente a sua falta de interesse de agir. Afinal, que necessidade, ou, mesmo, utilidade, justificaria o fato de impugnar uma sentença que acolheu, por inteiro, as suas pretensões deduzidas na ação? Em segundo, há casos em que inexiste lide (pretensão resistida e insatisfeita), mas o interesse processual não só é concreto, real, como está previsto em lei, como acontece, *v. g.*, em sede de ação declaratória, cujo pressuposto é, precisamente,

(39) *Ações Cautelares*. 2.ª ed. São Paulo: LTr, 1991. p. 76-78.

(40) Lite e Processo. In: *Studi di Diritto Processuale*, vol. III, p. 21 e segs.

a incerteza quanto à relação que constitui o núcleo do litígio; incerteza objetiva e atual, vale dizer, capaz de infundir uma razoável hesitação da inteligência do autor, no que toca à verdadeira vontade da lei, além de ser, essa incerteza, efetiva e não vaga ou aleatória. Tal situação de dubiedade deve ser, ainda, de natureza jurídica e capaz de acarretar dano ao autor.

O interesse processual não é, portanto, como afirma Carnelutti, algo desútil e redundante; ao contrário, ele representa a mais característica das condições da ação.

Ausente esse interesse, o ingresso em juízo, em princípio, será produto de mero capricho da parte, de simples espírito de conflitualidade, sem qualquer amparo na ordem jurídica. Só se justifica a invocação da tutela jurisdicional quando o provimento, que se visa a obter, seja necessário ou útil para a proteção do patrimônio jurídico do interessado. O interesse de agir deve estar presente, inclusive, no momento em que a sentença de mérito é proferida. Vamos a um exemplo: se alguém impetra mandado de segurança contra ato ilegal ou praticado com abuso de poder, por autoridade pública, e, antes do julgamento da ação, a autoridade apontada como coatora reconsidera o ato, o interesse processual do autor, existente quando do ajuizamento da ação, desaparece, pois a segurança pretendida deixa de ser necessária, em face do desfazimento voluntário do ato lesivo de seu direito líquido e certo. Nessa hipótese, o autor deverá ser declarado carecente da ação, extinguindo-se o processo sem pronunciamento sobre o mérito (CPC, art. 485, VI).

Como registro histórico, cabe assinalar que o CPC de 1939 exigia fosse, além de legítimo, econômico ou moral o interesse de agir em juízo (art. 2.º, *caput*), refletindo, com isso, a regra do art. 76 do Código Civil de 1916, revogado. Adverte Pontes de Miranda que a exigência introduzida nesse Código, no sentido de que fosse "legítimo" o interesse, decorreu de equivocada tradução de Clóvis Beviláqua do texto italiano, em que se inspirou.[41]

O vigente estatuto processual civil — assim como o CPC de 1973 — em modificação acertada, suprimiu do interesse os adjetivos legítimo, econômico e moral (art. 17). Nada obstante, o CPC de 1973, ao declarar que para "propor" ou contestar ação era necessário haver interesse (e legitimidade) acabou por dizer menos do que pretendia (*minus dixit quam voluit*), porque o interesse era - e segue sendo — também indispensável para excepcionar, reconvir, recorrer, impugnar e o mais. O CPC de 2015 não incorreu nesse equívoco, preferindo fazer uso de uma expressão mais abrangente: "Para *postular em juízo* é necessário ter interesse legitimidade" (destacamos).

Podemos dizer, em síntese, que o ato de agir em juízo está subordinado, rigidamente, à existência de um interesse, consistente no conseguimento de uma decisão que seja útil ou necessária para satisfazer pretensão juridicamente possível, daquele que invoca a prestação da tutela jurisdicional.

(41) *Comentários...*, p.154.

Segunda Parte
Sentença

Capítulo I

O Ofício de Julgar

O homem — já o disse Aristóteles — é um ser gregário. Repugna, pois, em princípio, à sua natureza a vida solitária e isolada. Os anacoretas e os eremitas constituem, por isso, exemplos algo anômalos, no conjunto da espécie.

Não pretendemos, com essas considerações, iniciar um exame sócio-político dos motivos que, agindo poderosamente sobre o espírito do ser humano, fizeram-no procurar aproximar-se do seu semelhante, seja para efeito de convivência permanente, de relacionamento fugaz ou de intercâmbio. Em todo caso, sabemos que o homem primitivo se agrupou por um imperativo de sobrevivência, como forma de defender-se de animais predadores, de indivíduos hostis ou de outros grupos beligerantes. O ato de agrupar-se constituiu, portanto, o húmus que, a partir de Aristóteles, iria fazer brotar, mais tarde, com Augusto Comte, a sociologia científica, a cujo estudo se dedicaram, dentre outros, Gabriel Tarde (*"Le Lois de l'Imitation"*), defensor do nominalismo(42) e Émile Durkheim (*"Les Règles de la Méthode Sociologique"*), ligado ao realismo sociológico(43) de Platão, sem omitirmos as preciosas contribuições de Max Weber, Georg Simmel, e, mais recentemente, de Louis Recaséns Siches.

O homem, todavia, é um ser que possui interesses. Sob esse aspecto, pode-se dizer que a sociedade é formada por uma complexa rede de interesses individuais, que são legalmente pelo interesse coletivo ou público, sem que, com isso, aqueles sejam cancelados ou não possam ser realizados. A vida em sociedade, com suas múltiplas inter-relações, não tardou, porém, em provocar a coincidência de duas ou mais pessoas manifestarem interesses sobre o mesmo bem ou utilidade da vida, sem que uma delas renunciasse a essa pretensão. Surge, então, o conflito de interesses, que, no início, era solucionado pelos próprios indivíduos nele envolvidos (período da autotutela ou da autodefesa), passando, depois, a ser dirimido, em caráter monopolístico, pelo Estado (Justiça Pública).

O conflito intersubjetivo de interesses, que passou a ocorrer, com frequência, entre os componentes do grupamento humano socialmente organizado, deu origem, nos tempos modernos, à figura do juiz, a quem se incumbiu, institucionalmente, a tarefa de resolver, com neutralidade, tais conflitos. Em rigor, convencendo-se da inconveniência do sistema da autotutela, os indivíduos, em determinado momento histórico, preferiram eleger árbitros, confiando-lhes o encargo de harmonizar os conflitos em antagonismo.

(42) Posição teórica, em matéria de ontologia sociológica, consistente em negar maior substância ao social que, assim, ficaria reduzido a quase apenas um mero *nome*. Melhor seria chamá-lo de relacionismo, pois sua tese é menos radical que o nominalismo — *Machado Neto e Machado Neto*. Sociologia Básica. 8.ª ed. São Paulo: Saraiva, 1983. p. 73.

(43) Posição doutrinal, em ontologia sociológica, que atribui ao ser (*onthos*) da sociedade a substância de uma coisa (*res*). *Ibidem*, p. 76.

Essa arbitragem era exercida, em geral, pelos sacerdotes ou pelos anciãos. As decisões dos árbitros eram baseadas, quase sempre, nos usos e costumes e nos princípios morais da coletividade. A judicatura, em seu caráter formal (e oficial), como hoje é conhecida, é posterior à arbitragem, conquanto não seja com ela inconciliável. Certos sistemas legais, a propósito, mantêm ambas as formas de solução dos litígios, como ocorre no Brasil, segundo revela a Lei n. 9.307/96. No processo do trabalho, a arbitragem é prevista, apenas, no plano das ações coletivas (CF, art. 114, § 1.º).

Se penetrarmos nas entranhas da História, veremos que os diversos povos antigos cuidaram de organizar, de acordo com as suas necessidades e suas inclinações ético-político-religiosas, um sistema de Justiça, capaz de permitir a solução dos entrechoques de interesses, amiúde estabelecidos, e, por esse motivo, perturbadores da estabilidade das relações sociais. É o que faremos, a seguir, embora a voo de pássaro.

Egito

Em geral, os crimes comuns e as causas de pequena monta eram apreciados pelos juízes singulares existentes nas diversas cidades egípcias. As causas mais graves eram julgadas por um tribunal superior, composto de trinta sacerdotes, que eram denominados "auditores das queixas do Tribunal de Justiça" (*soutnou en os kat en mã*). Esses julgadores eram muito bem remunerados. Do ponto de vista do procedimento, é interessante observar que todos os debates eram realizados por escrito. A sentença era proferida em sessão secreta; nessa oportunidade, o presidente do tribunal voltava a efígie de *Mã*, a Deusa da Verdade (que a trazia no colar como símbolo do cargo), para a parte vencedora, proclamando, desse modo, a decisão.

Posteriormente à 21.ª dinastia, as cidades de Heliópolis, Mênfis e Tebas passaram a contar com tribunais compostos de sacerdotes, a quem se cometia o encargo de julgar (secretamente). Acima deles havia, em Tebas, uma Corte Suprema.

A despeito dessa organização judiciária, a História demonstra que o rei podia, a seu livre-arbítrio, avocar qualquer feito, para reexaminá-lo, modificando a decisão dada pelos juízes.

Pérsia

Numa tradição fortemente arraigada em vários povos, os persas escolhiam os seus juízes dentre os sacerdotes. Essa escolha era realizada pela população, dependendo, contudo, da aquiescência do rei. Como episódio curioso, registre-se o fato de o julgador Belésis, acusado de haver roubado ouro do palácio do rei Sardanápalo, ter sido condenado à morte por seus próprios colegas, reunidos em colegiado.

Índia

O julgamento das causas competia ao rei. Dispunha o Código de Manu (Livro VIII, versículo 1.º) que o soberano, vestindo roupas simples e acompanhado dos brâmanes e de conselheiros experientes, deveria comparecer ao tribunal para realizar os julgamentos.

Caso preferisse, o rei poderia delegar esse poder a um brâmane, desde que fosse conhecedor profundo do livro dos Vedas. O brâmane, juntamente com mais três juízes apontados pelos litigantes, constituíam o "Tribunal de Brama das quatro faces".

Depois de se inteirarem, com muita atenção, a respeito dos fatos da causa, os juízes proferiam a decisão, podendo fazê-lo em pé ou sentados, levantando, em qualquer caso, a mão direita. As decisões eram calcadas, basicamente, nos usos e costumes populares.

Grécia

Possuíam os gregos diversos tribunais, como o *Areópago*, o *Heliastas*, o *Epippalladium*, o *Epiprytanium* e o *Epithalattium*. Dois deles merecem destaque: a) o *Areópago*, uma assembleia de magistrados que tinha sua sede na colina de Ares, e que possuía (na época de Aristóteles) competência para julgar os casos de assassinato premeditado, de envenenamento e de incêndio. Mais tarde, a sua competência foi reduzida em favor da *ecclesia* (assembleia política) e do *helieu* (tribunal judiciário); b) o *Heliastas* (ou dicastério) que, por duzentos e oitenta votos contra duzentos e vinte, condenou Sócrates à morte, pela cicuta. Na verdade, essa primeira votação foi para decidir se Sócrates seria condenado à morte, ou não. Houve, em seguida, outra votação, para que se definisse se seria mantida a sentença, ou se seria aceita a proposta de Sócrates, de pagar trinta minas de prata pela sua absolvição. A votação, neste último caso, também foi desfavorável a Sócrates: 360 votos contra e 140 a favor. Sobre o julgamento deste filósofo, que não nos deixou nada escrito, sugerimos a leitura de "A Defesa de Sócrates", de Sérgio Avrella (Editora Elenco, Curitiba: 5.ª ed., 2007).

Por influência das ideias democráticas, que empolgavam o gênio helênico, foi criado o *dicastério*, um tribunal popular. Era, na verdade, um júri, composto por um elevado número de dicastas, que variava de duzentos a mil! Tratava-se, como se percebe, de uma autêntica assembléea de dicastas.

Se, de um lado, não se pode negar que o dicastério contribuiu, enormemente, para o aprimoramento da oratória grega, porquanto os debates, que nele aconteciam, eram sempre orais, por outro, não menos exato é que os julgamentos aí realizados eram imperfeitos e injustos — simplesmente porque os dicastas ignoravam a prova produzida e decidiam segundo a simpatia que nutriam pelas partes ou por seus advogados.(44)

(44) Em sua *"Arte Retórica"*, Aristóteles, condenando o expediente utilizado pelos advogados, consistente em procurar desviar a atenção dos julgadores das provas, escreve: "(...) A aversão, a compaixão, a ira e as demais paixões da alma não concernem ao assunto como tal, mas única e simplesmente aos julgadores. Por conseguinte, se, para os julgamentos, se estabelecesse a regra atualmente instituída nalgumas cidades, principalmente nas que são mais bem administradas, aqueles autores nada mais teriam para dizer. (...) É, pois, sumamente conveniente que leis bem estabelecidas determinem, na medida do possível, todos os casos, evitando ao máximo deixar margem aberta para a decisão dos juízes. Em primeiro lugar, por ser mais fácil encontrar um só homem ou poucas pessoas, do que muitas, para pensar judiciosamente, para legislar ou para julgar; em seguida, as leis só são promulgadas após observação prolongada, ao passo que as sentenças judiciárias são emitidas imediatamente, sem espera, pelo que, neste último caso, é difícil a um juiz pronunciar-se corretamente de acordo com o que é justo e útil" (São Paulo: Difusão Europeia do Livro, 1964. Tradução de Antônio Pinto de Carvalho. p. 17-19). Com esta crítica, o notável filósofo procurou demonstrar que o próprio juiz, muitas vezes, era levado a decidir contra a prova dos autos, deixando-se levar pela retórica dos advogados: "Pelo que, tendo em vista apenas sua própria satisfação e escutando só pelo prazer de escutar, entregam-se (os juízes) às partes em causa e não julga no sentido rigoroso do termo" (*idem*).

Era muito comum, nessa época, os acusados comparecerem ao tribunal com suas mulheres e filhos, procurando, dessa maneira, provocar sentimentos de piedade e de clemência, por parte de todos, máxime dos julgadores. Sócrates, todavia, compareceu a esse tribunal sozinho e sem advogado, preferindo fazer, com certa altivez que irritou os juízes, a sua própria defesa. Para ele, a vida irrepreensível, que sempre levara, seria a sua melhor defesa. Equivocou-se.

Roma

Na organização judiciária romana, o pretor ocupava lugar de destaque. Essa importância decorria, notadamente, do fato de ele, ao ser investido no cargo, publicar um edito, no qual apresentava a sua interpretação acerca das leis vigentes. Esses editos constituíram, juntamente com o Direito Civil, ao qual modificavam para aprimorar, o *ius honorarium*, provido de maior sentimento de justiça, pois sensível às necessidades e aos anseios populares.

Havia, em Roma, juízes e magistrados, figuras inconfundíveis, dada a diversidade das funções que lhes eram atribuídas pelo sistema da época. Assim, em termos gerais, enquanto aos magistrados competia convocar os litigantes, fazer obedecer os procedimentos, tomar os compromissos e proferir as palavras de estilo, aos juízes cabia proferir as decisões. O pretor era um magistrado.

Os juízes, por sua vez, eram denominados de *iudex* ou de *arbiter*. Existiam, ainda, os juízes incumbidos de solucionar os conflitos de interesses estabelecidos entre cidadãos romanos e peregrinos, aos quais se dava o nome de recuperadores. Assim eram chamados porque, após a solução do litígio, providenciavam para que fossem recuperados os bens de que se apossara o inimigo.

Dada a notável influência exercida pelo Direito Romano em nosso sistema jurídico, torna-se recomendável lançar algumas considerações — ainda que breves — sobre as formas de solução dos litígios previstas naquele Direito. Para tanto, dividamos o Direito Romano em dois períodos históricos fundamentais: a) do *ordo iudiciorum privatorum* e b) da *cognitio extra ordinem*.

a) Ordo iudiciorum privatorum

Compreende duas fases:

1. Fase arcaica, que vai desde as origens do Direito até o século II a.C.

Nessa fase, os indivíduos envolvidos em um conflito de interesses iam à presença do pretor e aí assumiam o compromisso formal de acatar o que viesse a ser decidido. A despeito de parecer injustificável esse compromisso, do ponto de vista moderno, onde o processo constitui um método estatal de solução de litígios (ao qual, por isso, ninguém pode se recusar), era absolutamente necessário naquela época, porquanto, sem autorização dos contendores, o Estado não intervinha em seus negócios. A esse compromisso se denominava *litiscontestatio*.

Prestado o compromisso, as partes escolhiam um árbitro em quem confiassem e que recebia do pretor o encargo de realizar o julgamento.

2. Clássica, que vai do século II a.C. ao século III d.C.

Nota-se, nessa fase, uma crescente intervenção estatal na esfera privada dos indivíduos, que se caracteriza, dentre outras coisas, pelo poder de nomear o árbitro — que, antes, era escolhido pelos litigantes e investido no cargo pelo magistrado, como vimos acima. Por outras palavras, enquanto na fase arcaica a arbitragem era facultativa, na clássica passou a ser obrigatória. Talvez resida nisso o grande traço particular do período clássico do Direito Romano.

É nessa fase, aliás, que surge a Lei das XII Tábuas (placas de bronze, nas quais estavam inscritas normas jurídicas), de extraordinária importância para os indivíduos (plebeus, principalmente), pois ao serem afixadas no Foro, diante da cúria do Senado, adquiriram publicidade e permitiram, com isso, ao povo saber, pela primeira vez, sob que leis estava vivendo. Não pretendemos iniciar, aqui, um estudo a respeito do conteúdo dessas Tábuas e de sua inegável importância histórica. Apesar disso, não podemos deixar de fazer breves referências às disposições contidas na Tábua I, relativa ao chamamento a juízo (*De in ius vocando*), cujos incisos estavam assim redigidos: I – Se convocas alguém à presença do magistrado e ele se recusa, testemunha essa recusa e obriga-o a comparecer; II – Se ele tentar fugir, prende-o e leva-o à força; III – Se a doença ou a idade o impossibilitarem, fornece-lhe condução, mas nunca uma carruagem, salvo se desejares ser benevolente; IV – Que um rico apenas responda por um rico; por um proletário responda quem quiser; V – Se as partes transigirem, que a demanda seja assim regulada; VI – Não havendo acordo, que o magistrado conheça da causa antes do meio-dia, no comício ou no foro, após a discussão entre os litigantes; VII – Passado o meio-dia, que o magistrado se pronuncie perante as partes presentes; VIII – Depois do sol posto, nenhum ato mais será praticado.

Na Tábua III estavam descritas algumas regras pertinentes à cobrança de dívida, que merecem ser agora reproduzidas, para que se tenha uma noção de como isso era feito, e, máxime, do caráter corporal (e não patrimonial, como se dá modernamente) da correspondente execução: I – Para o pagamento de uma dívida em dinheiro, confessada pelo devedor e por ela condenado, tenha ele o prazo de trinta dias para saldá-la; II – Decorrido esse prazo, seja preso o devedor e levado à presença do magistrado; III – Não sendo liquidada a dívida nesse momento e ninguém oferecendo caução pelo devedor, seja este preso mediante correias ou ferros de quinze libras aos pés, no máximo, podendo ser menor o peso, de acordo com o credor; IV – Viva, a partir daí, o devedor às suas expensas, e, não o podendo, que o credor lhe dê uma libra de farinha por dia, no máximo; V – Este inciso apresenta um texto incompleto, mas Aulu-Gelle sustenta que decorria o prazo de três feiras consecutivas, nas quais era realizado o pregão da dívida, com o objetivo de vê-la satisfeita por alguém. Findo esse prazo, sem que a dívida fosse assumida, o devedor seria morto; havendo vários credores, o seu corpo poderia ser cortado em vários pedaços (*pro rata*, certamente!), conquanto a lei permitisse, como alternativa menos cruel, a venda do devedor a algum estrangeiro, para além do rio Tibre (*transtevere*).

b) Cognitio extra ordinem

Como deixamos exarado há pouco, na fase da ordo *iudiciorum privatorum* o Estado não se imiscuía no círculo privado dos indivíduos, no tocante à solução das controvérsias entre eles existentes; daí a necessidade de estes prestarem, perante o pretor (*in iure*), o compromisso (*litiscontestatio*) de cumprir o que viesse a ser decidido pelo árbitro (*apud iudicem*), por eles escolhido. Na fase da *cognitio extra ordinem*, porém, o pretor, transpondo os limites estabelecidos pela ordem jurídica vigente, passa a solucionar os conflitos de interesses, vale dizer, a ingressar no mérito da causa, proferindo a sentença, ao invés de tomar o compromisso das partes e de permitir-lhes a indicação de um árbitro.

Pode-se dizer que, a partir desse acontecimento, surge a Justiça Pública, em substituição à Justiça Privada, onde o Estado passa a solucionar as controvérsias envolvendo os indivíduos, não apenas sem o compromisso destes, de aceitar a decisão, mas, até mesmo, contra a vontade dos mesmos. Nasce, desse modo, a jurisdição, com seu caráter monopolístico e a sua irrecusabilidade, e a consequente coercitividade dos pronunciamentos emitidos por aqueles que a exercem: os juízes.

Portugal

Basicamente, a Justiça portuguesa, no período de colonização, tinha o primeiro grau de jurisdição integrado pelos juízes da terra, juízes da vintena, almotacés e juízes de fora; nas Cortes, havia os corregedores e os juízes da Fazenda, dentre outros.

Os juízes da terra (ou juízes ordinários) eram eleitos, podendo, inclusive, ser analfabetos, embora lhes fosse permitido indicar assessores. A partir de 1642, passou-se a exigir que fossem alfabetizados. Identificava-os uma vara vermelha, que estavam obrigados a ostentar, sempre que percorressem a vila, a serviço, mesmo que a cavalo.

Os juízes das vintenas eram escolhidos pelos vereadores, dentre os homens que desfrutavam de boa reputação na comunidade.

Aos almotacés cabia, apenas, aplicar multas municipais, chamadas de coimas.

Os juízes de fora, como a denominação está a indicar, eram nomeados pelo rei e enviados ("de fora") para o lugar onde estava ocorrendo o conflito. Essa classe de juízes foi instituída por Afonso IV e decorreu da intenção da realeza de concentrar em si toda a autoridade. Tais juízes deveriam ser letrados e estudiosos e possuíam poderes mais amplos que os atribuídos aos juízes da terra.

A Carta Régia, de 1352, justificava a criação dos juízes de fora com o fato de que "sendo estranhos, sem na terra terem parentes nem amigos, compadres e companheiros, ou bem malquerenças e ódio com outros, podiam resistir à prepotência dos poderosos, castigar os seus excessos, sem ficarem expostos às vinganças dos mesmos poderosos e assim fazerem melhor justiça do que os naturais da terra".

No segundo grau de jurisdição estavam as Casas de Suplicação, sendo uma em Lisboa e outra no Porto. A primeira era presidida pelo regedor das Justiças, de quem se exigia fosse "homem fidalgo, de limpo sangue, de sã consciência, prudente, e de muita autoridade e letrado, se for possível, e sobretudo tão inteiro que sem respeito de amor, ódio, ou perturbação outra de ânimo, possa a todos guardar justiça igualmente. E assim deve ser abastado de bens temporais, que sua particular necessidade não seja causa de em alguma coisa perverter a inteireza e constância com que nos deve servir. Isso mesmo deve o regedor ser nosso natural, para que como bom e leal deseje o serviço de nossa pessoa e Estado" (*Ordenações*, Livro 1.º, Título 1.º).

Brasil

Em termos gerais, a estrutura da organização judiciária portuguesa foi reproduzida no período do Brasil-colônia. Assim é que aqui tivemos os juízes da terra, os juízes de fora, os almotacés, bem como a Casa de Suplicação do Rio de Janeiro.

A Constituição Imperial, de 1824, todavia, mais as leis ordinárias que a ela se seguiram, alteraram essa estrutura, fazendo desaparecer os referidos cargos — embora seja forçoso reconhecer que, em certos casos, essa alteração não foi além da denominação atribuída ao cargo, porquanto, em sua essência, a modificação foi de pequena monta.

Justiça do Trabalho

Os Conselhos Permanentes de Conciliação e Arbitragem, criados pelo Decreto Legislativo n. 1.637, de 5 de janeiro de 1907, destinados à conciliação dos conflitos de interesses ocorrentes entre trabalhadores e proprietários rurais, podem ser apontados como o embrião da Justiça do Trabalho, que viria a ser, mais tarde, instituída em nosso país. Em 1911, cria-se, em São Paulo, o Patronato Agrícola, com o objetivo de dirimir as controvérsias envolvendo proprietários rurais e camponeses.

No ano de 1922, provavelmente por influência das Constituições Mexicana, de 1917, e de Weimar, de 1919, instalam-se, em São Paulo, no Governo de Washington Luiz, os Tribunais Rurais, criados pela Lei n. 1.869, de 10 de outubro (regulamentada pelo Decreto n. 3.548, de 12 de dezembro do mesmo ano), providos de competência para solucionar controvérsias derivantes da interpretação e execução dos contratos de locação de serviços agrícolas. A sua composição era paritária, pois deles participavam, além do Juiz de Direito da Comarca, que os presidia, um representante dos camponeses e outro, dos proprietários rurais ("patrões"). Caracterizavam-se esses tribunais por um procedimento sumário, no qual eram ouvidas as partes, procedendo-se à colheita das provas e à proferição da sentença na mesma oportunidade. É relevante destacar que, na verdade, a decisão competia aos representantes classistas, intervindo o magistrado, unicamente, no caso de divergência entre aqueles. Verifica-se, portanto, que, em sua essência, o procedimento era semelhante ao traçado pelo art. 850 da CLT, em sua redação original. Observa Russomano, a propósito, que os Tribunais Rurais eram regidos por normas que, ainda hoje, se refletem na organização e no funcionamento da Justiça do Trabalho, em primeiro grau, "desde a composição paritária do órgão julgador, até o método de coleta dos votos dos integrantes das Juntas de Conciliação e Julgamento" (Código de Processo do Trabalho — Anteprojeto Anotado, Rio, Ed. José Konfino, 1963, págs. 10 e segs.). Cabe-nos registrar, entretanto, que, na prática, esses órgãos colegiados não atingiram os resultados desejados.

Em 1932, o Decreto n. 21.396, de 12 de maio, criou as Comissões Mistas de Conciliação, às quais foi atribuída competência para julgar os conflitos coletivos de trabalho. No mesmo ano surgem, por força do Decreto n. 22.132, de 25 de novembro, as Juntas de Conciliação e Arbitragem, encarregadas de solucionar os conflitos individuais, que haviam ficado à margem do Decreto n. 21.396/32. Constituíam traços peculiares dessas Comissões: a) a sua reunião, apenas, mediante iniciativa de uma das partes; b) a competência restrita aos conflitos envolvendo trabalhadores sindicalizados (e que eram muito poucos, na época); c) a sua natureza eminentemente administrativa (e não jurisdicional), bastando lembrar a figura da avocatória, pela qual se facultava ao Ministro do Trabalho rever a decisão proferida pelo órgão, no prazo de noventa dias, a requerimento do interessado, sempre que este demonstrasse ter havido "flagrante parcialidade dos julgadores". Demais, as Comissões possuíam competência meramente conciliatória, pois a decisão definitiva incumbia, vez mais, ao Ministro do Trabalho, mediante laudo arbitral, conforme dispunha o mencionado Decreto n. 21.396/32. As decisões das Juntas eram cumpridas pelos juízes federais.

Em 1939, o Decreto-lei n. 1.237, de 2 de maio, instituiu a Justiça do Trabalho, nos moldes em que hoje se apresenta. Esse texto legal foi modificado pelo Decreto-lei n. 2.851, de 10 de dezembro do mesmo ano, vindo a ser regulamentado, dois dias depois, pelo Decreto n. 6.996.

Finalmente, a 1.º de maio de 1941, durante o Governo de Getúlio Vargas, instala-se a Justiça do Trabalho, em solenidade realizada no estádio de futebol do Clube de Regatas Vasco da Gama, no Rio de Janeiro, para onde acorreram milhares de trabalhadores, especialmente convocados — em atitude, aliás, muito ao gosto da época. Somente, porém, na Constituição de 1946 é que a Justiça do Trabalho foi definitivamente integrada ao Poder Judiciário, sendo os antigos Conselhos Nacional e Regionais transformados em Tribunal Superior do Trabalho e Tribunais Regionais do Trabalho, respectivamente.

O Brasil figura dentre os países que possuem uma Justiça especializada na solução dos conflitos de interesses ocorrentes entre trabalhadores e empregadores. Em outros, o que existe, somente, é uma especialização de Vara, Turma ou Câmara Civil, como se passa, por exemplo, na Itália, onde especializados são, apenas, os juízes, que se encontram, todavia, vinculados à Justiça Comum. Na América do Sul, grande parte dos países possui uma Justiça do Trabalho, como se verifica, *e. g.*, na Argentina, na Bolívia, no Chile, no Equador, no Paraguai, no Peru e no Uruguai, cuja organização e competência variam segundo as particularidades de cada legislação. Consulte-se, a respeito, a proveitosa coletânea "A Competência da Justiça do Trabalho na América do Sul", contendo artigos de diversos juristas de escol (S. Paulo, Revista dos Tribunais, 1981).

A Emenda Constitucional n. 24/99 eliminou a representação classista, na Justiça do Trabalho, em todos os graus desta jurisdição. Em decorrência disso, os órgãos de primeiro grau (Juntas de Conciliação e Julgamento) deixaram de ser colegiados, para se tornarem monocráticos (Varas do Trabalho), à feição da Justiça Comum.

Apenas à guisa de registro histórico, devemos mencionar o nosso pensamento a respeito da ampliação da competência do Justiça do Trabalho – que acabou por acontecer, tempos depois, por força da Emenda COnstitucional n. 45/2004.

Ei-lo:

> "Como estamos a discorrer, ainda que *en passant*, acerca da competência material da Justiça do Trabalho de nosso país, torna-se oportuno ressaltar que, de uns tempos até esta parte, percebe-se uma tendência, aglutinadora de considerável número de juristas, de juízes, de advogados e de dirigentes sindicais, no sentido da ampliação da competência dessa Justiça especializada.
>
> Pretende-se, com isso, que seja trazida para a competência do Poder Judiciário do Trabalho a solução de conflitos atípicos, ou seja, que não envolvem, entre si, trabalhadores e empregadores, mas que, de certa forma, estão ligados à relação de trabalho ou ao universo dos trabalhadores. Podem ser referidos como exemplos desses conflitos os estabelecidos entre funcionários públicos e a Administração; entre trabalhador e o sindicato representativo de sua categoria; entre entidades sindicais (tendo como objeto, neste caso, temas pertinentes aos atos constitutivos, à definição da base territorial, ao alcance da representação etc.), assim como os decorrentes de acidentes do trabalho, dentre outros.
>
> Não somos, em princípio, contrários à expansão da competência da Justiça do Trabalho, para abranger lides atípicas, como as mencionadas. Afinal, todas as demandas que digam respeito ao trabalhador, nessa qualidade, devem, realmente, ser submetidas à apreciação do juízo trabalhista. Essa dilatação da competência teria, assim, como núcleo axiológico, a presença do trabalhador na lide, de maneira que se poderia cogitar de uma Justiça devotada à causa dos trabalhadores, sem que essa devoção implicasse parcialidade dos juízes. A despeito disso, queremos fazer uma ponderação, que nos parece indispensável, neste momento em que se encorpa o movimento tendente ao alargamento da competência material da Justiça do Trabalho.
>
> Cremos que essa expansão da competência só será viável se acompanhada de uma profunda modificação das estruturas normativas atuais, em que se insere a Justiça do Trabalho, que vão desde a sua composição e funcionamento até as normas processuais utilizadas para a solução dos conflitos de interesses.
>
> Constitui fato notório que a Justiça do Trabalho se encontra à beira do colapso, cuja etiologia pode ser facilmente identificável na sua compreensível impossibilidade física de dar vazão, de maneira boa e rápida, à massa pletórica das ações que lhe são submetidas, a cada dia, a cada mês, a cada ano. Ora, se o quadro apresenta essa gravidade, mesmo com uma competência, basicamente, concentrada nos conflitos ocorrentes entre trabalhadores e empregadores, o que não se imaginar que virá a acontecer se essa competência for consideravelmente ampliada, como é do desejo de tantos, sem que seja precedida das reformas normativas a que

> aludimos? Não nos cabe, aqui, indicar em que devam consistir essas reformas, senão que manifestar profunda preocupação pelo que certamente sucederá se não se tiver a cautela, a sensatez, de preparar, com eficiência, as condições físicas e técnicas necessárias para que a Justiça do Trabalho possa suportar esse enorme aumento da carga de sua competência material.
>
> Valha, como corolário, a Emenda Constitucional n. 20/98, que atribuiu competência a esta Justiça Especializada para "executar, de ofício, as contribuições sociais previstas no art. 195, I, a, e II, e seus acréscimos legais, decorrentes das sentenças que proferir". A execução, pela Justiça do Trabalho, das contribuições devidas ao INSS tem acarretado, como se sabe, transtornos de toda ordem, seja pelas discussões que acabam se estabelecendo acerca do tema, seja pelo recursos interpostos pela autarquia federal, sempre que entende terem sido contrariados os seus interesses, nos autos de uma demanda tipicamente trabalhista.
>
> A ninguém é dado ignorar que a Justiça do Trabalho, assim como o processo correspondente, estão em crise, que não é, de modo algum, de credibilidade, mas institucional, ou, quando menos, orgânica. Uma e outro, por isso, devem ser repensados, o quanto antes, sob pena de se tornarem inúteis, e, com isso, provocarem uma justificável indignação popular. Se isso acontecer, a crise passará a ser de credibilidade, cujas consequências podem ser intuídas por aqueles que não ignoram o que o futuro costuma reservar para as instituições que foram desacreditadas pelo julgamento popular."

A realidade aí está, para demonstrar se estávamos certos ou errados naquelas nossas apreensões.

Capítulo II

Os Atos do Juiz

Comentário

O processo, conforme pudemos assinalar, diversas vezes, constitui o método de solução estatal (logo, heterônomo) dos conflitos de interesses juridicamente tuteláveis, estabelecidos entre os indivíduos ou as coletividades. Ao juiz, em especial, a tradição e as leis reservaram a relevante função de condutor, de reitor exclusivo do processo.

Como, por outro lado, o escopo das partes é, em princípio, o conseguimento de uma sentença de mérito, que componha a lide, podemos dizer que todos os atos que o juiz pratica no processo, ou manda praticar, se destinam, direta ou indiretamente, a preparar o provimento jurisdicional de fundo. Mesmo um simples despacho, que defira a juntada de documentos, ou a indefira, está intimamente ligado ao objetivo processual de que falamos. Em um certo sentido, o próprio despacho que defere, por exemplo, o adiamento de uma audiência não se afasta desse propósito de preparação da sentença de mérito, pois, não raro, o adiamento visa a permitir a uma das partes, ou a ambas, realizar determinados atos vinculados a esse acontecimento mais importante do processo, ao seu momento de culminância, que é o da prolação da sentença de mérito.

Levando em conta essa estreita relação entre o ato e o fim do processo, parece-nos também correto afirmar que toda vez em que o ato não se vincular, ainda que obliquamente, com o objetivo do processo — segundo as particularidades do caso concreto — a sua prática deve ser evitada pelo juiz, ou por este inibida (se a iniciativa for das partes), pois faltará a esse ato o requisito imprescindível da necessidade ou da utilidade, capaz de justificar a sua realização. Se, *e. g.*, a matéria que dá conteúdo à ação é daquelas a que se costuma designar de "exclusivamente de direito", de nenhuma utilidade será para o processo a realização de audiência destinada à instrução oral; o mesmo se diga de um despacho que defere a produção de prova testemunhal quando o fato somente possa ser provado mediante exame pericial, por força de lei. De igual forma dizemos quanto ao despacho que defere a realização de perícia impraticável (CPC, art. 464, § 1.º, III).

Em suma, o ato processual só deve ser praticado pelo juiz, pela parte, pelo perito, ou por quem quer que seja, quando atender a dois requisitos fundamentais: a) guardar pertinência com o escopo do processo, tendo em vista o caso concreto; b) ser, além disso, relevante, pois é conhecida a existência de atos que, a despeito de estarem ligados ao fim do processo, são absolutamente irrelevantes, despiciendos. É óbvio que, em qualquer hipótese, se deverá ter em mente os princípios que dizem respeito às preclusões temporal, lógica e consumativa, de cujas consequências somente pode escapar o juiz e, ainda assim, em certas situações particulares. Em certos casos, a validade do ato está submetida ao imperativo da forma, como se dá, por motivos plenamente justificáveis, com a sentença.

Não nos interessam, todavia, por ora, esses aspectos formais, pois está em nossa intenção, apenas, demonstrar os atos que o juiz pode (e, muitas vezes, deve) realizar no processo, bem como o conceito e finalidade que a cada um correspondem.

CPC de 2015 preferiu falar não em *atos*, mas em *pronunciamentos* do juiz (art. 203). Não nos pareceu correta essa modificação terminológica, porquanto há situações em que o magistrado pratica, efetivamente, *ato*, não realizando *pronunciamentos*. Cite-se, como corolário, o interrogatório das partes, a inquirição das testemunhas, dos peritos, e a própria inspeção judicial (art. 481).

O art. 203, do CPC, declara constituírem pronunciamentos do juiz: a) as sentenças; b) as decisões interlocutórias; e c) os despachos. É evidente que o vocábulo *sentenças* foi aí utilizado no sentido lato, por forma a compreender, também, os acórdãos — julgamentos colegiados proferidos pelos tribunais (CPC, art. 204).

O mesmo podemos dizer com relação aos despachos. Não se trata somente de despachos ordinários ou de expediente, mas, por igual, dos denominados *despachos-decisórios* (ou despachos resolutivos ou decisões).

Com efeito, há certos atos do juiz que, embora apresentem a forma de despacho, têm manifesto conteúdo de decisão. Exemplo característico é o que denega a admissibilidade de recursos e que, por ser exatamente dotado de nítido traço decisório, pode ser impugnado por meio do recurso de agravo de instrumento (CLT, art. 897, "*b*"). Voltaremos ao assunto mais adiante, quando nos ocuparmos da conceituação dos vários atos judiciais.

Após haver classificado os pronunciamentos do juiz, o art. 203, do CPC, passou a conceituá-los. Veja-se: "§ 1.º Ressalvadas as disposições expressas dos procedimentos especiais, *sentença* é o pronunciamento por meio do qual o juiz, com fundamento nos arts. 485 e 487, põe fim à fase cognitiva do procedimento comum, bem como extingue a execução. § 2.º *Decisão interlocutória* é todo pronunciamento judicial de natureza decisória que não se enquadre no § 1.º. § 3.º São *despachos* todos os demais pronunciamentos do juiz praticados no processo, de ofício ou a requerimento da parte" (destacamos).

Essa conceituação legal, entretanto, está a merecer alguns reparos, do ponto de vista doutrinário, conforme procuraremos demonstrar, a seguir.

Desatento à advertência oriunda das fontes romanas, de que toda definição em Direito (civil) é perigosa (*omnis definitio in ius civile periculosa est*), o legislador processual civil brasileiro estabeleceu, como vimos, os conceitos de sentença, de decisão interlocutória e de despacho. Melhor teria feito, contudo, se deixasse essa tarefa à doutrina, sabendo-se que esta, em regra, é mais científica do que a lei.

Sentença

O vocábulo sentença é originário da forma latina *sententia* (de *sentio, is si sum, ire* = sentir). Por esse motivo, em Roma, a sentença traduzia o sentimento, a impressão do julgador acerca dos fatos e dos direitos alegados pelos litigantes. Não se tratava, por isso, de uma insensível dicção jurisdicional, porquanto dotada de uma certa carga de sentimentos pessoais do juiz. Como acentua Lauterbach, por meio da sentença, o juiz declarava o que sentia: *quod iudex per eam quid sentiat declaret* (*Colleg. Pandect.* Livro 42, Título 1, § 1.º).

Os romanos, por outro lado, separavam, com nitidez, a *sententia* da *interlocutio*, pois enquanto aquela expressava a opinião do magistrado sobre o mérito da causa, esta correspondia ao ato pelo qual ele resolvia, no curso do processo, as diversas *locuções* apresentadas pelos demandantes.

Posteriormente, por influência do direito germânico, o vocábulo *sentença* passou a ser utilizado para significar toda e qualquer decisão tomada pelo juiz, no curso do processo ou no final deste. Daí as expressões "sentença definitiva" e "sentença interlocutória", muito em voga no período. O efeito prático dessa ampliação do conceito de sentença pôde ser verificado com o fato de haver-se permitido a impugnação, mediante recurso, das *interlocutiones*.

Classicamente, porém, a sentença sempre foi entendida como o pronunciamento jurisdicional que acarretava a extinção do processo com julgamento do mérito. Isso era o que ocorria no direito romano, antes da referida influência do direito germânico. Percebe-se, desse modo, que não foi doutrinalmente correto o conceito de sentença, elaborado pelo art. 162, § 1.º, do CPC de 1973, de nosso país, em sua redação original, na medida que denominava de sentença também o ato pelo qual o juiz punha fim ao processo, mesmo sem julgamento do mérito.

Não podemos deixar de reconhecer, todavia, que sob o aspecto prático esse critério era muito útil, pois, no sistema do diploma processual de 1939, adotavam-se as denominações de sentença definitiva e de sentença terminativa, conforme o ato judicial desse cobro ao processo com exame do mérito, ou não, respectivamente, sendo que, no primeiro caso, caberia apelação e, no segundo, agravo de petição.

Pelo digesto de processo civil de 1973, o recurso interponível seria sempre o de apelação, haja a sentença se pronunciado sobre o mérito da causa, ou não. Mesmo no caso do art. 325 estávamos diante de uma sentença típica, segundo o conceito enunciado pela antiga redação do art. 162, § 1.º, ainda que a norma legal falasse em sentença "incidente". Não se tratava de impropriedade terminológica do legislador, como se pudesse imaginar — supondo-se que fosse o caso de decisão interlocutória, em decorrência do adjetivo *incidente*, posposto ao substantivo *sentença* —, porquanto o ato do juiz, na espécie, era, efetivamente, sentença, fosse porque emitida em virtude de ação declaratória incidental (CPC, art. 5.º), fosse porque era apelável (CPC, art. 513).

Posteriormente, a redação do § 1.º do art. 162, do CPC de 1973, passou a ser seguinte: "Sentença é o ato do juiz que implica algumas das situações previstas nos arts. 267 e 269 desta Lei". A reformulação do antigo conceito de sentença, enunciado nesta norma legal, deveu-se ao fato de a Lei n. 11.232/2005 haver trazido para o processo de conhecimento a execução de título executivo, por quantia certa, contra devedor privado, num sincretismo algo inusitado para a nossa realidade. Em decorrência disso, a sentença não mais poderia ser conceituada, necessariamente, como o ato pelo qual se punha fim ao processo, pois, doravante, a sentença proferida no processo de conhecimento não extinguia este processo, porquanto seria executada nos mesmo autos, sob a denominação — algo eufemística, aliás — de "cumprimento da sentença". Daí, a reengenharia feita pelo legislador, no tocante à nova redação do § 1.º do art. 162, daquele CPC.

O CPC de 2015, conforme pudemos ver há pouco, *conceitua a sentença* como o pronunciamento por meio do qual o juiz, com fundamento nos arts. 485 e 487, põe fim à fase cognitiva do procedimento comum, bem como extingue a execução (art. 203, § 1.º). Como se percebe, o legislador teve de fazer uma espécie de "malabarismo" para construir um conceito que abarcasse, ao mesmo tempo, o cumprimento da sentença e a execução.

Essa atitude do legislador processual civil da atualidade causou uma turbulência nos domínios do processo do trabalho, considerando-se o fato de que: a) aqui, não há conceituação de sentença; b) também não se poderia adotar o conceito enunciado pelo art. 203, § 1.º, do CPC, porque o processo do trabalho não conta com o procedimento do *cumprimento da sentença*, uma vez que não realizou o sincretismo entre cognição e execução, operado pelo processo civil. Basta ver que a CLT trata desses dois processos em capítulos distintos, sendo certo que, findo o de conhecimento, o executado será *citado* (e não, intimado) para o de execução (CLT, art. 880). Por esse motivo, já em edições anteriores deste livro sugerimos que se mantivesse, no processo do trabalho, por força de recepção tácita, o antigo conceito de sentença, estampado no art. 162, § 1.º, do CPC de 1973, qual seja: "ato pelo qual o juiz põe fim ao processo, examinado, ou não, o mérito da causa". Retocamos, agora, essa proposição, para conceituar a sentença como o "o ato pelo qual o juiz põe fim ao processo de conhecimento ou à execução, ou resolve os embargos do devedor".

Permitam-nos a ironia, mas se o processo civil resolveu trocar os móveis de sua casa, isso não significa que devamos também trocar os nossos.

O que não se justifica, nos tempos modernos, é a expressão "sentença interlocutória", pela manifesta contradição que ela encerra em seus termos. Realmente, se, de um lado, sentença, na definição que propusemos, é o ato pelo qual o juiz põe fim ao processo de conhecimento (pouco importando, para esse efeito, se com ou sem exame do mérito) ou de execução, ou resolve os embargos do devedor, e, de outro, decisão interlocutória é o ato pelo qual ele resolve certos incidentes processuais, constitui ilogismo inescusável o emprego da aludida expressão.

O processo do trabalho, todavia, denomina de sentença determinados atos que, em rigor, não o são, seja sob o ângulo óptico da doutrina ou da própria lei. No art. 884, §§ 3.º e 4.º, por exemplo, há referência à "sentença" de liquidação. Ora, se sentença é, essencialmente, o ato judicial dotado de aptidão (sendo esse, além disso, o seu objetivo) para dar fim ao processo, é óbvio que não se pode chamar de sentença o ato pelo qual o juiz aprecia os cálculos, para definir o *quantum debeatur*, a fim de tornar, com isso, exigível o título executivo, pois não se insere no escopo desse pronunciamento a extinção do processo (de execução), mas, ao contrário, a continuidade deste processo, mediante a "quantificação" do valor da dívida. Dessa maneira, o que a lei designa de "sentença de liquidação" é, na verdade, uma decisão liquidatária, assinalada por acentuado traço de interlocutoriedade, não tanto pelo seu conteúdo, mas pelo fato de não poder ser objeto de impugnação autônoma e imediata. Esse ato, como é de lei (*ibidem*, § 3.º), somente poderá ser atacado na oportunidade dos embargos do devedor.

O mesmo se pode dizer, *mutatis mutandis*, do ato pelo qual o órgão de primeiro grau resolve as exceções de suspeição, impedimento e incompetência, que, por não comportar impugnação autônoma pela senda dos recursos, não pode ser considerado sentença, exceto se, com relação à incompetência, for "terminativo do feito" (CLT, art. 799, § 2.º).

Deve ser feita aqui, ainda, uma necessária separação dos conceitos de *sentença* e de julgamento, não em nome de um capricho doutrinal, mas tendo em conta as relevantes necessidades de ordem prática, a que essa delimitação visa a atender. *Julgamento*, na terminologia do processo, é o ato pelo qual se decide alguma coisa. Apresenta, por isso, sinonímia com decisão. Já a sentença é o ato formal que traduz ou espelha, detalhada e fundadamente, o julgamento e seu resultado. No plano do processo do trabalho essa dissociação de conceitos era importante, pois, em virtude da, então, peculiar composição colegiada dos órgãos de primeiro grau de jurisdição, o julgamento (= decisão) deveria ser realizado, como queria a lei, pelos juízes classistas (CLT, art. 850, parágrafo único), cabendo ao juiz togado a elaboração da sentença. Este apenas participaria do julgamento para desempatar ou "proferir decisão que melhor atenda ao cumprimento da lei e ao justo equilíbrio entre os votos divergentes e ao interesse social" (*idem*). Em resumo, o juiz togado somente votaria em situações extraordinárias, legalmente previstas.

Sabemos, a propósito, que determinados juízes togados, insatisfeitos com a votação convergente dos classistas, cometiam a estes, às vezes (como absurda represália), o encargo de redigirem a sentença. *Data venia*, como esclarecemos há pouco, a elaboração da sentença constitui atribuição indelegável do juiz togado, até porque esta consiste num ato formal, que deve conter o relatório, a fundamentação e o dispositivo, motivo por que esses requisitos formais jamais poderiam ser respeitados pelos juízes classistas, de quem não se exigia nenhum conhecimento ou formação jurídica para o exercício das funções (CLT, art. 661). Destarte, impor-lhes a redação da sentença correspondia, não apenas, a violentar os princípios e o bom senso, como a incentivar a emissão de sentenças virtualmente nulas, pela falta de requisitos essenciais.

Extinta a representação classista, pela Emenda Constitucional n. 20/98, o julgamento e a sentença constituem, hoje, obra exclusiva do magistrado. Como sempre deveria ter sido, aliás.

Dessa forma, quando o art. 832, da CLT, alude aos requisitos da decisão, há que se entender que a referência é à sentença, pois, como afirmamos, decisão e julgamento são vocábulos sinônimos, na ordem processual. O processo civil, mais científico, diz dos requisitos da sentença (CPC, art. 489), conquanto, a nosso ver, tenha desbordado do bom senso no § 1.º dessa norma legal.

A teor do art. 204 do mesmo diploma processual, recebe o nome de acórdão o julgamento colegiado proferido pelos tribunais. Há, nisso, uma patente imprecisão de conceito, dado que encambulha os de acórdão e de julgamento. Quando o tribunal (Pleno, Turmas, Seções Especializadas, etc.), em suas sessões, realiza julgamentos, o que ele faz é decidir sobre as matérias submetidas à sua cognição. Nas sessões o que há, portanto, são *julgamentos* (ou decisões); os acórdãos correspondentes serão elaborados posteriormente e publicados. Até onde sabemos, nas sessões colhem-se os votos dos integrantes do colegiado, cabendo ao relator, ao revisor ou ao redator designado, conforme seja o caso, confeccionar, mais tarde, no prazo regimental, o pertinente acórdão. Segue-se, que, rigor à frente, não se pode aceitar a afirmação constante do art. 204 do CPC, de que acórdão é o *julgamento* efetuado pelos tribunais. É, isto sim, o espelho formal do *resultado* do julgamento. Ninguém, por certo, haverá, *v. g.*, de atrever-se a apresentar embargos de declaração ao *julgamento*, sabendo-se que o destinatário desses embargos, no caso, é o acórdão.

A propósito, um outro equívoco em que soem incidir os redatores dos acórdãos, quando o colegiado nega provimento ao recurso, consiste em fazer uso da fórmula estereotipada: "mantenho a sentença por seus próprios fundamentos". Há aqui, na verdade, dois erros. Em primeiro lugar, sempre que o acórdão julga o mérito, a sentença deixa de existir, desaparece do mundo jurídico (conquanto permaneça nos autos), pois, nos termos do art. 1.008, do CPC, " julgamento proferido pelo tribunal *substituirá* a decisão impugnada no que tiver sido objeto do recurso" (destacamos). Logo, sob a perspectiva do processo, há um ilogismo intransponível na mencionada fórmula judiciária. Em segundo, a expressão: "por seus próprios" (fundamentos) é pleonástica; ou se diz: "por seus fundamentos", ou "pelos próprios fundamentos". A despeito disto, nenhuma dessas expressões se salva, pois, como ressaltamos, o acórdão substitui a sentença (naquilo que houver sido objeto do recurso ou de conhecimento *ex officio*, do tribunal).

Decisão interlocutória

Ficou demonstrado, no item anterior, que os romanos distinguiam a sentença da *interlocutio*, pois esta correspondia às decisões tomadas pelo juiz, no curso do processo, acerca das locuções formuladas pelos litigantes. Daí a conhecida definição de Lauterbach: "*sententia interlocutoria est illa qua super incidentibus et emergentibus processus pronunciatur*" (ob. cit.). Note-se que aí se fala de "sentença interlocutória" — locução que, nos tempos modernos, apresenta uma contradição entre os termos com que foi elaborada.

Em sentido amplo, o vocábulo *decisão* designa todo pronunciamento realizado pelo juiz, no processo. A expressão *decisão interlocutória* apresenta, contudo, um sentido mais estrito, porquanto traduz, somente, os atos do juiz, praticados no curso processual, destinados a resolver questões incidentes (art. 162, § 2.º, do CPC de 1973. O CPC de 2015 apresenta um conceito algo vago dessa espécie de decisão, limitando-se a dizer que é "todo pronunciamento jurisdicional que não se enquadre no § 1.º"), ou seja, que não se amolde ao conceito de sentença. Trata-se, pois, de *conceito por exclusão*: o que não for sentença, será *decisão interlocutória*. O traço característico da decisão interlocutória é o seu caráter *incidental*, razão pela qual teria agido melhor o legislador processual civil de 2015 se mantivesse o antigo conceito de decisão interlocutória, como se encontrava estampado no art. 162, § 2.º, do CPC de 1973.

A propósito, o CPC de 2015 foi levado a reformular ou a retocar o conceito de algumas das figuras que o integram, em decorrência da alteração estrutural por ele empreendida. Isso se deu, por exemplo, com o sincretismo realizado pelo CPC de 1973, consistente em trazer para o terreno do processo de conhecimento a clássica execução por quantia certa fundada em título executivo judicial. O irônico desse fato é que, como o processo do trabalho não realizou esse sincretismo, pois os processos de conhecimento e de execução continuaram a ser, legalmente, tratados de maneira autônoma, o novo conceito de sentença, efetuado pelo CPC, não lhe calhou bem, sendo, por isso, conveniente manter o que havia sido formulado pelo processo civil antes do precitado sincretismo.

Há que se entender como *incidente* (do latim *incidere* = interromper, sobrevir), para efeito processual, todo fato superveniente, que, tendo ou não ligação com o mérito da causa, necessita ser resolvido pelo juiz. Nem toda questão incidente, entretanto, é solucionada por meio de decisão interlocutória. Se, por exemplo, for arguida a incompetência *ratione materiae* do órgão de primeiro grau da Justiça do Trabalho e essa alegação vier a ser acolhida, de modo a implicar a remessa dos autos para a Justiça Comum, o ato da Vara, aqui, será não uma decisão interlocutória, mas sentença que, por ser "terminativa do feito" (CLT, art. 799, § 2.º), será recorrível. Se a alegação de incompetência fosse rechaçada, teríamos uma situação característica de decisão interlocutória e, como tal, irrecorrível de maneira imediata e autônoma.

Questão incidental é, conseguintemente, todo fato trazido ao conhecimento do juiz, no curso do processo, sobre o qual se estabelece, em regra, controvérsia, que deve ser apreciada antes do proferimento da sentença de fundo. O ato do juiz, que resolve esse incidente, será sentença ou decisão interlocutória, conforme ponha fim, ou não, respectivamente, ao processo.

Os incidentes, por sua natureza, implicam direta e imediata repercussão no procedimento tendente à emissão da sentença de mérito, retardando-o, ou, mesmo, suspendendo-o, como se dá no caso do art. 313 do CPC. Nem todo retardamento do procedimento, contudo, provém de incidentes; uma audiência, p. ex., pode ser adiada, ainda que contra a vontade de uma das partes, por ato do juiz — que será um despacho e não uma decisão interlocutória.

Podemos dizer, portanto, de maneira singela que interlocutórias são as decisões sobre questões incidentes, que não acarretam a extinção do processo. Se a decisão a respeito dessas questões provocar, ao contrário, o fim do processo, deveremos denominá--la de sentença, até porque, de acordo com o conceito firmado pelo art. 162, § 1.º, do digesto processual civil de 1973, em sua redação primitiva (incorporada ao processo do trabalho) na sentença é o ato judicial capaz de extinguir o processo, mesmo sem exame do mérito.

Na vigência do CPC de 1973, escrevemos: "Não podemos confundir, todavia, as *questões incidentais* com as *questões prejudiciais*, de que se ocupa o art. 5.º do diploma processual civil. Dispõe esta norma que, se, no curso do processo, se tornar litigiosa relação jurídica de cuja existência ou inexistência depender o julgamento da lide, qualquer das partes poderá requerer que o juiz a declare por sentença. Traduzindo esse pedido da parte autêntica ação declaratória incidental, é evidente que o ato jurisdicional que o apreciar será uma sentença e não decisão interlocutória, porquanto estará apreciando o mérito dessa ação posta *incidenter tantum* e com sentido virtualmente prejudicial do mérito da ação principal. O art. 325 do

CPC reforça a natureza de sentença desse pronunciamento do juiz, adjetivando-a, aliás, muito apropriadamente, de *incidental*. Pensamos, no entanto, que se o juiz indeferir, liminarmente, o pedido de declaração incidental esse seu ato terá nítidos contornos de decisão interlocutória, hipótese em que não ensejará a interposição de recurso".

O CPC de 2015, entretanto, eliminou a ação declaratória incidental, que se tornou desnecessária em face da disposição do art. 503, § 1.º. O *caput* dessa norma afirma que a decisão que julgar, no todo ou em parte, o mérito possui força de lei nos limites da questão principal expressamente decidida, declarando, o § 1.º, que "O disposto no *caput* aplica-se à resolução da questão prejudicial, decidida expressa e *incidentalmente* no processo, se: I - dessa resolução depender o julgamento do mérito; II - a seu respeito tiver havido contraditório prévio e efetivo, não se aplicando no caso de revelia; III - o juízo tiver competência em razão da matéria e da pessoa para resolvê-la como questão principal" (destacamos).

Para o processo do trabalho, a separação entre sentenças e decisões interlocutórias apresenta um especial interesse, pois vigora aqui, com relação a estas últimas, o princípio da irrecorribilidade autônoma e imediata (CLT, art. 893, § 1.º). O intuito do legislador processual trabalhista — acentuado pela doutrina e pela jurisprudência — foi o de não permitir que a possibilidade de interposição de recurso das decisões interlocutórias acarretasse um retardamento da entrega da prestação jurisdicional respeitante ao mérito, razão pela qual vetou essa impugnação imediata e autônoma, diferindo-a para o momento do ataque à sentença.

É certo, entretanto, que esse princípio — como todos, diga-se — não é inflexível, comportando, por isso, exceções, ainda que raras. Uma delas diz respeito ao valor da causa fixado pelo juiz, quando a inicial for omissa nesse ponto. Dispõe a Lei n. 5.584/70 que, em audiência, ao aduzir razões finais, qualquer das partes poderá impugnar o quantum arbitrado à causa, pelo juiz, e, se este o mantiver, pedir revisão dessa decisão, no prazo de quarenta e oito horas, ao Presidente do Tribunal. Não há dúvida que essa decisão do juiz de primeiro grau tem caráter interlocutório, pois concerne a um fato superveniente e controvertido, qual seja, o relativo ao valor fixado para a causa. O pedido de revisão, que a parte formula ao Presidente do Tribunal, possui forte traço de recurso (*sui generis*, embora), que pode ser ressaltado pela possibilidade de modificação do valor estabelecido pelo juiz de primeiro grau.

O essencial, entrementes, a ser sublinhado, repousa no reconhecimento da utilidade indiscutível do princípio da irrecorribilidade das decisões interlocutórias, como providência destinada a evitar que os incidentes embaracem o livre curso do procedimento, em seu objetivo de preparar o advento da sentença de mérito, seu ponto de culminância. Desse modo, a decisão que resolver o incidente de falsidade documental, assim como a que se manifestar sobre o pedido de exibição incidental de documentos (CPC, art. 400), ou, ainda, a que repelir ou acolher a alegação de incompetência (salvo se, quanto a esta, for terminativa do feito), de impedimento ou de suspeição, ou a que, de qualquer forma, perpetrar restrição ou cerceamento ao direito de defesa, somente poderá ser impugnada, em princípio, segundo o sistema do processo do trabalho, quando do recurso que vier a ser interposto da sentença, seja esta de mérito, ou não.

Sob o aspecto formal, as decisões interlocutórias não precisam conter os requisitos próprios das sentenças, exigidos pelo art. 489 do CPC, podendo ser redigida de forma concisa.

Essa concisão não significa, porém, que possam prescindir de fundamentação. Cabe lembrar que a fundamentação de qualquer decisão jurisdicional constitui exigência que vem do próprio texto constitucional (art. 93, IX), sob pena de nulidade (*idem*).

José Frederico Marques cogita da existência do que chama de "incidentes posteriores à sentença", representados, segundo sua óptica, notadamente, pela correção de inexatidões materiais da sentença (CPC, art. 494, I) e pelos embargos de declaração (CPC, art. 1.022, III)[45].

Divergimos, *venia permissa*, do entendimento desse notável jurista. A nosso ver, a existência, tanto de erros de cálculo, de escrita, de datilografia, ou de qualquer outra inexatidão material, bem como de omissão, contraditoriedade ou obscuridade, existentes na sentença, não configuram *incidentes*, segundo a acepção que o vocábulo sugere ao particularismo da terminologia processual. Nem possuem o caráter de decisão interlocutória o ato pelo qual essas imperfeições da sentença são eliminadas.

Na verdade, tanto a petição destinada a corrigir as inexatidões materiais quanto os embargos declaratórios constituem providências destinadas, exclusivamente, a corrigir certas falhas de expressão material do pronunciamento jurisdicional, com o fito de complementá-lo ou de torná-lo inteligível, lógico, definido e o mais. O despacho pelo qual o juiz sana as imperfeições materiais do julgado, assim como a sentença declarativa, não tendem a preparar a sentença de mérito, senão que já a encontram lançada nos autos e a ela se integram, para formar um corpo único, e, dessa forma, ensejar que possa ser impugnada por meio de recurso ou remetida para a fase de execução.

Concordamos com Frederico Marques, no entanto, quando dispensa à liquidação da sentença o tratamento de incidente[46]. Ocorre que, no plano do processo do trabalho, a decisão pela qual o juiz define o *quantum debeatur*, para, com isso, tornar o título executivo jurisdicional exigível, é de conteúdo interlocutório, seja porque resolve uma controvérsia surgida no curso do processo (na fase intermédia, que vai do trânsito em julgado da sentença ao início da execução, propriamente dita), seja porque essa decisão não pode ser impugnada de modo imediato e autônomo, mas, apenas, como tantas vezes sublinhamos, na fase dos embargos do devedor, sejam estes oferecidos, ou não (CLT, art. 884, § 3.º).

No âmbito dos tribunais, as questões incidentais serão processadas perante o relator e decididas pelo Plenário, pelas Turmas ou pela Seção Especializada, conforme seja o caso, segundo dispuser o Regimento Interno.

Despachos

O Código de Processo Civil, após haver formulado os conceitos de sentença e de decisão interlocutória (art. 203, §§ 1.º e 2.º), afirma serem despachos "todos os demais pronunciamentos do juiz praticados no processo, de ofício a requerimento da parte.

(45) *Manual de Direito Processual Civil*. 3.º vol., 4.ª ed. São Paulo: Saraiva, 1980. p. 76-79.

(46) *Manual*..., p. 76-79.

Na verdade, os despachos, em sua essência, são atos que o juiz realiza, por sua iniciativa ou a requerimento do interessado, com a finalidade de propulsionar o procedimento, de conduzi-lo ao seu objetivo fundamental, que é o de preparar ou provocar o advento da sentença — idealmente, de mérito. Rememoremos que o vocábulo *processo* (do latim *processus*), significa, etimologicamente, "caminhar adiante, seguir em frente". É inerente, portanto, ao conceito de processo judicial essa ideia de seguir adiante, em direção à sentença. O ato pelo qual o juiz impulsiona o processo recebe a denominação de despacho. Focalizando o assunto por outro ângulo, podemos asseverar que os despachos constituem o elemento material, visível, da presença do juiz, na qualidade de condutor do processo.

A revelação do elemento teleológico natural do despacho torna compreensível o fato de, em regra, ele ser provido de um caráter ordinatório do procedimento, motivo por que a lei, a doutrina e a jurisprudência costumam denominá-lo *de expediente* ou *de mero expediente*, pois nessas expressões está implícito o seu sentido de dar propulsão ao procedimento.

Quando o juiz, *e. g.*, defere ou indefere a juntada de documentos, ordena a intimação de testemunhas, abre prazo para que as partes se manifestem sobre o laudo pericial ou sobre os cálculos do contador, designa audiências, determina a condução coercitiva de testemunhas, etc., está praticando atos necessários ao tramitar evolutivo do procedimento, atos a que se designa de despachos ordinatórios, de expediente ou de mero expediente. Os despachos refletem, assim, a rotina do juiz no processo.

Dada a sua natureza e finalidade, os despachos ordinatórios não estão sujeitos ao imperativo da forma, ao contrário, portanto, do que ocorre com a sentença. Exige a lei, unicamente, que eles sejam redigidos, datados e assinados pelo juiz (CPC, art. 205). Cabe aqui, todavia, um esclarecimento. A norma legal deve ser adequadamente inteligida, na parte em que alude à redação do despacho. Embora redigir signifique, sem maiores rebuços, escrever, não se deve entender que o juiz deva, sempre, redigir os despachos; o que dele se requer é que os elabore, ou seja, que os despachos sejam produto de sua cerebração, na medida em que é indelegável o exercício das funções jurisdicionais. Desse modo, nada impede que o juiz elabore (= produza) o despacho, em forma de minuta, e determine ao datilógrafo ou a qualquer outro funcionário que o redija (à máquina ou no computador) em definitivo ("passe-o a limpo", como se costuma dizer). Entretanto, o § 4.º do art. 205, do CPC, sem contrariar as opiniões que acabamos de emitir, estabelece que os atos meramente ordinatórios, como a juntada e a vista obrigatória "independem de despacho, devendo ser praticados de ofício pelo servidor e revistos pelo juiz quando necessário".

Não constituindo um ato formal, como dissemos, o despacho pode ser redigido segundo critério pessoal de cada juiz. O importante é que se apresente legível e inteligível. Daí por que não é aconselhável que seja manuscrito, sob pena de impedir ou de dificultar o que dele consta. A vida forense tem demonstrado, com certa frequência, que os juízes afeitos a lançar, manualmente, despachos, o fazem, quase sempre, de forma ilegível, obrigando as partes, em razão disso, a solicitar a alguns funcionários do juízo que "decifrem e interpretem" aquelas garatujas judiciais. Em alguns casos, o resultado dessa interpretação não coincide com o verdadeiro conteúdo do despacho, induzindo a parte em erro.

Uma outra característica dos despachos do tipo ordinatório consiste na ausência de preclusão. Isso significa que o juiz pode revogar despachos por ele proferidos, ou, mesmo, por outro juiz, no processo. Algumas vezes, por exemplo, o juiz, examinando melhor os autos, entende desnecessária a realização de exame pericial já deferido (por ele ou por outro magistrado que tenha atuado no feito), mas ainda não realizado; diante disso, nada o impede de revogar aquele despacho. A parte que discordar dessa revogação poderá, no momento oportuno, manifestar o seu "protesto", por restrição do direito de defesa e arguir a nulidade do processo, a partir desse ato judicial, caso a sentença lhe seja desfavorável, nesse ponto.

Aliás, não são apenas os despachos que podem ser revogados pelo juiz (*ex officio* ou a requerimento da parte interessada):a decisão concessiva de tutela provisória pode, a qualquer tempo, ser revogada ou modificada (CPC, art. 296, *caput*). O mesmo se afirme quanto à decisão pela qual o juiz admite ou denega a admissibilidade de recurso.

Em princípio, os despachos ordinatórios são irrecorríveis. (CPC, art. 1.001). Não fosse assim, o procedimento teria o seu curso constantemente comprometido pelos diversos recursos que seriam interpostos dos meros despachos de expediente, fazendo com que se instalasse um tumulto inextricável, que traria, como consequência, um considerável retardamento na entrega da prestação jurisdicional. Por outras palavras, a eventual possibilidade de serem os despachos impugnados pela via dos recursos constituiria um extraordinário estímulo para o litigante que estivesse com o espírito tomado pela ideia de procrastinação.

Dir-se-á, contudo, que há despachos recorríveis, por expressa disposição de lei. Não o negamos. Devemos, apenas, alertar para o fato de que não se trata de despachos ordinatórios ou de mero expediente, com os quais estivemos a ocupar-nos até esta parte. Essa classe especial de despachos, a que a lei dedicou muito pouca — ou, praticamente, nenhuma — atenção, possui natureza híbrida, *sui generis*, formada pela influência, de um lado, dos despachos típicos, e, de outro, das decisões, motivo pelo qual os denominamos de *despachos decisórios* ou de *despachos resolutivos*, conquanto nenhuma afronta aos princípios se os denominássemos de *decisões monocráticas*.

É inegável que os despachos ordinatórios contêm uma certa carga de decisão, ainda que tênue. Quando o juiz, p. ex., determina a juntada de documentos aos autos, ou o comparecimento das partes à audiência, para serem interrogadas, é elementar que há, nesse seu ato (despacho), uma carga, embora pequena, de decisão. Em rigor, aliás, raramente o juiz praticará, no processo, um ato que não derive de uma sua decisão. O que variará é a intensidade, a "carga" desta. O que se deve considerar, no entanto, é que os traços de "decisão", presentes muitas vezes nos despachos ordinatórios, são não apenas sutis, quase imperceptíveis, mas, acima de tudo, estão diretamente ligados à propulsão do procedimento. Nos despachos decisórios, ou resolutivos, ao contrário, não se tem em conta o procedimento e seu curso, mas certos atos processuais praticados pelas partes, ou cuja prática foi por elas requerida, capazes de afetar, diretamente, os direitos ou interesses do adversário. Por isso, o juiz é chamado a *decidir* a respeito. E pelo mesmo motivo admite-se a impugnação autônoma dessas decisões, mediante recurso ou mandado de segurança.

Exemplo típico dessa categoria singular de "despacho", no processo do trabalho, é o que não admite recurso. Desse "despacho" cabe agravo de instrumento, como prevê o art. 897, "*b*", da CLT. O ato judicial, denegatório do recurso interposto, não é sentença (pois não visa a dar fim ao processo), nem decisão interlocutória (porquanto não tem como objeto uma questão incidental), nem despacho ordinatório (uma vez que não se prende, unicamente, ao curso do procedimento). Constitui-se, em razão disso, num *despacho decisório*, ou seja, num ato que apresenta a forma de despacho e o conteúdo de decisão e que não pode ser identificado, isoladamente, nem com este e nem com aquele. É, enfim, uma *decisão*. Sendo assim, é recorrível.

O processo civil fornece outros casos de despachos decisórios — ou de decisões monocráticas. Apenas para nos dedicarmos aos que têm aplicação no processo do trabalho, podemos referir o que concede, liminarmente, tutela de urgência (CPC, art. 300, § 2.º). A doutrina e a jurisprudência trabalhistas, tirante umas poucas divergências, admitem a impetração de mandado de segurança contra esse ato, desde que o impetrante se sinta em condições de demonstrar a existência de direito líquido e certo e não se ver obrigado a agir de acordo com o provimento acautelatório emitido pelo juiz. Esse é, também, o nosso entendimento. A circunstância de haver uma corrente de opinião que argumenta com o cabimento, na espécie, de agravo de instrumento, conquanto tenha a nossa oposição, serve para demonstrar que, de qualquer modo, o despacho em tela é impugnável, justamente em virtude de seu conteúdo decisório: decidiu o juiz, por meio desse ato, afastar um estado de periclitância, que estava a pôr em risco o direito invocado pelo solicitante da providência cautelar. A possibilidade de haver impetração de mandado de segurança contra essa espécie de decisão está prevista no inciso II da Súmula n. 414 do TST.

Decisório é, igualmente, o despacho pelo qual o juiz concede, *in limine*, a segurança impetrada (Lei n. 12.016/2009, art. 7.º, III). Tanto é verdadeira a afirmação, que muitos Regimentos Internos dos Tribunais Regionais do Trabalho admitem a impugnação desse "despacho", geralmente pelo recurso de agravo regimental ou de agravo interno. No processo civil, todavia, em que se atribui caráter interlocutório a essa decisão, a sua impugnação é feita por meio de agravo de instrumento (Lei n. 12.016/2009, art. 7.º, § 1.º; CPC, art. 1.015).

Enfim, sem que nos dediquemos a garimpar situações que traduzam a presença de despachos decisórios, o que se deve ter em vista é a existência real dessa modalidade de despachos e a possibilidade de serem impugnados, seja mediante recurso ou mandado de segurança.

Exatamente por serem dotados de conteúdo decisório, ditos despachos se submetem à regra inscrita no art. 93, IX, da Constituição de República, por força da qual todas as *decisões* judiciais devem ser fundamentadas, sob pena de nulidade. Em termos práticos, isso quer dizer que os despachos decisórios devem conter fundamentação, ainda que concisa, sendo nulos se não a possuírem. É razoável que se exija motivação, também no caso desses despachos, diante dos efeitos que podem provocar na esfera jurídica dos litigantes. Sendo assim, já não se permite, com a vigência da atual Constituição, que o juiz conceda, liminarmente, a segurança ou qualquer medida cautelar, mediante um simples "defiro". É imprescindível que conste, do despacho, o seu fundamento, pois, em última análise, se trata de um pronunciamento jurisdicional decisório.

Capítulo III

Conceito de Sentença

Comentário

Ficou demonstrado, no Capítulo anterior, que, do ponto de vista estritamente do processo do trabalho, todo pronunciamento judicial capaz de acarretar o fim do processo, com exame do mérito ou não, é considerado sentença, por força da recepção do conceito formulado, primitivamente, pelo art. 162, § 1.º, do CPC de 1973.

Demonstramos, também, que essa conceituação estabelecida pelo legislador brasileiro se afastou das origens romanas do instituto, em que o vocábulo sentença era utilizado, apenas, para designar as decisões judiciais que implicassem a solução da lide, vale dizer, que provocassem a extinção do processo, mediante exame do mérito da causa.(47)

Retornamos, agora, ao assunto, para ocuparmo-nos, especificamente, com o conceito de sentença, sob a óptica doutrinária.

A sentença constitui, sem dúvida, a mais expressiva das pronunciações da *iurisdictio*, entendida esta como o poder-dever estatal de resolver os conflitos de interesses submetidos à sua cognição monopolística. É por esse motivo que se tem afirmado que a sentença representa o acontecimento mais importante do processo, o seu ponto de culminância e de exaustão; essa assertiva é correta, a despeito do sentido algo retórico dos seus termos, se levarmos em conta que todos os atos do procedimento estão ligados, direta ou indiretamente, com maior ou menor intensidade, à sentença, que se apresenta, sob esse aspecto, como uma espécie de polo de atração magnética, para o qual convergem, de maneira lógica e preordenada, todos esses atos. É o que já se denominou de "força centrípeta da sentença".

Em verdade, a razão essencial, que leva alguém a invocar a prestação da tutela jurisdicional reside na reparação de um direito lesado, ou na necessidade de afastar o risco de lesão, ou, de qualquer modo, na aquisição, preservação ou recuperação de um bem ou de uma utilidade da vida, juridicamente tutelável; como essa pretensão só pode ser apreciada, em caráter definitivo, pela sentença, tem-se aqui a medida exata da importância que esta possui, não apenas para o processo, em abstrato, mas para o patrimônio jurídico dos indivíduos e das coletividades, em concreto.

(47) Segundo Modestino: *"Res iudicata dicitur, quae finem controversiarum pronuntiatione iudicis accipit: quod vel condemnatione vel absolutione contingit"*.

Historicamente, a sentença nada mais era do que uma opinião do juiz, acerca da *res in iudicio deducta*; com o decorrer dos anos, entretanto, ela cresceu em importância, passando a traduzir, como dissemos, o mais significativo dos pronunciamentos da jurisdição, porquanto os diversos sistemas processuais modernos atribuíram a esse pronunciamento a função de decidir sobre o direito invocado pelos litigantes.

Sob o rigor técnico, o conceito de sentença, enunciado no art. 162, § 1.º, do CPC, em sua redação primitiva, reclamava um pequeno retoque, porque nem sempre ela poria fim ao processo; isso acontecia p. ex., quando dela se interpusesse recurso ordinário ou quando houvesse remessa *ex officio*, nos casos exigidos por lei. Nessas situações, o processo seria extinto pelo acórdão, que, consoante o art. 512 do CPC, substitui a sentença, naquilo que tenha sido objeto de impugnação. Mesmo nas hipóteses em que o tribunal não admite o recurso (por falta de pressuposto objetivo ou subjetivo indispensável), o processo, se extinto, sê-lo-á por obra do acórdão, não da sentença. Embora a sentença e o acórdão não se desassemelhem, no tocante à finalidade e à própria natureza (mas, apenas, quanto ao órgão jurisdicional que os emite), isso não justificava a declaração legal de que a *sentença* poria, sempre, fim ao processo. Esse conceito legal, contudo, poderia ser tolerado se considerássemos que o legislador teve em mente, tão só, os atos praticados pelo juiz, em primeiro grau de jurisdição, e, em razão disso, comparando a sentença com a decisão interlocutória e os despachos, atribuísse àquela, com exclusividade, a aptidão para extinguir o processo, com ou sem investigação do mérito.

Em que pese à circunstância de o art. 203, do CPC de 2015, haver declarado: "1.º Ressalvadas as disposições expressas dos procedimentos especiais, *sentença é o pronunciamento por meio do qual o juiz, com fundamento nos arts. 485 e 487, põe fim à fase cognitiva do procedimento comum, bem como extingue a execução*" (destacamos), deixamos esclarecido, em linhas anteriores, o nosso ponto de vista de que o antigo conceito de sentença, formulado pelo art. 162, § 1.º, do CPC de 1973, em sua redação primitiva, foi recepcionado pelo processo do trabalho, de tal modo que, neste processo especializado, o precitado ato judicial segue sendo conceituado como aquele que põe fim ao processo de conhecimento — com ou sem resolução do mérito — ou de execução, ou aos embargos do devedor.

Se, entrementes, submetêssemos o antigo conceito de sentença ao rigor da lógica, veríamos que ele estava a reclamar alguns retoques. Com efeito, ao vincular o conceito de sentença à ideia de *extinção do processo*, o legislador acabou por realizar uma profunda cisão no processo, em atitude que, se, do ângulo doutrinário, era justificável, sob o aspecto prático se revelava desastrosa. Realmente, a consequência prática do conceito enunciado pelo art. 162, § 1.º, do CPC de 1973, em sua redação original, é que, proferida a sentença, e se esta fosse favorável ao autor, um novo processo deveria ser instaurado, desta feita, para fazer com que ocorressem, no plano da realidade, as transformações desejadas pela sentença. Referimo-nos ao processo de execução. Este processo, mesmo na Justiça do Trabalho, se tem revestido de tal complexidade que, não raro, a sua conclusão demora muito mais que a do próprio processo de conhecimento de que se originou o título executivo. No âmbito do processo civil, a divisão dicotômica em processo de conhecimento e processo de execução acarretava consequências ainda mais danosas, levando-se em conta a autonomia deste último. Sobraram razões, pois, a Couture ao declarar que conhecimento sem execução é mera academia e não processo — a demonstrar, com essa visão pragmática da realidade, a necessidade de a execução constituir-se, apenas, em uma fase natural do mesmo processo e não um novo processo, propriamente dito. Idealmente, portanto, esperava-se que o legislador corrigisse essa anomalia, fazendo com que, assim como no processo do trabalho, a execução, no processo civil, não traduzisse um processo autônomo, senão que uma simples fase subsequente ao trânsito em julgado da sentença (execução definitiva). Com isso, seria até possível cogitar-se da eliminação dos clássicos embargos à execução (gênero que compreende os embargos do devedor), substituindo-os, por exemplo, pelo ato da impugnação, que poderia ser praticado tanto pelo devedor quanto pelo credor.

Estas nossas aspirações acabaram sendo atendidas, nos sítios do processo civil, pela Lei n.11.232/2005 que, entre outras coisas, realizou um sincretismo entre conhecimento e execução, para os efeitos da execução por quantia certa calcada em título judicial. A contar daí, ao conceito de sentença deixou de ser inerente, no sistema do CPC de 1973, a extinção do processo.

Há pouco, afirmamos que a execução trabalhista nada mais era do que uma fase subsequente ao processo de conhecimento, sendo, inclusive, realizada nos mesmos autos; afirmamos, também, que o antigo conceito de sentença, inscrito no § 1.º do art. 162 do CPC, acabou sendo recepcionado pelo processo do trabalho, de tal modo que, neste, a sentença segue sendo o ato pelo qual o juiz coloca fim ao processo.

Muitos leitores concluirão haver um certa incoerência em nosso pensamos. Devemos--lhes, por isso, uma explicação em caráter proléptico.

Do ponto de vista *prático*, a execução trabalhista parece constituir mera fase subsequente ao processo de conhecimento, do qual se originou a sentença, agora convertida em título executivo, pois: a) a execução se processa nos mesmos autos em que foi lançada a sentença; b) a execução pode ser instaurada por iniciativa do juiz, em certos casos. Todavia, sob o ângulo *sistemático*, ou seja, da estruturação legal, os processos de conhecimento e de execução são distintos; tanto isto é verdadeiro, que, como já salientamos, são tratados em capítulos diversos da CLT e o devedor é citado (e não, intimado) para a execução (CLT, art. 880).

Destarte, conquanto a execução trabalhista seja processada nos mesmos autos em que foi proferida a sentença exequenda, a execução continua sendo objeto de processo (não de autos) autônomo. Dizendo-se por outro modo: no processo do trabalho, a sentença, efetivamente, encerra o processo de conhecimento, dando ensejo à instauração de um outro processo — executivo — no qual se buscará fazer com que as coisas se disponham, no mundo material, do modo como previsto na sentença condenatória. Foi por este motivo que continuamos a sustentar a opinião de que, no processo do trabalho, a sentença deve seguir sendo conceituada como o ato pelo qual o juiz põe fim ao processo (cognitivo), com ou sem resolução do mérito (lide), assim como ao de execução, ou aos embargos do devedor.

Poder-se-ia dizer, no entanto, que há situações em que o processo se extingue não em virtude de sentença, mas de despacho, como quando se dá no indeferimento da petição inicial (CPC, art. 330). Essa objeção traria, contudo, um erro em sua origem, pois o indeferimento da inicial deve ocorrer mediante sentença e não despacho. Nesse sentido é que deve ser inteligida a redação do art. 331, *caput*, do CPC. Tanto é sentença esse ato, que pode dar fim ao processo (sem exame do mérito), nos termos do art. 485, I, do CPC.

O art. 895, "*a*", da CLT previa o cabimento de recurso ordinário, apenas, das sentenças "definitivas". Doutrina e jurisprudência, todavia, em atitude elogiável, vinham admitido, com amplitude, a interposição desse recurso das sentenças ditas "terminativas", ou seja, daquelas que punham fim ao processo sem exame do mérito, como era o caso, entre tantas, da que indeferia a petição inicial (CPC, arts. 331 e 485, I). Posteriormente, a Lei n. 11.925, de 17-4-2009, altera a redação dos incisos I e II do art. 895, da CLT, para prever a interposição de recurso ordinário não apenas das sentenças (ou acórdãos) definitivas, mas, também, das terminativas. Foi mais um desses notáveis episódios em que a Lei se curva à realidade.

Em regra, os regimentos internos dos tribunais trabalhistas atribuem ao relator competência para indeferir, *in limine*, algumas petições iniciais, como, *e. g.*, as de ação rescisória, de mandado de segurança e de medida cautelar, prevendo, em razão disso, a impugnação desse ato unipessoal pelo recurso estrito e interno do agravo regimental. A Lei n. 12.016/2009, no art. 10, *caput*, prevê o indeferimento, desde logo, da petição inicial de ação de mandado de segurança nos casos por ela mencionados. Esse indeferimento tanto pode decorrer de ato do juiz de primeiro grau quanto do relator, conforme a competência para a causa seja da Vara ou do Tribunal.

Lançadas essas considerações, e mantidas as ressalvas doutrinárias apresentadas, pode-se aceitar, no processo do trabalho, o conceito de sentença, formulado pelo art. 162, § 1.º, do CPC de 1973, em sua redação original, com algum retoque, que tal arte que seria o seguinte: ato pelo qual o juiz põe fim ao processo de conhecimento — resolvendo, ou não, o mérito da causa — ou de execução, ou os embargos do devedor.

Há que ser dito, contudo, que a relação processual não se encerra com a sentença e, sim, com o fenômeno da coisa julgada material, pois, em virtude desta, o pronunciamento jurisdicional ficará protegido com a cláusula da intangibilidade, que só é afastada mediante ação rescisória. Não nos parece, *venia concessa*, dotada de base científica a afirmação de Pontes de Miranda de que, com a sentença de mérito, inexiste entrega da prestação jurisdicional, mas simples apresentação desta[(48)]. A nosso ver, a sentença que examina o mérito é a que, justamente, configura a entrega da prestação jurisdicional impetrada pela parte. Se esta não ingressa na prospecção das questões de fundo da causa, o que há é mero término precipitado do procedimento e do processo.

De resto, estão implícitos no conceito legal de sentença as exigências de estar o juiz regularmente investido na jurisdição, de possuir competência para a causa, de ser a sentença por ele assinada (CPC, art. 205) etc. Quanto aos requisitos formais da sentença, assim como a questão concernente às sentenças inexistentes, serão examinados no Capítulo IX, desta Segunda Parte.

(48) *Tratado da Ação Rescisória*. 5.ª ed. Rio de Janeiro: Forense, 1956. p. 204.

Capítulo IV

Natureza Jurídica

Comentário

A doutrina tradicional costuma comparar a sentença a um silogismo, no qual a premissa maior corresponde à regra de direito a ser aplicada, e a menor, à situação de fato da causa, sendo a conclusão o resultado encontrado pelo juiz, mediante a subsunção dos fatos à norma legal. Essa concepção silogística da sentença provém dos juristas iluministas, dentre os quais despontam Montesquieu e Cesare Beccaria. Para Michele Taruffo, a teoria silogística da decisão judicilal foi uma vã ilusão, algo sem fundamento, concluindo que "os juízes não têm mais raciocinado por silogismos — e muito menos mediante cadeias de silogismos — e nehuma motivação é de fato reduzível a um silogismo ou a uma cadeia de silogismos" (*Il fatto e l'interpretazione, apud*: Guimarães Ribeiro, Darci, *Ensaios sobre o processo civil*, Porto Alegre: Livraria do Advogado, 2017, p. 85).

Essa visão silogística da sentença, contudo, embora continue sendo aceita por alguns juristas, se revela insuficiente para definir aquelas situações em que o raciocínio desenvolvido pelo juiz, visando à solução do conflito de interesses, por meio da aplicação do preceito legal regulador da espécie, tem uma estrutura lógica muito mais complexa do que a dos silogismos (do grego *syllogismos*), entendidos estes como os argumentos compostos de três termos, que formam três proposições articuladas, das quais a terceira se deduz da primeira, por intermédio da segunda. Pensamos, pois, que a sentença seja algo que se situa além do silogismo, traduzindo um ato lógico e complexo do juiz, baseado na apreciação crítica e valorativa dos fatos submetidos à sua cognição, da qual extrai uma conclusão impositiva para as partes.

Nossa opinião, a propósito, nos coloca diante do problema da natureza jurídica da sentença: seria ela, somente, um ato de inteligência do magistrado, ou, também, um ato revelador de sua vontade?

Para os que a consideram mero ato de inteligência, a sentença consiste, unicamente, num juízo lógico do magistrado, com vistas à aplicação da regra de direito pertinente ao caso concreto. Nessa perspectiva, a única vontade existente, no momento da entrega da prestação jurisdicional, é a da lei — que a sentença nada mais faz do que respeitar ou declarar. Os que veem na sentença um ato de vontade do juiz argumentam que este, ao decidir uma causa, não se limita a realizar um raciocínio lógico, mas a emitir uma opinião, concretizada em um comando.

Cremos que nenhuma dessas correntes de pensamento, insuladamente consideradas, está com a razão. Não há negar que a sentença seja, essencialmente, um ato de inteligência do magistrado, pois consiste em um juízo lógico que ele realiza acerca dos fatos narrados pelas partes; talvez se possa afirmar que esse ato de inteligência fica realçado nas sentenças ditas declaratórias, onde a atividade do juiz se resume à proclamação da existência ou da inexistência de relação jurídica entre os litigantes, ou da falsidade ou autenticidade de documento (CPC, art. 19). Em determinados pronunciamentos jurisdicionais, contudo, fica evidente o elemento volitivo, como ocorre, por exemplo, nas sentenças condenatórias.

Não nos parece correta, por isso, a opinião de Alfredo Rocco, de que o juiz, ao sentenciar, não acrescenta nenhuma vontade própria à vontade já manifestada pelo órgão legislativo e que a sentença é "uma pura operação lógica ou, como se diz, um silogismo, em que, sendo a premissa maior a norma legal e a premissa menor o caso concreto, deduz-se a norma de conduta a seguir no caso particular. O juiz não exprime nesta operação nenhuma vontade própria: ele simplesmente manifesta o próprio juízo sobre a vontade do órgão legislativo, no caso concreto. O Estado já afirmou a sua vontade no exercício da função legislativa; não há necessidade de afirmá-la uma segunda vez no exercício da função jurisdicional. A sentença não contém, portanto, outra vontade senão aquela da lei, traduzida em forma concreta por obra do juiz. Nisto não se tem um ato de vontade mas só ato de inteligência do juiz".(49)

Não se recusa o fato de que a lei encerra um comando, ou uma vontade. Essa vontade, entretanto, é abstrata, ou seja, não está dirigida para determinado caso concreto. Por esse motivo, é necessário que dito comando geral e abstrato, que se irradia da norma legal, seja aplicado às situações específicas, ou seja, aos casos concretos; e a aplicação desse comando legal é, fora de qualquer dúvida, ato de vontade do magistrado. Dessa maneira, ao fazer a lei atuar em situações específicas, que se amoldam à previsão geral, nela contida, o juiz emite um ato de vontade, em nome do Estado. Justamente, aliás, por ser um ato volitivo estatal é que a sentença se distingue de um parecer exarado por jurisconsulto, vez que a este falta o traço coercitivo, inerente àquela. O máximo que se poderia aceitar, nesse tema, é que a vontade do juiz, contida na sentença, não seja inteiramente autônoma, independente, mas vinculada ao comando da lei. Mesmo assim, essa concessão, que estamos a fazer, deve ser retirada em sede de ação coletiva, onde a Justiça do Trabalho, no exercício do poder normativo que lhe atribui a Constituição Federal (art. 114), pode criar a norma jurídica que regulará as relações entre trabalhadores e empregadores, durante certo tempo. Aqui, a vontade do órgão jurisdicional é muito mais expressiva, pois não está, necessariamente, ligada ao comando da lei, ao contrário, pois, ao que se passa no plano das ações individuais.

Tem sido, diga-se de passagem, frequente o uso da expressão *sentença normativa* para definir o ato pelo qual os Tribunais do Trabalho exercitam o poder de criar a norma jurídica. Em rigor, essa expressão é inadequada, porquanto sendo, de um lado, a sentença ato característico dos órgãos de primeiro grau de jurisdição, e, de outro, da competência dos

(49) *La Sententia Civile.*

tribunais o exercício desse poder normativo, é elementar que se trata de *acórdão normativo* aquilo que, pela força do costume, se tem denominado de sentença normativa.

O fato essencial, porém, a ser salientado, é que tais acórdãos refletem, com nitidez, a vontade do tribunal, que não se pode imaginar ajoujada à vontade da lei, porque, como se sabe, na verdade esta inexiste, levando-se em conta que o órgão jurisdicional tem ampla liberdade na formulação da regra jurídica, "respeitadas as disposições convencionais e legais mínimas de proteção ao trabalho" (CF, art. 114, § 2.º).

Em resumo: a) no terreno das ações individuais há sentenças nas quais aflora, como traço marcante, o ato de inteligência do juiz, como se dá com as declaratórias; em outras, contudo, o elemento realçado é a vontade de magistrado, como se verifica nas condenatórias e nas constitutivas. De qualquer forma, é necessário ser esclarecido que quando se afirma a presença do elemento volitivo não se está excluindo o ato de inteligência do juiz, senão que atribuindo preeminência axiológica àquele; b) no âmbito peculiar das ações coletivas, o acórdão normativo é derivante de um típico ato de vontade do tribunal (logo, do Poder Judiciário), vez que, aqui, a atividade jurisdicional se afasta de sua razão teleológica tradicional, consistente na aplicação da norma legal ao caso concreto, para converter-se em instrumento ou meio de criação da própria norma jurídica destinada a reger as relações materiais intersubjetivas dos integrantes das categorias sociais da produção enredadas no conflito de interesses.

Se fôssemos, aliás, reduzir a sentença a um exclusivo ato de inteligência do magistrado, estaríamos a convertê-lo em um mero leguleio, em um insensível técnico no ofício de aplicar leis, subtraindo, com isso, o próprio sentido histórico do vocábulo sentença, que exprime um sentir do magistrado acerca do direito alegado pelas partes.

O juiz não é um monólito, um burocrata ou um convidado sem alma, a quem a lei não consinta, em nenhum momento, contribuir com as suas experiências da vida, suas sensações, seu descortino e sua consciência a respeito da finalidade social das normas legais e das circunstâncias dramáticas que, eventualmente, estejam a assinalar o caso concreto, de tal modo que possa adotar uma atitude menos dogmática e mais vanguardeira, na busca de uma efetiva realização da justiça — esse ideal imarcescível que habita o coração do homem e contra o qual os sistemas jurídicos, submissos a certas ideologias políticas perversas, insistem em conspirar. E ninguém se abalançaria a negar o manifesto e necessário ato de vontade que estaria a insinuar-se nas sentenças emitidas nessas situações. Vontade transformadora, sem dúvida; vontade ligada à lei, por certo; mas, acima de tudo, vontade destinada a dar sentido à lei.

Não podemos, pelos motivos expostos, dissociar a sentença da vontade do juiz, embora reconheçamos que, do ponto de vista estritamente lógico, ela constitui um seu ato de inteligência; de inteligência, porém, que produz, um ato de vontade — e essa particularidade fundamental não se pode desconhecer ou procurar encobrir. Parece-nos residir nisto, portanto, a fórmula que melhor define a natureza jurídica da sentença, como o mais importante dos pronunciamentos da jurisdição.

Condição jurídica da sentença recorrível

A oportunidade nos sugere investigar, ainda, a condição jurídica da sentença sujeita a impugnação por meio de recurso, estando assente, a esta altura, que ela traduz um ato volitivo do juiz, ou, quando menos, um ato de inteligência que, em geral, produz um ato de vontade.

Muitas teorias foram concebidas sobre a referida condição jurídica da sentença. Podem ser resumidas a quatro, no entanto, as de maior prestígio, a saber:

a) É um ato submetido a *condição resolutiva*. Segundo essa corrente de opinião, a sentença traz em si, de modo inerente, os requisitos necessários para a sua existência estável no mundo jurídico, conquanto possa ser destituída dessa eficácia por força de pronunciamento jurisdicional oposto, emitido em sede de recurso. Objete-se esse entendimento, porém, com o argumento de que, a ser assim, a sentença deveria produzir, desde logo, o efeito executivo, em decorrência da regra inscrita no art. 127, *caput*, do Código Civil, a teor do qual "se for resolutiva a condição, enquanto esta não se realizar, vigorará o ato jurídico, podendo exercer-se desde a conclusão deste o direito por ele estabelecido".

Na realidade, apenas em casos excepcionais a sentença produz, antes do trânsito em julgado, os efeitos definitivos que lhes são inerentes. Isso ocorre, por exemplo, com as denominadas "sentenças normativas" (que se trata, na verdade, como vimos, de acórdãos normativos), pois a Lei n. 7.701, de 21 de dezembro de 1988, as permite ser objeto de ação de cumprimento a contar do vigésimo dia subsequente ao do julgamento, fundada no acórdão ou na certidão do julgamento, exceto se o Presidente do TST houver concedido efeito suspensivo ao recurso ordinário interposto (art. 7.º, § 6.º).

Pode parecer aberrante dos princípios a possibilidade de o acórdão normativo render ensejo à ação de cumprimento, antes do trânsito em julgado (e, até mesmo, com base na simples certidão do julgamento), pois ainda não se tornaram definitivas as suas disposições. Com efeito, examinado o fenômeno sob a óptica tradicional, que exalta o princípio da execução provisória dos pronunciamentos jurisdicionais pendentes de recurso, é evidente que se torna difícil aceitar a ideia de uma ação de cumprimento ser ajuizada (e executada em definitivo a sentença aí proferida) sem que o acórdão normativo, em que se lastreia, tenha passado em julgado. Levando-se em conta, entretanto, a natureza jurídica do acórdão normativo, pode-se aceitar a referida ideia sem maiores embaraços. Dá-se que, ao contrário dos demais provimentos da jurisdição, cuja finalidade, em regra, reside na solução de conflitos intersubjetivos de interesses, mediante a aplicação aos casos concretos das normas legais preexistentes, o acórdão normativo deriva do poder normativo que a Constituição Federal atribui aos Tribunais do Trabalho (art. 114), e por força do qual podem criar a norma jurídica destinada a reger as relações materiais entre os integrantes das categorias implicadas no conflito de interesses. Tais acórdãos possuem, pois, manifesto caráter jurígeno. Assim, embora sejam, do ponto de vista formal, um pronunciamento da jurisdição, têm conteúdo característico de direito material. Em suma, são, formalmente, acórdãos, e, materialmente, normas jurídicas.

Colocada a questão nesses termos, fica aceitável a possibilidade de propiciarem o imediato ajuizamento de ação de cumprimento, calcadas em suas disposições, porquanto, para esse fim, ditos acórdãos correspondem a ato material sujeito à condição resolùtiva, razão pela qual produzem efeitos enquanto não for realizada a mencionada condição (Código Civil, art. 127).

Reconhecemos, todavia, que, no universo dos pronunciamentos jurisdicionais, somente os acórdãos normativos podem ser considerados ato sujeito a condição resolutiva.

b) Sustentou-se, também, que a sentença sujeita a recurso seria mera *situação jurídica*, segundo a qual somente com a concorrência de outras circunstâncias ela ficaria apta a gerar efeitos; a contrario sensu, se essas circunstâncias não se verificarem, a eficácia da sentença será nenhuma. Conforme essa linha de pensamento, a sentença seria simples possibilidade de sentença, vez que dependeria, para poder aperfeiçoar-se, que ficasse afastada, em definitivo, a possibilidade de ser impugnada pelos recursos.

c) Afirmou-se, ainda, que a sentença seria, a princípio, *ato perfeito*, conquanto suscetível de revogação, que aconteceria no caso de o órgão de reexame reformá-la.

Ainda que esse argumento revele o seu acerto, sob o aspecto lógico, não podemos com ele concordar, porquanto, à luz do ordenamento processual em vigor, o acórdão proferido pelo tribunal, em grau de recurso, substitui a sentença, nas partes em que tenha sido impugnada, pouco importando que se tenha limitado a "confirmá-la" (CPC, art. 1.008).

d) Argumentou-se, por fim, que a sentença constituiria um *ato condicionado*, vale dizer, pendente de condição suspensiva, isto porque, nada obstante se faça provida de todos os requisitos legais necessários à sua existência e validade, encontra-se tolhida em sua eficácia. Desta maneira, os seus efeitos apenas seriam liberados na hipótese de não ocorrer um novo julgamento do feito, pelo tribunal. Essa "suspensividade" permaneceria enquanto durasse a possibilidade de a sentença ser impugnada, o que equivale a afirmar, em sentido oposto, que os seus efeitos seriam produzidos assim que ficasse afastada, em definitivo, aquela possibilidade.

Dentre as teorias concebidas com o propósito de definir a natureza jurídica da sentença sujeita a recurso — que acabamos de examinar —, parece-nos ser a do *ato condicionado* a que melhor se ajusta ao nosso ordenamento processual, aí incluído o trabalhista. Realmente, em que pese ao fato de a sentença trazer em si, imanentemente, todos os elementos que a permitam fazer com que, em concreto, as coisas se disponham segundo o seu comando, esses efeitos só serão liberados quando não mais existir possibilidade de ser impugnada pela via dos recursos.

Duas ressalvas, contudo, devem ser feitas: a) as sentenças proferidas nas ações de alçada exclusiva dos órgãos de primeiro grau constituem exceção à regra, pois não se trata de ato condicionado; ao contrário, podem ser executadas no dia imediato ao de sua publicação — exceto se, por haverem perpetrado ofensa à Constituição, ensejarem a interposição de recurso; b) os acórdãos normativos também não constituem ato sujeito à condição, na medida que, como ficou demonstrado há pouco, propiciam o exercício da correspondente ação de cumprimento, até mesmo, com fulcro na simples certidão do julgamento. A particularidade de o Presidente do TST poder atribuir efeito suspensivo ao recurso ordinário interposto do acórdão normativo (Lei n. 7.701/88, art. 9.º) não transforma esse acórdão em ato condicionado, pois a suspensão dos seus efeitos traduz fato extraordinário, vale dizer, algo que não pertence à sua natureza.

Cabe, aqui, um comentário lateral.

Conquanto alguns estudiosos tenham manifestado uma certa indignação pelo fato de a lei conceder ao Presidente do TST o poder (ou faculdade) de atribuir efeito suspensivo ao acórdão normativo, no todo ou em parte, estamos convencidos — ideologia à parte — da necessidade dessa providência, em determinados casos, pois a possibilidade de a ação de cumprimento ser ajuizada, e de ser executada em definitivo a sentença nela proferida, poderia acarretar graves transtornos de ordem prática, como se daria, *e. g.*, na hipótese de a execução ter sido consumada (entenda-se: mediante a expropriação dos bens do empregador-devedor) e, posteriormente, o TST dar provimento ao recurso ordinário interposto do acórdão normativo, em que se fundou aquela ação, fazendo desaparecer, assim, o direito material que dava conteúdo ao título executivo.

Capítulo V

Classificação

Comentário

Podemos classificar os pronunciamentos jurisdicionais, em geral, e as sentenças, em particular, segundo os mais diversos critérios.

Se, por exemplo, levarmos em conta a sua ligação às questões de fundo da ação teremos as sentenças: a) que examinam o mérito e b) as sentenças que não examinam o mérito — lembrando que, de acordo com o conceito legal (CPC, de 1973, art. 162, § 1.º, em sua redação primitiva), sentença é o ato pelo qual o juiz põe, sempre, fim ao processo. Se considerarmos o aspecto subjetivo de sua elaboração, poderemos pensar em sentenças: a) monocráticas e b) colegiadas, conforme sejam proferidas pelo juiz, tomado unipessoalmente, ou pelo colégio de juízes, como ocorre, *e. g.*, nos tribunais.

Caso coloquemos a tônica na possibilidade de serem impugnadas, haveremos de separar as sentenças em: a) recorríveis e b) irrecorríveis (como as previstas no art. 2.º, § 4.º, da Lei n. 5.584, de 26 de junho de 1970). Se pusermos à frente a sua relação com o direito material, ou seja, com a *res in iudicio deducta*, encontraremos as sentenças: a) aplicadoras da norma legal e as b) criadoras da norma jurídica, como se dá, caracteristicamente, com as denominadas "sentenças" (melhor: acórdãos) normativas, derivantes do exercício do *poder normativo*, que a Constituição da República atribui aos Tribunais do Trabalho (art. 114, § 2.º).

Enfim, como dissemos, logo no início, a distribuição das sentenças em classes poderá ter uma amplitude extraordinária, em decorrência da multiplicidade de critérios metodológicos que podem ser adotados, com vistas a esse objetivo.

Parece-nos, entretanto, essencial — e de relevância científica e prática superior a qualquer outra — a classificação que se baseia nos efeitos da sentença. Nesse sentido, a doutrina costuma classificá-las em: a) declaratórias; b) constitutivas; e c) condenatórias — embora, pela nossa parte (e, sob esse aspecto, reformulando opinião expressa em obras anteriores), entendemos que possam ser também incluídas aí as sentenças; d) mandamentais; e e) as executivas, pelas razões que, mais adiante, aduziremos.

Examinemos, a seguir, essas espécies.

a) Sentença declaratória

É a que proclama a existência ou inexistência ou do modo de ser de uma relação jurídica ou a autenticidade ou falsidade de documento (CPC, art. 19, I e II), mesmo que já tenha ocorrido a lesão do direito (*ibidem*, parágrafo único).

A sentença declaratória será, portanto, positiva ou negativa, conforme reconheça a existência ou a inexistência ou do modo de ser de uma relação jurídica. Será, porém, sempre positiva quando tiver como objeto o documento, pois, de um modo ou de outro, o pronunciamento jurisdicional dirá da autenticidade ou da falsidade deste.

No âmbito peculiar do processo do trabalho, será declaratória positiva a sentença que reconhecer a existência de relação de emprego entre as partes, e declaratória negativa a que não reconhecer a presença de relação dessa natureza. Como, no geral, o autor pede, também, a condenação do réu ao pagamento de determinadas quantias, oriundas da existência do contrato de trabalho, a sentença conterá um *plus*, consistente na condenação do réu, caso acolha os pedidos do autor. Do ponto de vista do rigor científico, todavia, poder-se-ia afirmar que, no exemplo referido, a sentença seria, essencialmente, condenatória, porquanto a condenação traz em si, implícita, a declaração (da existência da relação de emprego). Não é bem assim. No capítulo pertinente ao reconhecimento da relação de emprego a sentença seria, fundamentalmente, declaratória, ao passo que, no atinente aos demais pedidos acolhidos, seria, aqui sim, condenatória.

Essa conclusão nos permite formular duas outras observações concernentes ao assunto. Em primeiro lugar, uma sentença não tem que ser, necessariamente, apenas declaratória, ou apenas condenatória, ou apenas constitutiva (para cogitarmos, por ora, somente dessas três espécies), podendo, ao contrário, cumular dois ou mais desses efeitos. Uma sentença, p. ex., que reconheça a existência de relação de emprego e, em razão disso, determine a reintegração do trabalhador, por entendê-lo estável, e, ainda, imponha ao réu a obrigação de pagar certas quantias pleiteadas na inicial, será: a) declaratória, na parte em que diz da existência da relação de emprego (declaratória positiva); b) constitutiva, na parte em que reconhece a estabilidade do trabalhador e ordena a sua reintegração; c) condenatória, na parte em que impõe ao réu a obrigação de pagar determinadas quantias decorrentes do contrato de trabalho (férias e 13.os salários vencidos, horas extras, adicionais noturno e de insalubridade etc.). Em segundo lugar, quase toda sentença contém uma declaração, variando, unicamente, a sua intensidade — ou a sua "carga", como se preferir.

É certo, contudo, que se o autor desejar exigir do réu, vencido na causa, o direito que constitui objeto exclusivo da ação declaratória, deverá fazer uso da ação condenatória cabível, pois a sentença puramente declaratória não é exequível, valendo como mero preceito. O digesto processual civil de 1939 revelava-se muito didático ao esclarecer que "na ação declaratória, a sentença que passar em julgado valerá como preceito mas a execução do que houver sido declarado somente poderá promover-se em virtude de sentença condenatória" (art. 290, *caput*). Complementava o parágrafo único desse dispositivo que "a sentença condenatória será pleiteada por meio de ação adequada à efetivação do direito declarado, sendo porém, exequível desde logo a condenação nas custas".

A despeito de o atual diploma do processo civil não haver repetido essas regras, não há contestar que estas foram recepcionadas pelo novo texto, ou, quando menos, não são com ele inconciliáveis, nem com o processo do trabalho.

O CPC de 1939 deixava claro, ainda, por seu art. 290, parágrafo único, que acabamos de transcrever, que a única execução possível, em sede de ação declaratória, seria a respeitante às custas. Isso não significava que a sentença declaratória, por exceção à regra, seria exequível. Como deixamos dito há pouco, uma só sentença pode produzir efeitos declaratórios, constitutivos e condenatórios — não, evidentemente, de maneira simultânea, superposta, mas mediante capítulos distintos. Com relação às custas, portanto, a sua cobrança será feita mediante a execução da parte condenatória (e secundária) da sentença, cuja "carga" preponderante é a declaração. Constitui deslize técnico, por isso, sustentar-se que a sentença declaratória só enseja execução quanto às custas. O que se executa, como frisado, é o capítulo condenatório de uma sentença, preponderantemente, declaratória.

Sabemos que, em princípio, o juiz não pode proferir sentença, em favor do autor, de natureza diversa da pedida (nem condenar o réu em quantidade superior ou em objeto distinto do que lhe foi demandado), em face da regra inscrita no art. 492 do CPC. Pode dar-se, porém, que a sentença pretendida pelo autor seja, digamos, condenatória, mas a que venha a obter seja declaratória. Isso ocorreria, *v. g.*, no caso de haver postulado a condenação do réu ao pagamento de certas quantias, mas a sentença rejeitar esses pedidos. Nenhuma nulidade aí existiria, pois o que a lei proíbe é que o juiz profira, em benefício do autor, sentença de natureza diversa da desejada. No exemplo, a sentença, ainda que de natureza diversa, foi desfavorável ao autor. É oportuno destacar que será sempre declaratória a sentença que rejeitar os pedidos feitos pelo autor — "julgar improcedente a ação", segundo a expressão que caiu no gosto de alguns juristas e de certos escritos forenses, cuja impropriedade técnica, no entanto, é ofuscante. Uma boa leitura do art. 490 do CPC não causaria mal a ninguém; ao contrário, prestaria relevantes serviços à tarefa de depuramento científico da linguagem processual. Falar-se em "improcedência da ação", na espécie, implica injustificável confusão entre o conceito de ação e o direito material que constitui objeto do pedido. Se se chega ao mérito da causa, ou seja, ao exame desses pedidos, como se pode dizer que a ação "improcedeu", sabendo-se que esta significa esse direito que possuem os indivíduos e as coletividades de invocar a prestação da tutela jurisdicional do Estado? Se, enfim, a ação foi "improcedente", como pôde o órgão jurisdicional ingressar no exame do mérito? Já é tempo, portanto, de anatematizar-se, em definitivo, o emprego da expressão "improcedência da ação" para significar a rejeição dos pedidos. Uma vez mais, deve ser lembrado Hamlet, com sua provecta advertência de que há certos hábitos cuja quebra honra mais do que a observância.

Em geral, os efeitos das sentenças declaratórias são retroativos (*ex tunc*), equivale a dizer, voltam-se no tempo para apanhar a situação de fato ou a relação jurídica no nascedouro, salvo se, nisto, forem obstados pela prescrição extintiva. Nem poderia ser de forma diversa: se se reconhece, na sentença, a existência ou inexistência da relação jurídica controvertida ou se se diz da autenticidade ou da falsidade de um documento, é elementar que os efeitos jurídicos dessa dicção jurisdicional recuam à época em que a relação jurídica teria tido início, ou o documento sido produzido, pois não pode haver meio-termo quanto a isso.

b) Sentença constitutiva

Diz-se da que cria, modifica ou extingue uma relação jurídica; que altera, enfim, o *status* jurídico existente.

Como afirmamos, antes, todo pronunciamento jurisdicional contém, com maior ou menor intensidade, uma declaração — e não é diferente o que se passa em sede de sentença constitutiva. Aqui, porém, a carga de "constitutividade" é maior do que a de "declaratividade", é a que, por ser preponderante, define o conteúdo da sentença, com vistas à sua classificação, segundo os efeitos característicos. Podemos dizer que uma das diferenças mais expressivas entre a sentença declaratória e a constitutiva está em que esta possui, com relação àquela, um *plus* consistente no estabelecimento de uma nova relação jurídica, ou, mesmo, na alteração ou extinção da existente. Assim, enquanto na sentença declaratória se afirma a existência ou inexistência ou do modo de ser da relação jurídica, ou a autenticidade ou falsidade de documento, na constitutiva se encontra, além da declaração de certeza, no que concerne à preexistência do direito, também as condições exigidas para a constituição da relação jurídica, sua modificação ou extinção.

É, precisamente, em virtude desse traço marcante e distintivo, que a doutrina encontrou razões para atribuir a essa classe de sentença o efeito constitutivo.

Nunca é inútil ressaltar que não constitui propriedade desse tipo de pronunciamento jurisdicional a criação do direito, mas, apenas, a declaração de sua preexistência, da qual, por sua vez, emanam os efeitos previstos no ordenamento jurídico.

Podemos, por isso, indicar como pressupostos dessa espécie de sentença: a) um fato que constitua, em princípio, uma relação jurídica de caráter privado; b) a existência de um fundamento capaz de produzir a constituição; c) que a constituição somente possa ser obtida por meio de sentença.

Com efeito, em determinados casos, o efeito constitutivo da sentença é obtenível, apenas, mediante sentença, em decorrência da indisponibilidade do direito, como acontece, por exemplo, na dissolução do contrato de trabalho de empregado estável, proveniente de falta grave perpetrada (CLT, arts. 853 a 855).

No geral, as sentenças constitutivas, ao contrário das declaratórias, produzem efeitos *ex nunc*, ou seja, a partir do trânsito em julgado. Nada obsta, porém, a que a lei lhes atribua, em certos casos, efeitos *ex tunc*, fazendo com que retrotraiam ao tempo em que teve início a relação jurídica, como se dá, *v. g.*, no plano do processo civil, com a sentença anulatória de ato jurídico, nos casos do art. 171 do Código Civil.

No processo do trabalho, a sentença constitutiva poderá produzir efeitos retroativos (*ex tunc*) ou, apenas, futuros (*ex nunc*), conforme sejam as circunstâncias do caso concreto. Sem pretendermos esgotar, aqui, todas as situações previstas no ordenamento jurídico material, que se ajustam a esta ou àquela hipótese, podemos dizer, à guisa de exemplo, que essa modalidade de sentença produzirá efeitos: a) *ex tunc*, no caso de reconhecer (= constitutividade) o direito do empregado à pretendida estabilidade no emprego ou de converter a reintegração em indenização dúplice. Quanto a esta última situação, estabelecia a Súmula n. 28 do TST que o direito aos salários correspondentes ao período em que o empregado ficou afastado do exercício de suas funções ficaria assegurado até a data da sentença constitutiva que pusesse fim ao contrato. Segundo a redação atual, da referida Súmula: "No caso de se converter a reintegração em indenização dobrada, o direito aos salários é assegurado até a data da primeira decisão que determinou essa conversão"; "b) *ex nunc*, se, havendo o trabalhador postulado a denominada "rescisão indireta" do contrato (CLT, art. 483), mas permanecer prestando serviços, a sentença vier a acolher a sua pretensão.

Na ação rescisória, a sentença (acórdão, em face da competência originária dos tribunais trabalhistas, quanto a essa matéria) emitida no *iudicium rescindens* será constitutivo-negativa, quando acolher o pedido, e declaratório-negativa, quando o rejeitar. No *iudicium rescisorium*, contudo, onde há um novo julgamento da lide, será declaratória, constitutiva ou condenatória, conforme seja o pedido formulado pela parte.

Assim como as sentenças declaratórias, as constitutivas não são exequíveis, porquanto os seus efeitos e a sua eficácia se realizam no próprio processo cognitivo, em que foi proferida. Por outras palavras, essa espécie de provimento jurisdicional acarreta, automaticamente, com o seu trânsito em julgado, a constituição, a modificação ou a extinção do status jurídico, sem necessidade de ser encaminhada à via executiva, como se dá com as sentenças condenatórias.

c) Sentença condenatória

O sentido de condenação não se contrapõe ao de declaração, segundo se possa imaginar. Com isso, estamos dizendo que na espécie de sentença em questão convivem, harmoniosamente, os efeitos declaratório e condenatório, embora a predominância seja, com folga, do último. Sob esse aspecto, podemos sustentar que a sentença condenatória cumpre duas finalidades: a) declarar a existência do direito material invocado (para cogitarmos, apenas, deste) e b) impor ao vencido a obrigação de satisfazer aquele direito. Essa obrigação pode consistir em uma prestação de dar, fazer ou não fazer ou de pagar quantia certa — que é a mais comum, no processo do trabalho.

É possível afirmar-se, por isso, que a sentença condenatória é a única, dentre as demais, que atribui ao autor um novo direito de ação: a execução forçada, que traduz o direito à prestação jurisdicional executiva. Com o trânsito em julgado, portanto, ela se converte em um título executivo, pelo qual o credor poderá exigir, coercitivamente, do devedor, a prestação a que este se encontra obrigado.

Sentença condenatória — ou de "carga" condenatória prevalecente, como se queira — é a mais frequente no processo do trabalho, com larga vantagem sobre as outras. O motivo é evidente: sendo os direitos dos trabalhadores materialmente expressos, em sua grande maioria, segundo padrões monetários, eles se apresentam ao empregador sob a forma de pagar quantia certa, daí por que eventual lesão desses direitos ensejará a que o trabalhador ingresse em juízo para compelir o empregador a satisfazê-los. Como, em princípio, os efeitos da sentença devem corresponder ao que foi pedido pelo autor, tem-se aí a razão pela qual os pronunciamentos jurisdicionais condenatórios se revelam de maciça ocorrência no processo do trabalho.

Geralmente, as sentenças condenatórias possuem efeito *ex tunc*, vale dizer, fazem recuar os seus efeitos à época em que o devedor deixou de adimplir a obrigação, salvo se, nessa trajetória regressiva, forem tais efeitos obstados pela prescrição liberatória, que o juízo prolator tenha mandado respeitar.

A despeito de a doutrina ser afeita ao hábito de exaltar — não raro, com injustificado exagero — a sentença condenatória, sua utilidade e eficiência, considerando-a, até mesmo, a razão de ser do próprio processo, pretendemos demonstrar, nas linhas que se seguirão, que esse tipo de sentença não é tão útil, nem tão eficiente, quanto se tem propalado a mancheias e com certa inflexão retórica.

Quando, por exemplo, determinado direito do trabalhador é lesado, este ingressa em juízo com uma ação, em cuja inicial postula não a penhora de bens do empregador, mas a simples condenação deste à prestação correspondente (no caso, de pagar quantia certa). A efetiva satisfação dessa prestação somente será obtida mediante outro processo, que é o de execução.

Isso demonstra que a sentença condenatória, por si só, muito pouco representa para o trabalhador, em termos de reparação do direito violado. Em verdade, essa espécie de sentença, após submeter-se ao fenômeno da coisa julgada material, nada mais faz gerar do que um título, que habilitará o empregado a deduzir uma nova pretensão, que é a executiva. Vista sob esse ângulo, a sentença condenatória em muito pouco se distingue da declaratória e da constitutiva, porquanto todas elas, de certa maneira, se exaurem dentro dos seus limites, ou seja, com a condenação, a declaração ou a constituição.

Se é exato que a sentença condenatória revela um mais, quando comparada com a declaratória, pois esta, como sabemos, valendo como mero preceito, é inexequível, não menos verdadeiro é que ela espelha um menos, se confrontada com a que é emitida nas ações ditas executivas, como é a de despejo, no sistema do processo civil.

O fato de a sentença declaratória conter um *minus*, em relação à executiva, decorre do fato de aquela ser dotada de aptidão para produzir transformações, apenas, no plano jurídico, enquanto esta, ao contrário, produz modificações no plano factual, que se configura, *e. g.*, pela intromissão estatal no patrimônio do devedor. Como diz Pontes de Miranda, a sentença condenatória, assim como a declaratória e a constitutiva, contêm, unicamente, pensamento; já a sentença executiva encerra ato.

Se verificarmos, pois, que o trabalhador, ao ingressar em juízo, nada mais pretende, do ponto de vista prático (único, aliás, que para ele faz sentido), do que obter um provimento jurisdicional que possibilite a eficaz satisfação do seu direito lesado, mediante, se necessário, a transferência coercitiva de parte do patrimônio econômico do réu, para o seu, constataremos que a sentença condenatória chega a ser-lhe frustrante, vez que o seu limite não vai além da condenação do réu ao pagamento das quantias pleiteadas. Desse modo, em poder de uma sentença condenatória, o trabalhador tem pouco motivo para regozijar-se, porquanto, para alcançar a efetiva reparação do dano sofrido, deve dar início a um outro processo, distinto do anterior, que é o de execução. A sentença condenatória, por isso, não passa de um ato preparatório da execução, pois, como leciona Chiovenda, a sua finalidade está confinada à verificação do direito; só a execução faz atuar o direito.

Justamente, por estar adstrita à mera verificação do direito é que a sentença condenatória só opera transformação no mundo jurídico, ficando reservada para execução a transformação no plano da realidade concreta — único objetivo que põe o trabalhador em juízo, na hipótese de que estamos a cogitar. Essa particularidade levou, a propósito, Liebman a asseverar, com razão, que a sentença condenatória, ao passar em julgado, faz, tão somente, consumar a demanda, sem propiciar a satisfação do direito reconhecido.

Por isso tudo é que nos abalançamos a dizer que a sentença condenatória, se examinada segundo a perspectiva de sua finalidade e de seus limites, e considerados os reais motivos que levam o autor a ingressar em juízo e sua visão pragmática do processo, é de eficiência duvidosa, não se justificando, em face disso, os elogios excessivos que vem recebendo por parte de uma doutrina que ainda não se deu conta de que a mera condenação não basta para a atuação do direito declarado. É necessário, diante disso, que, *de lege ferenda*, se dote o processo do trabalho de uma ação de natureza executiva, semelhante à de despejo ou de depósito, do processo civil, cuja sentença, para fazer com que as coisas se disponham, no campo da realidade concreta, de acordo com a dicção jurisdicional, prescinde de um processo de execução, posterior. Sentenças que, em derradeira análise, são autoexecutáveis — e nisso reside, sem dúvida, a sua excelência prática.

Como o momento é de revisão crítica, pensamos que o próprio processo de conhecimento esteja a reclamar uma reformulação, para ver-se liberto de certos entraves que estão a transformá-lo em causa de lentidão na entrega da prestação jurisdicional e a comprometer o prestígio do Poder Judiciário.

Se é certo que o homem moderno tem pressa, não menos exato é que o trabalhador tem necessidade de obter uma rápida (e boa) resposta jurisdicional às pretensões que sói deduzir em juízo, pois estas, quase sempre, estão ligadas à sua sobrevivência. O indivíduo, proibido de realizar justiça pelas próprias mãos, vê-se compelido a invocar a tutela do Estado-Juiz; a partir daí, tem início um procedimento longo e moroso, rumo à sentença de mérito. Essa demora na entrega da prestação jurisdicional compromete não só o prestígio do Poder Judiciário, como faz brotar no espírito da parte um justificado sentimento de desesperança; quando não, de revolta. A obsolescência da estrutura do processo de conhecimento tradicional é manifesta e preocupante. Levados às últimas consequências, os salutares e democráticos princípios do contraditório, com sua dialética instigante, e o da ampla defesa, com sua tolerância às manobras procrastinatórias, empreendidas pelo réu, acabaram por impor a esse procedimento uma lenteza irritante e iníqua. Podemos, mesmo, afirmar que esse procedimento lembra, em muito, os extintos dinossauros: pesados, lentos, quase inúteis. Não hesitamos, por esse motivo, em concluir que o procedimento cognitivo, tal como se encontra estruturado, representa o elemento paleolítico de nosso sistema processual.

Um discurso a respeito do compromisso histórico assumido pelo Estado, no que tange à entrega, de maneira célere, da prestação jurisdicional impetrada, é algo que não se compreende no objetivo deste Capítulo. Apesar disso, a crítica ao processo de conhecimento e à ação condenatória, que acabamos de formular, foram imperativos de nossa consciência, política e jurídica. Como à crítica deve seguir a sugestão, cremos ser imprescindível a adoção de um procedimento onde a cognição possa ser sumária, sem deixar de ser exauriente, pois o juízo, neste caso, é de certeza e não de probabilidade ou de verossimilhança. Para isso, a resposta (exceção, contestação, reconvenção e o mais) do réu deveria ser apresentada por escrito, na secretaria, em prazo legalmente preestabelecido; o número de testemunhas poderia ser reduzido, levando-se em conta o fato de que, modernamente, a valoração dessa prova é feita com vista à qualidade do testemunho e não à quantidade de testemunhas; a confissão presumida, em matéria de insalubridade e de periculosidade, deveria ser aceita; a eliminação de alguns recursos, como o de revista, e a simplificação do sistema de impugnação das sentenças seriam também necessárias.

Por outro lado, a instituição de ações de traço executivo, que substituíssem algumas das atuais condenatórias, teria o mérito de permitir que, ocorrido o trânsito em julgado, as sentenças aí proferidas produzissem efeitos por si mesmas, ou seja, dispensassem a instauração de um outro processo, o de execução, para ver operadas, no plano dos fatos, as transformações da realidade desejadas pelo autor.

d) Sentença mandamental

Parcela considerável da doutrina ainda resiste à ideia de admitir a sentença mandamental como uma espécie distinta e autônoma, a figurar ao lado das clássicas declaratória, constitutiva e condenatória, argumentando que "não se trata de categoria processual congruente com as anteriores, pois não se funda na natureza peculiar da prestação jurisdicional invocada, mas, sim, no destinatário da sentença".(50)

Nós mesmos pensávamos assim.

O estudo da obra de Biscardi,(51) contudo, permitiu a alguns juristas conhecer, em maior profundidade, o processo interdital romano, cujo fato foi extremamente significativo, pois, a contar daí, os conceitos de jurisdição (*ius dicere*) e de império (*imperium*) foram separados, passando os estudiosos a perceber a distinção entre ambos. Constatou-se, particularmente, que o império não traduzia uma atividade jurisdicional típica, senão que uma forma peculiar de manifestação da soberania do Estado.

Pontes de Miranda, por sua vez, já advertia que os doutores medievais, fazendo uso abusivo dos conceitos pertinentes à *notio* (cognição) e ao *imperium* (execução), acabaram por criar embaraços ao estudo das cinco modalidades de ação (declaratória, constitutiva, condenatória, mandamental e executiva), "não só porque as separavam em dois blocos únicos, como também porque acentuaram, demasiadamente, as diferenças entre elas".(52)

No preciso magistério desse jurista, na ação executiva a parte quer mais, vale dizer, quer o ato do juiz, fazendo não o que este faria, como juiz, mas, sim, o ato que a própria parte deveria ter praticado; ao contrário disso, "no mandado, o ato é ato que só o juiz pode

(50) Cintra, Grionover e Dinamarco, ob. cit., p. 270-271.

(51) *La Protezione Interditale nel Processo Romano*, 1938.

(52) *Comentários ao Código de Processo Civil*. Rio de Janeiro: Forense. tomo X, p. 537.

praticar, por sua estatalidade. Na execução, há mandados — no decorrer do processo; mas a solução final é ato da parte (solver o débito). Ou do juiz, *forçando*".(53)

São inconfundíveis entre si, portanto, o mandado emitido na ação de segurança e o mandado que é expedido na execução forçada. Enquanto este constitui, essencialmente, ato da parte, ou melhor, ato que o juiz realiza em nome do litigante, aquele figura como ato estatal (*imperium*), assim entendido o que corresponde a uma atuação originária do Estado, que não é feita, portanto, em substituição à do indivíduo. O traço comum, que há entre ambos os mandados, está em que são dotados de aptidão para realizar transformações no mundo dos fatos, embora o *mandamus* característico da ação de segurança não implique expropriação patrimonial, ou seja, transferência de bens do patrimônio de uma das partes (devedor) para o da outra (credor), como se dá no mandado próprio das execuções forçadas.

Um outro aspecto, capaz de contribuir para a aviventação da linha que separa o mandado emitido em ação de segurança do que é extraído na execução forçada, repousa no pedido formulado nessas ações. Enquanto, na execução, o mandado é derivante de uma ação anterior, condenatória, na ação de segurança o *mandamus* representa o próprio pedido formulado, o objeto da ação, enfim.

Repisemos o assunto para dizer que tanto a sentença mandamental quanto a execução acarretam transformações na realidade, no mundo factual, por assim dizer. Ocorre que, no processo cognitivo (sentença condenatória), essa transformação se realiza exogenamente, ou seja, fora desse processo (pois a sentença condenatória, como vimos, só atua no plano jurídico, só contém pensamento e não ato), ao passo que, na ação mandamental, essa modificação se dá endogenamente, isto é, dentro do próprio processo.

Em síntese depurada, Ovídio Baptista da Silva aponta os seguintes traços que distinguem as ações executivas, em sentido amplo, das mandamentais: a) nas ações condenatórias, o trânsito em julgado da sentença não é bastante para operar as transformações no mundo dos fatos, desejadas pelo autor (credor), consistente, no caso de obrigação de pagar quantia certa, na transferência de parte do patrimônio do devedor para o do credor. Para que isso ocorra, há necessidade de uma nova ação (de execução); b) na atividade que se suceder a uma ação executiva (como a de depósito), à semelhança do que se passa no âmbito da sentença condenatória, há necessidade de uma intromissão no patrimônio do réu, para transferi-lo, no todo ou em parte, ao do autor. A diferença se localiza, contudo, no fato de que, nas ações executivas (depósito, despejo etc.), essa transferência patrimonial já é realizada pela própria sentença, ao declarar o bem ilegitimamente possuído pelo réu. Aqui, não há necessidade de estabelecer-se a "modificação da linha discriminativa entre os dois patrimônios, depois da sentença", de que fala Pontes de Miranda, vez que dita separação é feita pela sentença executiva. Em todos esses casos, a atividade subsequente à sentença é jurisdicional e executiva, pois a matéria de que ela trata é atividade originalmente privada, apenas praticada pelo magistrado, em substituição à parte; c) numa ação de segurança, ao contrário, conquanto a transformação da realidade se efetive no mesmo processo (que é de conhecimento), dispensando-se, assim, uma nova ação (de execução), essa transformação não só é atividade

(53) *Comentários ao Código de Processo Civil*. Rio de Janeiro: Forense. tomo X, p. 64.

tipicamente estatal (*imperium*), e, portanto, o juiz não age em substituição à parte, como os atos executivos não são dirigidos ao obrigado (adversário)(54).

De resto, como afirmamos anteriormente, a despeito de serem inconfundíveis os atos ulteriores à sentença executiva (ação de despejo, *v. g.*) e os que se sucedem à ação de segurança, esses atos apresentam um ponto de contato, que, de um lado, os assemelham, e, de outro, sublinham a diferença de ambos, no tocante aos atos subsequentes às sentenças condenatórias. Referimo-nos ao fato de que tanto a sentença proferida na ação executiva quanto a emitida na ação de segurança serem dotadas de aptidão para realizar, por si mesmas, transformações no mundo dos fatos, enquanto as lançadas na ação condenatória não vão além de modificações no plano jurídico. Para que as transformações da realidade (fatos) se operem, necessitam de um novo processo, o de execução. Sob esse ângulo, as sentenças condenatórias se igualam à declaratória e à condenatória, formando um bloco que, de certa maneira, se opõe às executivas e às mandamentais.

De quanto expusemos até este ponto, parece-nos irrecusável o reconhecimento da existência da sentença mandamental como classe distinta, levando-se em consideração que: a) ao contrário do mandado expedido em decorrência de sentença condenatória (onde há *iuris dictio* manifesta), o mandado de segurança é ato de império, porquanto, ao outorgá-lo, o juiz não atua em substituição à parte e, sim, em nome da soberania estatal. Cabe lembrar que, em Roma, os magistrados exerciam certas funções pretorianas, representadas por um procedimento diverso do que era próprio da *actio*: o procedimento interdital, onde havia mais *imperium* do que *notio*; b) enquanto, na ação condenatória, o autor pede, unicamente, que se atribua ao réu a obrigação de satisfazer determinada obrigação (= verificação do direito), pois a transformação da realidade (= atuação do direito) só será possível por meio de novo processo (de execução), na ação de segurança o mandado não só figura como o próprio *petitum*, equivale a dizer, o objeto essencial da ação, como é dotado de aptidão para realizar, no plano da realidade concreta (mundo factual), as transformações pretendidas pelo autor.

O fato de o mandado de segurança não visar à transferência de parcela do patrimônio de uma parte para o da outra, longe de caracterizar a sua identidade com o mandado executivo, acentua-lhe a dessemelhança quanto a este e, assim, justifica a colocação, da ação que o gera, em classe distinta: a mandamental.

e) Sentença executiva

Há determinados provimentos jurisdicionais de fundo, cuja natureza e finalidade não se quadram às dos condenatórios, dos declaratórios, dos constitutivos e dos mandamentais: são as denominadas sentenças executivas, desconhecidas pelo processo do trabalho e das quais podem ser citadas como exemplo, no processo civil, as emitidas nas ações de despejo, de depósito, de busca e apreensão e possessórias.

Essa classe de sentença, ao inverso das condenatórias, não se limita à verificação do direito (transformação, apenas, no mundo jurídico), senão que faz atuar o direito (transformação no plano dos fatos). Nem se confunde com a execução forçada (*actio iudicati*), pois

(54) *Sentença e Coisa Julgada*. 2.ª ed. Porto Alegre: Sérgio Antonio Fabris, 1988. p. 88-89.

esta decorre de uma sentença condenatória, ou seja, de uma demanda anterior; já a ação executiva não se prende a nenhuma outra, sendo, portanto, originária e auto-suficiente.

Opostamente ao que ocorre nas ações condenatórias, onde o autor nada mais pede do que a verificação do direito, equivale a dizer, o reconhecimento da existência de uma obrigação, por parte do réu, e a consequente condenação deste a satisfazer a correspondente prestação, nas ações do tipo executivo. Exemplo dessa modalidade de ação era a de *depósito*, prevista no art. 902, do CPC de 1973, em que o autor postulava, desde logo, a entrega da coisa, o seu depósito em juízo ou a consignação, pelo réu, do equivalente em dinheiro, cabendo ao juiz, se fosse o caso, fazer expedir mandado para esse fim (*ibidem*, art. 904, *caput*).

Por outras palavras, na ação condenatória, deixando o réu de atender à imposição jurisdicional, deverá o autor utilizar-se de uma nova ação (execução), para fazer atuar o direito reconhecido pela sentença proferida no processo anterior; na ação executiva, contudo, a execução se faz por força de mandado extraído em decorrência do próprio pedido formulado na petição inicial, prescindindo, assim, de outra ação (*actio iudicati*), para fazer operar as necessárias transformações na realidade factual. Por isso, afirmamos há pouco que essa espécie de ação é autossuficiente (ou auto-operante, como se preferir), pois contém, em si mesma, os elementos necessários à referida modificação do mundo dos fatos. A sentença executiva, portanto, é provida de ato (= transformação), ao passo que a condenatória nada mais possui do que pensamento (enunciado lógico), segundo a construção peculiar de Pontes de Miranda. A sentença executiva encerra, assim, um *plus*, com relação à condenatória; ou talvez fosse mais apropriado dizer que esta revela um *minus*, se cotejada com aquela.

O que nos parece relevante observar, a esta altura, é a necessidade de ser reconhecida a presença, em nosso sistema processual, das ações executivas, ao lado da mandamental e das tradicionais declaratória, constitutiva e condenatória, de tal maneira a ficar consagrada essa classificação quinária das ações, na linguagem de Pontes de Miranda.

A propósito, devemos também dizer que as três espécies de sentença, a que chamamos de tradicionais, possuem um elemento comum, representado pela singularidade de possuírem, apenas, pensamento, motivo por que são destituídas de eficácia para realizar modificações no domínio pleno dos fatos. As executivas e as mandamentais, todavia, possuem essa aptidão, fazendo com que as coisas se disponham na prática (modificação da realidade factual) de acordo com o conteúdo do provimento jurisdicional. Nessas duas classes de ação, convém reiterar, o mandado (de depósito, de despejo ou de segurança, conforme seja o caso) constitui objeto do próprio pedido, é proveniente da própria demanda. O mandado típico da execução forçada, entretanto, não emana da sentença condenatória, mas do processo de execução, que somente se liga àquela por um traço lógico e cronológico, na medida em que a execução tem como pressuposto a condenação.

Sentença normativa

Admitida a classificação quinária das ações e considerando que a nossa exposição, até esta quadra, teve em mira as demandas individuais, façamos, a seguir, um breve estudo a respeito da "sentença" normativa, submetendo-a à mencionada classificação.

Antes, contudo, devemos esclarecer que, ao rigor da técnica, constitui impropriedade o uso da expressão sentença normativa, a despeito de reconhecermos que se encontra arraigada no gosto dos estudiosos. Sucede que, sendo o pronunciamento jurisdicional emitido pelos órgãos de primeiro grau legalmente denominados de sentença, e os efetuados pelos tribunais, de acórdãos, o correto será aludir-se a *acórdão normativo*, sabendo-se que é da competência exclusiva dos tribunais o julgamento dos dissídios coletivos (CF, art. 114). Eis a razão por que empregamos, no início deste Capítulo, aspado, o substantivo sentença. A locução dissídio coletivo, por sua vez, não está imune a reparo, quando usada como sinônimo de ação. Como advertimos anteriormente, dissídio significa o conflito (no caso, coletivo) de interesses; logo, o dissídio preexiste ao ajuizamento da ação. Se se deseja, pois, evitar um vício acirológico, aluda-se a ação coletiva e não a dissídio coletivo, quando se pretender expressar esse direito público que possuem as entidades sindicais, no que atine a invocar a prestação da tutela jurisdicional normativa.

A ação coletiva pode ser apontada como a nota peculiar do processo do trabalho, pois o símile civil não possui ação dessa natureza. A legitimidade para o exercício dessa ação sui generis, aliás, é atribuída, constitucionalmente, às entidades sindicais (CF, art. 114, § 2.º). A jurisdição normativa, por outro lado, comete aos tribunais do trabalho esse poder extraordinário de ditar normas destinadas a regular, para além da lei, mas não contra ela, as relações materiais entre trabalhadores e empregadores, no âmbito de determinada categoria.

Os acórdãos, que os tribunais emitem no exercício desse poder normativo, implicam um inequívoco rompimento com a tradição jurisdicional, segundo a qual a função do juiz é aplicar a lei ao caso concreto submetido à sua cognição. Assim asseveramos, porque os acórdãos normativos — como a própria denominação está a indicar — são ontologicamente dotados de aptidão para criar a norma jurídica material que irá integrar o amplo círculo que envolve as categorias profissional e econômica, representadas na ação pelos respectivos sindicatos (embora a jurisprudência venha admitindo a possibilidade de a ação coletiva ser ajuizada, pelo sindicato, em face de uma ou mais empresas). Destacamos o adjetivo "material" para deixar insinuada a impossibilidade de o acórdão normativo dispor sobre regras processuais. Sendo da competência privativa da União legislar sobre processo (CF, art. 22, I), que, ao contrário do direito material, pertence ao ramo do Direito Público, é evidente que os tribunais, no desempenho da jurisdição normativa, não podem invadir esses domínios legislativos da União.

O acórdão normativo, em suma, não tem como objetivo a aplicação da lei ao caso concreto, mas a criação da norma jurídica, que, como dissemos, irá reger as relações materiais intersubjetivas, no plano das categorias. Sendo assim, podemos concluir que o mencionado acórdão não tem função aplicante (de norma preexistente), senão que "jurígena" (criadora da norma), se nos permitem o neologismo. Já se disse, com propriedade, que o acórdão normativo tem corpo de "sentença" e alma de lei, ou seja, que é "confusionista de poderes" (Gallart-Folch).

Podem ser apontadas como características do trinômio jurisdição/ação/acórdão normativo, sem prejuízo de outras, as seguintes:

a) a legitimidade para o exercício da ação coletiva é atribuída pela Constituição Federal às entidades sindicais (art. 114, § 2.º);

b) como, nessa modalidade de ação, não se visa à aplicação de norma legal (preexistente), mas à criação de norma jurídica, tendente a reger as relações materiais entre os integrantes das categorias que figuram no processo como parte, não se pode pensar em julgamento *ultra*, *extra* ou *infra petita*;

c) por essas mesmas razões é que não incidem, na ação coletiva, certos princípios processuais, em outras circunstâncias inafastáveis, como, *v. g.*, o da impugnação especificada dos fatos (CPC, art. 341), o da revelia (CLT, art. 844, *caput*), o da *ficta confessio* (*idem*). Como, porém, a pretensão normativa faz gerar uma relação processual, são aplicáveis à ação coletiva, entre outros, os seguintes princípios constitucionais: 1) da inafastabilidade da jurisdição (art. 5.º, XXXV); 2) do juiz natural (art. 5.º, XXXVII); 3) do contraditório e da ampla defesa (art. 5.º, LV); 4) do devido processo legal (art. 5.º, LIV); 5) da autoridade competente (art. 5.º, LIII); 6) da publicidade (arts. 5.º, LX e 93, IX); 7) da fundamentação das decisões (art. 93, IX); 8) da licitude dos meios de prova (art. 5.º, LVI); 9) da igualdade de tratamento (art. 5.º, *caput*), assim como os princípios infraconstitucionais: 1) do impulso *ex officio* (CLT, art. 765 e 878; CPC, art. 2.º); 2) da economia (CPC, art. 57); 3) da lealdade aos fatos (CPC, art. 77, I); 4) da livre investigação das provas (CPC, art. 371 e CLT, art. 765). Como é óbvio, esses princípios, ao atuarem na ação coletiva, deverão receber, sempre que for o caso, o indispensável temperamento, a fim de que se amoldem às singularidades desse processo;

d) os efeitos do acórdão normativo não ficam, necessariamente, circunscritos aos trabalhadores representados pelo sindicato que ajuizou a ação, podendo ser estendidos aos demais empregados da empresa (CLT, art. 868) ou a todos os integrantes da categoria profissional (CLT, art. 869). No primeiro caso, a extensão decorrerá de iniciativa do tribunal competente, no momento em que estiver procedendo ao julgamento da ação coletiva; no segundo, conquanto possa provir, igualmente, de uma atuação *ex officio* do tribunal, a extensão da decisão sobre novas condições de trabalho pode ser solicitada por quaisquer dos sindicatos que são parte no processo ou pela Procuradoria da Justiça do Trabalho, observado o procedimento traçado pelos arts. 870 e 871 da CLT;

e) enquanto, nas ações individuais, há uma identificação dos titulares do direito material controvertido e, em consequência, uma especificação subjetiva dos pedidos, nas ações coletivas estão em jogo interesses gerais e abstratos da categoria, portanto, não individualizados;

f) ao contrário dos demais pronunciamentos da jurisdição, o normativo tem alcance *erga omnes*, vale dizer, produz efeitos mesmo no círculo jurídico daqueles que não figuraram no processo original, como se dá, por exemplo, no caso de extensão da decisão, calcada nos arts. 868 e 869 da CLT;

g) o acórdão proferido nas ações coletivas, cujas pretensões sejam de natureza econômica, submete-se ao fenômeno da coisa julgada material, fazendo-o, todavia, singularmente, com a cláusula *rebus sic stantibus*, de tal arte que possa ser submetido à revisão, de que cuidam os arts. 873 a 875 da CLT;

h) o acórdão normativo pode ser objeto de ação de cumprimento (CLT, art. 872, parágrafo único), com base na simples certidão do julgamento, desde que decorridos vinte dias da data em que este foi realizado (Lei n. 7.701/88, art. 7.º, § 6.º);

i) as cláusulas constantes dos acórdãos normativos, mesmo depois de cessada a sua vigência, permanecem integradas ao patrimônio jurídico do trabalhador, a cuja inferência se chega em face do mandamento constitucional no sentido de que, no exercício da jurisdição normativa, deverão os tribunais respeitar "as disposições convencionais e legais mínimas de proteção ao trabalho" (art. 114, § 2.º). Destacamos. No mesmo sentido, o art. 1.º, § 1.º, da Lei n. 8.542, de 23-12-92. A *ultratividade* é vedada somente nos casos de acordo coletivo ou de convenção coletiva de trabalho (CLT, art. 614, § 3.º).

Classificação

Demonstradas, em linhas gerais, as particularidades do trinômio ação/jurisdição/acórdão normativo, vejamos agora, quais os efeitos inerentes a este tipo de pronunciamento jurisdicional, segundo a classificação quinária das ações, que apresentamos anteriormente.

O acórdão normativo, como ficou dito, tem caráter "jurígeno", pois, ao contrário dos demais provimentos da jurisdição, que, regra geral, se restringem à aplicação dos dispositivos ao caso concreto, é constitucionalmente dotado de uma especial aptidão, consistente na criação de normas materiais, destinadas a reger as relações entre as categorias profissional e econômica correlativas.

Está claro, portanto, que não tendo o acórdão em exame eficácia para realizar transformações no plano da realidade factual, ou seja, no mundo dos fatos, mas, somente, para gerar a norma jurídica material, o seu efeito não pode ser condenatório, nem executivo, nem mandamental.

Conforme pudemos deixar exarado, em linhas passadas, unicamente as sentenças executiva e mandamental são providas de uma força especial, que as faz operar modificações no campo fenomênico. Sendo assim, cabe-nos, por exclusão, examinar a natureza do acórdão normativo à luz das duas outras classes de provimentos jurisdicionais restantes, quais sejam, o constitutivo e o declaratório, sendo certo que tais acórdãos não possuem efeito condenatório.

Para tanto, devemos levar em conta a existência de pretensões normativas de cunhos: a) econômico e b) jurídico, segundo a divisão e a nomenclatura adotadas pela doutrina, pela jurisprudência e pela própria legislação. Em rigor, esse critério distintivo das duas espécies referidas é imperfeito, pois há algumas cláusulas normativas que contêm pretensões que não podem ser classificadas nem como econômicas, nem como jurídicas, como, *e. g.*, as respeitantes ao fornecimento de carta de apresentação do trabalhador despedido sem justa causa, à indicação dos motivos pelos quais o trabalhador foi despedido etc. Na prática, chega a ser tormentoso saber se determinada cláusula normativa é de índole econômica, ou não.

Pondo de parte, no entanto, essas dificuldades de ordem pragmática e a imperfeição doutrinária dessa divisão dicotômica das cláusulas normativas em econômicas e jurídicas, devemos dizer que os acórdãos proferidos nas ações coletivas podem ter efeito constitutivo ou declaratório, conforme sejam de natureza econômica ou jurídica, respectivamente, as cláusulas apresentadas pelos demandantes.

Realmente, se a ação tem como finalidade o estabelecimento de novas relações de trabalho (sentido econômico), o acórdão terá efeito constitutivo, uma vez que estará criando a norma jurídica material, que, como tantas vezes ressaltamos, irá reger as relações entre as categorias envolvidas no conflito coletivo. Na verdade, em se tratando de ação coletiva originária, o acórdão estará criando a relação jurídica entre as partes; não sendo originária a ação dessa natureza, o acórdão estará modificando uma relação jurídica preexistente. Em situações extremamente raras, o acórdão normativo poderá extinguir essa relação estabelecida entre as partes. Seja, pois, criando, modificando ou fazendo cessar a relação jurídica, o acórdão emitido nas ações coletivas, ditas de natureza econômica, terá efeito constitutivo.

Quando, todavia, a ação coletiva tiver como objetivo não a criação de novas condições de trabalho ou a alteração das existentes, mas a interpretação de norma legal ou de cláusula constante de acordo, convenção ou decisão normativa (sentido essencialmente jurídico), o acórdão, aí lançado, terá, segundo se tem propalado, efeito declaratório. A declaração emitida pelo tribunal valerá como simples preceito, destinado a incidir nos casos concretos, representados pelas ações individuais onde a cláusula interpretada seja invocada como fundamento do pedido. Como preceito, a interpretação dada pelo tribunal à cláusula inserta no instrumento normativo não é de aceitação obrigatória. O digesto processual civil de 1939, a propósito, mais didático, neste ponto, do que o de 1973 e o de 2015, esclarecia: "Na ação declaratória, sentença que passar em julgado valerá como simples preceito mas a execução do que se houver declarado somente poderá promover-se em virtude de sentença condenatória" (art. 290, *caput*).

Note-se, contudo, que a despeito de o acórdão normativo em estudo possuir um sentido declaratório, não se cuida, na espécie de ação declaratória, pois esta tem como objeto a existência ou inexistência ou modo de ser de relação jurídica ou a autenticidade ou falsidade de documento, nos termos do art. 19. Na verdade, tal acórdão tem conteúdo interpretativo, sendo, por isso, sui generis. Logo, a sua categorização jurídica na classe dos provimentos declaratórios é, senão inadequada, forçada, porquanto, longe de emitir declaração sobre a relação jurídica ou sobre documentos, esse acórdão interpreta cláusulas contidas em acordo, convenção ou decisão normativa. Na falta de uma classe específica de pronunciamentos interpretativos, a figurar ao lado dos consagrados declarativos, constitutivos, condenatórios, mandamentais e executivos, a doutrina preferiu introduzir o acórdão normativo-interpretativo no grupo dos declaratórios, para não deixá-lo solto no sistema, como se fosse um elemento alienígena.

Parece-nos, entretanto, que a larga predominância da carga de interpretação, que nutre os acórdãos lançados em ações coletivas classificadas como "de natureza jurídica", autoriza o reconhecimento doutrinário de uma nova espécie de dicção jurisdicional, tão marcante quanto as que integram a classificação quinária: a interpretativa.

Como dissemos, se o escopo da ação genuinamente declaratória reside no conseguimento de um ato jurisdicional que faça desaparecer a incerteza a respeito da existência ou inexistência de relação jurídica ou da autenticidade ou falsidade de documento, é evidente que não se pode, sem forçar os princípios e os conceitos, considerar o acórdão *sub examen* como sendo declaratório, porquanto o seu elemento teleológico repousa na interpretação de determinada cláusula normativa. Interpretar não é o mesmo que declarar, sob o ponto de vista da técnica jurídica. Quando os Tribunais do Trabalho interpretam o senso literal ou histórico de uma cláusula normativa, não entra em consideração nenhuma relação jurídica, entendida esta como o vínculo existente entre pessoas ou entre pessoas e coisas, regida pelo direito; tampouco se cogita de documento, como objeto da cognição jurisdicional. Sendo assim, o que resta, então (como fundamento jurídico), para afirmar-se que o acórdão é declaratório, a não ser a hesitação da doutrina em proclamar a presença, em nosso meio, de uma nova espécie de pronunciamento da jurisdição, a que bem poderíamos denominar de interpretativo, e, com isso, contribuir para a afirmação da especificidade do processo do trabalho e para o aprimoramento da classificação científica dos provimentos que emanam da correspondente Justiça especializada?

Bem faria, pois, a doutrina predominante se revisse a sua opinião taxinômica, quanto aos acórdãos normativos, para reconhecer que os "declaratórios" são, na verdade, interpretativos, considerando-se os efeitos que lhe são inerentes.

É conveniente salientar que, desde Roma (com as *praejudicialis*), passando pelo direito medieval (com os juízos provocatórios), a ação declaratória teve como objeto uma relação jurídica. Assim também se deu no sistema das Ordenações reinóis portuguesas, onde a presença dos "juízos provocatórios" era marcante. O atual Código de Processo Civil brasileiro manteve-se, pois, nessa linha tradicional, sendo o seu art. 19, ao que parece, uma reprodução do art. 256 do Código germânico de 1877.

Destarte, não deixa de ser algo perturbador dessa tradição o fato de estarem alguns juristas a asseverar que os acórdãos proferidos nas ações coletivas de natureza, meramente, jurídica possuem efeito declaratório, como se essa conclusão estivesse em absoluta congruência com os conceitos já sedimentados.

Atrevemo-nos, portanto, a afirmar, heterodoxamente, que os acórdãos de que estamos a ocupar-nos devem ser introduzidos em uma nova classe, a dos interpretativos, abandonando, com isso, a categoria dos declaratórios, em que haviam sido colocados pela doutrina, num gesto que não atendeu aos rigores científicos.

No mais, é oportuno dilucidar que os provimentos jurisdicionais dotados de efeito interpretativo passam em julgado, embora não produzam o fenômeno jurídico da *res iudicata* material. O que foi objeto da interpretação deverá constituir, se for o caso, o fundamento de pedidos a serem formulados em ações de outra natureza.

Capítulo VI

Sentença Definitiva e Sentença Terminativa

Sentença definitiva

Comentário

Na vigência do CPC de 1939, a expressão "sentença definitiva" era utilizada para designar os pronunciamentos jurisdicionais que ingressavam no exame do mérito da causa. O estatuto processual de 1973 abandonou essa nomenclatura, preferindo, originalmente, conceituar a sentença como o ato pelo qual o juiz punha fim ao processo, examinando, ou não, o mérito da causa (art. 162, § 1.º). Posteriormente, esse Código reformulou o conceito de sentença, para tê-lo como "o ato do juiz que implica algumas das situações previstas nos arts. 167 e 269 desta Lei". Essa reformulação se deu por obra do sincretismo realizado por esse Código, consistente em trazer para o processo de conhecimento a clássica execução por quantia certa, rotulando-a de *cumprimento da sentença.*

O art. 203, § 1.º, do CPC de 2015, conceitua a sentença como o pronunciamento, fundado nos arts. 485 e 487, pelo qual o juiz "põe fim à fase cognitiva do procedimento comum, bem como extingue a execução". Esse conceito, *mutatis mutandis*, corresponde ao reformulado pelo art. 162, § 1.º, do CPC de 1973, pós-sincretismo, por assim dizer.

Conforme deixamos exarado em linhas transatas, a conceituação de sentença, enunciada no art. 203, § 1.º, do CPC de 2015, não se ajusta ao processo do trabalho, pois, aqui, não houve o sincretismo a que nos referimos: no processo do trabalho os processos de conhecimento e de execução possuem autonomia procedimental.

O que se pode fazer é uma espécie de imbricação parcial do art. 203, § 1.º, do CPC de 2015, com o art. 162, § 1.º, do CPC de 1973 (pós-sincretismo), por forma a construir-se o seguinte conceito de sentença: ato pelo qual o juiz põe fim ao processo de conhecimento — mediante resolução, ou não, do mérito — ou ao processo de execução ou aos embargos do devedor.

Está lançada a sugestão.

A separação das sentenças em terminativas e definitivas, no Código de 1939, tinha repercussões no campo dos recursos, pois o ataque a estas deveria ser feito por meio de apelação (art. 820), ao passo que a impugnação àquelas era realizada mediante agravo de petição (art. 846). O digesto processual de 1973, sob este aspecto, simplificou o sistema, ao declarar que a sentença — tenha, ou não, examinado o mérito da demanda — será sempre apelável (art. 513). A remissão que o referido artigo do CPC fazia aos arts. 267 e 269, do mesmo texto, era extremamente elucidativa.

O CPC de 2015 também prevê a apelação da sentença (art. 1.009).

O que devemos, contudo, entender por *mérito*, para os efeitos processuais?

Estatuía o CPC de 1939, no art. 287, que "a sentença que decidir total ou parcialmente a lide terá força de lei nos limites das questões decididas", esclarecendo o parágrafo único que se considerariam decididas todas as questões que constituíssem premissa necessária da conclusão. Ao que tudo indica, o legislador daquele período se inspirou no Projeto que Carnelutti apresentou à Subcomissão Real, presidida por Mortara.

Antes de Carnelutti, o substantivo *lide* possuía um significado algo impreciso, pois ora era empregado para designar o conflito intersubjetivo de interesses, ora para identificar o próprio processo, como método estatal de solução desses conflitos. Decisiva foi a contribuição desse eminente jurista, com vistas ao acertamento doutrinal da matéria, ao conceituar a lide como o conflito de interesses qualificado pela pretensão manifestada por uma das partes (autor) e pela resistência oferecida pela outra (réu). Lide, em Carnelutti, é, portanto, a pretensão resistida e insatisfeita.

Ao redigir a Exposição de Motivos do Código de Processo Civil de 1973, o Prof. Alfredo Buzaid, consagrando o pensamento do ilustre jurista peninsular, cuidou de advertir que "o projeto só usa a palavra lide para designar o mérito da causa" (Cap. II, n. 6), arrematando ser a lide o objeto principal do processo, pois "nela se exprimem as aspirações em conflito de ambos os litigantes" (*ibidem*).

Coerente com essa orientação, o legislador inseriu no Código de 1973 a declaração de que "a sentença que julgar total ou parcialmente a lide tem força de lei nos limites da lide e das questões decididas" (art. 468), reproduzindo, assim, praticamente, a expressão literal do art. 287 do Código de 1939, conquanto tenha deixado de repetir a regra constante do parágrafo único deste dispositivo.

Em diversos momentos, o CPC de 1973 utilizou o vocábulo *lide*, como ocorreu, por exemplo, nos arts. 5.º (sentença declaratória incidental, sempre que se tornar litigiosa relação jurídica "de cuja existência ou inexistência depender o julgamento da lide"); 22 (consequências processuais a serem suportadas pelo réu que, por não arguir em sua resposta fato modificativo, impeditivo ou extintivo do direito do autor, "dilatar o julgamento da lide"); 46, I (quando houver, entre os litisconsortes, "comunhão de direitos ou de obrigações relativamente à lide"); 47 (haverá litisconsórcio unitário — e, não necessário, como está aí dito, em manifesta escorregadela técnica — quando, por disposição de lei ou pela natureza da relação jurídica material, "o juiz tiver de decidir a lide de modo uniforme para todas as partes"); 110 (quando o conhecimento da lide depender, necessariamente, da verificação da existência de fato delituoso); 126 (cabe ao juiz, no julgamento de lide, aplicar as normas legais pertinentes); 132 (o juiz, titular ou substituto, que iniciar a audiência, concluirá a instrução, "julgando a lide"); 325 (quando, da declaração incidental sobre a existência ou inexistência do direito depender o julgamento da lide); 462 (superveniência de fato modificativo, impeditivo ou extintivo do direito, capaz de "influir no julgamento da lide"); 470 (faz coisa julgada a resolução da questão prejudicial se a parte o requerer, o juiz for competente em razão da matéria "e constituir pressuposto necessário para o julgamento da lide"); 475-G (veto à possibilidade de, na liquidação, "discutir de novo a lide"); 798 (concessão de providência cautelar inominada "antes do julgamento da lide").

Por outro lado, a expressão "julgamento antecipado da lide" identificava a Seção V, Título VIII, do Livro I.

Não foram raros, todavia, os casos em que o legislador fez uso do vocábulo *mérito* (= lide). Nos arts. 267 e 269, *v. g.*, se encontravam enumeradas as situações em que o processo seria extinto sem ou com pronunciamento acerca do mérito. Do art. 301 constavam as alegações que o réu deveria expender antes de contestar o mérito. Referência sobre o mérito eram também encontradas nos arts. 249, § 2.º (decisão do mérito a favor da parte a que a declaração de nulidade beneficiasse = princípio doutrinário da proteção); 265, IV (casos em que a sentença de mérito, para ser proferida, dependia de outros fatos); 284 (quando a petição inicial apresentasse defeitos e irregularidades que pudessem dificultar o exame do mérito); 405, § 2.º, I (inquirição de pessoas impedidas, sempre que isso fosse necessário ao julgamento do mérito); 459 (decisão concisa, quando ocorresse a extinção do processo sem exame do mérito); 808 (cessação da eficácia da medida acautelatória quando o juiz declarasse extinto o processo principal, com ou sem investigação do mérito); 866 (na justificação judicial, o magistrado não poderia se pronunciar a respeito do "mérito" da prova).

Desse modo, embora o Código de 1973 tivesse procurado manter-se fiel ao critério terminológico anunciado na Exposição de Motivos, segundo o qual o substantivo lide seria sempre utilizado como significante de mérito, a verdade é que, nos casos que acabamos de apontar, o legislador deixa-se apanhar em certos descuidos.

O CPC de 2015, ao contrário dos de 1939 e de 1973, colocou de lado o vocábulo *lide*, substituindo-o por *mérito*, conforme revelam, especialmente, os arts. 485, 486, 487, 488, 490, 493, 502, 508, 938, 966, *caput* e § 2.º.

Embora as considerações que até aqui expendemos tenham sido necessárias para a exata compreensão das sentenças de mérito, reconhecemos que ainda não respondemos à indagação formulada no início do Capítulo, no sentido de saber o que se deveria entender por mérito, sob a óptica processual. Dediquemo-nos, pois, a essa resposta.

Cândido Dinamarco, em minuciosa pesquisa, separa em três grupos os autores que se preocuparam em elaborar um conceito de mérito, a saber: a) os que o situam no plano das questões ou do complexo de questões concernentes à demanda; b) os que se valem da demanda ou de situação externa ao processo, mas a este trazida por meio da ação; c) especificamente, os que afirmam corresponder o mérito à própria lide.[55]

O que escreveremos a seguir constitui uma síntese do trabalho produzido pelo festejado jurista.

---

(55) *Fundamentos do Processo Civil Moderno*. São Paulo: RT, 1986. p. 188.

a) Foram, precipuamente, os autores italianos que passaram a ver o mérito nas questões de fundo do processo, com o que insinuaram confundir-se o *meritum causae* com as "questões de mérito". Sobressaem, dentre esses estudiosos, Liebman, Carnelutti e Garbagnati.

Em Liebman, a atividade cognitiva do juiz se prende ao objetivo de decidir se o pedido formulado pelo autor deve ser acolhido ou rejeitado. Dessa maneira, todas as questões cuja solução possa influir, de forma direta ou indireta, nessa decisão, formam, em seu conjunto, o mérito da causa. Carnelutti, por seu turno, afirma que o "mérito da lide" compreende o conjunto das questões materiais que a lide revela. De acordo com esse jurista, a questão decorre de dúvida relativa a razões em que se baseiam os pedidos das partes. Isso quer significar que, para solucionar o conflito de interesses, o juiz tem, muitas vezes, que resolver, antes, todos esses pontos duvidosos, que caracterizam as questões. Ponto, para Dinamarco, é "aquele fundamento da demanda ou da defesa, que haja permanecido incontroverso durante o processo, sem que as partes tenham levantado discussão a respeito (e sem que o juiz tenha, de ofício, posto em dúvida o fundamento); discordes as partes, porém, isto é, havendo contestação de algum ponto por uma delas (ou, ainda, havendo o juiz suscitado a dúvida), o ponto se erige em questão".(56)

Há pontos duvidosos que se referem a fatos, assim como existem os que respeitam a direitos. Tanto aqueles quanto estes dão origem às questões que, na doutrina carneluttiana, equivalem a mérito. Sob outro ângulo, as dúvidas podem estar relacionadas com determinados fatos e direitos que emanem de pretensões de natureza material ou com certas situações relativas ao processo em si, à ação e às condições para o seu regular exercício. Daí ser possível falar-se em questões substanciais (ou materiais) e questões processuais (ou formais).

Pondera Dinamarco, no entanto, que "o fato de uma questão (ou conjunto de questões) ter pertinência à relação material *in iudicium deducta*, caracterizando-se como questão de mérito, não significa que ela própria (a questão, ou grupo de questões) seja o mérito. Para decidir o mérito, assim como para declarar que o demandante está amparado por ação ou dela é carente, ou ainda para pôr ordem ao processo como tal e verificar-lhe os pressupostos, o juiz vai resolvendo questões, isto é, optando por pontos que lhe pareçam procedentes. É vital não confundir as questões com o próprio mérito, ou com a ação ou com o processo. Essa confusão é causa (ou será efeito?) do preconceito consistente em confinar o conceito de mérito à teoria do processo de conhecimento, excluindo-o do executivo".(57)

É na fundamentação (ou motivação) da sentença que o juiz deverá solucionar as questões surgidas no processo; logo, incidiu em grave e manifesto equívoco o legislador processual civil ao asseverar, no art. 489, III, do Código, que no dispositivo o juiz "*resolverá* as questões principais que as partes lhe submeteram". *Data venia*, no capítulo dispositivo (*decisum*) da sentença, o juiz, apenas, proclamará o resultado de sua apreciação intelectual acerca das mencionadas questões. Dizer que no dispositivo serão dirimidas as questões é encambulhar as razões teleológicas que justificam a existência das três partes distintas que

(56) *Fundamentos do Processo Civil Moderno*. São Paulo: RT, 1986. p. 189-190.

(57) *Ibidem*, p. 190.

integram a estrutura formal dos pronunciamentos jurisdicionais providos de aptidão para dar fim ao processo, com ou sem exame do mérito. Demais, a redação dada ao inc. III do art. 489 é incompreensivelmente restritiva, pois as questões que o juiz soluciona (sempre na fundamentação, repisemos) não são apenas aquelas (principais) que os litigantes lhe submetem à apreciação, porquanto abarcam as que o julgador haja suscitado *ex officio*.

Garbagnati conceitua mérito como o "grupo de questões relativas ao fato constitutivo do direito invocado processualmente pelo autor e à escolha e interpretação das normas jurídicas que lhe serão aplicadas".(58) A opinião desse jurista peca, todavia, por haver circunscrito aos fatos de natureza constitutiva a possibilidade de configuração do mérito, como se essa possibilidade não pudesse aproveitar, igualmente, os modificativos, os impeditivos e os extintivos do direito alegado. Além disso, ao contrário do direito processual de nosso país, o italiano introduz no mérito as denominadas "preliminares de mérito"; em nosso meio, a doutrina prefere referi-las como prejudiciais de mérito (a prescrição extintiva é um exemplo clássico), para diferençá-las das preliminares típicas, que são as previstas no art. 337 do CPC, circunstância que coloca em evidência a inadequação do pensamento desse jurista à nossa realidade normativa.

De qualquer modo, reputamos ser destituído de interesse prático relevante investigar se a sentença se pronunciou somente sobre os fatos constitutivos ou se também o fez quanto aos modificativos, impeditivos e extintivos, uma vez que, em todas essas situações, houve dicção jurisdicional acerca do *meritum causae*.

Concordamos com Cândido Dinamarco quando diz que o mérito não é composto pelas "questões de fundo", pois ele é o próprio fundo.(59) Esta observação, sim, possui inegável interesse prático, porquanto devendo as questões ser resolvidas na fundamentação e sabendo-se que apenas o que está no dispositivo passa em julgado, extrai-se a regra de que as questões (como decorrência de pontos duvidosos) não se submetem ao fenômeno da *res iudicata*, exceto se se tratar de questão prejudicial, e, ainda assim, desde que atendido o disposto no art. 503, § 1.º, do CPC. Citamos, em apoio a este nosso entendimento, as declarações contidas nos arts. 504 do mesmo Código, de que não fazem coisa julgada: a) os motivos (fundamentos) da sentença, mesmo que importantes para determinar o alcance da parte dispositiva; b) a verdade dos fatos, estabelecida como fulcro da sentença. Reside aí o motivo de havermos sustentado que, em princípio, passa em julgado unicamente o que fizer parte do dispositivo.

As razões, que até este ponto aduzimos, parecem ser bastantes para deixar clarificado que o *meritum causae* não corresponde às denominadas "questões de mérito", não podendo, em face disso, ser com estas confundido, sob pena de fazer surgir sérias dificuldades no campo da própria ação rescisória.

b) Em obra clássica, Chiovenda escreveu que a sentença de mérito "é o provimento do juiz acolhendo ou rejeitando a demanda do autor destinada a obter a declaração da

(58) *Questioni di Merito e Questione Pregiudiziali*, p. 157, *apud* Cândido Dinamarco, ob. cit., p. 191.

(59) Ob. cit., p. 192.

existência de uma vontade de lei que lhe garanta um bem, ou da inexistência de uma vontade legal que o garanta ao réu"[(60)]

O notável jurista italiano parece, pois, apropriar-se da demanda para construir o seu conceito de mérito, nada obstante procure separar o mérito em si das questões que a ele digam respeito, como se deduz de sua afirmativa de que "as questões sobre as condições da ação dizem-se questões de mérito (*merita causae*)".[(61)]

Luigi Montesano também compartilha o entendimento de que só podem ser consideradas de mérito as sentenças que acolhem ou rejeitam os pedidos formulados pelas partes.[(62)]

O estatuto de processo civil brasileiro demonstra haver aderido a essa concepção ao declarar, no art. 487, I, que o processo se extingue, com julgamento do mérito, quando o juiz acolhe ou rejeita o pedido formulado na ação ou na reconvenção. O vocábulo *pedido*, utilizado na redação desse preceito legal, guarda íntima sinonímia com demanda, embora este termo não tenha entrado no gosto do legislador e da doutrina atual. É certo que o CPC alude à demanda em alguns momentos, fazendo-o, contudo, não no sentido tradicional que lhe atribuíram nossos escritores de tempos passados, que tomavam a palavra como significativa do ato pelo qual a sentença era pedida.

Na Itália, é larga a aplicação, pelo legislador, pela doutrina e pela jurisprudência, do vocábulo *domanda*, que no direito alemão se apresenta como *Klage*.

Antes de fornecermos um conceito pessoal de mérito, devemos verificar se a demanda seria, efetivamente, o *meritum causae*, como querem Chiovenda e Montesano.

Se tomarmos essa palavra em sua acepção genuína, ou seja, marcada pela pátina do tempo, haveremos de concluir que demanda não é mérito, isto porque, traduzindo a demanda o ato pelo qual o indivíduo impetra a prestação da tutela jurisdicional, ela consiste no "veículo da pretensão do demandante, que é uma sua aspiração a determinado bem ou a determinada situação jurídica que, sem o processo e sem a intercessão judicial, o sistema o impede de obter".[(63)] Pertence a demanda, portanto, à classe dos atos caracteristicamente processuais, motivo por que não se pode ver nela o mérito da causa, pois este atine, em regra, ao direito material. A demanda nada mais é, assim, do que o instrumento das pretensões *in iudicio deducta* pelo autor.

Se considerássemos a demanda como pretensão, na tentativa de comprovar a sua suposta natureza de mérito, estaríamos a baralhar conceitos e a afastar-nos do próprio significado que o CPC sugere à palavra: causa, processo ("perder a demanda" = ficar vencido na causa; "custear a demanda" = arcar com as despesas do processo).

(60) *Principii di Diritto Processuale Civile*. vol I. Nápoles: Casa Edit. Dott Eugenio Jovene, 1965. p. 134.

(61) *Idem*.

(62) Questioni Preliminari e Sentenza Parziali di Merito. In: *Rivista di Diritto Processuale Civile*, 1969. p. 581.

(63) Ob. cit., p. 195.

A poder dessas razões, ficamos com o ponto de vista de que a demanda não pode ser confundida com o mérito da causa, salvo se as palavras e os conceitos já não significarem o que a tradição consagrou.

Alguns autores, como Redenti e Fazzalari, na Itália, e Lente, na Alemanha, veem na relação jurídica substancial controvertida pelas partes o *meritum causae*. O mérito, desse modo, seria algo que se formaria fora do processo. Os que sustentam esse parecer, contudo, embaraçam-se diante da necessidade de explicar o fato de, sendo a relação jurídica substancial o mérito, mas cabendo ao processo averiguar a existência dessa relação, concluir-se que ela não existe; nessa hipótese, teríamos, então, um processo sem objeto?

Por outro lado, afirmar que o mérito reside na relação material controvertida equivale a ignorar a ausência, em inúmeras situações, de controvérsia a respeito dessa relação; logo, aqui inexistiria mérito? Essa observação é necessária para demonstrar que a opinião dos mencionados juristas se manifesta incapaz de justificar a presença de mérito nas sentenças proferidas à revelia do réu, onde a falta de resposta, por parte deste, faz com que se tornem incontroversos os fatos narrados na petição inicial.

Para Betti, a relação jurídica litigiosa, que interessa ao processo, é aquela que repousa na afirmação do direito subjetivo feita pelo autor. Argumenta esse jurista com o fato de que a mecânica do processo civil, com vistas ao desempenho da função que lhe é reservada, impõe à parte que ingressa em juízo o encargo e o risco de formular a razão que pretende fazer prevalecer, arrematando que "em outros termos, o autor não pode limitar-se a narrar os fatos da causa sem expressar valorações relevantes, provocando apenas a valoração do juiz e esperando que este veja e diga o que é que lhe corresponde segundo o direito. Ele, autor, deve afirmar o que é que lhe corresponde. Ele deve, em outras palavras, afirmar o que (segundo a sua valoração unilateral) a vontade da lei exige no caso concreto (quid ius). Desde quando se define a função do processo civil, precisa ficar bem claro no espírito que a atuação da lei no processo se opera com relação a um interesse concreto que se pretende seja protegido: pretender é afirmar. O processo cognitivo, em especial, exige que o autor afirme existente e com um determinado conteúdo ou então afirme inexistente (quando demanda a declaração negativa) uma certa relação ou estado jurídico (relação ou estado litigioso), extraindo daí a posição de preeminência jurídica, ou de liberdade de vínculos, pretendida em relação ao adversário".[64]

c) Encontra-se aureolada de certo prestígio a corrente doutrinal que aponta a lide como objeto do processo. Liebman pode ser indicado como um dos mais expressivos representantes dessa opinião.

Sabendo-se, entretanto, que a realidade prática demonstra a existência de casos em que não há lide, ou seja, não há resistência à pretensão, mas ocorre um pronunciamento jurisdicional a respeito do mérito, ficam também os integrantes do referido segmento doutrinário a dever-nos uma explicação satisfatória diante desse fato. A revelia, *v. g.*, se caracteriza, precisamente, pela ausência de resposta do réu (CPC, art. 344), vale dizer, pela

(64) Ragione e Azione. In: *Rivista di Diritto Processuale Civile*, 1932. p. 205.

falta de resistência deste às pretensões deduzidas em juízo pelo autor. Sendo assim, a prevalecer o ponto de vista dos juristas que indicam a lide como o objeto do processo, e sabendo-se que o vocábulo lide, segundo o pensamento carneluttiano, significa uma pretensão resistida, haveríamos de concluir que nos casos de revelia teríamos um processo sem objeto — o que seria, no mínimo, desarrazoado. À mesma inferência seríamos empurrados sempre que o réu reconhecesse a "procedência" do pedido (CPC, art. 487, III, "*a*"), pois ele não teria, aqui, excepcionado, contestado ou reconvindo, mas, ao contrário, admitido que a parte contrária possuía o direito invocado.

Em ambas as situações, como é óbvio, o processo teria um objeto, consubstanciado na *res in iudicio deducta*, assim como teria havido um julgamento do mérito. O digesto de processo civil brasileiro arrola, aliás, o reconhecimento da "procedência" do pedido como uma das causas de extinção do processo mediante exame do mérito.

Conforme acentua Cândido Dinamarco, "como preceito sociológico, a lide presta-se com muita utilidade para justificar didaticamente a necessidade do processo e do exercício da jurisdição, quando se trata de matéria disponível (especialmente, direito das obrigações), sendo possível a satisfação da pretensão pela pessoa a quem dirigida e, portanto, sendo relevante a sua resistência. Fora disso, o conceito se mostra inadequado e, mesmo com as adaptações que vão sendo tentadas, não serve para figurar assim no centro da ciência do processo".[(65)]

Em que pese ao empenho afanoso da doutrina, no que concerne a isolar, dentre os elementos fornecidos pela ciência do processo, aquele que refletisse, com precisão, o mérito da causa, a verdade é que muito se escreveu, muito se respigou, muito se errou e bem pouco se acertou.

Não há negar que se procedeu a um considerável avanço, na mesma área, ao deixar-se de considerar as questões, a lide e a demanda como objeto do processo; até que se apresente ao mundo, porém, como obra acabada, um elemento que, submetido ao rigor da investigação científica e ao espírito crítico da doutrina, possa ser aceito por todos como o verdadeiro objeto do processo, muito ainda se terá que seguir avante.

Pelo que nos cabe opinar, pensamos que o reconhecimento da pretensão posta em juízo como o mérito da causa representa, senão o ideal há tanto tempo perseguido, ao menos um importante passo nessa direção. Uma vez mais, colocamo-nos ao lado de Cândido Dinamarco quando pondera que se tal consiste na afirmação ou no pedido, ou se a causa de pedir deve ser também considerada para esse fim, "tais dúvidas constituem um desafio, a ser ainda convenientemente enfrentado em nossa doutrina".[(66)]

Conquanto tenhamos muito viva, em nossa mente, a advertência que vem das fontes romanas, de que *omnia definitio in iure civile periculosa est*, atrevemo-nos a esboçar, a seguir, um conceito de mérito. Ei-lo, em termos lacônicos: é a pretensão de direito material posta em juízo, ou seja, a relação de direito substancial submetida à cognição jurisdicional.

(65) Ob. cit., p. 201-202.

(66) Ob. cit., p. 219.

Evitamos falar em relação (jurídica) controvertida, para não incorrermos no mesmo equívoco de alguns autores, que não se deram conta de que, em determinados casos, embora inexista controvérsia acerca do direito alegado, haverá mérito e, em consequência, um pronunciamento judicial sobre este, como se dá na revelia. A oportunidade nos sugere afirmar a possibilidade de haver mérito sem lide, entendida esta, sempre, como a pretensão resistida, segundo Carnelutti.

A referência feita à relação jurídica substancial (ou material), como elemento integrante do conceito de mérito, não deve ser interpretada como uma nossa insciência acerca da moderna doutrina processual, que considera a ação um direito subjetivo público, cujo exercício independe da existência de um direito material, que ela, acaso, vise a proteger. Sabemos que a ação traduz um direito processual abstrato, haja vista a ação declaratória negativa, que se destina à obtenção de um provimento jurisdicional que diga da inexistência de relação jurídica material entre as partes. Ao aludirmos, no conceito, à presença dessa relação, nada mais fizemos do que pôr à frente a preocupação de ter os olhos voltados para aquilo que ordinariamente acontece no plano da realidade prática. De qualquer modo, não opomos nenhuma dúvida quanto à possibilidade de o direito de ação ser regularmente exercitado, ainda que o autor não possua o direito material alegado, ou que o seu pedido se resuma a conseguir uma declaração de inexistência de relação jurídica material com o réu.

Mérito e relação de emprego

Tem sido mais frequente do que se possa imaginar o pronunciamento jurisdicional declarar o autor carecedor da ação sempre que não ficar comprovada a existência dos pressupostos constitutivos da pretendida relação de emprego. A carência da ação decorreria da suposta ilegitimidade passiva do réu.

Não tergiversamos em apontar, nisso, um dos mais entranhados e manifestos deslizes técnicos em que vem incorrendo a magistratura de nosso país. Ora, se o autor prestou, efetivamente, serviços (se o fez em caráter autônomo ou de maneira subordinada é algo que só se pode responder após a instrução processual) ao réu, é elementar, é de evidência ofuscante que somente este, e mais ninguém, estará legalmente legitimado a responder à pretensão manifestada pelo autor e a ela resistir, se for o caso. A afirmação, posta nas decisões judiciais que estamos a criticar, de que o réu é parte ilegítima, traz, implícita, a de que outra pessoa é que estaria legitimada a integrar o polo passivo da relação processual. É lógico que se o autor ajuizar a ação diante de pessoa diversa daquela para a qual tenha realmente prestado serviços, haverá carência da ação, em virtude da ilegitimidade do réu; se, todavia, a pretensão do autor for dirigida à pessoa que se beneficiou da sua atividade física ou intelectual, ou seja, que se valeu dos seus serviços, fica fora de qualquer dúvida a exclusiva legitimidade desta, para responder à ação. É o que a doutrina tem denominado, com muita propriedade, de "pertinência subjetiva da ação".

O erro em que tem laborado a jurisprudência da "carência da ação", em tema de relação de emprego, parece derivar de uma injustificável falta de percepção científica a respeito do que se deva entender como mérito da causa. Realmente, para saber-se, nos casos concretos, se houve (ou ainda há) um vínculo de emprego entre as partes, torna-se indispensável proceder-se à instrução processual, mediante a juntada de documentos, o interrogatório dos litigantes, a inquirição de testemunhas e o mais. Quando o órgão jurisdicional, convencendo-se da inexistência dos elementos configuradores desse vínculo, declara o autor carecente da ação, por suposta ilegitimidade do réu, está, em rigor, a confundir, gravemente, mérito (vínculo de emprego) com uma das condições da ação (legitimidade passiva *ad causam*). Ora, ainda que vínculo jurídico material dessa natureza inexista entre os litigantes, é de palmar ilação que o réu terá sido parte legítima para figurar na relação processual, na medida em que, como dissemos, somente ele poderia responder às pretensões manifestadas pelo autor, em decorrência da "correspondência subjetiva" dos elementos da lide, que deriva, por sua vez, da relação factual havida entre ambos.

A maior demonstração de que determinados juízes ainda não conseguiram separar o mérito das condições da ação não está somente no fato, já mencionado, de reputarem o autor carecente da ação toda vez que se convencem da ausência de relação de emprego entre as partes, mas também quando, nos tribunais, dão provimento ao recurso do autor para, declarando a existência do pretendido vínculo de emprego, determinar que o juízo de primeiro grau "julgue o mérito", como entender de direito. *Data venia*, o assunto pertinente à relação de emprego não só é de mérito, como é o que poderíamos denominar de mérito essencial, porquanto a apreciação dos demais pedidos formulados pelo autor (aviso prévio, férias, gratificações natalinas, horas extras etc.) pressupõem, necessariamente, o reconhecimento da presença da relação de emprego. Ausente esta, aqueles não podem ser apreciados.

Para que as coisas sejam colocadas nos devidos lugares, do ponto de vista científico, devemos dizer que se o órgão jurisdicional ficar convencido da inexistência da relação de emprego não deverá considerar o autor carecente da ação (por presuntiva ilegitimidade do réu) e, sim, rejeitar os pedidos por ele formulados na inicial. Sendo a relação de emprego tema, essencialmente, de mérito, aplica-se à espécie a regra inscrita no art. 490, *caput*, do CPC. Convençam-se todos, pois, que esse tipo de relação não é algo que diga respeito às condições da ação, senão que a própria *res in iudicio deducta*, ou seja, o próprio direito material que se colima ver reconhecido pelo provimento da jurisdição.

Não menos grave será, no caso, julgar-se "improcedente" a ação, porquanto, com isso, estar-se-á também misturando coisas distintas, quais sejam, mérito e ação. Com efeito, se o juízo diz que a ação é "improcedente", como pôde, então, pronunciar-se acerca da relação de emprego que, como afirmamos, é matéria de mérito, ainda quando não seja reconhecida a sua existência? Ora, uma ação talvez só pudesse ser considerada "improcedente" quando faltasse qualquer das condições necessárias ao seu regular exercício. Dessa forma, se as partes eram legítimas, se o autor possuía interesse de agir e se o pedido por ele formulado não era juridicamente impossível de ser atendido, a ação, como direito subjetivo público de invocar a prestação da tutela jurisdicional do Estado, foi exercida com absoluta regularidade, ainda que o direito material que, por meio dela, se procurava ver declarado, não tenha sido reconhecido.

Como estamos a discorrer sobre relação de emprego e suas implicações na resposta jurisdicional às pretensões deduzidas pelo autor, convém ocuparmo-nos, ainda que por breves momentos, com um outro erro contra a técnica, que vem sendo cometido por certo setor da doutrina, ao interpretar o parágrafo único do art. 1.013, § 1.º, do CPC. Lembremos que essa norma legal está assim redigida: "Serão, porém, objeto de apreciação e julgamento pelo tribunal todas as *questões* suscitadas e discutidas no processo, ainda que não tenham sido solucionadas, desde que relativas ao capítulo impugnado" (destacamos).

Com base nessa dicção da lei, determinados autores têm entendido que o tribunal, ao dar provimento ao recurso do autor, para declarar existente a relação de emprego com o réu, não deve determinar o retorno dos autos ao juízo de primeiro grau (para apreciar os demais pedidos), mas, ato contínuo, passar, ele próprio, a examinar tais pedidos.

Venia concessa, há, nisso, uma interpretação distorcida do preceito legal, porquanto na terminologia técnica do processo os vocábulos questões e mérito não apresentam sinonímia entre si. As *questões* podem representar, quando muito, certos aspectos ligados ao mérito; nem por isso, contudo, representam o mérito em seu núcleo essencial.

Nas ações que tenham como objetivo um provimento jurisdicional declaratório da existência de relação de emprego entre os litigantes, o mérito se apresenta cindido em duas partes: a) a primeira, fundamental, que encerra o mencionado núcleo do mérito, dizendo respeito à existência ou à inexistência dessa relação jurídica material. A sentença, aqui, possui efeito declarativo; b) a segunda, decorrente da primeira, e daquela dependente ontologicamente, na qual o autor formula pretensões, quase sempre, de conteúdo pecuniário. A sentença, neste caso, pode ter efeito constitutivo (reconhecimento de estabilidade no emprego, por exemplo) e condenatório (reconhecimento da obrigação de pagar quantia certa: salários, férias, gratificações natalinas etc.).

Duas conclusões imediatas extraem-se desse fato: a) sendo o conteúdo da primeira parte autônomo, com relação ao da segunda, é possível ao autor ingressar em juízo para postular, unicamente, um pronunciamento jurisdicional que declare (= reconheça) a existência de vínculo de emprego com o réu (CPC, art. 19, I), conquanto isso seja infrequente, na prática, levando-se em conta o espírito eminentemente pragmático, que preside a atitude do autor, ao invocar a prestação da tutela jurisdicional; b) sendo a segunda parte do mérito dependente da primeira, terá a sua apreciação prejudicada se for negada a existência da relação de emprego.

O fato de a segunda parte, aqui mencionada, somente poder ser objeto de apreciação se a relação de emprego, que dá conteúdo à primeira, for reconhecida, não faz, como parecem imaginar alguns pensadores desatentos, com que os pedidos, dela constantes,.se reduzam a simples questões, de tal maneira que possam ser examinados pelo tribunal, sem que o juízo de primeiro grau o tenha feito, numa injustificável supressão de grau jurisdicional.

Nem mesmo os princípios da simplicidade, da celeridade e da concentração, com o sentido retórico de que hoje se revestem, poderiam ser convocados para legitimar semelhante agressão às regras do bom senso e aos cânones processuais consagrados. Se o tribunal, provendo ao recurso do autor, para dizer da existência do vínculo de emprego, e, em seguida, condenar o réu ao pagamento de salários, férias, horas extras, adicional noturno etc., estará, não apenas, usurpando a competência do juízo de primeiro grau, como, praticamente, impedindo que o réu possa recorrer do acórdão, pois, nos termos da Súmula n. 126 do TST, o recurso de revista não pode ser utilizado para revoltear matéria de fatos e de provas. Teríamos, assim, por obra de uma corrente doutrinária estrábica, a instituição arbitrária, em muitos casos, do "julgamento único", em que somente o tribunal se pronunciaria sobre o que chamamos de segunda parte do mérito, ou mérito secundário, nas ações de relação de emprego.

Como poderemos vir a ser interpelados com o objetivo de sermos levados a indicar um exemplo em que, no processo do trabalho, haveria correta aplicação do § 1.º, do art. 1.013, do CPC, antecipemo-nos à cobrança. Valhamo-nos, para isso, da própria ação tendente à obtenção de um decreto jurisdicional declaratório da existência de relação de emprego. Digamos que o autor haja alegado, na inicial, que prestou serviços de natureza subordinada ao réu, durante determinado período de tempo, tendo este contestado não apenas a subordinação jurídica afirmada, como o próprio tempo durante o qual teria ocorrido a prestação de serviços. O juízo de primeiro grau, todavia, não reconhece a existência da pretendida relação de emprego, levando o autor a recorrer da sentença. O tribunal, dando provimento ao recurso, poderia, em seguida, fixar o período de vigência do contrato de trabalho, pois essa é uma questão (= aspecto do mérito) que foi suscitada e discutida nos autos.

Um outro exemplo: a sentença rejeita o pedido de horas extras, fazendo com que, dela, recorra o autor. Provendo o recurso, o tribunal poderá determinar, no passo seguinte, que sejam desconsideradas, para efeito de cálculo dessas horas, as faltas injustificadas ao serviço, que haviam sido alegadas pelo réu. Tais faltas, no caso, têm o caráter de questão, vez que representam, como dissemos, um aspecto do mérito, um elemento que com ele se enastra.

Podemos, a propósito, enunciar a seguinte regra, a respeito do que se deva entender como *questões*, com vistas à incidência do parágrafo único do § 1.º, do art. 1.013, do CPC: são aqueles fatos que, embora tenham íntima ligação com o mérito, sejam um seu aspecto, enfim, não podem ser objeto de pretensão autônoma. Aplicando-se essa regra aos exemplos mencionados, veremos que o período de vigência do contrato e as faltas injustificadas ao serviço não poderiam ser objeto de demanda autônoma, porquanto, nas situações narradas, nada mais representam, como pensamos haver demonstrado, do que um aspecto, uma faceta controversa do mérito da causa.

Extinção do processo

No art. 487, o estatuto processual civil arrola os casos em que haverá extinção do processo mediante resolução do mérito. Examinemo-los. Ei-lo:

> Art. 487. Haverá resolução de mérito quando o juiz:
>
> I – acolher ou rejeitar o pedido formulado na ação ou na reconvenção;
>
> II – decidir, de ofício ou a requerimento, sobre a ocorrência de decadência ou prescrição;
>
> III – homologar:
>
> a) o reconhecimento da procedência do pedido formulado na ação ou na reconvenção;

b) a transação;

c) a renúncia à pretensão formulada na ação ou na reconvenção.

Parágrafo único. Ressalvada a hipótese do § 1.º do art. 332, a prescrição e a decadência não serão reconhecidas sem que antes seja dada às partes oportunidade de manifestar-se.

Por uma regra de ordem prática, comentaremos, individualmente, o *caput*, os incisos e o parágrafo único dessa norma legal.

Caput. O assunto era objeto do art. 269 do CPC revogado.

A norma aponta os casos em que a sentença resolverá o mérito da causa. Ao contrário do que se passa quando a sentença não examina o mérito (CPC, art. 485), a proferida com base no art. 487 impede que o autor ingresse, novamente, com a ação. O que lhe cabe é recorrer da sentença, ou tentar desfazer a coisa julgada material mediante o uso da ação rescisória (CPC, art. 996).

Inciso I. Ao examinar o mérito da causa, o juiz poderá *acolher* ou *rejeitar*, no todo ou em parte, os pedidos formulados na ação ou na reconvenção. Evite-se, pois, o uso de expressões como "julgar *procedente* a ação ou a reconvenção", "julgar *procedente* o pedido", por serem produto de imprecisões técnico-científicas. Os pedidos, como está na lei, são acolhidos ou rejeitados (art. 490).

O verbo *proceder* significa *vir de algum lugar*. Os pedidos *vêm* da inicial da ação ou da reconvenção logo, são *procedentes* — embora possam ser *rejeitados*, sem que haja qualquer contradição em nossa assertiva.

Inciso II. A norma está a demonstrar que o juiz pode conhecer, por sua iniciativa ou a requerimento do interessado, da decadência e da prescrição. No processo do trabalho, nunca houve controvérsia quanto à possibilidade de o juiz pronunciar-se *ex officio* a respeito da decadência; lavrou-se a dissenção, porém, a partir do momento em que se alterou a redação do art. 219, § 5.º, do CPC revogado, para permitir ao juiz conhecer, de ofício, da prescrição e decretá-la de imediato, se não se tratasse de direito patrimonial. Por certo, voltará a reacender-se a cinca com a redação dada ao inciso II do art. 487 do CPC atual. Pelo que nos cabe opinar, como a prescrição extintiva foi elevada, no sistema do processo civil, à categoria de norma de ordem pública, sendo colocada no mesmo plano axiológico da decadência, entendemos que a mesma regra deve ser aplicada ao processo do trabalho, de tal modo que o juiz do trabalho pode declarar a prescrição por sua iniciativa. É oportuno observar que o art. 11-A, da CLT, ao proclamar que a prescrição intercorrente pode ser declarada também ex officio, não só tornou claro o que está implícito no art. 884, § 1.º, da mesma Consolidação, como demonstrou a necessidade de ser atribuído um tratamenteo isonômico à prescrição, seja ela originária, seja intercorrente. Em todos esses casos, o juiz do trabalho estará liberado para pronunciá-la de ofício.

A doutrina ainda não conseguiu estabelecer, de maneira satisfatória e definitiva, uma separação nítida entre os fenômenos da decadência e da prescrição. A síntese a que se chegou, consubstanciada na regra de que a prescrição atinge a ação, extinguindo-a, e a decadência, o direito, fulminando-o, embora venha sendo utilizada como diretriz para solucionar os casos concretos, está longe de representar um método verdadeiramente científico e definitivo de delimitação das duas espécies.

O que podemos acrescentar, como contributo a essa tarefa de separação, é que: a) o curso da prescrição pode ser interrompido ou suspenso (CC, arts. 202 a 204); o da decadência, não; b) a prescrição alcança direitos patrimoniais e inalienáveis, o que não ocorre com a decadência; c) a prescrição flui contra pessoas certas e determinadas; a decadência corre contra todas; d) a prescrição não pode ser objeto de renúncia senão depois de consumada; o prazo decadencial pode ser reduzido, ou não, antes do seu esgotamento, conforme seja a hipótese, inexistindo possibilidade de renúncia após a sua exaustão; e) a prescrição decorre de lei; a decadência pode originar-se de uma ordem judicial ou de ato jurídico; f) a prescrição deve ser alegada como matéria de defesa; a decadência pode dar lugar à ação; g) na prescrição há um único sujeito de direito; na decadência há dois: um, que é titular de direito permanente, e, outro, que o é de um direito efêmero.

Repitamos: o critério consagrado para estabelecer, sob o ângulo pragmático, um divisor de águas entre a prescrição extintiva e a decadência é o que liga aquela ao direito de ação, e, esta, ao direito material, embora, como alertamos, esse critério não seja satisfatório para explicar, de maneira científica, a natureza íntima de uma e de outra.

Colocando de lado essas dificuldades doutrinais, resta, no plano normativo, a certeza de que a pronúncia jurisdicional de prescrição liberatória ou de decadência implica a extinção do processo com resolução do mérito. Essas matérias, a propósito, costumam ser alegadas, na contestação, sob o título de *prejudiciais de mérito.*

A decadência e a prescrição não foram inseridas no rol do art. 337 do CPC em virtude de não constituírem, tecnicamente, *preliminar*. Por outro lado, também não se traduzem no mérito da causa, por não serem expressão do direito postulado em juízo. Por esse motivo, a decadência e a prescrição costumam ser alegadas na contestação sob o título de *prejudiciais do mérito*. Note-se: conquanto uma e outra, conforme dissemos, não constituam o mérito da causa, a *res in iudicio deducta*, o legislador, por uma regra de ordem prática, as inseriu no elenco das causas determinantes da extinção do processo mediante exame do mérito (CPC, art. 487, II). Aludimos a uma regra de ordem prática porque a distinção básica que há entre os arts. 485 e 487 do CPC é que, no primeiro, como se dá a extinção do processo sem resolução do mérito (embora nem sempre haja a extinção do processo), o autor pode exercer, novamente, a ação (art. 486), ao passo que no segundo esse exercício é vedado.

Inciso III. O processo será extinto com resolução do mérito quando a sentença for homologatória dos atos mencionados nas alíneas "*a*", "*b*" e "*c*".

Alínea "*a*". *Reconhecimento da procedência do pedido.* Mal acabamos de criticar as expressões "julgar *procedente* a ação ou a reconvenção", "julgar *procedente* o pedido" e já nos vemos diante de uma outra: "reconhecimento da *procedência* do pedido". O réu, em rigor, não reconhece a *procedência* do pedido, assim como o autor não reconhece a "procedência" da reconvenção, senão que reconhecem o *direito* alegado pelo adversário, com isso, se submetem às pretensões deduzidas com espeque nesse direito. O reconhecimento do direito afirmado pelo autor ou pelo reconvinte, para além de constituir causa de extinção do processo com resolução do mérito, traduz renúncia do que se poderia denominar de *direito à resistência*.

Reconhecimento e confissão, porém, não são a mesma coisa, embora apresentem alguns pontos de contato. Em Roma, conquanto não houvesse uma separação formal desses dois atos, pois só se cuidava da confissão, esta produzia efeitos distintos, conforme fosse realizada na presença do pretor (*in iure*) ou do árbitro (*in iudicio*). No primeiro caso, a confissão dizia respeito à pretensão, ou seja, ao pedido formulado pela parte contrária; no segundo, ligava-se aos fatos alegados pelo adversário.

O ponto de contato, a que nos referimos há pouco, entre o reconhecimento e a confissão, está em que, tanto lá quanto aqui, existe, por parte de um dos litigantes, a admissão de um fato como verdadeiro, contrário aos seus interesses manifestados na causa. Distinguem-se ambas, entre si, todavia, pelas seguintes particularidades: a) o reconhecimento concerne à pretensão, correspondendo, assim, neste aspecto, à confissão do Direito Romano, que era realizada perante o pretor (*in iure*); a confissão, por sua vez, tem como objeto os fatos; b) o reconhecimento, por si só, é causa de extinção do processo; além disso, se bem pensarmos, verificaremos que o processo, na espécie, se extingue não em decorrência de uma solução estatal da lide, mas do fato de o réu reconhecer que o autor possui razão jurídica, ou de o autor reconhecer que o reconvinte detém essa razão, no que respeita às pretensões formuladas em juízo. Sob esse ângulo, podemos asseverar que a sentença possui, aí, um caráter fortemente homologatório; a confissão, ao contrário, não é, em si, causa de extinção do processo, senão que uma forma de tornar os fatos incontroversos e, em decorrência disso, dispensar a produção de provas que, em outras circunstâncias, seriam necessárias. Demais, a confissão não significa, necessariamente, que a parte à qual ela beneficia possua razão jurídica, vale dizer, venha a ser vencedora na causa, pois a presunção de veracidade dos fatos, que decorre dessa *confessio*, é meramente relativa, podendo, em função disso, esboroar-se diante de outras provas, como a documental. De resto, tanto o reconhecimento da "procedência" do pedido quanto a confissão somente serão eficazes quando recaírem em direito disponível, assim conceituado aquele que possa ser objeto de transação.

Alínea "*b*". *Transação.* A conciliação figura como o escopo fundamental da Justiça do Trabalho (CLT, art. 764, *caput*), motivo pelo qual os juízes do trabalho devem empenhar-se em obtê-la (*ibidem*, § 1.º). A propósito, os órgãos jurisdicionais trabalhistas, em princípio, são conciliadores; somente se tornam contenciosos se não houver conciliação (*ibidem*, § 2.º)

Vista sob uma óptica pragmática, a conciliação de que fala a CLT é sinônimo de transação, entendida esta como um meio de solução consensual, negociada, do conflito de interesses, mediante concessões recíprocas das partes. Dispõe o art. 840 do Código Civil ser "lícito aos interessados prevenirem ou terminarem o litígio mediante concessões mútuas".

Ainda que o art. 515, II, CPC atual não haja repetido a regra inscrita no art. 475-N, III, do CPC revogado (que enumerava os títulos executivos judiciais), devemos observar que a transação constitui modalidade de solução não jurisdicional da lide, permitindo, por isso, que as partes incluam como objeto desse negócio jurídico bilateral direitos ou pretensões não manifestados na causa, ou seja, redimensionem os limites objetivos da lide. Sob essa perspectiva, o trabalhaador, por exemplo, pode dar quitação não apenas das parcelas que lhe são pagas, como do próprio contrato de trabalho, ou seja, da relação jurídica material havida, quando este for o caso.

Essa manifestação volitiva das partes envolvidas no conflito de interesses pode, portanto, implicar um redimensionamento dos limites objetivos da lide, sem que isso acarrete transgressão da norma inscrita no art. 492 do CPC. A precitada norma somente se aplica à solução *jurisdicional* do conflito, que é impositiva, e se opera por meio da sentença.

A sentença homologatória nada pode retirar da transação ou nela incluir, conquanto, em determinadas situações, o juiz possa, até mesmo recusar-se a lançá-la, como quando convencer-se de que é produto de conluio das partes com o objetivo de praticar ato simulado ou de conseguir fim proibido por lei (CPC, art. 142). Seria o caso, digamos, de o réu reconhecer a existência da alegada relação de emprego, sem que esta tivesse efetivamente existido, com o objetivo de propiciar a aposentação do trabalhador.

A sentença homologatória da transação, na verdade, só se justifica, sob o aspecto prático, pela necessidade de atribuir-se ao credor um título executivo judicial (CPC, art. 515, II); sem essa sentença, o credor teria dificuldade em promover a execução na hipótese de inadimplemento do devedor.

Nada obstante as críticas que se vêm dirigindo à transação e ao empenho dos juízes do trabalho em consegui-la, não se pode negar que ela, no geral, atende aos interesses dos litigantes, pois não podemos nos esquecer de que se trata de uma solução *negociada* do conflito, numa espécie de "equivalente jurisdicional", como talvez diria Carnelutti. É evidente que se considerarmos o fato de que o trabalhador, muitas vezes, transaciona para evitar o mal maior, representado pela tardança na solução jurisdicional do conflito, seremos levados a concluir que a transação, nesse quadro dramático, parece estar mais a serviço do empregador, porquanto o trabalhador prefere receber menos, mas já, a receber mais, embora tardiamente, ou nem sequer receber. Seja como for, o certo é que se a transação pode ser, em determinadas situações, prejudicial ao trabalhador, sabendo-se que quem tem fome não possui liberdade para negociar, pior seria sem ela, pois os longos prazos que hoje se verificam na solução das demandas conspiram rudemente — infâmia que o Estado inflige aos miseráveis — contra as necessidades financeiras dos trabalhadores de nosso País. Nesse concerto, a transação abrevia o litígio, dando-lhe fim mediante resolução do mérito, e liberta o trabalhador da angústia de aguardar que a jurisdição se pronuncie sobre o que pleiteou na inicial.

Alínea "c". *Renúncia à ação formulada na ação ou na reconvenção.*

A renúncia, de que se ocupa esse dispositivo legal, em nada tem a ver com a desistência da ação, de que fala o art. 485, VIII, do CPC.

Enquanto a desistência respeita, apenas, à ação, ao ato de invocar a tutela jurisdicional, provocando, em virtude disso, a extinção do processo sem resolução do mérito, ou seja, do conteúdo material da demanda, a renúncia toca à própria *res in iudicio deducta*, vale dizer, ao direito material que a ação ou a reconvenção se destinava a fazer valer. Em termos práticos, a distinção fundamental entre elas reside no fato de a desistência não impedir que o autor intente, novamente, a ação (CPC, art. 486), ao passo que a renúncia inibe o ajuizamento de ação que tenha como objeto o mesmo pedido da anterior, sobre cujo direito incidiu a renúncia.

Por isso, tolera-se, no processo do trabalho, a desistência da ação, e repudia-se a renúncia ao direito material. A irrenunciabilidade dos direitos materiais, nunca é inútil lembrar, representa a viga mestra de todo o sistema legal de proteção do patrimônio jurídico do trabalhador — sistema que chega, em nome de seus fins, a subtrair a eficácia da própria manifestação volitiva deste, como ocorre no caso do art. 468 da CLT, por força do qual se inquina de nula qualquer alteração de cláusula contratual que provoque, direta ou indiretamente, prejuízos ao trabalhador, ainda que ele haja concordado com a alteração. Como adverte Lacordaire, "entre o forte e o fraco, entre o rico e o pobre, é a liberdade que escraviza, é a lei que liberta". Essa máxima do ilustre pensador religioso francês haveria, por certo, de merecer duras críticas se tivesse sido formulada com vistas às relações políticas entre os homens e as instituições, em que a supressão da liberdade individual só conviria aos regimes de vocação ditatorial; aplicada, entretanto, às relações entre trabalhadores e empregadores, ela revela a sua extrema sensibilidade diante de uma realidade que não pode ser desconsiderada pelo legislador. Nem pela doutrina ou pela jurisprudência, se tiverem algum apreço pelo valor *justiça*.

Parágrafo único. O CPC atual inovou ao estabelecer que o juiz, antes de decretar (entenda-se: proferir a sentença) a prescrição extintiva e a decadência deverá conceder oportunidade para que as partes se manifestem sobre o assunto. A fixação desse prazo ficará a critério do juiz, seja quanto à duração, seja quanto a ser comum ou sucessivo. A falta de concessão da oportunidade a que se refere a norma legal em exame poderá gerar a nulidade da sentença.

A inovação do CPC, neste particular, é elogiável, pois, ouvindo as partes, o juiz poderá convencer-se de que a prescrição ou a decadência estão, verdadeiramente, configuradas, e, em razão disso, sentir-se-á mais seguro para dar fim ao processo; ou, ao contrário, poderá convencer-se de que nenhuma nem outra ocorrem, e, por esse motivo, fará o processo seguir em seu trâmite normal.

Trata-se de um contraditório breve.

Configurada a decadência ou a prescrição, o juiz poderá rejeitar, liminarmente, o pedido por elas atingido (CPC, art. 355, I).

Sentença terminativa

Comentário

Quando alguém invoca a prestação da tutela jurisdicional do Estado, pretende que haja um pronunciamento a respeito dos pedidos formulados na petição inicial, que constituem o mérito da causa, a razão de ser da demanda, e são de natureza material. Considerado o fato sob esse aspecto, podemos dizer que a sentença de mérito é a única que deveria receber a denominação de sentença, pois ela corresponde à resposta jurisdicional às pretensões deduzidas pelo autor.

O digesto de processo civil de 1973, de nosso país, todavia, tinha como sentença toda dicção jurisdicional dotada de eficácia para dar fim ao processo, com ou sem exame do mérito (CPC, art. 162, § 1.º, em sua redação primitiva). Todavia, o antigo conceito, inscrito no mesmo artigo, como tantas vezes assinalamos ao longo das páginas anteriores, foi incorporado ao processo do trabalho, de tal arte que aqui a sentença continua a ser o ato pelo qual o juiz põe fim ao processo de conhecimento — com ou sem julgamento do mérito — ou de execução ou aos embargos do devedor.

Isso, porém, não torna desvaliosas as considerações que expendemos no início do Capítulo, no sentido de que o objetivo que leva o indivíduo a ingressar em juízo (falamos do juízo civil e do trabalhista e, especialmente, deste) radica na obtenção de um provimento que reconheça (ou não) a existência do direito material alegado, levando em conta o fato de que o Estado moderno anatematizou a prática da autotutela de direitos ("justiça pelas próprias mãos"), muito em voga em outros tempos.

Sendo assim, é razoável que o autor deseje ver composta a lide por um ato estatal (que substitua a sua atuação pessoal), a despeito, como vimos, de o ordenamento legal permitir, ou, melhor, estimular (CLT, art. 764) a solução negociada do conflito, mediante transação (acordo, conciliação), negócio jurídico bilateral, mediante o qual os litigantes renunciam a parcela de suas pretensões para chegarem a uma solução consensual do conflito de interesses em que se encontram envolvidos.

A partir da petição inicial, são deflagrados diversos atos, preordenados logicamente e em regra preclusivos, que se encaminham para o seu polo de atração magnética, a sentença de mérito. Esses atos, em seu conjunto, compõem o procedimento, que é a face visível do processo, as suas "vestes formais", como dizem alguns autores.

Muitas vezes, entretanto, surgem determinados acidentes de percurso, que impedem a desenvolução do procedimento rumo à sentença de fundo, fazendo com que o processo se finde prematuramente. À sentença, que assim o extingue, a doutrina de outrora chamava, com certa propriedade, de *terminativa* — terminologia com que o CPC de 1973 e o de 2015 não simpatizaram, mas que foi consagrada pelo processo do trabalho (CLT, art. 895, I e II).

Cremos não ser inadequado afirmar que o processo se extingue de modo *anormal ou precipitada* sempre que, por um motivo ou por outro, não se chega ao exame do mérito da causa.

Essa extinção anormal, mesmo assim, produz certos efeitos, embora de caráter endoprocessual, para os litigantes. Assim dizemos porque, decorrido o prazo para a interposição de recurso ordinário, forma-se uma preclusão, por força da qual não podem as partes voltar a discutir a demanda na mesma relação processual. A esse fenômeno, a doutrina tem denominado de "coisa julgada formal", em contraposição à material. A locução, todavia, contém um antagonismo nos próprios termos pelos quais é enunciada, pois, se o processo foi extinto *sem exame do mérito*, não se pode dizer que houve coisa julgada — simplesmente porque a *res* não foi objeto de pronunciamento jurisdicional. Se julgamento aí houve não foi, com certeza, da *coisa*, entendida esta como a pretensão de direito material. O que está implícito na sentença "terminativa" é, na verdade, uma declaração de que, em decorrência de determinados obstáculos intransponíveis, a *res* não pôde ser *iudicata*, ou seja, de que a tutela jurisdicional do Estado, em sua mais pura expressão, foi frustrada por esses óbices.

É proveitoso observar que a extinção do processo sem pronunciamento sobre o mérito é algo que ocorre, na generalidade das situações, em prejuízo dos interesses do autor, porquanto a ele, mais do que ao réu, convinha o prosseguimento do processo, em direção à sentença de fundo. Já a extinção do processo com julgamento do mérito pode dar-se em benefício ou em desfavor de qualquer dos litigantes, tudo dependendo da formação do convencimento do juízo acerca dos fatos narrados e do direito disputado.

Analisada a sentença "terminativa" sob o ângulo óptico de sua natureza ou de seus efeitos, devemos dizer que ela é declaratória negativa, por afirmar a existência de empecilhos ao exame do mérito, à composição da lide; diz, por outras palavras, que a tutela jurisdicional não pôde ser prestada, em razão desses embaraços ou estorvos. Neste caso, não atua a regra estampada no art. 492 do CPC, que proíbe o juiz de proferir sentença de natureza diversa da pedida, uma vez que o fato de a sentença ser, efetivamente, de índole distinta da colimada pelo autor se deveu à circunstância de não se poder haver chegado à investigação do *meritum cause.*

Uma outra diferença entre a sentença que examina o mérito e a que não o examina se localiza no momento em que uma e outra são proferidas. A primeira, no geral, é emitida após ter sido realizada a instrução do processo, aduzidas as razões finais e rejeitadas as propostas de conciliação, embora, em alguns casos, a lei permita o julgamento antecipado do mérito, quando: "I – não houver necessidade de produção de outras provas; II – o réu for revel, ocorrer o efeito previsto no art. 344 e não houver requerimento de prova, na forma do art. 349". A segunda, no entanto, é proferida, quase sempre, sem que a instrução oral do processo tenha sido realizada, a despeito de, em situações excepcionais, poder ser emitida após a instrução, como quando o juiz tomar conhecimento da falta de algum pressuposto legal indispensável para a constituição e o desenvolvimento regulares da relação jurídica processual (CPC, art. 485, IV) ou de alguma das condições da ação (*ibidem*, VI), pois, como se sabe, não há preclusão no que tange a essas matérias (*ibidem*, § 3.º).

Distinguem-se, ainda que palidamente, ambas as espécies de sentença quanto aos seus requisitos de validade formal. Conquanto o art. 489 do CPC afirme que a sentença deva conter: I – o relatório, II – a fundamentação e III – o dispositivo, essas exigências dizem respeito, muito mais, às sentenças de mérito do que às "terminativas", pois a própria jurisprudência tem admitido que estas, *e. g.*, embora devam subordinar-se à regra que emana do art. 489 do CPC, possam ser expressas de maneira concisa. A concisão, no caso, pode abranger as três partes estruturais da sentença, inclusive a fundamentação. O que não se admite é sentença sem motivação, porquanto a exigência, quanto a isso, é de foro constitucional (CF, art. 93, IX).

Nem haveria razão para impor-se à sentença "terminativa" a regra do art. 489 do CPC, sabendo-se que esse tipo de pronunciamento jurisdicional não tem efeito extraprocessual, motivo por que não produz a coisa julgada material, fazendo gerar, apenas, uma preclusão, que impede as partes de voltarem a litigar *no mesmo processo* — salvo, é evidente, se a sentença extintiva tiver sido impugnada por meio de recurso, ao qual o tribunal deu provimento.

Em princípio, as sentenças que acarretem extinção do processo sem resolução do mérito não se sujeitam à via rescisória (CPC, art. 966, *caput*). Assim ressalvamos porque a realidade da vida forense tem demonstrado que, em situações específicas, torna-se absolutamente imprescindível admitir-se a rescisão dos pronunciamentos jurisdicionais que tenham posto fim ao processo, sem apreciação do mérito, sob pena de tolerar-se que certos direitos processuais das partes, lesados por ato do juiz, fiquem sem possibilidade de reparação, como quando a sentença declara uma das partes carecedora da ação, ou quando não se não se admite um recurso, com o fundamento de ser intempestivo, e se comprova que era tempestivo. Não é este, porém, o momento e o lugar para nos dedicarmos ao estudo dessa importante questão, que bordejamos, apenas, de passagem.

O CPC de 2015 deu um passo à frente, em termos legislativos, ao permitir a rescisão da decisão passada em julgado que, embora não haja resolvido o mérito, impeça: a) nova propositura da demanda; ou b) a admissibilidade do recurso correspondente (art. 966, § 2.º).

Estabelecia o art. 463 do CPC de 1973 que o juiz, ao publicar a sentença de mérito, cumpria e acabava a função jurisdicional, não mais podendo alterá-la, exceto em virtude de embargos de declaração ou para corrigir-lhe inexatidões materiais ou erros de cálculo. Apesar da referência feita à sentença de mérito, essa regra era também aplicável às sentenças "terminativas", queremos dizer, àquelas que punham fim ao processo sem julgamento do mérito da causa. Assim deve continuar sendo entendido, pois este tipo de sentença pode ser impugnado mediante recurso ordinário, segundo dispõe o art. 895, I e II, da CLT. Tolerar-se que as sentenças terminativas pudessem ser modificadas pelo juízo que as tivesse emitido seria não só fazer gerar uma certa insegurança para as partes, mas criar situações de embaraço, pois, consentido o pedido de "reconsideração" do que foi decidido e sendo mantida a sentença, duas situações seriam cogitáveis: a) autorizar-se o uso do recurso ordinário; b) não o autorizar. No primeiro caso, o "pedido de reconsideração" só teria feito retardar a interposição do recurso; no segundo, proibida a impugnação da sentença, ficaria a parte à mercê do juízo proferidor, sem possibilidade de ver o assunto submetido à apreciação do tribunal.

Posteriormente a essas nossas considerações, entra em vigor o CPC de 2015, cujo art. 331 declara: "Indeferida a petição inicial, o autor poderá apelar, facultado ao juiz, no prazo de 5 (cinco) dias, retratar-se. Não se retratando, determinará a citação do réu para responder ao recurso (*ibidem*, § 1.º). O art. 485, § 7.º, do mesmo Código, por sua vez, estabelece: "Interposta a apelação em qualquer dos casos de que tratam os incisos deste artigo, o juiz terá 5 (cinco) dias para retratar-se", ou seja, para revogar a sentença extintiva do processo sem exame do mérito.

Extinção do processo

Os casos de extinção do processo sem resolução do mérito se encontram enumerados no art. 485, do CPC. Passemos a examiná-los:

> Art. 485. O juiz não resolverá o mérito quando:
>
> I – indeferir a petição inicial;
>
> II – o processo ficar parado durante mais de 1 (um) ano por negligência das partes;

III – por não promover os atos e as diligências que lhe incumbir, o autor abandonar a causa por mais de 30 (trinta) dias;

IV – verificar a ausência de pressupostos de constituição e de desenvolvimento válido e regular do processo;

V – reconhecer a existência de perempção, de litispendência ou de coisa julgada;

VI – verificar ausência de legitimidade ou de interesse processual;

VII – acolher a alegação de existência de convenção de arbitragem ou quando o juízo arbitral reconhecer sua competência;

VIII – homologar a desistência da ação;

IX – em caso de morte da parte, a ação for considerada intransmissível por disposição legal; e

X – nos demais casos prescritos neste Código.

§ 1.º Nas hipóteses descritas nos incisos II e III, a parte será intimada pessoalmente para suprir a falta no prazo de 5 (cinco) dias.

§ 2.º No caso do § 1.º, quanto ao inciso II, as partes pagarão proporcionalmente as custas, e, quanto ao inciso III, o autor será condenado ao pagamento das despesas e dos honorários de advogado.

§ 3.º O juiz conhecerá de ofício da matéria constante dos incisos IV, V, VI e IX, em qualquer tempo e grau de jurisdição, enquanto não ocorrer o trânsito em julgado.

§ 4.º Oferecida a contestação, o autor não poderá, sem o consentimento do réu, desistir da ação.

§ 5.º A desistência da ação pode ser apresentada até a sentença.

§ 6.º Oferecida a contestação, a extinção do processo por abandono da causa pelo autor depende de requerimento do réu.

§ 7.º Interposta a apelação em qualquer dos casos de que tratam os incisos deste artigo, o juiz terá 5 (cinco) dias para retratar-se.

Caput. A matéria era regida pelo art. 267 do CPC revogado. A precitada norma legal dispunha que o processo se extinguiria sem resolução do mérito nos casos mencionados nos incisos I a XI. O CPC atual estabelece que "O juiz não resolverá o mérito quando". A redação da norma se justifica pelo fato de, no sistema do atual CPC, a sentença nem sempre implicar a extinção do processo.

Quando alguém invoca a prestação da tutela jurisdicional do Estado pretende obter um pronunciamento a respeito dos pedidos formulados na inicial, que constituem o mérito da causa, a razão de ser da demanda, e que são, na maioria das vezes, de natureza material. Considerado o fato sob esse aspecto, podemos dizer que a sentença de mérito é a única que deveria receber a denominação de sentença, pois ela corresponde à resposta jurisdicional às pretensões deduzidas pelo autor.

Isso, porém, não torna desvaliosas as considerações que expendemos no início, de que o objetivo que leva o indivíduo a ingressar em juízo (falamos do juízo civil e do trabalhista e, especialmente, deste) radica na obtenção de um provimento que reconheça a existência do direito material alegado, levando em conta o fato de o Estado moderno haver anatematizado a prática da autotutela de direitos ("justiça pelas próprias mãos"), muito em voga em tempos remotos.

Sendo assim, é razoável que o autor deseje ver composta a lide por um ato estatal (que substitua a sua atuação pessoal), a despeito de o ordenamento legal permitir a solução negociada do conflito, mediante transação ou outro meio de autocomposição. A partir da petição inicial, são deflagrados diversos atos, preordenados logicamente e em regra preclusivos, que se encaminham para o seu polo de atração magnética, a sentença de mérito. Esses atos, em seu conjunto, compõem o procedimento, que é a face visível do processo, as suas "vestes formais" como dizem alguns autores.

Muitas vezes, entretanto, surgem determinados acidentes de percurso, que impedem a desenvolução do procedimento rumo à sentença de fundo, fazendo com que o processo se finde prematuramente. À sentença, que assim o extingue, a doutrina de outrora chamava, com certa propriedade, de *terminativa* — terminologia com que o atual CPC parece não haver simpatizado, e que é encontrada na CLT (art. 895, I e II).

Cremos não ser inadequado afirmar que o processo se extingue de modo *anormal* sempre que, por um motivo ou por outro, não se chega ao exame do mérito da causa.

Essa extinção anormal, mesmo assim, produz certos efeitos, embora de caráter endoprocessual, para os litigantes. Assim dizemos por que, decorrido o prazo para a interposição de recurso ordinário, forma-se uma preclusão, por força da qual não podem as partes voltar a discutir a demanda na mesma relação processual. A esse fenômeno, a doutrina tem denominado de "coisa julgada formal", em contraposição à material. A locução, todavia, contém um antagonismo nos próprios termos pelos quais é enunciada, pois, se o processo foi extinto sem exame do mérito, não se pode dizer que houve *coisa julgada* — simplesmente porque a *res* não foi objeto de pronunciamento jurisdicional. Se julgamento aí houve não foi, com certeza, da *coisa*, entendida esta como a pretensão de direito material. O que está implícito na sentença "terminativa" é, na verdade, uma declaração de que, em decorrência de determinados obstáculos intransponíveis, a *res* não pôde ser *iudicata*, ou seja, de que a tutela jurisdicional do Estado, em sua mais pura expressão, foi frustrada por esses óbices.

É proveitoso observar que a extinção do processo sem pronunciamento sobre o mérito é algo que ocorre, na generalidade das situações, em prejuízo dos interesses do autor, porquanto a ele, mais do que ao réu, convinha o prosseguimento do processo, em direção à sentença de fundo. Já a extinção do processo com resolução do mérito pode dar-se em benefício ou em desfavor de qualquer dos litigantes, tudo dependendo da formação do convencimento do juízo acerca dos fatos narrados, da prova produzida e do direito disputado.

Analisada a sentença "terminativa" sob o aspecto óptico de sua natureza ou de seus efeitos, devemos dizer que ela é declaratória negativa, por afirmar a existência de empecilhos ao exame do mérito, à composição da lide; diz, por outras palavras, que a tutela jurisdicional não pôde ser prestada em razão desses embaraços ou estorvos. Nesse caso, não atua a regra estampada no art. 492 do CPC, que proíbe o juiz de proferir sentença de natureza diversa da pedida, porquanto o fato de a sentença ser, efetivamente, de índole distinta da colimada pelo autor se deveu à circunstância de não se poder haver chegado à investigação do *meritum cause*.

Outra diferença entre a sentença que resolve o mérito e a que não o resolve se localiza no momento em que uma e outra são proferidas. A primeira, no geral, é emitida após ter sido realizada a instrução do processo, aduzidas as razões finais e rejeitadas as propostas de conciliação, embora, em alguns casos, a lei permita o julgamento antecipado da lide como se dá, por exemplo, quando a questão de mérito for unicamente de direito, ou, sendo de direito e de fato, não houver necessidade de produzir provas em audiência; quando ocorrer a revelia e incidir o seu efeito (CPC, art. 344). A segunda, no entanto, é proferida, quase sempre, sem que a instrução oral do processo tenha sido realizada, a despeito de, em situações excepcionais, poder ser emitida após a instrução, como quando o juiz tomar conhecimento da falta de algum pressuposto legal indispensável para a constituição e o desenvolvimento regulares da relação jurídica processual (CPC, art. 485, IV) ou de alguma das condições da ação (*ibidem*, VI), pois, como se sabe, não há preclusão no que tange a essas matérias (CPC, art. 485 § 3.º).

Distinguem-se, ainda que palidamente, ambas as espécies de sentença quanto aos seus requisitos de validade formal. Conquanto o art. 489 do CPC, afirme que a sentença deva conter: I – o relatório, II – a fundamentação e III – o dispositivo, essas exigências dizem respeito, muito mais, às sentenças de mérito do que às "terminativas", pois a própria jurisprudência tem admitido que estas, *e. g.*, embora devam subordinar-se à regra que emana da precitada norma do CPC, possam ser expressas de maneira concisa. A concisão, no caso, pode abranger as três partes estruturais da sentença, inclusive, a fundamentação. O que não se admite é sentença sem motivação, porquanto a exigência, quanto a isso, é de foro constitucional (CF, art. 93, IX).

Nem haveria razão para impor-se à sentença que não resolve o mérito a regra do art. 489, § 1.º, do CPC, sabendo-se que esse tipo de pronunciamento jurisdicional não tem efeito extraprocessual, motivo por que não produz a coisa julgada material, fazendo gerar, apenas, uma preclusão, que impede as partes de voltar a litigar no mesmo processo — salvo, é evidente, se a sentença extintiva tenha sido impugnada por meio de recurso, ao qual o tribunal deu provimento.

Em princípio, as sentenças que acarretem extinção do processo sem resolução do mérito não se sujeitam à via rescisória (CPC, art. 966, *caput*). Dissemos *em princípio*, porque a realidade da vida forense tem demonstrado que, em situações específicas, torna-se absolutamente imprescindível admitir-se a rescisão dos pronunciamentos jurisdicionais que tenham posto fim ao processo *sem* apreciação do mérito, sob pena de tolerar-se que certos direitos processuais das partes, lesados por ato do juiz, fiquem sem possibilidade de reparação, como quando não se admite um recurso, com o fundamento de ser intempestivo, e se comprova que era tempestivo. Não é este, porém, o momento e o lugar para nos dedicarmos ao estudo dessa importante questão que bordejamos, apenas, de passagem.

Estabelece o art. 494, do CPC, que o juiz, ao publicar a sentença, não mais pode alterá-la, exceto: a) para corrigir-lhe inexatidões materiais ou erros de cálculo; b) em virtude de embargos de declaração. O texto atual, ao contrário do CPC anterior (art. 463), não mais se refere à *sentença de mérito*. Logo, a regra é aplicável a toda e qualquer sentença. Há, todavia, situações em que a sentença pode ser modificada, regularmente, fora dos casos previstos no art. 464, como ocorre no caso de indeferimento da petição inicial, com a consequente extinção do processo sem resolução do mérito (CPC, art. 485, I). O ato jurisdicional extintivo do processo é sentença (CPC, art. 316). Se o autor apelar da sentença, o juiz poderá retratar-se no prazo de cinco dias, ou seja, revogar a sentença (CPC, art. 331). O próprio § 7.º do art. 485, aliás, prevê a possibilidade de o juiz retratar-se em todos os casos mencionados nos seus incisos I a X, desde que a sentença tenha sido impugnada por meio de apelação.

Inciso I. Indeferimento da petição inicial. O 1.º do art. 330, do CPC, menciona, em quatro incisos, os motivos que autorizam o indeferimento da petição inaugural. São os seguintes:

a) Inépcia

Considera-se inepta a petição quando: a.a) lhe faltar pedido ou causa de pedir; a.b) o pedido for indeterminado, exceto nos casos em que, por força de lei, se permite a formulação de pedido genérico; a.c) da narração dos fatos não decorrer, de maneira lógica, a conclusão; a.d) contiver pedidos incompatíveis entre si.

Os juízes do trabalho devem ser extremamente cautelosos na aplicação desse preceito legal. Não queremos com isso dizer que não possam, em hipótese alguma, decretar a inépcia da inicial, e, sim, que não devem aplicar com rigor excessivo a norma civilista, sob pena de escoriarem o princípio da simplicidade que informa o procedimento trabalhista. Essa advertência deve ser acatada com muito mais intensidade por aqueles magistrados que entendem estar em pleno vigor o art. 791, *caput*, da CLT, que outorga às partes o *ius postulandi*, vale dizer, a capacidade para praticarem pessoalmente em juízo todos os atos processuais necessários à defesa dos seus direitos e interesses manifestados na causa, inclusive, a invocação da própria tutela jurisdicional.

De qualquer modo, ainda que se encontre presente uma das eivas que comprometem a aptidão da peça inaugural, como instrumento de deflagração do processo e do procedimento que lhe é correspondente, não deve o juiz pronunciar, de imediato, a inépcia, indeferindo essa petição e fazendo extinguir o processo sem resolução do mérito. Tal atitude seria precipitada e, de certa maneira, arbitrária. Assim, incumbirá ao magistrado, diante da falha verificada, determinar, por despacho, que o autor emende ou complete a inicial, no prazo de quinze dias (CPC, art. 321, *caput*). Somente se o despacho não for atendido é que, decorrido o prazo, poderá o juiz indeferir a petição. Fique claro que, também nesse processo, o ato pelo qual se indefere a petição inicial é sentença, e não, como se possa imaginar, mero despacho.

A regra é elementar: se o mencionado ato provoca a extinção do processo só se pode cogitar, na espécie, de sentença (art. 316). O art. 331, *caput*, do digesto processual civil, alude, a propósito, à apelação interposta da sentença que indeferir a petição inicial, a demonstrar, com isso, que dito ato jurisdicional é recorrível. No processo do trabalho esse recurso é o ordinário (CLT, art. 895, "*a*"), que, como dissemos, pode ter como destinatárias não apenas as sentenças "definitivas", de que fala o texto legal, mas, também, as "terminativas".

Se bem refletirmos, veremos que o indeferimento da petição inicial não deveria ser considerado causa de extinção do processo, mas de impedimento de constituição do processo. Anteriormente, vindo o autor a recorrer da sentença "terminativa", e sendo o recurso admitido pelo juízo *a quo*, este deveria mandar citar o réu para acompanhar os trâmites da impugnação (CPC, de 1939, art. 296, *caput*), cuja citação valeria para todos os termos ulteriores do processo (*ibidem*, § 1.º). Se o recurso fosse provido, o réu seria intimado, na pessoa de seu procurador, para responder à ação (§ 2.º); caso não tivesse procurador nos autos, o processo correria à sua revelia (§ 3.º).

Atualmente, porém, indeferida a inicial, o autor poderá recorrer, facultando-se ao juízo, no prazo de cinco dias, reformar a decisão (CPC, art. 331, *caput*). Mantida a decisão, o juiz mandará citar o réu para responder ao recurso (*ibidem*, § 1.º).

b) Ilegitimidade de parte

Figura como uma das *condições* para o exercício da ação (CPC, art. 17). Como regra geral, podemos estabelecer que a legitimidade decorre da vinculação da parte à relação jurídica material havida ou existente ou que se pretende ver reconhecida. Daí por que se tem dito que a substituição processual traduz uma forma de legitimação anômala, porquanto o substituto, embora atue em nome próprio, postula direito alheio. No caso dos sindicatos, os titulares do direito material *in iudicio deducta* são os integrantes da categoria profissional. A legitimidade do sindicato para agir na qualidade de substituto processual, porém, não subtrai a legitimidade dos titulares do direito material, que, por isso, poderão invocar, diretamente, a prestação da tutela jurisdicional, desde que o façam na forma da lei. Há, sob esse aspecto, uma legitimidade concorrente entre substituto e substituído.

Verificando, o juiz, que a ilegitimidade (seja ativa ou passiva) é manifesta, como diz a lei (CPC, art. 330, II), por sentença indeferirá a petição inicial, fazendo com que se extinga o processo sem resolução do mérito. Como o ato jurisdicional gera a terminação do processo, fica patente tratar-se de sentença (CPC, arts. 203, § 1.º e 485, I).

Se a ilegitimidade não for manifesta, o juiz poderá ouvir a parte contrária e realizar uma espécie de instrução incidental acerca da matéria, a fim de colher elementos que serão utilizados para a formação do seu convencimento jurídico.

c) Falta de interesse processual

Constitui outra das condições para o exercício da ação (CPC, art. 17). Em linhas gerais, podemos afirmar que o interesse processual está ligado à necessidade que tem a parte de obter um provimento jurisdicional capaz de assegurar-lhe um bem da vida, ou à utilidade que, com vistas a esse escopo, representa a decisão judicial. É, justamente, à luz desse binômio necessidade/utilidade que deve ser avaliada a existência do interesse processual, tanto ativa quanto passivamente. A falta desse interesse torna o autor carecente da ação e conduz à extinção do processo sem resolução das pretensões de direito material por ele formuladas na demanda.

Conquanto, em princípio, o interesse processual deva estar presente no momento do ingresso em juízo, há situações em que a existência, ou não, desse interesse, acaba sendo reservada para o momento da emissão da sentença de fundo. Explicando-nos melhor: se, quando do ingresso em juízo, não havia esse interesse (mas o órgão jurisdicional, por algum motivo que agora não vem ao caso investigar, não tenha indeferido a petição inicial), embora este venha a surgir no curso da ação, a parte não deverá ser declarada carecedora da ação, pois a superveniência do interesse faz desaparecer o motivo dessa carência. Sendo assim, se, ao invocar a prestação da tutela jurisdicional, o autor ainda não tinha direito, digamos, ao gozo de férias, mas esse direito se constituiu durante o trâmite processual, ele não deverá ser considerado carecedor da ação, pela sentença — que, na espécie, será de mérito, porquanto caberá ao juízo apreciar o pedido constante da petição inicial, seja para acolhê-lo ou para rejeitá-lo.

Há situações em que se poderia colocar em dúvida a existência de interesse processual. Digamos que o juiz tenha impedido (sem qualquer razão jurídica) o autor de produzir as provas que lhe incumbiam, mas, apesar disso, acabar decidindo em benefício do autor. Dir-se-ia que este, por ter sido vencedor na causa, não possuiria interesse em interpor recurso da sentença. Nada mais equivocado. Como a sentença foi arbitrária, ou seja, sem que o autor houvesse produzido qualquer prova dos fatos alegados na inicial, essa senença, mercê de sua fragilidade, não resistiria a um ataque por meio de recurso. Sendo assim, o autor teria interesse em recorrer, a fim de que o tribunal, dando provimento ao seu recurso, anulasse o processo e lhe permitisse produzir as provas pretendidas, a fim de que a nova sentença, caso lhe fosse favorável, pudesse fundar-se em prova concreta, suasória, e, desse modo, resistir ao recurso que dela viesse o réu a interpor.

O interesse processual, enfim, não é a "quinta roda do carro", vale dizer, algo inútil, como se chegou a afirmar, sem maiores reflexões.

d) Decadência ou prescrição

Não atendimento às prescrições dos arts. 106 e 321. Dispõe o art. 106, que o advogado ou a parte quando postular em causa própria deverá: a) indicar, na petição inicial ou na contestação, o endereço em que receberá intimações; e b) comunicar ao juízo qualquer mudança de endereço. Se ele não atender à primeira exigência legal, o juiz, antes de mandar citar o réu, determinará que a falta seja suprida em quarenta e oito horas, sob pena de indeferimento da petição inicial; não atendida a segunda, reputar-se-ão válidas as intimações enviadas, mediante carta registrada, ao endereço constante dos autos.

É evidente, contudo, que o indeferimento da petição inicial, por falta de indicação do endereço em que o advogado receberá intimações, só se justifica no caso do advogado do autor, pois seria desarrazoado supor que tendo a falta sido praticada pelo procurador judicial do réu a consequência fosse o indeferimento da petição inicial. Se assim fosse, não existira sanção processual ao réu, mas premiação deste.

O art. 330 do CPC contempla mais um caso de indeferimento daquela petição: quando não atendidas as prescrições do art. 321 desse Código, ou seja, quando o autor deixar de atender ao despacho judicial que lhe ordenou emendar ou completar a inicial, no prazo de quinze dias, com a finalidade de corrigir defeitos ou irregularidades que ela apresenta. O parágrafo único do art. 321, a propósito, alude ao indeferimento da inicial.

O indeferimento dessa petição, nas situações que apreciamos, acarreta, em princípio, a extinção do processo sem resolução do mérito.

Uma nota sobre a decadência e a prescrição.

No sistema do CPC de 1973, a decadência e a prescrição, quando verificadas "desde logo", impunham o indeferimento da petição inicial (art. 295, IV).

Ao tempo em que esteve a viger o sobredito Código, denunciamos a existência de certa antinomia em seu sistema, a respeito do assunto (*Curso de direito processual do trabalho*. v. II. São Paulo: LTr, 2009. p. 1.252).

Argumentávamos: segundo o art. 267, do CPC, haveria extinção do processo *sem* resolução do mérito quando o juiz indeferisse a petição inicial (inc. I). Entre os casos de indeferimento dessa petição, previstos no art. 295 do mesmo Código, estava o de verificação judicial da existência de decadência ou prescrição (inc. IV). Nenhum problema haveria, quanto à interpretação dessas normas não fosse o fato, extremamente significativo, de o art. 269, do próprio CPC, declarar, em incobrível antagonismo com o art. 267, I, que a prescrição e a decadência constituíam causas de extinção do processo *com* exaustão do mérito (inc. IV).

Coincidência, ou não, o art. 330 do CPC em vigor não inclui a prescrição e a decadência *no elenco das causas de inépcia da petição inicial — embora autorizem a resolução* do processo *com* resolução do mérito (art. 487, II).

Se a prescrição ou a decadência compreenderem todos os pedidos formulados na inicial, o juiz procederá ao julgamento antecipado do mérito (CPC, art. 355, I).

Uma nótula sobre o procedimento inadequado.

Pelo sistema do processo civil de 1973 a petição inicial seria indeferida quando o tipo de procedimento escolhido pelo autor não correspondesse à natureza da causa ou ao valor da ação. Nessa hipótese, o indeferimento ocorreria somente se não fosse possível adaptá-la ao procedimento legal (inc. V).

Essa causa de indeferimento da petição inicial foi excluída pelo art. 330 do CPC atual.

Inciso II. O processo ficar parado durante mais de um ano por negligência das partes.

Não há dúvida de que, a partir do momento em que as partes ingressam em juízo delas se exige a prática de atos processuais, que irão desaguar em sua foz natural, a sentença de mérito.

A norma legal em estudo, entretanto, oferece algumas dificuldades de ordem prática, no que respeita a saber em que situações exatamente a paralisação do processo, por mais de um ano, em virtude de negligência dos litigantes, ensejaria a extinção deste. A primeira dúvida é quanto à configuração subjetiva dessa negligência, desse descaso processual: o ato, capaz de caracterizar o desleixo, deve decorrer de ambas as partes, ou de uma delas, apenas? Se julgarmos que deva emanar dos litigantes, em conjunto, não será fácil encontrar uma situação concreta, em que isso possa acontecer. Poderíamos pensar na suspensão do processo, que é ato derivante da vontade convergente das partes (CPC, art. 313, II). Sucede, no entanto, que a mencionada suspensão não pode exceder a um ano ou seis meses, conforme seja a hipótese, segundo esclarece o § 4.º do art. 313 do CPC; e o que prevê o art. 485, II, é a paralisação do processo por período superior a um ano. Dessa forma, se a suspensão ultrapassar seis meses ou um ano, os autos deverão ser conclusos ao juiz, que ordenará o restabelecimento do curso do procedimento (CPC, art. 313, § 5.º), não dando margem, assim, à incidência do art. 485, II, do mesmo Código. Se, ao contrário, entendermos que a extinção do processo possa derivar de negligência de uma das partes, seguramente nos submeteríamos ao embaraço de sustentar a possibilidade de o processo ser extinto quando a negligência for do réu. A prevalecer essa opinião, o réu estaria fortemente estimulado a negligenciar em juízo, porquanto esse seu desleixo conviria aos seus interesses como integrante do polo passivo da relação processual. Estaria o réu, em derradeira análise, a beneficiar-se da própria torpeza. Se, finalmente, concluirmos que a inércia capaz de acarretar a extinção do processo deva ser, unicamente, a do autor, estaremos negando a expressão literal do art. 485, II, do CPC, que faz referência às partes; além disso, a atitude desleixada do autor, em particular, é tratada no inc. III do mesmo dispositivo legal, embora se cuide aí de abandono da causa por período superior a trinta dias.

Pondo de lado as eventuais dificuldades de ordem prática quanto à aplicação da regra inscrita no art. 485, II, do estatuto processual civil, devemos afirmar que a paralisação do processo (melhor: do procedimento) por mais de um ano, em virtude de negligência dos litigantes, será causa de sua extinção, sem exame do mérito. Nos casos em que a incúria provenha de ambas as partes, a extinção do processo será determinada pelo juízo competente, por sua iniciativa ou a requerimento do Ministério Público, sempre que isso for possível. Seria insensato imaginar que a extinção pudesse ser solicitada por um dos litigantes desmazelados.

É óbvio que a extinção do processo sem resolução do mérito só faz sentido, de modo geral, quando diga respeito aos processos de conhecimento e cautelar. Não há como extinguir-se o processo de execução (forçada) sem exame do mérito da causa, justamente porque a execução de título judicial (a mais frequente no processo do trabalho) pressupõe o trânsito em julgado (execução definitiva) de um pronunciamento jurisdicional que haja penetrado o mérito da demanda ou, quando menos, que esse pronunciamento penda de recurso dotado de efeito meramente devolutivo (execução provisória).

Feitas essas considerações, voltemos a atenção, novamente, para o inc. II, do art. 485, do CPC, para acrescentar outros escólios, agora conclusivos.

Estatui o § 1.º do art. 485 do CPC que, nas hipóteses mencionadas nos incisos II e III, a parte (ou ambas as partes) será intimada, pessoalmente, para suprir a falta no prazo de cinco dias (sob pena de extinção do processo). Sustenta Egas Moniz de Aragão, diante disso, que: a) se a parte mudou de endereço a sua intimação deverá ser efetuada mediante edital: b) de nada valerá a ela demonstrar que a paralisação do procedimento não decorreu de sua negligência, porque a norma legal não prevê, neste caso, a ocorrência do elemento subjetivo, de tal modo que bastará o decurso de mais de um ano para que o processo seja extinto.(67)

Discordamos do eminente jurista, em ambas as afirmações. Em primeiro lugar, por entendermos que se a parte mudou de endereço, sem comunicar ao juízo o novo, a intimação não deverá ser feita por edital, mas encaminhada ao endereço constante dos autos. O art. 77, V do CPC, exige que a parte dê ciência do novo endereço ao juízo, sob pena de ser reputada válida (eficaz) a intimação remetida, em carta registrada, ao endereço existente nos autos. Essa regra é profundamente salutar, pois se destina a evitar que o litigante (máxime, o réu) tire proveito do fato de haver mudado de endereço sem cientificar ao juízo. A compatibilidade dessa norma com o processo do trabalho, por isso, é incontestável. Em segundo lugar, por estarmos convencidos de que se a parte demonstrar que a paralisação do procedimento não pode ser imputada à sua presumida negligência, ao juiz caberá — uma vez afastado o motivo determinante da paralisação — fazer com que o curso deste seja restabelecido.

Inciso III. Quando, por não promover os atos e diligências que lhe competir, o autor abandonar a causa por mais de trinta dias.

Ao invocar a prestação da tutela jurisdicional, com a finalidade de ver satisfeita uma pretensão vinculada a bens ou a utilidades da vida, ao autor incumbirá praticar uma diversidade de atos tendentes a preparar o provimento jurisdicional de fundo, que acolha *a res in iudicio deducta.* É certo que o réu também deverá praticar atos que sejam úteis ou necessários à sua resistência às pretensões do adversário. O preceito normativo em foco trata, contudo, apenas, do abandono da causa pelo autor.

Como a lei fala em abandono, ressalta, para a configuração desse ato extintivo do processo, a presença do elemento subjetivo, traduzido na intenção (*animus*) de abandonar a causa. Assim, se, apesar de decorridos mais de um mês da data em que o autor deveria praticar determinado ato processual este demonstrar que não teve a intenção de abandonar a causa, o processo não deverá ser extinto. É algo semelhante ao que se passa no terreno da falta grave de abandono de emprego, que não ficará caracterizada se o trabalhador comprovar a ausência de *animus abandonandi.*

Sempre, pois, que o autor deixar de realizar, de maneira injustificada, por período superior a trinta dias, ato ou diligência que lhe competia, estará rendendo ensancha à terminação anormal do processo. Para que a extinção ocorra, torna-se indispensável não só o ânimo de abandonar a causa, mas a intimação do autor para que supra a falta em cinco dias (CPC, art. 485, § 1.º).

Como a lei cogita de extinção do processo sem resolução do mérito pode-se construir a regra segundo a qual, apreciado o mérito, fica fora de qualquer possibilidade pensar-se em abandono da causa pelo autor. Essa inferência, embora seja rigorosamente lógica, poderia causar certa apreensão no espírito do réu e do próprio magistrado, porquanto a realidade tem demonstrado que o autor, mesmo depois de obter uma sentença de mérito favorável, deixa de praticar ato ou de dar sequência ao procedimento. Essa apreensão, todavia, não é

(67) *Comentários ao Código de Processo Civil.* 1.ª ed., v. II. Rio de Janeiro: Forense, 1974. p. 420-421.

de todo justificável, pois se já houve composição da lide (= julgamento do mérito), preclusa a oportunidade para a impugnação do provimento jurisdicional, o que se tem é o início do processo de execução com sua fase preparatória, qual seja, a liquidação da sentença exequenda. Nesse caso, eventual desinteresse do autor pela causa (= execução), conquanto não autorize a extinção do processo, na forma do art. 485, III, do CPC (ou, mesmo, do inc. II dessa norma) poderá fazer surgir a prescrição intercorrente, que é admissível no processo do trabalho, estando, aliás, insinuada no art. 884, § 1.º, da CLT, ao aludir à "prescrição da dívida", como matéria que possa o devedor ventilar em seus embargos à execução. É evidente que não se trata, aqui, de prescrição originária, porquanto esta deve ser alegada no processo cognitivo. Equivocou-se, pois, o TST ao adotar a Súmula n. 114. O STF não incorreu nesse erro (Súmula n. 327).

A extinção do processo com fundamento no inciso III do art. 485, porém, pode ser: a) determinada por iniciativa juiz, se o abandono da causa se deu antes da contestação; b) requerida pelo réu, se já oferecida a contestação (§ 6.º do art. 485).

Inciso IV. Quando se verificar a ausência e pressuposto de constituição e de desenvolvimento válido e regular do processo.

Os pressupostos mencionados no texto legal compreendem duas classes fundamentais, que se referem: a) à constituição e b) ao desenvolvimento regular da relação jurídica processual. Os pressupostos de constituição abarcam os subjetivos (partes e juiz) e os objetivos (ação ou demanda); os de desenvolvimento, por sua vez, concernem às partes (capacidade de ser parte, capacidade de estar em juízo e capacidade postulatória); ao juiz (jurisdição, competência e imparcialidade) e ao procedimento (inicial apta, citação válida e inexistência de perempção, litispendência, coisa julgada e conexão).

Os pressupostos de desenvolvimento, concernentes ao procedimento, de acordo com a classificação que apresentamos, foram pelo legislador tratados em inciso específico (IV) do art. 485 do CPC.

A falta de qualquer dos pressupostos — aqui enfeixados os de constituição e os de desenvolvimento — acarreta a extinção do processo, sem resolução do mérito, conforme o sistema adotado pelo art. 485, do diploma processual civil, no qual está expresso que, nesse caso, o juiz não resolverá o mérito.

Lembra Hélio Tornaghi que os pressupostos processuais nada mais são do que relações preliminares, de natureza diversificada (constitucional, administrativa, civil etc.), ou mesmo de caráter processual, necessárias à existência ou à validade da relação processual e pertinentes aos sujeitos ou ao objeto dela, acrescentando: "Em algumas ordenações o exame dos pressupostos é objeto de um processo preliminar, um pré-processo (*Vorverfahren*) que segundo Wach, (*Handbuch*, p. 38) é *Verfahren Éber die Prozessvoraussetungen*, isto é: procedimento sobre os pressupostos processuais. A este procedimento chamam os espanhóis *proceso sobre el proceso*".(68)

(68) *Comentários ao Código de Processo Civil*. 2.ª ed., v. II. São Paulo: RT, 1978. p. 334.

No Brasil, não há, propriamente, um "processo preliminar", devotado ao exame dos pressupostos indispensáveis à constituição e ao desenvolvimento regulares da relação jurídica processual. A apreciação desses pressupostos é feita no curso do próprio processo, algumas vezes antes mesmo da resposta do réu e, outras, após esta ser oferecida. Não deixa de haver, nisso, uma ponta de ilogismo, pois se o juiz declara, digamos, a ausência de um pressuposto necessário à constituição da relação processual, fica difícil entender como pôde dizer, no processo, que não há processo... A não ser que se deva referir ao primeiro como "processo", aspadamente.

Não poderíamos encerrar nosso parecer sobre os pressupostos processuais sem apreciar um assunto que, embora não se inclua nos domínios desses pressupostos, é fronteiriço com eles. Referimo-nos aos regimes litisconsorciais e os requisitos necessários à sua regular constituição.

Não são raros, na prática, os casos em que o juiz tem diante de si as denominadas "reclamatórias plúrimas" — expressão exótica e destituída de qualquer significado verdadeiramente jurídico, criada por uma jurisprudência despreocupada com os escrúpulos científicos e iludida pela ideia de que a autonomia enciclopédica do processo do trabalho se resume a uma questão terminológica.

O que se dá, em rigor, em situações como a mencionada, é a formação de um regime litisconsorcial, que pode ser ativo (vários autores), passivo (vários réus) ou misto (vários autores e vários réus), cuja instituição, pelos sistemas normativos, se funda em motivos de índole pragmática, pois o fato de as partes se consorciarem na lide permite, a um só tempo, obter uma economia de atos processuais e evitar pronunciamentos jurisdicionais eventualmente contrastantes, acerca de um mesmo assunto. É verdade que esses motivos só se justificam com relação ao litisconsórcio *simples*, uma vez que no caso do *unitário* o provimento jurisdicional, por definição, deve ser sempre uniforme para todos os compartes.

O que nos leva a falar sobre os regimes litisconsorciais, contudo, não é a preocupação de explicar em que consistem ou qual a razão de ser de cada um e, sim, a necessidade de denunciar a formação absolutamente irregular de regimes dessa natureza, na prática, que tantos transtornos acabam por acarretar ao procedimento.

Com vistas a essa crítica, ocupemo-nos, somente, do litisconsórcio facultativo simples, porquanto essa modalidade tem sido a principal responsável pelos tumultos do procedimento, há pouco mencionados.

Para que se constitua, regularmente, um regime litisconsorcial dessa natureza, é imprescindível que a causa de pedir e os correspondentes pedidos sejam os mesmos ("entre as causas houver conexão pelo pedido ou causa de pedir" — CPC, art. 113, II), de tal maneira que, por economia processual, uma só sentença possa solucionar diversas lides homogêneas, aglutinadas num mesmo processo. Em termos lacônicos, aliás, o litisconsórcio pode ser definido como a acumulação de várias ações num só processo.

O que se tem presenciado, entrementes, no cotidiano forense, é a formação completamente irregular (= arbitrária) de regimes litisconsorciais, em que não há coincidência de causas de pedir nem de pedidos (ativo) ou inexiste qualquer relação jurídica entre os diversos réus (passivo). A consequência, como já antecipamos, tem sido a instauração de um tumulto do procedimento, que dificulta a defesa, convulsiona a instrução, torna complexa a entrega da prestação jurisdicional e embaraça, sobremaneira, o exame dos recursos. Não há negar que os advogados têm sido responsáveis, em grande parte, por essas situações tumultuárias, ao encambulharem, num mesmo processo, ações e pretensões distintas. É preciso dizer, todavia, que os juízes também possuem considerável parcela de responsabilidade pela existência e sobrevivência desses "litisconsórcios tumultuantes", na medida que, com um pouco de cuidado e de conhecimento processual, poderiam dar-lhes cobro logo no nascedouro.[69]

Essa assertiva nos coloca diante da razão especial que nos levou a falar do assunto nestas páginas que versam sobre os pressupostos de constituição e de desenvolvimento regulares da relação jurídica processual. Ao tempo em que exercíamos a magistratura em primeiro grau de jurisdição adotamos diversas práticas que, sem contrariar a lei, visavam a permitir que o procedimento fluísse com naturalidade e rapidez até a sentença de mérito. Esse "fluir com naturalidade e rapidez" significava evitar a instauração de incidentes ou de desvios do *due process of law* e exigia um permanente e imediato controle dos atos realizados pelas partes, ou que elas desejavam realizar. Entre as práticas que instituímos incluía-se a de fazer com que toda petição inicial que contivesse mais de um autor, ou mais de um réu, fosse, antes da citação, submetida à nossa apreciação. Com isso, podíamos verificar se, em cada caso concreto, se justificava a constituição do regime litisconsorcial. Se nos convencêssemos que sim, liberávamos a petição inicial e sua cópia, com vistas à citação; caso contrário, caracterizada a ausência dos pressupostos legais necessários à formação do regime litisconsorcial (identidade de causa de pedir e de pedidos), indeferíamos, por sentença, a petição inicial, declarando extinto o processo sem resolução do mérito. Na espécie, não se concedia ao autor a oportunidade prevista no art. 321 do CPC, porque não se tratava aí de defeito ou irregularidade da petição inicial, mas de falta de pressuposto legal indispensável para a constituição regular do regime litisconsorcial. Ao autor ficava reservada, como é óbvio, a faculdade de impugnar a sentença "terminativa", mediante recurso ordinário.

A consequência prática desse controle prévio pode ser mensurada por meio de dados estatísticos: até onde nos lembramos, nenhum litisconsórcio, por tal forma "depurado", acarretou algum tipo de tumulto do procedimento, em quaisquer de suas fases. Esse mesmo controle era realizado, enfim, para verificar a regularidade da formação de qualquer espécie de regime litisconsorcial.

O § 1.º do art. 113 do CPC, permite ao juiz limitar o litisconsórcio *facultativo* quando o número de litigantes puder comprometer a rápida solução do conflito, dificultar a defesa ou o cumprimento da sentença. O pedido de limitação interrompe o prazo para a resposta do réu, que recomeça da intimação da decisão sobre o tema. Tratando-se de regime litisconsorcial irregularmente constituído, a parte contrária poderia adotar duas atitudes, em ordem sucessiva: a) primeiramente, requerer a extinção do processo, sem resolução da lide, em decorrência da irregularidade do regime litisconsorcial; b) segundamente, em ordem

(69) Embora o juiz possa limitar o litisconsórcio facultativo, quanto ao número de integrantes (CPC, art. 113, § 1.º).

subsidiária (CPC, art. 326), requerer a redução do número de litisconsortes, ao argumento de que o número atual dificulta a elaboração da defesa (CPC, art. 113, § 1.º) — ou melhor, o exercício do direito constitucional de ampla defesa (CF, art. 5.º, LV).

Inciso V. Quando o juiz acolher a alegação de perempção, litispendência ou coisa julgada.

Trata-se, aqui, de pressupostos *negativos*, porque se diz que o desenvolvimento regular da relação processual só poderá ocorrer se *não existir* perempção, litispendência ou coisa julgada; havendo, e sendo reconhecida qualquer uma delas pelo juiz, o processo será extinto sem resolução do mérito.

Perempção. É a perda momentânea do exercício de um direito. Casos típicos de perempção, no processo do trabalho, são os referidos nos arts. 731 e 732, da CLT. Este último estabelece, em particular, que se o autor der causa a duas extinções consecutivas do processo (sem julgamento do mérito), em virtude de sua ausência injustificada à audiência (denominada, pela praxe forense, de "inicial"), "incorrerá na pena de perda, pelo prazo de seis meses, do direito de reclamar perante a Justiça do Trabalho". O processo civil de 1973 era dotado de norma assemelhada, mas com efeito mais contundente, como evidenciava o seu art. 268, parágrafo único, por força do qual a extinção do processo, por três vezes, em decorrência de abandono da causa, impediria o autor de intentar a ação, novamente, perante o mesmo réu, ficando-lhe assegurada, porém, a faculdade de alegar o seu direito (material) em defesa.

O CPC atual reproduziu a regra no art. 486, § 3.º. A norma, todavia, possui expressivos traços de inconstitucionalidade. Justifiquemo-nos.

Embora tenhamos dito que a perempção se trata de matéria de defesa, estamos convencidos de que as disposições contidas na CLT estão em antagonismo com o art. 5.º, inciso XXXVI, da Constituição Federal em vigor, que proíbe a exclusão, do conhecimento jurisdicional, de qualquer lesão de direito ou ameaça de lesão. Sob esse prisma, estamos em boa sombra para julgar que os arts. 731 e 732, da CLT, foram revogados pelo art. 141, § 4.º, da Constituição Federal de 1946 — que, aliás, "redemocratizou" o País, livrando-o do período ditatorial que marcou a vigência da Carta outorgada em 1937. Houve, no caso, revogação, porque o texto constitucional referido foi editado posteriormente aos arts. 731 e 732, da CLT. Se a cronologia fosse inversa, o que teríamos seria a inconstitucionalidade desses artigos da CLT. Há, por isso, inconstitucionalidade do § 3.º do art. 486 do atual CPC.

O fato de o autor poder alegar em defesa o seu direito (CPC, art. 486, § 3.º), não elimina o contraste dos arts. 731 e 732, da CLT, e do próprio art. 486, § 3.º, do CPC, com a Constituição da República, até porque se não houver ação em que o outrora autor figure como réu ele não poderá alegar, em defesa, o seu direito.

Litispendência. Caracteriza-se com a repetição de ação que está em curso (CPC, art. 337, § 3.º). Uma ação é idêntica à outra quando possuem as mesmas partes, a mesma causa de pedir e os mesmos pedidos (*ibidem*, § 2.º).

Coisa julgada. Configura-se quando se repete ação já decidida por sentença transitada em julgado (CPC, art. 337, § 4.º).

Inciso VI. *Ausência de legitimidade ou de interesse processual.* São as condições da ação (CPC art. 17). O CPC anterior, perfilhando a doutrina original de Enrico Tullio Liebman, indicava como condições da ação: a) a legitimidade; b) o interesse processual; c) a possibilidade jurídica do pedido (art. 267, VI).

Posteriormente, contudo, Liebman reviu a sua doutrina e excluiu a possibilidade jurídica do pedido desse elenco.

O CPC atual, na mesma linha, inclui como condições para o exercício da ação, apenas, a legitimidade e o interesse processual (arts. 17 e 485, VI).

Rememore-se que Liebman excluiu a possibilidade jurídica do pedido do rol das condições da ação por entender que se existe um veto no ordenamento jurídico quanto à possibilidade de determinada pretensão ser posta em juízo, a sentença, ao tornar concreta essa proibição, provoca a extinção do processo mediante resolução do mérito, de maneira a impedir que o autor — sem que o obstáculo legal tenha sido removido — possa retornar a juízo, em ação futura, com a mesma pretensão.

Estamos de acordo com essa reformulação do pensamento do ilustre jurista italiano, pois se a lei proíbe a formulação de certo pedido, o provimento da jurisdição, que faz respeitar a norma legal, em rigor, *rejeita* a pretensão e, não apenas, declara o autor carecente da ação. Em resumo, a sentença, no caso, extingue o processo com resolução do mérito, ao contrário do que afirmava o art. 267, VI, do CPC de 1973.

No que tange em particular, à legitimidade *ad causam*, esta, como o interesse processual, deve estar presente no momento do julgamento. Dessa maneira, se a parte, ao ingressar em juízo, se encontrava legalmente legitimada para fazê-lo, mas essa legitimidade veio a desaparecer no curso da ação, deverá o órgão jurisdicional declará-la carecente da ação. Essa declaração poderá ser emitida pelo próprio tribunal competente, quando do julgamento do recurso interposto da sentença de mérito, proferida ao tempo em que a parte ainda possuía legitimidade. O oposto também é possível: vir a parte a tornar-se legítima no curso do processo (logo, não a possuía quando do ingresso em juízo), hipótese em que o juiz não deverá considerá-la carecedora da ação. Esse fenômeno, em ambas as situações descritas, tem ocorrido, com maior intensidade, na denominada substituição processual, onde a lei ora a atribui a um determinado sindicato, ora a subtrai, fazendo com que isso acarrete consequências, inclusive, nas ações por ele já ajuizadas.

Inciso VII. Existência de convenção de arbitragem ou o juízo arbitral reconhecer a sua competência. No processo do trabalho, de *lege lata*, não podem as partes, em princípio, eleger um árbitro para solucionar o conflito de interesses individuais existente entre elas, porquanto a Constituição Federal atribui à Justiça do Trabalho a competência material para solucionar lides dessa natureza (art. 114, I). Dissemos *em princípio*, porque, como exceção, a arbitragem pode ser realizada pelo Ministério Público do Trabalho.

A arbitragem é particularmente facultada nos casos de conflitos coletivos, uma vez que, quanto a isso, há expressa previsão constitucional (art. 114, § 1.º). Desse modo, se o tribunal verificar que as categorias envolvidas no conflito coletivo haviam elegido árbitro para dirimir a controvérsia, deverá extinguir o processo sem exame do mérito, com fundamento no art. 485, VII, do CPC. Esclareça-se, todavia, que o tribunal não poderá conhecer *ex officio* da arbitragem, sabendo-se que a sua iniciativa para manifestar-se sobre matérias não alegadas pelas partes, dentro do assunto que estamos a examinar, está restrita aos incisos IV, V, VI e IX, da norma legal supracitada, que dizem respeito aos pressupostos de constituição e desenvolvimento regulares do processo, à perempção, litispendência e coisa julgada, às condições da ação e à morte da parte, respectivamente, como atesta o § 3.º do mesmo artigo.

O processo também será extinto, sem prospecção do mérito, quando o juízo arbitral reconhecer a sua competência.

Inciso VIII. *Homologar a desistência da ação.* No sistema do processo civil, decorrido o prazo para a resposta do réu, somente com a concordância deste o autor poderá desistir da ação (CPC, art. 485, § 4.º). Esse preceito não incide no trabalho, valendo destacar o fato de que, aqui, a resposta, como regra, não é oferecida em prazo preestabelecido, como se dá no processo civil (CPC, art. 335), mas, em audiência (CLT, art. 847). Desse modo, enquanto a resposta do réu não for apresentada o autor poderá desistir da ação, mesmo em audiência, sem que, para isso, haja necessidade de ser consultado o seu adversário.

Há casos em que, no processo do trabalho, excepcionalmente, a contestação é apresentada fora da audiência, como se dá em relação às ações cautelares, às ações civis públicas e ao processo eletrônico. Nessas situações pode-se aplicar, à risca, a norma do art. 485, § 4.º, do CPC.

Oferecida a contestação, a desistência só será possível se com ela concordar o réu; pode-se dizer, por isso, que o oferecimento da contestação confere a este o direito de obter um pronunciamento jurisdicional sobre o mérito, ainda que possa ser desfavorável aos seus interesses externados na causa. Apesar disso, entendemos que eventual oposição do réu à desistência deverá ser *motivada*, pois o simples fato de alegar um direito de ver apreciado o mérito da causa, por si só, não é bastante para justificar a sua objeção à desistência da ação.

Se, a despeito da oposição do réu, o órgão jurisdicional homologar a desistência da ação, esse ato não ensejará a impetração de mandado de segurança (o réu poderia tentar argumentar com a existência de direito líquido e certo de não ver homologada a desistência), nem o uso da canhestra figura da correição parcial (pois não teria havido aí nenhum ato tumultuário do procedimento), conquanto possa ser impugnado por meio de recurso ordinário, por tratar-se de sentença; logo, de ato que deu fim ao processo, embora sem exame do mérito.

Se o autor requer a desistência da ação por haver, digamos, transacionado, há, nisso, erro de tipificação jurídica, devendo o juízo, se comprovada a transação, e convencendo-se de que ela foi regular, pôr fim ao processo com resolução do mérito (CPC, art. 487, III, "*b*"). A desistência da ação, na espécie, é apenas aparente, agindo como uma espécie de *Fata Morgana* das lendas bretãs, que tinha o poder de deformar as imagens formadas na superfície dos lagos.

Tratando-se de litisconsórcio ativo e facultativo, qualquer de seus integrantes poderá desistir da ação — observada a norma do art. 485, § 4.º, do CPC —, porquanto a hipótese estará regida pelo art. 117 do mesmo Código, conforme a qual os litisconsortes serão considerados, em suas relações com o adversário, como litigantes distintos, de tal sorte que os atos e as omissões de um não prejudicarão os outros. Essa regra só incide no litisconsórcio *simples*, e não no *necessário/unitário*, pois aqui há necessidade de que integrem a relação processual todas as pessoas ligadas ao réu pela mesma relação jurídica, e que a decisão seja uniforme para todos.

Para que o processo se extinga há necessidade de a desistência da ação ser homologada por sentença (CPC, art. 316).

Inciso IX. Quando, em caso de morte da parte, a ação for considerada intransmissível por disposição legal.

A ação de mandado de segurança (Lei n. 12.016/2009), por exemplo, tem caráter personalíssimo, motivo pelo qual não é transmissível a quem quer que seja: falecendo o impetrante, extingue-se, *ipso facto*, o processo.

Quando o direito de ação for transmissível, o espólio será representado pelo inventariante (CPC, art. 75, VII), ou por quem tiver sido declarado beneficiário perante a Previdência Social (Lei n. 6.858, de 24.11.1980).

Nesses casos, a lei permite a *suspensão* (não extinção) do processo (art. 313, I e § 1.º) para efeito de regularização da representação processual.

Inciso X. Nos demais casos previstos no CPC. Preocupou-se o legislador, nesse ponto, em deixar claro que o rol de causas de extinção do processo sem resolução do mérito (incisos I a X do art. 485 do CPC) não é exaustivo.

Entendemos, no entanto, que os "demais casos", a que se refere o inciso X do art. 485, não devem ser limitados àqueles previstos em outras partes do Código, sendo indispensável que se incluam, igualmente, todos os outros, contidos em leis avulsas ou trazidos pela realidade. Assim sustentamos porque a realizada da vida forense — esse laboratório notável —, em decorrência de sua dinâmica, é muito mais rica e expressiva do que possa imaginar o legislador em seu "engenho e arte".

Um exemplo está no art. 76, § 1.º, I, do CPC: se o autor não suprir a sua incapacidade processual ou a irregularidade da representação, no prazo fixado pelo juiz, este decretará o fim do processo, sem resolução do mérito.

O art. 313, § 3.º, do CPC, espelha um outro motivo de extinção do processo sem pronunciamento acerca do mérito: deixar, o autor, de nomear novo advogado, em substituição ao que faleceu no curso da demanda.

O CPC atual eliminou a ocorrência de "confusão entre autor e réu", mencionada no inciso X do art. 267 do CPC revogado, como causa para a extinção do processo sem julgamento do mérito.

§ 1.º No caso de o processo: a) ficar impedido de tramitar durante mais de um ano, por negligência das partes, ou b) de o autor não promover os atos e diligências que lhe cabem e, em razão disso, abandonar a causa por mais de trinta dias, o juiz intimará a parte, pessoalmente, para suprir a falta no prazo de cinco dias.

§ 2.º Se a intimação referida no inciso anterior não for atendida, as consequências processuais serão: a) o pagamento proporcional das custas pelas partes; b) o autor será condenado ao pagamento das despesas processuais e dos honorários de advogado.

§ 3.º O juiz deverá conhecer, ex officio, em qualquer tempo e grau de jurisdição, das matérias enumeradas nos incisos IV, V e VI do art. 485, desde que não tenha havido o trânsito em julgado.

O CPC revogado declarava que o juiz conheceria dessas matérias "enquanto não proferida a sentença de mérito". Essa dicção da lei nos levou a observar que o seu conteúdo deveria ser adequadamente interpretado, pois entendíamos que a referência à sentença de mérito, como limite final para que essas matérias fossem apreciadas de ofício, era dirigida, exclusivamente, ao juiz (ou juízo) no qual foi posta a ação, pois este, ao emitir a sentença de mérito, somente poderia modificá-la para corrigir-lhe inexatidões matérias ou erros de cálculo ou em decorrência de embargos declaratórios (art. 463, I e II). Desse modo, ainda que a sentença de mérito tivesse sido proferida, poderia o tribunal, em grau de recurso, conhecer, *por sua iniciativa*, da ausência de pressuposto de constituição e de desenvolvimento válido e regular do processo; da existência de perempção, litispendência e coisa julgada; da falta de legitimidade e de interesse processual. A expressão destacada significava que o tribunal poderia apreciar essas matérias mesmo que não tivessem sido objeto do recurso. O fundamento de nosso parecer estava na locução "em qualquer tempo e grau de jurisdição", utilizada pelo legislador ao redigir o § 3.º do art. 277 daquele CPC.

O CPC atual corrigiu esse equívoco, ao fixar como momento final para que o órgão jurisdicional se pronuncie, *ex officio*, sobre as matérias enumeradas nos incisos IV, V, VI e IX do art. 485, o trânsito em julgado da decisão (sentença, acórdão).

§ 4.º Vimos que um dos casos que o juiz proferirá sentença sem resolução do mérito ocorre quando homologar a desistência da ação (CPC, art. 485, VIII).

Se a desistência da ação for manifestada depois de a contestação ter sido apresentada, os efeitos processuais desejados pelo autor somente serão produzidos se o réu concordar com o ato. Com vistas a isso, o juiz deverá intimar o réu para pronunciar-se a respeito, no prazo que lhe assinar. Se o réu não se manifestar nesse prazo, nem justificar porque não o fez, presume-se que concordou com a desistência da ação. Se, ao contrário, o réu, no prazo fixado, externar sua discordância com a desistência, o juiz não deverá, desde logo, indeferir a desistência; as regras de prudência, de sensatez sugerem que ele procure saber do réu os motivos pelos quais se opõe à intenção do autor.

De qualquer modo, a desistência da ação somente produzirá efeito depois de homologada por sentença.

§ 5.º O requerimento de desistência da ação pode ser formulado (pelo autor, logicamente) até a sentença. A expressão legal "até a sentença" revela-se algo dúbia, anfibológica. Não se disse "até *antes* da proferição da sentença". A preposição *até* designa o fim, o termo final, a distância; seu sentido é *inclusivo*. Se digo: "a distância de A a B é de cem quilômetros", é evidente que estou inserindo B nessa mensuração. Portanto, a conclusão a extrair-se é de que o requerimento de desistência da ação pode ser apresentado, inclusive, quando proferida a sentença, mas antes do seu trânsito em julgado. Se foi essa, ou não, a intenção do legislador, é algo que pouco importa, pois a lei é um organismo vivo, que permite ser interpretada *per se*, vale dizer, pelo que a sua literalidade espelha, sem considerar-se o elemento subjetivo, a *mens legislatoris*.

§ 6.º Uma vez apresentada a contestação, a extinção do processo, decorrente do abandono da causa pelo autor, depende de requerimento do réu. Essa afirmação da norma coloca-nos diante de uma situação que poderá ensejar divergentes conclusões: se o réu for revel — significa, pois, que não apresentou contestação — e o autor vier a abandonar a causa por mais de trinta dias, o juiz poderá extinguir o processo independentemente de requerimento do réu? Entendemos que sim. Ao contestar, o réu adquire, por assim dizer, o direito de obter um pronunciamento jurisdicional sobre o mérito, ainda que este lhe venha a ser desfavorável; logo, se o réu não contestou, tornando-se revel, não se há que cogitar desse direito. Conseguintemente, estará franqueada ao magistrado a possibilidade de dar fim ao processo sem provocação por parte do réu.

§ 7.º A sentença que extinguir o processo sem resolução da lide é recorrível. Esse recurso será a apelação no processo civil; e o ordinário no processo do trabalho (CLT, art. 895, I).

Todavia, interposto o recurso, o juiz poderá retratar-se no prazo de cinco dias. Esse prazo não deve ser contado a partir do protocolo da petição do recorrente, e sim, da data em que os autos foram conclusos ao juiz, para despacho. O ato pelo qual o juiz se retrata (para restabelecer o processo que extinguira) constitui, no sistema do processo do trabalho, decisão interlocutória, razão pela qual é irrecorrível de imediato (CLT, art. 893, § 1.º).

Consequência da extinção do processo sem resolução do mérito.

Por princípio, a extinção do processo sem julgamento da lide permitirá ao autor intentar, outra vez, a ação, segundo lhe faculta o art. 486, do CPC, desde que seja efetuado o pagamento ou o depósito das custas e dos honorários de advogados, se for o caso (*ibidem*, § 2.º). A sentença, no caso, não produz coisa julgada material, mas, apenas, coisa julgada formal, impedindo, com isso, que as partes voltem a discutir a causa, *no mesmo processo*. Essa é a propósito, a grande diferença quanto aos casos de extinção do processo *com* resolução do mérito (CPC, art. 487), hipóteses em que o autor não poderá exercer, novamente, a ação. Entretanto, o próprio art. 485, do V, do CPC, demonstra a existência de algumas exceções, ou seja, de situações em que haverá extinção do processo mediante apreciação do mérito, como se dá quando o juiz reconhecer a existência de perempção, litispendência ou coisa julgada.

A atuação do juiz

Para que o órgão jurisdicional realize a solução do conflito de interesses, mediante a emissão de um provimento de mérito, é necessário, como vimos, que estejam presentes os pressupostos de constituição e de desenvolvimento regulares da relação jurídica processual, assim como as condições da ação. No sistema do CPC o exame desses requisitos é realizado na fase de saneamento e de organização do processo, quando o juiz deverá: I – resolver as questões processuais pendentes, se houver; II – delimitar as questões de fato sobre as quais recairá a atividade probatória, especificando os meios de prova admitidos; III – definir a distribuição do ônus da prova, observado o art. 373; IV – delimitar as questões de direito relevantes para a decisão do mérito; V – designar, se necessário, audiência de instrução e julgamento (CPC, art. 357).

No processo do trabalho esse saneamento não tem um momento específico para ser realizado, sendo, quase sempre efetuado de maneira implícita, como quando o juiz designa audiência destinada à instrução oral do procedimento. Em outros casos, o juiz se reserva para apreciar no ensejo do proferimento da própria sentença de mérito preliminares pertinentes, por exemplo, à ilegitimidade das partes, à inépcia da petição inicial, etc. O processo do trabalho, enfim, não possui uma disciplina específica para o saneamento processual.

Se fosse de aplicar-se ao processo do trabalho o disposto no art. 357, do CPC, deveríamos levar em conta as seguintes ponderações:

Inciso I. *Questões processuais pendentes*. Havendo questões processuais pendentes, caberá ao juiz solucioná-las na fase de saneamento do processo. Essas questões podem dizer respeito à legitimidade das partes ou de terceiros, à sua representação processual, à existência, ou não, de interesse processual, à espécie de procedimento a ser adotado etc. Este inciso possui um ponto de contato com o art. 352.

Inciso II. *Delimitação das questões de fato*. Essa providência judicial é de extrema importância para a instrução processual e deveria ser adotada pelos juízes do trabalho. Para isso, será indispensável que o magistrado leia, com atenção, os fatos narrados na petição inicial e, com o mesmo cuidado, a contestação, a fim de verificar se aqueles fatos foram contestados, ou não, pelo réu. Sabendo, com precisão, quais são os fatos controvertidos, o juiz se sentirá seguro para dirigir os trabalhos da audiência de instrução. Quando o magistrado não toma o cuidado de inteirar-se acerca dos fatos controvertidos da causa acaba por propiciar um desses dois episódios lamentáveis e que implicam perda de tempo: a) permitir que sejam feitas perguntas às partes e às testemunhas acerca de fatos absolutamente incontroversos; b) indeferir a formulação de perguntas a respeito de fatos controvertidos, supondo que são incontroversos, rendendo ensejo, com isso, à costumeira alegação de nulidade processual por "cerceamento" de defesa.

Especificação dos meios de prova. Na prática, raramente os juízes do trabalho determinam que as partes especifiquem os meios de prova de que pretendem se utilizar para demonstrar a verdade dos fatos por elas alegados. Tanto a inicial quanto a contestação se limitam a requerer "a produção de todas as provas em direito admitidas", vindo a fazer uso do meio adequado no momento oportuno. Isto não significa que o juiz do trabalho jamais possa ou jamais deva agir de acordo com o art. 357 do CPC. Em determinadas situações, é aconselhável que ele, com vistas à designação de audiência destinada à instrução oral do processo, procure saber das partes de que meio de prova se utilizarão — indeferindo-o, se for inadequado. Se, por exemplo, o réu disser que pretende produzir prova testemunhal para comprovar o pagamento dos salários, o juiz, em princípio, deverá indeferir a produção dessa prova, porquanto a comprovação do pagamento de salários deve ser feita mediante recibo, ou por qualquer outro por meio documental (CLT, art. 464). O mesmo devemos afirmar se a parte desejar produzir prova testemunhal para comprovar a existência, ou não, de insalubridade, sabendo-se que o meio de prova legalmente previsto (logo, adequado) é o pericial (CLT, art. 195, § 2.º).

Inciso III. *Distribuição do ônus da prova.* Na prática, os juízes do trabalho não costumam distribuir o encargo da prova na fase de saneamento do processo. Geralmente, isso é feito em momento posterior. O importante é que essa distribuição seja realizada com razoável antecedência à audiência de instrução e julgamento, a fim de não colher de surpresa as partes, que acabarão tendo prazo exíguo para preparar as condições destinadas ao atendimento a esse ônus processual.

Inciso IV. Na mesma oportunidade a que nos referimos no estudo do parágrafo anterior, será recomendável que o juiz do trabalho delimite as questões de direito que reputar relevantes para o exame do mérito. Essa providência visa a evitar, por exemplo, que a instrução tenha como objeto fatos irrelevantes, despiciendos, para a solução do conflito de interesses.

Inciso V. *Designação de audiência.* Se que houver necessidade de produzir prova oral, o juiz designará audiência. Para os juízes do trabalho que adotam audiência una, ou quando se tratar de procedimento sumariíssimo, a prova será produzida na própria audiência em que o réu apresentar a sua defesa.

Sempre que tiver que se manifestar a respeito da legitimidade das partes, da regularidade de representação etc., o juiz deverá munir-se de especial bom senso, de maneira a tentar evitar, o quanto possível, que o processo se extinga (sem solução da lide), porquanto essa extinção acarretará uma perda de tempo para todos e de dinheiro (pagamento de despesas processuais) para os litigantes.

É evidente que o juiz não poderá, nesse mister de tentar salvar o processo, e em nome do interesse dos litigantes, deitar por terra determinadas normas de ordem pública. O que estamos a dizer é que deverá, sempre que for possível, empenhar-se em fazer com que a falta seja suprida, ou a irregularidade sanada, a fim de salvar o processo e, com isso, conduzi-lo em direção à sentença de mérito. Não é outra, aliás, a regra inscrita no *caput*, parte final, do art. 352, do CPC: "Verificando a existência de irregularidades ou de vícios sanáveis, o juiz determinará sua correção em prazo nunca superior a 30 (trinta) dias". O art. 282, § 2.º, do mesmo Código dispõe, por outro lado, que "Quando puder decidir do mérito a favor da parte a quem aproveite a declaração de nulidade, o juiz não a pronunciará nem mandará repetir o ato ou suprir-lhe a falta": aí está princípio da *proteção.*

Capítulo VII

Finalidade da Sentença

Comentário

O problema referente à finalidade da sentença é multifário, de tal maneira que, antes mesmo de passarmos a apreciá-lo, devemos dizer que essa espécie de pronunciamento jurisdicional (que é, dentre todos, o mais importante) apresenta, na complexa estrutura político-processual, não *um* fim apenas, senão que *diversos* fins.

Essa multiplicidade teleológica da sentença decorre não só das posições jurídicas antagônicas que as partes assumem na relação processual, mas da própria visão política que o Estado tem do processo, como método oficial de solução de conflitos de interesses.

Deste modo, se considerarmos o ponto de vista exclusivo do autor, concluiremos que a sentença tem como finalidade assegurar-lhe um bem ou uma utilidade da vida, ou seja, satisfazer-lhe uma pretensão que foi resistida e insatisfeita pelo adversário. O pronunciamento da jurisdição, neste quadro, impõe ao réu a prática de um ato, que ele voluntariamente se recusa a realizar, ou a abstenção de um ato, que ele insiste em praticar.

Se dermos primazia ao ângulo óptico do réu, veremos que, para ele, o fim da sentença reside na declaração de que não está obrigado a realizar o ato, nem a abster-se de praticá-lo, ou de que nem sequer houve, entre ele e o autor, uma relação jurídica (ação declaratória negativa).

Para o Estado-juiz o escopo da sentença repousa, certamente, na solução da lide. Sob esta perspectiva, podemos dizer que a sentença traduz a resposta jurisdicional do Estado às pretensões manifestadas pelo autor, ou por ambas as partes, além de converter-se em um elemento de pacificação das relações sociais e jurídicas, dado o seu caráter impositivo.

Não nos parece haver divergência doutrinal quanto à finalidade da sentença, segundo os pontos de vista mencionados, embora devamos ressaltar a particularidade de que o objetivo do pronunciamento jurisdicional apresente sensíveis variações, conforme seja o seu efeito declaratório, constitutivo, condenatório, executivo ou mandamental. A grande polêmica que existe, todavia, nesse terreno, deriva da verificação do fim da sentença sob a lente ideológica. Na base dessa controvérsia está a indagação essencial sobre ter a sentença uma finalidade, meramente, de aplicação da norma legal ou de criação do direito, ou, ainda, de efetiva realização da justiça.

Examinemos essas três posições.

a) Aplicação das normas legais

Partindo de uma visão dogmática do sistema político-institucional vigente em nosso meio, e de suas estruturas mais ou menos rígidas, não encontraremos dificuldades para concluir que a finalidade (ou função) da sentença deve ficar circunscrita à aplicação da lei aos casos concretos submetidos à cognição jurisdicional. "O Executivo administra, o Legislativo elabora as leis e o Judiciário as aplica" — esta seria, em síntese, a atribuição dos Poderes da República, com a separação idealizada por Charles de Secondat, Barão de la Brède e de Montesquieu, que a atual Constituição da República, na esteira das anteriores, consagrou (art. 2.º).

A figura do *judge made law* (juiz elaborador de leis) seria, assim, inconciliável com a tripartição dos Poderes do Estado — em que pese ao fato de saber-se que, em situações excepcionais, o Executivo legisla, o Legislativo julga e o Judiciário administra.

A concepção "legalista" da sentença estava materializada, entre nós, no art. 126 do CPC de 1973, ao declarar que ao juiz caberia "aplicar as normas legais". No mesmo sentido, o pensamento doutrinário predominante e a atitude da magistratura, inclusive, a do trabalho. A aplicação da lei aos casos concretos está implícita no art. 140, do CPC de 2015.

Por todos, fala Moacyr Amaral Santos: "A sentença, em suma, tem função declaratória de direito preexistente. É a aplicação da norma jurídica reguladora da lide a fim de compô-la, o objetivo da sentença. O direito abstrato, contido na norma aplicável, se concretiza com a declaração de sua aplicação à espécie".[70]

A opinião do jurista citado reflete a influência sobre ele exercida por pensadores europeus, especialmente, Chiovenda, Carnelutti e Calamandrei, para os quais a sentença encerra não apenas um ato de inteligência do magistrado, mas também de vontade, por parte deste. Desse modo, ao aplicar a lei ao caso concreto, por meio da sentença, o juiz nada mais faz do que valer o comando ínsito na norma legal incidente. A sentença é, pois, a afirmação da vontade da lei aplicada ao caso concreto (Chiovenda), de tal maneira que, ao assim agir, o juiz emite uma ordem ("comando", segundo Carnelutti), que qualifica a sentença, atribuindo-lhe o traço de ato de vontade do julgador. Esse "comando" revela, desse modo, a vontade da lei e, em consequência, do juiz, diante da situação trazida ao seu conhecimento.

Em resumo, para a doutrina majoritária, a sentença possui uma função essencialmente declaratória do direito preexistente, o que significa afirmar, por outros termos, que a sua finalidade não deve ir além da aplicação da norma legal ao caso concreto.

b) Criação do direito

Alguns autores, como Oskar Von Büllow, sustentam que a sentença cria o direito objetivo, porquanto as disposições legais, por serem abstratas e hipotéticas, são incapazes de disciplinar as relações entre os indivíduos. Dessa maneira, a sentença individualiza, particulariza a norma legal que regerá o caso concreto. Mortara perfilha a mesma opinião, acrescentando que a sentença cria o direito subjetivo, pois antes dela o que se tem, apenas,

(70) *Comentários ao Código de Processo Civil.* 2.ª ed. Rio de Janeiro: Forense, 1977. vol. IV, p. 425.

é mera pretensão. Não quer dizer, com isso, o ilustre jurista, que a sentença cria, a partir do nada, o direito subjetivo e, sim, que ela atribui força e efeitos de direito subjetivo a uma pretensão posta em juízo, por meio da ação.

Não cremos, *data venia*, que haja nessas situações criação do direito. Até podemos admitir que a lei contenha um "comando" geral e abstrato; isso não significa, porém, que a sentença, ao aplicar a norma legal ao caso concreto, esteja criando o direito, seja subjetivo ou objetivo. O direito preexiste ao pronunciamento jurisdicional e integra o ordenamento jurídico. A função da sentença, regra geral, é fazer com que se torne real e concreta a disposição abstrata da norma legal. Ela realiza, enfim, a subsunção do caso particular na moldura abstrata da lei — conquanto vá, nessa ideia de subsunção, muito daquela visão positivista, que predominou no século passado, da "plenitude do ordenamento jurídico", que considerava a atividade jurisdicional uma operação algo mecânica e passiva, restrita a essa submissão do caso concreto à regra legal.(71)

Outros juristas sustentam que a sentença seria criadora do direito quando a lei fosse obscura ou não houvesse norma legal reguladora do caso submetido ao conhecimento jurisdicional.

Discordamos, igualmente, desse ponto de vista. Se a norma legal é confusa, obscura, o juiz, ao emitir a sentença, não estará criando o direito, senão que interpretando, segundo as regras tradicionais, a expressão imperfeita da norma legal. Assim como as leis claras não exigem interpretação, as obscuras necessitam ser adequadamente interpretadas, pois, bem ou mal, deverão regular o caso concreto que se amolde à previsão nelas contida. Quando, portanto, o juiz interpreta a lei, não cria o direito, mas, apenas, aplica a norma preexistente, segundo as regras da hermenêutica.

Ainda que, eventualmente, não haja norma legal a regular o caso concreto, não se pode dizer que estará aberta a possibilidade para o juiz criar o direito, por meio da sentença. Com efeito, dispõe o art. 126, parte final, do CPC, que se inexistir preceito legal a incidir na situação particular, deverá o juiz recorrer à analogia, aos costumes e aos princípios gerais de direito. Nesses casos, pois, o juiz não estará realizando uma atividade de elaboração do direito, mas fazendo uso de outras fontes jurídicas, para suprir a falta de um texto normativo específico.

Mesmo nas situações em que esteja autorizado a decidir por equidade (CPC, art. 140, parágrafo único), o juiz não cria o direito, mas aplica ao caso particular uma norma legal preexistente. No juízo arbitral, *v. g.*, o compromisso, mediante o qual os interessados se louvam em árbitros, que lhes resolvam as pendências judiciais ou extrajudiciais, poderá conter autorização para que este decida por equidade. Nos procedimentos especiais de "jurisdição voluntária" (melhor: administração pública de interesses privados), o juiz não está obrigado a observar o critério da legalidade estrita, "podendo adotar em cada caso a solução que reputar mais conveniente ou oportuna" (CPC, art. 723, parágrafo único). Aqui, por igual, não se pode afirmar que o magistrado estará criando o direito, pois o que na verdade se passa é que ele fica dispensado de curvar-se ao rigor do princípio da legalidade, embora deva aplicar a lei com certos temperamentos que levarão em conta as singularidades do caso concreto.

(71) SILVA, Ovídio Baptista da, ob. cit., p. 43.

Em todas as situações narradas, bem se nota, o juiz não cria o direito, senão que faz incidir, com maior ou menor intensidade, o direito preexistente; quando não, recorre à analogia, aos costumes e aos princípios gerais, que constituem fonte de direito, o que não deixa de ser uma forma de submeter o caso concreto ao ordenamento jurídico.

Essas considerações, a nosso ver, são inteiramente aplicáveis ao direito processual do trabalho, no plano das ações individuais. Em sede de ação coletiva, contudo, conforme vimos, o acórdão que os tribunais emitem no exercício de sua jurisdição normativa (CF, art. 114, § 2.º) cria o direito que regulará as relações materiais entre os integrantes das categorias envolvidas no conflito. Aqui, sim, há pura elaboração do direito, visto que este brota do nada, do *nihil* normativo. Nasce, em síntese, com o acórdão que, por isso, tem caráter "jurígeno" e, em razão disso, ocupa lugar de destaque no amplo sistema dos pronunciamentos da jurisdição.

c) Realização da justiça

O que se irá discutir, a contar deste ponto, é se a finalidade da sentença, nas ações individuais, é, unicamente, a de aplicar a lei ao caso concreto, ainda que isso leve a uma solução injusta do conflito, ou pode ela, em algumas situações, ou no geral, ser produto exclusivo do senso de justiça do magistrado, mesmo que esse sentimento não corresponda à expressão literal do preceito.

Defrontar-se-ão, doravante, pois, duas ideias antagônicas: a) a dogmática, que restringe a função da sentença à aplicação da lei; b) a inovadora, que converte a sentença em instrumento de realização da justiça.

Para manifestarmos, com a necessária clareza, a nossa opinião em face do assunto, devemos fazer, logo de início, duas afirmações fundamentais: a) em princípio, a função de sentença se concentra, sem dúvida, na aplicação, ao caso concreto, das normas legais pertinentes; b) em decorrência disso, o juiz não pode decidir *contra legem*, exceto se a norma estiver em antagonismo com a Constituição da República.

Com efeito, não nos parece sensato, nem apropriado, asseverar que, em nosso sistema processual, possa o juiz decidir as lides individuais "segundo a sua consciência e sua íntima convicção", como fazia o "bom" juiz Magnaud, em França, no final do século XIX. Se o magistrado francês, presidente do Tribunal de primeiro grau, de Château-Thierry, tornou-se antológico por assim decidir, isso se deveu ao sistema vigente no período, que, exaltando em demasia o lema da liberdade, permitiu que os próprios juízes julgassem as causas não de acordo com a lei, e, sim, consoante com os ditames de sua conveniência. Nas mãos do juiz Magnaud, aliás, "a lei variava segundo a classe, a mentalidade religiosa ou inclinações políticas das pessoas submetidas à sua jurisdição", como lembra Carlos Maximiliano.[72] É óbvio que o adjetivo "bom" lhe foi pespegado por todos aqueles a quem, em nome de um sistema que consagrava o princípio da livre persuasão, esse juiz beneficiou. Certamente que, aos olhos de quantos ele prejudicou ou perseguiu, teria entrado para a História com o título de um "mau" juiz, ou de um juiz injusto — se aos vencidos fosse dado escrever a História.

(72) *Hermenêutica e Aplicação do Direito*. 8.ª ed. Rio de Janeiro: Freitas Bastos, 1965. p. 95.

Não é tolerável, por isso, que o juiz invocando o seu sentimento de justiça e os apelos de sua consciência como ser, decida contra a lei. Seria muito grande o risco para as democracias se se atribuísse semelhante liberdade para a magistratura, pois o direito da parte poderia ser fulminado por um pronunciamento jurisdicional ditado por certas conveniências do magistrado, ligadas, por exemplo, à situação econômica das partes, às suas convicções ideológicas ou políticas e o mais. Se é exato que eventual faculdade de o juiz decidir segundo sua consciência e seu sentimento de justiça poderia, em muitos casos, ser favorável ao trabalhador, não menos verdadeiro é que, em outros tantos, seria prejudicial a este, como quando o juiz tivesse uma nítida simpatia pelas causas patronais.

Afastada a norma legal como elemento vinculador da formação do convencimento do magistrado, o que resta é pura arbitrariedade, capaz de fazer com que o juiz despreze a própria prova existente nos autos para decidir a favor de um dos litigantes por mera afinidade social, política, econômica, ideológica, religiosa etc., ou contra este, em decorrência de simples antipatia pessoal.

Não queremos, com isso, dizer que o juiz deva ser um leguleio, ou seja, um escravo fiel da expressão literal da lei, senão que alguém que deva decidir as lides segundo a norma legal. O que ao juiz se reconhece como lícito — e, em muitos casos, indispensável — é interpretar, adequadamente, a lei, seja para adaptá-la às transformações da realidade social ou factual, seja para torná-la mais justa ou menos injusta. No plano peculiar do direito material do trabalho, *v. g.*, sendo a suas normas dotadas de caráter protetivo do trabalhador, é absolutamente lógico com esse escopo de proteção que tais normas sejam interpretadas em benefício do trabalhador. Aqui incide, por inteiro, o princípio *in dubio pro misero*, inspirado no *in dubio pro reo*, do direito penal.

O que não nos parece possível é fazer atuar esse princípio no campo da valoração das provas produzidas nos autos. Será frágil e vulnerável, em razão disso, a sentença emitida por juiz que, na dúvida diante das provas, tenha decidido em prol do trabalhador, com fulcro no *in dubio pro misero*. Ora, se a prova "ficou dividida", para usarmos uma expressão consagrada pela praxe, o que deverá o juiz fazer é decidir em favor da parte que produziu a "melhor prova". Com vistas a isso, caber-lhe-á valorar, com fundamento no art. 371 do CPC, a prova de melhor qualidade, cujo conceito variará de caso a caso. É evidente que essa valoração deve ser motivada, cumprindo ao juiz, em função disso, indicar as razões jurídicas pelas quais colocou, axiologicamente, uma prova acima da outra.

De algum tempo até esta parte, tomou corpo um movimento a que se denominou de "Direito Alternativo" (melhor: "Aplicação Alternativa do Direito"), que mereceu, em proporções quase idênticas, críticas e elogios, por parte dos estudiosos. Pelo que nos cabe opinar, devemos dizer que esse movimento, embora contenha, em sua base doutrinal, mais ideologia política do que direito, não deve ser objeto de diatribes, pois possui, quando menos, o mérito de haver sido responsável por uma necessária revisão de certas posições dogmáticas e reacionárias, assumidas por nossos juízes e por juristas, em face da função da tutela jurisdicional e do significado da lei nesse quadro.

O título de "Aplicação Alternativa do Direito" parece-nos mais apropriado, porquanto vincula o juiz à lei, embora o torne mais livre para conferir a esta uma interpretação mais condizente com a realidade que a norma visa a regular.

Por outro lado, se as normas processuais se destinam, de acordo com o objetivo pragmático que leva o autor a juízo, a fazer valer o direito material (ainda que, como dissemos, o direito de ação, por ser abstrato, possa ser exercido sem a presença do direito material), tem-se como absolutamente lógica a necessidade de o juiz, ao interpretar aquelas, deixar-se presidir pelo mesmo espírito protetivo, que anima a elaboração e a interpretação destas. Por outros termos, ao interpretar as normas de processo, o juiz deve ter em mente o mesmo escopo tuitivo, que constitui o motivo político da formulação das regras de direito material e da consequente interpretação que deve ser dada a estas.

Fechemos este Capítulo com uma síntese de nosso pensamento: o juiz, nos conflitos individuais, deve aplicar a lei ao caso concreto, a despeito de poder dar-lhe uma interpretação que, sem desvirtuar-lhe o sentido, faça com que ela se torne mais justa, ou menos injusta, e, nisto, se insinua o contributo jurídico do magistrado para a indispensável adequação do sentido teleológico da norma à realidade social, política e econômica e às inomitíveis transformações orgânicas que esta apresenta.

Capítulo VIII

Requisitos Essenciais

A sentença de mérito constitui, inegavelmente, o acontecimento máximo do processo, o seu momento de culminância. Sem perdermos o senso de moderação, podemos afirmar que nenhum ato processual é praticado, pelo juiz, pelas partes, pelos auxiliares do juízo, sem que esteja em seu objetivo, direta ou indiretamente, preparar o provimento jurisdicional de fundo, que resolverá a lide.

Pela importância extraordinária, que ostenta no processo, a sentença tem a sua validade formal condicionada à observância a determinados requisitos fundamentais, legalmente estabelecidos. Esses requisitos são de duas classes: a) estruturais e b) de dicção. Dos primeiros cuida o art. 489 do CPC; dos segundos, o art. 1.022 do mesmo Código.

Requisitos estruturais

Dispõe o art. 489 do CPC que a sentença conterá: a) o relatório, compreendendo o nome dos litigantes, a suma do pedido do autor e da resposta do réu, assim como o registro das principais ocorrências havidas no curso do processo; b) os fundamentos, em que o juiz analisará as questões de fato e de direito; c) o dispositivo, onde serão resolvidas, pelo juiz, as questões que as partes lhe submeterem.

Esses requisitos constam do art. 832 da CLT que, em linguagem menos técnica, exige que a decisão contenha o nome das partes, o resumo do pedido e da defesa (relatório), a apreciação das provas e os fundamentos da decisão (motivação) e a conclusão (dispositivo). O art. 280 do CPC de 1939 fazia, *mutatis mutandis*, referência a esses mesmos requisitos.

a) Relatório

Relatar significa, lexicamente, narrar, descrever determinados acontecimentos. Daí o substantivo relatório que, na terminologia jurídica, traduz a primeira parte da estrutura das sentenças e dos acórdãos, na qual deverá o juiz fazer um resumo dos principais sucessos do processo, aí incluídos não apenas os fatos alegados pelas partes, as razões jurídicas apresentadas, as provas produzidas, as propostas conciliatórias e as razões finais, mas os eventuais incidentes verificados, tomado aqui o vocábulo incidentes em sentido amplo.

O estatuto processual civil de 1939 dizia que o relatório deveria mencionar "o nome das partes, o pedido, a defesa e o resumo dos respectivos fundamentos" (art. 280, parágrafo único).

O motivo pelo qual os textos processuais exigem que a sentença contenha um relatório não é de ordem, apenas, jurídica, senão que política, pois é por meio desse resumo dos mais expressivos acontecimentos do processo que o juiz demonstrará às partes que compulsou, minuciosamente, os autos, antes de proferir a sentença; que proferiu, enfim, a sentença, com pleno conhecimento dos fatos principais da causa. Na vigência do CPC de 1939, a doutrina do período vinha entendendo que a falta do relatório não fazia nula a sentença, ao argumento de que isso não acarretava nenhum prejuízo às partes. Essa opinião doutrinal, entretanto, foi atropelada pelo diploma de processo civil de 1973, cujo art. 458 declarava ser o relatório requisito (ou elemento) essencial da sentença. O adjetivo *essencial* não constava do art. 280 do digesto de 1939. O art. 489, do CPC de 2015, também considera o relatório como elemento essencial da sentença (e do acórdão).

Em que pese ao fato de o relatório figurar como elemento essencial para a validade da sentença, no sistema do CPC em vigor, e de conhecermos as razões históricas pela qual os textos legais exigem a presença desse capítulo, entendemos que, *de lege ferenda*, a sentença poderia prescindir, perfeitamente, dessa síntese retrospectiva dos principais acontecimentos do processo, sem qualquer prejuízo para a qualidade da entrega da prestação jurisdicional. Justifiquemo-nos.

As experiências da vida prática estão a demonstrar, sobejamente, que o relatório foi, ao longo do tempo, se transformando em uma parte algo burlesca da sentença, sendo essa a face que apresenta na atualidade. Realmente, o que se vê, hoje, é o relatório ser: a) extremamente lacônico, resumindo-se a uma referência superficial a alguns fatos da causa, ou b) extremamente prolixo e maçante. No primeiro caso, não raro, o relatório é elaborado pelo magistrado que, preocupado com o volume de serviços e com a pletora de ações, e com o pouco tempo de que dispõe para dar vazão a tudo isso, no prazo legal, acaba por mutilar o relatório; quando não, adota um relatório-padrão, a ser utilizado na generalidade dos casos, e que, por isso mesmo, é redigido em termos vagos e subjetivamente inespecíficos. No segundo caso, o juiz, pelos motivos já expostos, comete a um funcionário (assessor ou não) o encargo de confeccionar o relatório. A consequência é que, para agradar ao juiz ou por desconhecer a regra de brevidade que preside a elaboração dessa parte da sentença, o funcionário faz um relatório longo, absurdamente detalhado, no qual, muitas vezes, são reproduzidos, quase que por inteiro, a inicial, a resposta do réu, o depoimento das partes, a inquirição das testemunhas, o laudo pericial e o mais...

É óbvio que tanto a falta quanto o excesso comprometem a razão de ser do relatório como elemento essencial da sentença de mérito, desprestigiando-a, por assim dizer. *In medio stat virtus* (a virtude está no meio), já advertia Horácio. Não é, todavia, por estarmos impressionados com essas faltas ou com esses excessos que estamos a preconizar o banimento, por lei futura, do relatório como parte imprescindível para a validade formal da sentença e do acórdão. O que nos leva a formular essa sugestão é o fato de considerarmos o relatório um capítulo inútil, se levarmos em conta a razão pela qual passou a ser exigido pelos sistemas processuais. Ora, se o escopo da lei é fazer com que o juiz, pelo relatório, demonstre às partes — e, de certa forma, à sociedade — haver manuseado os autos e, desse modo, haver mantido contato com os elementos de que se valerá para formar o seu convencimento jurídico a respeito dos fatos da causa, essa demonstração poderá ser feita na própria fundamentação, esta, sim, parte essencial da sentença.

Com efeito, ainda que se venha, *de lege ferenda*, a dispensar o relatório (ou, quando muito, torná-lo facultativo), o juiz poderá demonstrar, na motivação da sentença, que compulsou os autos, pois aí fará, necessária e naturalmente, referência aos fatos narrados pelas partes ou por terceiros, aos argumentos jurídicos por todos eles expendidos, às provas produzidas, aos incidentes verificados etc. De nada adianta, por exemplo, para o Direito e para os litigantes, a sentença conter um relatório longo, maçudo, e a fundamentação ser frágil, lacunosa e inconsistente.

Até que nossa sugestão se torne realidade, em termos de procedimento ordinário, o que de concreto se tem é a exigência legal de que a sentença contenha relatório, sob pena de ser atacada pela via rescisória, com fundamento no art. 966, V, do CPC. Com vistas a isso, só nos cabe aconselhar que se elaborem relatórios sucintos, sem que essa brevidade constitua pretexto para omissões ou atrofias deliberadas dos fatos principais do litígio. Sendo assim, será bastante que o juiz aluda, resumidamente, aos fatos alegados pelo autor e aos pedidos formulados, ao valor dado à causa, à resposta do réu (que poderá ser mais de uma), às provas produzidas, aos eventuais incidentes, às propostas de conciliação e às razões finais — sem ingressar no exame do conteúdo desses atos, pois essa investigação interna constituirá objeto da segunda parte da sentença, a fundamentação. Relatórios extensos, longe de realçarem os principais fatos da lide, só contribuem para ocultá-los dentre tantos outros, irrelevantes ou impertinentes.

Nas edições anteriores deste livro, manifestamos a nossa esperança de que o legislador viesse a dispensar o relatório como requisito essencial para a validade formal da sentença. Este nosso anseio foi atendido, ainda que em parte, pois o art. 852-I, *caput*, da CLT, acrescentado pela Lei n. 9.957, de 12-1-2000, dispensou, expressamente, o relatório, quando se tratar de sentença proferida no procedimento sumariíssimo.

Por outro lado, embora os juízes costumem destacar, na sentença, as três partes essenciais (relatório, fundamentação e dispositivo), cuja praxe deve ser estimulada, pela sua utilidade prática e pelo seu critério didático, não há imposição legal quanto a isso. O que se requer é que essas partes se apresentem em uma ordem lógica, de tal modo que o relatório preceda à fundamentação, e, esta, ao dispositivo. Quebrar essa ordem será tumultuar a estrutura formal e lógica da sentença.

Nada impede, ainda, que o relatório (para cogitarmos, por enquanto, somente dele) esteja implícito na sentença, sem ser, portanto, identificado por um título específico; o que importa é que, lendo-se a sentença, saiba-se onde ele se encontra.

Alguns juízes, aliás, ainda não perceberam o vício tautológico a que costumam dar causa, quando, após destacarem o relatório e efetuá-lo, concluem-no, dizendo: "Este é o relatório. Passo a decidir". Ora, a frase "este é o relatório" só se justifica quando este não se encontra especificado no texto da sentença. Abandone-se, por isso, essa praxe viciosa, que vem do início dos tempos.

Até esta parte, estivemos com a atenção fixada nas sentenças de mérito. O que dissemos, com relação a elas, em tema de relatório, também se aplica às sentenças que ponham fim ao processo sem julgamento do mérito e aos acórdãos em geral. No tocante a estes, em se tratando de competência originária do tribunal (ação rescisória, mandado de segurança, ação coletiva, ação cautelar, etc.), o relatório será semelhante ao de uma sentença, com a particularidade de que, em alguns casos, deverá aludir ao parecer exarado pelo Ministério Público. Sendo o relatório concernente a acórdão proferido em grau de recurso, conterá, também, os elementos exigidos pelo art. 458 do CPC e referirá o parecer do Ministério Público do Trabalho.

b) Fundamentação

Sentença (ou acórdão) sem fundamentação é ato de pura arbitrariedade judicial. Como alerta Franco Lancelloti, não é suficiente que o juiz faça justiça: é necessário que demonstre como fez justiça, para, dessa maneira, convencer a todos.

Dentre os elementos essenciais da sentença, a motivação é a única que possui assento constitucional. Estabelece, efetivamente, o inc. IX do art. 93 da Suprema Carta Política do país, a exigência de que sejam "fundamentadas todas as decisões, sob pena de nulidade". Até onde sabemos, a propósito, foi esta a primeira vez que o constituinte brasileiro se preocupou não apenas com um requisito de validade formal da sentença ou do acórdão, mas em cominar de nulo o ato decisório que não atenda a essa exigência.

A necessidade de fundamentação das sentenças estava expressa nas próprias Ordenações reinóis portuguesas, como revelam as Filipinas: "E para as partes saberem se lhes convém apelar ou agravar das sentenças definitivas, ou vir com embargos a elas, e os juízes da mor alçada entenderem melhor os fundamentos, por que os juízes inferiores se movem a condenar, ou absolver, mandamos que todos nossos desembargadores, e quaisquer outros julgadores, ora sejam letrados, ora não o sejam, declarem especificadamente em suas sentenças definitivas, assim na primeira instância, como no caso de apelação ou agravo, ou revista, as causas, em que se fundaram a condenar, ou absolver, ou a confirmar ou revogar" (Livro 3.º, Tít. LXVI, n. 7).

Já não vigora, felizmente, nos modernos sistemas processuais, o princípio do livre convencimento, que se difundiu à sombra do lema da liberdade, adotado pela Revolução Francesa, conforme o qual o juiz poderia decidir "segundo sua consciência e sua íntima convicção", cuja cláusula, em decorrência da ousada amplitude da discricionariedade que atribuía ao juiz, permitia, até mesmo, o julgamento contra a prova dos autos. Hoje, o magistrado tem ampla liberdade na formação do seu convencimento jurídico acerca dos fatos da causa, desde que o faça com base na prova existente nos autos. Este é o princípio a que a doutrina tem denominado de "persuasão racional", e que preferimos chamar de "livre convencimento motivado", pois nessa expressão se encontram aglutinadas as duas regras pelas quais o juiz deve orientar-se com vistas à sua convicção jurídica: liberdade + provas.

Conforme escrevemos em páginas anteriores, embora o art. 371, do CPC de 2015, tenha eliminado o adjetivo *livremente*, que constava do art. 131, do CPC de 1973, o princípio do livre convencimento motivado subsiste no processo do trabalho, em decorrência da conjugação do art. 371, do CPC de 2015, com o art. 765, da CLT, que atribui ao juiz ampla liberdade na direção do processo.

Para usarmos uma alegoria de Couture, poderíamos dizer que, atualmente, a liberdade do juiz, no campo da formação de seu convencimento jurídico sobre os fatos narrados pelos litigantes, é comparável à de um prisioneiro: pode ir aonde quiser, contanto que seja no interior da cela. A cela, no caso, são as provas dos autos. Na fundamentação, o juiz apreciará e resolverá todas as matérias e questões, de fato e de direito, que digam respeito à causa, aí compreendidas as que tenham sido alegadas pelas partes e aquelas que possa conhecer por sua iniciativa.

Dessa forma, segundo uma ordem lógica, ele resolverá, por exemplo, questões pertinentes a preliminares (inexistência ou nulidade de citação, incompetência absoluta, inépcia da inicial, perempção, litispendência, coisa julgada, conexão, incapacidade de parte, defeito de representação, carência da ação, falta de caução etc.), caso, é elementar, não as tenha apreciado anteriormente. Os que atuam na Justiça do Trabalho sabem que os juízes, quase sempre, se reservam para examinar ditas preliminares na própria sentença de fundo, o que não deixa de configurar erro de procedimento, pois elas, em princípio, devem ser resolvidas antes dessa fase. Algumas dessas preliminares, *e. g.*, quando acolhidas no momento oportuno, impedem a citação (incompetência absoluta, inépcia da petição inicial, carência da ação etc.) ou a preparação da sentença de mérito (litispendência, coisa julgada, conexão, perempção etc.).

São frequentes as situações em que a parte alega mais de uma preliminar, hipótese em que o juiz deverá estabelecer uma ordem lógica de apreciação, sob pena de graves faltas contra a técnica. Se, digamos, o réu alega a incompetência do juízo e a inépcia da inicial, é evidente que o juízo deverá apreciar, por primeiro, a incompetência, até para poder dizer, depois, se for o caso, se a inicial é apta ou inepta. Seria desarrazoado supor que o juízo, sem decidir sobre a sua competência, pudesse apreciar a alegação de inépcia, fosse para acatá-la ou rejeitá-la.

Havendo, a um só tempo, arguição de suspeição do juiz e de incompetência relativa do juízo (embora essas matérias não constituam preliminar, mas espécie de resposta do réu), deverá ser examinada, primeiramente, a exceção de suspeição, uma vez que a existência de juiz imparcial figura como pressuposto de constituição válida da relação processual. Seria desassisado imaginar que um juiz, a quem se considera suspeito, devesse, antes, se pronunciar sobre a incompetência relativa, ou seja, sem que houvesse sido examinada a causa da suspeição.

É curioso observar, aliás, o fenômeno que ocorre com as matérias que constituem, tipicamente, objeto de preliminares, em primeiro grau (CPC, art. 337), quando são renovadas ou ventiladas em recurso. Tomemos como exemplo a alegação, feita pelo réu, na contestação, de ilegitimidade ativa do sindicato profissional para agir na qualidade de substituto processual. No plano de primeiro grau, essa matéria deve, efetivamente, ser suscitada como preliminar do mérito, conforme dispõe o art. 337, XI, do CPC (carência da ação). No recurso que o réu vier a interpor da sentença, que rechaçou a referida preliminar, esta não deverá ser tratada como tal e, sim, como mérito do recurso (logo, em sentido estrito), em contraposição ao mérito da causa (sentido amplo). Expliquemo-nos. Se a sentença repeliu a preliminar mencionada e acolheu o pedido do autor, condenado o réu a pagar-lhe, digamos, horas extras, e este recorre desses dois capítulos da sentença, aquela preliminar, no recurso, perde essa característica e se converte em *mérito estrito*, assim entendido o mérito do recurso, que não se confunde com o *mérito da causa*, ou da demanda, aqui representado pelas horas extras. Para que melhor sejam compreendidas as nossas razões, modifiquemos, em parte, a situação imaginada, e consideremos que a sentença rejeite não só a preliminar de carência da ação, como os próprios pedidos formulados pelo autor (mérito da demanda). Nesta hipótese, o réu, ainda que vencedor quanto ao mérito da causa (horas extras), terá, sem sombra de dúvida, interesse (tomado o vocábulo em seu significado rigorosamente processual) em recorrer, adesivamente, da sentença, para ver declarada a falta de legitimidade do sindicato para atuar como substituto processual. Neste caso, a propósito, o recurso do réu, conquanto adesivo, deverá ser apreciado em primeiro lugar, pois se o tribunal pronunciar a carência da ação, ficará prejudicado o exame do recurso do autor. Pois bem. O recurso adesivo do réu terá, aí, como único objeto (ou conteúdo), a alegação de carência da ação; logo, se fôssemos tratar essa matéria como preliminar, ficaríamos em dificuldade de justificar a existência de uma preliminar que não antecede a nenhuma outra matéria submetida pela parte a reexame pelo tribunal. Seria, afinal, uma preliminar do quê? Para o réu, como afirmamos, o único motivo que o levou a recorrer da sentença, que lhe foi favorável quanto ao mérito, repousa no interesse de ver declarada, pelo tribunal, a falta de legitimidade *ad causam* do autor. A obtenção de um provimento jurisdicional declaratório da carência da ação constitui, portanto, a única matéria contida no recurso do réu; sendo assim, ela traduz, na verdade, o que temos denominado de mérito estrito, ou de "mérito do recurso", que nada tem a ver como o mérito da causa, este, em regra, vinculado ao direito material, ao passo que aquele se liga, em princípio, ao direito processual.

Tentando resumir a nossa opinião acerca do tema, podemos dizer que, de modo geral, as preliminares previstas no art. 337 do CPC se transformam em mérito estrito ou "mérito do recurso" quando renovadas perante o tribunal ou aí suscitadas pela primeira vez, em grau de recurso. O mesmo afirmamos quanto às conhecidas alegações de "cerceamento de defesa", que tenham sido repelidas pela sentença. A nosso ver, devem ser tratadas como preliminares dos recursos, apenas, as arguições que se relacionem com os pressupostos de admissibilidade, sejam subjetivos ou objetivos, excluídas, quanto àqueles, as condições da ação, especialmente, a legitimidade *ad causam* e o interesse processual, que bem ficarão se apreciadas como mérito estrito. Destarte, devem ser tratadas: a) como preliminares, as assertivas de intempestividade, de deserção, de irrecorribilidade do ato etc., corresponde a afirmar, tudo aquilo que tiver como objeto a inadmissibilidade do recurso; b) como mérito estrito, ou mérito do recurso, as matérias descritas no art. 337 do CPC, sem prejuízo de outras, que se amoldem a essa regra; c) como mérito da causa, ou da demanda, as questões que se vinculem ao direito material, ou seja, à *res in iudicio deducta*.

Inexistindo preliminares a serem examinadas, ou tendo sido rejeitadas, incumbirá ao tribunal cuidar das prejudiciais de mérito, acaso levantadas. Dentre essas prejudiciais, a mais comum, no processo do trabalho, é a prescrição extintiva — embora a decadência também deva ser suscitada a este título (prejudicial de mérito).

Superadas as preliminares e as prejudiciais, só aí estará o órgão jurisdicional autorizado a ingressar no exame do mérito, oportunidade em que apreciará as matérias que configurem o fundo da demanda, quase sempre consubstanciado no direito material.

Na fundamentação, ao juiz incumbirá apreciar todas as questões que lhe foram submetidas pelas partes, assim como aquelas que possa conhecer *ex officio*. Não concordamos com a opinião doutrinal de que não há necessidade de serem examinadas *todas* as questões. Esse parecer, de que estamos a dissentir, talvez fosse sustentável na vigência do CPC de 1939, cujo art. 280, *caput*, se limitava a ressaltar que a sentença deveria conter "os fundamentos de fato e de direito" (inc. II). O art. 489 do Código atual, bem ao contrário, adverte que, na motivação, ao juiz caberá analisar, fundadamente, as questões de fato e de direito (inc. II). Analisar não significa ignorar, passar ao largo, senão que apreciar, formular juízo de valor. Com isso, estamos afirmando que o juiz não atenderá a essa exigência legal se fizer simples alusão às questões de fato e de direito, suscitadas pelos litigantes, sem, contudo, apreciá-las.

Se o órgão jurisdicional — se por inadvertência ou de maneira deliberada é algo que não vem ao caso investigar — saltar uma dessas questões, haverá omissão, que, por isso, ensejará o oferecimento de embargos declaratórios, a fim de que o juízo complemente (adequadamente) a entrega da prestação jurisdicional. Não estamos, com estas considerações, a insinuar que o juiz esteja obrigado a analisar, inclusive, as questões de nonada, ou seja, irrelevantes para a solução do litígio, ou que não têm pertinência com a lide. Mesmo assim, ele deve pronunciar essa irrelevância ou essa impertinência, sob pena de ser compelido a fazê-lo por força de embargos de declaração.

A Súmula n. 297 do TST exige que a matéria a ser ventilada em sede de recurso de revista seja prequestionada perante o juízo emissor do acórdão impugnado, sob pena de preclusão. Ao afirmar que esse prequestionamento deva ser empreendido por meio de embargos declaratórios, a Súmula, de um lado, rendeu homenagem no art. 1.022, II, do CPC, mas, de outro, deu causa a uma verdadeira enxurrada de embargos de declaração, muitos deles, opostos com intuito manifestamente procrastinatório. A Súmula n. 297, I, do TST reproduz, com pequenas nuanças de literalidade, a Súmula n. 356 do STF, que versa sobre recurso extraordinário.

Tem-se afirmado que a exigência de fundamentação das sentenças e dos acórdãos visa a permitir que a parte vencida possa conhecer as razões jurídicas pelas quais o juízo não acolheu as suas pretensões, e, com isso, recorrer ao tribunal, com objetivo de modificar o pronunciamento desfavorável. Não negamos que a motivação da sentença possa prender-se, em princípio, a essa finalidade, pois a parte, tendo ciência das razões de decidir, poderá argumentar, perante o tribunal, por exemplo, que a sentença apreciou equivocadamente os fatos, seja admitindo fatos inexistentes ou negando a existência de fatos demonstrados nos autos; valorou mal a prova; interpretou erroneamente as normas jurídicas incidentes etc. Se considerarmos, porém, a presença de sentenças irrecorríveis, em nosso meio (Lei n. 5.584/70, art. 2.º, § 4.º), veremos que o argumento exposto não é de todo perfeito, pois, neste caso, a impossibilidade legal de impugnação a essas sentenças poderia conduzir à conclusão de que não precisam ser fundamentadas.

Em rigor, atualmente, a exigência de serem motivados os pronunciamentos jurisdicionais (máxime, os dotados de aptidão para dar fim ao processo) deriva menos da necessidade de permitir-se que as partes possam impugnar as decisões, do que de um mandamento constitucional inflexível (CF art. 93, IX). Ou, quem sabe, deva ser dito que essa imposição constitucional se destina, justamente, a assegurar o direito dos litigantes, quanto a conhecerem as razões jurídicas pelas quais o juiz solucionou o conflito de interesses desfavoravelmente a um deles, ou, mesmo, a ambos.

Por uma razão ou por outra, o fato é que as sentenças e os acórdãos devem ser juridicamente fundamentados, sob pena de nulidade. Na raiz dessa exigência está a preocupação política de nosso constituinte, no sentido de evitar que os indivíduos e as coletividades devam submeter-se a provimentos jurisdicionais produzidos pela vontade ocasionalmente arbitrária dos magistrados. Se o Estado detém, por motivos historicamente justificáveis, o monopólio da jurisdição, impedindo, assim, a autotutela de direitos, é absolutamente indispensável que o juiz, ao compor a lide, apresente às partes as razões jurídicas que influíram na formação do seu convencimento acerca dos fatos da causa. Parece-nos apropriado concluir, portanto, que o Estado está obrigado a prestar a tutela jurisdicional não somente de maneira rápida, mas, também, e acima de tudo, fundamentada.

A obrigação de fundamentar a sentença estava, já, nas Ordenações reinóis portuguesas, como revelam as Filipinas (Livro 3.º, título LXVI, n. 7), que impunham ao juiz multa de vinte cruzados, caso descumprisse essa exigência. Dada a recalcitrância dos magistrados, no que tange ao acatamento dessa regra, a mencionada multa foi, mais tarde, elevada ao triplo, por Alvará de 16 de setembro de 1814. É bem verdade que essa Ordenação não declarava nula a sentença que deixasse de conter fundamentação, cujo fato era reconhecido pela doutrina do período. De qualquer forma, a obrigação de o juiz motivar as suas decisões, imposta pelas Ordenações, representou um redentor rompimento com o direito comum, então vigente, que não formulava nenhuma exigência nesse sentido.

A cláusula constitucional que impõe a fundamentação de todas as decisões judiciais não significa, necessariamente, que o juiz deva indicar as normas legais em que se baseou para formar a sua convicção e, sim, que o seu convencimento está de acordo com o direito vigente à época dos fatos. Os juízes, todavia, zelosos em seu ofício, costumam referir os textos legais em que se apoiaram para decidir, cuja praxe, por ser altamente salutar, deve ser estimulada. Uma ponderação, apenas: como a Justiça do Trabalho é, à evidência, especializada, pois só lhe compete dirimir lides envolvendo trabalhadores e empregadores (para nos ocuparmos com a regra geral), é natural que os juízes, assim como os advogados que nela militam, conheçam, até com certa profundidade, as normas materiais e processuais que devam ser manipuladas para efeito de solução dos conflitos. Sendo assim, ao se pronunciarem sobre matérias ou questões rotineiras, ou seja, sobre aquelas que estão, habitualmente, presentes nas petições iniciais e nas respostas dos réus, como salários, horas extras, aviso prévio, 13.º, férias, podem os juízes acolher ou rejeitar os pedidos que as tenham como objeto, sem indicação da norma legal incidente. Se, *e. g.*, estiver provado nos autos que o empregado foi despedido sem justa causa legal, e havendo pedido de aviso prévio, nenhum problema haverá se o juiz acolhê-lo, sem fazer menção ao art. 487 da CLT conjugado com o art. 7.º, XXI, da CF. A indicação do dispositivo legal será recomendável, porém, quando a sua aplicação prática for escassa; sua vigência for muito recente; não pertencer ao direito material ou ao processual, ambos do trabalho (norma forânea); disser respeito a atividades ou profissões específicas etc.

A sentença e o acórdão, em suma, devem ser fundamentados, ainda que concisamente. Reconhecemos, no entanto, que, em muitas situações, os pronunciamentos jurisdicionais se situam em uma linha muito tênue, em uma zona cinzenta, que separa a fundamentação sucinta da falta de fundamentação. Aqui, não poderá haver meio-termo: ou se diz que há fundamentação, ou se reconhece que ela inexiste e, em consequência, dá-se ao julgado a sorte que merecer.

De resto, devemos advertir que pouco importam os motivos pelos quais o juiz tenha deixado de fundamentar a sentença: a ausência desse requisito essencial fará nulo o pronunciamento jurisdicional, objetivamente considerado, por ser produto da vontade arbitrária do julgador.

O § 1.º do art. 489, do CPC, e o processo do trabalho.

Este parágrafo não considera fundamentada qualquer decisão judicial, seja interlocutória, sentença ou acórdão, que incidir em uma das disposições dos seus incisos I a VI. Estamos diante de uma das mais rigorosas exigências legais, de quantas possam ter sido formuladas até aqui, para satisfazer ao requisito constitucional (CF, art. 93, IX) da fundamentação dos pronunciamentos jurisdicionais decisórios. Que nos desculpe o legislador, mas o conjunto das disposições inseridas nos referidos incisos I a VI do § 1.º beiram as raias do absurdo, se considerarmos o exagerado grau de esmiuçamento analítico--argumentativo aí imposto. Não se nega que o fundamento das decisões emitidas pelos órgãos do Poder Judiciário de nosso país constitui não apenas uma exigência constitucional, mas também um imperativo do Estado Democrático de Direito, em que se funda a nossa República. Exigir-se, contudo, que as decisões interlocutórias, as sentenças e os acórdãos se submetam aos rigores dos incisos I a VI do § 1.º do art. 489 do CPC, não é atender ao mandamento constitucional, nem aos ditames de um Estado Democrático de Direito, senão que entravar ou inviabilizar a prática desses atos processuais, fazendo retardar, ainda mais, o curso do procedimento. Deixo a palavra com os estudiosos do processo civil.

O art. 93, inciso IX, da Constituição Federal, exigente de que as decisões judiciais (e, também, as administrativas) sejam fundamentadas, sob de nulidade, é autoaplicável (*self-fexecuting*), não necessitando, por isso, ser "regulamentada" por norma infraconstitucional. Essa "regulamentação", ademais, pondo à frente o exacerbado rigor e formalismo com que foi elaborado constitui verdadeira camisa-de-força imposta aos magistrados. A propósito, desde o Regulamento Imperial n. 737, passando pelos Códigos de Processo Civil de 1939 e de 1973, sempre se exigiu que os pronunciamentos jurisdicionais de fundo (sentença e acórdão) fossem juridicamente fundamentados, sem necessidade de detalhar-se em que consistiria essa fundamentação, vale dizer, sem vincular-se o juiz a determinados requisitos formais. É oportuno lembrar que a Primeira Turma STF, no julgamento do AI n. 797.581/PB-AgR, sendo relator o Ministro Ricardo Lewandowski, assentou: *"a exigência do art. 93, IX, da Constituição, não impõe que a decisão seja exaustivamente fundamentada. O que se busca é que o legislador informe de forma clara e concisa as razões do seu convencimento*". O que o preceito constitucional sobredito exige, portanto, é que o magistrado indique as razões jurídicas que influenciaram na formação do seu convencimento acerca dos fatos e demais elementos dos autos, a fim de evitar que a sua decisão seja arbitrária. Nada mais do que isso. Sob essa perspectiva, o § 1.º do art. 489, do CPC, não esconde a seu caráter surrealista.

Causa-nos sobressalto, por isso, o enunciado n. 303, do IV Encontro do Fórum Permanente de Processualistas Civis, aprovado em Salvador (8 e 9.11.2013), segundo o qual "*As hipóteses descritas nos incisos do § 1.º do art. 499 são exempllificativas*"! Na altura, o art. 499 do Projeto correspondia ao atual art. 489, da Lei n. 13.105/2015.

Se, na vigência do CPC de 1973, os embargos de declaração passaram a ser utilizados em larga escala, por certo, atingirão números astronômicos em decorrência das extremadas imposições do § 1.º do art. 489 do CPC de 2015 para que a sentença seja considerada fundamentada. Assim afirmamos, porque um dos fundamentos legais para o oferecimento de embargos declaratórios por omissão reside no fato de a decisão incorrer "*em qualquer das condutas descritas no art. 489, § 1.º*", conforme estabelece o art. 1.022, parágrafo único, inciso II, do CPC.

Traduzindo a indignação da magistratura nacional diante dessa norma do CPC, a ANAMATRA, a AMB e a AJUFE formularam pedido de veto ao § 1.º do art. 489 (e também aos arts. 12, 153 e 942), cujo pedido, infelizmente, não foi acatado. Vejam-se estes trechos da nota expedida pela ANAMATRA, no tocante às críticas formuladas à proposta de veto feita pelas três associações nacionais de magistrados:

> "1. Diversamente do que — até levianamente — afirmaram alguns poucos dentre os muitos juristas ouvidos, os vetos propostos não têm por finalidade "diminuir o trabalho dos juízes", mas preservar-lhes a independência funcional e assegurar mínima concretude a um dos princípios norteadores do NCPC e de todos os Pactos Republicanos para o Judiciário até aqui: a duração razoável do processo. Embora esperado o ataque de setores da advocacia, lamentavelmente ele veio antes mesmo de serem conhecidas as razões alinhavadas por ANAMATRA, AMB e AJUFE. Preferiu-se, pois, o julgamento às cegas.
>
> 2. No centro da polêmica, os vetos propostos aos parágrafos do art. 489 do NCPC guiaram-se por uma lógica jurídica comezinha: o legislador não pode restringir desarrazoadamente o conceito constitucional de fundamentação (art. 93, CF), como tampouco pode obliquamente tornar "vinculantes" súmulas, teses e orientações jurisprudenciais que constitucionalmente não o sejam. O mesmo se aplica ao art. 927.
>
> 3. Com efeito, os §§ 2.º e 3.º do art. 489 e os incisos III, IV e V e § 1.º do art. 927 do NCPC exorbitam do poder de conformação legislativa do Parlamento, na medida em que terão impactos severos, de forma negativa, na gestão do acervo de processos, na independência pessoal e funcional dos juízes e na própria produção de decisões judiciais em todas as esferas do país, com repercussão deletéria na razoável duração dos feitos (art. 5.º, LXXVIII, da CRFB), que é reconhecidamente o Leitmotiv e um dos alicerces centrais do novo Código.
>
> 4. À vista dos termos do art. 93, IX, da Constituição da República, o legislador entendeu por bem "regulamentar" a matéria em questão, contrariando a tradição secular do processo civil brasileiro — que jamais se viu "condicionado" pelo legislador quanto àquilo que seria ou não uma fundamentação sentencial suficiente —, para agora, em pleno século XXI, tolher a construção

dos tribunais e estatuir ele próprio, Poder Legislativo, quais as hipóteses em que os tribunais devem considerar as decisões "não fundamentadas" (e, portanto, nulas de pleno direito, aos olhos da Constituição).

5. Ao fazê-lo, o Congresso Nacional retira do Poder Judiciário a plena autonomia para a interpretação do art. 93, IX, CRFB, travestindo-se em "intérprete autêntico" de uma cláusula constitucional de garantia que foi ditada pelo poder constituinte originário, o que chama a atenção por afrontar a própria separação harmônica entre os Poderes da República (art. 2.º da CRFB). O Poder Legislativo não pode ditar ao Poder Judiciário como deve interpretar a Constituição. Esse papel cabe sumamente ao próprio Judiciário; e, em derradeira instância, ao Supremo Tribunal Federal, guardião constitucional da Carta Maior (art. 102 da CRFB). O inciso IX do art. 93/CF jamais encerrou norma jurídica de eficácia limitada ou contida, mas indubitável norma jurídica de eficácia limitada ou contida, mas indubitável norma jurídica de eficácia plena, que agora perde plenitude por uma interpretação legislativa enviesada.

6. Não bastasse, onde regulamenta impropriamente, o Congresso Nacional regulamentou de modo írrito, violando outras tantas cláusulas constitucionais. Cite-se como exemplo o inciso IV do § 1.º do art. 486 ("não enfrentar todos os argumentos deduzidos no processo capazes de, em tese, infirmar a conclusão adotada pelo julgador"), que enuncia uma utopia totalitária. Esperar que o juiz — em tempos de peticionamento eletrônico e dos impressionantes "ctrl C" e "ctrl V" — refute um a um todos os argumentos da petição inicial, da contestação e das várias peças recursais, ainda quando sejam argumentos de caráter sucessivo ou mesmo contraditórios entre si (porque será possível tê-los, p. ex., no âmbito das respostas processuais, à vista do princípio da eventualidade da defesa), tendo o juiz caminhado por uma linha lógica de decisão que obviamente exclui os outros argumentos, é exigir do agente público sobretrabalho inútil e violar obliquamente o princípio da duração razoável do processo.

7. De outra parte, quanto aos incisos V e VI do parágrafo único do mesmo art. 489, diga-se da sua quase esquizofrenia. Por tais preceitos, será nula a sentença que "se limitar a invocar precedente ou enunciado de súmula, sem identificar seus fundamentos determinantes nem demonstrar que o caso sob julgamento se ajusta àqueles fundamentos"; logo, o juiz não pode simplesmente aplicar a súmula de jurisprudência a caso que a caso que evidentemente se subsuma a ela, devendo "identificar" (enaltecer?) seus fundamentos determinantes. Mas não é só. Assim como não pode "simplesmente" decidir com base em súmula de jurisprudência de tribunais superiores, também não pode deixar de decidir conforme essa mesma súmula (o que denota, no limite, um tratamento esquizoide da matéria), porque também será nula a sentença que "deixar de seguir enunciado de súmula, jurisprudência ou precedente invocado pela parte, sem demonstrar a existência de distinção no caso em julgamento ou a superação do entendimento". No limite, restará ao juiz reproduzir súmulas e enaltecê-las — conquanto não sejam constitucionalmente vinculantes.

8. Essas e outras "inovações", impostas a fórceps, de uma só canetada, a toda a Magistratura nacional, sem o necessário amadurecimento de mecanismos de democratização dos procedimentos de uniformização de jurisprudência no âmbito dos tribunais superiores, regionais e estaduais, não colhem a simpatia da Magistratura do Trabalho, como tampouco deveriam colhê-la de qualquer cidadão minimamente cônscio das necessárias aptidões democráticas do Poder Judiciário. Por isso, e apenas por isso, a Anamatra pediu — e segue pedindo — o veto aos referidos preceitos do NCPC, já amplamente conhecido como o "Código dos advogados". Que diga, agora, a Presidência da República.

Paulo Luiz Schmidt

Presidente da Anamatra

Disponível em: <http://conjur.com.br/2015-mar-09/legislador-nao-restringir-conceito-fundamentacao-anamatra>.

No que diz respeito ao processo do trabalho, sentimo-nos à vontade para afirmar, com serenidade, que o § 1.º do art. 489 do CPC é inaplicável a este processo, porquanto a CLT não é omissa sobre o tema (art. 769). Com efeito, dispõe o art. 832, *caput*, da CLT que a decisão deverá conter, além do nome das partes: a) o resumo do pedido e da defesa (relatório); b) os fundamentos da decisão (fundamentação); e c) a respetiva conclusão (dispositivo). Ainda que se admitisse, apenas para efeito de argumentação em tese, que a CLT fosse omissa quanto ao assunto, nem por isso seria compatível com o processo do trabalho (CLT, art. 769) a regra do § 1.º do art. 489 do CPC. Se assim não se entender, estar-se-á reduzindo, de maneira considerável, a quantidade de decisões interlocutórias, de sentenças e de acórdãos emitidos pelos órgãos da Justiça do Trabalho, em detrimento, por certo, daqueles que invocaram a prestação jurisdicional desse operoso segmento do Judiciário brasileiro. Nem devemos ignorar o fato relevante de, no âmbito da Justiça Comum, serem poucos os julgamentos realizados por semana ou por mês e, além disso, as iniciais conterem dois ou três pedidos, ao passo que na Justiça do Trabalho há dezenas de julgamentos por semana ou por mês e as iniciais soem trazer dezenas de postulações, que se refletem na extensão das correspondentes defesas. A realidade do processo do trabalho, portanto, não é idêntica à do processo civil, de tal arte que soa a absurdo, a insensatez, a aplicação àquele processo de norma que foi elaborada, exclusivamente, em atenção a este. É algo como vestir roupa que havia sido feita para outro corpo.

Nestes cerca de oitenta anos de vigência da CLT não nos consta que as sentenças e os acórdãos emitidos pela Justiça do Trabalho, em termos gerais, tenham sido sem fundamentação jurídica, ou dotados de fundamentação precária. Casos isolados não contam. A razão pela qual se exige a fundamentação das sentenças e dos acórdãos é fazer com que a decisão reflita a preeminência da ordem jurídica, e não a vontade arbitrária do magistrado. Isso é o quanto basta para satisfazer às exigências e às necessidades de um Estado de Direito, O que o § 1.º do art. 489 do CPC está a impor ao magistrado — ao menos, aos olhos do processo do trabalho — não é uma fundamentação plena, e sim, a elaboração de um tratado multidisciplinar de filosofia, lógica e metafísica.

Nem ignoremos particularidade de, no procedimento sumariíssimo, o legislador haver permitido ao juiz do trabalho adotar, em cada concreto contreto, "*a decisão que reputar mais justa e equânime, atendendo aos fins sociais da lei e às exigências do bem comum*" (CLT, art. 852-I).

Estamos cientes de que haverá intensas discussões, nos planos doutrinário e jurisprudencial, sobre a incidência, ou não, no processo do trabalho, do § 1.º do art. 489 do CPC. Por esse motivo, depositamos aqui, desde logo, o nosso contributo sobre o tema, tangidos pela esperança de que prevaleça a corrente de opinião desfavorável a essa incidência, a fim de que o processo do trabalho possa atender aos fins para os quais foi instituído, sem menosprezo aos imperativos de celeridade e de efetividade na prestação jurisdicional.

A aceitação do § 1.º do art. 489, do CPC, implicará duro golpe naquilo que o processo do trabalho tem, verdadeiramente, de seu, no seu núcleo vital, por assim dizer. Não podemos ficar indiferentes — e, quanto menos, capitularmos — em momentos como este. Despertar é preciso. Resistir é preciso.

Por alguma razão, nos vem à lembrança o exortatório monólogo do teatrólogo Plínio Marcos, em "Canções e reflexões de um palhaço": *"Por mais que as cruentas e inglórias batalhas do cotidiano tornem o homem duro ou cínico o suficiente para ele permanecer indiferente às desgraças ou alegrias coletivas, sempre haverá no seu coração, por minúsculo que seja, um recanto suave onde guarda ecos dos sons de algum momento de amor que viveu em sua vida. Bendito seja quem souber dirigir-se a esse homem que se deixou endurecer, de forma a atingi-lo no pequeno núcleo macio de sua sensibilidade e por aí despertá-lo, tirá-lo da apatia, essa grotesca forma de autodestruição a que, por desencanto ou medo, se sujeita, e inquietá-lo e comovê-lo para as lutas comuns de libertação".*

c) Dispositivo

A terceira e última parte da estrutura da sentença é o dispositivo (ou *decisum*), no qual, segundo o inc. III do art. 489 do CPC, "o juiz resolverá as questões principais que as partes lhe submeterem".

Essa dicção legal, contudo, como já denunciamos, é duplamente imperfeita: primeiro, porque no dispositivo o juiz não *resolve* nenhuma questão, se não que proclama o resultado da apreciação dessas questões, realizada na fundamentação; segundo, não são apenas as questões (principais) propostas pelas partes, mas aquelas que o juiz deve conhecer *ex officio*.

Ao declarar que a sentença acolherá, no todo ou em parte, os pedidos formulados pelo autor, o art. 490, do CPC está levando em conta dois fatos: a) que a sentença haja ingressado no exame do mérito; b) que esse acolhimento ou essa rejeição sejam pronunciados, conclusivamente, no dispositivo. Isso conduz à ilação lógica de que: 1) se a sentença não apreciou o mérito, nenhum pedido haverá para ser acolhido ou rejeitado; 2) o dispositivo declarará a extinção do processo, sem julgamento da *res in iudicio deducta*, sendo o autor condenado ao pagamento das custas, se for o caso.

A importância do dispositivo da sentença ou do acórdão está em que, por meio dele, dirá o juiz se condena o réu ou se o absolve (*vel condemnatione vel absolutione contingit*, conforme o Digesto). Demais, dentre as partes da sentença, o dispositivo é o único, em princípio, que se submete aos efeitos da coisa julgada material. Declara, realmente, o art. 504 do CPC que não fazem coisa julgada: a) a motivação, ainda que importante para determinar o alcance da parte dispositiva da sentença (I); b) a verdade dos fatos, estabelecida como fundamento da sentença (II).

A particularidade de passar em julgado, unicamente, o dispositivo faz com que, na prática, o autor possa voltar a juízo com um pedido que, conquanto houvesse sido formulado em ação anterior, não integrou a parte conclusiva da sentença, que resolveu aquela lide.

O dispositivo deve ser uma consequência lógica do que se apreciou na fundamentação, uma conclusão congruente, enfim, com os argumentos lá expendidos pelo juiz. Se este diz, na motivação, que ficou provada a falta grave irrogada ao autor, mas, no dispositivo, condena o réu a pagar-lhe aviso prévio, é evidente que há, nisso, uma incoerência, uma contradição intransponível, que ensejará o uso de embargos declaratórios.

Como asseveramos há pouco, é no dispositivo da sentença ou do acórdão que o juiz proclamará o resultado do julgamento, acolhendo ou rejeitando os pedidos do autor, ou declarando extinto o processo sem julgamento do mérito, conforme for a hipótese. Construções como "julgar procedente (ou improcedente) a ação", "julgar procedentes os pedidos", embora estejam no gosto de muitos magistrados, devem ser evitadas, por traduzirem falta contra a técnica, a lógica e os princípios, mormente a primeira. Se o órgão jurisdicional chegou a examinar o mérito, não pode dizer que a ação, como direito público subjetivo, foi "improcedente". Os pedidos, mesmo que rejeitados, não deixam de ser "procedentes", pois têm uma origem, procedem de algum lugar.

No Capítulo XII, desta Segunda Parte, iremos nos dedicar à técnica de elaboração da sentença e do acórdão, oportunidade em que retornaremos ao assunto, para investigá-lo com a minúcia e a profundidade que foram, por ora, dispensadas.

A despeito de nem o art. 832 da CLT nem o art. 489 do CPC exigirem que a sentença seja datada e assinada pelo juiz, essa imposição está no art. 851, § 2.º, da CLT e consta, com maior clareza, do art. 205 do estatuto processual civil, de acordo com o qual "os despachos, as decisões, as sentenças e os acórdãos serão redigidos, datados e assinados pelos juízes".

Sentença sem assinatura do juiz é ato inexistente; é o não ato jurisdicional.

Requisitos de dicção

Além dos requisitos estruturais, já apreciados, a sentença deve ser: a) clara; b) certa; c) exaustiva e d) adequada. Estes são, por assim dizer, os requisitos internos, ou de dicção, como preferimos chamá-los.

a) Clareza

A sentença, designadamente a de mérito, constitui o mais importante pronunciamento da jurisdição, o acontecimento máximo do processo. Ninguém ignora a ansiedade que, não raro, toma de assalto o espírito dos litigantes, enquanto aguardam a emissão da sentença. É compreensível que assim seja, porquanto, após se esgrimirem nos autos durante meses ou anos, até a exaustão, nada mais lhes resta senão esperar que o Estado diga, por meio da sentença, com quem está a razão jurídica. Daí, a expectativa intensa que antecede à entrega da prestação jurisdicional. Tal expectativa ainda mais se justifica se levarmos em conta que, muitas vezes, essa dicção jurisdicional não apenas assegura a um dos litigantes um bem ou uma utilidade da vida, como é capaz de provocar alterações profundas no seu círculo jurídico, na sua esfera patrimonial, de modo a transformá-lo de pobre em rico, ou vice-versa.

Deflui daí, a necessidade de a sentença ser redigida com clareza, de maneira que possa ser inteligida não apenas pelas partes, mas por quem quer que a leia. Ou, quando menos, por qualquer indivíduo de cultura mediana. O mínimo que se exige é que a pessoa possa saber, sem exercícios de adivinhação ou de interpretação, o que consta do texto. Para isso, deverá o juiz, sem prejuízo da terminologia jurídica, evitar o uso de vocábulos de sentido ambíguo ou pouco conhecidos. Os neologismos, como os arcaísmos, são faces de uma só moeda: a moeda da inconveniência. Chega a ser estremecedora, aliás, a possibilidade de ocorrer, com a sentença, o que amiúde se passa com o discurso político: o emprego de palavras pomposas para ocultar a falta ou a escassez de pensamento. É muito sábio, por isso, o ditado popular, segundo o qual, "vagem com muita folha é sinal de pouco feijão".

São lamentáveis as sentenças elaboradas em estilos rebuscados, gongóricos, exóticos até, pois só fazem dificultar a intelecção do que o órgão jurisdicional está pretendendo dizer. A linguagem jurisdicional deve ser clara, leve, fluida, inteligível, como qualquer outra. Pensamos, mesmo, que alguns juízes (juntamente com alguns advogados) deveriam ser convidados a ler Machado de Assis, para deixarem arejar o estilo. Frases curtas e construídas com simplicidade caem bem em qualquer lugar. Pode-se dizer, com simplicidade, as coisas mais complexas e intricadas; saber manifestar as ideias de maneira clara é, sem dúvida, uma virtude — que poucos possuem, infelizmente. A verborragia (seja fútil, ou não) e o cataglotismo são vícios de linguagem a serem combatidos; eventual aliança entre eles — valha-nos, Machado! — produz efeitos verdadeiramente catastróficos, no plano da compreensão das ideias.

Sentenças sob a forma de versos também são desaconselháveis: que o juiz se reserve para demonstrar a sua verve poética em outros textos literários.

Não confundamos simplicidade com simploriedade. Um sábio pode ser simples, do mesmo modo como um simplório pode ser complexo, no tocante à expressão do pensamento.

A leveza do estilo, contudo, não significa o abandono da terminologia jurídica. Um termo jurídico, quando bem inserido na frase, demonstra, quase sempre, conhecimento científico, erudição e domínio da técnica. Uma sucessão de termos jurídicos, todavia, pode significar, mais do que vaidade, afetação e ausência de originalidade, um subterfúgio para disfarçar a falta de consistência persuasiva da argumentação.

Sentenças extremamente longas são, também, desaconselháveis. A excelência do argumento ou a razão jurídica não se medem pela quantidade de linhas ou de palavras. A sentença não é lugar apropriado para tratados. Preocupem-se os juízes não em demonstrar cultura e, sim, em solucionar, com objetividade e fundamentação concisa, os conflitos de interesses e estarão correspondendo às elevadas funções institucionais que lhes foram cometidas. Citações filosóficas ou literárias podem adornar o estilo, mas não conferem persuasão ao argumento. Sentença não é peça literária, mas instrumento da manifestação jurisdicional; logo, devem ser postos de parte os floreios próprios daquela, em nome do sentido pragmático, de que este é provido.

De uns tempos até esta parte, convém observar, certos juízes e advogados vêm dedicando intenso culto aos neologismos, nos textos que produzem, seja inventando vocábulos ou adotando os inventados. Palavras não dicionarizadas não possuem significado exato e, por isso, tendem a sugerir mais de um sentido, cuja consequência é a ambiguidade do enunciado das ideias e dos conceitos. Não será exagerado afirmar que a linguagem forense vem sendo vítima de uma verdadeira infestação de vocábulos produzidos por uma inventiva que é filha da negligência linguística, da falta de hábito de consulta aos bons léxicos. Dentre esses termos, que compreendem substantivos, adjetivos, advérbios e tudo o mais, podem ser mencionados os seguintes: "improver" (= negar provimento); "indenitário" (= indenizatório); "inobstante" (= nada obstante); "inexitoso" (= sem êxito); "exitoso"(= com êxito); "indeferitório" (= que indefere); "impresente" (= ausente); "impago" (= não pago); "reclamatória" (= reclamação); "plúrima" (= plural, com vários autores ou vários réus); "celetário" (= referente à CLT); "indemonstrar" (= não demonstrar); "imerecer" (= não merecer); "imodificar" (= não modificar); "relatoria" (= o ato de relatar); "massivo" (= em massa); "imprejudicado" (= não prejudicado); "fático" (= relativo a fatos); "desfundamentado" (= sem fundamento); "firmatário" (= aquele que firmou um documento ou uma petição). O elenco, enfim, dessas "preciosidades" extraídas dos escritos forenses é muito mais vasto do que possam fazer supor os exemplos citados. Quando dizemos que esses termos não se encontram dicionarizados, estamos a referir-nos, evidentemente, aos bons léxicos, assim entendidos aqueles cujos autores têm o escrúpulo de não incluir, de maneira indiscriminada, o que está na linguagem vulgar, aí compreendidos os vocábulos chulos, as gírias e os neologismos arbitrários.

b) Certeza

Quando se afirma que a sentença deve ser certa, tem-se os olhos postos no art. 492, parágrafo único, do CPC, conforme o qual a certeza constitui elemento essencial (do ponto de vista interno, ou intrínseco) dos pronunciamentos da jurisdição, ainda quando resolvam relação jurídica condicional. *Condição*, do ponto de vista jurídico, é a cláusula que, oriunda exclusivamente da vontade das partes, "subordina o efeito do negócio jurídico a evento futuro ou incerto" (CC, art. 121).

O próprio pedido deve ser certo (CPC, art. 322).

Essa exigência de certeza vem do Direito Romano, tendo penetrado as Ordenações reinóis portuguesas e, de lá, sido transportada para os nossos textos legais.

Sendo a sentença o instrumento pelo qual o Estado soluciona os conflitos de interesses ocorrentes entre os indivíduos ou as coletividades, é imprescindível que ela transmita às partes uma certeza quanto ao seu conteúdo, vale dizer, quanto a estar condenando o réu ou absolvendo-o e os motivos pelos quais assim o faz. Em nosso sistema, pois, a sentença deve ser sempre certa, mesmo quando tenha como objeto uma relação jurídica sujeita à condição. Condicional, portanto, pode ser a relação jurídica posta em juízo e não a sentença. Deste modo, traduzem espécie de sentença "condicional" (logo, vedadas, pelo art. 492, parágrafo único, do CPC) àquelas que se expressam por fórmulas verbais, como: "condena-se o réu a pagar ao autor diferenças salariais, caso sejam comprovadas na fase de execução". Ora, ou tais diferenças existem, porque demonstradas pela parte a quem essa prova interessava, e, neste caso, a sentença deve ser certa, no que respeita à condenação do réu a pagá-las, ou ditas diferenças inexistem, porque há prova nos autos quanto a isso, e, nessa hipótese, a sentença deve ser certa a respeito da rejeição do pedido formulado pelo autor. O processo de conhecimento foi instituído, teleologicamente, para que o juiz se convença, por meio das provas formadas nos autos, acerca dos fatos alegados pelas partes. Por isso, sentenças que diferem para a execução a comprovação de fatos constitutivos do direito são tumultuárias, subversivas do procedimento, porque transformam, arbitrariamente, o processo de execução em cognitivo.

É oportuno lembrar, a propósito, que a *certeza* constitui um traço característico do processo de conhecimento, ao contrário, pois, da *probabilidade*, que caracteriza o juízo cautelar. Justamente porque a *certeza* figura como elemento essencial ao processo cognitivo é que a instrução, que aqui se realiza, pode e deve ser aprofundada, exigindo, assim, uma cognição exauriente dos fatos da causa; já, a instrução no processo cautelar funda-se em um juízo de mera probabilidade, motivo pelo qual a instrução é, apenas, superficial.

A prática tem revelado, vez e outra, a presença de sentenças que condenaram o réu a pagar determinadas quantias ao autor, "conforme forem apuradas em regular execução" — sendo que, na execução, acaba ficando cabalmente demonstrado (muitas vezes, mediante exame pericial) a inexistência de qualquer diferença! Sentenças como tais são, data venia, teratológicas, pois produzem uma condenação que não pode ser objeto de execução, pelo simples motivo de que nada há para ser executado. São sentenças que se precipitam no vazio, são "sinos sem badalos", são, acima de tudo, motivo de desprestígio dos pronunciamentos jurisdicionais e de aflição dos magistrados que, diante delas, não sabem o que fazer com o produto da criação. Assim como na mitologia, também no processo a criatura pode voltar-se contra o criador.

Deve o juiz, por isso, ter o máximo cuidado em não atropelar o processo de conhecimento, em nome da celeridade na entrega da prestação jurisdicional, mediante o sacrifício de uma atividade probatória indispensável para a formação do seu convencimento jurídico, sob pena de, na execução, descobrir que o autor não possuía o direito reconhecido pela sentença condenatória, nada havendo, assim, para ser executado. Seria irônico se não fosse trágico, como diria o poeta, caso não estivéssemos diante de uma situação em que a sentença condenatória transitada em julgada é, lógica e juridicamente, inexequível — em que a coisa julgada material, enfim, é algo que, para o autor, soa a escárnio ou a farsada.

O mínimo que se pode esperar de uma sentença é que a parte, ao lê-la, possa ficar sabendo, com certeza, o que dela consta, ou seja, se foi vencedora ou vencida, na causa. Sentenças "condicionais" são aberrantes do sistema processual vigorante em nosso meio, pelo qual foram anatematizadas em virtude da necessidade de prevalência da certeza sobre a aleatoriedade, como regra fundamental para a eficácia e a respeitabilidade dessa espécie de pronunciamento da jurisdição.

Além de certa (e, evidentemente, fundamentada), a sentença deve ser precisa, ou seja, não pode exceder aos limites dos pedidos feitos pelos litigantes. A regra vem do Direito Romano (*sententia debet esse conformis libello*) e se encontra inscrita no art. 141 do CPC: "O juiz decidirá o mérito nos limites propostos pelas partes, sendo-lhe vedado conhecer de questões não suscitadas a cujo respeito a lei exige a iniciativa da parte". Complementa-a, o art. 492, do mesmo Código, ao proibir o juiz de proferir sentença, a favor do autor, de natureza diversa da pedida, bem como condenar o réu em quantidade superior ou em objeto diverso do que lhe foi demandado. Conjugando essas duas normas legais, podemos enunciar o princípio de que os limites da lide são estabelecidos pelas partes, sendo, por esse motivo, defeso ao juiz — exceto nos casos legalmente previstos — desrespeitá-los.

Esse "ir além dos limites" configurará os julgamentos *ultra petita* e *extra petita*. No primeiro caso, o juiz concede *mais* do que havia sido postulado; no segundo, defere aquilo que nem sequer havia sido pleiteado, ou seja, que estava *fora* do pedido. Por outras palavras, lá, o magistrado distende o pedido; aqui, se pronuncia sobre pedido inexistente. Em ambas as situações, todavia, o excesso deverá ser cortado, seja por meio de recurso ou de ação rescisória (esta, calcada no art. 966, V, do CPC, por ofensa aos arts. 141 e 492 do mesmo digesto processual).

Dissemos, há pouco, que o próprio pedido deve ser certo (CPC art. 322); mas, também, determinado (CPC, art. 324). O Código, todavia, permite a formulação de pedido genérico, inclusive na reconvenção: I — nas ações universais, se o autor não puder individuar os bens demandados; II — quando não for possível determinar, desde logo, as consequências do ato ou do fato; III — quando a determinação do objeto ou do valor da condenação depender de ato que deva ser praticado pelo réu (art. 324, § 1.º).

Esse sentido genérico da postulação está ligado não à existência desta (*an debeatur*) e, sim, ao seu aspecto quantitativo (*quantum debeatur*). Ao adjetivo *certo*, utilizado na redação da norma legal sob comentário, não pode ser contraposto o *incerto* (em substituição ao genérico), sob pena de imaginarmos que o legislador teria autorizado a formulação de pedido sobre os quais não haja nenhuma certeza acerca daquilo em que consistem (incerteza). No processo do trabalho são escassos os pedidos genéricos, até porque as quantias devidas aos trabalhadores possuem critérios de cálculos definidos em lei (salários, aviso prévio, férias, indenizações etc.), para cogitarmos do inc. III do art. 324, do CPC, prescindindo, assim, da apuração por perdas e danos.

Como registro histórico, deve ser destacada a Emenda n. 291, oferecida pelo Deputado Freitas Nobre ao Projeto do Código de Processo Civil de 1973, quando tramitava pela Câmara Federal, a ser feita no art. 463, assim redigida: "*A sentença condenatória conterá obrigatoriamente o valor da condenação, respondendo o juiz pelas custas da liquidação em caso contrário*" (sublinhamos). Essa Emenda não foi aprovada, provavelmente, em virtude de dois fatos expressivos: a) a extrema dificuldade que teriam os juízes em atender à imposição legal; b) a possibilidade de ser formulado pedido genérico.

No plano ideal, é desejável que o processo do trabalho, de *lege ferenda*, exija a formulação de pedidos líquidos, sempre que possível, como pressuposto de uma outra exigência: a de que as sentenças também se apresentem de forma líquida, com o que se poderá, senão abolir a fase de liquidação, reduzi-la a uma simples atualização dos valores e à incidência da taxa de juros da mora.

No procedimento sumaríssimo, aliás, além de o pedido dever apresentar-se certo determinado, o autor deve indicar o "valor correspondente" (CLT, art. 852-B, I). O art. 852-I, § 2.º, por sua vez, determinava: "Não se admitirá sentença condenatória por quantia ilíquida". Este dispositivo, contudo, foi vetado pelo Sr. Presidente da República, ao argumento de que essa exigência poderia, "na prática, atrasar a prolação das sentenças, já que se impõe ao juiz a obrigação de elaborar cálculos, o que nem sempre é simples de se realizar em audiência".

c) Exaustividade

Conforme dissemos, em páginas pretéritas, por força do disposto no art. 489, III, do CPC, o juiz deverá apreciar todas as questões, de fato e de direito, que lhe foram submetidas à cognição, pelos litigantes. Por esse motivo, a exaustão cognitiva dessas questões constitui um requisito interno da sentença ou do acórdão. Sem essa exaustão, aliás, a entrega da prestação jurisdicional não estará completa, ferindo, assim, de certa forma, a regra contida no art. 5.º, XXXV, da Constituição Federal. O § 1.º, IV, do art. 489, do CPC, chega a considerar não fundamentada a sentença que não enfrentar todos os *argumentos* apresentados pelas partes, "capazes de, em tese, infirmar a conclusão adotada pelo julgador". *Questões* e *argumentos*, em rigor, não são a mesma coisa. *Questões* são temas ou teses suscitadas pelos litigantes; *argumentos* são raciocínios destinados a influir na formação do convencimento jurídico do magistrado. Embora, em alguns casos, o argumento se apresente vinculado a um tema ou a uma tese, há situações em que um se apresenta sem o outro. Concordamos com a exigência de que o juiz aprecie todas as *questões* que lhe foram submetidas, mas não todos os *argumentos*.

O direito subjetivo público de ação, assegurado por essa norma constitucional, não se resume à faculdade de o indivíduo provocar o exercício da função jurisdicional do Estado, tendente a obter a reparação de um direito lesado, ou a evitar que a lesão se consuma, compreendendo, também, o direito de ver examinadas todas as alegações de fato e de direito invocadas como fundamento da ação, sejam essas alegações controversas, ou não. Omisso o pronunciamento da jurisdição quanto a determinado aspecto da lide, caberá ao interessado fazer uso dos embargos declaratórios, para que a omissão seja suprida. A circunstância de a parte ter sido vencedora na causa não lhe subtrai o interesse de obter uma dicção do órgão jurisdicional acerca do ponto omisso.

Tratando-se, contudo, dos denominados "pedidos implícitos", como, por exemplo, os pertinentes à correção monetária e aos juros da mora, a sentença poderá conter, pelo mesmo motivo, "condenação implícita" (que não se confunde com a condicional). Sendo assim, se o provimento jurisdicional nada dispuser quanto à correção monetária e aos juros moratórios, não haverá, nisso, omissão, capaz de ensejar o oferecimento de embargos declaratórios, mas condenação subentendida. O que se poderia exigir, por meio desses embargos, é que o juízo esclarecesse quais os critérios a serem observados para efeito de cálculo ou de incidência das mencionadas parcelas.

No processo do trabalho, como as iniciais, regra geral, contêm expressiva quantidade de pedidos e estes, muitas vezes, são formulados com mais de um fundamento, deve o juízo munir-se de cuidados redobrados, ao proferir a sentença, sob pena de render ensejo à apresentação de embargos declaratórios destinados ao suprimento do ponto sobre o qual saltou, inadvertidamente. Aqui está mais uma razão para que as sentenças e os acórdãos sejam objetivos, o quanto possível, pois a realidade prática tem revelado inúmeras situações em que o pronunciamento jurisdicional, sobre ser demasiadamente longo, acaba por perder-se em decorrência de digressões desnecessárias, fazendo com que fiquem sem exame uma ou mais questões suscitadas pelas partes. De nada vale falar, em demasia, sobre determinados pontos da controvérsia e omitir-se no tocante a outros. Melhor será, pois, que fale, de modo conciso e fundamentado, sobre todos esses pontos. *Concisão*, entretanto, não é sinônimo de *omissão*. Idealmente, a sentença, no processo do trabalho, deveria traduzir um máximo de prestação jurisdicional com um mínimo de palavras.

d) Adequação

Tirante uns poucos casos excepcionais, de resto, incumbe às partes fixar o objeto e os limites da lide. A sentença, como resposta jurisdicional às pretensões por elas formuladas, deve, por isso, ater-se à *res in iudicio deducta*. Essa regra da adequação aos pedidos está enunciada nos arts. 141 e 492 do CPC e deriva, historicamente, da conjugação de três princípios romanos, altamente difundidos entre nós: a) *ne eat iudex ultra petita partium*; b) *ne eat iudex extra petita partium*; c) *ne eat iudex citra petita partium*.

Pelo primeiro, diz-se que o juiz não pode conceder mais do que foi pedido, embora possa, com base nas provas dos autos e no direito aplicável, deferir menos do que a parte pretendia, fato, aliás, muito frequente no processo do trabalho.

A regra sob comentário, entretanto, deve ser convenientemente entendida. Se o autor, contratado na vigência da atual Constituição da República, pedir a condenação do réu ao pagamento de horas, com o acréscimo, digamos, de 25%, não incidirá em julgamento *ultra petita* a sentença que conceder essas horas com o adicional de 50%, que é o mínimo, previsto no art. 7.º, XVI, da Constituição Federal. O mesmo não se dá, por exemplo, quando o autor postula, na inicial, horas extras, "observada a prescrição bienal". Neste caso, se o réu for revel, o juízo não poderá conceder horas extras alusivas aos dez anos em que teria vigorado o contrato de trabalho, porquanto o próprio autor delimitou a sua pretensão, no particular, a dois anos.

Poderíamos, até mesmo construir a seguinte regra acerca do tema de que estamos a cuidar: não haverá julgamento ultra petita quando o juiz aplicar ao caso concreto a norma legal pertinente, que conceda ao autor mais do que esteja pedindo, notadamente se essa norma for de ordem pública, ou, de qualquer modo, respeitar a direito irrenunciável.

O segundo princípio em estudo significa que o juiz não pode conceder aquilo que não havia sido pedido.

Se o trabalhador alega que o seu contrato foi rompido pelo réu, sem justa causa, e, em razão disto, pede aviso prévio e férias proporcionais, será *extra petita* a sentença se conceder, além das referidas parcelas, o 13.º salário proporcional. Ainda que o trabalhador fizesse jus a este, não formulou o correspondente pedido, na inicial. Isso não quer dizer que ele esteja renunciando ao 13.º salário, porquanto poderá convertê-lo em objeto de outra ação, perante o mesmo réu. É oportuno lembrar que o juiz deve decidir a lide nos limites em que foi proposta (CPC, art. 141), até porque a petição inicial representa, como se diz, um "projeto" da sentença que se pretende obter.

Mesmo que o réu venha a contestar o que não foi pleiteado (fenômeno que, hoje, pode ser atribuído ao fato de, muitas vezes, as contestações serem padronizadas e, em função disso, utilizadas na generalidade das situações), haverá pronunciamento *extra petita*, pois, para esse efeito, a definição dos limites horizontais da entrega da prestação jurisdicional é estabelecida pela petição inicial.

Em outras hipóteses, o julgamento fora do pedido será, apenas, imaginário, como quando o autor, tendo estabilidade (definitiva) no emprego e sido despedido sem justa causa, pretender indenização e a sentença conceder-lhe a reintegração. Aqui, o direito material do trabalhador não é o de receber a desejada indenização, mas o de ser reintegrado no emprego (CLT, art. 495). Desse modo, o pronunciamento jurisdicional não é, em rigor, *extra petita*, porquanto estará procedendo à necessária adaptação dos fatos ao direito correspondente: *"Da mihi factum, dabo tibi ius"* — proclama o vetusto aforismo latino. Por outros termos, o juiz estará adequando o pedido à norma legal e, em seguida, apreciando-o segundo tenha sido o resultado dessa adaptação. Curiosamente, todavia, poderá o juiz, no exemplo em foco, converter a reintegração em indenização, se entender desaconselhável aquela (CLT, art. 496). Essa conversão é faculdade do juízo que, desse modo, poderá acabar deferindo a indenização, não porque o autor a tenha pleiteado, mas em virtude de ser desaconselhável a reintegração que seria, em outras circunstâncias, a consequência natural do reconhecimento da lesão do direito à estabilidade.

Se o autor pedir, exclusivamente, adicional de insalubridade e a sentença conceder-lhe adicional de periculosidade, com base em laudo pericial, haverá pronunciamento *extra petita*. O fato de o laudo haver-se desviado (arbitrariamente, por certo) do objeto da perícia e da própria demanda não legitimada a emissão de sentença fora do que havia sido postulado; ao contrário, compromete-a, com gravidade, perante o art. 141 do CPC.

Consoante o terceiro princípio, o juiz não deve conceder menos do que a parte tem direito (*citra* ou *infra petita*), seja do ponto de vista quantitativo ou qualitativo.

Esse princípio deve ser interpretado, até as últimas consequências, na esfera peculiar do processo do trabalho. Se, para repetirmos o exemplo, o autor foi contratado na vigência da atual Constituição da República e pede horas extras, mas, por inadvertência ou ignorância, indica como sendo de 25% o percentual devido, poderá e deverá o órgão jurisdicional, provada a existência dessas horas, concedê-las com o percentual de 50%, que é o mínimo previsto pela Constituição Federal (art. 7.º, XVI). Seria insensato supor que essa falha processual do trabalhador se revestisse de eficácia bastante para derrogar aquela norma constitucional. Nem poderia o réu alegar, na espécie, contra a sentença, qualquer espécie de prejuízo no que concerne ao aludido adicional, vez que este decorre de lei. De lei suprema, diga-se.

Note-se, que o julgamento *infra petita* se caracteriza não pelo fato de a sentença conceder menos do que havia sido pedido, mas, sim, menos do que tinha direito a parte. Não raro, o pronunciamento jurisdicional defere, realmente, menos do que pedia o autor, em decorrência, p. ex., da prova produzida nos autos: pediu cinco horas extras diárias e a prova foi no sentido da existência de, apenas, uma hora extra por dia. Aqui não há julgamento *infra petita*.

Quando a sentença dá ao autor (ou ao réu, em certas situações) menos do que lhe assegura o direito, portanto, estaremos, teoricamente, em face de um julgamento *infra petita*, sob o ângulo quantitativo. Será, contudo, *infra petita*, do ponto de vista qualitativo, a decisão que não apreciar todo o conteúdo da demanda. Essa afirmação coloca-nos, uma vez mais, diante do art. 489, III, do CPC, que impõe ao juiz o dever de apreciar "as questões (ou seja, todas) principais que as partes lhe submeterem". Compor a lide, portanto, de maneira qualitativamente inferior à proposta, será, sem dúvida, no que pertine ao ponto omisso, denegar a entrega da prestação jurisdicional invocada.

O que escrevemos sobre os requisitos (essenciais) internos da sentença é aplicável, *mutatis mutandis*, ao acórdão.

A propósito, entendemos ser inaplicável ao processo do trabalho a regra do art. 943, § 1.º, do CPC, segundo o qual "*Todo* acórdão conterá ementa" (destacamos). Essa imposição parecer calhar bem somente ao processo civil, cujas causas contêm um reduzido número de pedidos. As iniciais trabalhistas, como de hábito, veiculam dezenas de pedidos; mesmo que a ementa devesse tratar, apenas, das matérias principais acabaria sendo extremamente longa. A ementa, no processo do trabalho, deve, pois, ser facultativa.

Capítulo IX

Efeitos da Sentença

Efeitos principais

Vimos, no Capítulo V, que as sentenças são classificadas segundo o efeito jurídico que produzem; daí a existência de sentenças: a) declaratórias; b) constitutivas; c) condenatórias; d) executivas e e) mandamentais.

a) Declaratórias

São as que pronunciam a existência ou inexistência ou o modo de ser de uma relação jurídica ou a autenticidade ou falsidade de documento (CPC, art. 19), ainda que a lesão do direito já tenha acontecido (*ibidem*, parágrafo único). Entendemos que a norma legal mencionada é injustificavelmente restritiva estando mesmo, no processo do trabalho, em conflito com a realidade. Assim dizermos porque há pronunciamentos jurisdicionais que não se limitam a declarar a existência ou inexistência de relação jurídica, ou a falsidade ou autenticidade de documento. Um acórdão, por exemplo, emitido em sede de dissídio coletivo, pode declarar a abusividade, ou não, do movimento grevista; uma sentença pode declarar a nulidade, ou não, de uma cláusula de acordo ou de convenção coletiva de trabalho; ou a ineficácia da coisa julgada material (teoria da relativização da coisa julgada), etc.

O interesse processual, como uma das condições genéricas da ação (CPC, art. 17), na declaratória, não reside apenas na certeza a respeito da existência, ou não, de relação jurídica ou de seu modo de ser, e, eventualmente, da autenticidade, ou não, de certo documento, mas na existência, ou não, do fato em que se funda a ação. A sentença, aí emitida, por isso mesmo, nada constitui e em nada condena, limitando-se a fazer nascer no espírito do autor a mencionada certeza jurídica. A sentença declaratória será positiva ou negativa, conforme diga da existência ou da inexistência da relação jurídica, respectivamente. Tendo, porém, o pedido como objeto um documento, a sentença haverá de ser, sempre, positiva, pois pronunciará a autenticidade ou a falsidade deste, ou seja, responderá afirmativamente à pretensão deduzida pelo autor.

b) Constitutivas

São as que criam, modificam ou extinguem relações jurídicas; que modificam, em resumo, o estado jurídico existente.

Convém repisar a advertência, feita em páginas anteriores, de que essa modalidade de pronunciamento jurisdicional não é dotada de eficácia para criar o direito, ou seja, tirá-lo do nada, senão que, apenas, para proclamar a preexistência deste e do qual emanam consequências previstas na ordem jurídica.

Na sentença constitutiva, assim como na condenatória, há também uma "carga" de declaração, embora seja predominante a "carga" de constituição, que, exatamente, em razão disso, dá o nome a essa espécie de provimento jurisdicional. Com efeito, quando a sentença cria, modifica ou faz cessar uma relação jurídica, não há negar que haja, nessa dicção, uma certa declaração. Há, aí, contudo, um *plus*, um algo mais do que a simples declaração, representado pelo efeito constitutivo, que falta às sentenças puramente declaratórias. Não se declara, assim, por declarar, mas para constituir.

c) Condenatórias

São as que reconhecem a existência de uma obrigação do réu a determinada prestação, fazendo surgir para o autor um título judicial que o legitima ao exercício de uma outra pretensão, a executiva.

Pode-se asseverar, por isso, que a sentença condenatória é a única, dentre todas, que atribui ao autor um novo direito de ação, tendente ao conseguimento da prestação da tutela jurisdicional executiva. Com base nessa particularidade, aliás, manifestamos, no Capítulo V, retro, a opinião, algo heterodoxa, de que a sentença condenatória não é tão útil, nem tão eficiente, quanto tem alardeado a doutrina, desatenta ao fato de que para o autor pouco representa a conquista de uma sentença condenatória do réu, considerando-se que, para fazer com que as coisas se disponham, no mundo dos fatos, de acordo com o que consta daquele provimento, há necessidade de deduzir em juízo uma nova pretensão que, como dissemos, é a executiva.

Basta ver que, na inicial (ação condenatória), ele não pede a expedição de mandado executivo, para que o réu o cumpra, mas, apenas, a condenação deste ao pagamento de determinadas quantias. A sentença condenatória, portanto, só produz alterações no mundo jurídico; as modificações na realidade factual (como a expropriação do patrimônio do réu em benefício do autor) é fenômeno que, unicamente, a execução pode produzir.

Como resume Pontes de Miranda, a sentença condenatória só contém pensamento, faltando-lhe, dessa maneira, o ato (o agir sobre a realidade dos fatos), que é próprio da sentença executiva. Por outras palavras, aquela não vai além da verificação do direito, cabendo a esta a atuação do direito.

d) Mandamentais

São as que geram uma ordem, um mandado que em nada se confunde com o que é expedido na execução forçada, proveniente de título judicial ou extrajudicial (conquanto, no processo do trabalho, só seja admissível como título executivo o primeiro).

O mandado, típico das ações de segurança, emana de um ato que o juiz pratica não em nome da parte, substituindo-a (como ocorre com o mandado executivo), mas como expressão do *imperium* do próprio Estado. O elemento comum a essas duas espécies de mandado é a possibilidade de realizarem transformações no mundo dos fatos, em que pese à peculiaridade de o mandado de segurança não se destinar à expropriação patrimonial.

Desassemelham-se, por outro lado, segundo os pedidos que são próprios de ambas as ações em cotejo. Enquanto o mandado executivo provém de ação anterior, condenatória, na qual o pedido, como está evidente, é o reconhecimento da existência de uma obrigação a uma prestação e a condenação do réu a realizá-la, o mandado de segurança constitui o próprio pedido formulado pelo autor. Por outro modo de expressão: enquanto o mandado executivo tem origem em outro processo (que se findou com a sentença condenatória), o de segurança nasce no próprio processo em que foi postulado.

Por fim: enquanto o mandado executivo representa um meio de fazer com que se operem, no mundo factual, as transformações que a sentença condenatória é, teleologicamente, incapaz de realizar, o de segurança é um fim em si mesmo, é o objeto da ação, razão por que é provido dessa força transformadora.

e) Executivas

São as que não se restringem à verificação do direito (traço inerente às condenatórias), fazendo, ao contrário, atuar o direito. As sentenças executivas não se confundem com a execução forçada (*actio iudicati*), porquanto esta, como sabemos, advém de uma sentença condenatória, ao passo que aquela, como as de segurança, traduz um fim em si mesma.

Na inicial da ação condenatória, conforme deixamos exarado, o autor pede o reconhecimento da existência de uma obrigação, por parte do réu, e que este seja compelido a realizar a correspondente prestação. A execução forçada é, assim, consequência do inadimplemento dessa obrigação. Na inicial da ação executiva, todavia, o autor postula que a sentença, emitida no mesmo processo, lhe propicie a satisfação do direito, independentemente do exercício de uma nova pretensão.

Sintetizando o que comentamos até esta parte: a) as sentenças declaratória, constitutiva e condenatória contêm, unicamente, pensamento; por esse motivo, são desapercebidas de eficácia para realizar transformações no mundo dos fatos; b) as sentenças executiva e mandamental, ao inverso, são providas dessa aptidão transformadora, fazendo, assim, com que as coisas se disponham, no campo da realidade factual, segundo o comando que se esplende do pronunciamento da jurisdição.

Efeitos secundários

Analisados os efeitos principais das sentenças e dos acórdãos, vejamos, agora, quais são os secundários, também denominados de acessórios.

No processo civil podem ser indicados como exemplos típicos desses efeitos: a) a constituição de hipoteca judiciária (CPC, art. 495); b) dissolução da comunhão de bens, quando decretada a separação judicial, o divórcio, ou anulado o casamento (CC, art. 1.571, II a IV; c) perda do direito de usar o nome do marido, sendo a mulher condenada na ação de separação ou de divórcio (Lei n. 6.515/77, art. 17); d) cessação da tutela, se o filho obtiver êxito na ação de filiação (CC, art. 1.763, II); e) dissolução da sociedade mercantil, pela decretação da falência; f) perempção do direito de ajuizar ação, quando o autor der causa a três extinções do processo, por abandono da causa (CPC, art. 486, § 3.º).

De todos esses efeitos reflexos ou acessórios da sentença, ocorrentes no processo civil, somente dois, à evidência, podem verificar-se no processo do trabalho: a) a hipoteca judiciária e b) a perempção do direito de demandar.

a) Hipoteca judiciária

Estatui o art. 495 do digesto de processo civil: "A decisão que condenar o réu ao pagamento de prestação consistente em dinheiro e a que determinar a conversão de prestação de fazer, de não fazer ou de dar coisa em prestação pecuniária valerão como título constitutivo de hipoteca judiciária".

Dilucida o parágrafo único dessa norma legal que a sentença produzirá a hipoteca judiciária mesmo: a) embora a condenação seja genérica; b) mesmo que o credor possa promover o cumprimento provisório da sentença ou esteja pendente arresto sobre bem do devedor; c) ainda que impugnada mediante recurso dotado de efeito suspensivo (I a III).

Condenação genérica. Conforme dispõe, os arts. 322 e 324 e do CPC, o pedido, em princípio, deve ser certo e determinado, para que a sentença seja líquida ou possa ser liquidada. Em casos excepcionais, indicados nos incs. I a III do aludido art. 324, todavia, será lícito ao autor formular pedido genérico. Nesta hipótese, a condenação poderá ser também genérica e, nem por isso, deixará de produzir a hipoteca judiciária, como esclarece o inciso I, do § 1.º, do art. 495 do CPC. Sendo genérica a condenação, a consequente execução só será possível após a indispensável liquidação (CPC, arts. 509 a 512);

O credor possa promover a execução provisória da sentença ou esteja pendente arresto de bens do devedor. A primeira observação a ser feita, diante desse preceito legal, é de que a sentença condenatória, para produzir a hipoteca judiciária, não precisa passar em julgado; a segunda, de que, proferida a sentença, será facultado ao autor promover a execução provisória (CPC, art. 520), sem prejuízo da hipoteca judiciária, cuja inscrição, a nosso ver, pode ser ordenada pelo juiz, *ex officio.*

O arresto constitui medida derivante do poder geral de cautela do magistrado (CPC, art. 301).

Sentença impugnada mediante recurso dotado de efeito suspensivo. No processo do trabalho, em princípio, os recursos possuem somente efeito devolutivo (CLT, art. 899, *caput*). Todavia, em caráter excepcional, poder-se-á obter o efeito suspensivo por meio de medida cautelar inominada (TST, Súmula n. 414, I, *in fine*). O efeito suspensivo impedirá que se promova a execução definitiva da sentença. Mesmo que se venha a atribuir efeito suspensivo ao recurso, a sentença produzirá a hipoteca judiciária.

Dispõe, ainda, o art. 945, do CPC:

a) a hipoteca judiciária poderá ser realizada mediante apresentação de cópia da sentença perante o cartório de registro imobiliário, independentemente de ordem judicial, de declaração expressa do juiz ou de demonstração de urgência (§ 2.º);

b) no prazo de até 15 (quinze) dias da data de realização da hipoteca, a parte informá-la-á ao juízo da causa, que determinará a intimação da outra parte para que tome ciência do ato (§ 3.º);

c) a hipoteca judiciária, uma vez constituída, implicará, para o credor hipotecário, o direito de preferência, quanto ao pagamento, em relação a outros credores, observada a prioridade no registro (§ 4.º);

d) sobrevindo a reforma ou a invalidação da decisão que impôs o pagamento de quantia, a parte responderá, independentemente de culpa, pelos danos que a outra parte tiver sofrido em razão da constituição da garantia, devendo o valor da indenização ser liquidado e executado nos próprios autos (§ 5.º).

Embora a hipoteca judiciária seja compatível com o processo do trabalho, entendíamos, já na vigência do CPC de 1973, que, em termos práticos, ela era de pouca utilidade. Se um dos objetivos dessa hipoteca é o de evitar certas velhacadas do devedor, consistentes, p. ex., em alienar ou onerar o seu patrimônio, de tal maneira que a execução seja frustrada, argumentávamos que aquele Código possuía medidas muito mais eficazes para combater semelhantes atitudes do devedor. Referíamo-nos à fraude à execução (CPC, art. 593), especialmente quando fundada no fato de, ao tempo da alienação ou da oneração de bens pelo devedor haver, em face dele, "demanda capaz de reduzi-lo à insolvência".

Como a fraude à execução, uma vez declarada judicialmente, faz com que a venda ou a oneração dos bens, por parte do devedor, seja ineficaz, permitindo, com isso, a penhora destes em mãos de quem quer que se encontrem, não era difícil perceber que a hipoteca judiciária não apresentava utilidade prática relevante, no terreno do processo do trabalho. Decorria, por certo, da larga aplicação das regras processuais pertinentes à fraude à execução, o motivo principal por que, neste processo, não se vinha utilizado, com frequência, a inscrição da sentença condenatória no registro próprio, a fim de produzir o efeito secundário da hipoteca judiciária.

O nosso objetivo, enfim, não é o de examinar as causas pelas quais, no processo do trabalho, tem sido escassa a utilização da hipoteca judiciária, nem o de empreender um exaustivo estudo acerca do ilícito processual da fraude à execução e, sim, o de demonstrar que essa espécie de hipoteca figura como um dos *efeitos secundários* da sentença condenatória do réu ao pagamento de uma prestação, consistente em dinheiro ou em coisa.

b) Perempção do direito de ação

Estabelece o § 3.º, do art. 486, do CPC, que se o autor der causa a três extinções do processo, sem exame do mérito, em decorrência do abandono da causa, por mais de trinta dias (CPC, art. 485, III), "não poderá propor nova ação contra o réu com o mesmo objeto, ficando-lhe assegurada, entretanto, a possibilidade de alegar em defesa o seu direito". O processo do trabalho possui regra semelhante, segundo a qual a perempção do direito de ação ocorrerá se o autor der causa, por duas vezes consecutivas, à extinção do processo (CLT, art. 732), hipótese em que "incorrerá na pena de perda, pelo prazo de seis meses, do direito de reclamar perante a Justiça do Trabalho" (art. 731).

Entendemos, porém, que ambas as normas legais estão em manifesto antagonismo com o art. 5.º, XXXV, da CF, que inscreve, dentre os direitos e garantias fundamentais do indivíduo, o de não ver subtraída, nem mesmo pela lei, a apreciação, pelo Poder Judiciário, de lesão ou ameaça a direito.

Não importa — para cogitarmos, apenas, do processo do trabalho — que a perempção do direito de ação perdure, somente, por seis meses. Deve ser posto à frente o fato, deveras preocupante para os espíritos democráticos, de que, nesse ínterim, a norma constitucional estará sendo afrontada, pois o autor não poderá invocar a prestação da tutela jurisdicional do Estado, ou seja, estará inibido, por lei ordinária, de fazer uso de um direito subjetivo público que lhe assegura a Suprema Carta Política do país.

Não se suponha que estamos, com esse comentário, a insinuar a inconstitucionalidade dos arts. 731 e 732 da CLT. Se a norma constitucional é cronologicamente *posterior* à lei ordinária, torna-se de elementar conclusão que o fenômeno jurídico, daí emanante, é o de revogação, pura e simples, desta. Logo, encontram-se fulminados pelo art. 5.º, XXXV, da CF, os arts. 731 e 732 da CLT. Em rigor, essa revogação já se deu na vigência da Constituição Federal de 1967 (sem considerarmos a Emenda n. 1/69), cujo art. 150, § 4.º, vedava a subtração ao conhecimento jurisdicional de qualquer lesão de direito (individual). Apenas, não se mencionava, aí, a ameaça de lesão, a que alude a Constituição vigente, que ampliou, assim, o espectro desse direito subjetivo público.

Revela-se inconstitucional, contudo, a nosso ver, o art. 486, § 3.º, do CPC, que é posterior à Constituição Federal de 1988. O fato de essa norma do processo civil assegurar à parte a "possibilidade" de alegar em defesa o seu direito não afasta a inconstitucionalidade do dispositivo, pois este, em sua essência, está vedando o exercício do direito constitucional de ação.

A propósito, ação não se "propõe": *exerce-se. Propor* faz supor que o réu poderia não concordar com a "propositura" da ação, conclusão que seria insustentável, diante do princípio da irrenunciabilidade da jurisdição. Há mais: sendo o Estado o detentor do monopólio jurisdicional, e a ação o direito pelo qual os indivíduos e as coletividades invocam a prestação jurisdicional, parece-nos claro que a ação não é exercida "contra" o réu, e sim, contra o Estado, em face do réu.

Capítulo X

Sentença Nula, Anulável e Inexistente

Considerações propedêuticas

Uma das tarefas mais tormentosas para a doutrina tem sido, sem dúvida, a de estabelecer os limites exatos dos terrenos da nulidade, da anulabilidade e da inexistência dos atos processuais, em geral, e da sentença, em particular. Muito já se escreveu a respeito do assunto, mas, apesar disso, diversas áreas nebulosas, que envolvem as zonas limítrofes desses terrenos, ainda não foram dissipadas. Como consequência dessa indefinição, subsistem, no espírito de quantos sejam chamados a resolver problemas que digam respeito à validade ou invalidade dos atos processuais, ou à existência ou inexistência destes, hesitações angustiantes que, por sua vez, servem para alimentar as controvérsias doutrinárias e jurisprudenciais acerca da matéria — controvérsias que, em boa medida, emanam da falta de uma disciplina legal mais eficiente sobre assunto de tamanha relevância prática.

Parecem, por isso, ter sido formulados com vistas à nossa realidade normativa os comentários constantes do "Novíssimo Digesto Italiano" (verbete *"Nullità processuali"*), a seguir reproduzidos: "O complexo de normas, através das quais o legislador pretendeu configurar a disciplina das nulidades dos atos processuais civis está longe de exaurir o complexo quadro da matéria: basta lembrar que as regras sobre as nulidades foram formuladas relativamente aos vícios formais e é discutida e discutível a sua aplicabilidade aos vícios de fundo. Esta insuficiência da disciplina normativa é perceptível quando se pensa que o legislador cuidou de regular aspectos até marginais ao regime das nulidades, como a legitimação para levantar o vício do ato, o poder de o juiz renová-lo etc. Essas disposições apresentam interesse secundário, e o intérprete tem, muitas vezes, que buscar fora do Código solução para problemas mais relevantes, como, *v. g.*, o da inexistência, a que a lei absolutamente não se refere".

O estatuto de processo civil brasileiro de 2015 dedicou os arts. 276 a 283 para tratar do tema referente às nulidades (Título III, Livro IV, Parte Geral). Aí, contudo, são tratadas não somente as nulidades, mas as anulabilidades (caso, *e. g.*, dos arts. 277 e 278, *caput*), fazendo gerar uma certa confusão na mente de intérpretes desavisados. Dos atos inexistentes nada se diz no mencionado Título. Em suma, a disciplina legal, entre nós, dos regimes da nulidade, da anulabilidade e da inexistência dos atos processuais é insatisfatória, sendo a causa principal das dissensões hoje instaladas na doutrina e na jurisprudência.

O processo do trabalho, impulsionado por sua ontológica tendência à simplificação (que lhe atribui um aparente caráter de simplicidade), e beirando as raias da simploriedade, cogita das nulidades (e, tão só, destas) nos arts. 794 a 798.

É curioso observar que, de um lado, a má disciplina legal, como dissemos, tem contribuído para as disputas doutrinárias sobre o tema, e, de outro, que a imprecisão dos conceitos doutrinais tem levado a jurisprudência a desnortear-se, muitas vezes, diante dos casos concretos, ora considerando nulo o que é anulável (e vice-versa), ora declarando nulo o que, na verdade, é inexistente.

Parece-nos indispensável, em razão disso, que se proceda a um adequado acertamento legislativo do assunto, a fim de serem eliminadas, o quanto possível, as controvérsias que, até o momento, vêm atormentando juízes, advogados, membros do Ministério Público, assessores, professores e acadêmicos de Direito e tantos quantos têm sido instados a pronunciar-se a respeito. Enquanto não ocorrer o acertamento normativo preconizado, caberá à doutrina, com sua vocação científica, mourejar nesse campo, não apenas para solucionar, ainda que provisoriamente, o problema, mas para colocar à disposição do legislador os elementos necessários à definitiva pacificação da matéria.

Tentemos, em decorrência disso, fornecer alguns contributos — ainda que, reconhecidamente, modestos — para o atingimento desse objetivo, começando pela enunciação dos conceitos de: a) nulidade; b) anulabilidade e c) inexistência dos atos processuais.

a) Nulidade

Costumam os juristas afirmar, com uma certa entonação dogmática, que ato nulo é o que não produz efeitos jurídicos (*quod nullum est nullum producit effectus*). Essa definição, embora consagrada, é imperfeita por levar em conta não a natureza, a essência do ato e, sim, a sua consequência, expressa na inaptidão para produzir os efeitos previstos no ordenamento jurídico. Examina-se, aí, em suma, não o elemento interno do ato, o seu conteúdo, mas o seu aspecto meramente externo. Além disso, no plano processual, o ato nulo produz efeitos, enquanto não for invalidado, sendo certo que se submete ao fenômeno jurídico da coisa julgada material, e, decorrido o prazo para o exercício da ação rescisória, torna-se definitivamente convalidado, vale dizer, imutável.

Antes de deitarmos um conceito de nulidade, faz-se recomendável advertir que esta não deve ser confundida com *ineficácia*, conquanto ambos os vocábulos venham sendo indistintamente empregados por uma doutrina pouco preocupada com os compromissos científicos.

A *nulidade*, como diz Teresa Arruda Alvim Pinto, "é o estado em que se encontra um ato, que lhe torna passível de deixar de produzir seus efeitos próprios e, em alguns casos, destroem-se os já produzidos".[(73)] A *ineficácia*, por seu turno, significa a efetiva produção dos efeitos jurídicos inerentes ao ato processual. Sob esse ângulo, fica possível compreender--se a existência de atos que, embora válidos, sejam ineficazes, ou seja, não têm aptidão para produzir os efeitos pretendidos. Uma sentença condenatória, por exemplo, da qual se tenha interposto recurso, a despeito de ser um ato formalmente válido, só terá eficácia de título executivo (execução definitiva) depois de julgado o recurso e desde que o tribunal negue provimento a este. Em outra obra, aliás, pudemos manifestar a opinião de que a sentença

(73) *Nulidade da Sentença*. São Paulo: RT, 1987. p. 62-63.

passível de recurso (não a que já tenha sido objeto de impugnação, por essa via) é ato condicionado, ou melhor, que pende de condição suspensiva, isto porque, embora dotada de todos os requisitos legais para a sua validade, encontra-se tolhida em sua eficácia. Concluímos, asseverando que dita suspensividade permanecerá enquanto perdurar a possibilidade de impugnar-se a sentença, o que corresponde a afirmar, de outro ponto de observação, que os seus efeitos somente serão liberados assim que ficar afastada, em definitivo, a possibilidade de recurso.[74]

Definidas, por esse modo, os lindes da anulabilidade e da ineficácia, podemos conceituar o ato nulo, em sentido amplo, como o que tem existência em desacordo com a lei e cuja invalidade pode ser alegada pelas partes, a qualquer tempo, ou decretada, *ex officio*, pelo juiz, não podendo, em princípio, ser ratificado e não sendo apto para gerar preclusão. A ineficácia do ato decorrerá do seu decreto jurisdicional de nulidade.

Como se pode notar, o conceito que acabamos de esboçar se calca no elemento *existência*, que reputamos essencial para diferenciar o ato nulo do inexistente. É certo que esse existir, se vale para separar o ato nulo do inexistente, não serve para desassemelhá--lo do ato anulável, uma vez que este também existe. Por ora, fiquemos com o conceito formulado, que, segundo pensamos, será melhor entendido quando elaborarmos o de ato anulável, o que será feito mais adiante.

Assim como Galeno Lacerda, julgamos que o traço característico dos sistemas das nulidades processuais reside na natureza da norma desrespeitada, considerada em seu aspecto finalístico. Desse modo, se a norma reflete predominante interesse público, a sua violação acarreta a nulidade (absoluta) do ato infringente.[75] Esse critério, se não é eficiente para resolver, por inteiro, o problema das nulidades, é, a nosso ver, o que de melhor se tem, pois não se pode negar que se o Estado, por meio de determinada norma, tutela um interesse público, será nulo o ato que a transgredir. Sabe-se, por outro lado, que as partes não têm poder de disposição sobre as normas dessa natureza. É imperativo chamarmos a atenção para o fato de que, mesmo sendo o Estado um dos litigantes, ele não poderá dispor da norma de ordem pública, considerando que, para esse fim, fica equiparado ao particular.

b) Anulabilidade

Assim como os atos nulos, os anuláveis têm existência em desacordo com a lei. A nota distintiva, contudo, entre ambos, fica por conta do fato de que os atos anuláveis não podem ser decretados *ex officio*, sendo indispensável, para tanto, a iniciativa do interessado, exceto se este deu causa à contaminação do ato. Aqui há, quase sempre, preclusão (temporal) e, também, possibilidade de convalidação.

Afirmamos, há pouco, que haverá nulidade sempre que o ato violado espelhar um interesse público. Podemos aproveitar essa mesma linha de raciocínio para dizer, agora, que existirá anulabilidade (ou nulidade relativa) quando o ato infringido tutelar interesse que diga respeito, essencialmente, às partes.

(74) *Sistema...*, 6.ª ed., 1992, p. 96.

(75) *Despacho Saneador*, Porto Alegre, 1953, p. 72.

Mais além, iremos empreender um exame detalhado do texto do CPC, com o objetivo de pinçar os dispositivos que cuidam da nulidade e da anulabilidade. Nossa preocupação didática, todavia, sugere anteciparmos, desde logo, uma pequena parcela dessa investigação seletiva, para colocar, frente a frente, um caso de nulidade e, outro, de anulabilidade, a fim de que possam ser realçados os elementos que os distinguem.

Sentença destituída de fundamentação é nula, nos termos dos arts. 93, IX, da Constituição Federal, e 489, II, do CPC. Logo, a nulidade pode ser arguida por qualquer das partes (inclusive, pela vencedora na causa, pois o seu interesse processual decorrerá, justamente, da possibilidade de o adversário alegar a nulidade ou ingressar com ação rescisória), em qualquer tempo e grau de jurisdição, devendo ser decretada pelo juiz, *ex officio*. Não há, portanto, preclusão para as partes, nem para o juiz, no que tange à nulidade do ato que, por isso, não é convalidado pelo silêncio de quem quer que seja, conquanto o nulo passe em julgado — precisamente porque existe.

As normas violadas, na espécie, tutelam, inegavelmente, um interesse público, consistente na necessidade de serem fundamentados todos os pronunciamentos da jurisdição, como providência destinada a evitar a arbitrariedade ou a ditadura dos juízes, no momento de solucionar o conflito de interesses que dá conteúdo à lide.

Se, de outro lado, o juiz indeferir a produção de determinada prova, em audiência, imprescindível para demonstrar a veracidade dos fatos alegados pela parte, isso ensejará, em princípio, a anulação do processo. Caso, porém, o litigante prejudicado pelo ato judicial nada alegar, em razões finais, precluirá o seu direito de pedir ao tribunal a anulação do processo, pois é próprio do regime das anulabilidades essa preclusão temporal. Convalida-se, assim, o ato de indeferimento de produção da prova.

A norma processual desacatada, que diz da faculdade de as partes produzirem as provas necessárias à demonstração dos fatos alegados, não tem caráter coagente e, sim, dispositivo. Isso significa que o ato entra no poder de disposição dos litigantes. Desse modo, a violação da norma implicará não nulidade do ato, mas a sua anulabilidade.

É de anulabilidade que cuida o art. 277 do CPC, ao estatuir que quando a lei prescrever determinada forma, sem cominação de nulidade, valerá o ato se, embora praticado por modo diverso, atingir a sua finalidade. Essa regra legal, a propósito, constitui iteração do art. 188 do mesmo Código e consubstancia o princípio doutrinário da instrumentalidade dos atos processuais. A regra inscrita no art. 277 do CPC, contudo, não é inflexível, como se possa imaginar. Mesmo que a lei comine de nulo determinado ato, se vier a ser praticado de maneira diversa da por ela prevista, entendemos que a invalidade não deva ser decretada se o ato atingir a sua finalidade, sem prejuízo para a parte. Apressamo-nos em esclarecer que estamos a pressupor que o ato tenha sido realizado sob forma distinta da prescrita em lei, ou seja, de uma situação específica de anulabilidade e não de nulidade. Destarte, se de nulidade efetivamente tratar-se, não haverá, em princípio, lugar para a convalidação do ato, porquanto a norma legal, por ele desrespeitada, estará, por definição a tutelar um interesse público. No caso de ato praticado com mera inobservância da forma haverá, apenas anulabilidade, motivo por que esta não deverá ser pronunciada se esse desvio do modelo legal não acarretar nenhum tipo de prejuízo à parte contrária. Mencionemos o exemplo da resposta do réu, oferecida por escrito, quando, por lei, deveria ser apresentada oralmente (CLT, art. 847): se o ato atingiu a sua finalidade, não haverá razão jurídica para invalidá-lo, simplesmente por haver deixado de atender à forma prescrita em lei. Em situações como esta, a propósito, o princípio da instrumentalidade dos atos do procedimento se liga, harmoniosamente, com o da transcendência, gravado no art. 794 da CLT, a teor do qual não há nulidade sem prejuízo (*pas de nullité sans grief*, consoante a difundida máxima francesa).

Mais adiante, iremos discorrer sobre esses princípios — que, na verdade, funcionam como uma espécie de atenuadores do sistema das nulidades dos atos processuais.

Antes de passarmos ao estudo dos atos *inexistentes*, devemos lançar um escólio sobre certos atos processuais que, embora praticados em desacordo com a lei, não produzem nulidade nem anulabilidade. Podemos asseverar que tais atos contêm uma "carga" de vício bem mais reduzida do que a encontrável nos nulos e nos anuláveis. Estamos a referir-nos às meras *irregularidades* que, por sua natureza, não comprometem o ato, nem o *due process of law*. São, por assim dizer, "pequenas falhas na pintura", que, a despeito de não contaminarem o ato, em sua essência, podem, se não forem corrigidas a tempo, produzir, mais tarde, consequências de considerável monta, motivo por que não devem ser desconsideradas.

Como exemplos dessas irregularidades, podemos apontar, dentre tantos: a) os erros de cálculo, de escrita ou de datilografia da sentença, a que se refere o art. 833 da CLT, e dos quais se ocupa o art. 494, I, do CPC, que podem ser corrigidos *ex officio*, ou a requerimento do interessado, sem necessidade de uso dos embargos declaratórios b) o erro de numeração das folhas juntadas aos autos (CPC, art. 207, *caput*) ou a falta de rubrica do escrivão ou do diretor da secretaria, nessas folhas (*ibidem*).

Dissemos que os erros materiais (ou seja, de cálculo, de escrita), podem ser corrigidos *ex officio*, independentemente de embargos de declaração, seja no processo do trabalho (CLT, art. 833), seja no processo civil (CPC, art. 494, I). Curiosamente, porém: a) a CLT repete essa declaração no art. 897-A § 1.º; e b) o CPC prevê a correção desses erros também por meio de embargos de declaração (art. 1.022, III). A reiteração feita pela CLT era desnecessária, por ser tautológica; a atitude do CPC talvez tenha consistido em oferecer à parte uma via com mão dupla para a correção dos erros materiais.

c) Inexistência

Ato inexistente é o não ato, o *nihil*. É o ato que, por não atender a uma exigência fundamental, da lei, só existe materialmente (ou seja, no mundo sensível) e não juridicamente. Pode-se dizer, pois, que se trata de um ato sem vida jurídica.

Foi por esse motivo que, ao conceituarmos os atos nulos e os anuláveis, nos preocupamos em uni-los pelo elemento "existência" (jurídica), para contrapô-los aos atos ditos inexistentes. Sob esse prisma metodológico, portanto, poderíamos até pensar numa classificação dos atos processuais, do ponto de vista ontológico, em: a) existentes (nulos e anuláveis) e b) inexistentes.

Se quisermos ser minuciosos, devemos aumentar o grau da lente e, dessa maneira, reconhecer que a inexistência do ato pode apresentar-se sob duas formas: a) de ato simulado; b) de ato real, mas sem possibilidade de existir segundo o direito. Lá, temos, por exemplo, um processo conduzido e concluído por quem não seja juiz; aqui, uma sentença emitida por quem é juiz, mas sem a assinatura deste. Reconhecemos que essa separação de inexistências não é de grande utilidade prática, considerando que, em qualquer caso, a inexistência significará o não ser, o nada jurídico. Não cremos estar equivocados se reduzirmos o ato inexistente a simples *fato processual*, ou seja, a um acontecimento do processo, destituído, por isso mesmo, de qualquer aptidão para ser aceito como um ato jurídico.

Se bem refletirmos, aliás, veremos que o problema da inexistência do ato é algo que precede ao da sua validade, pois sem que o ato efetivamente *exista*, não se pode, por uma questão de lógica elementar, dizer se é válido, ou não. A existência constitui, assim, pressuposto para a verificação da validade do ato.

Uma das características mais expressivas dos atos inexistentes repousa na desnecessidade de uma ação judicial específica, declaratória do seu não ser. Não estamos, com isso, a asseverar que a inexistência prescinda de um pronunciamento do juiz a respeito e, sim, que ela não precisa ser, sempre, objeto de ação declaratória de inexistência, ao contrário, portanto, do que se dá com a nulidade, que reclama a ação rescisória (sentença transitada em julgado) e a anulabilidade, que desafia o uso da ação anulatória, em regra. A inexistência do ato, como é evidente, pode ser declarada pelo juiz, no curso do processo.

O art. 37, parágrafo único, do CPC de 1973, dispunha que se o advogado não exibisse o instrumento de mandato no prazo de quinze dias, prorrogável por mais quinze, os atos por ele praticados anteriormente, e não ratificados nesse prazo, seriam considerados *inexistentes*. Ao tratar do mesmo tema, todavia, o art. 104, § 2.º, do CPC de 2015, reputa serem *ineficazes* os referidos atos.

Não podemos deixar de manifestar certa indignação pelo fato de o legislador brasileiro, em falha lamentável, não haver disciplinado o regime dos atos *inexistente*, capaz de fazer com que fossem evitadas as dúvidas, as perplexidades e as discussões sobre o assunto, que ainda hoje se verificam nos sítios da doutrina, com inevitáveis reflexos na jurisprudência.

Como devem ter percebido os ilustres leitores, preocupamo-nos, até aqui, apenas, em examinar os atos processuais inexistentes sob dois aspectos objetivos: a) de sua generalidade; b) da conceituação. Assim o fizemos em decorrência de um critério pragmático de exposição. Em linhas porvindouras, contudo, voltaremos ao assunto, não apenas para esmiuçá-lo, mas para dedicar especial atenção às *sentenças inexistentes*, que revelam uma espécie particular desse não ser dos pronunciamentos jurisdicionais. O mesmo faremos no concernente às sentenças *nulas* e as *rescindíveis*, segundo a classificação aceita por setores consideráveis da doutrina.

Nulidade

Apresentados os conceitos de nulidade, de ineficácia, de anulabilidade e de inexistência dos atos processuais, devemos prosseguir para dizer que a nulidade (tomado o vocábulo em sentido amplo, de modo a abarcar as anulabilidades) desses atos pode ser quanto: a) à forma; b) à finalidade.

a) Quanto à forma

Tem-se dito que processo é forma. Não nos parece correta, entretanto, a afirmação. Processo é método, é técnica estatal de solução dos conflitos intersubjetivos de interesses, juridicamente tuteláveis. A *forma* é algo que diz respeito ao *procedimento*, esse aspecto exterior do processo. Logo, procedimento é *forma* e processo é *método*.

As nulidades (atente-se para o fato de estarmos a utilizar o vocábulo como significante, também, das anulabilidades) de forma estão previstas nos arts. 276 a 283 do CPC, especialmente no art. 276 e no art. 277, nos quais a referência ao elemento formal é patente.

Como dissemos antes, há uma nítida tendência da doutrina e da jurisprudência trabalhistas de nosso país em evitar, o quanto possível, a decretação de nulidade do ato por desrespeito à forma. Pelo sistema do processo do trabalho, *e. g.*, a resposta do réu (exceção, contestação, reconvenção etc.) deve ser apresentada, oralmente, em audiência (CLT, art. 847); nada obstante, o que a prática revela é algo oposto e praticamente generalizado, porquanto o réu costuma responder por escrito, sem que esse abandono da forma prescrita em lei enseje a nulidade do ato. Este, afinal, atingiu o seu escopo (CPC, art. 277).

b) Quanto à finalidade

Ligam-se ao fundo do próprio ato e concernem, de modo geral, às condições da ação e aos pressupostos de constituição e de desenvolvimento regulares da relação processual. A respeito dessas condições e desses pressupostos, consulte-se o Capítulo II, Primeira Parte, deste livro, no qual os temas foram exaustivamente apreciados.

Os vícios processuais referentes à finalidade do ato geram, quase sempre, nulidade absoluta, ao contrário dos vícios de forma, que, conforme vimos, tendem à anulabilidade, mesmo quando haja cominação legal de nulidade.

Arguição das nulidades e sua decretação

Cumpre-nos analisar, a partir deste momento, as questões pertinentes à arguição das nulidades e das anulabilidades, e quais as consequências processuais de sua decretação.

a) Arguição

De acordo com o art. 278 do CPC, a nulidade do ato deve ser alegada pelo litigante, na primeira oportunidade em que lhe couber falar nos autos, elucidando o parágrafo único dessa norma, muito adequadamente, que essa disposição é inaplicável às nulidades que devam ser decretadas pelo juiz, *ex officio* — como nas situações mencionadas pelos arts. 64, § 1.º; 485, § 3.º; 337, § 5.º; e 342, II, do mesmo Código, somente para citarmos algumas —, nem prevalece a preclusão se a parte provar o justo impedimento.

O princípio estampado, pois, no *caput* do art. 278 do CPC, é de que incumbe à parte, na medida do seu interesse, alegar a nulidade do ato, sob pena de preclusão. A CLT contém regra similar, inserta no *caput* do art. 795, no qual está dito que o momento oportuno para a nulidade ser arguida é o da primeira vez em que a parte tiver de falar nos autos ou em audiência. A norma trabalhista, a nosso ver, é mais didática, ao aludir à manifestação das partes nos autos ou em audiência, porquanto se trata, em rigor, de momentos distintos. Assim, a nulidade decorrente do indeferimento, por despacho, de requerimento destinado à juntada de documentos, deve ser alegada no prazo de cinco dias (CPC, art. 218, § 3.º), contado da data da intimação do despacho. Entrementes, a nulidade oriunda do indeferimento de repergunta dirigida à parte adversa ou à testemunha, durante o interrogatório destas, deve ser alegada na fase das razões finais, uma vez que o ato judicial, supostamente configurador do "cerceamento de defesa" (para utilizarmos a expressão correntia) ocorreu em audiência. Nada obstante, firmou-se a praxe de manifestar-se um *protesto antipreclusivo*, ato contínuo à prática do ato judicial ou à omissão na prática de um ato.

Sendo o caso de violação de norma de ordem pública, em face da qual, portanto, as partes não têm nenhum poder de disposição, o silêncio de uma delas não conduzirá à preclusão de que fala o art. 278 do CPC, porquanto haverá, aí, nulidade absoluta (por exemplo, sentença sem fundamentação). O parágrafo único dessa norma legal, a propósito, deixa claro essa impossibilidade de preclusão temporal.

Mesmo que haja transgressão de norma dispositiva (anulabilidade), a preclusão não se formará se a parte demonstrar que a ausência de alegação oportuna do vício do ato decorreu de justo impedimento, ou seja, de evento imprevisto, alheio à sua vontade e que não pôde ser evitado (CPC, art. 223, § 1.º).

Estabelece o art. 798 da CLT que a nulidade do ato não prejudicará senão os posteriores, que dele dependam ou sejam consequência. O mesmo princípio vigora no processo civil, cujo art. 281 vai um pouco além, para esclarecer que a nulidade de uma parte do ato não prejudicará as outras, que dela sejam independentes.

Essas dicções legais obrigam-nos a uma breve consideração doutrinal a respeito dos atos processuais, para dizer que compreendem, basicamente, três classes: a) os atos simples; b) os atos compostos e c) os atos complexos, conforme a opinião carneluttiana, a que aderimos.

Simples (ou singulares ou unitários) são os atos cuja existência e validade dependem, apenas, da vontade da parte, como, *v. g.*, a juntada de documentos, a formulação de razões finais etc.; *compostos*, os formados pela conjugação de diversos atos simples que, a partir daí, perdem a individualidade e, por esse motivo, não podem, isoladamente, produzir efeitos (a audiência, por exemplo); dizem-se *complexos* os atos que se originam da aglutinação de vários atos simples, que, apesar disso, conservam a sua particularidade. Desse modo, será lícito afirmar que há duas ordens de efeitos, que soem ser produzidos pelos atos complexos: os derivantes de cada ato simples e os oriundos do conjunto integrado desses atos (o julgamento dos recursos, que pressupõe a interposição e a admissibilidade pelos juízos *a quo* e *ad quem*. A autonomia do juízo *a quo*, por exemplo, pode ser aferida pelo fato de oa decisão monocrática, se denegatória, ensejar impugnação pelo agravo de instrumento).

b) Decretação

Demonstradas as espécies de atos processuais, considerados entre si, fica fácil perceber que, nos termos dos arts. 798 da CLT e 281 do CPC: a) anulados os atos simples ou compostos, nada mais sobra, razão por que devem ser repetidos. Com efeito, se as razões finais (simples) foram anuladas (antes do proferimento da sentença, pelo próprio juízo perante o qual foram aduzidas), outras devem ser apresentadas; o mesmo se diga quanto à audiência (composto): anulada, uma nova deverá ser realizada; b) a declaração contida na parte final do art. 281 do CPC, de que a nulidade de uma parte do ato não prejudicará as outras, que dela sejam independentes, tem em vista os atos complexos, nos quais, como observamos, os diversos atos que o compõem conservam a sua individualidade, podendo, por isso, produzir efeitos por si próprios.

Estatui, ainda, o art. 282 do CPC que o juiz, ao pronunciar a nulidade, dirá que atos são por ela atingidos, ordenando as providências necessárias, a fim de que sejam repetidos ou retificados. Em redação mais concisa, é o que dispõe o art. 797 da CLT.

É, sem dúvida, sensata a regra segundo a qual o juiz deve declarar (= esclarecer) quais os atos afetados pelo decreto nulificador. Para sermos sinceros, o ideal seria que inexistissem nulidades a serem pronunciadas; como isso é praticamente impossível de acontecer, em um sistema processual algo formalista e intricado, como o nosso, cabe ao juiz não só decretar a nulidade, quando for o caso, como especificar os atos que são atingidos por essa declaração. Mais do que isso, incumbe-lhe indicar as providências que deverão ser tomadas, para que o ato seja repetido ou retificado. É óbvio que se o vício for de inexistência do ato, nada há para ser sanado. No que respeita aos atos existentes, que se apresentam viciados, a sanação poderá consistir não só na repetição ou na retificação, como faz supor a lei, mas na própria ratificação (confirmação), como se dá na situação mencionada no § 2.º do art. 104 do CPC.

O art. 282 do CPC, contudo, após impor ao juiz o dever de indicar os atos que são fulminados pelo decreto de nulificação, enuncia duas regras pertinentes: a primeira, de que o ato não será repetido, nem suprida a sua falta, quando não trouxer prejuízo à parte (§ 1.º); a segunda, de que, podendo decidir, no mérito, a favor da parte a quem a declaração de nulidade aproveita, o juiz não a pronunciará, nem mandará repetir o ato ou suprir a falta (§ 2.º).

Ausência de prejuízo. Como vimos, o princípio de que não se decreta a nulidade quando inexistir prejuízo à parte, insculpido no art. 794 da CLT, figura como verdadeira viga mestra de todo o conjunto a que temos denominado de "moderador do sistema das nulidades processuais", sobre o qual discorremos adiante.

Cabe aqui, no entanto, uma ressalva fundamental, para a exata intelecção do preceito em exame. Só se deixará de decretar a nulidade, que não tenha acarretado prejuízo à parte, se a violação tiver como objeto uma norma dispositiva. Isso corresponde a afirmar, em sentido inverso, que se a norma transgredida era de ordem pública, a decretação da nulidade deverá ser feita, mesmo que o ato violador não tenha trazido nenhum prejuízo ao litigante. Também no processo, o interesse particular não pode sobrepor-se ao interesse público.

Decisão de mérito favorável. A dicção legal de que o juiz deverá abster-se de pronunciar a nulidade sempre que puder decidir, no mérito (CPC, art. 282, § 2.º), em favor da parte a quem a decretação da nulidade aproveitaria, traduz-se numa reiteração do disposto no § 1.º do mesmo artigo, numa explicitação, enfim, do conteúdo daquele, fazendo-se, porém, uma referência específica ao julgamento do mérito.

Por isso, os comentários que fizemos quanto ao § 1.º do art. 282 são aplicáveis, *mutatis mutandis*, ao § 2.º, mormente no que respeita à inaplicabilidade deste aos casos de nulidade absoluta, caracterizada pela violação de norma tuteladora de interesse público.

Perguntamos, todavia: se o juiz de primeiro grau decidir o mérito em benefício da parte a quem a decretação de nulidade aproveitaria, isso impedirá o tribunal, em sede recurso, de pronunciá-la? É evidente que não. Recordemos que estamos a cogitar de nulidade absoluta que, por isso, pode ser alegada em qualquer tempo ou grau de jurisdição e, segundo a mesma regra, ser decretada *ex officio*. Digamos que o juízo de primeiro grau fosse absolutamente incompetente para apreciar a ação e viesse a decidir o mérito em favor de quem a pronúncia de nulidade aproveitaria, ou seja, a favor do réu. Interposto o recurso pelo autor, o tribunal estaria inteiramente livre para pronunciar, *ex officio*, a nulidade, ensejo em que seriam afetados por essa decretação, apenas, os atos decisórios, devendo os autos ser encaminhados ao juízo competente. Isto não impede, contudo, que o juízo declarado competente possa mandar repetir provas, no caso de entender que as constantes dos autos são insatisfatórias para formar o seu convencimento jurídico acerca dos fatos narrados pelos litigantes (CLT, art. 765).

Por fim, adverte o art. 283 do digesto de processo civil que o erro de forma do processo produz, tão só, a anulação dos atos que não possam ser aproveitados, devendo ser praticados os necessários, para que sejam atendidas, o quanto possível, as prescrições legais.

Casuística legal

Com o propósito de atribuir um sentido prático aos conceitos que até aqui formulamos sobre nulidade, anulabilidade e inexistência de atos processuais, verifiquemos, agora, algumas disposições do CPC que dizem respeito a esses vícios.

1. Nulidade

a) art. 74, parágrafo único: a falta da autorização do marido ou da outorga da mulher, quando não supridas judicialmente, "invalida o processo"; b) art. 76: não sanada a incapacidade processual ou a irregularidade de representação (CPC, art. 75) do autor, o processo será extinto sem exame do mérito; c) art. 279: falta de intimação do órgão do Ministério Público, nos casos em que a sua intervenção na causa era exigida por lei; d) art. 64, § 1.º, congeminado com o 966, II: sentença proferida por juiz absolutamente incompetente; e) art. 141: sentença proferida *infra*, *ultra* ou *extra* petita. Este dispositivo se articula com o art. 492 do mesmo Código; f) art. 142: utilização do processo, pelas partes, com o fito de praticar ato simulado ou conseguir fim proibido por lei. Este artigo se enastra com o 966, III, do mesmo estatuto processual; g) art. 489, II, combinado com o 966, II: sentença sem fundamentação; h) art. 144, conjugado com o 966, II: sentença proferida por juiz impedido; i) art. 192: emprego de língua estrangeira, nos atos e termos do processo. A nulidade, na espécie, só deverá ser pronunciada se o uso de palavras não integrantes da Língua Portuguesa acarretar prejuízo à parte contrária ou embaraçar a entrega da prestação jurisdicional. O mesmo se diga quanto à juntada de documentos redigidos em língua alienígena, sem a necessária versão para o Português (art. 192, parágrafo único); j) arts. 212 a 216: a violação das regras estabelecidas por essas normas legais, respeitantes ao tempo e ao lugar em que devam ser realizados os atos do processo, conduz, quase sempre, à nulidade destes; k) arts. 218 a 232: dispõem sobre os prazos, cuja infringência, em regra, implica a nulidade do ato; l) art. 280: as citações e as intimações serão nulas quando efetuadas com infração às regras legais. No processo do trabalho, contudo, não se tem aplicado à risca esse preceito, conforme demonstramos anteriormente; m) art. 283: erro de forma do processo; p) art. 313, § 3.º: não constituição de novo procurador, no caso de falecimento do anterior; n) art. 485, IV, V e VI: falta de pressuposto de constituição e de desenvolvimento regulares da relação processual; sentença que não acolhe perempção, litispendência ou coisa julgada existentes; falta de condições da ação, respectivamente; o) art. 337, II (incompetência absoluta); IV (inépcia da inicial); VI (litispendência); VII (coisa julgada) e IX (incapacidade de parte, defeito de representação ou falta de autorização).

2. Anulabilidade

a) art. 65: sentença proferida por juiz relativamente incompetente (não enseja, por isso, o exercício de ação rescisória, como evidencia o art. 966, II, do CPC); b) art. 277: ato que, embora praticado sob forma diversa da prevista em lei, atinge a sua finalidade; c) 278, *caput*: princípio doutrinal da convalidação. A nulidade relativa, ou melhor, a anulação do ato só será possível se a parte arguiu o vício na primeira vez em que teve de falar nos autos ou em audiência (CLT, art. 795); c) art. 244: citação de pessoa que se encontre em quaisquer das situações descritas nos incisos I a IV dessa norma.

3. Inexistência

a) art. 205: despacho, decisão, sentença ou acórdão não assinados pelo juiz; b) art. 337, I: inexistência de citação.

O CPC de 1973, em seu art. 37, parágrafo único, reputava *inexistente* o ato praticado por advogado, sem procuração, que não fosse ratificado no prazo legal. O CPC de 2015 alterou essa consequência, passando a considerar *ineficaz* o ato não ratificado (art. 104, § 2.º). Ato *inexistente* é aquele que, embora exista, do ponto de vista material, é como se não existisse, sob a perspectiva jurídica; o ato ineficaz também existe, materialmente, e assim é considerado, mas é destituído de eficácia para produzir efeitos na ordem jurídica. Em termos concretos, as consequências processuais dessas duas classes ou categorias de atos jurídico-processuais é, praticamente, a mesma.

Como asseveramos, no início, a análise da casuística legal acerca das situações de nulidade, de anulabilidade e de inexistência dos atos processuais teve, de nossa parte, o objetivo de permitir uma aplicação prática dos conceitos que enunciamos sobre esses vícios. O assunto, entretanto, é intensamente polêmico, e, por esse motivo, devemos dizer que temos consciência de que não se encontrava em nossas mãos a pedra lígia da verdade ao empreendermos esse esquadrinhamento taxinômico do texto legal.

Princípios moderadores

Ao longo deste Capítulo, estivemos a dedicar-nos ao sistema das nulidades dos atos processuais; mesmo assim, aludimos, sucessivas vezes, a determinados princípios, por nós chamados de *moderadores* desse sistema. A função desses princípios é a de evitar a decretação da nulidade do ato, de um conjunto de atos ou de todo o processo; move-a o alteroso propósito político de evitar a perda, o dispêndio de atividade jurisdicional, que tão caro sai para o Estado e, máxime, para as partes.

São, fundamentalmente, quatro esses princípios, a saber: a) da transcendência; b) da instrumentalidade; c) da convalidação e d) da proteção. Passemos a examiná-los.

a) Transcendência

Constitui, como já acentuamos, a viga mestra de todo o conjunto de princípios destinados a moderar o sistema das nulidades processuais. Diz-se, por ele, que não haverá nulidade se inexistir prejuízo para a parte que a alega (*pas de nullité sans grief*). Sua sede legal são os arts. 794 da CLT e 282, § 1.º, do CPC. Significa, por outras palavras, que o prejuízo é a medida da nulidade. Sem aquele, esta não deve ser decretada.

Esse princípio, todavia, não incide naquelas situações em que, mesmo não tendo ocorrido prejuízo para a parte, a violação foi de norma de ordem pública, que, em virtude disso, não entram no poder de disposição, que, em determinados casos, a lei atribui aos litigantes.

Uma sentença sem fundamento, por exemplo, que tenha sido inteiramente favorável ao autor, deverá ter a sua nulidade pronunciada, pois a motivação, como vimos, traduz elemento essencial para a validade desse ato e sua exigência vem da própria Constituição da República (art. 93, IX). Expliquemo-nos melhor. Na hipótese, poderá o próprio autor arguir a nulidade da sentença, embora tenha sido vencedor na causa. O seu interesse de agir reside na possibilidade de a parte contrária recorrer pelo mesmo motivo, ou, até mesmo, ingressar, mais tarde, com ação rescisória, com fulcro no art. 966, V, do CPC. O recurso do autor poderá ser autônomo ou adesivo.

O importante a ser registrado é o fato de o princípio da transcendência não poder atuar quando a norma violada expressar um interesse público; inversamente, esse princípio poderá — e, sobremaneira, deverá — atuar quando a norma desrespeitada for daquelas que tutelam, essencialmente, interesses particulares. Sob esse ângulo, inexistirá razão jurídica, ou política, para decretar-se a nulidade de um ato que não trouxe nenhum prejuízo, direto ou indireto, mediato ou imediato, para a parte que a alega. Ressalve-se, apenas, o seu interesse de agir nas situações em que, como demonstramos, o prejuízo poderá não se manifestar de imediato, mas somente, algum tempo depois.

b) Instrumentalidade

Conquanto a lei prescreva determinada forma, para a validade do ato, sem a cominação de nulidade, este valerá (e terá eficácia) se, praticado de forma diversa, atingir a mesma finalidade. Dele se ocupam os arts. 188 e 277 do CPC. A despeito de a CLT ser omissa quanto ao princípio em foco, a sua aplicação ao processo do trabalho é indiscutível, dada a (ainda que relativa ou aparente) simplicidade do procedimento que a este corresponde.

O princípio em estudo consagra, ainda que de maneira implícita, o reconhecimento de que as formas processuais não representam um fim em si mesmas, senão que um meio (= sentido instrumental) de atribuir legalidade extrínseca aos atos do procedimento.

A realidade prática revela que esse princípio foi amplamente assimilado pelo processo do trabalho, onde, dentre outras coisas, vem sendo aceita a resposta escrita (exceção, contestação, reconvenção) do réu, quando deveria, segundo a lei, ser apresentada oralmente, em audiência (CLT, art. 847). O mesmo fenômeno vem ocorrendo quanto às razões finais, que passaram a ser apresentadas, com a tolerância de alguns juízes, sob a forma de memoriais escritos, por influência do processo civil (CPC, art. 364, § 3.º). Pessoalmente, temos certa restrição a isso, por entendermos que as razões finais orais não podem ser substituídas por memoriais escritos, pois aquelas devem ser aduzidas em audiência (CLT, art. 850, *caput*), ao passo que estes, em regra, são apresentados na secretaria do juízo; logo, depois de a segunda proposta de conciliação haver sido formulada — circunstância que assinala o sentido tumultuário do procedimento, de que se reveste essa prática inovadora.

É necessário advertir, contudo, que a nulidade deverá ser pronunciada se a inobservância da forma prescrita em lei acarretar manifesto prejuízo a uma das partes, ou, eventualmente, a ambas, ou, ainda, implicar uma injustificável discriminação processual, como quando, p. ex., o juiz exigir que o autor apresente as suas razões finais, oralmente, em audiência, permitindo, no entanto, ao réu oferecer memorial escrito, posteriormente à audiência, ou seja, em prazo maior. Neste caso, teria ocorrido quebra do dever de imparcialidade, a que o magistrado está subjugado, por força do disposto no art. 139, I, do CPC.

Tirante situações como a narrada, que evidenciam tratamento judicial anti-igualitário, a observação mais importante a ser feita, a respeito do assunto com o qual estamos a nos ocupar, é no sentido de que o processo do trabalho não deve ser visto como o "reino das formas", título que, talvez, possa calhar ao processo civil, menos preocupado com a informalidade e a simpleza dos atos do procedimento.

c) Convalidação

Exprime a noção de que a nulidade pode ser sanada pelo consentimento, ainda que tácito, da parte contrária, salvo se decorrer de quebrantamento de norma de ordem pública.

A doutrina costuma indicar os arts. 795 da CLT e 278 do CPC, como fonte legal desse princípio. Nós mesmos assim o fizemos em obra anterior.(76) Na verdade, porém, o princípio da proteção, segundo o seu conceito doutrinal, não está previsto em nenhum desses textos legais. O que, neles, se menciona, é o *momento* em que a parte interessada deve alegar a nulidade, sob pena de preclusão temporal, o que é coisa diversa. O princípio da convalidação, em rigor, emana de uma regra processual ampla, que se encontra espraiada por diversos pontos do digesto de processo civil, segundo a qual o silêncio de uma das partes faz gerar a aceitação do ato realizado pela outra, ou induz à presunção de veracidade dos fatos narrados por esta. É, pois, nessa moldura que se encaixa o princípio da convalidação, com a singularidade de que, aqui, o silêncio da parte tem eficácia convalidadora do ato praticado pelo adversário, observadas as restrições que apontamos.

Feito o reparo, duas inferências de ordem prática podem ser extraídas do princípio da convalidação: a) a nulidade relativa pode ser sempre sanada pela anuência do adversário; b) a absoluta, nunca. No primeiro caso, o assentimento validador pode ser tácito, ou expresso. Tácito ocorreria, *e. g.*, quando o réu deixasse de arguir, mediante exceção, a incompetência relativa do juízo, fazendo com que, pelo silêncio, a competência fosse deslocada para este. Expresso, quando o réu (ou o próprio autor) externasse a sua concordância no tocante a um ato realizado em desacordo com a lei, desde que esta não estivesse tutelando um interesse público.

d) Proteção

Significa que a nulidade só será decretada se não for possível suprir-se a falta ou repetir-se o ato (CLT, art. 796, *"a"* e *"b"*; CPC, art. 276.

Se, por exemplo, o juiz deixar de conceder à parte prazo para manifestar-se a respeito de documento juntado pela outra, ou para aduzir razões finais, o próprio juiz estará autorizado a converter o julgamento em diligência, para que a falta seja suprida, ou o ato repetido, conforme seja a situação concreta.

O princípio em exame somente faz sentido, como se percebe, se for aplicado antes do julgamento, pois o seu escopo é, exatamente, o de evitar a pronúncia de nulidade. E essa pronunciação é feita quando do julgamento. Dessa maneira, estamos a sustentar que se o juiz de primeiro grau não mandar suprir a falta, nem repetir o ato, quando essas providências eram necessárias, o tribunal, caso dê provimento ao recurso da parte prejudicada, deverá decretar a nulidade do processo, a contar do momento em que a falta não foi suprida, ou o ato repetido. Logo, não poderá o tribunal fazer uso do princípio da proteção, na espécie em exame, pois esse princípio é, teleologicamente, inconciliável com o decreto de nulificação do processo — decreto que ele visa, justamente, a evitar.

É evidente que o relator, nas matérias da competência originária do tribunal, poderá aplicar o princípio sob comentário, porquanto, neste caso, essa Corte estará fazendo as vezes de órgão de primeiro grau. Ou melhor, a matéria estará sendo submetida a uma primeira

(76) *Sistema...*, p. 200-201.

cognição jurisdicional, a significar, com isso, a possibilidade de a falta ser suprida ou o ato repetido, antes do julgamento da causa. Do mesmo modo, poderá, em sede de recurso, devolver os autos ao juízo de primeiro grau, para que o recorrido seja intimado, a fim de apresentar contrarrazões, quando verificar que essa intimação não havia sido realizada. Caberá ao tribunal, sempre que o relator não houver ordenado essa providência, converter o julgamento em diligência, com vistas ao suprimento da falta. Em todas essas situações, estar-se-á fazendo bom uso do princípio da proteção.

Demonstrados os princípios a que denominamos de *moderadores* do sistema das nulidades processuais, cabe-nos expender uma nota final sobre o problema da arguição da invalidade dos atos do processo. Tanto o processo do trabalho (CLT, art. 796, "*b*") quanto o civil (CPC, art. 276) contêm regra no sentido de que a nulidade não pode ser alegada por quem lhe tenha dado causa. De certa forma, é a aplicação do apotegma *nemo allegans propriam turpitudinem auditur*, oriundo do direito romano, concebido para combater o dolo processual. Não é ético, portanto, que alguém, tendo sido o causador da nulidade, venha a alegá-la em seu benefício. Fosse isso possível, estaria a tirar proveito da própria torpeza.

Essa regra, no entanto, só pode ser aplicada às anulabilidades (e, também, às meras irregularidades), na medida em que as nulidades (absolutas) podem e devem ser decretadas pelo juiz, *ex officio*, em virtude de serem derivantes de infração a normas de ordem pública. Destarte, mesmo que a parte tenha dado causa à nulidade, nada a impede de alegá-las em juízo, ainda que venha a ser beneficiada pelo decreto jurisdicional de nulificação do ato. O regime das nulidades não é igual ao das anulabilidades.

Vícios formais da sentença

Parece ter ficado claro, a esta altura de nossa exposição, que a sentença representa o acontecimento máximo do processo, porquanto todos os atos integrantes do procedimento, a começar da petição inicial, se destinam a preparar o provimento jurisdicional de fundo, que solucionará o conflito de interesses. Para a sentença de mérito convergem, dessa forma, em um movimento centrípeto, todos os atos do procedimento, legalmente preordenados, que, por isso, não constituem um fim em si mesmos, senão que estádios teleologicamente concatenados, que irão culminar com a sentença. Daí por que esta constitui, sem dúvida, o coroamento do processo, o seu fastígio e, do ponto de vista axiológico, o seu ato mais importante.

Exatamente para que a prestação jurisdicional se realize de maneira juridicamente correta, é que a sentença deve apresentar-se formalmente escorreita, vale dizer, sem eivas que lhe comprometam a validade e a eficácia.

Conforme demonstramos nas páginas antecedentes, os atos processuais em geral podem conter vícios que, segundo a gravidade destes, os tornam nulos, anuláveis ou inexistentes. Em princípio, a sentença pode apresentar quaisquer dessas falhas, motivo por que poderíamos pensar em sentenças nulas, anuláveis e inexistentes. A doutrina, entretanto, tem manifestado preferência pela distribuição desses vícios em classes um pouco distintas, compreendendo as sentenças nulas, as rescindíveis e as inexistentes. Se bem examinarmos, veremos que esta classificação não difere, essencialmente, da anterior, pois o ponto de dessemelhança de ambas está localizado, apenas, nas sentenças anuláveis ou rescindíveis. Em todo caso, como não há ação anulatória de sentença, pensamos que será, efetivamente, mais apropriado cogitar-se de sentenças: a) nulas; b) rescindíveis e c) inexistentes, embora essa classificação não seja imune a críticas, como se verá, no momento apropriado.

a) Sentenças nulas

Uma sentença pode ser nula em decorrência de vício existente: a) nela própria; b) fora dela. No primeiro caso, o vício é endógeno (ou interno ou intrínseco); no segundo, exógeno (ou externo ou extrínseco).

Podem ser indicados como exemplos de vícios endógenos, dentre outros:

1) Julgamento *infra*, *ultra* ou *extra petita*. Como ficou exposto no Capítulo VIII, retro, um dos requisitos de dicção da sentença é a adequação (a que alguns autores estrangeiros denominam de congruência), consistente na necessidade de a sentença ater-se aos pedidos formulados pelos litigantes. Essa exigência, concebida pelo Direito Romano (*ne eat iudex ultra petita partium; ne eat iudex extra petita partium; ne eat iudex citra petita partium*), está inscrita nos arts. 141 e 492 do CPC e se justifica pela necessidade de a sentença, como resposta jurisdicional às pretensões deduzidas em juízo pelas partes, não poder conceder a elas mais, menos ou fora do que foi postulado. Em rigor, a sentença *infra* (ou *citra*) *petita* nem sempre defere menos do que a parte pleitou e, sim, deixa de apreciar algo que foi pedido. Essa omissão jurisdicional é que dá a falsa aparência de que foi concedido menos; trata-se de um fenômeno físico semelhante ao da imagem refletida na água: o que se vê não é o objeto em si, mas a sua reflexão na superfície daquela. É o efeito *Fata Morgana*, das lendas bretãs. No julgamento *ultra* ou *extra petita* há, realmente, um conceder que excedeu aos limites definidos pelo pedido formulado pelos litigantes. Nestes casos, o conceder (como dicção jurisdicional) é real, embora viciado pelo excesso; no julgamento *citra petita*, a aludida concessão, em muitos casos, é meramente imaginária — em que pese ao fato de, em termos práticos, não ser relevante essa separação de situações.

Não estamos a sustentar, como se possa supor, que as sentenças *infra petita* se caracterizam, invariavelmente, pela omissão, pela desconsideração a um pedido feito pela parte. Nada disso. O que pretendemos, com esses comentários, é chamar a atenção ao fato de que, em certas ocasiões, tais sentenças não trazem um conceder a menos, senão que um ignorar a determinados pedidos. Um salto involuntário sobre estes, por assim dizer. Em outras hipóteses, o julgamento *infra petita* decorre, verdadeiramente, de uma concessão, qualitativa ou quantitativamente, inferior à prevista em lei, como se dá, *v. g.*, no caso das horas extras prestadas na vigência da atual Constituição, cujo acréscimo, com relação às ordinárias, deve ser de, no mínimo, 50% e o que se concede é, apenas, 25%.

O fundamento da adequação (ou da congruência) da sentença, enfim, está no poder dispositivo das partes que, em virtude disso, têm a faculdade de estabelecer os limites objetivos da lide, o que revela a possibilidade de pedirem menos do que eventualmente tenham direito, não sendo lícito ao juiz, por isso, desprezar esses limites, para conceder ultra, infra ou extra petita. Podemos dizer, por outras palavras, que a sentença deve encaixar-se, com absoluto rigor, na moldura dos pedidos formulados pelos litigantes, não se incluindo nessa regra, por certo, os denominados pedidos implícitos (correção monetária, juros da mora) e as matérias que o juiz deva conhecer *ex officio* (CPC, arts. 64, § 1.º, 485, § 3.º, e outros), bem como os pedidos fundados em direito assegurado por norma legal. O binômio petição inicial/resposta representa, assim, o estalão pelo qual se verificará se a sentença não feriu o sobredito princípio da adequação, sob pena de o excesso ser extirpado, ou a falta, suprida.

Seria, porém, nula, a sentença que acolhesse o pedido por fundamento diverso do indicado pelo autor? O assunto comporta larga polêmica, notadamente no terreno do direito processual do trabalho, onde, não raro, são brandidos, pelos que respondem de modo afirmativo à indagação posta, determinados princípios, como o da *simplicidade* e do *ius postulandi*. No que toca a este, já manifestamos, em mais de um momento, a nossa opinião de que o art. 791, *caput*, da CLT, foi (felizmente) revogado pelo art. 133 da CF, conquanto este nosso pensamento não seja aceito pela doutrina e pela jurisprudência dominantes. Quanto ao da *simplicidade*, embora esteja, hoje, reduzido a simples expressão retórica, pois o procedimento trabalhista, na prática, é extremamente complexo — máxime, pela crescente incidência de normas do processo civil —, não pode ser invocado como pretexto para deitar por terra outros princípios, de reconhecida preeminência, como o da ampla defesa. Considerando todos esses aspectos, entendemos ser conveniente enunciar a regra segundo a qual o juiz estará autorizado a acolher o pedido, por fundamento diverso do apontado pela parte, se essa espécie de "fungibilidade" da *causa petendi* não acarretar prejuízo ao adversário. Para exemplificar: se o autor pede a sua reintegração no emprego e indica como fundamento determinada norma legal, e o juiz acolhe o pedido por entender que a estabilidade está prevista em cláusula de instrumento normativo (acordo, convenção, acórdão), existente nos autos, e não na norma legal indigitada pela parte, a liceidade dessa substituição de fundamento estará vinculada, diretamente, às consequências que possa ter produzido no direito de ampla defesa, que a própria Constituição Federal assegura ao réu (art. 5.º, LV). É imprescindível, enfim, que não se ponha acima dessa regra constitucional o princípio de origem romana, de acordo com o qual à parte cabe narrar (com fidelidade) os fatos, e, ao juiz, proceder à categorização jurídica desses fatos, ou seja, subsumi-los ao direito aplicável (*da mihi factum, dabo tibi ius*).

É elementar que a análise dessa conformação da sentença aos pedidos deve ser feita mediante o confronto destes com o dispositivo (*decisum*), nunca, com a fundamentação. Somente aquele, como regra, passa em julgado (CPC, art. 504). Assim, se, na motivação, a sentença concedeu infra, ultra ou extra petita, mas, na parte dispositiva, a entrega da prestação jurisdicional foi feita segundo os padrões estabelecidos pela inicial e pela resposta, não haverá vício a ser sanado, pois o que importa, para esse efeito, é o *decisum*, não a fundamentação. Afinal, é no dispositivo onde o juiz dirá se está condenando o réu, ou absolvendo-o (*vel condemnatione vel absolutione contingit*).

2) Falta de fundamentação. Viemos, até aqui, afirmando, com insistência, que sentença sem fundamentação é nula. E isso é absolutamente verdadeiro, se considerarmos o disposto nos arts. 93, IX, da Constituição Federal, e 489, II, do CPC. A preocupação

política de evitar que as sentenças fossem produto da arbitrariedade dos juízes, um seu ato de prepotência ou de tirania, fez com que a Constituição da República em vigor, numa inovação justificável, e, até certo ponto, surpreendente (pois não é próprio do constituinte ocupar-se com assuntos processuais), impusesse ao juiz a indicação das razões jurídicas pelas quais formou o seu convencimento, num ou noutro sentido.

A fundamentação tem, em razão disso, essa finalidade jurídico-política de demonstrar ao vencido os motivos pelos quais foi condenado. Não é difícil perceber que essa parte essencial da sentença possui estreitas ligações com os princípios e os ideais democráticos, pois as decisões arbitrárias só convêm aos regimes com vocação ditatorial. Mesmo assim, o ditador costuma "fundamentar", segundo sua conveniência, os seus atos, os seus decretos...

Talvez deva ser dito que sentença destituída de fundamentação não é, apenas, nula, mas, acima de tudo, constitucionalmente nula, porquanto nessa assertiva se insinua uma exigência política de sua presença nas decisões, sentenças ou acórdãos.

Uma linha muito tênue, contudo, separa as sentenças sem fundamentação daquelas em que a fundamentação é insuficiente ou concisa, fazendo com que se torne, na prática, muitas vezes, tormentosa a definição a respeito do assunto. Uma sentença, por exemplo, pode estar satisfatoriamente fundamentada, ainda que de maneira lacônica; todavia, uma fundamentação longa pode ser insuficiente para atender à finalidade legal para que foi instituída. Tem-se dito que o critério a ser utilizado em tais casos é o da persuasão. Assim, se a motivação da sentença, ainda que concisa, é efetivamente persuasiva, vale dizer, convence juridicamente quanto ao acerto dos caminhos trilhados pelo pensamento do magistrado, para chegar à decisão, não se há que cogitar de nulidade do pronunciamento jurisdicional. Se, ao contrário, a fundamentação, apesar de extensa, é desapercebida do poder de persuasão, a nulidade deverá ser decretada. *Data venia*, o fato de a fundamentação ser persuasiva, ou não, nada tem a ver com o problema de sua suficiência ou insuficiência, para os efeitos de determinar-se a validade ou a nulidade da sentença. Uma sentença indiscutivelmente bem fundamentada, *v. g.*, pode não convencer o intérprete quanto à exatidão dos argumentos empregados pelo magistrado, pois o intérprete pode ter uma convicção jurídica oposta à manifestada na fundamentação. Destarte, não se poderia, só por isso, pronunciar a nulidade da sentença; esta, no caso, estaria satisfatoriamente fundamentada, ainda que em desacordo com a opinião doutrinária ou jurisprudencial predominante, acerca do assunto por ela examinado.

O que se deve levar em conta, conforme entendemos, para o fim de definir se a sentença está convenientemente fundamentada, é o fato de as razões e os argumentos manejados pelo juiz serem juridicamente sustentáveis, ainda que, como dissemos, estejam, eventualmente, em dissonância com a orientação em voga na doutrina e na jurisprudência. Afinal, a História do pensamento humano está repleta de opiniões heterodoxas que, tempos depois, se tornaram prevalecentes, seja pela excelência dos argumentos em que se basearam, seja por motivos de ordem política e o mais. Se, portanto, os argumentos do magistrado podem ser sustentados segundo uma visão razoável do direito formal ou do consuetudinário, ou da analogia, ou dos princípios gerais, a sentença estará adequadamente fundamentada, razão por que não deverá merecer um decreto jurisdicional de nulidade.

Pode ocorrer, em determinados casos, de a sentença estar equivocadamente fundamentada, situação que não se confunde com a da sentença insuficientemente fundada ou fundamentada de modo conciso, que acabamos de examinar. A sentença apresenta motivação equívoca quando se baseia, *e. g.*, em norma legal inaplicável à espécie, embora o direito alegado pela parte exista. Excluídas situações excepcionais, o erro na indicação dos fundamentos legais da sentença não conduz, necessariamente, à sua nulidade. Ela não estará, na hipótese, sem fundamentação, nem motivada de modo insuficiente, senão que equivocadamente fundamentada, pois estamos a pressupor que o litigante, por ela beneficiado, possua o direito invocado. Por outro lado, mesmo que o raciocínio desenvolvido pelo magistrado (agora, calcado em dispositivos legais pertinentes) seja ilógico, incoerente, confuso, inexistirá nulidade, pois essa falha de expressão do julgador poderá ser corrigida mediante embargos declaratórios, sem prejuízo de a sentença vir a ser substituída ("reformada", conforme a linguagem habitual) pelo acórdão, em grau de recurso.

É momento de dizermos do nosso entendimento quanto a ser inaplicável ao processo do trabalho o disposto no § 1.º, do art. 489, do CPC, que considera não fundamentada a sentença (e o acórdão) que incidir nas situações previstas nos incisos I a VI, do aludido parágrafo. Essa norma legal parece ter sido elaborada com vistas a um Poder Judiciário cujos órgãos de primeiro grau costumam proferir meia dúzia de sentenças por mês. Aplicá-la às Varas do Trabalho, por isso, soaria a despautério, a insensatez, sabendo-se que esses órgãos de primeiro grau da Justiça do Trabalho emitem, não raro, trinta, quarenta ou mais sentenças em cada mês. E não nos consta que nesses mais de setenta anos de existência dessa Justiça Especializada tenha sido impressionante o número de sentenças nulas em decorrência da falta de fundamentação. Ademais, enquanto as petições iniciais, no âmbito do processo civil, soem conter dois ou três pedidos, são frequentes os casos em que a iniciais trabalhistas apresentam quinze ou vinte pedidos, ou mais. Ao processo civil, portanto, aquilo que foi feito para ele. E somente para ele.

Já a sentença sem dispositivo não é nula, mas inexistente. Por esse motivo, iremos tratar do assunto mais adiante, quando nos ocuparmos, em item específico, com essa particular forma de não ser da sentença ou do acórdão.

Os vícios exógenos, por sua vez, como a própria denominação está a indicar, são os que nascem fora da sentença e, contaminando o processo, atingem-na plenamente. Assim, se o processo for declarado nulo, digamos, em virtude de não se haver assegurado ao réu o seu direito de defesa, a sentença aí proferida, será também nula. Sob o rigor lógico, como se pode perceber, a sentença, considerada em si mesma, no exemplo referido, não é nula (supondo-se que tenha atendido a todos os requisitos estabelecidos em lei, para a sua validade); a sua nulificação decorre, na verdade, do fato de o processo ser nulo, a contar de um momento antecedente a ela, ou seja, daquele em que o juiz teria cerceado o direito de defesa do réu. Como esse ato judicial e os subsequentes constituem um pressuposto lógico da sentença, é elementar que, pronunciada a nulidade daqueles, esta será afetada por essa decretação. Seria insensato imaginar que, na espécie, mesmo sendo nulos os atos que a antecederam, a sentença poderia sobreviver à declaração de nulidade. Em alguns casos, aliás, passa-se o inverso: a decretação de nulidade atinge, apenas, os atos decisórios, com o que ficam indenes os que não possuam essa natureza, como ocorre, *v. g.*, com a incompetência absoluta (CPC, art. 64, § 4.º). Mesmo assim, essa regra não é inflexível, pois o juízo competente poderá determinar, por exemplo, a realização de provas, se entender que as produzidas no juízo incompetente são insatisfatórias.

Os vícios exógenos, de que estamos a cuidar, consistem, portanto, em um reflexo, na sentença, da decretação de nulidade do processo. Podemos, por isso, cogitar de uma espécie de "nulidade reflexa" da sentença, para contrapô-la à "nulidade direta", esta caracterizada pela existência de vício fatal no corpo da própria sentença.

Para que não nos percamos em minúcias injustificáveis, estabeleçamos a seguinte regra: seja em virtude de vícios endógenos ou exógenos, de acordo com o conceito que formulamos, a sentença ou o acórdão serão nulos, rendendo ensejo, quase sempre, ao exercício da ação rescisória.

Esta nossa afirmação serve, não somente, para enunciar a mencionada regra, como, também, de ponto de contato com o item seguinte, onde iremos nos debruçar sobre o problema das sentenças rescindíveis.

b) Sentenças rescindíveis

Em geral, a rescindibilidade da sentença de mérito provém de uma nulidade que esteja a infectá-la. Essa nulidade, por seu turno, pode emanar, como vimos, de vícios endógenos ou exógenos.

São rescindíveis, em decorrência de vícios endógenos, as sentenças: a) proferidas com violação manifesta de norma jurídica (CPC, art. 966, V). Aqui, encaixam-se, entre outros, os arts. 489, I a III, 492, parágrafo único, do CPC, porquanto a norma legal, cuja infringência autoriza o exercício da ação rescisória, pode ser, também, de natureza processual; b) fundadas em erro de fato, verificável no exame dos autos (*ibidem*, VIII). Rescindem-se, em função de vícios exógenos, as sentenças: a) dadas por prevaricação, concussão ou corrupção do juiz. A prevaricação (do latim *praevaricatio*, de *praevaricari*, faltar ao dever, afastar-se do dever), em nosso sistema de Direito Penal, figura como um dos crimes praticados por funcionário público (conquanto o juiz não o seja) contra a administração pública em geral, consistente em "retardar ou deixar de praticar, indevidamente, ato de ofício, ou praticá-lo contra disposição expressa de lei, para satisfazer interesse ou sentimento pessoal" (CP, art. 319). A concussão (do latim *concussio*) é, igualmente, crime praticado por funcionário público e se caracteriza pelo ato de "exigir, para si ou para outrem, direta ou indiretamente, ainda que fora da função ou antes de assumi-la, mas em razão dela, vantagem indevida" (CP, art. 316). A corrupção (do latim *corruptio*, de *corrumpere*, pôr a perder, estragar, destruir, corromper) compreende as formas ativa e passiva. É desta que trata o art. 317 do Código Penal: "Solicitar ou receber, para si ou para outrem, direta ou indiretamente, ainda que fora da função ou antes de assumi-la, mas em razão dela, vantagem indevida, ou aceitar promessa de tal vantagem"; b) proferidas por juiz impedido ou absolutamente incompetente; c) provier de dolo da parte vencedora em detrimento da vencida, ou de colusão entre as partes, a fim de fraudar a lei. Dolo (do latim *dolus*, artifício, esperteza, velhacada) significa, na terminologia jurídica, especialmente na processual, toda sorte de ardil, de artimanha, de astúcia, de maquinação que um dos litigantes coloca em prática, com o objetivo de prejudicar o adversário. Colusão (do latim *collusio*) é o acordo fraudulento realizado em prejuízo de terceiro. Para que a rescisória possa ser ajuizada com esse fundamento, torna-se indispensável que: 1) a colusão tenha sido praticada pelas partes, 2) o pronunciamento jurisdicional rescindendo reflita a influência nele exercida pela colusão, 3) esta haja sido posta em prática, com o manifesto objetivo de fraudar a lei; d) que perpetrarem ofensa à coisa julgada, legalmente definida como "a eficácia, que torna imutável e indiscutível a sentença, não mais sujeita a recurso" (CPC, art. 502).

Afirmamos, no início deste tópico, que, de modo geral, a rescindibilidade das sentenças de mérito se origina de uma nulidade que esteja a contaminá-las. A ressalva feita teve o cuidado de colocar à margem dessa regra determinadas situações excepcionais, em que a sentença é rescindível mesmo quando não seja nula.

Se, por exemplo, a sentença se baseou em prova, cuja falsidade foi, posteriormente, comprovada em processo criminal, ela será suscetível de ataque pela via rescisória, facultando-se ao autor, inclusive, demonstrar a falsidade da prova nos autos da própria ação rescisória (CPC, art. 966, VI). Será rescindível, também, a sentença, se o autor, depois dela, obtiver prova nova, cuja existência desconhecia, ou de que não pôde fazer uso, desde que essa prova seja capaz, por si só, de lhe assegurar um pronunciamento favorável (*ibidem*, VII). Todavia, a sentença que se houver fundado em confissão, desistência ou transação, deve ser objeto de ação anulatória (CPC, art. 966, § 4.º), e não, de rescisória.

Nas demais situações descritas, a sentença poderá ser rescindida, ainda que, como ficou evidente, não contenha nenhuma nulidade. Uma outra regra, em face disso, pode ser formulada, com vistas ao assunto de que estamos a nos ocupar: toda sentença de mérito, que seja nula, pode ser rescindida, embora a rescindibilidade não pressuponha, invariavelmente, a existência de nulidade.

É elementar que só se rescinde aquilo que existe (o ser, portanto); essa afirmação, aparentemente dispensável, se justifica pela necessidade de tornar claro que as sentenças inexistentes não comportam rescisão. Não se pode rescindir o que nada é (o não ser) no mundo jurídico, embora exista, materialmente, no mundo sensível. Com isso, passamos ao próximo item de nossa exposição.

c) Sentenças inexistentes

Quando aludimos a sentenças ou a acórdãos inexistentes, não estamos, à evidência, motivados por investigações metafísicas, conquanto estejamos examinando o fenômeno jurídico sob a óptica ontológica.

Logo, não iremos nos dedicar a reflexões puramente gnosiológicas, marcadas por um menosprezo escolástico pela realidade prática, e, sim, lançar-nos a um estudo objetivo dessa modalidade de sentença, a que o Código dedicou pouca ou quase nenhuma atenção, procurando, com isso, traçar uma orientação doutrinária capaz de resolver, ainda que em parte, as dificuldades e perplexidades que o tema tem provocado, máxime na jurisprudência.

Um dos motivos de ordem prática, aliás, que nos levam ao estudo do assunto, decorre do fato, por nós já referido há pouco, de que as sentenças inexistentes não são rescindíveis, pois a rescisão pressupõe a existência válida, ou seja, jurídica, do ato a ser rescindido. Para sermos melhor compreendidos: como essa espécie de provimento jurisdicional não está protegida pela autoridade da coisa julgada, não pode ser objeto de ação rescisória e, sim, de ação declaratória de sua inexistência. Fique certo, por isso, que as sentenças inexistentes produzem efeitos enquanto não forem como tais declaradas. Para que ditos efeitos cessem, portanto, não basta que se saiba que a sentença inexiste, juridicamente, pois é imprescindível que o seu não ser seja declarado pelo órgão jurisdicional competente.

Não ignoramos que haja opiniões de peso, opostas à nossa. O que queremos deixar patente, porém, com o parecer que estamos a sustentar, é esse fenômeno próprio das sentenças inexistentes, consistente na aptidão para produzirem efeitos enquanto a sua inexistência não for pronunciada. Se, p. ex., a sentença foi proferida por quem não é juiz, parece-nos inegável que os seus efeitos (aparentemente) jurídicos não cessarão pelo simples fato de descobrir-se que quem a emitiu não pertence ao Poder Judiciário, mas, sim, no momento que houver, sobre esse fato, um reconhecimento jurisdicional.

O exercício da ação declaratória, ao contrário do pertinente ao da rescisória, não está subordinado a nenhum prazo. É, pois, imprescritível o direito de ajuizá-la.

Assim como as sentenças nulas, as inexistentes podem dimanar de "vícios" endógenos (internos) ou exógenos (externos).

Será juridicamente inexistente, por "vício" endógeno, *v. g.*, a sentença que não contiver dispositivo. A questão é polêmica, como sabemos. Em todo caso, estamos convencidos de que a falta do *decisum* implica não a nulidade, mas a inexistência da sentença ou do acórdão. Com efeito, se devêssemos considerar nula a sentença, neste caso, não poderíamos escapar às conclusões de que: a) ela produziria coisa julgada material; b) decorridos dois anos do seu trânsito em julgado não poderia mais ser desconstituída, tornando-se, assim, definitivamente imutável. Ora, como se poderia afirmar, sem convulsionar os princípios, que uma sentença sem dispositivo transita em julgado, quando é notório que a esse fenômeno jurídico não se submete a fundamentação (CPC, art. 504, I e II), mas, exclusivamente, o *decisum* — que, na espécie, a sentença não possui? Demais, há um obstáculo de ordem lógica à opinião de que estamos a divergir: se não há a parte dispositiva, como se poderá executar a sentença, se lhe falta o elemento essencial da condenação? Como diziam os italianos, "sentença sem dispositivo é o mesmo que sino sem badalo".

Por tudo isso, julgamos que a sentença desprovida de dispositivo não é nula, mas inexistente, do mesmo modo como a petição inicial que não contenha pedido não pode ser chamada de petição (= ato de pedir).

Um outro exemplo de sentença inexistente, em decorrência de vício endógeno, é a que não se encontra assinada pelo juiz. A propósito, em voto acompanhado pelos ilustres pares da 1.ª Turma do Tribunal do Trabalho da 9.ª Região, ao tempo em que o integrávamos, não admitimos o recurso ordinário interposto da sentença não assinada pelo juiz, por entender que faltava ao recorrente o indispensável interesse processual. Realmente, se a sentença não estava assinada, era ato juridicamente inexistente; logo, não impusera ao recorrente nenhuma condenação. Nesse concerto, o acórdão fez as vezes de ação declaratória de inexistência da sentença e determinou a devolução dos autos ao MM. juízo *a quo*, não para que assinasse a sentença (pois, aqui, era inaplicável o princípio da proteção, previsto no art. 796, "*a*", da CLT) e, sim, para que proferisse outra (e, por certo, a assinasse!), ainda que materialmente idêntica à anterior, cujo resultado do julgamento poderia, inclusive, ser totalmente diverso do estampado naquela.

A sentença não escrita, conquanto seja algo invulgar, também é inexistente, em razão de um vício que está nela própria (endógeno).

Como situações caracterizadoras de vícios exógenos, que conduzem à inexistência da sentença, podemos mencionar: a) a inexistência do próprio processo (por ter sido, digamos, conduzido por quem não era juiz, ou, sendo-o, encontrava-se aposentado ou afastado do cargo etc.); b) a sentença não publicada.

Deixamos, propositadamente, para apreciação destacada, o problema da sentença proferida em processo em que o réu não foi citado, tornando-se, em decorrência disso, revel. A polêmica doutrinal em torno desse tema é profunda e já chega a assumir dimensões preocupantes. A necessidade de saber se, na espécie, o processo será nulo ou inexistente não deriva de um interesse acadêmico, puramente teórico, senão que de um interesse concreto, real, pois a ilação a que se chegar a respeito terá indiscutível repercussão na ordem prática, como procuraremos demonstrar.

Segundo ficou dito na Primeira Parte deste livro (Cap. II), a citação válida constitui um dos pressupostos legais indispensáveis para o regular desenvolvimento de relação jurídica processual. Já a citação, considerada em si mesma, ou seja, consoante o seu sentido teleológico de dar conhecimento ao réu do ajuizamento de uma demanda, em que ele figura como parte, traduz um pressuposto de existência do processo. Essa separação entre a citação válida e a citação-em-si não só é reconhecida pela doutrina,[77] como se revela extremamente útil para resolver a questão respeitante a ser nulo ou inexistente o processo em que o réu não tenha sido citado.

Se, efetivamente, não houve citação, o processo será inexistente; se a citação foi feita, embora de modo irregular, o processo será nulo.

Em termos práticos, isso significa que a sentença proferida em processo: a) nulo, deverá ser objeto de ação rescisória (CPC, art. 966, V), no prazo fixado em lei; b) inexistente, deverá ser declarada em ação própria, ou incidentalmente (como, por exemplo, em grau de recurso), sendo imprescritível esse direito de ação. Os diferentes meios pelos quais se busca a invalidação de uma e outra sentença, na situação exposta, se justificam pelo fato de a sentença inexistente não conter o selo da imutabilidade, porquanto não gera o fenômeno da coisa julgada material, ao contrário, portanto, do que se dá com a sentença nula.

(77) PINTO, Tereza Arruda Alvim, ob. cit., p. 15.

Reitera-se, apenas, que a sentença, embora inexistente juridicamente, produzirá efeitos (= eficácia) enquanto não for assim declarada — hipótese em que a pronúncia de inexistência fará apagar, por inteiro, o rastro de aparência jurídica deixado por essa espécie de sentença.

Tidas como verdadeiras essas premissas, enfrentemos, agora, o problema referente à possibilidade de, no processo do trabalho, o devedor alegar, em seus embargos, a "nulidade" do processo de conhecimento, que se formou e se desenvolveu à sua revelia. Dita possibilidade é assegurada pelo processo civil, conforme evidencia o art. 525, § 1.º, I, embora, aí, o legislador tenha aludido à falta (inexistência) ou nulidade da citação, como se fossem expressões sinônimas.

Em obra anterior, quando estava a viger o CPC de 1973, expusemos o entendimento de que o art. 741, I, era inaplicável ao do trabalho, argumentando, dentre outras coisas, que os sistemas próprios de ambos os processos continham certas peculiaridades essenciais, que impediam fossem, referidos sistemas, mesclados ou imbricados, sob pena de graves distorções da estrutura lógica em que se apoiavam.[78] Como corolário dessa afirmação, procuramos mostrar que, enquanto, no processo civil, o réu revel não era intimado da sentença, pois o princípio legal é de que os prazos, contra ele, fluíam independentemente de cientificação (CPC, art. 322), no do trabalho havia exigência expressa no sentido de que o revel seja intimado da sentença (CLT, art. 852).

Não abandonamos aquela opinião; o que faremos, nas linhas subsequentes, nada mais será do que reexaminar a matéria, agora sob o pano-de-fundo da separação que realizamos, entre citação nula e inexistência de citação, separação que não fizemos naquele ensejo.

Citação nula. Quando falamos em citação nula, estamos pressupondo uma citação que existiu, que houve, a despeito de ter sido realizada com violação de norma tutelar de interesse público, do que decorre a invalidade do ato. Se, por exemplo, o réu foi citado (no processo de conhecimento) em domingo ou em feriado, ou fora do horário do expediente forense, sem autorização expressa do juiz, o ato processual, embora tenha sido realizado (logo, existiu), o foi em desacordo com a lei (CPC, art. 212), sendo, em razão disso, nula (CPC, art. 280). Apesar disso, não há negar que o réu tomou conhecimento da existência da ação, devendo, portanto, comparecer a juízo, para arguir a nulidade, hipótese em que a citação considerar-se-á efetuada na data em que ele ou seu advogado foi intimado da decisão que decretou a nulidade.

Sob esse aspecto, parece haver incidido em erro sistemático o estatuto de processo civil, ao permitir que o devedor, em seus embargos, alegue a nulidade do processo de conhecimento (onde foi revel) em decorrência da nulidade da citação (CPC, art. 525, § 1.º, I), uma vez que esse vício deveria ter sido por ele denunciado no próprio processo cognitivo, na medida em que, bem ou mal, ficou ciente da existência da ação.

Essa é, a nosso ver, a solução que deve ser dada ao problema, também no processo do trabalho. Devemos acrescentar que, sendo indiscutível o fato de o nulo transitar em julgado (basta ver que o art. 966 do CPC prevê o uso da rescisória para desfazer sentenças nulas, como

(78) *Execução no Processo do Trabalho*. 9.ª ed. São Paulo: LTr, 2005. p. 433.

patenteiam os incs. I, II, III, IV, V, VIII), fica difícil admitir a ideia de que o devedor possa, em sede de embargos à execução, alegar a invalidade do processo de conhecimento, em que a citação foi feita, conquanto de maneira irregular. Em muitos casos, aliás, nem se tratará de nulidade, mas de simples anulabilidade, como quando a citação for realizada mediante forma diversa da prescrita em lei (CPC, art. 277).

Citação inexistente. Como tal, consideramos a que não foi realizada, seja porque o seu instrumento nem sequer chegou a ser expedido, seja porque, se regularmente expedido, o ato teve como destinatária pessoa diversa daquela que deveria ser citada.

O que nos parece essencial assinalar, para efeito de caracterizar a inexistência jurídica da citação, é a particularidade de o réu não haver, efetivamente, tomado conhecimento da existência da ação — e poder produzir a consequente prova disso.

Nesse quadro, é absolutamente compreensível que se lhe dê oportunidade para alegar a falta (= inexistência) do ato quando oferecer embargos à execução, pois terá sido esta a primeira vez que soube da ação. O assunto, porém, não se esgota com esse concluimento. Dentro, ainda, do tema da inexistência de citação, no processo cognitivo, que faz gerar a revelia do réu, duas variantes devem ser colocadas em pauta, para estudos.

Uma coisa é o réu não haver sido citado para o processo de conhecimento e nem intimado da sentença e, outra, haver sido intimado dessa sentença.

a) No primeiro caso, é perfeitamente justificável que se conceda a ele a possibilidade de arguir, nos embargos que vier a oferecer à execução, a inexistência do próprio processo cognitivo, pela falta de citação, porquanto, como sublinhamos há pouco, somente ao ser citado para a execução é que ficou sabendo do ajuizamento da ação. É elementar que, inexistindo o processo, inexistirá tudo o que nele tenha sido produzido, como o (aparente) título executivo, representado pela sentença condenatória. Essa situação tem sido apreciada, com certa constância, pela jurisprudência trabalhista, que acabou por estabelecer a orientação de que o (suposto) devedor, citado para a execução, pode interpor recurso ordinário da sentença, onde postulará, perante o tribunal, o reconhecimento da inexistência do processo, excluída a petição inicial. Referida construção jurisprudencial, nada obstante venha sendo acatada por quase todos, traz, em si, um indisfarçável traço de ilogismo. Assim asseveramos porque, se o processo não tem existência (é o não ser), o réu (suposto devedor), ao ser citado para o que se imaginava ser a execução da sentença, deveria alegar a inexistência do processo cognitivo perante o próprio juízo de primeiro grau que poderia, se fosse o caso, acolher a arguição e pronunciar a inexistência daquele processo.

Poder-se-á objetar, no entanto, que a nossa opinião esbarra no art. 494 do CPC, de acordo com o qual, publicada a sentença de mérito, o juiz somente poderá alterá-la em virtude de embargos declaratórios ou para corrigir-lhe inexatidões materiais ou erros de escrita. Diante disso, devemos redarguir, em caráter proléptico, que essa norma do processo civil só é aplicável às sentença válidas ou nulas, jamais às inexistentes. O próprio processo civil, como vimos, permite ao devedor alegar a nulidade do processo de conhecimento perante o juízo da execução, em que pese ao fato de prever, o art. 525, § 1.º, I, como objeto dessa arguição, além da falta (o que é correto) de citação, a nulidade (o que é errado) desta. De qualquer forma, a referência a esse processo serve para demonstrar que não deve ser recebida como extravagante a ideia de poder o devedor alegar, na execução trabalhista, perante o juízo por onde ela se processa, a inexistência do processo cognitivo, por falta de citação.

Julgamos ser necessário que a doutrina trabalhista se convença, de uma vez para sempre, que os conceitos de sentença nula e de sentença inexistente são absolutamente inconfundíveis e que tal dessemelhança justifica a diversidade dos meios adequados à invalidação de uma e de outra e das competências jurisdicionais para decretar a nulidade ou declarar a inexistência.

b) No segundo caso, todavia, em que o réu não foi citado para o processo de conhecimento, mas foi intimado da sentença, não se pode admitir que venha a alegar, somente nos embargos à execução, a falta daquele ato, pois o momento oportuno para fazê-lo era o do recurso ordinário, que interpôs ou deveria ter interposto da mencionada sentença.

Embora, o processo seja, também aqui, inexistente, pela falta de citação, deveria o réu ter alegado o vício em grau de recurso, porquanto foi intimado da sentença proferida à sua revelia. Não nos parece ser por outro motivo que a lei exige a intimação do revel, conforme já afirmamos (CLT, art. 852). Convém insistir, neste ponto: por que razão o processo do trabalho, ao contrário do processo civil, determina que o réu revel seja intimado da sentença, a não ser, exatamente, para que possa, em grau de recurso ordinário, alegar a inexistência do processo cognitivo? Por aí se vê ser inconciliável com o processo do trabalho a regra do art. 525, § 1.º, I, do CPC, que concede ao devedor o direito de alegar, em seus embargos (impugnação), a "nulidade" (*rectius*: inexistência) do processo de conhecimento, por falta da citação. Essa norma só se harmoniza com o sistema do processo civil, onde, como se sabe, o revel não é intimado da sentença (CPC, art. 346), de tal maneira que, em princípio, ele só vem a ter ciência da ação no momento em que for citado para a execução.

Resumo

O caráter multifário do tema que constitui objeto deste Capítulo sugere-nos formular, com efeito didático, uma síntese do quanto expusemos a respeito. É o que faremos, a seguir:

a) ato processualmente nulo é o que, embora exista no mundo jurídico, foi praticado mediante violação de norma legal tuteladora de um interesse público; a nulidade não se convalida, podendo ser decretada, *ex officio*, pelo juízo competente, e arguida pelas partes, em qualquer tempo ou grau de jurisdição;

b) ato anulável é, igualmente, o que existe, do ponto de vista jurídico, mas foi realizado com ofensa a norma protetiva de interesses puramente privados; a anulabilidade deve ser alegada pela parte (que não lha tenha dado causa), na primeira vez em que tiver de falar nos autos ou em audiência, sob pena de preclusão temporal;

c) ato inexistente é o que só existe materialmente, pois a sua existência jurídica é, apenas, aparente; assim como o ato nulo, o inexistente pode ser declarado de ofício, pelo juiz, ou alegado pelas partes, em qualquer tempo, exceto em situações excepcionais;

d) a sentença nula passa em julgado, podendo, por isso, ser rescindida; a rescisão das sentenças (em sentido amplo) não pressupõe, contudo, como elemento imprescindível, a presença de nulidade;

e) as sentenças inexistentes, por não produzirem coisa julgada material, devem ser objeto de ação declaratória, cujo exercício do direito é imprescritível; a declaração de inexistência pode ser feita, em alguns casos, *incidenter tantum*, ou seja, independentemente do ajuizamento de ação específica, como, *e. g.*, em grau de recurso;

f) sentença sem dispositivo não é nula e, sim, inexistente;

g) as sentenças podem ser nulas ou inexistentes, em decorrência de duas classes de vícios: a) endógenos, quando instalados na própria sentença; é esta, pois, que os origina; b) exógenos, quando nascidos fora da sentença, contaminando-as gravemente;

h) no que toca, particularmente, à possibilidade de o devedor alegar, nos embargos à execução, a nulidade do processo de conhecimento, que se formou e se desenvolveu à sua revelia, devem ser observadas as seguintes regras: 1) tratando-se de citação nula, ou seja, que foi feita, embora em desacordo com a lei, não será possível ao devedor alegá-la, nos embargos, pois, como dissemos, em nosso sistema jurídico o nulo transita em julgado; logo, a nulidade deve ser desfeita por meio de ação rescisória da sentença emitida no processo de conhecimento; 2) cuidando-se de falta de citação, deve ser verificado se o réu foi intimado da sentença proferida à sua revelia, ou se não o foi.

No primeiro caso, não poderá alegar, nos embargos, o vício, porque, ao ser intimado da sentença, deveria tê-la impugnado mediante recurso ordinário, oportunidade em que postularia, perante o tribunal, a declaração da inexistência do processo cognitivo, como um todo. Ao não recorrer da sentença, permitiu que esta, em situação verdadeiramente extraordinária, passasse em julgado (pois a inexistência, ao não ser alegada no momento oportuno, fez gerar, excepcionalmente, a preclusão). Logo, poderá fazer uso da ação rescisória para desconstituir a *res iudicata* material.

No segundo, será lícito ao devedor alegar a inexistência do processo de conhecimento, por falta de citação, pois somente ao ser citado para a execução foi que tomou conhecimento da existência da ação (demanda) — lembrando-se que não havia sido intimado da sentença condenatória.

A inexistência deverá ser declarada, sempre que for o caso, pelo próprio juízo da execução, pois a norma proibitiva, que se esplende do art. 494 do CPC, só se justifica em face das sentenças válidas ou nulas, nunca das inexistentes.

Capítulo XI

Técnica de Sentenciar

Comentário

O momento em que o juiz se recolhe para redigir a sentença traduz o acontecimento mais notável do seu ofício. A própria sentença, como já foi dito, constitui o evento mais importante do processo, o seu ponto de culminância. Acompanhado, apenas, pelas convicções e incertezas que, num entrechoque perverso, costumam tomar-lhe de assalto o espírito nessas ocasiões, o juiz sente pesar em seus ombros, mais do que nunca, a responsabilidade do cargo, pois agora terá de decidir, com equilíbrio e segurança, sobre o direito em torno do qual as partes se digladiaram intensamente. Pode-se afirmar, por isso, que o ato de sentenciar traduz o exercício de uma solidão responsável.

Esse momento, entretanto, é muito mais cruciante — por ser crucial — para as partes, por saberem que, após uma lide extenuante, que lhes consumiu tempo e dinheiro, a sentença poderá ser a causa de sua ruína ou de sua fortuna, de seu regozijo ou de sua tragédia pessoal. Compreende-se, por isso, a expectativa e, não raro, a ansiedade que dominam os litigantes nesse espaço de tempo que antecede à leitura da sentença. Compreende-se, por esse mesmo motivo, a linguagem cáustica e deselegante com que, quase sempre, se dirigem ao pronunciamento jurisdicional, quando dele recorrem. Poucos sentimentos revelam-se tão incômodos e angustiantes como o de injustiça. Só o homem é capaz de ter consciência do que é justo e do que é injusto, conquanto vá, nesse juízo, no mais das vezes, uma considerável carga de subjetividade.

Não é bastante, por isso, que o juiz conheça o Direito; é essencial que possua sensibilidade para perceber o quanto a sentença representa para as partes. Benditos são os magistrados que, mesmo curvados pelo peso dos anos, não transformam o ofício de julgar em algo mecânico, não produzem sentenças em profusão apenas para melhorar o seu desempenho no quadro das estatísticas judiciárias. Julgar é sentir; e sentir significa ter sensibilidade. A este respeito, parece-nos oportuno recordar um trecho do livro *"O Último Dia de um Condenado à Morte"*, de Víctor Hugo. Este livro foi uma espécie de libelo contra a pena de morte, que vigorava na França. A personagem principal, uma pessoa humilde que fora condenada à morte, encontrava-se na prisão, aguardando o momento de ser conduzida ao cadafalso. Ninguém se comunicava com ele; o carcereiro se limitava a trazer-lhe a ração do dia. Nesse momento, em que sua mente estava convulsa, tomada por um torvelinho de pensamentos angustiantes, ele vê ingressar em sua cela o capelão do presídio. Uma rajada de alívio se apossa de sua alma — não porque imaginasse que o velho capelão iria trazer-lhe a notícia de um indulto concedido pelo rei, mas porque poderia, enfim, conversar com alguém, narrar-lhe a sua angústia, revelar-lhe os últimos pensamentos. Todavia, o capelão mal o fita nos olhos, limita-se a dirigir-lhe algumas palavras em latim, e se retira. Um profundo sentimento de frustração toma conta do prisioneiro. Conheçamos as palavras de desolação desse miserável, lavradas pela pena genial de Victor Hugo:

> "Este padre é o titular da prisão. Sua profissão é consolar e exortar, vive disso. Os forçados (pessoas condenadas às galés), os pacientes, são da alçada de sua eloquência. Confessa-os, assiste-os, porque é a função dele. Envelheceu levando os homens para a morte. Faz tempo que ele está acostumado ao que dá calafrios nos outros; seu cabelo, bem encanecido, já não fica mais em pé; os trabalhados forçados e o cadafalso fazem parte do cotidiano para ele. *Ficou insensível.* Ele provavelmente tem um caderninho, em que anota, tal página, os forçados, tal página os condenados. Avisam-no de véspera que haverá alguém para ser consolado a tal hora; pergunta o que é, forçado ou supliciado? Passa mais uma vista em tal página e se dirige para cá. (...)
>
> Oh! Que mandem buscar, em vez disso, algum jovem vigário, algum velho padre, ao acaso, na primeira paróquia; que o peguem juntinho da lareira, lendo seu livro, sem suspeitar de nada, e que lhe digam: há um homem que vai morrer e cabe ao senhor consolá-lo. O senhor tem que estar presente quando atarem as mãos dele, quando cortarem o cabelo dele; o senhor terá que subir com ele na charrete com seu crucifixo, para esconder dele o carrasco; terá que sacolejar com ele nos paralelepípedos até a Grève; terá que atravessar com ele a horrível multidão sedenta de sangue; terá que beijá-lo no pé do cadafalso, e ficar até a cabeça dele estar aqui e o corpo lá.
>
> Que me tragam, então, todo palpitante, todo arrepiado da cabeça aos pés; que me joguem nos braços dele, aos pés dele; e ele chorará e nós choraremos, e será eloquente e eu estarei consolado, e meu coração desaguará no dele, e ele tomará minha alma e eu tomarei o Deus dele.
>
> Mas aquele bom velho, o que é para mim? O que sou para ele? Um indivíduo da espécie infeliz, uma sombra como já viu tantas, uma unidade para acrescentar ao número das execuções".

Deixemos a literatura de lado.

Não nos move, nestas páginas que estamos a escrever, o propósito de empreender um discurso a respeito da justiça ou da injustiça das decisões judiciais. Nossos comentários só pretenderam ressaltar os contornos dramáticos desse momento de extrema significação para a vida das partes, em que o juiz se prepara para emitir a sentença de mérito. Esse momento, enfim, em que ele terá, não só, de oferecer uma resposta jurisdicional às pretensões *in iudicio deducta*, senão que justificar (conquanto talvez não saiba que esteja a fazê-lo) o veto estatal à possibilidade de os indivíduos solucionarem, com os meios de que disponham, o conflito de interesses em que se encontram envolvidos.

Esse elemento político das sentenças não pode ser ignorado pelo juiz, pois se o Estado tornou defesa a autotutela de direitos, como providência necessária para assegurar a estabilidade das relações sociais e jurídicas, é absolutamente indispensável que o magistrado, substituindo as partes numa atividade que estas desejariam realizar pessoalmente, com vistas a obter ou a preservar um bem ou uma utilidade da vida, componha de maneira adequada o conflito de interesses. Compor adequadamente significa, em termos gerais, fazer incidir, com precisão, no caso concreto, as normas legais pertinentes, inclusive, as de natureza processual, sem menosprezar os princípios de que se nutre o processo do trabalho.

É oportuno lembrar que o juiz, como reitor do processo, não pode converter-se em déspota. A sua atuação está subordinada à lei que, dentre outros deveres, impõe-lhe o de ministrar um tratamento rigorosamente isonômico às partes, máxime no processo cognitivo (CPC, art. 139, I). A ampla liberdade, que o processo do trabalho lhe atribui (CLT, art. 765), não deve constituir pretexto para a quebra desse dever.

Concentremos, portanto, a partir de agora, nossa atenção na figura do magistrado, não mais para dizer da importância de sua atuação como sujeito desinteressado do processo, mas do procedimento técnico que deve adotar quando tiver, diante de si, os autos, para redigir a sentença. Tenhamos, assim, uma visão pragmática desse momento.

Podemos afirmar que, em regra, a fase em que o juiz se prepara para emitir a sentença é constituída por dois estádios distintos, logicamente preordenados, a que denominamos de: a) verificação dos fatos da causa e b) ordenação das matérias. Vencida essa fase preparativa, vem a decisória, de tal arte que podemos assim esquematizar o que dissemos:

I – Fase preparativa:

a) verificação dos fatos da causa

b) ordenação das matérias {
- providências saneadoras
- preliminares
- prejudiciais
- mérito

II – Fase decisória:

apreciação das matérias {
- providências saneadoras
- preliminares
- prejudiciais
- mérito

Esmiucemos essas fases.

Fase preparativa

a) Verificação dos fatos da causa

A primeira atitude que deve tomar o juiz, quando tiver diante de si os autos, para decidir, é cientificar-se dos fatos da causa. Essa observação pode parecer curiosa, mas a verdade é que, tirante umas poucas exceções, o juiz: a) ou estará, nessa oportunidade, tomando conhecimento, pela primeira vez, desses fatos; b) ou deles já não se recorda.

No primeiro caso, a insciência dos fatos deriva, muitas vezes, da inaplicabilidade, ao processo do trabalho, do princípio da identidade física do juiz (TST, Súmula n. 136), cuja circunstância faz com que, na prática, o magistrado que redige a sentença nem sempre seja o que presidiu a instrução oral, do mesmo modo como este nem sempre coincide com o que participou da audiência dita "inicial". No segundo, o esquecimento dos fatos decorre, em regra, do longo período de tempo que vai do encerramento da instrução oral ao julgamento. Sob esse aspecto, seria ideal que o órgão jurisdicional realizasse uma só audiência, na qual todos os atos do procedimento pudessem ser praticados (oferecimento da resposta, pelo réu; interrogatório das partes; inquirição das testemunhas; razões finais; propostas conciliatórias, etc.), porquanto essa concentração permitiria ao juiz formar o seu convencimento jurídico baseado em fatos que ainda se encontrariam vivos em sua memória. Não queremos, com isso, dizer que o juiz possa decidir contra a prova existente nos autos e, sim, que os fatos retidos em sua memória poderiam dar-lhe uma visão mais nítida do conjunto das provas. Na prática, entrementes, como todos sabemos, a audiência se fragmenta em duas, três ou mais, fazendo com que, não raro, um juiz atue, pela primeira vez, no processo, exatamente para redigir a sentença.

Seja como for, é imprescindível que o juiz tome conhecimento dos fatos da causa, não somente para ir delineando o seu convencimento, mas para poder, logo em seguida, ordenar, de maneira lógica, as matérias e questões que terá de apreciar, vale dizer, sobre as quais terá de emitir, fundadamente, um juízo de valor. Para tanto, é necessário que ele leia, atentamente, tudo quanto consta dos autos, como a petição inicial, a resposta do réu (pois é aqui em que, por exemplo, as preliminares e as prejudiciais são suscitadas), os documentos (incluído, à evidência, o laudo pericial, quando houver), o depoimento das partes e das testemunhas, as razões finais etc.

Sem um conhecimento seguro dos fatos da causa (nomeadamente, dos principais), o juiz não poderá ordenar, com eficiência, as matérias e questões a que nos referimos, fazendo com que a sentença seja omissa quanto a uma delas, ou as aprecie em ordem ilógica ou tumultuária, colocando, *v. g.*, a prescrição extintiva antes das condições da ação.

Perceba-se que, no esquema por nós elaborado, a fase de *verificação* dos fatos da causa precede à da *ordenação* das matérias a serem examinadas. Com isso, queremos deixar claro que essa verificação constitui uma espécie de pressuposto para aquela ordenação, à qual se liga, portanto, segundo um nexo teleológico. Por outro modo de dizer: dita verificação dos fatos, embora deva ser ampla, do ponto de vista horizontal (extensão), não o é, necessariamente, sob o ângulo vertical (profundidade). Sendo assim, nada impede — ao contrário, tudo sugere — que o juiz leia, novamente, as peças dos autos, quando estiver para decidir, ou seja, após haver tido um contato inicial com os fatos e procedido, em razão disso, à ordenação das matérias. A segunda leitura deve ser exaustiva, pois a têmpera da convicção jurídica do magistrado será determinada pelo domínio que tiver dos fatos da causa, nos campos gnosiológico e axiológico.

O relatório, como dissemos algures, tem esse sentido político de fazer com que o magistrado demonstre, às partes, haver lido o que se contém nos autos e, assim, possa decidir mediante um conhecimento seguro dos fatos da causa.

b) Ordenação das matérias

Seria, sem dúvida, desejável que a sentença pudesse passar, diretamente, do relatório para o exame do mérito. Nem sempre, contudo, isso é possível. Amiúde, são suscitadas, pelo réu, preliminares e prejudiciais, e, por ambas as partes, arguidas nulidades, exigindo que o juiz as aprecie antes das matérias de fundo da causa. Demais, o juiz pode conhecer, *ex officio*, de determinadas questões.

Justamente para ordenar, segundo um critério juridicamente lógico, não apenas essas preliminares, prejudiciais e questões, como as próprias matérias de mérito, é que o juiz deve ler os autos (fase de verificação dos fatos).

Essa ordem deve ser, em princípio, a seguinte: 1) providências saneadoras; 2) preliminares; 3) prejudiciais; 4) mérito, embora possa sofrer eventuais alterações, em decorrência de particularidades de cada caso concreto.

Não basta, no entanto, distribuir essas matérias em uma ordem lógica; é necessário que essa mesma ordenação lógica seja feita no interior de cada questão, sempre que for o caso.

Assim, em tema de preliminares, *e. g.*, se foram arguidas a incompetência absoluta e a carência da ação, aquela deverá ser apreciada em primeiro lugar, pois se o juízo considerar-se incompetente não poderá, nem sequer, examinar se estão presentes as condições da ação. Na verdade, a preliminar de incompetência absoluta deve ser apreciada antes de qualquer outra que se tenha alegado, exatamente pelo motivo indicado. Se, por outro lado, as preliminares se referem à carência da ação e à coisa julgada, aquela será analisada por primeiro, uma vez que se o autor for declarado carecente da ação essa pronúncia terá preeminência sobre a de coisa julgada.

Também quanto ao mérito, essa ordenação interna deve ser efetuada. Se o autor postula o reconhecimento da existência de vínculo de emprego com o réu, e, este, negando o vínculo, se vale do princípio da eventualidade (CPC, art. 336), para alegar o cometimento de falta grave, por parte daquele, é óbvio que o juiz terá que apreciar, por primeiro, o assunto relativo ao vínculo de emprego, pois, negado que seja, ficará prejudicado o exame da alegada falta grave.

De igual modo, no plano dos tribunais, cumpre ao relator ordenar as matérias e questões suscitadas no recurso, sejam elas pertinentes a preliminares ou ao mérito. Devemos, apenas, reiterar a nossa opinião, expressa no Capítulo anterior, de que as preliminares arguidas em primeiro grau se convertem, quase sempre, em *mérito do recurso* (sentido estrito), em contraposição ao *mérito da causa* (sentido amplo). A carência da ação, *v. g.*, que é uma preliminar típica, em primeiro grau de jurisdição, transforma-se em mérito do recurso, podendo ser, aliás, a única matéria que dá conteúdo ao recurso (adesivo, talvez) do réu. Nesta hipótese, como se pode afirmar que a carência da ação deva ser tratada como *preliminar*, sendo ela, no exemplo mencionado, o conteúdo exclusivo do recurso do réu e, por isso, a nada antecedendo?

Detenhamo-nos por aqui. Seria completamente absurdo e insensato de nossa parte tentar sistematizar todos os casos em que o juiz deveria ordenar, de maneira lógica, as matérias e questões contidas nos autos. O que importa é a regra, que diz da necessidade de essa ordenação ser realizada, não apenas entre essas matérias (providências saneadoras, preliminares, prejudiciais, mérito), mas, também, dentro de cada uma delas.

Para arrematar: se, na fase de verificação dos fatos, a nota característica é a cognição, na de ordenação é a organização.

Fase decisória

a) Providências saneadoras

Pode parecer estranho o fato de estarmos a falar em providências saneadoras, no momento em que o juiz está para elaborar a sentença, porquanto essas providências, como é elementar, devem ser tomadas muito antes disso, conforme seja a sua classe ou natureza. A realidade, porém, tem demonstrado que, por um motivo ou outro, certas irregularidades processuais não são corrigidas no momento oportuno, razão por que a sanação acaba sendo determinada, pelo juiz, não na sentença, mas na oportunidade em que estava prestes a redigi-la.

Se, após compulsar os autos, ele certificar-se, digamos, que deixou de oferecer ensejo para que um dos litigantes, ou, mesmo, ambos, apresentassem razões finais, deverá converter o julgamento em diligência, para o fim específico de suprir a falta (CPC, art. 938, § 1.º), e, com isso, evitar que o tribunal decrete, em grau de recurso ou em sede de ação rescisória (CPC, art. 966, V), a nulidade do processo. O mesmo se diga, *mutatis mutandis*, no caso de não ter sido formulada a segunda proposta de conciliação, de não se ter dado vista a uma das partes de documentos juntados pela outra etc. Em tais situações, o juiz estará tornando concreto o princípio doutrinal da proteção, inscrito no art. 796, "*a*", da CLT, conforme o qual a nulidade não será pronunciada quando for possível suprir-se a falta ou repetir-se o ato.

Essas providências saneadoras, portanto, não integram a sentença, senão que impedem o seu proferimento, ou melhor, se destinam a eliminar uma causa virtualmente nulificante do pronunciamento jurisdicional.

Nos tribunais, p. ex., o relator, verificando que uma das partes, que teria interesse de recorrer, não foi intimada da sentença, ou do recurso interposto pela outra, deverá determinar que os autos sejam provisoriamente devolvidos ao juízo *a quo*, a fim de que a falta seja suprida, evitando, com isso, que o julgamento do recurso seja realizado com risco de o acórdão vir a ser, mais tarde, fulminado de nulo (CPC, art. 938, § 1.º).

Convém insistir: as "providências saneadoras", de que estamos a cuidar, só foram inseridas, esquematicamente, na fase decisória em virtude de a realidade prática estar a demonstrar que, na maioria das vezes, essas providências, no processo do trabalho, só são adotadas no momento em que o juiz se encontra manuseando os autos (fase de "verificação dos fatos"), com vistas a separar as matérias e questões a serem ordenadas e, mais adiante, apreciadas pela sentença. Por isso, preocupamo-nos em sublinhar que essas providências não fazem parte da sentença, conquanto se destinem a impedir que ela seja contaminada por irregularidades capazes de atrair um decreto de nulidade. Tragamos à baila, uma vez mais, a falta de oportunidade para a apresentação das razões finais e de formulação da segunda proposta tendente à conciliação, para que possam ser compreendidos os motivos pelos quais, na classificação binária que fizemos (fase preparativa e fase decisória), incluímos as providências saneadoras nesta última, do ponto de vista de sua concretização.

As preliminares, as prejudiciais e o mérito, como é óbvio, integram a sentença, devendo, por isso, ser apreciadas, cada uma a seu tempo, na fundamentação.

b) Preliminares

Vistas sob o aspecto de sua relação com o processo, as denominadas preliminares se apresentam como pressupostos de desenvolvimento deste. Nesse sentido, cabe-nos invocar a classificação que apresentamos na Primeira Parte deste livro (Capítulo II), na qual figuram como pressupostos de desenvolvimento: a) quanto às partes, a capacidade de ser parte, a de estar em juízo (CPC, art. 337), e a postulatória (CPC, art. 337, IX); b) quanto ao juiz, a jurisdição, a competência (CPC, art. 337, II) e a imparcialidade; c) quanto ao procedimento, a inicial apta (CPC, art. 337, IV), a citação válida (I), a inexistência de perempção (V), de litispendência (VI), de coisa julgada (VII) e de conexão (VIII).

Examinadas, contudo, segundo o ângulo óptico do réu, essas preliminares constituem defesa indireta, de índole processual. Com efeito, quando o réu comparece a juízo, para responder à ação, ele pode, antes de discutir os temas pertinentes ao mérito da causa, ou seja, ao fundo da demanda, suscitar determinadas questões que, por sua natureza, devem ser apreciadas antes do *meritum*. Daí, a razão lógica, pela qual a doutrina tem dado a essas questões o denominativo de *preliminares*.

O estatuto de processo civil menciona, no art. 337, as seguintes preliminares: inexistência ou nulidade da citação; incompetência absoluta; incorreção do valor da causa; inépcia da petição inicial; perempção; litispendência; coisa julgada; conexão; incapacidade da parte, defeito de representação ou falta de autorização; convenção de arbitragem; ausência de legitimidade ou de interesse processual; falta de caução ou de outra prestação, que a lei exige como preliminar; indevida concessão do benefício de gratuidade da justiça.

Duas observações devem ser feitas a respeito desse dispositivo legal. Em primeiro lugar, o rol, por ele indicado, não é exaustivo, motivo por que será possível ao réu suscitar, como preliminar, questões não previstas no art. 337, como, *e. g.*, realização da audiência com inobservância do prazo estabelecido pelo art. 841, *caput*, da CLT; não recebimento de cópia da petição inicial, ou ser esta ilegível ou incompleta; falta de pressuposto legal indispensável para a constituição de regime litisconsorcial facultativo; perempção etc. No processo do trabalho, aliás, a própria impugnação do valor dado à causa é apresentada sob a forma de preliminar, na contestação. Em segundo, não nos parece correta a ordem das questões enumeradas pelo art. 337 do CPC. É verdade que a indicação de uma ordem rigorosamente perfeita constitui desafio invencível, pois a disposição dessas questões está sujeita a variações, em decorrência das particularidades de cada caso concreto. Mesmo assim, pensamos que o legislador poderia ter estabelecido uma sequência capaz de atender, ainda que em parte, às exigências lógicas; como, por exemplo, a seguinte: a) incompetência absoluta; b) inexistência ou nulidade de citação; c) carência da ação; d) incapacidade de parte, defeito de representação ou falta de autorização; e) inépcia da petição inicial; f) incorreção do valor atribuído à causa; g) convenção de arbitragem; h) perempção; i) conexão ou continência; j) litispendência; k) coisa julgada; l) falta de caução ou de outra prestação, exigida por lei; m) indevida concessão de gratuidade da justiça.

Efetuada a ordenação interna das preliminares, na fase a que chamamos de *preparativa*, caberá ao órgão jurisdicional passar a apreciá-las, vale dizer, a decidir sobre elas (fase decisória).

De modo geral, a sentença deve examinar todas as preliminares suscitadas, ainda que o acolhimento da primeira delas implique a extinção do processo. Imaginemos que o réu haja alegado inépcia da petição inicial e carência da ação e o juiz, acolhendo a primeira preliminar, determine a extinção do processo sem julgamento do mérito (CPC, art. 485, VI), deixando, assim, de analisar a segunda. Se o tribunal der provimento ao recurso do autor, para afastar a declaração de inépcia da inicial, pode ocorrer de, retornando os autos ao juízo *a quo*, este acolher, agora, a outra preliminar, de carência da ação, fazendo com que o autor tenha de interpor novo recurso ordinário. O que não se dizer, então, daqueles casos em que são alegadas três, quatro ou mais preliminares? O fato de o tribunal poder conhecer *ex officio* de determinadas preliminares não justifica o fato de o juiz de primeiro lugar apreciar apenas uma delas, entre as diversas que foram suscitadas pela parte.

Incumbe ao juiz, portanto, decidir a respeito de todas as preliminares levantadas, ainda que o acolhimento da primeira delas possa conduzir, por si só, à extinção do processo. Em resumo, a entrega da prestação jurisdicional deve ser exaustiva não só quanto ao mérito, mas, também, no tocante às preliminares. Essa exigência de exaustão está insinuada no art. 489, II, do CPC, ao declarar que a sentença deve apreciar, na fundamentação, "as (= todas) questões principais de fato e de direito" submetidas à cognição do magistrado.

Em termos gerais, o acolhimento de uma preliminar produz a extinção do processo sem julgamento do mérito. Assim se dá, *v. g.*, com a inépcia da inicial, a incapacidade da parte, o defeito de representação e a falta de autorização, a perempção, a litispendência, a coisa julgada, a convenção de arbitragem e a carência da ação (CPC, art. 485). A lógica do regime legal parece residir, em princípio, no fato de que, extinto o processo sem exame das questões de fundo, ou seja, sem que a lide tenha sido composta, nada obsta a que o autor ajuíze, novamente, a ação. Essa faculdade, a propósito, é assegurada pelo art. 496 do CPC. Estabelece o § 1.º do art. 486 que "No caso de extinção em razão de litispendência e nos casos dos incisos I, IV, VI e VII do art. 485, a propositura da nova ação depende da correção do vício que levou à sentença sem resolução do mérito".

Certas preliminares, no entanto, quando acatadas, não implicam o término do processo, como se dá, por exemplo, com a incompetência absoluta e a conexão. No primeiro caso, o juízo que se considerar incompetente deve ordenar a remessa dos autos àquele que entende ser dotado de competência (CPC, art. 64, § 3.º); no segundo, os autos serão reunidos a outros ou encaminhados ao juízo prevento (CPC, arts. 57 e 58). O mesmo se afirme quanto à impugnação do valor da causa.

Algumas nótulas se fazem, ainda, necessárias para a adequada compreensão do assunto concernente à extinção do processo, em virtude do acolhimento de preliminar: a) tratando-se de inépcia da petição inicial, o processo somente poderá ser extinto se o autor não atender, no prazo legal, ao despacho destinado a permitir-lhe fazer desaparecer a causa da inépcia (CPC, art. 321 e parágrafo único); b) no caso de incapacidade da parte, defeito de representação ou falta de autorização, deve o juiz suspender o processo e assinar prazo para ser sanado o defeito; somente se o despacho não for cumprido é que haverá a extinção do processo — e desde que a providência coubesse ao autor (CPC, art. 76, § 1.º, I). O mesmo pode ser dito quanto à caução, classificada pela doutrina como impedimento processual, embora entendamos ser ela inconciliável com o processo do trabalho. Estamos a referir-nos, especificamente, à caução prevista no art. 300, § 1.º, do CPC, (contracautela), ainda que a sua imposição seja facultativa; c) a nosso ver, a declaração de carência da ação, por ilegitimidade de parte ou por ser o pedido juridicamente impossível (não, necessariamente, por ausência de interesse de agir) impedem que o autor ajuíze, outra vez, a ação, pois, em princípio, continuarão a existir a ilegitimidade (ativa ou passiva) e o veto legal à formulação do pedido.

Ainda que, no geral, as matérias disciplinadas como preliminares, pelo art. 337 do CPC, sejam alegadas pelo réu, o juiz pode conhecê-las por sua iniciativa. Na verdade, o juiz só não pode conhecer, *ex officio*, da convenção de arbitragem e a incompetência relativa, por força do estatuído no art. 337, § 5.º, do CPC.

c) Prejudiciais

Há determinadas matérias que não pertencem ao capítulo das preliminares, nem se encaixam na craveira do mérito, aqui entendido como o objeto da lide, a *res in iudicio deducta*. São nas denominadas *prejudiciais* que, no terreno do processo do trabalho, se compreendem, comumente, a prescrição extintiva e a decadência.

Analisadas sob um aspecto amplo, as prejudiciais não deixam de ser também preliminares, porquanto a apreciação daquelas, assim como destas, antecede, lógica e cronologicamente, ao exame do mérito. Mantido o mesmo ângulo óptico, será possível identificar-se nas preliminares um sentido de "prejudicial", se levarmos em conta o fato de que o acolhimento delas obsta a apreciação do mérito.

Quando, no entanto, se põem, em uma classe, as preliminares e, em outra, as prejudiciais, quer-se, com isso, demonstrar que embora ambas sejam examinadas antes do mérito só as prejudiciais têm uma certa ligação com este, ainda que oblíqua ou reflexa. Essa ligação pode ser percebida pelo fato de apenas a declaração de prescrição extintiva ou de decadência ter ressonância no mérito, de maneira a impedir que a parte retorne a juízo para renovar os pedidos. Por outras palavras, enquanto as preliminares, quando acolhidas, provocam, em muitos casos, a extinção do processo sem pronunciamento sobre as questões de fundo da causa (observadas as exceções que apontamos há pouco), as prejudiciais, uma vez reconhecidas pela sentença, conduzem ao fim do processo, mediante resolução do mérito, em consonância com o sistema construído pelo diploma processual civil de nossos país (art. 487, II).

Como é elementar, a apreciação das prejudiciais deve ser feita após a das preliminares, sabido que aquelas representam um passo a mais em direção ao mérito, equivale a afirmar, estão mais perto deste, refletem a sua luz, conquanto com ele não se confundam.

Na vigência do CPC de 1973, dissemos que se o tribunal desse provimento ao recurso que o autor interpôs da sentença que considerou integralmente prescrito o seu direito de ação não deveria, ato contínuo, ingressar no exame do mérito — sob pena de suprimir um grau de jurisdição — e, sim, devolver os autos ao juízo *a quo*, para que o fizesse. Igual regra deveria ser respeitada, no concernente à decadência. O CPC de 2015 modificou, entretanto, esse regime, ao dispor, no art. 1.013, § 4.º, que o tribunal, quando reformar, em grau de apelação, a sentença que declarou a prescrição ou a decadência, deverá, se possível, julgar o mérito, "examinando as demais questões, sem determinar o retorno do processo ao juízo de primeiro grau". A despeito dessa alteração legislativa, seguimos entendendo que, no sistema peculiar do processo do trabalho o tribunal, ao dar provimento ao recurso ordinário do autor, não deverá julgar o mérito, e sim, determinar o retorno dos autos ao juízo de primeiro grau, a fim de ser complementada a prestação jurisdicional, na origem. No caso com o qual estamos a nos ocupar, o julgamento imediato do mérito, pelo tribunal, conforme afirmamos, implica uma desaconselhável e injusta supressão de grau jurisdicional.

Um registro final: tratando-se de direitos patrimoniais (como é o caso, em regra, dos direitos do trabalhador), o juiz não poderia conhecer da prescrição, por sua iniciativa, como advertia o art. 219, § 5.º, do CPC. Permitia-se-lhe, todavia, declarar, *ex officio*, a decadência. Entretanto, por força da Lei n. 11.280/2006, que deu nova redação ao referido dispositivo, o juiz passou a ter o *dever* de pronunciar, de ofício, a prescrição. No CPC de 2015, essa possibilidade de o juiz pronunciar, por sua iniciativa, a prescrição está presente no art. 487, II no qual se lê que o processo será extinto mediante resolução do mérito quando o juiz "II – *decidir, de ofício* ou a requerimento, *sobre* a *ocorrência de* decadência ou *prescrição*" (destacamos). É certo que, antes disso, o juiz deverá conceder oportunidade para que as partes se manifestem (*ibidem*, parágrafo único). Seria aplicável ao processo do trabalho a norme do art. 487, II, do CPC, que transcrevemos? Pela nossa parte, entendemos que sim. Ocorre que o legislador equiparou, no plano axiológico-normativo, a prescrição à decadência; cuida-se, pois, de matéria de ordem pública, que, em razão disso, deverá ser conhecida *ex officio* pelo juiz. Não ignoramos que a prescrição extintiva seja algo até mesmo incompatível com o processo do trabalho, se pusermos à frente o fato de que este deve ministrar ao trabalhador a mesma proteção jurídica que lhe propicia o direito material correspondente (a prescrição, aliás, é tema de direito material). Também não ignoramos o fato de o empregado, quase sempre, na vigência do contrato de trabalho, deixar de postular em juízo a reparação de direitos violados pelo empregador pelo receio de perder o emprego. Entrementes, não só o legislador infraconstitucional (CLT, art. 11) como a própria Constituição da República (art. 7.º, XXIX), que bem poderiam ter declarado essa *incompatibilidade ideológica*, trataram de prever a prescrição extintiva. Sob esta perspectiva normativo-institucional, não podemos deixar de concluir quanto à incidência no processo do trabalho da regra inscrita no art. 487, II, do CPC.

d) Mérito

Como as petições iniciais trabalhistas soem conter, em regra, inúmeros pedidos, caberá ao juiz, como dissemos, estabelecer uma disposição lógica desses pedidos, a fim de poder apreciá-los sob o ponto de vista lógico, levando em consideração, para esse efeito, os fatos contrapostos pelo réu.

Essa ordenação é, por assim dizer, uma exigência científica, ligada a uma razão de ordem pragmática, pois a falta de uma distribuição ordenada dessas matérias e questões pode ter, como consectário, a emissão de sentenças confusas, obscuras, ou mesmo contraditórias. Parece-nos fora de qualquer objeção que, de modo geral, a disposição das coisas influi na própria elaboração do pensamento. Coisas bem distribuídas, pensamentos claros; coisas mal distribuídas, pensamentos confusos.

Para que a dicção jurisdicional possa ser inteligida, portanto, não basta que seja clara, que se saiba o que consta do texto: é necessário, ainda, que as ideias sejam manifestadas segundo uma sequência lógica, vale dizer, preordenada.

Não nos cabe, aqui, procurar demonstrar a maneira pela qual essa ordenação deve ser feita. Isso é algo que toca a cada juiz. O importante é o atendimento à regra medular de que a distribuição das matérias e questões de mérito deve obedecer a uma sequência juridicamente lógica, de tal forma que aquilo que se decidir, acerca de uma delas, não entre em conflito com o que se decidiu a respeito de outra. Nas ações em que o autor pede um provimento jurisdicional declaratório da existência de vínculo de emprego com o réu e, outro mais, condenatório deste ao pagamento de determinadas quantias, é óbvio que a primeira matéria a ser apreciada é a atinente ao vínculo de emprego, na medida em que, não reconhecida a sua existência, ficará logicamente prejudicado o exame dos demais pedidos.

É recomendável, porém, lembrar que o juiz, ao dedicar-se à apreciação do mérito, deverá ter em mente alguns princípios legais de extrema relevância para que a entrega da prestação jurisdicional seja correta, pelo menos, do ponto de vista formal.

Consideremos alguns desses princípios, para efeito de ilustração.

1. Fundamentação

Em páginas anteriores pudemos demonstrar que a fundamentação se justifica pela necessidade de evitar que as sentenças sejam produto da arbitrariedade do julgador. Este, por isso, não deve decidir conforme sua consciência, sua íntima convicção, ou por inspirações puramente políticas ou ideológicas, mas, sim, de acordo com o direito aplicável, ou seja, juridicamente, conquanto lhe seja lícito dar à norma legal a interpretação que os novos tempos estão a exigir. Os argumentos, com os quais o magistrado forma o seu convencimento sobre os fatos da causa, devem, por isso, ser extraídos do terreno jurídico, inclusive, na hipótese do art. 140 do CPC.

De tal monta é a importância da motivação, nos pronunciamentos jurisdicionais, que é a única cuja exigência tem sede constitucional (art. 93, IX). Quando, aliás, a Constituição

Federal afirma que todas as decisões, judiciais ou administrativas, devem ser motivadas, há que se entender que essa fundamentação é de natureza jurídica. Fazemos essa observação para evitar que algum intérprete incauto venha a concluir que a sentença possa ter como fundamento... a arbitrariedade! A propósito, o constituinte de nosso país não apenas formulou a exigência de fundamentação nos pronunciamentos jurisdicionais, como teve o cuidado de cominar de nulo o ato infringente dessa imposição.

Não se pense, contudo, que a fundamentação só deve existir em sede de mérito. Também no exame das preliminares e das prejudiciais esse requisito deverá ser atendido, sob pena de nulidade, como adverte a norma constitucional mencionada. O que se admite é que a motivação seja breve, resumida, inclusive, quando o processo for extinto com apreciação das questões de fundo da causa. Nada impede, por exemplo, que o juiz acolha um pedido (ou rejeite-o), dizendo que o faz "com fundamento no artigo x", de determinada norma legal. É evidente que a fundamentação lacônica só se justifica em certas situações, como quando a matéria for de extrema simplicidade ou encontrar-se pacificada no campo da doutrina e da jurisprudência. Poder-se-ia, entretanto, retorquir a nossa opinião, com o argumento de que a possibilidade de fundamentação sumária, mesmo fora dessas hipóteses, estaria amparada pelo fato de a Justiça do Trabalho ser especializada, de tal modo que as partes e os advogados conhecem não só a legislação aplicável, como o próprio pensamento do juiz acerca das matérias que dão conteúdo às demandas. Esse argumento, porém, está comprometido por um manifesto paralogismo (para não cogitarmos de sofisma), pois não resiste à força dos próprios fatos em que se apoia. Efetivamente, como sustentar-se dito argumento naqueles casos em que é a primeira vez que a parte vai à Justiça do Trabalho, motivo por que pode não ter a mínima ideia de qual seja o entendimento do juízo sobre a matéria controvertida?

Quando sugerimos que a fundamentação concisa seja reservada para situações isoladas, não estamos a pregar o uso de motivações extensas, quase intermináveis, nas quais o juiz, muitas vezes, fica repisando argumentos ou acaba por contradizer-se, em decorrência da insegurança no manejo desses argumentos. A fundamentação deve ser suficiente, pois, para que o juiz demonstre haver solucionado o conflito de interesses segundo as regras jurídicas aplicáveis ao caso concreto. Ainda que não seja imprescindível, é sempre conveniente que ele indique as normas legais e as Súmulas, com base nas quais formou a sua convicção. Ocasionais citações de opiniões doutrinárias podem reforçar o argumento, em que pese ao fato de o excesso de citações não permitir saber-se, exatamente, qual seja, enfim, o pensamento do juiz a respeito do assunto examinado. A propósito de citações, devemos referir o que foi dito pelos irmãos Fowler ("Dicionário Inglês do Uso Moderno"): "Um escritor se exprime em palavras que já foram usadas porque elas expressam melhor a sua ideia do que ele mesmo pode fazê-lo, ou porque são belas e espirituosas, ou porque espera que elas toquem uma corda de associação na mente de seu leitor, ou porque deseja mostrar que é culto e lido. As citações devidas a este último motivo falham invariavelmente: o leitor inteligente descobre-o e passa a desprezar o autor...". Sem buscarmos a ironia, pensamos que os magistrados devem ter o cuidado de não receber, das partes, o mesmo julgamento que Samuel Johnson fez da obra de certo literato: "Seu livro é bom e original. Porém, a parte boa não é original e a parte original não é boa".[79]

Um cuidado a mais deve ter o juiz, nessa questão: não citar o pensamento de um jurista que, embora seja notável e de grande prestígio, esteja atuando na causa como advogado de uma das partes. Citações, nessas circunstâncias, podem beirar a suspeição, pois, para a parte contrária, não se separa, do jurista referido na sentença, o advogado do adversário.

Nunca é demais repetir que a fundamentação não se destina a convencer os litigantes, ou, em especial, o litigante vencido, mas revelar que o julgamento foi realizado de maneira jurídica — ainda que, eventualmente, injusta. Não seria despropositado afirmar que a motivação dos pronunciamentos jurisdicionais decorre de duas exigências: uma, aflorada no texto e, por isso, perceptível, de natureza jurídica; outra, subjacente e muitas vezes não notada pelos que escrevem sobre o assunto, de natureza política, porquanto a necessidade de fundamentação dessas decisões está associada, com grande intimidade, aos ideais e aos princípios democráticos. Democracia e Estado de Direito são conceitos que se interpenetram e interdependem.

Pouco importa que o fundamento escolhido pelo juiz não tenha sido o melhor, assim entendido aquele que se nutre de opiniões que receberam o prestígio da doutrina e da jurisprudência predominantes. A sentença não será nula, em virtude disso, até porque, nem sempre, as opiniões comumente aceitas por todos são as melhores. O Direito não pertence ao ramo das ciências exatas, e, por isso, tornam-se perfeitamente compreensíveis as interpretações conflitantes, diante de um mesmo texto legal, máxime quando mal redigido ou assinalado por termos inexatos ou anfibológicos. Afinal, independentemente de tratar-se de tema jurídico, não se ignora que, no geral, as reações idiossincráticas constituem algo inerente à natureza do espírito humano.

Do quanto expusemos até este ponto, pode-se perceber que o juiz não é, apenas, aquele ser "condenado à atividade" (pois a lei o pune, se parar), nas palavras sentenciosas de Pontes de Miranda, senão alguém que traz, durante toda a sua vida, indelevelmente inscrito em sua consciência, pelas mãos do legislador, o dever de decidir segundo fundamentos jurídicos envoltos pelo ideal de justiça. Dentro desses limites jurídicos, a sua liberdade é plena. Às partes, só resta o caminho da impugnação dos argumentos apresentados pelo juiz.

2. Valoração da prova

O juiz deve formar o seu convencimento jurídico, acerca dos fatos alegados pelas partes, com base nas provas existentes nos autos. Não lhe é lícito, portanto, decidir de maneira contrária à prova ou segundo conhecimentos pessoais, que possa ter a respeito dos fatos da causa, ressalvados o recurso às máximas de experiência (*Algemeine Erfharugssatze*), de que fala o art. 375 do CPC, e a cláusula do fato notório (CPC, art. 374, I).

A formação da convicção jurídica do magistrado, no plano fatual, fica, em resumo, vinculada à prova constante dos autos.

(79) FRIAS, Carlos. *Historias de la Historia*. 25.ª ed. Barcelona: Edit. Planeta, 1969. p. 13.

Às partes incumbe o ônus da prova (CLT, art. 818). O critério de partição do encargo probatório, estabelecido pelo art. 373, I e II, do digesto de processo civil, com inspiração na doutrina chiovendiana, não é, em rigor, idêntico ao do art. 818 da CLT, se observarmos que este, em decorrência de sua expressão literal mais maleável, permite a interpretação de que, no geral, o *onus probandi* cabe ao empregador. Seja como for, não interessa ao assunto sobre que estamos a discorrer, neste item, o exame de questões mais aprofundadas, pertinentes ao ônus da prova. A respeito do tema, pudemos discursar, longamente, em outro livro.(80)

No momento, pois, em que o juiz se prepara para julgar a *res in iudicio deducta*, ele deve ter a cautela de verificar se os fatos alegados pelas partes foram provados. Não raro, ambos os litigantes acabam por produzir provas conflitantes sobre um mesmo fato, configurando, com isso, a "prova dividida", consoante a locução usual. Nesta hipótese, deve o juiz, mais do que nunca, valorar, com extrema precisão, a prova. Estamos a utilizar, aqui, o verbo *valorar* no sentido de dar valor. Desse modo, compete ao juiz analisar qual foi a *melhor* prova produzida e, em seguida, decidir de acordo com o resultado dessa investigação. É como se ele fizesse uso, nessas ocasiões, de um valorímetro jurídico. Se, por exemplo, as testemunhas do trabalhador demonstrarem que ele não cometeu a falta grave irrogada pelo empregador e, este, por suas testemunhas, comprovar a prática desse ato faltoso, o juiz deverá decidir com fundamento naquela que lhe tenha parecido a melhor prova.

É evidente que essa valoração da prova não se funda em critérios meramente subjetivos; a ser assim, o juiz estaria muito à vontade para decidir conforme certa simpatia que tivesse por este ou por aquele litigante, simpatia que poderia derivar de afinidades políticas, ideológicas, religiosas, esportivas etc. O critério pelo qual se pesa a prova produzida deve ser, essencialmente, objetivo. No exemplo referido, ao juiz caberia examinar certos aspectos e circunstâncias que estejam a caracterizar as declarações das testemunhas, como o fato de haverem prestado, ou não, serviços ao réu (empregador), de haverem, ou não, trabalhado junto com o autor (trabalhador); de possuírem conhecimento pessoal dos fatos, ou por meio de terceiros; de haverem respondido às perguntas feitas em audiência com segurança ou com hesitação; de haverem incorrido em contradição, ou não, com declarações prestadas no mesmo processo ou em outros, seja como testemunhas ou como partes. Enfim, é por essa forma objetiva e criteriosa que o juiz deverá valorar a prova, com vistas a fundamentar as suas razões de decidir naquela que possa invocar como a de melhor qualidade jurídica.

No caso de falta grave alegada, como o fato objeto da prova é unitário, indivisível, não há lugar para um meio-termo, no terreno da valoração: ou se conclui que a falta grave houve, ou que não houve, ressalvada a possibilidade de configuração de culpa concorrente (CLT, art. 484). Tratando-se, porém, de fato naturalmente divisível, o juiz poderá optar pela prova produzida, apenas, por um dos litigantes, ou levar em consideração as provas elaboradas por ambas as partes. Em tema de horas extras, *v. g.*, a sentença poderá considerar verdadeira a jornada mencionada na petição inicial (acolhendo, assim, o pedido feito pelo autor), ou, ao contrário, acatar a prova produzida pelo empregador (e rejeitar os pedidos do autor), como poderá mesclá-las, de tal modo que acabe por decidir com fulcro no resultado dessa fusão,

(80) *A Prova no Processo do Trabalho*. 8.ª ed. São Paulo: LTr, 2003. p. 111-134.

ou seja, em um meio-termo. Nem tanto ao mar, nem tanto à terra. Decisão "salomônica", por assim dizer.

O que não se tolera é que, diante da denominada "prova dividida", o juiz decida a favor do empregado, valendo-se, como argumento, do princípio *in dubio pro misero*. Como dissemos em outras páginas, esse princípio só atua no plano da interpretação das normas legais, nunca no da valoração da prova, onde, em verdade, perde o seu predicamento de princípio, para converter-se em simples bordão, destituído de lastro jurídico. Como as normas legais trabalhistas possuem um traço de protecionismo do trabalhador, é absolutamente lógico que, diante de um texto ambíguo, o intérprete opte pela conclusão mais benéfica ao trabalhador, porquanto essa interpretação está em harmonia com o próprio escopo da norma interpretada.

Na letra anterior (a), falamos da fundamentação como requisito indispensável para a validade da sentença. Essa fundamentação não se liga, exclusivamente, aos preceitos legais aplicáveis ao caso concreto, como à prova produzida nos autos. Quando o juiz decide em consonância com a prova, não há dúvida de que esta se torna um dos fundamentos da decisão, pouco importando que tenha como pressuposto fatos (pertinentes, controvertidos e relevantes). Assim, ao decidir, o juiz estará formando o seu convencimento jurídico não apenas com supedâneo nos dispositivos legais incidentes (ainda que não os tenha expressamente referido), como na prova existente nos autos.

É de palmar inferência que o juiz não poderá limitar-se a dizer que acolhe, *e. g.*, o pedido de horas extras "com base na prova testemunhal produzida pelo autor". Essa fórmula é insatisfatória, ou melhor, simplória, pois não atende nem às exigências da lei, nem às da racionalidade do espírito humano. Ao juiz incumbe examinar a prova e valorá-la, o que corresponde a afirmar que está subordinado ao dever de demonstrar às partes os caminhos jurídicos percorridos pelo seu pensamento, até chegar à opção por esta ou por aquela prova.

No que concerne à prova documental, não devem ser menores os cuidados do juiz ao apreciá-la. Algumas regras fundamentais hão de ser por ele observadas, dentre as quais, estas: a) em princípio, a petição inicial deve ser acompanhada dos documentos em que se funda a ação (CLT, art. 787; CPC, art. 320); b) do mesmo modo, a resposta do réu deve ser instruída com os documentos tendentes a provar as alegações, dela constantes (CPC, art. 434); c) a juntada de documentos novos só se justifica quando destinados a fazer prova de fatos supervenientes aos articulados ou para serem contrapostos aos documentos produzidos nos autos (CPC, art. 435). O parágrafo único do art. 435, do CPC, também permite "a juntada posterior de documentos formados após a petição inicial ou a contestação, bem como dos que se tornaram conhecidos, acessíveis ou disponíveis após esses atos, cabendo à parte que os produzir comprovar o motivo que a impediu de juntá-los anteriormente e incumbindo ao juiz, em qualquer caso, avaliar a conduta da parte de acordo com o art. 5.º"; d) deferida a juntada de documento, por uma das partes, a outra deverá ser ouvida no prazo de cinco dias (CPC, art. 437, § 1.º); e) a simples impugnação do documento não lhe subtrai a eficácia probante; para que isso possa ocorrer, há necessidade de que a parte interessada demonstre, por outros meios, que o documento é falso, ou que seu conteúdo não espelha a verdade. A impugnação produz, assim, o efeito, apenas, de deixar claro que a parte não concorda com o documento; e) para a aplicação da regra estampada no art. 400 do CPC, não basta que o trabalhador requeira a apresentação do documento, pelo empregador; torna-se imprescindível que esse requerimento tenha sido deferido pelo juiz e que o despacho não seja cumprido pelo empregador.

Tenha o juiz em mente, ainda, que determinados fatos somente podem ser provados mediante documento, como o pagamento de salários (CLT, art. 464), de férias (CLT, art. 145, parágrafo único) e das quantias decorrentes da ruptura do contrato (CLT, art. 477, §§ 1.º e 2.º), entre outros. Apenas em situações rigorosamente excepcionais, devidamente comprovadas, deverá ser admitido outro meio de prova, que não o documental, quando este decorra de imposição de lei.

No campo da prova pericial, algumas nótulas também se fazem necessárias acerca da valoração.

Primeiramente, o juiz não estará adstrito ao laudo pericial, podendo, por isso, formar o seu convencimento com base em outros elementos ou fatos comprovados dos autos (CPC, art. 479). Isso não quer dizer, como já alertamos, que ele possa decidir segundo os conhecimentos pessoais que tenha, com relação aos fatos, desprezando, desse modo, o laudo pericial. A sua convicção jurídica deve ser, sempre, formada com fundamento nas provas produzidas. O art. 479 do CPC determinar que o juiz indique, na sentença, "os motivos que o levaram a considerar ou a deixar de considerar as conclusões do laudo, levando em conta o método utilizado pelo perito". Não cremos, no entanto, que a única razão pela qual o magistrado possa deixar de adotar a conclusão do laudo pericial seja a sua discordância quanto ao método utilizado pelo *expert*. O juiz pode divergir do laudo, por exemplo, com base em outros elementos constantes dos autos. É inegável que, de modo geral, o juiz tende a decidir em consonância com as ilações contidas no laudo. A razão é evidente. Como o juiz, via de regra, não possui conhecimentos técnicos ou científicos suficientes para formar o seu convencimento a respeito dos fatos que foram objeto do exame pericial, é compreensível que acompanhe a conclusão do experto — o que não significa, necessariamente, decidir pelas mãos do perito.

Nos casos de insalubridade, por exemplo, poderá o juiz discordar do grau apontado pelo *expert*, e, em consequência, fixar grau diverso, desde que o faça com fulcro em outros elementos existentes nos autos, ou essa discrepância se justifique como providência necessária para fazer cumprir a lei. Caberá ao juiz verificar, também, se o trabalhador utilizava equipamentos de proteção individual (EPIs) e se estes eram suficientes para eliminar as causas de insalubridade (TST, Súmula n. 289). A investigação judicial, nesta hipótese, terá como objeto *fatos*.

Segundamente, a perícia posterior não substitui a anterior (CPC, art. 480, § 3.º), razão pela qual o juiz poderá apreciar livremente o valor de uma e de outra. O resultado disso é que poderá formar seu convencimento com fulcro: a) apenas, no primeiro laudo; b) apenas, no segundo; c) em ambos, mescladamente.

Muitas vezes, juntado o laudo pericial, as impugnações manifestadas pelas partes são de tamanha monta, que a prudência e as circunstâncias sugerem ao juiz ordenar a realização de novo exame, desta feita, por outro perito. Apesar disso, o juiz poderá acabar decidindo com espeque no primeiro laudo, pois, como ficou esclarecido, o fato de determinar a realização de uma nova perícia não implicou a necessária desconsideração do primeiro laudo. Se, todavia, parecer ao juiz que o último laudo está mais bem confeccionado, porque as investigações do perito foram mais precisas, aprofundadas e conclusivas, deverá atribuir-lhe um valor probante superior ao anterior e, em função disso, decidir com base nele. Em outras situações, entretanto, ser-lhe-á lícito aproveitar partes ou capítulos de cada laudo, para proferir uma decisão que reflita essa valoração seletiva. Embora seja algo insólito, nada obsta a que o juiz ponha de lado ambos os laudos e decida com fundamento em outros elementos dos autos, aos quais possa atribuir preeminência axiológica, no confronto com aquelas peças técnicas.

Uma nota final: o depoimento "pessoal" não constitui meio de prova em favor de quem o presta. Tem-se visto, em alguns casos, a sentença aludir às declarações prestadas por um dos litigantes, como fundamento para decidir em benefício dele mesmo. Nada mais equivocado. O depoimento dos litigantes, do ponto de vista de quem o presta, tem, apenas, o sentido de fornecer esclarecimentos ao juiz e à parte contrária, acerca de fatos da causa, ou de subministrar algumas informações complementares. Nada além disso. Dir-se-á, talvez, que o objetivo do depoimento é obter a confissão. Discordamos dessa assertiva. O motivo por que o juiz ouve a parte está, em sua essência, como afirmamos, preso à necessidade de obter esclarecimentos ou informações relativos aos fatos controversos da causa; nesse quadro, a confissão provocada surge como um autêntico *acidente* do depoimento. Assim dizemos, porque a parte, em rigor, não quis confessar: a confissão derivou da circunstância de haver admitido, involuntariamente, como verdadeiro, um fato contrário aos seus interesses manifestados no feito e favoráveis ao adversário (CPC, art. 389). A propósito, depoimento e interrogatório não se confundem: o primeiro é requerido pela parte (CPC, art. 385) e pode conduzir à confissão; o segundo é determinado pelo juiz "hipótese em que não incidirá pena de confesso" (CPC, art. 139, VIII). Em que pese ao fato de o sistema do processo do trabalho haver adotado somente o *interrogatório* (CLT, art. 848, *caput*), a jurisprudência trabalhista, desatenta a esta particularidade, acabou por consagrar o *depoimento* (TST, Súmula n. 74, I).

Se, por outro lado, ambas as partes deixaram de comparecer, sem qualquer justificativa, à audiência em que deveriam depor, cumprirá ao juiz decidir, em princípio, contra aquela sobre a qual pesava o ônus da prova. Essa regra, de ordem pragmática, é de extrema importância, seja porque os litigantes, na espécie, por motivos de ordem lógica, não poderiam ser considerados confessos com relação a um mesmo fato, seja porque, como procuramos esclarecer anteriormente, o princípio *in dubio pro misero* não tem incidência no campo da apreciação das provas, mas, apenas, no da interpretação das normas legais.

Tenha em conta, ainda, o juiz, que no caso de litisconsórcio (ativo, passivo ou misto), as pessoas consorciadas na lide são legalmente consideradas, em suas relações com a parte contrária, como litigantes distintos, de tal modo que os atos e as omissões de um não prejudicarão os outros compartes, embora os possam beneficiar (CPC, art. 117). Essa regra, todavia, não é inflexível, devendo ajustar-se às peculiaridades de cada caso concreto. De qualquer forma, é certo que a confissão de um litisconsorte, nomeadamente a fictícia, não prejudica os demais, máxime no regime litisconsorcial do tipo facultativo.

3. Limites da prestação jurisdicional

Dispõe o art. 492 do CPC que ao juiz é defeso proferir sentença, a favor do autor, de natureza diversa da pedida, ou condenar o réu em quantidade superior ou em objeto diverso do que lhe foi demandado.

No momento de realizar o julgamento, portanto, o órgão jurisdicional deverá estar atento a esse comando legal.

Como evidencia o dispositivo ora comentado, a proibição se revela sob três aspectos: 1) proferir sentença, em prol do autor, de natureza diversa da pleiteada; 2) condenar o réu em quantidade superior à pedida ou 3) em objeto diverso do postulado.

> 1) Quanto ao primeiro aspecto, parece-nos que não se trata, em rigor, de sentença de natureza diversa, mas de *espécie* diversa. O substantivo *natureza*, empregado pelo legislador, se tomado em sua acepção eminentemente técnica, dentro da terminologia jurídica, pode conduzir a graves distorções interpretativas do preceito legal *sub examen*. Quando se cogita, em doutrina, da natureza do provimento jurisdicional, se está, na verdade, fazendo aflorar a questão pertinente a saber se a sentença é um ato de inteligência ou de vontade do magistrado.

No Capítulo IV, desta Segunda Parte, a propósito, pudemos discorrer sobre o assunto, oportunidade em que concluímos possuir a sentença as duas naturezas, ou seja, é um ato de inteligência, que produz um ato de vontade.

O que a lei proíbe, desse modo, é a emissão de sentença de espécie distinta da pleiteada, rememorando-se que, segundo a classificação adotada neste livro (Capítulo V), essas espécies compreendem a declaratória, a constitutiva, a condenatória, a mandamental e a executiva.

Cabe-nos ponderar que, em certas situações, não será possível ao juízo trabalhista atender à regra inserida no art. 492 do diploma processual civil. Isso acontecerá, p. ex., quando o autor pedir a condenação do réu ao pagamento de determinadas quantias e este provar, por meios adequados e idôneos, que nada deve; aqui, a sentença pedida foi a *condenatória*, mas a que o autor recebeu foi a declaratória de que tudo o que lhe era devido foi comprovadamente pago. Inexistiria, nesta hipótese — e, em tantas outras —, ofensa à norma legal mencionada, vez que a proferição de sentença em espécie diversa da pretendida decorreria do resultado da investigação do juízo acerca dos fatos da causa e das provas produzidas.

Na verdade, conforme tantas vezes sublinhamos ao longo das páginas antecedentes, não existem sentenças "puramente" constitutivas, condenatórias, mandamentais e executivas, pois o que geralmente se leva em conta, para efeito de defini-las e de classificá-las, é a preponderância da "carga" de constitutividade, de condenação, de executividade ou de ordem, que elas contêm. Quase todas as sentenças constitutivas, condenatórias e mandamentais possuem uma "carga" secundária de declaração. A sentença declaratória é, talvez, a única que pode apresentar uma certa "pureza" de essência.

Quando o juiz emitir, sem qualquer justificativa, uma sentença de espécie distinta da pedida, esse pronunciamento será *extra petita*, e o seu destino, tirante umas poucas exceções, será a vala comum nas nulidades.

2) No que tange ao segundo aspecto (condenação em quantidade superior), temos a sentença *ultra petita*, vale dizer, que vai, quantitativamente, além do pedido.

Quando o autor invoca a prestação da tutela jurisdicional, com a finalidade de preservar ou de obter um bem ou uma utilidade da vida, ele, na petição inicial, estabelece os limites objetivos da lide, de tal sorte que não é dado ao juiz, em princípio, exceder a essa estrema, no momento de proferir a sentença. Essa delimitação da lide (logo, dos pedidos) deriva do princípio dispositivo (ou da demanda), que não reflete, apenas, a necessidade de a prestação jurisdicional ser invocada pelo interessado (CPC, art. 2.º), mas, também, a faculdade de o autor fixar os limites da sua pretensão. Dessa maneira, se o autor podia pedir a condenação do réu ao pagamento de 1.000 horas extras, mas pleiteia, somente, 500, este deverá ser o limite a ser respeitado pela sentença, ainda que a instrução processual haja deixado patente o direito do autor a 1.000 horas extras. O mesmo se diga quando o autor, na inicial, restringe, por sua iniciativa, os pedidos "ao período não atingido pela prescrição". Neste caso, ainda que o réu não alegue a prescrição extintiva, seja porque se esqueceu de fazê-lo, seja porque foi revel, o juiz deverá ater-se aos termos da petição inicial, no particular. Se vier a condenar o réu ao pagamento de quantias referentes a período alcançado pela prescrição liberatória, a sentença será *ultra petita*. Aqui, haverá desrespeito ao art. 492 do CPC, embora a nulidade, caso venha a ser decretada, não afete a sentença, por inteiro, senão que o excesso, pois tão somente este a compromete.

O veto legal à condenação em quantidade superior à postulada não está circunscrito, como se possa supor, ao âmbito das sentenças condenatórias, sendo aplicável, igualmente, às declaratórias, às constitutivas, às mandamentais e às executivas. Se o trabalhador pedir, p. ex., a declaração da nulidade de uma cláusula do seu contrato, a sentença não poderá pronunciar a nulidade de cláusula diversa, ou de mais outra cláusula, uma vez que, com isso, estará transgredindo o art. 492 do CPC. Caso, aliás, o pedido se refira a uma única cláusula e a sentença venha a dizer da nulidade de cláusula diversa da apontada, a nulidade do pronunciamento jurisdicional será plena, porquanto nada mais restará, dele, para ser aproveitado.

Em face do estatuído no art. 492 do digesto de processo civil, deve ser ressalvada a existência dos chamados "pedidos implícitos", cuja sentença, ao acolhê-los, não será *extra petita*. A correção monetária e os juros da mora constituem exemplos típicos de pedidos dessa espécie. Do mesmo modo, os pedidos concernentes às prestações sucessivas, de que cuida o art. 323 do CPC.

Nas edições anteriores deste livro, entendíamos que os honorários de advogado não poderiam integrar a classe dos *pedidos implícitos*, pois somente seriam devidos em uns poucos casos, como o da Lei n. 5.584, de 26-6-1970 (art. 14). Com o advento da Lei n. 13.467, de

13-7-2017, entrementes, já não podemos sustentar essa opinião, pois a referida norma legal introduziu na CLT o art. 791-A, que consubstancia o *princípo da sucumbência*, em tema de honorários advocatícios.

Cabe, neste momento, mais um reparo ao art. 492, do CPC. Conquanto o seu texto aluda, somente, à proibição de condenação do réu em quantidade superior à postulada, é absolutamente certo que, pelo mesmo motivo, não poderá o juiz conceder ao autor *menos* do que lhe é legalmente devido. Como elucidamos algures, só haverá pronunciamento *infra* (ou *citra*) *petita* se a sentença atribuir à parte menos do que aquilo que lhe assegura a lei ou o direito, lato sensu. Assim, se ficar comprovada a existência de insalubridade, em grau máximo, o adicional correspondente deverá ser de 40%; se da condenação constar, *e. g.*, 30%, e isso não houver decorrido de erro material (datilográfico), incumbirá ao autor recorrer da sentença, para ver complementado aquele percentual.

> 3) Relativamente ao terceiro aspecto (objeto diverso), a adequada intelecção da norma legal requer uma breve dissertação sobre o que se deva entender por objeto.

São dois, de modo geral, os objetos do pedido que se formula em juízo: o imediato e o mediato. Aquele toca ao pronunciamento jurisdicional, que se visa a obter a respeito da *res in iudicio deducta*; este diz respeito ao bem ou à utilidade da vida, que se pretende alcançar ou preservar, por meio do provimento da jurisdição. Desse modo, com vistas ao art. 492 do CPC, podemos dizer que o objeto imediato do pedido é a sentença — que não poderá ser de espécie ("natureza") diversa da solicitada; o mediato, a quantidade da declaração, da condenação, da constituição etc., que o autor deseja — que não poderá ser superior, nem inferior, à pleiteada.

Feita essa observação, o que sobra para ser entendido como objeto, para efeito de aplicação do art. 492 do CPC, em sua parte final? Para sermos francos, quase nada. Mas, acreditando que a lei não contenha, efetivamente, termos inúteis, devemos encontrar um sentido, uma razão de ser para o substantivo *objeto*, utilizado na elaboração da norma legal em foco. Antes de mais nada, pensamos que esse vocábulo tenha sido usado em sentido impróprio, pois, como dissemos, os objetos imediato e mediato do pedido já estão compreendidos na proibição de a sentença ser de espécie diversa e de condenar o réu em quantidade superior à pretendida pelo autor, respectivamente. Assim sendo, cremos que só nos resta concluir que o "objeto diverso", de que fala o dispositivo legal em questão, guarde, aí, sinonímia com causa de pedir. Destarte, estaria desvendado o mistério dessa locução legal, que diria, assim, da proibição de o juiz acolher o pedido da parte (autor ou réu) com base em fatos jurídicos diversos dos indicados na petição inicial ou na resposta.

Não estamos, como se imaginar, a negar o vetusto princípio, de origem romana, segundo o qual às partes incumbe narrar os fatos, e, ao juiz, proceder à categorização jurídica desses fatos (*da mihi factum, dabo tibi ius*). O que estamos a afirmar, quando entendemos que o vocábulo *objeto*, inserido na parte final do art. 492 do CPC, respeita à *causa petendi*, é que ao juiz será defeso acolher o pedido com fulcro em fatos diversos dos mencionados pela parte. Sob este ângulo, nossa opinião está em harmonia com a regra da imutabilidade dos fatos da causa, que emana do art. 329 do CPC. Dá-se que, vindo a sentença a descumprir a proibição legal, ela estará, sem dúvida, prejudicando a própria defesa da parte contrária àquela que foi favorecida por essa canhestra convolação empreendida pelo juiz. Se, por exemplo, o trabalhador alegar que possuía estabilidade no emprego, prevista em regulamento interno da empresa, e o juiz convencer-se que essa norma *interna corporis* não atribuía a estabilidade imaginada pelo autor, mas, apesar disso, conceder-lhe a reintegração pretendida por entender que o direito estava assegurado em convenção coletiva, a sentença será passível de decretação de nulidade. Estamos a pressupor, evidentemente, que o réu tenha sido colhido de surpresa pela sentença, pois, em nenhum momento, o trabalhador teria indicado como causa de pedir a convenção coletiva de trabalho. Caso o fizesse, na petição inicial, teria propiciado ao réu oportunidade para alegar, se fosse o caso, a inaplicabilidade desse instrumento normativo ao caso concreto; o término de sua vigência, antes da contratação do autor etc.

Como orientação genérica, podemos dizer que o juiz está impedido de condenar o réu em objeto (= com base em fatos) diverso do que lhe foi demandado. Isso é de lei (CPC, art. 492). De igual maneira, não poderá absolver o réu com apoio em fatos que não foram por este alegados na defesa salvo se o fizer com fundamento em matéria que possa ou deva conhecer *ex officio*. A consequência desse desrespeito à lei será a nulidade da sentença. Uma ressalva imprescindível: não deverá ser pronunciada a nulidade se essa modificação da base factual do pedido, por iniciativa do juiz, não acarretar nenhum prejuízo à parte vencida. A supremacia, aqui, haverá de ser, portanto, do princípio doutrinal da transcendência, abrigado no art. 794, *caput*, da CLT.

Os pronunciamentos jurisdicionais, realizados em sede de ações coletivas, contudo, não se submetem ao império do art. 492 do CPC, pois os tribunais do trabalho, no exercício de sua jurisdição normativa, não se encontram obrigados a ater-se aos pedidos formulados pelas partes, nem aos limites por elas estabelecidos. O acórdão normativo, ao contrário dos emitidos nas ações individuais, tem a potestade de criar a norma jurídica material que regulará as relações entre os integrantes das categorias representadas no conflito coletivo de interesses.

4. Fatos supervenientes

Dispõe o art. 493 do CPC que se depois do ajuizamento da inicial algum fato constitutivo, modificativo ou extintivo do direito do autor influir no julgamento da causa, caberá ao juiz levá-lo em consideração, por sua iniciativa ou a requerimento do interessado, no momento de proferir a sentença.

Essa regra do CPC de 2015 reproduziu a contida no art. 462, do CPC de 1973, que, por sua vez, foi inspirada no estatuto processual civil português, então vigente, cujo art. 663 assim estatuía: "1. Sem prejuízo das restrições estabelecidas noutras disposições legais, nomeadamente quanto às condições em que pode ser alterada a causa de pedir, deve a sentença tomar em consideração os fatos constitutivos, modificativos ou extintivos do direito que se produzam posteriormente à proposição da ação, de modo que a decisão corresponda à situação existente no momento do encerramento da discussão. 2. Só são, porém, atendíveis os fatos que, segundo o direito substantivo aplicável, tenham influência sobre a existência ou conteúdo da relação controvertida. 3. A circunstância de o fato jurídico relevante ter nascido ou se haver extinguido no curso do processo é levada em conta para efeito da condenação em custas".

O Código de Processo Civil brasileiro, de 1939, não continha nenhuma norma a respeito do assunto. Só mais tarde, por força da Lei n. 4.632, de 18-5-1965, que introduziu, no art. 64 do referido Código, o § 3.º, foi que se passou a admitir a possibilidade de o juiz levar em consideração, para efeito de emissão da sentença, os denominados *fatos supervenientes*. Na verdade, o acréscimo feito no art. 64 do Código de 1939 apenas estabelecia que se a sentença se fundasse em fato ou direito surgido após o ajuizamento da demanda o juiz deveria considerar essa circunstância, com vistas à condenação nas custas e nos honorários de advogado. Em todo caso, essa alteração legislativa permitiu que a doutrina e a jurisprudência passassem a sustentar a opinião de que o juiz poderia (e deveria) considerar os fatos supervenientes para todos os efeitos, especialmente, no tocante ao julgamento da lide.

A regra contida no art. 493 do CPC, embora pareça desnecessária, é absolutamente imprescindível, diante do princípio da imutabilidade da lide, do qual decorre o da inalterabilidade da causa de pedir e do pedido. Com efeito, proibindo a lei que o autor modifique a causa de pedir ou o pedido (CPC, art. 329), ou efetue aditamento à petição inicial (CPC, art. 329, I), fora das situações que indica, fica clara a presença, em nosso sistema processual, do princípio da inalterabilidade da lide, conquanto essas restrições legais sofram, no plano do processo do trabalho, o necessário temperamento. Seja como for, a existência do princípio referido tornou necessária, de certa forma, a dicção do art. 493 do CPC, pois os fatos supervenientes, quando levados em conta pelo juiz, no momento de proferir a sentença, implicam uma quebra desse princípio.

Se, de um lado, é necessário que haja, como regra, uma estabilidade da lide, de tal maneira que sejam mantidos os fatos em que se fundam a ação e a resposta do réu, sob pena de sérias consequências tumultuárias do procedimento e da própria entrega da prestação jurisdicional, de outro, é absolutamente imprescindível, como exceção, que o juiz possa levar em consideração fatos ou direitos surgidos após o ajuizamento da ação, para que a lide seja adequadamente composta, ou seja, segundo os fatos ou o direito existente ao tempo do proferimento da sentença.

O princípio da estabilidade da lide (ou da inalterabilidade dos pedidos) também está expresso no art. 342 do CPC, conforme o qual, depois da contestação só será possível deduzir-se novas alegações quando: a) relativas a direito superveniente; b) competir o juiz delas conhecer *ex officio*; c) por expressa autorização legal, puderem ser formuladas em qualquer tempo e grau de jurisdição.

Para que o juiz possa tomar em conta os denominados fatos supervenientes, algumas regras devem ser observadas. Em primeiro lugar, só constituem fatos dessa natureza aqueles surgidos após o ajuizamento da petição inicial; em segundo, esses fatos devem ser relevantes, assim entendidos os dotados de aptidão para constituir, modificar ou extinguir o direito em disputa; em terceiro, o juiz poderá conhecer desses fatos por sua iniciativa ou mediante provocação da parte. Uma advertência oportuna: o juiz não poderá conhecer *ex officio* de fatos (ou questões) não suscitados, a cujo respeito a lei exige a iniciativa da parte (CPC, art. 141);

em quarto, não apenas o magistrado de primeiro grau, mas, igualmente, os magistrados dos tribunais devem considerar os fatos supervenientes, no momento de proferir o voto ou de lavrar o acórdão. Supervenientes, no caso, serão os fatos surgidos depois da emissão da sentença impugnada.

A alguns pode não parecer muito nítida a linha que separa os fatos supervenientes (CPC, art. 493) da proibição de modificar a causa de pedir ou o pedido (CPC, art. 329, II) ou de acrescentar pedidos à inicial (CPC, art. 329, I). Pensamos ser conveniente, em função disso, procurar estabelecer uma regra capaz de aviventar essas divisas. O que, de modo geral, define a superveniência do fato, para os efeitos do art. 493, mencionado, não é a circunstância de, existindo antes do ajuizamento da ação, ou da formulação da resposta, ter sido ignorado pelo autor ou pelo réu, conforme seja a hipótese, e, sim, de haver nascido depois que as partes ingressaram em juízo. Vamos ao didatismo dos exemplos.

Se o autor alegar que o contrato de trabalho foi rompido pelo réu, sem justa causa, e, em razão disso, formular diversos pedidos decorrentes desse fato, mas esquecer-se de postular o aviso prévio, que não lhe foi oferecido, não se tratará aqui, de fato superveniente, mas de típica omissão de pedido, que era lícito fazer. Como o fato (ruptura do contrato sem justa causa legal) era anterior ao ingresso do autor em juízo, o aviso prévio somente poderá ser pleiteado em outra ação, jamais na mesma, a pretexto de traduzir fato superveniente. É certo que, segundo nosso ponto de vista, o aviso prévio, no exemplo em questão, poderá ser acrescentado à inicial, sem receio de ofensa ao art. 329 do CPC, desde que esse aditamento não cause embaraços à defesa do réu. Mesmo assim, dito acréscimo não terá com fundamento suposto fato superveniente e, sim, as peculiaridades do procedimento trabalhista, no qual a resposta é oferecida em audiência, motivo por que, como dissemos, o aditamento poderá ser efetuado, contanto que o réu tenha prazo razoável para elaborar a sua defesa, com vistas a esse acréscimo. Assim, a proibição inscrita no art. 329, II, do CPC, que é absoluta no plano daquele processo, converte-se em relativa, no do processo do trabalho.

O mesmo podemos dizer quanto à proibição de modificar a causa de pedir ou o pedido, de que cuida o art. 329, II, do digesto de processo civil. Consente-se essa modificação no âmbito do processo do trabalho, mesmo que o réu já tenha sido citado, desde que ela não acarrete prejuízo à defesa deste, vale dizer, que sejam respeitadas as garantias constitucionais do contraditório, da ampla defesa e do devido processo legal. O que autoriza essa alteração da *causa petendi* ou do *petitum* não é a superveniência de algum fato, mas a já destacada singularidade do procedimento trabalhista, ao qual se liga o princípio da simplicidade.

Em que situação, enfim, estaria caracterizado o fato superveniente, a ser levado em conta pelo juiz, para efeito de proferir a sentença? Vamos, novamente, à mestria dos exemplos.

Digamos que o empregado, alegando estar trabalhando para o empregador há um ano, postule a condenação deste à concessão das férias, a que entende ter direito. Na contestação, alega o empregador que ainda não decorreu o prazo de um ano, para a dação das férias, de que fala o art. 134, *caput*, da CLT. Se a sentença fosse proferida logo em seguida à contestação, o pedido do trabalhador seria, sem dúvida, rejeitado, pois ainda não se encontrava constituído o seu direito à fruição das férias. Poder-se-á pensar, até mesmo, em carência da ação, por falta de interesse processual. Vindo, porém, o juiz a designar o julgamento para data distante, e, nesse ínterim, decorrer o prazo para a concessão das férias, sem que haja prova de que tenham sido concedidas, o juiz, ao proferir a sentença, deverá tomar em conta esse fato superveniente e, em razão disso, acolher o pedido formulado pelo trabalhador, na inicial, condenando o empregador a dar-lhe as férias pretendidas. No caso, o fato superveniente foi constitutivo do direito do autor.

Mais um exemplo. O empregado postula a denominada "rescisão indireta" do contrato de trabalho, continuando, no entanto, a trabalhar para o réu; este contesta, afirmando não haver nenhum motivo para esta espécie de dissolução do contrato. Posteriormente à contestação, todavia, o empregado é demitido, sem justa causa. Chegando esse fato ao conhecimento do juiz, antes do julgamento, ele deverá considerá-lo, para efeito de emissão da sentença. Isso significa que, mesmo não havendo fundamento legal para a "rescisão indireta", o contrato foi dissolvido, por ato do empregador, cujo fato terá repercussão na sentença.

O exemplário, enfim, de situações em que o juiz deva levar em consideração fatos supervenientes, com vistas ao proferimento da sentença, é vasto. O importante, para isso, é que ele tenha em mente as quatro regras que enunciamos há pouco, para que o conhecimento do *ius superveniens* seja lícito.

O fato superveniente tanto pode dizer concernir ao direito material, quanto ao processual. Neste último caso se encaixam, por exemplo, as condições da ação, que podem vir a surgir ou a desparecer no curso da demanda, motivo por que esse acontecimento deve ser considerado pelo juiz ou pelo tribunal, *ex officio* (CPC, art. 485, § 3.º).

No caso de o fato ser superveniente à interposição de recurso da sentença, dispõe o art. 933, do CPC: "Se o relator constatar a ocorrência de fato superveniente à decisão recorrida ou a existência de questão apreciável de ofício ainda não examinada que devam ser considerados no julgamento do recurso, intimará as partes para que se manifestem no prazo de 5 (cinco) dias. § 1.º Se a constatação ocorrer durante a sessão de julgamento, esse será imediatamente suspenso a fim de que as partes se manifestem especificamente. § 2º Se a constatação se der em vista dos autos, deverá o juiz que a solicitou encaminhá-los ao relator, que tomará as providências previstas no caput e, em seguida, solicitará a inclusão do feito em pauta para prosseguimento do julgamento, com submissão integral da nova questão aos julgadores".

5. Proclamação do resultado

Depois de haver apreciado, na fundamentação, todas as questões de fato e de direito, que dizem respeito à lide, e sobre elas formado o seu convencimento jurídico, sem menosprezar as disposições contidas nos arts. 140, 141, 371, 492, parágrafo único e 493 do CPC, o órgão jurisdicional deverá proclamar, na parte dispositiva, o resultado do julgamento.

O *decisum* (ou dispositivo) constitui, portanto, a parte da sentença que deve refletir, de maneira lógica, o resultado de toda a atividade de cerebração do magistrado, desenvolvida na motivação. Daí o equívoco em que incorreu o legislador brasileiro, ao declarar que, no dispositivo, o juiz "resolverá" as questões principais que as partes lhe submeteram (CPC, art. 489, III). As resoluções do magistrado ocorrem na fundamentação da sentença, nunca no *decisum*, onde, para reiterar, a sua atividade deve circunscrever-se à fiel proclamação do resultado da apreciação dos fatos da causa, feita na motivação. Esta corresponde, pois, a uma premissa do dispositivo, que também pode ser denominado de conclusão.

É correto dizer, *de lege lata*, que a sentença (assim como o acórdão) não contém partes inúteis, do ponto de vista de sua estrutura, conquanto já tenhamos afirmado, páginas atrás, que, de *lege ferenda*, a supressão do relatório não acarretaria nenhum prejuízo à eficácia e à inteligibilidade dos pronunciamentos jurisdicionais. Partes efetivamente importantes da sentença são a fundamentação e o dispositivo. Quanto àquela, vale lembrar que constitui o único requisito de validade da sentença que possui previsão constitucional (CF, art. 93, IX); no tocante a este, a sua extrema relevância decorre não apenas de traduzir-se no resultado da apreciação judicial dos fatos e questões da lide, como da peculiaridade de ser, em princípio, a única parte da sentença que produz a coisa julgada material, como atesta o art. 504 do CPC.

O juiz deve cercar-se, pois, de precaução redobrada ao redigir o dispositivo. Levando em conta a inegável importância do *decisum*, como parte essencial da sentença, formularemos, a seguir, algumas regras que devem ser observadas pelo magistrado, no momento de elaborá-lo.

a) Preliminares

Embora as preliminares devam ser apreciadas mediante ato específico, na medida em que, quando acolhidas, quase sempre implicam a extinção do processo sem resolução do mérito (CPC, art. 485), no processo do trabalho, via de regra, elas são apreciadas pela sentença de fundo, destinada a compor a lide.

Assim sendo, caberá ao juízo examinar essas preliminares na fundamentação e fazer estampar no dispositivo o resultado dessa apreciação. Acolhida a preliminar, dirá o *decisum*: "decide este MM. Juízo acolher a preliminar de (...), e, em razão disso, extinguir o processo sem julgamento do mérito". Devemos lembrar, apenas, que determinadas matérias, como, *e. g.*, a falta de pressuposto para a constituição e o desenvolvimento regulares da relação processual; perempção, litispendência, coisa julgada; condições da ação, podem ser conhecidas pelo juiz, *ex officio*, hipótese em que o dispositivo não cogitará de acolhimento de preliminar, mas de pronúncia jurisdicional de ofício, a respeito delas, se for o caso.

Se, ao contrário, a preliminar for repelida, o *decisum*, prosseguirá, para efeito de expressar o resultado do julgamento quanto ao mérito da causa.

Torna-se oportuna, neste momento, uma breve nota sobre o problema da exclusão de uma das partes do processo e sua repercussão no dispositivo e no recurso.

São frequentes as ações em que o autor a dirige em face não só do seu empregador, mas de terceiro, com o qual pretende ver reconhecida a existência (ou o "deslocamento") de relação de emprego. Assim, B é o seu empregador, e C, o terceiro, para o qual prestou serviços, e do qual, por isso, busca ver-se declarado empregado. Vindo o órgão jurisdicional a entender inexistente a colimada relação de emprego e, em razão disso, excluir C da relação processual, o *decisum* deverá explicitar essa exclusão subjetiva da lide. Até aqui, nada de extraordinário. Sucede, porém, que, vindo a sentença a acolher os pedidos do autor, quanto ao mérito, condenando o réu remanescente (B) ao pagamento das quantias especificadas, e ocorrendo de o autor vir a interpor recurso adesivo ao recurso ordinário manifestado pelo réu B, sustentando que o vínculo de emprego se estabeleceu com C, tem-se determinado a intimação, apenas, de B, para oferecer contrarrazões, o que, segundo entendemos, é incorreto. Realmente, a prática tem demonstrado que, em situações como essa, vindo o tribunal a dar provimento ao recurso adesivo do autor, para declarar a existência de relação de emprego com C que, em virtude disso, é reintegrado na relação processual, este fica tolhido em seu direito de contra-arrazoar o recurso adesivo do autor, pois, como dissemos, não foi intimado pelo juízo de primeiro grau para fazê-lo, porquanto havia sido afastado, pela sentença, da relação processual.

A solução ideal, para evitar problemas dessa ordem, consistirá na determinação judicial para que ambos os réus sejam intimados do recurso interposto pelo autor (que poderá ser adesivo, ou não, pois é indiscutível o seu interesse em sede de recurso autônomo), ou seja, inclusive C, que foi excluído da relação jurídica processual. Com essa providência, o mencionado réu terá, em igualdade de condições com o outro, oportunidade para contra-arrazoar o recurso do autor, se o desejar.

b) Prejudiciais de mérito

Conforme dissemos em linhas anteriores, existem determinadas matérias que, topologicamente, se situam entre as preliminares e o mérito: são as denominadas *prejudiciais de mérito*, entre as quais sobressaem a prescrição extintiva e a decadência. No dispositivo, o juiz deverá pronunciar-se a respeito desses temas (quando for o caso), dizendo se a prescrição é total ou parcial, especificando as verbas que são por ela atingidas, etc. O mesmo fará, *mutatis mutandis*, quanto à decadência. Ainda sobre a prescrição, é conveniente esclarecer que a sentença deverá indicar, com precisão, a *data* a partir da qual incidirá a *praescriptio*. Muitas vezes, a falta dessa especificação conduz a certas controvérsias que só servem para embaraçar o curso do processo.

c) Mérito

Comumente, o dispositivo das sentenças trabalhistas traz fórmula semelhante a esta: "... julgar procedente (ou procedente em parte, ou improcedente) a ação (ou a reclamação)...".

Dita fórmula, entretanto, é tão consagrada quão imperfeita. Sendo a ação um direito subjetivo público de invocar a prestação da tutela jurisdicional, que tem, como condições, a legitimidade *ad causam*, o interesse processual e a possibilidade jurídica do pedido (embora, como vimos, este último já tenha sido alijado pelo próprio Liebman do elenco das mencionadas condições), e sendo a ação algo distinta do direito material, que, acaso, ela se destine a assegurar, fica difícil entender-se como possa a sentença declarar, digamos, "improcedente" a ação, ao dizer que o autor não possui o direito material invocado. Ora, se o juiz chegou a examinar o mérito (direito material), é elementar que a ação foi "procedente", do ponto de vista da presença das suas três condições referidas. Invertendo-se o argumento: se a ação foi "improcedente", como pôde a sentença afirmar que o autor não possuía o direito alegado?

Exatamente por traduzir, a ação, um direito subjetivo público é que não será menos equivocado dizer-se que se está "propondo" a ação. Ação não se "propõe": *põe-se* em juízo. Ou melhor, a ação, enquanto direito processual, é *exercida*.

Quando, portanto, se chega ao mérito da causa, não se há que pensar em "procedência" ou "improcedência" da ação, pois essa expressão encerra uma intransponível contradição em seus termos, quando examinada sob o rigor de uma óptica científica. O que o órgão jurisdicional deve dizer, no dispositivo, é se está acolhendo ou rejeitando os pedidos efetuados pelo autor (ou pelas partes, quando for o caso, como na reconvenção), sem fazer, portanto, nenhuma referência à ação.

O art. 490 do CPC respeita essa regra de exação científico-terminológica ao dispor que o juiz proferirá a sentença (ou o acórdão) "acolhendo ou rejeitando, no todo ou em parte, o pedido formulado pelo autor". Em igual sentido, o art. 487, I, do mesmo Código. Não há nenhuma razão jurídica para que as sentenças emitidas pela Justiça do Trabalho se recusem ao acatamento dessa regra; o princípio da simplicidade do procedimento, *data venia*, não deve servir como pretexto para faltas contra o senso lógico e jurídico e contra os cânones da ciência processual.

d) Especificação da condenação

Após declarar, no dispositivo, se está acolhendo, no todo ou em parte, os pedidos formulados pelo autor, deverá o juízo especificar os títulos e os correspondentes valores, sobre os quais incide a condenação do réu.

Com isso, estamos asseverando que o *decisum* deverá apontar, de maneira clara, quais os pedidos que estão sendo acolhidos (aviso prévio, férias, 13.º salário, horas extras, FGTS) e mencionar, sempre que possível, os respectivos valores, pois a condenação, em forma líquida, ensejará a execução da sentença de modo mais rápido, atendendo-se, assim, aos interesses do exequente, em função do qual se processa a execução (CPC, art. 797).

Por esse mesmo motivo, deve ser desestimulada a praxe, algo arraigada, de o dispositivo limitar-se a dizer que está condenando o réu "na forma da fundamentação", uma vez que essa indeterminação dos títulos e, máxime, dos valores, sói acarretar certos transtornos, não apenas para efeito de interposição de recurso, mas, notadamente, da execução. É bem verdade que essa referência integrativa à fundamentação, feita no dispositivo, tem a vantagem de evitar eventuais omissões ou contradições deste, o que não deixa de ser um habilidoso expediente para preservar a sentença de ataque por meio dos embargos declaratórios. De qualquer modo, deve o juiz empenhar-se, o quanto possível, em especificar, no *decisum*, os títulos e valores que constituem objeto da condenação, na medida em que, como ficou dito, essa providência é indispensável para obviar-se a execução da sentença. Se o caso concreto não possibilitar a especificação dos valores, que o dispositivo refira, quanto menos, os títulos pertinentes à condenação.

Em muitos dos casos, a propósito, em que o dispositivo se restringe a dizer que está condenando o réu a pagar ao autor as verbas mencionadas na fundamentação, verifica-se que esta, por sua vez, não é muito clara sobre estar condenando o réu, ou absolvendo-o, quanto a determinados pedidos, de tal arte que o dispositivo acaba por incorporar uma fundamentação imprecisa, cuja consequência é a dúvida respeitante a saber que pedidos foram acolhidos e que pedidos foram rejeitados pela sentença. Essa dúvida poderia ser desfeita por meio de embargos de declaração. Ou melhor, esses embargos poderiam ter como fundamento legal a própria dúvida. Contudo, o art. 1.022, do CPC, eliminou esse estado de hesitação da inteligência como motivo para a oposição de embargos declaratórios (antes, o art. 535 do CPC de 1973 já o eliminara). A consequência disso é que, hoje, em termos práticos, o fundamento deverá ser a obscuridade, ainda que dúvida e obscuridade, sob o rigor léxico, não sejam vocábulos sinônimos. Cuida-se, portanto, de um surrealismo vocabular imposto por uma equivocada alteração legislativa.

Mais: o dispositivo deve expressar, com a clareza sempre exigível, a apreciação realizada na motivação quanto à prescrição extintiva (prejudicial de mérito) alegada, à compensação requerida etc. Se não o fizer, haverá omissão, a desafiar o uso dos embargos declarativos. Em suma, tudo aquilo que, sendo relevante, foi objeto de exame na fundamentação, deve estar refletido no dispositivo. Se determinado pedido foi apreciado na motivação, mas não constou do *decisum*, nem a omissão foi suprida pelos embargos declaratórios, não se forma, a respeito desse pedido, a coisa julgada material, precisamente porque, conforme expusemos, apenas o *decisum*, em princípio, produz a *res iudicata*. Segue-se que o autor poderá ingressar em juízo, novamente, para formular o pedido que deixou de integrar o dispositivo da sentença proferida no processo anterior, salvo se, por uma razão particular, a formulação desse pedido houver se tornado incompatível com o que foi decidido naquela sentença.

Se, ao contrário, o dispositivo incluir, na condenação, algo que não constou da fundamentação, de duas, uma: a) ou esse pedido não fez parte, nem sequer, da inicial, e, neste caso, haverá pronunciamento *extra petita*, com ofensa ao art. 492 do CPC; b) ou, se constante da inicial, a sentença mesmo assim será nula, agora por falta de fundamentação, nesse ponto, conquanto a pronúncia de nulidade possa ser evitada se a motivação vier a ser apresentada pelo juízo, em decorrência de embargos de declaração.

e) Tutela provisória

Tendo havido concessão de tutela provisória de urgência ou da evidência (CPC, art. 294), o dispositivo se pronunciará a respeito. Poderão existir casos em que a tutela será concedida na própria sentença de mérito, particularidade que reforça a necessidade de o dispositivo referir-se a ela.

f) Forma de liquidação

Apesar de a modalidade pela qual a liquidação será feita não constituir requisito de validade da sentença (CLT, art. 832; CPC, art. 489), as experiências da vida sugerem que o juiz indique, sempre, essa modalidade, inclusive, no dispositivo.

Deveras, a falta de indicação do modo pelo qual será realizada a liquidação tem sido a causa de muitos incidentes, na prática, pois ao autor convém que esta seja feita mediante cálculos, do mesmo modo como interessa ao réu a liquidação por meio de artigos. Justifica-se essa diversidade de interesses, porquanto os cálculos representam, sem dúvida, a maneira mais rápida de definir-se os valores integrantes da condenação, ao passo que os artigos de liquidação ensejam um procedimento lento, que, não raro, consome muito mais tempo do que o próprio procedimento ordinário (processo de conhecimento), que culminou com a emissão da sentença "liquidanda". Esses interesses antagônicos exigirão que o juiz intervenha, para indicar a forma de liquidação a ser observada. Essa decisão, embora possua caráter interlocutório (sendo, assim, irrecorrível autonomamente), implica uma distensão do procedimento da liquidação, sem considerarmos os casos em que ela é atacada por meio de ação de segurança ou de reclamação correcional.

Todos esses transtornos e tumultos poderão ser evitados se o juiz, ao redigir a sentença condenatória, precisar a modalidade pela qual a liquidação deverá ser realizada. Não sendo a sentença impugnada nesse ponto, formar-se-á a coisa julgada material, em que pese ao fato de a jurisprudência admitir, em caráter excepcional, a possibilidade de a liquidação processar-se por forma diversa da mencionada na sentença. De qualquer maneira, isso não invalida os nossos argumentos, no sentido de ser aconselhável a indicação, no *decisum*, da modalidade de liquidação, em virtude dos graves incidentes que uma providência dessa natureza pode impedir.

Nada obsta a que parte da condenação seja efetuada por um modo (cálculos, digamos), e parte por outro (artigos), desde que as singularidades do caso concreto justifiquem essa diversidade de formas.

O que deve ser abandonado é o hábito de utilizar-se, no dispositivo, fórmulas como: "As parcelas da condenação serão apuradas em regular liquidação". Ora, falar-se em "regular liquidação" será não dizer coisa alguma, pois, afinal de contas, qual será a modalidade a ser observada? É essencial, por isso, que o juiz especifique essa modalidade, elegendo-a segundo as exigências de cada situação concreta.

Cabe, aqui, um comentário crítico. Alguns escritores, como Amauri Mascaro Nascimento, sustentam que a Lei n. 8.432, de 11 de junho de 1992, que deu nova redação ao art. 879 da CLT, teria eliminado as liquidações mediante artigos e arbitramento, de tal modo que restaria, unicamente, a liquidação via cálculos (Rev. LTr 56-7.786). Por mais que o eminente jurista tenha se empenhado em justificar as razões de seu entendimento (*Rev. LTr*, 56-8.909 a 910), parece-nos elementar que a sobredita norma legal não revogou o *caput* do art. 879 da CLT, onde está expresso, com todas as letras, que a liquidação processar-se-á mediante cálculos, artigos ou arbitramento.

A admitir-se que a liquidação somente possa ser feita por intermédio de cálculos, ficariam, inegavelmente, sem solução adequada os inúmeros casos em que os autos não possuem elementos que possibilitem a liquidação por essa forma. Como efetuar-se a liquidação mediante cálculos quando, por exemplo, dos autos não constam o valor do salário do trabalhador, o número de horas extras realizadas, a data da vigência do contrato etc.?

A Lei n. 8.432/92, em nenhum momento, pretendeu cometer o desatino de anatematizar as demais modalidades de liquidação, porquanto isso implicaria ignorar a força da realidade e render ensejo a certas situações algo surrealistas, como a de proceder-se à liquidação por meio de cálculos, sem que houvesse, nos autos, um mínimo de elementos capazes de autorizá-la.

Sejamos francos: temos, hoje, exatamente, as mesmas formas de liquidação que tivemos desde o início dos tempos, quais sejam, via cálculos, artigos e arbitramento. O resto são manifestos equívocos na interpretação da Lei n. 8.432/92.

A propósito, o CPC de 2015, ao contrário do que chegaram a supor alguns escritores das primeiras horas, também não eliminou a liquidação por meio de artigos. Ao dispor que a liquidação se processará "pelo procedimento comum, quando houver necessidade de alegar e provar fato novo", o inciso II, do art. 509, desse Código, está a aludir, exatamente, à liquidação mediante artigos. Ainda que — apenas por apego à argumentação em tese — devemos admitir que essa modalidade de liquidação teria sido anatematizada do atual CPC, essa conclusão em nada repercutiria no processo do trabalho, porquanto, tal como asseveramos há pouco, a CLT contém disposição expressa sobre a liquidação mediante artigos (art. 879, *caput*).

g) Correção monetária e juros da mora

Em rigor, não há necessidade de a sentença determinar a atualização monetária dos valores componentes da condenação, assim como a incidência dos juros da mora, porquanto essas parcelas integram, automaticamente, a condenação, por força de lei. Dessa maneira, ainda que a sentença deixe de fazer expressa referência à correção monetária e aos juros moratórios, ambos deverão fazer parte do cálculo das parcelas que serão objeto da execução. Pouco importa que a própria petição inicial seja omissa quanto a esses acessórios. No mesmo sentido, a orientação jurisprudencial compendiada na Súmula n. 211 do TST.

A despeito disso, é sempre aconselhável que o juiz faça constar da parte dispositiva da sentença a correção monetária e os juros, não tanto porque o excesso não prejudique, mas, principalmente, porque, em alguns casos, há necessidade de definir-se o critério de aplicação de uma e de outro. A Súmula n. 200 do TST, por exemplo, determina que os juros incidam no principal já atualizado monetariamente, o que é correto, se levarmos em conta o fato de a correção monetária não constituir "rendimento" do capital, conforme sofisma a própria retórica do Poder Público, senão que simples mecanismo destinado a preservar o poder de compra da moeda. Logo, é absolutamente imprescindível que os juros da mora sejam aplicados sobre o capital já corrigido em sua expressão monetária.

Se, p. ex., constar do *decisum* que os juros serão aplicados sobre o principal não corrigido, isso fará nascer, no autor, o interesse em interpor recurso da sentença, neste ponto, com o escopo de fazer prevalecer o critério consagrado pela Súmula n. 200 do TST.

Por outro lado, em se tratando, a ré, de entidade submetida a regime de intervenção ou de liquidação extrajudicial, o seu débito será corrigido monetariamente, embora não incidam juros da mora, em consonância com a Súmula n. 304 do TST, que cancelou a de n. 284. Daí a necessidade de o juiz deixar patente, na sentença, a sua concordância com aquela Súmula, ou a sua discordância dela — pois é sabido que Súmulas não obrigam.

Sendo, ainda, devedora pessoa jurídica de direito público, caberá ao juiz, também, esclarecer o critério a ser observado, para efeito de cálculo da correção monetária e dos juros moratórios. Esse critério se encontrava estampado na Súmula n. 193, do TST; esta, entretanto, foi cancelada pela Resolução Administrativa n. 105/2000, do Pleno.

Dirá a sentença, ainda, se os débitos do trabalhador, perante o empregador, não serão corrigidos, monetariamente, como entende a Súmula n. 187 do TST, ou, ao contrário, deverão ser atualizados, com vistas à compensação deferida (CLT, art. 767) ou à reconvenção acolhida (CPC, art. 343).

No mais, vale rememorar que a correção monetária é devida desde o momento em que o adimplemento da obrigação se tornou exigível. Os juros da mora, contudo, somente são computados a contar da data do ajuizamento da ação, como dispõe o art. 883 da CLT.

h) Custas

Estabelece o art. 832, § 2.º, da CLT, que a decisão mencionará, sempre, o valor das custas a serem pagas pelo vencido. Temos, aqui, uma peculiaridade marcante do processo do trabalho, uma vez que o processo civil não contém semelhante exigência. Exatamente por tratar-se de uma particularidade do processo do trabalho é que a omissão do dispositivo, quanto às custas, caracterizará erro judicial de considerável monta. Advirta-se: para que a norma legal em apreço seja atendida, não basta que o juiz insira no dispositivo fórmulas como: "Custas na forma da lei"; torna-se absolutamente indispensável que indique o *valor* das custas, apuradas na forma do art. 789 da CLT. A clareza do texto legal, neste ponto, chega a ser ofuscante.

Sob certo aspecto, podemos dizer que a exigência legal de que a sentença mencione o valor das custas está ligada ao princípio da celeridade do procedimento. Realmente, sendo o pagamento das custas um dos pressupostos objetivos para a admissibilidade dos recursos, quis o legislador que a parte vencida soubesse, desde logo, o valor que deveria recolher a esse título, caso pretendesse impugnar a sentença, evitando, desse modo, o retardamento que haveria se as custas fossem calculadas mais tarde, devendo, só depois disso, ser intimada a parte para recolhê-las.

Se, por algum motivo, o dispositivo deixar de indicar o valor das custas, a omissão deverá ser suprida por meio de embargos declaratórios, pois não se trata, na espécie, de mero erro material, cuja sanação possa ser intentada mediante simples petição, nos termos do art. 833 da CLT. Nada obsta, entretanto, a que o juízo prolator da sentença supra, *ex officio*, essa omissão, desde que isso ocorra antes da interposição do recurso, hipótese em que incidirá a Súmula n. 53 do TST, segundo a qual o prazo para o pagamento das custas, no caso de recurso, é contado da data da intimação do cálculo. Com essa orientação, ficaram as partes liberadas do suplício a que estavam submetidas em virtude de certa jurisprudência do período, que assim se expressava: "Há prazos fatais e peremptórios, que correm em cartório, independentemente de qualquer intimação. É o que acontece, sem dúvida, com o prazo do art. 789, § 1.º, da CLT, que começa a ser contado da data da interposição do recurso, exceto se ainda não havia nos autos o cálculo das custas, hipótese em que a parte deverá ser intimada para pagá-las".

Quanto à dispensa do pagamento das custas, um rápido comentário deve ser formulado.

Em princípio, todo trabalhador que receber salário igual ou inferior ao dobro do mínimo legal estará desobrigado de pagá-las. Outrora, chegava-se a essa inferência mediante a combinação do art. 14, § 1.º, da Lei n. 5.584/70, com o art. 3.º da Lei n. 1.060/50, à qual aquele fazia expressa referência (art. 14, *caput*). Hoje, a dispensa do trabalhador, no tocante ao pagamento das custas, está prevista no § 3.º art. 790, da CLT, com a redação dada pela Lei n. 10.537, de 27-8-2002.

Na verdade, assistência judiciária e justiça gratuita não constituem expressões sinônimas. A primeira significa a indicação de advogado, a fim de promover, gratuitamente, a defesa dos direitos e interesses do necessitado; a segunda compreende a dispensa de todas as despesas processuais, aí incluídas as custas, os emolumentos, as publicações de editais em jornais, os honorários periciais e de advogado, etc. (CPC, art. 98, § 1.º, I a IX).

Caso o trabalhador receba salário superior ao dobro do mínimo legal, poderá obter o benefício da justiça gratuita se declarar, na inicial, não possuir condições financeiras de demandar sem prejuízo próprio ou familiar (CLT, art. 790, § 3.º).

O empregador, sendo pessoa física e desde que comprove sua dificuldade financeira, poderá ser também dispensado do pagamento das custas, com fundamento no art. 5.º, LXXIV, da Constituição Federal, que alude à assistência jurídica, conceito reconhecidamente mais amplo que o de assistência judiciária e de justiça gratuita.

Deve ser lembrado, por fim, que: a) as pessoas jurídicas de direito público não estão sujeitas a prévio pagamento de custas, muito embora a Súmula n. 4, do TST, que assim dispunha, tenha sido cancelada, sendo que a União nunca as pagará; b) no litisconsórcio, seja ativo, passivo ou misto, as custas deverão ser calculadas sobre o valor global dos pedidos ou da condenação (TST, Súmula n. 36); c) a massa falida não está obrigada ao pagamento de custas, para efeito de interposição de recurso (TST, Súmula n. 86).

i) Expedição de ofícios

Não raro, o autor postula que, proferida a sentença, sejam expedidos ofícios para diversas entidades públicas, como, por exemplo, Ministério da Fazenda, Ministério da Previdência Social, Ministério do Trabalho e Emprego, Caixa Econômica Federal, Ministério Público, etc. Convencendo-se, o órgão jurisdicional, da necessidade ou da utilidade desses ofícios, e de que possui competência para expedi-los, deverá dizer, na sentença, se acolhe, no todo ou em parte, tais requerimentos, ou se os rejeita, fundamentando, sempre, a decisão.

A prática tem demonstrado que, muitas vezes, a sentença deixa de pronunciar-se a respeito de requerimentos dessa espécie, fazendo com que a parte interessada ofereça embargos declaratórios, para suprir a omissão.

Nada impede, no entanto, que o juízo, por sua iniciativa, mande expedir referidos ofícios, mormente quando ficar convencido de que estão em jogo legítimos interesses das próprias entidades públicas.

j) Intimação

A regra, enunciada na Súmula n. 197 do TST, é de que o prazo para recurso é contado da audiência de julgamento, ainda que ausentes as partes, mas desde que estejam intimadas quanto à data da realização desta. A Súmula n. 197 cancelou, assim, a Súmula n. 37, de acordo com a qual o prazo somente teria início após a intimação da parte que deixasse de comparecer à mencionada audiência.

Obviamente, a Súmula n. 197 pressupõe que, na data designada, a sentença esteja pronta e juntada aos autos. Dessa maneira, se as partes tinham ciência prévia da audiência de julgamento, e a ela deixaram de comparecer, o prazo para a interposição do recurso, mesmo assim, passará a fluir da aludida audiência, atendido, por certo, o critério legal para a contagem dos prazos processuais (CLT, arts. 774 e 775), com especial destaque para o que esclarece que os prazos não se iniciam nem se vencem em dias desúteis. Se, ao contrário, a sentença não pôde estar pronta na data designada, as partes deverão ser intimadas quando ela for juntada aos autos, não se aplicando, nesta hipótese, a orientação contida na Súmula n. 197.

É sempre conveniente, diante disso, que o juiz, tendo em vista a situação de cada caso concreto, explicite, no dispositivo, se as partes estão intimadas da sentença, ou deverão sê-lo, com o objetivo de evitar certos transtornos no momento de verificar-se a tempestividade do recurso interposto. Uma ressalva: se as partes estavam regularmente intimadas da audiência de julgamento, de tal maneira que a espécie deveria ser regida pela Súmula n. 197 do TST, mas o juiz, ao redigir a sentença, determinar, por equívoco, que os litigantes sejam intimados, o prazo para recurso, a despeito disso, será contado da audiência em que ocorreu o julgamento e não da data em que as partes foram intimadas da sentença, em decorrência de uma errônea determinação do magistrado.

É possível, aliás, que, em alguns casos, o juiz considere um dos litigantes intimados da sentença na própria data em que se deu o julgamento, ordenando, porém, a intimação do outro, que não estava ciente da audiência de julgamento. Enfim, será sempre prudente que o órgão jurisdicional diga, com clareza, no decisum, se considera as partes intimadas a partir daquela data, ou não.

Se a sentença for proferida à revelia do réu, este deverá ser intimado, por força do disposto no art. 852 da CLT. Somente no sistema do processo civil é que os prazos, contra o revel, correm independentemente de intimação, caso não tenha advogado constituído nos autos (CPC, art. 345). Assim, se o revel, vencido na causa (ainda que em parte), não for intimado da sentença, haverá manifesta nulidade processual que ensejará, inclusive, o acesso à via rescisória (CPC, art. 966, V); se, todavia, for totalmente vencedor, eventual falta de intimação não acarretará a nulidade do processo, pois é razoável presumir que, exceções ao largo, a falta dessa comunicação não lhe trará nenhum prejuízo (CLT, art. 794).

Sempre que for o caso, deverá o dispositivo mencionar que a intimação de uma das partes, ou mesmo de ambas, seja feita por edital (CLT, art. 841, § 1.º). Antes de assim deliberar, contudo, caberá ao juiz ter em mente o fato de ser amplamente compatível com o processo do trabalho a regra inscrita no art. 106, § 2.º, do CPC, conforme a qual serão reputadas válidas as intimações enviadas para o endereço constante dos autos, se a mudança de endereço não foi comunicada ao juízo. No processo do trabalho, não há necessidade de que essas intimações sejam remetidas por meio de carta registrada. Basta que o sejam por intermédio de um instrumento que permita verificar se foram entregues no endereço do destinatário, ou não. Por isso, incumbirá ao juiz mencionar, no dispositivo, que a intimação deverá ser efetuada nos termos da precitada norma do processo civil, e não mediante edital.

k) Remessa ex officio

Quando a sentença for contrária, no todo ou em parte, aos interesses das pessoas jurídicas mencionadas no Decreto-lei n. 779/69, e desde que estas figurem como parte, na lide, os autos deverão ser remetidos ao tribunal, para efeito de reexame necessário do pronunciamento de primeiro grau.

Dá-se que, nesse caso, a sentença somente passará em julgado se for "confirmada" pelo tribunal (CPC, art. 496, *caput*). Por outras palavras, isso significa que todas as causas, nas quais tenham sido emitidos sentenças ou acórdãos (máxime, os de efeito condenatório) contrastantes com os interesses das referidas pessoas, manifestados na causa, estão sujeitas ao duplo grau de jurisdição. Como dissemos em páginas anteriores, o inc. V do art. 1.º do Decreto-lei n. 779/69 não foi revogado pelo art. 5.º, *caput*, da atual Constituição da República.

Não se trata, na espécie, de um estapafúrdio "recurso ordinário *ex officio*", como afirma o inc. V do art. 1.º do precitado Decreto-lei, mas de remessa obrigatória (*ex officio*), para efeito de reexame necessário.

Essa prerrogativa das pessoas jurídicas mencionadas naquele texto legal deve ser respeitada mesmo no caso de sentenças proferidas nas ações de alçada exclusiva dos órgãos de primeiro grau, instituídas pela Lei n. 5.584/70 (art. 2.º, § 4.º), exatamente porque essa prerrogativa se revela sob a forma de *remessa obrigatória*, que não se confunde com recurso. Este, em princípio, decorre de iniciativa da parte, motivo por que o ato de impugnar a sentença é, meramente, facultativo. Desse modo, ainda que, nas ações de alçada, não caiba recurso (ato da parte), haverá remessa *ex officio* (ato do juiz), para atender-se ao art. 1.º, V, do Decreto-lei n. 779/69. Este nosso entendimento foi consagrado pela Orientação Jurisprudencial n. 9, da SDI-I, do TST, posteriormente convertida na Súmula n. 303, I.

O CPC dispensa a remessa necessária nos casos previstos nos incisos I a III, do § 1.º, do art. 496, cujo critério foi perfilhado pela Súmula n. 303, I, do TST. Conquanto concordemos com o fato de a precitada norma do CPC haver dispensado a remessa necessária nas situações que menciona, isso não significa que concordemos a atual redação da Súmula n. 303, I, do TST. A razão é elementar: o Decreto-Lei n. 779/1969, que é específico para a Justiça do Trabalho, não prevê, não contempla nenhuma exceção quanto à obrigatoriedade dessa remessa (art. 1.º, V).

Aliás, a remessa *ex officio* é indispensável mesmo no caso de acórdão proferido em ação rescisória, desde que, à evidência, seja desfavorável aos entes públicos mencionados no Decreto-lei n. 779/69 (*ibidem*, II).

É preciso ficar patente, portanto, que, sem a remessa *ex officio*, a sentença não transitará em julgado. Bem ou mal, esta é uma prerrogativa legalmente atribuída a determinadas pessoas jurídicas, inclusive, de direito privado, como as fundações públicas, desde que não explorem atividade econômica.

Nos demais casos, decorrido o prazo para recurso, tenha sido interposto, ou não, os autos deverão ser encaminhados ao tribunal, para que proceda ao necessário reexame da matéria, ou seja, de todos os capítulos da sentença, contrários aos interesses do réu. Se o juiz deixar de efetuar essa remessa obrigatória, o presidente do tribunal poderá avocar os autos correspondentes, nos termos do art. 496, § 1.º, do CPC.

Será, pois, sempre necessário que se faça constar do *decisum* a remessa *ex officio*, a fim de alertar a secretaria ou a escrivania sobre a obrigatoriedade desse procedimento.

Um toque conclusivo: a remessa *ex officio* somente deverá ocorrer quando a sentença for proferida no processo de conhecimento (ou, em alguns casos, no cautelar), uma vez que o Decreto-lei faz referência (embora imprópria) a "recurso ordinário", de ofício, a insinuar, assim, a exclusiva vinculação da remessa com os pronunciamentos jurisdicionais realizados no processo cognitivo. O mesmo se afirme a respeito do acórdão, quando se tratar de matéria da competência originária do tribunal. Conclui-se, portanto, do exposto, que não haverá remessa *ex officio* na execução.

l) Prazo para cumprimento

Estabelece o art. 832, § 1.º, da CLT que a decisão, quando condenatória, indicará o prazo e as condições para o seu cumprimento.

Essa disposição legal, todavia, se encontra, hoje, posta à margem, provavelmente por terem os juízes percebido a sua inutilidade — exceto nos casos de antecipação dos efeitos da tutela, mesmo quando embutida na sentença de mérito. Com efeito, no tocante ao prazo para o cumprimento espontâneo, coincidirá com o dia imediato ao trânsito em julgado da sentença, ou da emissão desta, se ontologicamente irrecorrível; o cumprimento coacto (execução forçada) será obtido segundo o procedimento traçado pelos arts. 880 e seguintes da CLT. Sendo devedora a Fazenda Pública, a execução processar-se-á pelo modo descrito no art. 730 do CPC.

Quanto às condições para o cumprimento da sentença, devem estar naturalmente previstas na fundamentação desta, conforme seja a natureza da prestação a ser realizada pelo vencido.

De qualquer modo, como a lei ainda se encontra em vigor, estão os órgãos jurisdicionais perfeitamente à vontade para fixar, no dispositivo, o prazo e as condições para o cumprimento da sentença. O que desejamos deixar assinalado é que a falta dessa especificação, em princípio, não acarretará nenhuma nulidade do pronunciamento jurisdicional, porquanto, como ficou dito, o prazo está contido em lei e as condições devem fazer parte da fundamentação.

A exigência, de que cuida o art. 832, § 1.º, da CLT, talvez tenha feito sentido no passado, quando era amplo o exercício do *ius postulandi*, período em que era sempre didático mencionar-se, na sentença, o prazo e as condições para o seu cumprimento. Afinal, a presença do advogado não era, como hoje, indispensável (CF, art. 133).

Descontos relativos ao INSS e ao Imposto de Renda

Nas edições anteriores deste livro escrevemos:

> "Propositadamente, deixamos de incluir, no elenco das matérias que devem constar do dispositivo da sentença, a determinação para que seja efetuado o recolhimento das quantias devidas ao Instituto Nacional de Seguridade Social e ao Imposto de Renda, por julgarmos que a Justiça do Trabalho não possui competência para isso.
>
> Por duas razões fundamentais assim entendemos: uma, de natureza jurídica; outra, política.
>
> a) De natureza jurídica, porque as controvérsias pertinentes à contribuição previdencial e ao imposto de renda não fazem parte da demanda (*res in iudicio deduta*), ou seja, do núcleo do conflito de interesses, precisamente porque não integram o patrimônio jurídico do trabalhador, em atenção ao qual se instituiu, em nosso meio, uma Justiça especializada, incumbida de examinar as alegações de lesão ou de ameaça de lesão a esse patrimônio.
>
> Fica certo, por isso, que a competência essencial da Justiça do Trabalho, que lhe é atribuída pelo *caput*, primeira parte, do art. 114, da Constituição Federal, não pode ser invocada para solver lides que digam respeito a matérias que não são do interesse direto do trabalhador, exatamente por não estarem ligadas ao seu patrimônio jurídico.
>
> Dir-se-á, talvez, que a competência da Justiça do Trabalho, para determinar o desconto de valores devidos ao INSS e ao Imposto de Renda, decorre da dicção constitucional de que, "na forma da lei", poderão ser submetidas à cognição dessa Justiça outras controvérsias derivantes da relação de trabalho (art. 114, *caput*, parte final), sabendo-se que há normas legais infraconstitucionais a impor ao juiz do trabalho a determinação para que seja efetuado o recolhimento dessas quantias (Leis ns. 8.212, de 24-6-91, art. 43, e 8.541, de 23-12-92, art. 46). Há, até mesmo — complementar-se-ia — Provimento, nesse sentido, da Corregedoria Geral do Tribunal Superior do Trabalho (n. 2/93).
>
> *Venia concessa*, semelhante argumento estaria comprometido pelo indisfarçável paralogismo de supor que a referida locução constitucional ("na forma da lei") tivesse sido introduzida para justificar semelhante desvirtuamento da competência material da Justiça do Trabalho e das próprias razões históricas que levaram à instituição dessa Justiça especializada. O que a ressalva constitucional está a significar é que o legislador ordinário poderá cometer competência à Justiça do Trabalho para solucionar conflitos de interesses que tenham origem em outras relações de

trabalho (entre o pequeno empreiteiro e o dono da obra, por exemplo), sendo, pois, despropositado imaginar que essa dicção constitucional esteja a autorizar esse legislador a atribuir à Justiça do Trabalho competências canhestras, como aquelas que em nada se relacionam com os interesses jurídicos do trabalhador. Com isso, estamos denunciando o antagonismo da Lei n. 8.212/92 (segundo a redação dada pela Lei n. 8.620/93) com o art. 114, *caput*, da Constituição Federal, na parte em que aquela procura obrigar o juiz do trabalho a impor, às partes, o recolhimento das quantias devidas ao INSS, "sob pena de responsabilidade!".

Para sermos bem entendidos: os arts. 43 e 44 da antedita norma legal são, a nosso ver, inconstitucionais (CF, arts. 2.º, 60, § 4.º, III, e 114, *caput*).

Basta ver que se fosse admitida a competência da Justiça do Trabalho para determinar o recolhimento de contribuições devidas ao INSS — o que se admite, apenas, por apego à argumentação —, ter-se-ia de reconhecer, *ipso facto*, a sua competência de dirimir as controvérsias daí decorrentes, e que seriam estabelecidas não somente entre o trabalhador e o empregador (sobre matéria estranha ao contrato de trabalho, advirta-se), mas entre o empregador e o órgão previdencial, como quando este entendesse que o recolhimento efetuado foi inferior ao devido etc.

Teria sido para essa finalidade a criação de uma Justiça especializada na solução dos conflitos entre trabalhadores e empregadores?

b) De natureza política, porque as normas legais infraconstitucionais que se atreveram a impor à Justiça do Trabalho competência para determinar o recolhimento de valores devidos ao INSS (ou, mesmo, ao Imposto de Renda), não conseguem encobrir o objetivo de converter os juízes do trabalho em eficientes fiscais a serviço da Seguridade Social e da Receita Federal.

O que aos juízes do trabalho cabe, quando muito, é dar ciência a esses órgãos de que houve sentença condenatória do empregador, a fim de que possam exigir, deste ou do próprio empregado, conforme seja o caso, administrativamente ou perante a justiça comum, o correspondente recolhimento. Nada além disso.

Caso, porém, o juiz do trabalho esteja convencido de possuir competência para ordenar o recolhimento das quantias em questão, deverá fazer constar do dispositivo essa determinação."

A despeito de todos esses nossos argumentos e ponderações, a Emenda Constitucional n. 20/98, dotou a Justiça do Trabalho de competência, também, para "executar, de ofício, as contribuições sociais previstas no art. 195, I, "*a*", e II, e seus acréscimo legais, decorrentes das sentenças que proferir" (Constituição Federal, art. 114, § 3.º). A Súmula n. 368, I, do TST, declara, por sua vez, que a Justiça do Trabalho possui competência para proceder a descontos das contribuições fiscais.

Não queremos eternizar a polêmica, nem possuímos apego à heterodoxia, entretanto, não podemos deixar de chamar a atenção ao fato relevante de a Emenda Constitucional n. 20/98, em rigor, somente haver cometido competência a essa Justiça Especializada no que diz respeito às *contribuições sociais* previstas no art. 195, inciso I, alínea "*a*", ou seja, as contribuições *previdenciárias*. Sob a perspectiva constitucional, portanto, a Justiça do Trabalho ainda não se encontra dotada de competência para proceder à cobrança e aos recolhimentos dos valores pertinentes ao imposto de renda.

Pondo de lado essa controvérsia, devemos dizer que, a contar da sobredita Emenda Constitucional, as sentenças emitidas pela Justiça do Trabalho devem mencionar se haverá, ou não, incidência de contribuição previdenciária e do imposto de renda e, em caso positivo, quais os critérios que deverão ser observados.

Dispõe, a este respeito, o § 3.º do art. 832, da CLT: "As decisões cognitivas ou homologatórias deverão sempre indicar a natureza jurídica das parcelas constantes da condenação ou do acordo homologado, inclusive o limite de responsabilidade de cada parte pelo recolhimento da contribuição previdenciária, ser for o caso". Há imprecisão conceitual na expressão legal "decisões cognitivas ou homologatórias", como se também não houvesse cognição nos casos de acordo (transação) homologado. O correto seria aludir-se às "decisões condenatórias ou homologatórias". No primeiro caso, a solução do conflito é tipicamente jurisdicional, pois é realizada mediante sentença impositiva; no segundo, deriva de negócio jurídico bilateral, ou seja, da exclusiva manifestação de vontade das partes. A sentença que aqui se lança nada acrescenta e nada retira do objeto da transação; sem essa sentença, todavia, a parte credora ficaria destituída de título executivo (CPC, art. 515, II) para promover a execução judicial no caso de inadimplemento da obrigação assumida pelo devedor.

De resto, é oportuno reproduzir o conteúdo da Súmula n. 368, do TST: "I – A Justiça do Trabalho é competente para determinar o recolhimento das contribuições fiscais. A competência da Justiça do Trabalho, quanto à execução das contribuições previdenciárias, limita-se às sentenças condenatórias em pecúnia que proferir e aos valores, objeto de acordo homologado, que integrem o salário de contribuição. (ex-OJ n. 141 da SBDI-1 – inserida em 27-11-1998). II – É do empregador a responsabilidade pelo recolhimento das contribuições previdenciárias e fiscais, resultante de crédito do empregado oriundo de condenação judicial, devendo ser calculadas, em relação à incidência dos descontos fiscais, mês a mês, nos termos do art. 12-A da Lei n. 7.713, de 22-12-1988, com a redação dada pela Lei n. 12.350/2010. III - Em se tratando de descontos previdenciários, o critério de apuração encontra-se disciplinado no art. 276, §4.º, do Decreto n. 3.048/1999 que regulamentou a Lei n. 8.212/1991 e determina que a contribuição do empregado, no caso de ações trabalhistas, seja calculada mês a mês, aplicando-se as alíquotas previstas no art. 198, observado o limite máximo do salário de contribuição. (ex-OJs n. 32 e 228 da SBDI-1 – inseridas, respectivamente, em 14-3-1994 e 20-6-2001)".

Capítulo XII

Publicação e Intimação

Publicação

O princípio da publicidade dos atos processuais, de origem romana, se encontra inscrito no art. 93, IX, da Constituição Federal e sua existência está intimamente ligada aos ideais democráticos. Só em casos excepcionais, e desde que o interesse público o exija, poderá a norma infraconstitucional romper com esse princípio, hipótese em que, mesmo assim, deverá ser assegurada a presença das partes e seus advogados, ou, apenas, destes, nos atos a serem praticados no processo (*ibidem*).

O art. 770, *caput*, da CLT declara que os atos processuais serão públicos, exceto quando o contrário determinar o interesse social; no mesmo sentido, o art. 189 do CPC, que ressalva os casos em que o processo se desenvolverá em segredo de justiça. Nas situações expressamente previstas em lei, por exemplo, a audiência será realizada "a portas fechadas", ou seja, sem a presença de público. Embora essa disposição aspada do art. 444, do CPC de 1973, não tenha sido reproduzida pelo art. 368, do CPC de 2015, é evidente que a única forma de dar-se cumprimento ao próprio art. 368 será fechando-se as portas das salas das audiências ao público. A não se proceder dessa maneira, como seria possível atender-se à regra legal de que o processo deve tramitar em segredo de justiça?

O princípio da publicidade dos atos processuais é bifronte: diz, de um lado, do acesso que as partes podem ter aos autos, não somente com o objetivo de consultá-los, mas, também, de requerer a extração de certidões ou de cópias das peças (CPC, art. 189, § 1.º); de outro, do direito, assegurado ao advogado, de examinar, em cartório ou secretaria, os autos de qualquer processo, ou seja, mesmo daqueles em que não seja procurador de nenhuma das partes, ressalvados os feitos que correm em segredo de justiça (CPC, art. 107, I). O terceiro que demonstrar interesse jurídico pode requerer ao juiz certidão do dispositivo da sentença (CPC, art. 189, § 2.º).

Cumpre-nos assinalar que a Constituição Federal assegura a todas as pessoas o direito de obter certidões em repartições públicas, destinadas à defesa de direito ou a esclarecimento de situações de interesse pessoal (art. 5.º, XXXIV, "*b*").

A sentença, como ato processual, está igualmente submetida ao princípio da publicidade. Daí, decorre a necessidade de ser regularmente publicada.

Por dois modos essa publicação pode ocorrer: a) em audiência; b) em cartório ou secretaria. Estamos, por certo, a cuidar, somente, da sentença, pois, quanto ao acórdão, deverá ter o dispositivo publicado em jornal oficial ou, se particular, de grande circulação.

Como norma, a publicação das sentenças proferidas pelos órgãos da Justiça do Trabalho — aqui compreendidas as cautelares — deve ser feita em audiência, segundo evidenciam os arts. 850 e 852 da CLT, lembrando que a audiência, tirante as exceções legais, deve ser pública (CLT, art. 813). Na verdade, o sistema do processo do trabalho, construído pelo legislador, está fortemente apoiado no princípio da indivisibilidade da audiência (CLT, art. 849, primeira parte), razão por que, nela, deveriam ser praticados todos os atos do procedimento (excetuada, à evidência, a petição inicial e a citação do réu), aí incluída a própria sentença de mérito. As circunstâncias da vida prática, entretanto, impuseram a fragmentação da audiência, de tal sorte que, hoje, são raros os juízes que levam à risca o mencionado princípio da incindibilidade. Essa partição da audiência se funda no próprio art. 849, parte final, da CLT, que faz alusão a motivo de "força maior".

Não é diferente o que se passa no plano do processo civil, cujo art. 365, após falar da unidade e da continuidade da audiência, ressalva a hipótese de não ser possível concluí-la no mesmo dia.

Mesmo quando não for possível proferir-se a sentença na audiência designada, uma outra deverá ser marcada para esse fim, em continuação à anterior, que será a primeira desimpedida, conforme dispõe o art. 849 da CLT.

A publicação da sentença na secretaria do órgão de primeiro grau é algo que só se justifica, em princípio, no processo de execução, como se dá, por exemplo, com a sentença resolutiva dos embargos do devedor ou de terceiro.

A publicação da sentença gera duas consequências fundamentais: a) faz com que se torne apta para produzir, no momento oportuno, as consequências jurídicas nela previstas, sendo necessário, para isso, a intimação dos litigantes; b) impede que o juiz a altere, exceto para corrigir-lhe inexatidões materiais ou erros de escrita ou em decorrência de embargos de declaração (CPC, art. 494, I e II). Dessas alterações deverão as partes ser também intimadas, sob pena de nulidade, máxime no caso de embargos declaratórios.

Intimação

Da sentença, seja de mérito ou não, as partes deverão ser intimadas. Essa intimação tem por finalidade dar-lhes ciência de que a entrega da prestação jurisdicional foi realizada, permitindo-lhes, assim, inteirar-se do seu conteúdo. A partir daí, conta-se o prazo para o oferecimento de embargos declaratórios (5 dias: CLT, art. 897-A, *caput*) ou de interposição de recurso ordinário (CLT, art. 895, I e II: 8 dias). Mesmo no caso das sentenças ontologicamente irrecorríveis (Lei n. 5.584/70, art. 2.º, § 4.º), a intimação será indispensável, seja porque esse pronunciamento jurisdicional pode ser objeto de embargos de declaração, seja, também, para permitir que o vencido e o vencedor ajam de acordo com o que foi decidido.

Falamos, há pouco, da fragmentação da audiência, determinada pela força das circunstâncias da vida cotidiana, assinalada por uma pletora de ações, que tem impedido, na maioria dos casos, a realização de audiência única, assim considerada a que não se submete a nenhuma partição. Mencionada cisão da audiência, introduzida pela praxe judicial, levou a falar-se em audiência "inicial", "de instrução" e "de julgamento". Reconhecida essa tripartição, fica fácil perceber que a sentença é publicada nesta última, salvo se, por motivos extraordinários, como a revelia, ou por tratar-se, exclusivamente, de questão que dispense a produção de provas orais, o juízo de primeiro grau proceder ao julgamento antecipado do mérito (CPC, art. 355), ou extinguir o processo sem resolução do mérito (CPC, art. 485).

Em concreto, tem sido de praxe intimar-se as partes, na audiência dita "de instrução", quanto à de julgamento. No passado, contudo, formou-se acirrada disputa jurisprudencial sobre saber se a parte, estando intimada da audiência de julgamento, mas a ela não comparecer, seria, mesmo assim, considerada intimada da sentença, ou deveria ser especificamente cientificada desse ato de coroamento do processo.

Visando a pacificar o assunto, o TST editou a Súmula n. 37, conforme a qual "o prazo para recurso da parte que não compareceu à audiência de julgamento, apesar de notificada, conta-se da intimação da sentença". Em obra lançada no ano de 1981, entretanto, deitamos severas críticas a essa Súmula, por entender que ela estava em desacordo com o art. 834 da CLT a teor do qual "a publicação das decisões e sua notificação aos litigantes, ou a seus patronos, consideram-se realizadas nas próprias audiências em que forem as mesmas proferidas", cuja disposição se encontra reproduzida no art. 852 do mesmo texto legal.[81]

Os defensores da Súmula argumentavam com o fato de que, a entender-se de outro modo, estar-se-ia dispensando um tratamento privilegiado ao revel, porquanto este, em virtude de lei (CLT, art. 852, parte final), deve ser sempre intimado da sentença. Redarguíamos, todavia, com o argumento de que a exigência legal de intimação do revel se prendia à forma (CLT, art. 841, § 1.º) pela qual o réu é citado, no processo do trabalho, ou seja, mediante registro postal, que, por isso, não oferece ao juízo a necessária certeza de que a citação foi, efetivamente, realizada (ainda mais se considerarmos a Súmula n. 16 do TST), motivo por que o art. 852 da CLT, com justificável prudência, impõe a intimação do revel.

Demais, a orientação espelhada na Súmula n. 37 estava estimulando o réu (já não falo em revelia) a não comparecer à audiência de julgamento, para provocar a sua intimação, por via postal, e, assim, contemporizar em benefício próprio, além de onerar o juízo com a expedição do instrumento de intimação.

Essencialmente, porém, sustentávamos que a malsinada Súmula estava em antagonismo com os arts. 834 e 852 da CLT que, como foi demonstrado, consideram os litigantes intimados na própria audiência em que for realizado o julgamento. Nem se imagine — alertávamos — que essas normas legais pressuponham a incindibilidade da audiência, pois o art. 849, também da CLT, que autoriza o prosseguimento da audiência em outra data, não registra nenhuma ressalva à regra contida naqueles dois dispositivos. Concluíamos nossa crítica, sugerindo que o TST banisse a aludida Súmula, redimindo-se, dessa forma, do equívoco em que havia incorrido, ao lançá-la.

Felizmente, em 1985, o TST dá a lume a Súmula n. 197 que, cancelando a de n. 37, estatui: "O prazo para recurso da parte que, intimada, não comparece à audiência em prosseguimento

(81) *Comentários às Súmulas Processuais do TST*. São Paulo: LTr, p. 126-128.

para a prolação da sentença, conta-se de sua publicação". Restabeleceu-se, com isso, o império da legalidade (CLT, arts. 834 e 852), que a Súmula n. 37 ousou desafiar.

Para efeito de exame da tempestividade dos embargos declaratórios ou do recurso ordinário (e das contrarrazões), conseguintemente, tem-se como intimadas as partes na data designada para o julgamento, observada a regra do art. 775 da CLT, no respeitante à contagem do prazo. É elementar, contudo, que a orientação da Súmula n. 197 não deverá ser acatada se a sentença não se encontrar juntada aos autos, na data previamente designada. Neste caso, o início da contagem do prazo só ocorrerá da efetiva intimação da sentença. Em termos práticos, incumbirá aos juízos de admissibilidade (*a quo* e *ad quem*) investigar se a sentença foi, realmente, proferida na data prevista, ou não. Essa verificação será possível por meio do carimbo de "juntada" da sentença, do qual consta a data em que isso se deu. O prazo, para embargos de declaração ou recurso ordinário, neste caso, será contado da data mencionada no aviso de recebimento da intimação ou daquela em que a parte fez carga dos autos, ou, por qualquer modo, lançou nos autos o seu "ciente", conforme seja a hipótese.

Se as partes estavam intimadas da audiência de julgamento e a sentença foi juntada aos autos no dia designado, eventual determinação judicial para que a elas sejam intimadas deverá ser desconsiderada, no exame da tempestividade dos embargos de declaração ou do recurso ordinário, pois essa inadvertência do juiz não tem a potestade de derrogar a norma legal (CLT, arts. 834 e 852), nem gera direito aos litigantes. Muito provavelmente, os embargos e o recurso referidos virão a destempo.

Motivados por uma preocupação didática, queremos repisar, nesta quadra de nossa exposição, a advertência que lançamos em linhas anteriores, acerca da verdadeira exegese da Súmula n. 30 do TST, nos termos da qual "quando não juntada a ata, ao processo (*sic*), em 48 (quarenta e oito) horas da audiência de julgamento (art. 851, § 2.º da CLT), o prazo para recurso será contado da data em que a parte receber a intimação da sentença".

Antes de mais nada, devemos denunciar a falta contra o senso lógico-jurídico, cometida pela mencionada Súmula ao aludir à juntada da ata ao processo, quando a referência correta seria aos autos, pois somente estes possuem existência material. Processo é método, é técnica de solução estatal de conflitos de interesses, razão por que será impossível juntar-se a ele a ata ou qualquer documento, pela mesma razão lógica que não se consegue pintar a emoção ou desenhar a saudade.

Como pudemos ver, neste mesmo Capítulo, o princípio vigorante no processo do trabalho é de que as partes serão intimadas da sentença na própria audiência em que esta for proferida (CLT, arts. 834 e 852). Levando em conta, no entanto, a possibilidade de a sentença, nessa data, não estar ainda pronta, permite a lei (CLT, art. 851, § 2.º) que o juiz faça juntar aos autos, no prazo improrrogável de quarenta e oito horas, a ata que a contenha. A Súmula n. 30 do TST, como se nota, procurou interpretar essa norma legal, com vistas ao início da contagem do prazo para interpor recurso ordinário, quando a ata não for juntada aos autos no prazo legal. O que, em rigor, preocupa, não é o que consta da expressão literal da Súmula, mas o que ela insinua. Com efeito, o que está subjacente ao texto é uma declaração com a qual não podemos concordar, ou seja, de que, juntada a ata *dentro* das quarenta e oito horas previstas em lei, a intimação da sentença será considerada da data designada para o seu proferimento. Ora, como se pode reputar intimadas as partes se, naquela audiência, nada mais se fez do que proclamar o resultado do julgamento, dizendo-se se os pedidos do autor eram acolhidos ou rejeitados, no todo ou em parte? Como poderiam, pois, os litigantes impugnar uma sentença que, na verdade, não existia, do ponto de vista de seus requisitos formais, exigidos por lei, mormente, no que tange à fundamentação — que tem sede constitucional (art. 93, IX)?

A prevalecer a orientação traçada pela Súmula n. 30 do TST, as partes disporiam, apenas, de *seis dias* para interpor recurso ordinário, porquanto somente a contar das quarenta e oito horas posteriores à proclamação do resultado do julgamento é que teriam conhecimento da sentença. Seriam, dessa forma, prejudicadas por um ato ao qual não deram causa. Não se ignore que um dos princípios informadores dos prazos processuais é o da *utilidade*, segundo o qual a fixação de prazos, pela norma legal ou pelo juiz, deve ser útil para a satisfação da finalidade por eles visada. Existe, assim, uma íntima relação entre a duração do prazo e o fim a que se destina, de tal maneira que o rompimento dessa relação faz gerar, quase sempre, a nulidade.

Sejamos francos: a Súmula n. 30 do TST, ao insinuar que se a ata for juntada aos autos dentro das quarenta e oito horas de que trata o art. 851, § 2.º, da CLT, o prazo para recurso será contado da data designada para o julgamento, coloca-se em manifesto antagonismo com o art. 895, a, da CLT (para nos ocuparmos, apenas, deste), que assegura às partes o prazo de oito dias para a impugnação ordinária da sentença.

A Súmula n. 30, do TST, deve ser cancelada; e, talvez, substituída por outra, que melhor interprete o art. 851, § 2.º, da CLT, de sorte a garantir aos litigantes a plenitude do prazo estabelecido em lei, para o exercício da impugnação dos provimentos jurisdicionais.

Se, em situações especiais, houver necessidade de intimação das partes, não será aplicável, ao processo do trabalho, o art. 231, I, do CPC, de acordo com o qual o prazo (para qualquer efeito) só começa a fluir da juntada aos autos do aviso de recebimento, se a intimação foi feita pelo correio. Ao processo do trabalho repugna esse critério, que só faz retardar o procedimento, com ser-lhe embaraçante. Aqui, o prazo é contado da data da assinatura aposta no aviso de recebimento.

Capítulo XIII

Correção e Integração

Comentário

O tema respeitante à correção e à integração da sentença é de extraordinária importância e se encontra estreitamente ligado ao princípio da inalterabilidade dos pronunciamentos jurisdicionais, pelo mesmo órgão que os emitiu, ou seja, ao princípio da irretratabilidade das sentenças.

Com efeito, ao advertir que, proferida a sentença de mérito, o juiz cumpria e acabava o ofício jurisdicional, não mais podendo alterá-la, o art. 463, *caput*, do CPC, deixava claro o princípio supracitado.

O que levou o legislador brasileiro a estabelecer essa regra parece ter sido a necessidade de evitar a instabilidade das relações processuais, que ocorreria, sem dúvida, se a sentença pudesse ser modificada pelo próprio juiz que a proferiu, ou, eventualmente, por outro, que passasse a atuar na causa. Essa possibilidade de alteração da sentença pelo juiz que a emitiu conduziria, não apenas, à mencionada instabilidade, senão que acarretaria graves desperdícios de atividade jurisdicional, pois a sentença, anteriormente proferida, seria substituída por outra, prolatada pelo mesmo órgão jurisdicional. Pelo sistema processual vigente, portanto, a modificação da sentença só pode ser obtida mediante recurso ou remessa *ex officio*, conforme seja o caso.

Acerca do princípio em exame, porém, algumas observações devem ser formuladas, para que sejam devidamente percebidas as suas dimensões, o seu raio de incidência, por assim dizer.

Em primeiro lugar, embora o art. 494 do estatuto de processo civil faça alusão, somente, à sentença de mérito, estamos convencidos de que o princípio da irretratabilidade deve ser aplicado, por igual, às sentenças que ponham fim ao processo sem julgamento das questões de fundo, vale dizer, às antigas "terminativas". É bem verdade que só se pode cogitar de entrega da prestação jurisdicional solicitada quando houver sentença de mérito. Isso não deve constituir, entretanto, motivo para limitar-se a aplicação da advertência contida no art. 494 do CPC, às sentenças de mérito, pois nada justifica o fato de o juiz alterar aquelas que tenham acarretado a extinção do processo sem julgamento da lide.

De lege lata, essas sentenças somente podem ser modificadas por força de *recurso*, como revela, p. ex., o art. 331, *caput*, do CPC, que diz da apelação da sentença de indeferimento da petição inicial — um dos casos de extinção do processo sem exame do mérito (CPC, art. 485, I) —, quando o juiz poderá retratar-se. No processo do trabalho, o recurso adequado será o ordinário, cujo cabimento, conforme expusemos em páginas pretéritas, não é obstado pelo fato de o art. 895, a, da CLT cuidar apenas das sentenças definitivas.

Em segundo, de *lege ferenda* dever-se-ia permitir que o próprio juiz redator da sentença de mérito a modificasse, em situações especiais, a serem expressamente indicadas, como, *v. g.*, quando fosse arguida a nulidade do processo ou, somente, da sentença. No sistema em vigor, subordinado rigidamente ao art. 494, *caput*, do CPC, consoante com o que acabamos de ver, a decretação de nulidade só poderá ser feita pelo tribunal, em grau de recurso ou em sede de ação rescisória. Se, no futuro, fosse dado ao próprio juiz modificar a sentença que proferiu, isso contribuiria para obviar o procedimento, pois seria dispensável a remessa dos autos ao tribunal, para apreciar a alegação de nulidade. Como o juiz não possui, hoje, essa faculdade de retratar-se (exceto quando se tratar de agravo de instrumento: CPC, art. 1.018, § 1.º, e de indeferimento da petição inicial: CPC, art. 331, *caput*), ele nada pode fazer diante da arguição de nulidade do processo ou, apenas, da sentença, formulada nas razões de recurso, a não ser determinar o envio dos autos ao tribunal, para o exame da matéria.

A necessidade de, no futuro, permitir-se ao juiz alterar a sentença proferida, ou, mesmo, pronunciar-lhe a nulidade, fica muito mais evidente se considerarmos aquelas situações em que, proferida a sentença de mérito, ele se convence, em face do recurso interposto, da existência da nulidade alegada, mas nada pode fazer para consertar a sua obra, por estar consciente do veto estampado no art. 1.018, § 1.º, do CPC. Sugerimos, portanto, que se dote o processo do trabalho de uma figura semelhante aos extintos embargos de nulidade e infringentes do julgado, a fim de permitir ao juiz modificar a sentença de mérito, nos casos de nulidade.

Em terceiro, a proibição inscrita no art. 494, *caput*, do CPC passa a atuar a partir do momento em que a sentença é publicada e não, necessariamente, da intimação das partes. Dessa maneira, feita a publicação — que se dá, normalmente, em audiência — o juiz estará impedido de alterar a sentença, seja de mérito ou não. Isso corresponde a afirmar, em sentido oposto, que se a publicação ainda não ocorreu, a modificação será lícita, conquanto não seja de estimular-se esse procedimento judicial.

Poder-se-ia supor que a proibição de que estamos a nos ocupar somente nasceria com a intimação das partes. Dir-se-ia, talvez, que se estas não estavam cientificadas do conteúdo da sentença, nada impedia o juiz de alterá-la. Não é bem assim. A sentença, em rigor, afasta-se, em definitivo, da influência da vontade do julgador no momento em que é publicada. Antes disso, ela ainda não se libertou dessa influência. Ao ser publicada, portanto, a sentença transpõe os limites do conhecimento restrito daquele que a produziu, para tornar-se conhecida por um universo mais amplo de indivíduos, composto pelos funcionários do órgão jurisdicional e pelas demais pessoas que, por um motivo ou outro, tiveram acesso aos autos.

Os litigantes não possuem o *dominus litis*, não têm o poder de dispor do processo, a não ser nas raras situações autorizadas por lei. Dessa forma, é irrelevante, para efeito de definir-se o momento a partir do qual adquire eficácia a proibição contida no art. 494, *caput*, do CPC, se estavam intimados, ou não, da sentença. A suposição de que as partes poderiam dispor, sempre, do processo, conduziria à inferência, tão inevitável quão absurda, de que lhes seria lícito, por exemplo, mediante acordo de vontades, autorizar o juiz a modificar a sentença de mérito que proferiu. Ora, o veto à possibilidade de a sentença ser modificada por quem a elaborou decorre de norma de ordem pública, diante da qual a vontade das partes nada pode fazer, a não ser, curvar-se.

A publicação da sentença, como afirmamos, a torna conhecida por todos aqueles que tiveram acesso aos autos, tornando-a, inclusive, peça definitivamente integrante destes. A intimação dos litigantes, em particular, se, de um lado, os inclui no universo das pessoas para as quais a sentença se tornou conhecida, de outro, serve para dar início à contagem do prazo legal destinado a impugná-la.

Não será despropositado concluir, por isso, que o art. 494, *caput*, do CPC não traduz tanto um direito dos litigantes, no sentido de verem inalterada a entrega da prestação jurisdicional, por ato espontâneo do juiz (tirante os casos de reexame necessário), quanto uma preocupação de ordem ético-política, nascida do fato de que, publicada, a sentença se insere no domínio do conhecimento de uma considerável parcela de pessoas, de tal modo que a sua alteração, por ato de quem a proferiu, poderia colocar em risco a própria respeitabilidade do Poder Judiciário, cujo julgamento popular haveria de oscilar de volúvel a desonesto.

Em síntese: publicada a sentença, será defeso ao juiz, que a proferiu, modificá-la, o que equivale a afirmar que essa publicação gera, para as partes, o correspondente direito de ver inalterada a entrega da prestação jurisdicional, por ato do órgão jurisdicional que a realizou.

Esse princípio da inalterabilidade, todavia, não é absoluto. Aliás, como se diz, com muita percuciência, de absoluto só mesmo a relatividade das coisas... O próprio art. 494 do CPC, em seus incs. I e II, indica duas exceções à regra da inalterabilidade da sentença: a) correção de inexatidões materiais ou retificação de erros de cálculo; b) em virtude de embargos declaratórios.

a) Inexatidões materiais

Tanto o CPC (art. 494, I), quanto a CLT (art. 833) possuem normas que autorizam o juiz a proceder à correção de inexatidões materiais (falhas de escrita) ou erros de cálculos. Posteriormente, a Lei n. 9.957, de 12-1-2000, estabeleceu, no parágrafo único do art. 897-A, que "Os erros materiais poderão ser corrigidos de ofício ou a requerimento de qualquer das partes". Essa disposição, todavia, era desnecessária, pois, como dissemos, o art. 833, da mesma CLT, já continha norma a respeito do assunto. Afinal, os "erros materiais", de que nos fala o mencionado parágrafo único, nada mais são dos que os "erros ou enganos de escrita, de datilografia ou de cálculo", a que alude, há muito e com maior precisão, o art. 833. Nos termos desta norma legal, essa correção pode ser realizada, *ex officio* ou a requerimento do interessado, antes da execução. A regra, entretanto, não é inflexível. Em determinados casos, a extirpação do erro, seja de escrita ou de cálculo, ou de qualquer outra espécie, que se contenha no conceito de inexatidão material, poderá ser efetuada mesmo no curso da execução, como, *e. g.*, os que digam respeito ao nome das partes, ou mesmo respeitante a erros de cálculo, sob pena, se assim não se entender, perpetrar-se violação ao 879, § 1.º, da CLT.

Haverá inexatidão material, inclusive, quando o juiz determinar a remessa dos autos ao tribunal, para efeito de reexame necessário, quando este não tinha cabimento, no caso concreto. O inverso, também, poderá ocorrer, no tribunal: o relator determinar, mesmo por sua iniciativa, a autuação como remessa *ex officio* e não apenas como recurso ordinário.

No que atine ao erro de cálculo, de que falamos há pouco, deve ser esclarecido que somente poderá ser conceituado como tal aquele que decorrer de simples operação aritmética, nunca o que se originar de um *critério* adotado por quem haja confeccionado os cálculos. Se, *v. g.*, somam-se duas parcelas de cem e obtém-se trezentos, é evidente que esse erro é de origem aritmética; logo, de cálculo, e, em consequência, corrigível na forma apontada pelo art. 833 da CLT. Se, ao contrário, entender-se que o cálculo deve ser elaborado deste modo, e não daquele, o erro, que daí advier, não será aritmético, senão que de julgamento, de fixação de critério, motivo por que a modificação dos cálculos só poderá ser obtida por iniciativa do interessado, mediante impugnação fundamentada (CLT, arts. 895, a, 879, § 2.º, ou art. 884, § 3.º, conforme seja a hipótese).

Caso a parte, ao ser intimada da sentença, verificar que esta apresenta evidentes erros de cálculo, ou inexatidões materiais inequívocas, deverá intentar a correção necessária por intermédio de simples petição, na qual dirá em que consiste o erro ou a inexatidão constatados. Não será preciso, para isso, fazer uso dos embargos de declaração, pois a falha denunciada não emanou de omissão, obscuridade ou contradição da sentença. Ocorrendo, porém, de a sanação do erro de cálculo ou da inexatidão material ser buscada por meio de embargos declaratórios, deverá o juiz conhecer desses embargos como simples petição corretiva (CLT, art. 833), numa espécie de aplicação *sui generis* do princípio da fungibilidade dos recursos. Melhor esclarecendo: a) se os embargos declaratórios forem apresentados no prazo legal, o juiz deverá adotar uma destas atitudes: a.a.) manter os embargos de declaração e apreciar os erros de cálculo ou as inexatidões materiais nele apontados; a.b.) convolar esses embargos para simples petição, cuidando, entretanto, de manter o efeito interruptivo de que aqueles são dotados (CPC, art. 1.026, *caput*) sob pena de a sobredita convolação acarretar graves prejuízos à parte que ofereceu os embargos; b) se s embargos declaratórios forem apresentados quando já esgado o prazo legal isso não impedirá ao juiz de admiti-los como simples petição, hipótese em que não se poderá cogitar de efeito suspensivo do recurso interponível da decisão embargada.

Se a sentença for proferida em audiência, na qual se encontrem as partes, qualquer delas poderá solicitar, mesmo oralmente, logo em seguida, a eliminação do erro ou da inexatidão, evitando, assim, fazê-lo posteriormente, em petição letrada. O que não devem fazer é interferir no julgamento, para denunciar eventuais imprecisões dessa natureza, porquanto isso acarretaria sérios transtornos ao raciocínio do magistrado, com repercussões no resultado do julgamento.

No tribunal, por exemplo, se o voto do relator espelhar erros como os que estamos a examinar, poderá o advogado da parte (desde que regimentalmente inscrito) ocupar a tribuna, após o proferimento do voto, para alertar o relator a respeito da imprecisão material ou do erro do cálculo percebidos.

Falando em tribunal, é oportuno ressaltar que, em determinadas situações, o erro não está no acórdão (ementa), mas na sua publicação, feita no diário oficial ou em jornal que, costumeiramente, publica os atos da Corte. Em virtude de manifesta falha tipográfica, p. ex., alteram-se o número dos autos, ou o nome das partes ou de seus procuradores etc. Diante disso, haverá necessidade de nova publicação, a requerimento do interessado ou por iniciativa do Presidente do Tribunal ou da Turma ou da Seção Especializada a que pertencer o relator (ou o redator designado), segundo dispuser o Regimento Interno. O prazo para recurso, nesta hipótese, será contado da republicação do acórdão.

b) Embargos de declaração

As raízes históricas desses embargos não são romanas, mas lusitanas. Com efeito, a possibilidade de o juiz eliminar certas imperfeições da dicção jurisdicional estava prevista nas Ordenações reinóis portuguesas. Dispunham, por exemplo, as Afonsinas (1603): "Porém, se o julgador der alguma sentença definitiva, que tenha em si algumas palavras escuras e intrincadas, bem poderá declarar; porque outorgado é por Direito do Julgador, que possa declarar e interpretar qualquer sentença por ele dada, ainda que definitivamente, se duvidosa for. E não somente a esse Julgador, que a sentença deu, mas ainda ao que lhe sucedeu no Ofício de Julgar" (Título 66, § 6.º).

Devemos esclarecer que a sentença "definitiva", mencionada por essas Ordenações, não correspondia à coisa julgada material, em seu sentido clássico e, sim, à sentença não interlocutória, que era proferida ao final de cada instância judiciária; era, em resumo, a sentença que punha fim ao processo, com exame do mérito.

Como ressalta do texto reproduzido, no sistema das Ordenações as causas que justificavam a declaração das sentenças estavam restritas à dubiedade ("Se o Julgador der alguma sentença duvidosa") e à obscuridade ("tenha em si algumas palavras escuras e intrincadas"). No famoso Regulamento Imperial, n. 737, de 1850, já se falava em obscuridade, ambiguidade, contradição e omissão. O primeiro Código de Processo Civil unitário, instituído no Brasil (1939), admitia os embargos declaratórios nos casos de obscuridade, omissão e contradição (art. 862, *caput*), não fazendo, pois, referência à dubiedade. O vigente estatuto de processo civil, contudo, alude à contradição, à obscuridade e à omissão (art. 1.022, I e II).

A CLT, até o advento da Lei n. 2.244, de 23 de junho de 1954, era rigorosamente omissa a respeito do assunto. Essa norma legal, convém lembrar, deu nova redação, dentre outros, ao art. 702, II, letra "*e*" e § 2.º, letra "*f*", estabelecendo serem oponíveis embargos de declaração aos acórdãos emitidos pelo Pleno ou pelas Turmas do TST. Ulteriormente, a Lei n. 9.957, de 12-1-2000, introduziu na CLT o art. 897-A, para dispor que os embargos declaratórios são interponíveis em cinco dias, admitindo-lhes efeito modificativo, em certos casos. Mesmo assim, permanece o processo do trabalho sem uma satisfatória regulação desses embargos, tornando indispensável, diante disso, a adoção, em caráter supletivo, da disciplina traçada pelo processo civil. Os embargos mencionados pelo art. 652, "*c*", da CLT, cujo julgamento está inserido na competência das Varas do Trabalho, não são os declaratórios, mas os de nulidade e infringentes, que foram, lamentavelmente, supressos pela Lei n. 5.442, de 24 de maio de 1968.

Esta lacuna da CLT, no que concerne à disciplina dos embargos declaratórios, faz com que, nos tribunais, a regulação da matéria seja feita pelo Regimento Interno.

Não constitui objeto deste Capítulo, todavia, empreender um estudo exaustivo do tema. As considerações, que até esta parte expendemos, tiveram, tão só, um sentido propedêutico. Em outra obra, dedicamos longas páginas ao assunto, às quais remetemos o leitor desejoso de obter um aprofundamento doutrinal nesse campo.[82]

Interessa-nos, contudo, sobremaneira, examinar os embargos declaratórios como uma das raras exceções ao princípio da inalterabilidade das sentenças e dos acórdãos, insculpido no *caput* do art. 494 do CPC. Realmente, ao advertir, em sua antiga redação, que, ao proferir a sentença de mérito, o juiz cumpria e acabava o ofício jurisdicional, somente podendo alterá-la para corrigir inexatidões materiais ou erros de cálculo, ou por meio de embargos de declaração, poderia parecer a alguns que o legislador teria atribuído a esses embargos efeito modificativo dos pronunciamentos jurisdicionais a que se dirigem. Não é bem assim.

Embora os embargos de declaração estejam legalmente incluídos no rol dos recursos (CPC, art. 994, IV), é possível sustentar-se do ponto de vista doutrinário, que de recurso não se tratam, se levarmos em conta a sua verdadeira finalidade. Assim dizemos porque enquanto a finalidade dos recursos típicos reside na modificação ("reforma") da sentença, do acórdão ou da decisão monocrática (agravo de instrumento), ou, até mesmo, em sua invalidação (em decorrência de nulidade não suprível), o dos embargos declaratórios, em princípio, não vai além da sanação de falhas da dicção jurisdicional, que se apresenta obscura, omissa ou contraditória. Insistamos: nos recursos, o que se visa é impugnar o raciocínio do magistrado, o seu convencimento jurídico, e, em consequência, o resultado do julgamento; em sede de embargos de declaração, entrementes, nada mais se pede ao juízo proferidor da sentença que aclare o que pretendeu dizer (obscuridade); que diga por qual das proposições, entre si inconciliáveis, optou (contraditoriedade) ou complemente a entrega da prestação jurisdicional (omissão).

Em atitude do legislador, que reputamos tecnicamente desacertada, a *dúvida* foi eliminada como causa para o oferecimento de embargos declaratórios. Em face disso, se o intérprete de um pronunciamento jurisdicional ficar com o espírito tomado de dúvida sobre qual seja o verdadeiro sentido do texto ambíguo, só restará fundar, circunstancialmente, os embargos em suposta *obscuridade* — ainda que já tenhamos dito, em linhas anteriores, que os conceitos de dúvida e de obscuridade sejam distintos, ou melhor, antagônicos, sob certo aspecto. Assim afirmamos porque enquanto o que caracteriza um texto obscuro é a sua ininteligibilidade (portanto, a *ausência* de possibilidade de intelecção), a dúvida, ao contrário, se configura pela possibilidade de haver duas ou mais interpretações (*excesso* de intelecção). Todavia, bem ou mal, *legem habemus*...

Aos embargos de declaração o nosso sistema processual não atribui, como regra, o efeito modificativo, que é teleologicamente característico dos recursos típicos. Com isso, não estamos asseverando que ditos embargos jamais possam modificar, em sua essência, a

(82) *Sistema dos Recursos Trabalhistas*. 10.ª ed. São Paulo: LTr, 2003. p. 452-504.

sentença ou o acórdão a que se dirigem, e, sim, que essa modificação não constitui escopo nuclear dos embargos em foco, senão um efeito reflexo da declaração a que conduzem. Como vimos, o art. 897-A, da CLT, alude a esse efeito excepcional.

O mencionado efeito reflexo fica mais evidente nos casos em que a sentença declaratória, suprindo omissão da declarada, a modifica totalmente. Digamos, *v. g.*, que a sentença declarada tenha acolhido, em sua integralidade, os pedidos formulados pelo autor, mas deixado de pronunciar-se acerca da prescrição extintiva alegada. Reconhecida, pela sentença declarativa, a prescrição liberatória, a sentença declarada será modificada por inteiro, passando o autor de vencedor a vencido na causa. Essa possibilidade de modificação da sentença declarada é admitida pela Súmula n. 278 do TST, pelo art. 897-A, da CLT, e pelo art. 1.024, § 4.º, do CPC.

Mas o efeito modificativo, de que os embargos declaratórios podem ser providos, em algumas situações, não está circunscrito à omissão da sentença declarada, podendo ocorrer, por isso, nos casos em que esta se apresenta obscura ou contraditória. Se, por exemplo, consta da fundamentação que o aviso prévio é indevido, mas, no dispositivo, condena-se o réu a pagá-lo, é óbvio que a sentença declarativa, ao eliminar essa contradição, para dizer que o aviso prévio não é devido, estará modificando a anterior, máxime se não ignorarmos a regra legal de que, em princípio, apenas o dispositivo produz coisa julgada material (CPC, art. 504, I e II).

O TST cancelou a sua Súmula n. 136, que dizia da inaplicabilidade às Varas do Trabalho da identidade física do juiz. No terreno dos embargos declaratórios, entretanto, parece-nos que o assunto deva seguir rumo diverso. Ocorre que a possibilidade de a sentença declaratória vir a ser elaborada por juiz distinto do que proferiu a sentença declarada poderá ser a de este chegar a uma conclusão absolutamente contrária à que chegaria, se fosse emitida pelo mesmo juiz que confeccionou a sentença declarada. Estamos defendendo, como se percebe, a necessidade de a sentença declaratória vir do mesmo punho (e mente) que produziu a declarada, sob pena de o verdadeiro sentido desta ser deturpado por aquela, conforme a realidade tem demonstrado.

Em termos práticos, p. ex., se o juiz que confeccionou a sentença embargada estiver em férias, em licença por poucos dias, ou, por qualquer motivo, momentaneamente afastado do exercício de suas funções, será preferível aguardar o seu retorno, para redigir a sentença declaratória, a exigir que esta seja elaborada pelo juiz substituto. Mesmo que essa pequena contemporização acarrete desrespeito ao prazo legalmente fixado para o proferimento da sentença declaratória (CLT, art. 897-A), a sua justificativa estará, como dissemos, na necessidade de que a referida sentença seja redigida por quem escreveu a declarada. Somente quem disse, estará logicamente apto para declarar em que consistiu a sua dicção. Não imagine o juiz que, por haver assim procedido, ficará vulnerável à incidência do art. 93, inc. II, letra "*e*", da Constituição Federal, que veda a promoção do magistrado que, "injustificadamente, retiver os autos em seu poder além do prazo legal, não podendo devolvê-los ao cartório sem o devido despacho ou decisão". O vocábulo *injustificadamente*, constante do texto constitucional, *justifica* a nossa conclusão...

As mesmas ponderações que fizemos, no tocante à sentença, se aplicam, *mutatis mutandis*, ao acórdão, pois também nos tribunais a prática tem revelado que, não raro, o acórdão declarativo acaba por colocar-se em antagonismo com o verdadeiro sentido do acórdão declarado, sempre que um e outro são redigidos por juízes diversos.

A fim de evitar que a sentença venha a ser objeto de embargos declaratórios (ou, quando menos, para reduzir a possibilidade de isso ocorrer), deve o juiz elaborá-la com extremo cuidado e atenção, procurando manifestar a sua convicção jurídica a respeito dos fatos da causa de maneira clara, coerente, e plena. Como alertamos algures, sentenças lacônicas não são menos desaconselháveis do que as extensas, pois tanto a falta quanto o excesso traduzem uma falta de técnica. As sentenças extremamente breves tendem a ser omissas, do mesmo modo que as excessivamente longas são propícias à contradição. A um juiz atilado, ao qual não falte o senso das proporções, não será difícil encontrar o meio-termo ideal, essa linha fronteiriça entre a escassez e a profusão de palavras. Quanto mais se fala, seja onde for, maior é o risco de incorrer-se em erros de toda a sorte, de tornar vulnerável o argumento pelo desgaste do seu uso, de deixar-se pilhar em incoerência, de tornar-se um mero falastrão, cuja verborragia está na razão direta da pobreza do pensamento, designadamente no plano jurídico, onde, pela natureza polêmica do direito, as ideias e as opiniões caminham sobre uma linha muito sutil, ora pendendo para um lado, ora para outro, em movimentos pendulares tão próprios das idiossincrasias que brotam da inquietação do espírito humano e dos interesses, muitas vezes insondáveis, que aqui se abrigam.

A regra básica, a ser observada pelo juiz, com vistas à elaboração da sentença, deve consistir na apreciação de um máximo de matéria com um mínimo de palavras. É o que temos denominado de síntese eficiente, em contraposição à prolixidade dispersiva. Bem fariam, a propósito, alguns advogados, se acatassem essa recomendação, ao elaborarem as suas petições.

Como anotamos antes, no âmbito dos Tribunais Regionais do Trabalho a importância dos embargos declaratórios foi hipertrofiada — e, em razão disso, intensificado o seu uso — pela Súmula n. 297 do TST, que impõe o prequestionamento do tema, por meio desses embargos, para que possa ser alçado, via recurso de revista, ao conhecimento daquela Corte. Com isso, instalou-se no espírito dos advogados uma crescente "obsessão declaratória", em virtude da qual oferecem embargos dessa natureza, até mesmo, para revolver questiúnculas desprezadas pelo acórdão ou para obter declaração acerca de um ponto que não é omisso, nem obscuro, nem contraditório, numa atitude motivada pelo simples (e compreensível) receio de ver formada, contra os interesses de seus clientes, a preclusão brandida pela Súmula n. 297 do TST.

Nesse torvelinho de embargos declarativos, muitos não conseguem encobrir o intuito procrastinatório de que se fazem dotados, levando, em razão disso, alguns tribunais a incorporar, ao seu Regimento Interno, a penalidade pecuniária prevista no art. 1.026, § 2.º, do CPC. A força da realidade, a propósito, fez com que renunciássemos à antiga opinião, expressa em outras obras, no sentido de ser essa multa incompatível com o processo do trabalho. Já não o é, pois os tempos mudaram.

Seja como for, isto é absolutamente certo: a multa de 1%, ou de 10%, será sempre calculada sobre o *valor atualizado da causa*. A norma legal é extremamente clara quanto a isso (CPC, art. 1.026, § 2.º). São arbitrárias — e ilegais —, portanto, as decisões que ordenam a incidência desses percentuais da multa no valor *da condenação* ou *da execução*.

A propósito, alguns juízes do trabalho têm realizado uma fusão — também arbitrária — dos arts. 1.026, § 2.º e 774, parágrafo único, ambos do CPC, por forma a condenar o devedor a pagar multa de 20% do débito atualizado, quando oferecerem embargos declaratórios que venham a ser considerados protelatórios.

Ora, como já se disse, mesmo que o intuito da parte tenha sido este, a disciplina legal pertinente aos embargos de declaração somente autoriza o juiz a aplicar a multa, de 1% ou de 10% sobre o valor da causa, não sobre o valor do débito (atualizado). Somente se o devedor, sem fazer uso dos embargos declaratórios, praticar qualquer ato legalmente previsto como atentatório à dignidade da justiça (CPC, art. 774) é que o juiz poderá impor a multa de 20% do valor atualizado da execução (CPC, *ibidem*, parágrafo único). A expressão: "sem prejuízo de outras sanções de natureza processual ou material", constante desta última norma legal, não autoriza o juiz a encambulhar os arts. 1.026, § 2.º e 774, parágrafo único, do estatuto processual civil, para o efeito já mencionado.

Bibliografia

A

ARAGÃO, Egas Moniz de. *Comentários ao Código de Processo Civil.* vol. II, 1.ª ed. Rio de Janeiro: Forense, 1974.

AULETE, Caldas. *Dicionário Contemporâneo da Língua Portuguesa.* 5.ª ed. Rio de Janeiro: Delta, 1964. vol. IV.

B

BETTI. Ragione e Azione. *Rivista di Diritto Processuale Civile*, 1932.

BISCARDI. *La Protezione Interditale nel Processo Romano*, 1938.

C

CARNELUTTI, Francesco. *Sistema di Diritto Processuale Civile.* Padova: Cedam, 1936.

CESARINO JÚNIOR. *Direito Social Brasileiro.* São Paulo: Saraiva, 1970. 1.º vol.

CHIOVENDA, Giuseppe. *Principios de Derecho Procesal Civil.* Madrid: Inst. Edit. Reues. tomo II, sem data.

COSTA, Carlos Coqueijo T. da. *Direito Processual do Trabalho.* 3.ª ed. Rio de Janeiro: Forense, 1986.

COUTURE, Eduardo. *Algunas Nociones Fundamentales de Derecho Procesal del Trabajo.* Santa Fé, Argentina: Univ. Nacional del Litoral, 1941.

CRETELLA JÚNIOR, José. *Comentários à Constituição de 1988.* Rio de Janeiro: Universitária, 1990. vol. I.

D

DINAMARCO, Cândido Rangel. *A Instrumentalidade do Processo.* São Paulo: RT, 1987.

_______. *Litisconsórcio.* São Paulo: RT, 1984.

_______. *Fundamentos do Processo Civil Moderno.* São Paulo: RT, 1986.

F

FRIAS, Carlos. *Historias de la Historia.* 25.ª ed. Barcelona: Editorial Planeta, 1989.

G

GIGLIO, Wagner D. *Direito Processual do Trabalho.* 6.ª ed. São Paulo: LTr, 1986.

GRINOVER, Ada Pellegrini. *Os Princípios Constitucionais e o Código de Processo Civil.* São Paulo: José Bushatsky, 1973.

GRINOVER, CINTRA; DINAMARCO. *Teoria Geral do Processo.* 6.ª ed. São Paulo: RT, 1986.

L

LACERDA, Galeno *Despacho Saneador.* Porto Alegre: 1953.

LIEBMAN, Enrico Tullio. *Manuale di Diritto Processuale Civile.* Milano: Giuffrè, 1973. vol. I.

______. *L'Azione nella Teoria del Processo Civile — Problemi del Processo Civile.* Nápoles: Morano, 1942.

LÓPEZ, Porrás. *Derecho Procesal del Trabajo.* Puebla, México: José Cajica, 1960.

M

MACHADO NETO. *Sociologia Básica.* 6.ª ed. São Paulo: Saraiva, 1983.

MARQUES, José Frederico. *Manual de Direito Processual Civil.* São Paulo: Saraiva, 1974. vol. I.

MAXIMILIANO, Carlos. *Hermenêutica e Aplicação do Direito.* 8.ª ed. Rio de Janeiro: Freitas Bastos, 1965.

MENENDEZ-PIDAL. Derecho Procesal Social. *Revista de Derecho Privado*, Madrid: 1947.

MIRANDA, Francisco C. Pontes de. *Tratado da Ação Rescisória.* 5.ª ed. Rio de Janeiro: Forense, 1956.

______. *Comentários ao Código de Processo Civil.* Rio de Janeiro: Forense. tomo X.

MONTESANO, Luigi. Questioni Preliminari e Sentenza Parziali di Merito. *Rivista di Diritto Processuale*, 1969.

MOREIRA, José Carlos Barbosa. *Temas de Direito Processual.* São Paulo: Saraiva, 1984.

N

NICOLIELLO, Nelson. *Nuevos Apuntes Juridicos.* Montevideo: Amalio M. Fernandez, 1970.

P

PINTO, Tereza Arruda Alvim. *Nulidades da Sentença.* São Paulo: Revista dos Tribunais, 1987.

R

REALE, Miguel. *Lições Preliminares de Direito.* 7.ª ed. São Paulo: Saraiva, 1980.

ROCCO, Alfredo. *La Sentenza Civile.*

RUSSOMANO, Mozart Victor. *Código de Processo do Trabalho — Anteprojeto Anotado.* Rio de Janeiro: José Konfino, 1963.

S

SANTOS, Ernane Fidélis dos. *Introdução ao Direito Processual Civil.* Rio de Janeiro: Forense, 1978.

SILVA, Ovídio Baptista da. *Sentença e Coisa Julgada.* 2.ª ed. Porto Alegre: Sérgio Antonio Fabris, 1988.

T

TEIXEIRA FILHO, Manoel Antonio. *A Prova no Processo do Trabalho*. 9.ª ed. São Paulo: LTr, 2010.

_______. *Execução no Processo do Trabalho*. 9.ª ed. São Paulo: LTr, 2005.

_______. *Sistema dos Recursos Trabalhistas*. 11.ª ed. São Paulo: LTr, 2010.

_______. *Litisconsórcio, Assistência e Intervenção de Terceiros no Processo do Trabalho*. 3.ª ed. São Paulo: LTr, 1995.

_______. *As Ações Cautelares no Processo do Trabalho*. 5.ª ed. São Paulo: LTr, 2005.

THEODORO JÚNIOR, Humberto. *Sentença*. 2.ª tir. Cidade?: Aide, 1992.

TISSEMBAUM, Mariano. *Las Controversias del Trabajo*. Buenos Aires: 1952.

TORNAGHI, Hélio. *Comentários ao Código de Processo Civil*. São Paulo: RT, 1976.

V

VELLOSO, Caio Mário da Silva. Princípios Constitucionais de Processo. In: *Processo do Trabalho — Estudos em Homenagem a Coqueijo Costa*. São Paulo: LTr, 1989.